世界传世藏书

【图文珍藏版】

历史知识大博览

赵征⊙主编

第二册

线装书局

宋顺帝不愿生在帝王家

南朝宋顺帝刘准，九岁即位，也是一位少年天子。刘准生得眉清目秀，谁见了都说像神仙。在他十一岁时，权臣萧道成篡位。篡位当日，刘准见到处都是叛乱的士兵，无路可逃，慌忙躲到佛盖下，被搜出来时，他两眼含泪问领兵官："要杀我吗？"那兵官说只是让他搬到别的地方住而已，再说刘氏也是篡司马氏之位建立宋的。刘准大哭着说："但愿再也不要生在帝王家。"刘准被降为汝阴王，不到一年又被杀害。

癫痴天子高洋不认亲母

北齐文宣帝高洋即位以后，励精图治。用汉儒杨愔等辅助朝政，政治清明。又以法律驾驭天下，不畏强权，朝廷内外没有不尊敬他的。他派兵北击突厥、柔然、契丹，节节胜利，周边无不臣服。

六七年以后，高洋更是踌躇满志，眼里只有自己，并一改以往作风，恶行昭彰。朝中群臣敢怒不敢言，连市井妇人都知道高洋癫癫痴痴。此后是日甚一日，有增无减，无恶不作，以致癫狂变态，像禽兽一般。高洋癫狂病发起来，连太后也不认。有一次太后在北宫，坐在小榻上，酒醉后的高洋突然把小榻举起来，太后滚落在地上，满脸是血。高洋酒醒以后，后悔万分，命人堆积柴草，要点火自杀。太后大为不安，亲自劝阻。高洋将上衣脱掉，命平素王高归彦持杖打他，说杖不出血，就要他的人头！太后泪流满面，上前抱住高洋，请他不要这样。高洋坚持要受惩罚，最后同意舍去背杖，但要鞭打五十下，没有哪里不打到。高洋甘愿受罚，悲不自胜，对天立誓戒酒。然而十天以后，高洋照旧纵酒行乐，把此事抛诸脑后。

高洋对太后都这样，更不要说皇后和岳母。有一次他到李皇后家饮酒，喝得酩酊大醉，看见胖墩墩的岳母崔氏不顺眼，便取出弓箭，开弓一拉，正中崔氏的面颊。崔氏脸颊血流如注，疼痛万分。高洋恶狠狠地骂道："我醉时连太后都不认，你算什么东西。"随即拿出马鞭，抽打了崔氏一百多下，打得崔氏昏死过去。

"和尚皇帝"梁武帝为何饿死于宫中？

"千里莺啼绿映红，水村山郭酒旗风。南朝四百八十寺，多少楼台烟雨中。"这是唐代诗人杜牧的名作，诗中以生动的语言描绘了南朝佛教的兴盛。南北朝时，佛教大盛，南朝梁武帝萧衍是位吃斋信佛、极力倡导发展佛教的皇帝，他曾四次舍身到同泰寺（今南京鸡鸣寺）当和尚。所谓舍身，一是舍资财，即把自己的所有身资服用，舍给寺庙。还有一种是舍自身，就是自愿加入寺庙为众僧服役。梁武帝于公元527年、529年、547年三次舍身。舍身第一次是4天，最后一次长达37天。而每一次都是朝廷用重金将其赎回。寺庙因他又获得了可观的收入。他在位时，佛教在梁朝盛极一时，光当时的建康城内外就有佛寺500多所，僧尼10万余人。公元504年，他亲自率领僧俗2万人在重云殿的重云阁，撰写了《舍道事佛文》。

梁武帝一心崇佛，荒废了朝政，社会矛盾不断激化。梁武帝早年无子，过继侄儿萧正德为嗣子做太子，后来梁武帝生了个儿子，取名萧统，随即被立为太子，而侄子萧正德被改封为西丰侯。这让萧正德心里愤愤不满。正在此时，东魏大将侯景因与政敌高欢不合，转投了梁朝，梁武帝封他为河南王。侯景为人阴险奸诈，他看到皇族矛盾重重，认为有机可乘，于是勾结萧正德起兵发动政变，答应事成之后让萧正德做皇帝。最后叛军攻进了建康城，困住了宫城，后又引武湖水去漫宫城。梁武帝这位和尚皇帝被困在宫里。一筹莫展，也没有人去过问他，这位皇帝最后竟被活活饿死在宫里，无独有偶，《中华野史镜鉴》上也曾记载："太清三年（公元 549 年）三月，侯景攻下宫城。萧衍饮食断绝，口中苦涩，连呼："蜜！蜜！"最后饿死干净居殿，时年 86 岁，萧正德最终也没做成皇帝，事成后就被侯景杀死了。

后赵石虎后宫建"清嬉浴室"

建武二年，后赵皇帝石虎为皇后修建了三间浴室，极尽奢华之能事。

在池边，设有石床，称为"浴台"。按春、夏、秋、冬四季，设四时浴室，堤岸都是用瑜石、斌腺等名贵石材砌成，瓶勺用琥珀、车渠等物制成。

夏季时池中水由外沟引入。小香囊用沙縠做成，里面装上百杂香，放入水底；有时也用葛布做香囊，放在水底。

隆冬之季，将几千枚重数十斤的铜制屈龙烧红后放在水中。这样一来，池水总是保持恒温。然后再将池中温水引入浴室中，称之为"縠龙温池"。

又用纹锦做屏障，遮蔽浴室，石虎与宫女、宠姬赤身裸体在其中淫乐戏耍，常常通宵达旦，不分日夜，还美其名曰：清嬉浴室。

后燕慕容熙启棺交合

后燕皇帝慕容熙的皇后苻氏，是苻尹谟的小女儿，名叫苻训英，封为贵妃时，便集三千宠爱于一身。不久，便被立为皇后。

苻皇后爱好打猎，慕容熙常陪她一起去野外打猎。有一次，天气奇寒，苻皇后很想打猎，慕容熙就陪她一块儿去，被豺狼野兽伤害或冻死的士兵有五千多人。

苻后去世时，慕容熙仿佛死了亲生父母一般悲痛欲绝，抱着苻后的尸首哭得死去活来，边哭边说："皇后怎么能扔下我独自一人赴黄泉呢？"刚收殓完尸首，慕容熙舍不得，又命令把棺材打开，跳进去与苻皇后的尸体交合。

苻后的葬礼极其隆重，慕容熙亲自为她披麻戴孝，治丧期间只吃简单的米粥。在宫内设苻后的灵位，文武百官必须前往吊唁哀悼。所有的和尚都必须穿素服，表示对皇后的哀悼。慕容熙还派人去监视那些前来吊唁的人，防止他们假惺惺地做戏。如果吊唁时，没有痛哭流涕就治以不忠不孝之名，按罪处罚。

萧宝卷喜欢抓老鼠

萧宝卷是南齐明帝的第二个儿子，生于公元 483 年，别名叫萧明贤，字智藏。哥哥萧宝义自幼残疾，行动不便，明帝便将所有希望和心思寄托于萧宝卷身上。萧昭业继武帝萧赜后即皇帝位，西昌侯萧鸾辅政。军政大权掌握在萧鸾手中，他将宠儿萧明贤改名为萧宝卷。后来，萧鸾废皇帝自立，册立十一岁的萧宝卷为皇太子。

太子萧宝卷说话口吃，平常不善言语。萧宝卷在东宫时，言语虽然不多，却沉迷于玩乐，不能自拔。萧宝卷有一个捉老鼠的嗜好，常半夜时喊人捉老鼠，还没有睡醒的近侍便迷迷糊糊地翻箱掘洞去抓老鼠，有的睡眼惺忪，被老鼠咬破了手才惊醒。乐此不疲的萧宝卷夜以继日地捉老鼠，却十分厌倦读书，一见书本就觉得头疼。

甄皇后梳灵蛇髻

宫中有时也会规定不同地位的女子梳不同的发髻。发髻的式样实在太多了，很难一一统计。古代文献中虽然有许多记载宫中发髻的名称，但如果没有实物，只凭名称，便很难想象。

魏文帝的甄皇后梳的发式每日都不相同。据说她每天都会看见一条绿蛇，这条绿蛇是条灵蛇，它口含赤珠，并且能以盘卷的姿态告诉她不同的梳髻方法，因此甄皇后的发髻被称为灵蛇髻。

吴国孙和爱妾因伤更美

吴主孙权的儿子孙和很宠爱邓氏。有一次，孙和在月下对着邓氏舞弄水晶如意时误伤了邓氏，邓氏的脸上流下的血把衣服都弄湿了，孙和忙叫太医诊治。太医用白獭髓杂以玉屑做成药膏为邓氏治疗，伤好后，邓氏脸上留下了一些红点，孙和却认为这样使邓氏更加美艳了。从此孙和的姬妾们竞相用丹脂点于面颊。

魏宫四美人

魏文帝后宫中最漂亮的宫女有四位。第一位叫莫琼树，她所发明的蝉鬓，远远望去，如同蝉翼一般缥缈；第二位叫段巧笑，用锦衣丝履作紫粉敷面；第三位叫陈尚衣，能歌善舞；最后一位叫薛夜来，对做衣服很有研究。这四位美人终日陪伴着文帝。

魏宫女莫琼树发明蝉鬓

鬓式与鬓饰是打扮头发的两种重要手段。最简易的长鬓也是最飘逸的发式，是将头发垂在两耳前随风飘动。鬓上照例会插上珠钿宝钗或各种花朵。魏文帝时的宫女莫琼树之所以能被皇帝宠爱，是因为她创造了一种很有传奇色彩的鬓式叫蝉鬓。蝉鬓大概是借助了什么材料，才产生看上去像蝉翼一样缥缈美丽的效果，这种梳法恐怕很难，大概是用类似于胶的东西涂在鬓上，让它能固定，把发梳齐弄薄，再做成蝉翼的形状。后世皇后的礼妆就是用类似方法做成两博鬓。缓鬓是宫女们常用的鬓式。

薛夜来化"晓霞妆"

魏文帝的宠妃薛夜来刚到后宫不久，一天夜里，文帝正在灯下读书，用七尺水晶屏风防外人打扰。这时薛夜来来看文帝，没有看见屏风，不小心碰到了脸，受伤的部位看上去如同早晨朝霞，别有风韵。从此宫女们都开始用胭脂，仿照薛夜来化"晓霞妆"。

魏灵太后追念杨白花

有一男子名杨白花，容貌俊秀，身姿雄伟。魏灵太后甚是喜爱，要与之私通。他心中害怕，担心大祸临头，便更改名字投奔梁国。魏灵太后为追念他，作了《杨白花》歌，令宫人作曲吟唱，歌词为："阳春三月，杨柳齐作花。春风一夜入闺闱，杨花飘落落南家。含情出户脚无力，拾得杨花泪沾臆。秋去春来双燕子，愿衔杨花入窠里。"

杨皇后为夫择嫔妃

晋武帝司马炎的年号是"泰始"，当时司马炎刚刚建立起西晋政权。他登上帝位之后，马上着手"博选"后宫佳丽。为了切实做到"博选"，他先下了一条命令，杜绝老百姓结婚嫁娶，以便把所有适龄女人留着供他选择。接着，他派了宦者（当然只有宦者才合适）驾着车，带着随从驰往各个州郡，物色美女去了。由宦官选来的"良家女"，再由皇后亲自挑选。

这样一来，晋武帝司马炎的后宫顿时爆满。史称：

"时，帝多内宠，平吴之后，复纳孙皓宫人数千，自此，掖庭殆将万人……"

晋武帝的皇后杨艳怎样为她丈夫选择嫔妃呢？原来，这位杨皇后与所有的女人有着同样的缺点——妒忌。来自州郡的"良家子"们聚集在洛阳，排成长长的队伍，杨皇后只留下那些长得白净的，而真正姿容美丽者全部放弃。当时有一位朝臣名叫卞藩，他的女儿卞氏长得非常漂亮，司马炎看上了她。司马炎用扇子掩着自己的嘴，私下里对杨皇后说："这位卞氏长得不错！"杨皇后却反驳说："她父亲卞藩乃出身于豪门贵族。他的女儿怎能甘心做一个小小的嫔妃呢？"听了这话，司马炎只好放弃了此事。

潘妃开店酤美酒

南宋东昏侯在苑囿中依集市上的式样设立了各种店铺，每天游逛其间，采购东西。东昏侯又命宫女、太监们扮成小贩，在街上叫卖，潘妃则扮成管理市场的官员，自己扮成她的随从。还开挖了一些沟渠，设立了码头，东昏侯亲自撑船，并在码头上开设了店铺，亲自在店铺中杀猪卖肉。

因而老百姓有一首歌谣讽刺这些事情："阅武堂边栽种杨柳，皇帝杀猪兼卖肉，潘妃开店酤美酒。"

终于，在萧衍率兵进入阅武堂时，东昏侯被诛杀了。

徐娘虽老犹多情

梁元帝的妃子徐昭佩，东海郡郯县人，因长得平庸，元帝不喜欢他，二三年才见她一面。徐妃也不喜欢皇帝。因元帝是独眼，所以徐妃每当知道皇帝要来时，总是要画半面妆等待皇帝的到来。皇帝见了以后大怒而出。

徐妃生性放荡、风流，曾私通瑶光寺的智远道人。她天生又好忌妒，常常同和自己一样受冷遇的嫔妃热情交往，关系密切；而受到皇帝宠幸并且已怀有身孕的宫女，她必定要亲手杀掉以解心头之恨。

元帝有位宠幸的臣子，名叫暨季江，是个美男子。徐妃便想方设法勾搭季江，二人经常在一起鬼混。季江常感叹地说："真是徐娘虽老犹多情啊。"

徐妃还与一个叫贺徽的美男子在曾圣尼庵勾搭成奸。两人还在白角枕上写诗互赠，情意缠绵。

大清三年，元帝逼令徐妃自杀，徐妃走投无路，便投井自尽了。元帝命人将徐妃的尸体送还给徐妃娘家，称之为"出妻"。元帝还写了一首《金镂子》诗，对徐妃的种种败坏道德的行为加以批判。

郑樱桃妒忌成性

后赵皇帝石虎的宠姬郑氏，名叫郑樱桃，原来是东晋冗从仆射郑世达家的歌妓。太妃见石虎常在她面前称赞郑樱桃的美貌，答应将她送给石虎。

樱桃嫁给石虎后，生下太子石邃及东海王石宣、彭城王石遵。石虎为魏王时，郑氏被封为魏王后。石虎登上天王的宝座后，郑氏又被立为天王皇后。

郑氏生性妒忌，当初石虎攻下中山后，娶了征兆将军郭荣的妹妹为妻，二人相敬如宾。郑氏妒忌她，进谗言鼓动石虎把她给杀了。

后赵皇帝石虎娶清河崔氏的时候，郑樱桃刚生下一个男孩儿。崔氏为博得郑氏的欢心请求将孩子交给她抚养，被郑氏拒绝。

一天，孩子暴病身亡，郑氏趁石虎在庭院大床上休息的时候，进谗言说崔氏在外养别人的孩子，想要以此害死他。石虎当即怒不可遏，不加追查便取来了弓箭。消息传来，崔氏赶忙光着脚来到石虎面前，向他哭诉哀求道："请容妾把话说完再杀我吧。"石虎不给她机会，只是说："快回到座位上，这事与你无关。"崔氏信以为真，便转身回座位，还没走到座位上，石虎便从后面射中她腰部，崔氏当场一命呜呼。

不久，石虎去世，石氏宗族大乱。石遵废掉了太子石世，自立为帝，尊奉郑氏为皇太后。但是也好景不长，石遵又死于冉闵之手。

北齐胡太后私通沙门

北齐武成帝时，胡皇后还没有被尊为太后。胡皇后经常与宫中的太监们互相勾搭，眉目传情。武成帝很宠幸和士开，有事情经常和他商议。和士开则乘机与胡皇后勾搭成奸。

武成帝死后，胡后多次借到佛寺进香的机会，和和尚昙献勾搭在一起。胡后在昙献的褥席下放满了金钱，又置办了一张用宝物装饰的胡床放在他屋中。

胡皇后常在内殿安排上百名僧人，名义上是听讲佛经，背地里却是日夜跟昙献和尚私通。

后主开始听说这事还不相信，后来朝见太后时，很喜欢她的两个小尼姑，便将她们召来，发现她们竟是男子。于是胡太后与昙献私通之事被发现了，昙献等人被诛杀。元山王三郡君与胡太后私通的事被揭穿后，三郡君也被杀。

乐昌公主破镜重圆

陈后主有一妹乐昌公主，嫁与徐德言为妻。当时陈朝政治混乱，德言对公主道："以公主之才貌，国亡必入豪家。倘情缘未断，犹期相见。但宜以物为信。"乃破一镜，两人各执一半，并相约他年以正月望日，于都市卖出。及隋代陈，乐昌公主落入杨越公家。德言到都城，有个老头高价卖半镜，德言拿出半镜与之相合，并为老头题诗一首。公主得诗悲痛欲绝，越公得知详情后，召德言与之饮酒，令公主作诗。公主诗云：

今日何迁次，新官对旧官。

笑啼俱不敢，方信做人难。

越公听后，赏赐了他们，并把他们送回江南。

隋唐五代野史

隋炀帝临幸江都

大业元年的八月间，隋炀帝临幸江都游玩，所乘龙舟共有四层，长二百尺，高达四十五尺。最上面一层是正殿、内殿和朝堂；中间一层都用金玉装饰，有一百二十个房间；下层则是内侍的住处。皇后乘坐规格稍小些的翔螭舟。还有九艘用浮雕装饰的水上皇宫。各王公、公主、后宫嫔妃、百官、道士、尼姑、和尚和少数民族客人乘坐的船不下于十艘。拉船的纤夫个个身穿锦袍，人数多达八万。又有数千艘船，是专供侍卫乘坐的，其船头和船尾相接就达二百多里长。运河两岸的骑兵沿途搜刮方圆五百里内的民脂民膏，光是食物就多达上百车。后宫的人吃厌了各种各样的山珍海味，船将开时，就把这些所献之物埋掉。

隋炀帝喜爱"来梦儿"

隋炀帝去往扬州后，终日花天酒地极度荒淫。每晚睡觉时，必须有人在旁轻轻摇动他或奏乐歌唱，方能入睡。侍女韩俊娥，十分了解炀帝心意，每次睡觉时，非她摇才能睡得好。因此炀帝为她赐名"来梦儿"。

萧妃暗中讯问韩俊娥道："皇帝睡不着觉，只有你能让他安睡，难道你有什么媚术吗？"韩俊蛾对萧妃回答："妾从都城来此，一路上车子不能平平稳稳，车子在高低不平的路上晃动，把人弄得摇摇晃晃，我坐在皇帝身边，身子随车摇晃，皇帝靠着我一摇一晃的，他便感到舒适愉快。后来妾得以侍奉皇帝寝卧，便是仍保持车中的姿态才使皇帝成眠，妾实在没有媚术。"不久，萧妃便在炀帝面前说韩俊娥的坏话，从炀帝身边调离了她。

隋炀帝厚葬侯夫人

迷楼中宫女很多，使得后宫的宫女没机会受皇帝垂青。其中有一位侯夫人，姿色艳丽，富有文才，可谓才貌兼备，但未能入迷楼得皇帝宠遇，自知将终生空房以待。而春花秋月何时了，不免触动其伤感失落之心。与其受监禁之苦，不如选择短痛，就自缢于栋下。死后，从其身上找到一个锦囊，呈于炀帝，里面有许多诗稿。

炀帝看后，非常悲伤，就亲往宫中去看她。她虽已气绝，但容貌仍艳丽如前，炀帝非常悲痛，说："她死了还美若天仙，生前就更不用说了。"炀帝想到"毛君真可戮，不肯写昭君"这句诗，乃急召中使许廷辅来责问道："你身为朝廷要臣，本应替朕认真办事，为什么偏偏没有发现侯夫人？"遂将许廷辅打入狱中，令其自尽，以解心头之恨。同时厚葬侯夫人，将其诗付诸乐府吟唱以传后世。

唐高宗建镜殿

武则天建议高宗造一幢四面全是镜子的大殿，使室内光线好一些。大臣刘仁轨因有事上奏皇上，来到殿内，因镜子的作用刘仁轨看见几个同样的皇上，着实被吓了一跳，于是进谏："天上不能有两个太阳，天下不能有两个皇上，四周都有几个皇上实为不祥之兆。"高宗马上差人把四面镜子全部撤走了。

武则天幼时看相

武则天幼年时期，星相家袁天罡为其看相。开始时，乳母抱出的武则天身穿男孩的衣服。袁天罡一看，不禁心头一紧，说道："这孩子气色清爽，不大好说，让他走走看。"乳母放下孩子，让她在床前行走。袁天罡看了更觉诧异，说道："这孩子长着龙眼、凤颈，是贵人之中的贵人之相。"又转身观看，这次更是惊讶不已，脱口说道："要是女孩的话，难以预料其前程，可能会成为女皇帝。"

后世流传有《李淳风袁天罡推背图》。其中，关于武则天的图谶是：

日月当空，照临天下。

扑朔迷离，不文亦武。

参遍空王色相空，一朝重入帝王宫。

遗枝拔尽根犹在，喔喔晨鸡孰是谁？

谶中暗示武则天为天下之王，并暗示武氏不善诗文，以武幸。武氏做主之后将剪除李氏子孙，但还留有根蔓，所以李氏王朝还会复兴。

武则天梦断双翅

在古老的《涅槃经》中，双陆称为波罗塞戏。双陆最早产生于天竺。三国时，双陆传入中原，在梁、陈、魏、齐、隋代的时候流传甚广，进入唐代达到极盛。唐代的双陆在原来的基础上又有创新，后世学者曾考证唐代的双陆是用黑、白各六子，有首对联就写道："三个半升升半酒，两行双陆陆双棋。"唐代女皇武则天就曾做梦和人下双陆，可是总是无法取胜。醒来后，武则天觉得很奇怪，便召见大臣狄仁杰，问他这是什么原因。因为当时武则天一手独揽大权，刚刚改国号为周。狄仁杰便一语双关地说：宫中无子。武则天一听，明白了他的意思，淡淡一笑，不再说什么了。

武则天杀亲女

武则天在太宗死后又为高宗宠幸，封为昭仪。武昭仪生下一个女儿，长得白胖美丽，高宗、王皇后都很喜爱。一次王皇后前往看视，一会儿走开了。武昭仪背着人将女儿掐死，放在被子下。高宗来看女儿，武昭仪装着什么也没发生的样子，高高兴兴地揭

武则天

开被子。然后装着刚发现女儿死了，开始大声呵斥侍女，问刚才谁来过。侍女答是王皇后。武昭仪开始大声啼哭。不明真相的高宗真以为是王皇后杀了自己的女儿，而使武昭仪遭此丧女的不幸。于是更加怜爱武昭仪，想要把王皇后废掉。后来，皇帝要晋封武昭仪为震妃，侍中韩瑗等不同意。武昭仪又诬告王皇后与其母搞巫术，高宗以此为由废了王皇后。

唐玄宗以饼试太子

唐以后御膳用的饼，制作工艺和设计都越来越精细、考究、别出心裁，普通的饼渐渐失去了往日的辉煌，御膳中也不经常看到了，只有在刻意锻炼节俭风尚和实在无

计可施的情况下才会吃到。唐玄宗和太子之间曾在吃饼时发生过一件微妙的事情：一次，玄宗与太子一同进餐。太子在用刀切熟肉的时候，因肉上有许多油沾在了刀口上，便拿过一张饼，擦去了油渍。玄宗不动声色地看着太子，观察他的一举一动，想看看太子如何处理这张饼。太子正不知怎样处理这张饼，他抬头看了看父亲后，便慢慢地把饼送到嘴里。玄宗很高兴，觉得儿子很节俭。

唐玄宗观镜言瘦

无论是古人还是现代人，日常生活都离不开镜子。古人用铜磨镜，从中能看到自己的相貌。镜又被称为鉴，有从中看到自己缺点的意思。皇帝平时用的镜子边长一尺有余，镜框一般用金子装饰；穿衣镜则是大多数后宫嫔妃、宫女们都有的。唐玄宗曾对着镜子观察自己，发现自己一天天消瘦下去，但他又说："我虽然消瘦了一些，但天下的老百姓可以安居乐业呀。"

唐玄宗备尝相思之苦

杨贵妃因得唐玄宗恩宠，非常嚣张、放肆。天宝五年七月，贵妃因为忌妒触犯圣旨，玄宗命令高力士把她送回杨铦家中。贵妃刚走，玄宗便茶饭不思，甚是想念。高力士看出玄宗的心思，便请求玄宗接回贵妃。玄宗应允，高力士夜里打开安兴坊门，将贵妃迎回宫中。

天宝九年二月，玄宗按旧历设五王帐，跟他的兄弟们共同睡在里边。贵妃闲来无事，便偷宁王的紫玉笛。玄宗龙颜大怒，将贵妃驱逐出宫。贵妃事后非常后悔，剪下一缕青丝，让大臣张韬光交给皇上，并让他禀奏皇上，说自己罪该万死，但无以回报皇上。玄宗正因思念贵妃而若有所失，闻听奏报之后，急忙命高力士将贵妃请回宫中。经过两次离别、相思之后，玄宗更加宠爱贵妃。

唐玄宗培训梨园子弟

隋唐帝王对于音律都深为通晓，唐玄宗的音乐造诣更是非同一般。他曾挑选宫廷艺人的子弟三百人，将他们聚集于梨园学习音乐。在培训过程中，碰到谁演奏出现错误，唐玄宗必能觉察出来，并一一指正。这些接受培训的子弟都被称为"梨园弟子"。此外还有数百名宫女，也是梨园弟子，都住在宜春北院。唐玄宗过去专门为这些宫女配置了三十多人的小乐队。

有一次，唐玄宗到骊山游玩，正逢贵妃生日。玄宗于是命令小乐队在长生殿演奏乐曲。因演奏的是新曲，尚未命名，正好南方派人送荔枝来，于是将新曲命名为《荔枝香》。玄宗又命乐工黄幡绰撰拍板谱，由其他乐工演奏，大家呼天子为"崖公"。

唐德宗被宦官蒙骗

德宗刚登基时，宫中如要买什么东西，都须经由官吏，以现金交易。但到德宗晚年时，规矩却改了，负责管理这件事的是宫监，人称宫市，设置的白望（唐代宦官在民市中采购，往往左右探望，强取民物，付给物主的钱通常都很少，有时甚至还分文不予，人称白望）达数百人之多，强买人的货物，用染成红紫色的旧衣服或撕下来的破丝绸与物主交易，还要向卖主索要跑腿钱，实则是公然抢夺百姓的财物。有一次，有个农夫用毛驴驮着柴禾从皇宫外路过，宦官声称宫市要买下他的柴禾，并向他要跑腿钱。农夫说："我上有父母，下有子女，就等拿这柴禾去换钱买米下锅，眼下把柴禾给了你，你却不给我钱，那我就只有死路一条了。"接着便大骂那个宦官，结果被在街头上巡逻的小吏抓住。小吏将这件事报告给上边，德宗下诏废黜那个宦官，并赐给农夫十匹绢。但宫市中不法行为仍照旧进行。

谏官、御史数次向德宗进谏，但他不听。徐州刺史张建封上朝向德宗详细述说宫市的弊端，德宗才采纳他的意见，却跟判度支苏弁讨论这件事。苏弁秉承宦官的意思，对德宗说："京城里有许多人游手好闲，没有谋生手段，需要仰仗宫市供给。"德宗竟然相信了他的话，此后再有告宫市的，他一概都不听。

唐德宗寻母

沈氏是江浙人，开元末年（约公元740年前后），作为平民之女，被选入东宫（太子宫）。被皇太子李亨赐给广平王李豫（李亨之子）。沈氏生了个儿子，名叫李适。天宝末年，安禄山叛变，带兵进入长安。叛军抓了沈氏，仍囚于东都洛阳宫中。广平王李豫率军攻下洛阳，沈氏还在宫中。当时，由于北伐，沈氏无法赶回长安；不久，河南又被叛军史思明攻占，沈氏被叛军抓走，没有人知道其下落。唐德宗继位后第一件事，就是派人去寻找自己的母亲沈氏。

早年，宦官高力士有个女儿高氏，对宫廷中的旧事非常了解。女官李真一曾经跟沈氏游玩，依稀记得当年沈氏的面貌。李真一见过高力士的女儿，发现她颇能讲宫廷中的事情，于是怀疑高氏就是沈氏。李真一问高氏是从何年何地成为高力士的女儿的，高氏的回答含糊不清。从高氏的年龄和相貌来看，李真一觉得她确实与沈氏差不多。除此之外，有一重要证据：沈氏用刀切果脯给幼小的李适吃时，左指受了伤。高氏也曾因削瓜，伤了左指。沈氏失踪二十年了，无人能记得沈氏的模样了。女官李真一把高氏与沈氏的相似之处汇报给朝廷，李适派车迎接高氏回到上阳宫。使者骑马报告皇帝李适，李适欣喜若狂，群臣都一起欢呼。高力士的儿子知道他妹妹高氏并非沈氏，把实情禀告皇上，皇上非常不高兴，令好好对待高氏，让她回家。李适对身边的大臣们说"我被欺骗一百次也无悔，为的是找我的亲娘！"

唐宣宗设计"鲁凤鞵"

履普遍用于士民，它是一种单底鞋，但不同地位的人穿的不一样。皇帝穿的是用鸟皮制成的，平民穿的是草制的草履，好些的也只是丝履。唐宣宗曾设计了一种鞋子，仿孔子鞋的式样，并且取名叫"鲁凤鞵"，这是为了表示他对孔子的尊重。诸王和宰相都很感兴趣，纷纷仿效制作这种鞋子，稍改一下制成了莩王履。

唐敬宗独创"风流箭"

封建时代的君主帝王，位高神圣，具有随心所欲的权力。其中的一些人，就整天胡思乱想，想出一些怪招来寻乐。"风流箭"说白了就是一种淫乐的工具，便是唐敬宗李湛的发明。

唐代宝历年间，唐敬宗李湛特制了一种纸箭，也用纸制作箭头，纸箭头里面裹着麝香或龙涎香的粉末。李湛在宫中无聊的时候，就把宫嫔们都叫来，站在一定的距离之外，他用纸箭射她们，被射中的宫女或妃嫔，身上就会有香末沾上，因而浑身散发出浓烈的香味，但不会有任何疼痛感。当时这种纸箭被宫中人叫作"风流箭"，宫嫔们都希望自己能被纸箭射中，因而能够进一步得到君王的宠幸。她们有这样的顺口溜流传："风流箭，中的人人愿。"李湛常用这种办法在宫中寻欢作乐。

李后主始创缠足

缠足始创于五代十国中的南唐。李后主别出心裁，为宠妃窅娘缠足，用帛绕脚，还使之弯曲成新月状。李后主无比赞赏他的佳作，使得那些日夜盼望得宠的宫女们纷纷效法，也缠上了足并以为美。

上官婉儿称量天下

据史书记载，上官婉儿之母郑氏怀婉儿时，"梦巨人界大称曰：持此称量天下。"等到婉儿降生，刚过了满月，郑氏就逼她说：你真是称量天下的人吗？婉儿则轻声答应。婉儿天生机敏，极有文才。十七岁时，婉儿被武后召见，当场面试，文章一气呵成，遣词造句，就像是事先精心准备好的一般。上官婉儿的《剪彩花应制诗》很美：

"密叶因栽吐，新花逐剪舒。

攀条虽不谬，摘蕊诬知虚。

春至由来发，秋还未肯疏。

借问桃源李，相乱欲何如？"

剪彩花的场景和春天的气氛写得活灵活现。更为精彩的是《彩书怨》，一缕相思被写得淋漓尽致：

"叶下洞庭初，思君万里余。

露浓香被冷，月落锦屏虚。

欲奏江南曲，贪封蓟北书。

书中无别意，惟怅久离居。"

上官婉儿才华横溢，以机敏和富有文才在宫中闻名，武后十分喜欢她。到了中宗李显即位，上官婉儿愈加被信任，进拜昭容，其母郑氏被封沛国夫人。

杨贵妃极喜雪衣娘

唐玄宗和杨贵妃都很喜欢鹦鹉。绿衣使者和雪衣娘便是他们非常喜欢的两只鹦鹉，尤其是雪衣娘，更是深得二人喜爱。绿衣使者入宫以后，由后宫专人饲养。玄宗对它非常依恋，从此生活便离不了鹦鹉。正当此时，岭南又进献了一只白鹦鹉，雪白的羽毛，极其美丽，更胜绿衣使者几倍。玄宗和贵妃对白鹦鹉怜爱得无以复加，恨不得每日与其同卧同起，并呼它为雪衣娘。由于玄宗和杨贵妃的宠爱，雪衣娘在宫中待遇极厚；加上内官的驯养得法，天资极好的雪衣娘，愈加伶俐，颇通人性，而且有异乎寻常的语言能力，让玄宗像爱女人一样地爱它！

玄宗平日休息的时候，喜欢闲庭信步，或是吟诵近人的诗文。吟诵几遍以后，雪衣娘便亮着圆润的歌喉，清晰从容地吟出，而且准确无误。杨贵妃对雪衣娘也极其喜爱。有一次，杨贵妃教它读《多心经》，雪衣娘很快便能背得滚瓜烂熟，而且日夜不息地反复吟诵，虔诚得似是为贵妃祈祷。在后宫，玄宗常和贵妃、诸王博戏，每当玄宗快要输时，饲养雪衣娘的内官便轻呼雪衣娘，雪衣娘闻声立即跃上博局，脚踩戏盘，双翅凌空一番翻舞，一场博局被它搞得面目全非，只能重新再来。

杨贵妃华清池洗浴

唐玄宗与杨贵妃的爱情，是与其奢侈生活密切联系在一起的。"华清恩幸古天伦，犹恐蛾眉不胜人"，李商隐的这两句诗，显示出了杨贵妃华清池洗浴的恩宠是无以复加的。

华清宫是盛唐著名的行宫，坐落于骊山之下。华清宫原名温泉宫，因温泉而建，曾三次扩建。

玄宗与贵妃在华清温泉洗浴，可以说是穷奢极侈。唐代诗人有很多描写御汤与贵妃池的诗篇。李商隐《骊山有感》云："骊岫飞泉泛暖香，九龙呵护玉莲房。"前句写贵妃入浴后泉水香气四溢，写出了贵妃施粉之重。后句的"九龙呵护"一语双关，既指出御汤在九龙殿，又隐指莲花汤也曾有玄宗前往沐浴。

杨贵妃

白居易《长恨歌》中有诗云，"春寒赐浴华清池，温泉水滑洗凝脂。侍儿扶起娇无力，始是新承恩泽时。"诗中的隐含之义便是，华清池不仅是洗浴的场所，也是杨玉环蒙幸之处。

隋后宫四品夫人为院主

隋炀帝杨广即位不到五个月就修建了西苑。西苑四周长二百里，内有一个大湖，周长十几里。湖中有方丈、蓬莱、瀛洲三座假山，高达百尺，依山势建造了诸多楼台亭榭。湖的北面有一条水渠迂回曲折地注入湖中，沿渠建了十六个亭院，院门都临着水渠。每院由一名四品夫人管理。整个西苑，极尽奢华。秋天树叶零落，就剪彩绫做成花叶的形状缀在树上。湖中荷花凋谢，便代以彩绫做成荷花、荷叶的形状。颜色褪尽，便换上新枝。十六院争相以山海珍味讨皇帝的欢心。

隋宫廷服饰用羽毛

炀帝和牛弘等人商讨拟定了皇帝的各种服饰和宫廷礼仪侍卫制度，任命何稠为大夫少卿，让他负责制作，送往江都。何稠在前朝制度的基础上作了不少改动。皇帝的龙袍冠冕上刺上日月星辰图案，武官的礼服用轻便的漆纱制成。为了制作得更为华美、精致，以向皇上邀宠，何稠下令各州县送上羽毛，以致老百姓到处捕鸟，鸟类几乎灭绝。曾有一个鹤巢筑在一棵高达百尺的大树上，百姓只有砍断树根才能捕到鹤。鹤恐怕它的幼鸟遭到伤害，只好拔自己身上的毛丢在地上，民间传说这是祥瑞之兆。

唐宫流行高髻

高髻只是一种通称，实际上它有许多种类，今人能推测其形状的大概只有望仙髻、飞天髻等少数几种了。飞天髻始于南北朝，一直流传下来，直至明朝依然盛行，这是因为这种发式很美很浪漫。顾名思义，飞天髻显然和佛教有关。起于唐初而盛行武则天时的螺髻，同样也是源于佛教，据说螺髻是释迦佛的发髻样式。望仙髻是两个环状的髻耸于头上，虽也是高髻且梳法与飞天髻差不多，但远没有飞天髻的飘逸之态。唐玄宗很喜爱望仙髻，于是宫女们竞相梳这种发髻来取悦他。惊鸿髻很像一只鸟即将展翅而飞的样子，从曹魏一直流行到隋唐。唐宫中还盛行一种很美丽的发髻，即两鬓蓬松并向后拢，用两鬓包围着脸，并在头上做个锥形的朵子，它的名称叫抛家髻。还有一种发髻看来很像抛家髻，它是半翻髻，这种髻和抛家髻梳法不同。

高力士受宠不改忠诚

高力士十岁进宫，在宫中长大，身长六尺五寸，颇具风采。玄宗在藩邸时，倾心跟随，玄宗也极为欣赏他，二人皆视彼为知己。玄宗即位以后，指派高力士负责与外部的联系，玄宗即可运筹帷幄之间。高力士常服侍玄宗，每晚都会在殿内陪宿，玄宗曾说："力士当上，我寝乃安。"

正因如此，高力士声名大作，在朝中令奔竞之徒仰慕，很多人都想见他一面，却苦于没有机会，侥幸见到他的便如望天人，激动不已。众宦官也唯高力士马首是瞻。

一些位尊处优的皇亲如杨国忠、安禄山等也极力攀附高力士，常馈赠珍奇。高力士这人善于置办田产，仅在京师就筑建府第、池园等，占据良田千亩。而在宫中高力士更得其势，肃宗视其如兄长，公主称其为翁，玄宗不称其名而只称将军，有时还向高力士自称小字"阿瞒"。

高力士虽居高位却不失立身持法，虽受宠却从未改变忠诚。在玄宗懵懂之时，他便能劝谏善诱。玄宗中年渐图安逸，对李林甫极为信任，打算把政务交予李林甫。李林甫的阴险奸诈已为朝内外官员所惧，肃宗在东宫时也日夜担忧，唯恐遭其诬陷，焦心致发鬓昏秃。高力士见状，冒死力陈社稷不可假托于人，玄宗大怒，高力士顿首自责道："心狂易，语谬当死！"玄宗仔细考虑后，觉得高力士有理，乃置酒嘉赏于他，左右臣僚皆高呼万岁。

唐宦官掌握军政大权

宦官之职，唐太宗时下令不超过三品，四品为最高。经武后、中宗，宦官人数增至三千人，上千余人官居七品。玄宗时期，对那些服侍时间很久、尚有功德的宦官大肆封赏，出现了像左右监门将军这样的三品宦官，四千多名宦官中，官居四五品者不下千人。在殿头供奉的三品将军，被授以重任，传命持节，"光焰殷殷动四方"。在出外监军时，宦官掌握军政大权，节度使也要听从其命。在当时的京城，宦官的产业几乎占地一半，真可谓权财并进。德宗之后，将掌管禁军之权授予宦官，左右神策、天威军皆为禁军，置护军中尉、中护军分管禁兵。皇帝将禁卫军权交给他们本是出于信任，然而宦官持权要挟皇帝便有了可能，此也一反皇帝初衷。

唐宦官废帝

唐顺宗想将宦官军权夺回，没有成功，因其有严重的风疾在身，在宦官强迫之下将皇位禅于太子，顺宗于宪宗即位第二年死去。宪宗因服用丹药妄图长生而致性情大变，动辄杀人。为避免殃及自身，宦官们将其杀死。事后，王守澄、陈弘志谎称皇帝死于丹药，遂立太子为帝，即穆宗。穆宗乃短命皇帝。同穆宗一样，敬宗在继位后，终日狩猎游乐，宦官们甚是满意，但敬宗的杀气也同于宪宗。为防止身遭不测，宦官们决意将其铲除。一次夜宴，宦官首领刘克明趁敬宗大醉，将他挟至更衣室并将他杀死。另一未参加此行动的宦官王守澄，则趁刘克明挟立绛王为帝时，率另一支宦军进入宫中将其杀死，同时杀死绛王，然后立文宗为帝。

唐宫女称为"花鸟使"

唐玄宗开元年间，天下太平，财丰粮富，达到了唐朝鼎盛时期。与此同时，玄宗也开始腐化堕落起来。为了充实后宫，玄宗秘密下令"挑选天下好看的女子，纳入后宫并给她们取名为花鸟使"。这些绝色女子，被迫入宫后，便成了被奴役的宫婢。由于每年都要从民间采选民女入宫，开元、天宝年间宫女们人数急剧增加。长安大内、大明、兴庆三宫，皇子十宅院，皇孙百孙院，东都洛阳大内、上阳两宫，大约有四万个宫女。《新唐书·宦者传》中记载，在开元天宝年间，大约有宫嫔四万人。唐文宗为太子挑选妃子，曾下令百官各自"举言十岁以来嫡女及妹、侄、孙女"；为在恪太子选妃时，专"求汝，郑间衣冠子女为新妇"。就这样，许多良家少女相继被选入宫中，大部分成为宫女，只有少数人才会幸运地成为妃嫔。

唐宫女战袍藏"情书"

唐玄宗时，命令宫女缝战袍给御边的将士穿。有一个士兵发现战袍里藏了一首诗："沙场征战客，寒夜苦为眠。战袍经手作，知落向谁边？蓄煮多添线，含情更著棉。今生已过也，领结后生缘。"这个士兵将这件事报告给主帅，主帅又将它报告了玄宗。玄宗问宫女是谁作的诗，并保证绝不怪罪。有个宫女承认了，玄宗怜悯地把她嫁给了那个幸运地得到这首诗的士兵，士兵说："吾与汝结今生缘。"

唐宫女避难途中梳囚髻

唐僖宗在成都避难，因为是在避难，所以那些宫女们都没有以往的闲暇了，为了把用于梳妆的时间节省下来，只好简化打髻的方法，只将头发系至顶上，用根丝带即可，很像囚犯的发式，所以又叫囚髻，却没想到这种应急措施传到宫外，在成都的妇女中间也流行起来。

宋、辽、金、元野史

宋太祖后苑弹雀

有一天，正当宋太祖赵匡胤在后苑中用弹弓弹雀的时候，有一位大臣称有急事直闯进后苑，提出要面见皇帝。得知大臣有急事进奏，赵匡胤忙放下弹弓，让他当面禀报。听完以后才知道事情极为平常，于是异常恼火，觉得很扫自己的弹雀之兴，于是生气地责问道："这难道称得上是急事吗？"不料大臣火上浇油：比弹雀紧急。赵匡胤本来心中不快，听他一说，更是气不打一处来，这不是明摆着贬损皇帝和蔑视皇帝吗？是可忍，孰不可忍！于是赵匡胤随手操起一旁的斧子，一挥斧柄，打在大臣的脸上，顿时血流如注，两颗牙齿被打掉。但这位大臣素养极好，临走前还从容不迫地把两颗打落的牙齿捡起，并小心地包好。牙打掉了无法再粘上了，因为当时没有这种技术，但这位大臣为什么这样做呢？赵匡胤大惑不解，便质问他。大臣的回答令赵匡胤目瞪口呆，说他要把这捡回去，以此为证，让史官记下此事。赵匡胤感到了事态严重，认为玩弹引起这种事，实在是不应该，如果史官记下来的话，便会令人难堪。想及此，赵匡胤当即收敛怒容，厚赐该大臣。

宋太宗抱尸哭子

赵德昭是宋太宗赵光义的儿子，生前曾被封为武功郡王。太平兴国四年（公元979年），赵德昭随父亲宋太宗征讨幽州。一天夜里，军队中发生了一场虚惊，人们讹传太宗失踪了，因此便有人策划要立赵德昭为帝。太宗回来知道此事后，十分生气，加上征讨幽州的战事失利，因此很长一段时间里，宋太宗也不提把太原赏赐给赵德昭的事。赵德昭忍耐不住，就当面去问宋太宗。宋太宗一听，很不高兴地说："等你自己去把太原取回来，我再把它赏赐给你也不迟！"赵德昭遭到父亲的抢白，十分气恼，竟回家自刎而死。宋太宗听到儿子自杀的消息后，又吃惊又懊悔，忙赶到儿子家去，但已经迟了。最后他抱住儿子的尸首大哭起来，说："你这个傻小子，为什么想不开，寻了短见呢？"回宫后，他就追封赵德昭为魏王，谥号为"懿"。

宋仁宗的亲生母亲原为宸妃李氏

宋仁宗的生母是宸妃李氏，但他刚生下来不久就被章献太后抱去，作为自己的儿子交由杨太妃抚养。由于刘后在真宗面前十分受宠，李氏很怕刘后，所以对此事一直保持沉默。处在宫中的宫女嫔妃之中，李氏也从不表现出与周围的人有什么不同的地方。宫人都害怕刘后，因此没人敢把这件事泄露出去。所以，仁宗到成年之后都不知道自己的生母其实是李氏，一直到李氏病重，仁宗才进封其为宸妃。宸妃死时，太后想以普通宫人的待遇给她在宫外治丧，但丞相吕夷简却奏请刘后，表示丧礼应从重进行。太后一听，忙让仁宗先走，自己一个人坐在帘下，招呼吕夷简上前，问他："不过是死了一个普通宫人，哪里要麻烦到你宰相来说三道四！"吕夷简回答说："我是宰相，事无内外大小，都得管。"太后不悦地说："你想挑拨我们母子吗？"吕夷简回答说："如果陛下您不顾及刘氏家族的话，那我不敢说，但陛下如果还有一点顾及刘氏家族，那么葬礼就应从厚。"

刘太后也是聪明人，一听就明白过来了，于是以一品的礼仪将李宸妃停灵于洪福院。吕夷简又对人内都知罗崇勋说："以后宸妃入殓，要用水银灌棺，过后不要说我吕夷简没提醒过你们。"罗崇勋听后觉得很害怕，因为只有皇后才能享受水银灌棺的待遇，他忙将此事报告给刘太后，但刘太后听后竟也没有表示反对。

宋徽宗杖上刻谏言

皇帝的手中通常有一根玉杖，拐杖的作用是能帮助其行走，而且可以显示身份。皇帝通常使用的杖，杖头为龙头状。皇帝通常也将自己用的拐杖赐给他的大臣们。宋徽宗在自己刚登上皇位时，接受了江公望的谏言，把内苑畜养的珍禽奇兽全部都驱赶走，其中有一只白鹇不肯离开内苑，徽宗就用手杖打它，它仍然不肯离开。后来徽宗就把江公望的谏言雕刻在手杖的最上端。

宋徽宗酒灌佞奴

宋徽宗在内廷设宴，蔡宗的儿子蔡攸蒙受圣恩陪酒。蔡攸不学无术，在朝中结党营私，徽宗对其父子非常不满。在酒宴上，徽宗手拿大杯，频频劝酒，蔡攸力不从心，连连表示再也喝不下去了。而徽宗一次次把大杯伸过来给他酌酒，最后蔡攸醉得脚步凌乱险些跌倒。徽宗看着他的丑态说："就这样把你灌死了岂不损失了一个司马光吗?"

宋高宗借用宫女选太子

宋高宗时，由于他唯一的儿子夭折，高宗决定选立一名太祖的后裔为太子（宋太宗以弟承兄位，北宋皇帝皆是太宗子孙）。太祖的传孙有一千六百个，经过层层淘汰，最后剩两名，其中一名较为瘦小的，名叫伯琮，便是后来的宋孝宗。高宗开始觉得伯琮太瘦小，恐怕不好养，所以想把他淘汰掉，留下另一位稍壮实的儿童。就在高宗产生这种想法时，一只猫偶然从两个孩子身旁走过，伯琮一动不动，而胖孩子却伸脚踢了一下猫。高宗把这一切都看在眼里，遂留下瘦弱的伯琮，把胖孩子打发走了。伯琮留在宫中养育，但没有马上册封。高宗还要继续考察他。

几年后，高宗又选了一位太子候选人——伯玖，二人都封了王，高宗在立谁为太子的问题上举棋不定了。苦思之后，高宗终于想出了一个办法来测试二人。一天，高宗各赐给伯琮、伯玖十名宫女，过了几天，高宗又将宫女召回，验身，结果赐给伯琮的十名宫女仍是处女，而赐给伯玖的都已不是处女了。

赵伯琮（立为太子时改名赵眘）因为德行高尚，最终赢得了高宗的信任，被立为太子。后来，高宗晚年让位，赵睿当上了皇帝。

成吉思汗神秘的丧葬仪式

据史书上记载，1226 年，成吉思汗以抗命之罪领兵亲征西夏。经过所向披靡的一系列征战，同年 12 月蒙古军包围了西夏都城中兴府（今宁夏银川）。到第二年 6 月，在强大的蒙古军围攻下，加之中兴府地面发生了大地震，西夏军民抵抗意志尽失，西夏灭亡在即。然而，就在西夏灭亡前夕，成吉思汗这位叱咤风云的伟大征服者，也和所有人一样无法征服死亡，走到了生命的尽头。这次出征前，成吉思汗就已感到身体不适，但是由于西夏使者的出言不逊，大大激怒了他，便愤而前往。这时西夏天气炎热，年老体衰的成吉思汗终生征战，已很疲劳，加之又染上了斑疹伤寒，病情日趋严重。弥留之际的他，让儿子窝阔台继承汗位，号令天下，并让诸子立下了拥护窝阔台继承汗位的文书。临死前，他又对窝阔台、拖雷以及诸大将嘱附了深思熟虑的灭金方略（窝阔台遵循这一方略于 1234 年灭掉了金国），并特别叮嘱他们，他死后先不要为他发丧举哀，以免让敌人知道他已经死去。

根据成吉思汗的遗命，成吉思汗死后蒙古军秘不发丧，将装有成吉思汗遗体的棺木用毡子裹起来，秘密放到用 12 头犍牛拉着的大车上运往葬地（成吉思汗之死还有另外几种说法，这里不再详述）。为了不走漏半点风声，送遗体的灵车，沿途所遇，不管男女老幼，全部杀死。实际上这也合着一种古老的风俗，为死者寻找其在阴间的奴仆。尤其是当西夏国王带领众臣打开城门向蒙古军投降时，蒙古士兵如恶狼般扑上去，将人统统杀尽，把整座都城夷为平地。蒙古兵在杀死这些人的同时，还杀死这些人的牛马牲畜，边杀边说："到阴间侍奉我主去吧！"因此，沿途所遇人畜均成为刀下之鬼，彻底杜绝了走漏风声。

等到灵车运到位于克鲁伦河上游的皇家大营后，成吉思汗去世的消息才得以公布。成吉思汗的灵柩被轮流放进各个斡儿朵（斡儿朵是成吉思汗生前的宫帐或行宫，也是其主要妻室所居之宫）。诸亲王、公主和主要将领得到拖雷发出的讣告后，立即从这个庞大帝国的各地前来奔丧，哭泣着向灵柩告别，据说远道者走了3个月才赶到。

另据传说，蒙古军曾征发2500名工匠为成吉思汗陵建造陵墓，完工之后，800名士兵将所有工匠集中在秘密处杀死，然后，这800名士兵也被全部处死。所以，成吉思汗墓到底在何处就彻底地成了"天字号"的机密。

除此之外，成吉思汗（后来的蒙古大汗，元朝皇帝等都是）密葬后的处理方式也是他的陵墓不知所踪的一个原因。据说，蒙古诸汗下葬后，会驱驰庞大的马群在其葬地来回狂奔，扫灭痕迹，然后派重兵守卫，方圆数十里内均为禁地，不准任何人靠近。等到来年草木丛生，人马散去，根本无法辨认墓葬所在。关于此点，《蒙古秘史》上就有记载：蒙古皇族下葬后，先用几百匹战马将墓上的地表踏平，再在上面种草植树，而后派人长期守陵，直到地表不露任何痕迹方可离开。南宋彭大雅撰写的《黑鞑事略》则记述："其墓无冢，以马践蹂，使平如平地。若忒没真（铁木真）墓，则插矢以为垣（阔逾三十里），逻骑以为卫。"就是说成吉思汗墓的周围插箭矢为墙，围成了一个方圆三十里的禁区，设有骑兵守卫。1246年来到蒙古的罗马教廷使节就这样描述："他们秘密地到空旷地方去，在那里他们把草和地上的一切东西移开，挖一个大坑，在这个坑的边缘，他们挖一个地下墓穴"，放入死者后，"他们把墓穴前面的大坑填平，把草仍然覆盖在上面，恢复原来的样子，因此以后没有人能够发现这个地点。"蒙古伊利汗国（拖雷之子建立）波斯史学家拉施特在《史集》中记载：守卫成吉思汗墓地的是蒙古兀良哈部的一个千户。还说成吉思汗下葬的当年，"野地上长起了无数树木和青草，如今那里森林茂密，已无法通过，最初那棵树和他的埋葬地已经辨认不出了。甚至守护那个地方的老守林人，也找不到通到哪里去的路了。"另据元末叶子奇的《草木子》记载，成吉思汗下葬后，除马匹踏平墓地外，为便于日后能找到墓地，"国制不起坟陇，葬毕，以万马柔之使平。杀骆驼子其上，以千骑守之，来岁草既生，则移帐散去，弥望平衍，人莫知也。欲祭时，则以所杀骆驼之母为导，视其踯躅悲鸣之处，则知葬所矣。"就是说在成吉思汗的坟上，面对着一头母驼，杀死了一只驼羔，将羔血撒于其上，并派骑兵守墓。待到第二年春天小草长出以后，墓地与其他地方毫无二致，无法分辨出墓地所在，守墓的士兵这时才撤去。成吉思汗的后代想念他的时候，就让被杀驼羔的母驼引路，如果母驼久在一个地方徘徊、哀叫，就说明这个地方就是陵墓所在地。

那么，成吉思汗为什么要实行如此诡秘残酷的密葬方式呢？这与成吉思汗残酷的征战和蒙古族的宗教信仰和文化习俗有关。'首先，成吉思汗清楚地知道，无数生前不可一世的统治者，其身后的坟墓往往遭到肆无忌惮的破坏，盗墓者或者是因为攫取墓中的财宝，或者是一种政治上的仇视。那么，作为杀戮无数的残酷征服者，成吉思汗有着无数的仇敌，为了免遭如此厄运，选择秘葬理所当然。其次，蒙古族早期信奉的萨满教认为，生命是生、死、再生的过程，人只是自然界的一分子，死后回归自然是天经地义的事情。而且人间万物都有灵和灵魂，人的灵魂藏在人的血和骨中，所以特别重视对血和骨的保存。人死后秘密埋葬，避免后人对其尸骨的干扰，是对死者生前灵魂的尊重。再者，依据蒙古族的风俗，他们认为祭奠人主要是祭灵魂，不是祭尸骨。人将死时，他们的最后一口气——灵魂将会离开人体而依附到附近的驼毛上。因此，他们一方面秘葬人的肉体，以免被侵扰；另一方面，大张旗鼓地祭祀帝王依附在驼毛上的灵魂。由此人死后埋葬遗体的所在并不是后代祭祀的中心，也就没必要留下标记。当然这也与蒙古人长期从事牧业，没有固定的所在有着密切的联系。

正是基于以上原因，不仅成吉思汗，包括以后的蒙古贵族和元朝皇帝，从来不建高大宏伟的陵墓，均实行秘葬，并且帝王陵寝的埋葬地点不立标志、不公布、不记录在案。这种"其坟无冢"，有墓无坟的丧葬方式，正是秘葬的具体体现。后世有关墓址的许多记录，多是捕风捉影，道听途说的附会，与事实的真相可能相距甚远，加之年代久远，寻找成吉思汗墓显得异常艰难，这也正是成吉思汗的陵墓成为千古之谜的主要原因。

元顺帝设计龙舟

元顺帝是一位杰出的设计师。至正十四年十二月，他在内苑设计了一套龙舟，并命内宫供奉少监塔思不花为监工，照他的设计督造。龙舟建成后，首尾长120尺，宽20尺，前部设有瓦帘棚、穿廊以及两座暖阁，后面则建有庑殿楼子。龙舟的龙身和殿宇用五彩金装饰。行进时，龙身的首、眼、口、爪、尾都会动，并且动作十分谐调，整个龙舟设计得十分精巧别致。舟上的24名水手，都身穿紫衣，腰系金荔枝带，头裹皿戴头巾。每当有事要用到龙舟时，这些水手就会各拿一枝前宫山下的海子内来往嬉玩。

花蕊夫人难做皇后

宋太祖大举进攻后蜀，蜀主孟昶和他最喜欢的妃子花蕊夫人投降。宋太祖早就听说花蕊夫人长得非常漂亮，而且多才多艺，非常倾慕。因为这个原因，孟昶不仅得到秦国公的封号，而且还任检校太师兼中书令，得到了一所有五百间屋的住宅。宋太祖所做这些都是为了讨好花蕊夫人，好在她进宫谢恩时见见她。果然，赵匡胤一见到国色天香的花蕊夫人，魂都快没了，从此再也忘不了她。

过了些日子，宋太祖在大明殿摆了一桌酒席，邀请孟昶入殿喝酒。但没想到第二天孟昶即得了痢疾，又吐又泻，最终不治身亡了。宋太祖为孟昶隆重发丧并追封他为楚王，又强迫他的宠妃花蕊夫人做了他的妃子。

和赵匡胤的前两位妻子相比，花蕊夫人有娇人的美貌，又擅长诗画。有一次，她作了一首含有"十四万人同解甲，更无一个是男儿"的诗来纪念她已经灭亡的国家。太祖十分喜欢，一时宫廷上下流传很广。花蕊夫人的可爱促使宋太祖想立她为皇后，但是，他怕引起大臣的不满，便偷偷地去找宰相赵普商量。赵普不支持他，并劝他说："花蕊夫人是被灭掉了的国家的皇帝宠妃，陛下封她为妃子，已有大臣不满，怎可立为皇后，让天下人笑话呢？"

李宸妃坠玉钗

宋仁宗的母亲李宸妃怀孕时，有一次和真宗一起在砌台游玩，头上的玉钗忽然无故掉下来了。李宸妃觉得这是件很不祥的事，但真宗却认为，钗这么脆弱，如果掉在地上而没摔坏，李宸妃一定生男孩。侍从们把钗拾起奉上，玉钗真的完好无损，真宗非常高兴。不久，李宸妃真的生了儿子。

郭皇后误伤帝颈

宋仁宗很宠爱尚美人和杨美人，她俩曾多次跟皇后争吵。有次，尚美人在仁宗面前说出一些触犯皇后的话，皇后十分生气，就上前打她，仁宗见状忙站起来护住尚美人，皇后来不及收回手掌，结果误打了仁宗一个耳光，使仁宗十分不高兴。

宦官阎文应乘此机会和皇帝商量废后之事，并劝仁宗把被打的痕迹给宰相看，仁宗因此就召吕夷简进宫，并把脖子伸给吕夷简看，又把挨打的原因经过讲给他听。吕夷简与皇后曾有过节，因此便同意废后，但仁宗自己又有点犹豫不决，吕夷简说："光武帝刘秀是东汉有名的明君，郭皇后只是因为不满他而发牢骚就被废掉，更何况像今天这种打伤陛下的脖子的事呢？"仁宗于是决意废后。仁宗做出决定后，吕夷简便抢先命令朝廷的有关部门不得接受谏官关于废后一事的奏章，于是仁宗便下诏说皇后愿意入道修行，并封其为净妃、玉京冲妙仙师，迁居长宁宫，而谏官们的奏章就真的没能送到仁宗手中。

辽宫皇后分娩用绵羊

历代宫中孕妇的分娩过程，外界很难知道，史书对此有记载。契丹人建立的辽国，特别对皇后的分娩建立了一套制度，这套制度是和契丹人的游牧生活密切联系的，十分有趣。据说皇后待产时，先造团白毡帐四十九座，围成一圈，皇后在其中最大的一座内待产，其余四十八座内各备一只羊，一人扭着羊角，另几个抓住羊的其他部位，等待中间帐内的动静。大帐内分娩在即，翰林院使负责抱住皇后胸部，产婆在下面准备接生，皇后身下铺着甘草苗。分娩的过程中，皇后痛苦难忍，失声叫喊。这时，一听到大帐内传出皇后的叫喊之声，四十八座小账内扭着羊角的人同时用力割羊角，四十八只羊一齐痛叫，响声震天，立刻淹没了皇后的痛叫声。此法蕴含着用羊替皇后忍痛的意思。如果皇后生的是男孩，守在帐外的契丹主便穿上红衣服，令乐队奏乐，与众臣饮酒庆贺。那四十八只被割伤的羊，也不医治，放归羊群，任其自生自灭。

谢道清病后变美女

宋理宗宝庆年间，朝廷要替刚刚继承皇位的皇帝挑选后妃。皇太后杨氏为还当年自己被册立为后时一心相助的丞相谢深甫一个人情，下令要从谢家诸女中选出一名皇后。

听到太后谕旨，全家人又喜又忧。因为家中只有一个女孩子，即谢深甫的长子谢渠伯的女儿谢道清。道清之父早死，家境贫寒，由其叔谢举伯抚养长大。谢道清长得又黑又不好看，脸上还有明显的疤痕，恐怕是不能入选。

"道清就算进宫，也只能做婢女，还是准备将她嫁人吧！"叔父举伯很担心。

元宵张灯时节，许多喜鹊飞到灯山上筑巢，谢家兄弟们认为这是个好兆头，象征着道清将顺利入选。他们坚持要把谢道清送进宫。

在京城，谢道清等待大选时突然生了病，而且十分严重，几日几夜昏迷不醒，没有吃任何东西。宫人们都认为她没有救了，可是十几天后，她竟然全好了。更令人难以置信的是，她的手蜕了一层皮，变得洁白如玉；沐浴之后，犹如出水芙蓉、带露海棠一般，一双黑亮的大眼睛如一泓清泉清澈透底，脸上的疤痕也消失了。

丽妃张阿元制作昆钟

丽妃张阿元，天性聪颖机智。有时，元帝退朝便来到后宫，与众妃嫔一起嬉笑游玩。元帝曾说："光阴似箭，日月如梭，人生百年，不过一瞬，在世就应当游玩享乐。作茧自缚，把大好的年华放在苦差上，真是虚度一生啊！"于是，元帝常常通宵达旦欢歌燕舞，美女相伴，饮酒作乐，称为"遣光"。众妃嫔则八仙过海，各显神通，使出浑身的解数，博取元帝的欢心。其中阿元匠心独运，悄悄地制作了一座昆钟。该钟从上到下共有三层，中间有转轴，玉石质地，黄金为枝。钟的四面用彩线缝制的花朵围缀，又做了许多蜂蝶，夹杂点缀在花朵的中间。昆钟转动时三层浑然一体，百花自动摇曳，蜂蝶飘飘欲飞，全都扑向花蕊。阿元又穿了一件自制的飞琼流翠袍，每当穿在身上向前走的时候，宛如月宫仙子一般缥缈飞动。

宏吉剌皇后拒临幸

宏吉剌后生性节俭勤奋，豁达开朗，不会妒忌，对自己要求严格。居住在兴圣西宫的第三皇后奇氏，受到皇帝宠爱，经常留宿皇帝。左右的大臣近侍把这些告诉了宏吉剌后，她并没有表现出忌妒和埋怨。一次，剌后随从元武帝去上京巡视，途中，元武帝派内官传旨，想接见剌后，剌后以夜太深加以推辞。内官回报皇帝，皇帝命令再去，反复几次，剌后最终也没有答应。

元嫔妃龙瑞娇的后宫酷刑

淑妃龙瑞娇，生性贪婪好忌，宫女稍微对她不敬，她便让人用鞭子将她们打死。有时"良心发现"，不想治人死罪，也要想尽办法让她们生不如死。她发明了诸如"酸刑""臭刑""蒸胃""炼肋""醉鬼"之类的刑法。最残忍的刑法是悬心之刑，是将削好的木棍，埋在地下二尺，地面上剩三尺，让犯罪的宫人站立在上，用另一根木棍将她们的腰撑住，再让其两手各提一重物，必须握住。如此残酷的刑法，数不胜数。

宋宫流行蹴鞠

宋代是蹴鞠发展最为鼎盛的时期。宋代宫廷中不仅有专门的蹴鞠球队，而且经常举行蹴鞠比赛。孟元志在《东京梦华录》中记载：参加竞赛的左、右军各十余人，其中一为球头，比赛时，球头均头戴长脚幞头，余则戴卷脚幞头。蹴鞠之所以在宋朝繁荣昌盛，一个重要原因就是皇帝对蹴鞠的喜爱。宋太祖赵匡胤开蹴鞠风之先。元代钱选就作了《太祖蹴鞠图》，生动地描绘出赵匡胤同大臣们踢球的情景。北宋的宰相李邦彦就曾以踢尽天下球而自诩。

蹴鞠

北宋还有一宰相高俅就是一个因球艺高超而在官场上青云直上的代表。宋代宫廷宴会时，就会有蹴鞠助兴，还特意制定了礼仪规定，要在喝完第六杯酒后，蹴鞠高手们上场来表演球艺。正因为朝廷对蹴鞠的重视，所以京城里蹴鞠高手如云，甚至还出现了专以教球技为生的踢球艺人。

元宫大摆斗巧宴

至大中年，后宫嫔妃中，洪妃最受宠爱。七月七日夜，宫中高坛上用毛彩丝结为彩楼。只有洪妃与宫官数人登高坛，然后剪断彩丝扔到台下，让众宫嫔争相捡拾，拾到颜色鲜艳的一方为胜。第二天，在宫中大摆宴席，叫作"斗巧宴"，败的一方负责置办酒宴。

宋宫的三十六髻

徽宗赵佶昏庸无道。亲政以后，重用奸臣蔡京、朱勔、王黼、童贯、李彦、梁师成六人，时称六贼。当时，内忧外患，童贯受命领兵远征。一次在燕蓟战役中，不懂军事的童贯被击溃，狼狈不堪地逃回京师。过了不久，宋后宫内宴上出现了一个十分精彩的节目：三个教坊女伎一身奇装，翩翩登场，三人最显著的特征是头上的发型各不相同，一个发髻在额上高耸，一个发髻偏坠一旁，一个是满头发髻，遍地开花，颇为有趣。

三个女伎登台亮相以后，场上出现了一个优伶。优伶一一将三位女伎介绍给观众，说这是蔡太师家人，这是郑大宰家人，这是童大人家人。席上人觉得奇怪，便问三位女伎，为何发髻各不相同，是不是三位大人家里有什么讲究？蔡太师一髻高耸的家人答道：太师觐清光，此名朝发髻。郑太宰发髻偏坠的家人说：吾太宰奉祠就第，此懒梳髻。最后轮到童大人满头发髻的侍女，侍女娉婷而出，款款地说：大人方用兵，此三十六髻也。三十六髻就是三十六计，当时有句俗语，为三十六计，走为上计。最后这位女伎的说白是这段俳戏的戏眼。

元后宫制作五云车

元时，皇宫中曾制作一辆"五云车"。此车共有五个车厢，槛式用火树做成，轮辕用乌棱木制作。车顶悬挂着夜明珠。五个车厢呈十字形排列，前后左右四个，中间放一个。左厢张挂绿色羽毛，华盖下吊着金铃。华盖上是叠成云状的黑色织锦。厢旁树有青龙旗，五支磨锷雕银戟并排放着。右厢则张挂着白色鸠氅，华盖下面吊着玉铃，华盖上是叠成云状的白色锦缎。厢旁树有白虎旗，五支豹绒连珠枪并排放着。前厢张挂的是红猴毛颤，华盖下吊的是木铃。厢前树的是朱雀旗，五支线铎火金戈并列放着。后厢张挂着黑色兔团毫，华盖下吊着竹铃，华盖上是叠成层云状的黑色织锦。厢前树立玄武旗，五只画干并列排放。中厢张挂着雕羽曲柄，华盖下吊着石铃，华盖上是叠成云状的黄色织锦。厢前立着勾陈旗。中厢是皇帝的座位，外面的四个车厢则坐着嫔妃。皇帝乘坐此车，夜晚在皇家园林游玩，车上挂着夜明珠，蜡烛也不用。陈刚中曾作有《云车夜游》一诗，诗曰：

金根云盖辂移玉，露花不坠瑶草绿。

明珠照秉秋月悬，天风吹下箫韶曲。

万年枝上清光满，八鸾导引双龙管。

夜深知昼翠华来，三十六宫碧云暖。

明代野史

明太祖不喜出身

明太祖十七岁时曾在凤阳皇觉寺出家，明太祖出家不是因为宗教信仰，更无梁武帝萧衍"舍身"的精神，而是因为家境贫寒，衣食无着，要寻一条生路。他当了皇帝

以后不愿被别人提起这段经历。太祖生性多疑，时常以为别人侮辱他。徐一夔曾经上一奏章，表中说到"光天之下""天生圣人，为世作则"，太祖看后大怒，以为光者为僧，则"发音近贼"，是侮辱自己，下令将徐一夔处死。尽管太祖曾入佛门，但是明太祖在位期间在政治上对于佛教并没有什么特殊的关照，只是史书曾经说他派高僧宗泐到西域取经，后来也没有成行。不过，他即位后依然喜欢读《心经》等佛经，曾为《心经》作序，又标注《金刚经》，多次召集法会，延聘高僧讲习佛法。他的部分与佛法相关的杂文言论被佛教徒们结集成为《护法集》。他在《<心经>序》中阐明了佛教的宗旨就是去邪念，归正道。明朝人评价太祖精于儒、佛、道三教，虽不及专门之人，但也是颇有成就的。他时常谈论三教并阐述自己的意见，关于三教合一的论述则是精华。明太祖还特地选派高僧为各王的谋臣。

明太祖睹画思妻

相传明太祖长子朱标善作画。明太祖早年与陈友谅作战失败，其妻马氏背太祖逃跑，朱标当时就偷偷把这一场景画成图画。马皇后死后，明太祖一度疯狂地诛杀功臣，太子多次劝谏他都置之不理，于是太子对皇帝说："上有尧舜之君，下有尧舜之民。"皇帝听到之后更加愤怒，就用榻椅打太子，太子逃跑，将怀中所藏之画掉在地上，皇帝看见这幅图，十分悲痛，就停止了追打。

小匠人使计欺太祖

太祖出身草莽，后来一跃成为皇帝。一天，他独自在殿上散步，看到四周没有人，回想当初起兵之事，不禁失笑，并说了几句话："我本来只是沿江抢掠，不想弄假成真，有了今日的这番成就，真是没想到啊。"正说着，他抬起头来，却看见房梁上蹲着一个人，这个人是个工匠，由于宫殿刚刚建成，刷漆的工作尚未完工，还在工作。太祖便叫他下来，但接连喊了几声那人都没有反应，只是埋头做自己的事情。太祖很奇怪，又喊了几声，那个工匠才下来，跪在地上对太祖说："小人因耳聋没听见，罪该万死。"太祖见此，便释然一笑，依旧让他去工作。大概这个工匠知道皇帝召他，自己必死无疑，急中生智便假装是聋子，不答应太祖的召唤，让太祖以为他什么都没听到，因此放过了他，其实太祖是受了这个工匠的欺骗。

明英宗不怨王振

当时明朝边外驻有蒙瓦剌部落，英宗十四年七月，瓦剌大举侵犯。英宗听从好大喜功的王振的进谏想要亲征，并置大臣们进谏于不顾。遂带几十万大军向北行进，至宣化遇大风雨，王振对大臣进谏仍不听。军驻大同，时值八日，王振意欲继续向北，但听过镇守太监郭敬报告之后，王振害怕，决定班师。途中，王振为向人炫耀便邀英宗至其家乡蔚州，又恐大军毁坏庄稼，遂改主意，从宣化回京。如此绕弯，到达土木堡。此时瓦剌兵至，明军大败，王振死于乱军，英宗被擒。明英宗成为继宋徽、钦二帝之后，又一个被外族俘虏的皇帝。英宗较为幸运，次年放回。归来之后，他退居为太上皇，苦熬七年之后，夺权复辟重做皇帝。英宗不仅不怨恨王振所造成的苦难，反而为其祭祀、招魂，很是怀念，并赐匾额"旌忠"挂于王振祠堂。

明宪宗敬畏万贵妃

万贵妃成为宫女时才四岁，服侍英宗的母亲孙太后。少女时期的她，长得十分美丽，楚楚动人，加上聪明伶俐，以至于孙太后非常喜欢她，成为孙太后身边的"小答应"。英宗的儿子宪宗在非常小的时候就成为太子，万贵妃被派去服侍他。宪宗比万贵妃小十七岁，在这个几乎相当于乳母的女子的照料下，宪宗逐渐成长为一个风度翩翩的少年。天性聪明伶俐的万贵妃不知怎样勾引了少年太子，宪宗对她更加依恋，万贵妃既当情人又当监护人。在宪宗十八岁当上皇帝时，万贵妃已经三十五岁了，宪宗对她既依赖又敬畏。在宫苑中，人们常能看到在宪宗的驾前，有一位肥硕的中年妇人戎服前行。凭借着宪宗对她的恩宠，万贵妃在宫中毫无顾忌，而且宪宗私幸别的宫女，要尽可能地不让她得知。在五十八岁时，她因为怒打宫女而气血不调，加上因肥胖造成心脏的负荷量过大而突然死亡。宪宗知道后，心里十分悲痛，怅然叹道："万贵妃死了，我也活不了多长时间了。"果然应了他说的话，几个月之后宪宗就郁闷伤怀而死。

明孝宗生于冷宫

明孝宗皇帝的身世十分悲惨。孝宗的母亲纪氏原本是一名宫女，怀孕的消息被当时娇宠横行的万贵妃知道后，万贵妃便派人送去堕胎药，逼迫纪氏服下。幸亏药量不大，否则历史上也不会有孝宗皇帝了。当时纪氏早已不得宠，孝宗出生在紫禁城外的一个安置病老宫女的地方，名为安乐堂。出生时，他头上有一寸左右的地方未长头发，估计是堕胎药造成的。纪氏偷偷生下这个小皇子后，感到危机四伏，因为在她之前，其他宫女所生的几名皇子都被万贵妃害死。纪氏日夜惊恐，难以安寝，反复思量，最后决定让太监将小皇子溺死。太监张敏不同意这样做，并说服了纪氏，决定和纪氏一起偷偷养大这个孩子。六个年头过去了，宪宗皇帝终于知道了这件事情。当时宪宗已过三十，还未得子，听说自己已有了一个六岁的儿子，激动万分，派内使把孝宗从安乐堂接来。当小皇子张开双臂向父皇跑去时，背后长了六年的胎发晃来晃去，宪宗把儿子抱在膝上，喜极而泣。

明武宗宫中大放烟火

武宗即位之后，每年宫中都要张灯结彩，以此来娱乐消遣，但极为奢侈挥霍。库中贮存的黄蜡不足了，便命令管事部门补买。正德九年，宸濠上贡样式新颖的四时灯数百盏，灯的设计独具匠心，巧夺天工。灯献来时，武宗又命令送灯的人进入宫中，亲自把灯悬挂起来。这些灯各有特色，大多靠墙壁或柱子挂着，以突显它的玲珑奇巧。武宗还专门在庭轩倚栏间盖起专门储存火药的棚子，但有一次因疏忽引燃了火药，宫殿毁于一旦。武宗笑称："真是一棚大烟火呀！"武宗整日贪图游乐，不过问朝政。

小吕妃"对食"丧命

在成祖时期，宫中"对食"之事比较少见。明成祖的嫔妃小吕由于好景不长，日子分外难熬，于是，也干起了"对食"的勾当，并且怂恿鱼妃也参与其中。

恰巧是在成祖丧失宠妃，沉浸在悲伤中时，小吕强抢与一宫女"对食"的太监同自己"对食"，因此宫女怀恨在心，在成祖面前告了她一状。成祖知道后，怒不可遏，立即令都督将两人抓来。

小吕闻知此事，知道性命难保，就派人把鱼妃请来。两人抱头痛哭，然后双双自杀身亡。

仁孝皇后作"内训"

永乐五年十一月，皇帝向群臣颁赐仁孝皇后草拟的《内训》，让群臣用于家教。当初，皇后阅览了大量古代典籍，写了这本书，取名为"内训"，以此作为女人的行为规范。书共20篇，包括德性、修身、谨行、勤励、慎言、节俭、警戒、积善、迁善、崇圣训、谨贤范、事父母、事君、事舅姑（公婆）、奉祭祀、母仪、慈幼、睦亲、逮下（关怀厚待下人）、待外戚。序言写道："高皇后经常教诲媳妇们要遵守礼法，言行谨慎，我有幸能够聆听高皇后教诲，心服口服，丝毫不敢违犯。20多年来，我一直侍奉皇帝，为了推行宫中教化，凡事遵守先帝遗志。"又说："承蒙高皇后的谆谆教导，超越往昔，足以成为后世的楷模，我永远铭记在心。"永乐二年冬天，皇后把高皇后的教导用诉说的形式加以推广，写成《内训》，以此教育宫中之人。皇太子把书进献给皇帝，皇帝看后，潸然泪下，下令刊印颁发。当时皇后正在为高皇后服丧，三年不吃酒肉，只要一说到高皇后就掉泪。成祖问皇后："你能背诵高皇后的许多遗言，那么，你能举例说明当今哪些话可用吗?"皇后毫无遗漏地背诵出来。

皇后的弟弟抢皇冠

明孝宗时，因其独宠张后，张后两个兄弟出入宫中旁若无人，连皇帝也不放在眼里。一次内宴，张鹤龄趁孝宗不在之时，借着酒意，将皇冠戴于头上，张后视而不见。身为长随的宦官何文鼎在一旁见状，强忍心中怒火没有发作。另些时日，张鹤龄偷窥龙床，何文鼎见状顿生怒气，执手中大瓜欲砸之，孝宗、张后将其拦住。何文鼎奏曰："二张不敬，无人臣礼。"皇后回击。孝宗虽知其忠心一片，怎奈张后挑拨，终因惧内而将其打入天牢。因皇后之命，何文鼎死于狱中，孝宗痛心，刻下碑文并祭之。

张后虽获独宠，却不念皇恩而放纵自家人，其忠诚之心无法与何文鼎相比。

皇太后废神宗

万历元年，神宗厌恶读书，慈圣皇太后召他前来，并罚他跪了很长时间。皇太后每次来到神宗读书的地方，都让他复述一遍，确保他记住了才作罢。每到上朝的日子，五更之时，皇太后喊他起床。不论他愿不愿意，就给他洗脸，拖他去上朝。八月十一日，神宗在西苑宴乐，两个宫女在旁侍奉。神宗喝醉了，让两个宫女说唱新歌，她们推辞说不会。神宗气急败坏，退席取来宝剑，要刺杀两个宫女，左右奉劝这才罢休，不过还是用剑割下她们的头发。太后知道后，便换上青布袍，去掉簪子耳环，让内阁大学士张居正写奏章严厉劝谏神宗的过失，并一同替神宗起草自责的御札。慈圣皇太后又把神宗召来，让他跪在面前，对他严加斥责，直到说出："不用你做皇帝还不行吗？"当时，宫中盛传皇太后命令冯保到内阁去取《霍光传》，将要废掉神宗，另立潞王为帝。神宗才觉得害怕，长跪在地上，使皇太后收回废自己的念头。

客氏让明熹宗断子绝孙

客氏是熹宗的乳母，她刚进宫时才十八岁，二十岁时丈夫就死了。她长得十分漂亮，且狐媚淫荡，先后和太监魏朝、魏忠贤结为"对食"，勾搭成奸。熹宗年幼时，客、魏二人同在东宫，见熹宗喜欢嬉玩，便投其所好，整日引诱他嬉戏玩乐。熹宗从小丧母，便和客氏十分亲近，视她为亲生母亲，片刻也不能离。客氏善烹饪，熹宗每顿所食之物都必须是客氏亲手烹制，客氏在宫中越发地受宠，后来还被封为奉圣夫人，兄弟子侄俱受官爵。

客氏为了巩固自己在宫中的地位，她决心陷害张皇后。此后不久，张皇后怀孕了。得知这一消息后，客氏怕皇后生下儿子地位更加稳固，就同魏忠贤合谋，对皇后身边的宫婢进行威逼利诱，要她伺机下手，务必让皇后流产。

一天，皇后因为腰痛，命宫婢替她捶腰。宫婢便乘机暗中做手脚，将胎儿捶伤。第二天，皇后便流产了。当胎儿从腹中出来时，已可分出性别，是个男孩。此后，熹宗一直没有子嗣。

田贵妃进谏得宠

田贵妃三寸金莲，而袁贵妃的脚则将近六寸长，几乎是田贵妃的两倍。皇上曾经在皇后面前嗤笑袁贵妃脚大，而赞美田贵妃，皇后因此非常不高兴。

田贵妃自幼练习钟、王楷书，后来又得到宫中的秘本临摹，因此字写得很好，被称为"能品"，凡是书图卷轴之类，皇上常常让田贵妃题签。田贵妃也很擅长画兰。宴会时，她将头上的首饰都除去，另外作了副鬓藏在发间，越发显得动人。她的衣服，远远望去也如画一般。

苏州织造局进贡了一些女乐，皇上对她们很是迷恋，田贵妃上书劝谏皇上以国事为重。皇上在田贵妃的奏书上批道："多久未见，没想到学问大有长进。但是，自古以来，就有烦事扰君，朕不是第一人，你忧虑什么呢？"

明皇帝登极仪

登极仪是皇帝宣告即位时举行的庆祝大典。明元年（1367年）十二月，左相国李善长率领众礼官举行登基仪。登基之日，明太祖先到京城南边郊外设坛行祭天大礼。仪式结束后，于南郊即位，丞相带领百官以及元老高呼三声"万岁"。皇帝准备天子卤簿入太庙，上追尊四代祖先帝后册、宝，然后登极向上天祈祷社稷安康，最后回宫。第二天在奉天殿内外设立仪仗队，群臣按顺序排列好，仪銮司官、赞礼郎等按次序就位，午门外排列士兵，有持旗队到奉天殿外排列。开始击鼓，群臣立在午门外，丞相率领百官进入午门，皇帝穿帝服、戴皇冠到奉天殿入座，鼓乐齐奏。乐声停止后，将军打开帘子，尚宝卿把玉玺放在桌上，这时拱卫司开始放炮，群臣到丹墀准备好，音乐起，向皇帝拜四拜，乐声停止。向皇帝致贺词，贺毕，乐声起，群臣又向皇帝拜了四拜，乐声停。群臣又向皇帝三鞠躬，把手放在头上，山呼"万岁"，出笏，下跪后乐声又起，直到再向皇上拜四拜仪式才成，皇上下诏书公告天下，宣告即位。

明仁宗以后的各位皇上都是在前代皇帝死后期间登基的，所以与开国登极礼有所不同。

明廷太子冠礼

明朝皇室沿袭古代制度行冠礼，来表示自己成年的天子冠礼，亦称"加元服仪"，预制在典礼上穿的衣服，选一个良辰吉日，遣官告祭天地、宗庙，皇帝当天穿戴整齐就坐于奉天殿，太师、太尉及百官按仪式跪拜。太尉为皇帝去空顶帻，进栉，太师跪着给他戴皇冠，并祝福他："令月吉日，始加元服，寿考维祺，以介景福。"然后太监请皇帝穿衮服入座，太师端着酒祝福说："某醴惟厚，嘉荐令芳，承天之休，寿考不忘。"仪式结束后，百官在丹墀高呼万岁。皇帝回宫后改换通天冠、绛纱袍，拜见皇太后。次日，百官穿朝服道贺，在谨身殿设宴，选择吉利的日子祭拜太庙。

明廷皇后受朝仪

明朝皇后三大节朝贺仪，初定于洪武元年（1368年），洪武二十六年（1393年）改定。顺序为：在正旦、冬至时，皇后在坤宁宫伴着仪仗女乐穿礼服入座，后乐声止，各妃嫔、公主从东门进来，向她拜贺。品官的妻子按品秩在东西两面站立，随乐声参拜。皇妃率众进贺笺，乐奏，乐止，宣读笺目、笺文。正旦贺笺称："班首某夫人（爵秩）姜某氏（姓名）等，兹遇正旦，履端之节，特向皇后拜贺。"冬至贺笺称："班首某夫人姜某氏等，兹遇冬至，履长之节，特向皇后殿下称贺。"贺礼仪式结束后，众人随乐四拜，跪听宣旨（答辞），正旦曰"履端之庆，与大家同喜同贺。"冬至曰："履长之庆，同大家一起庆祝。"众妃和命妇等又拜四拜，礼毕，奏乐，皇后回宫，各位命妇按次序退出回家。皇后千秋节（生辰）朝贺之礼与正旦、冬至相同，众命妇贺笺云："千秋令节，向皇后蓘下称贺。"此外，洪武初年还规定，遇正旦、冬至，皇后还与皇帝一同在乾清宫中，接受皇太子及诸王的朝贺，皇太子妃、诸王妃也一同朝拜，行八拜之礼，致贺词，后来省掉了贺词，只行礼。

太皇太后、皇太后三大节朝贺仪中，东宫、亲王朝拜皇太后的仪式都与朝拜皇后的仪式差不多。

明皇帝亲征仪式

洪武元年（1368 年）闰七月，中书省等准备皇帝亲自征战的仪式。出征之前，选择吉利的日子拜祭天地、宗庙、社稷，这种仪式与大祭祀差不多，奏乐，行三献之礼，但是皇帝穿武弁服，而不穿衮冕。乘革辂，有六军相从。另在国都之南神祠中行祭礼，设军六纛之神，祭品用笾、豆各十二，皇帝穿武弁服，有将军一同陪着祭祀。出征前，以皇帝亲征下诏书公告天下，出征途中所过山、川、岳、镇、海、渎诸神，皇帝穿弁服行一献礼，都用太牢、少牢等牺牲来祭祀，如果行军时间紧迫，就只用酒、肉干当祭品。若取得胜利，也要告祭天地、宗庙、社稷，这与出征的仪式大致一样。明永乐、宣德、正统时，皇帝亲征都用这种仪式。武宗曾以征宁王宸濠为借口南下游乐，这些祭祀全都不举行，只是诏告天下而已。

皇帝亲征若得胜回来，皇帝带领大将行献俘礼。预先将凯旋之乐、俘虏及被俘敌人的头领的首级先后摆放在太庙南门外、社稷坛北门外，告祭庙、社，行三献礼，祭拜过的俘虏和头领的首级转交给刑部，奏乐而退。皇帝戴通天冠、穿绛纱袍坐在午门，百官穿朝服按班排列，贴告示诏告天下。

明嫔妃的殉葬制度

明成祖朱棣死后，挑选了三十多个女人为他陪葬。她们死的那天，宫中设宴为她们送行。她们吃完之后，跟随主持此事的宦官来到一间大厅里。当她们知道她们要在这儿死的时候，禁不住号啕大哭起来，哭声震天。这间厅堂里有很多大床和小床，宦官让她们站到床上去。房顶上有几十个绳圈悬吊着，她们被逼着把头伸入圈中。宦官们把床撤去，她们就被活活地吊死了。朱棣的爱妃韩氏在快死的时候哭喊着对她的乳母金黑说："娘，我要离开！娘，我要离开！"她的喊声还没有停止，床就被宦官撤掉了。当她们刚刚被领到大厅的时候，朱棣的儿子、新继位的皇帝高炽（明仁宗）来和她们告别。韩氏哭着哀求说："我的母亲年纪大了，我愿意回家去侍候她。"高炽答应了她，并且好言安慰她。但是，这是骗她的，韩氏最终还是成了朱棣的陪葬品。

皇子出生

明朝的制度，皇帝的子女出生或满月，要请求圣上降旨行剪孩子头发的礼节；一百天时，请求圣上给他赐名字。皇子百日后，每次都要把头发剃得像和尚一样，十多岁开始留头发，行"长头礼"。皇太子、皇长子、皇长孙等人出生还要布告本国的平民百姓和其他国家，覃恩有差。有时皇子出生前还要提前看好一个喜日举行仪式，如天启三年（1623 年）十月，皇帝的第二个儿子出生，（皇长子十几天前出生，旋即死去）

野史追踪

礼部奏明圣上皇子出生举行仪式用的物品：第一，当月二十四日祭告南郊、北郊、太庙、社稷坛，用酒、水果、脯醢三样做供品，南北郊区各加一牛，首先到太常寺准备办理，翰林院撰写文稿。第二，当天的祭祀结束，皇上具衮冕服御皇极门内殿，文武百官都各自穿着朝服，鸿胪寺官称喜道贺，一共行了大小四次礼。第三，文武百官从二十二日始至闰十月初二日止，都穿喜庆的朝服办公。第四，行钦太监选择吉利的日子发榜告诉全国人民，按照惯例派遣人和中书等官充正副使，赍捧至各个地方开读。第五，赍捧御书往各王府报告，让他们知道。有王府省分各派一员，于翰林院、春坊、卿寺、六科行取应差官，疏名上请点用，二十几天后颁布特赦的布告给人民。

后宫中的"三婆"

在我国古代，三婆就是稳婆、医婆和奶婆，民间妇女一般是不能进入皇宫的，但宫廷中的这三种妇女可按劳领取薪酬，有的还可免除其全家的终身徭役，同时由于她们有机会接近帝后，更有享不尽的金银财宝及高官爵位。

明代蒋一葵的《长安客话》中最早出现了稳婆一词："就接生婆中预选名籍在宫以待内庭召用，如选女则用以辨别妍媸可否，如选奶口则用等第浮汁厚薄隐疾有无，名曰稳婆。"就这段文字分析，在我国古代宫廷中，稳婆和接生婆这两种职业是可以互换的，稳婆在一定时候是可担任接生婆的职责，因此在古代也把接生婆称为稳婆。由此可见，负责接生是稳婆的第一个职责。稳婆的第二个职责是对宫廷选女"以辨妍媸可否"。就这一方面而言，明代以前就已经出现了稳婆一职，而且这种对入选宫女的辨别事实上是对女子进行裸体检查。东晋时的《汉宫春色》中详细记录了汉惠帝张皇后入选以前被稳婆检查的情况。

由此我们可以得出这样的结论：我国古代至少在秦代时已出现稳婆这一职业，而且稳婆对送选女子进行裸体检查已成为皇帝婚姻中一个必经过程。进而发展到宋明时期，伴随人们对贞操观念的进一步加强，稳婆在皇宫中的地位亦越来越重要，并且对女子的检查也以其是否为处女为主。

稳婆的第三种职责是对入宫的奶婆进行检查，主要检查报名奶婆是否有疾病，是否乳汁厚薄，依奶水的多少而定级别，选择其中奶水最多、质量最好的一个人，为她改变发型、换新衣服入宫，以等待喂养皇子或公主。

医婆这一职业，我们从字面上来看，就是我国古代掌握一定医术技能的妇女。汉代的义姁是我国史书记载的第一位医婆，她悬壶济世，受到了广大人民的欢迎。

古代宫廷中的医婆就是当时的女性御医，由于她们能救人于危难之中，能起死回生，所以皇家对她们是很感激的，义姁弟弟的拜官、冯氏的被封，都是意料之中的事。

古书上称奶婆为奶妈或乳母，从字面含义上看来，指的是用奶水来哺育他人之子的女性。奶婆在上古时代就已出现，《礼记》中就有规定：天子、诸侯、大夫之子有资格可请奶婆，士之子必须由妻自己喂养。宫廷选奶婆要求很严，在年龄、相貌、身体健康等方面都有明确严格的规定，一旦入选，在饮食方面就有限制。

由于中国古代的宫廷制度要求后妃知礼遵法，有母仪天下的威严，处处表现出一种大家闺秀的肃穆形态，于是，在皇子幼小的心里，亲生母亲成了一种可敬而不可亲的人物，而相反，宫廷中的奶婆肩负着哺乳养育皇子的职责，皇子在宫里，从小接触的就是奶婆，奶婆常常伴他游玩耍闹，皇子对奶婆往往比对生母还亲，长大以后，这份感情仍还存在。以至于在中国古代的史书上我们常常可以见到奶婆被册封、死后厚葬的事例。

宫廷御膳

明朝的皇家食物都是由御膳房烹调和料理的。明代厨房的杂役分别隶属于光禄寺和太常寺，隶属光禄寺的供应膳食，隶属太常寺的则供应祭祀用品。礼部有熟悉和精通膳食的清吏司，其责任主要是备办招待各藩王、属国的往来使节以及礼仪性宴会所需的各种佳肴。自明朝中后期起，光禄寺厨役基本上已经没有什么用处了，实际供奉皇上和宫眷们饮食起居的是宦官衙门。明朝时有二十四个宦官衙门。每个衙门各司其职，负责宫廷内各项事务，其中尚膳监负责皇上的饮食。二十四个宦官衙门的地位并不平等，其中要属司礼监的地位最高，几乎与内阁诸辅臣地位相等，其中有一个人最得宠，他一个人兼有数项职务，既掌管东厂，又掌印秩尊。

他在东厂的权力很大，兼任总宪和次辅。在他之下次一级是秉笔，再次一级是随堂，这些人就像普通的辅臣一样。因为东厂首领通常是皇帝最宠爱的心腹，所以在天启年以前，皇帝每天吃的饭，都是由掌管东厂的司礼监太监共二三个人轮流操办。后来为了节约开支，由尚膳监专职管理。到了崇祯十三年（1640 年），又恢复祖制，由司礼监、掌管东厂的以及掌管印绶和秉笔太监轮流供应御膳。

明宫御酒

到明代，宫廷所饮用的酒不再由光禄寺配制，而是由宫中的宦官所建的御酒房来配制酿酒。御酒房所造的酒有荷花蕊、寒潭香、秋露白、竹叶青、金茎露、太禧白。崇祯帝时常把他所喜欢的金茎露、太禧白称为长春露、长春白。魏忠贤在掌管内宫时，经常把宫外所酿造的酒通过宫中的御茶房进献给皇帝。当时酒的名目繁多，有荷花蕊、金盘露、君子汤、佛手汤、天乳、琼酥等。宫词中说："但看御酒供来旨，录得嘉名百十余。"

明宫流行射柳之戏

永乐年间，宫中有一种游戏叫剪柳，剪柳就是射柳。宫人在柳树上悬挂葫芦，把鸽子放进葫芦里，拉弓射向葫芦，箭中葫芦，鸽子从中飞出，飞得高者为赢。比赛常常在清明、端午节聚会时举行，有时会射死鸽子，认为不吉利，为了免除灾祸，就用桃树枝掸去身上的灰尘。

明宫性启蒙

在小皇帝和太子很小的时候便开始对他们进行良好的教育，性启蒙也开始在他们青春期以前。经过精挑细选的贴身宦官成为他们性知识方面的最早的启蒙人。中国宫中藏有许多春宫图，还有许多栩栩如生的男女交合的雕塑，如欢喜佛等。宦官负责给小皇帝或太子看这些图画和雕塑，讲解它们的意思。宫中还专门新建一些宫殿，里面有许多生动的两性交合的塑像和壁画。在这种性启蒙中，小皇帝和小太子逐渐地步入了青春期，开始了另一种前所未有的生活。更值得一提的是，有的时候，皇帝或太后还派出贴身侍女前去开导不太懂事的太子或小皇帝，教授他们怎样同房。这些侍女往往比太子或小皇帝大几岁，明白男女之事，并且也很擅长。这样做的结果往往使一些侍女因此而怀孕。但小皇帝或太子似乎并不喜欢这些侍女，事后对她们不闻不问。也许，这些侍女使他们感到害怕，使他们不愿去想与她们初试之夜的那些感觉。据《万历野获编》记载，明宫内廷的欢喜佛有两种来源，要么是外国进贡的，要么是前朝遗留下来的。"两佛各璎珞严妆，互相抱持，两根凑合，有机可动"。皇帝在结婚之前，在宦官的陪同下进入这类宫殿，首先要行礼，行礼后，宦官让其抚摸隐处，暗暗想那些交接之法。

刘瑾遭凌迟处死

"凌迟"与炮烙等一样，是一种非常残酷的刑法。史载受凌迟之刑的人都非常痛苦，而有详细记录的就有明朝时太监刘瑾的受刑过程。

刘瑾，兴平（今属陕西）人。兴平埋有汉武帝的一具柏骨，同时是杨贵妃缢死之地，因而远近闻名。明武宗朱厚照还是太子时，刘瑾是他身边的随侍小太监。等到朱厚照做了皇帝，刘瑾深得宠爱，权倾朝野，炙手可热，被人称为"千岁"。后来大臣杨一清等人利用太监之间的矛盾，设下计策，让太监张永向明武宗奏劾刘瑾十七大罪，被激怒的朱厚照亲自带人抄了刘瑾的家，搜出了玉玺、铠甲、弓弩等犯禁品；黄金24万锭又5.78万两，元宝500万锭又158.36万两，宝石2斗；刘瑾常拿在手中的折扇里，发现有两把锋利的匕首。"刘瑾这个奴才果真有造反之心"，朱厚照怒不可遏地说道，于是诏令将刘瑾凌迟处死。监斩官之一、刑部河南主事张文麟将行刑的整个过程笔录了下来。

依照律法，刘瑾被判凌迟3357刀，分三日割完，第一天先剐357刀。行刑时，刽子手从刘瑾胸膛左右动刀，割至10刀，一歇一吆喝，吆喝是怕刘瑾昏死，凌迟达不到预期效果，休息一会儿，等他苏醒，再割第二个10刀。第一日行刑完，天已黄昏，刘瑾被押回狱中，松绑后，刘瑾醒来，吃了他一生中最后一顿晚餐，整整喝了两大碗稀粥！第二天继续用刑，因为前一天刘瑾在大喊大叫中泄露了不少宫中禁秘，于是第二天在他嘴里塞了一颗大核桃。依旧采用前一天方法，谁知割了几十刀后，刘瑾一命呜呼，未能割足三日。

宦官与宫女"对食"

由于值房宦官有很多接近宫女的机会，他们之间逐渐产生情意，结为配偶。很多

宦官为宫女们效力办事，对宫女们极为殷勤以示爱慕，此种宦官被称为"菜户"。他们甚至不供养宫外的亲人而追求宫女。起初很多宦官瞧不起"菜户"，后来却都争当"菜户"，并与宫女"对食"。

那些强迫宫女与其交好的宦官被称为"白浪子"。浪子与无赖同义，白则指代宦官。据说，某天晚上，一宫女途经高大玄殿时，因其美貌，使老宦官顿生邪念，将其诱拐逼淫。因其有偶，所以事后将老宦官的罪行控诉都抖上来。

宦官也会受到大家怜爱，尤其是年轻貌美之人，更是宦官中的宠儿。明熹宗时有位叫高永寿的"御前牌子"，因其明眸皓齿，宛若处女，宦官称其"高小姐"。但凡宴饮，定要有他，若非如此，兴致全无。后来高永寿随熹宗与另一宦官游湖，因风翻船，熹宗获救，永寿葬身湖中。

所谓"红颜薄命"，宦官皆为"高小姐"之死痛惜，以后宦官们常在游湖之时追忆他的音容笑貌。

明宫女幽闭的宫禁生活

宫女们一旦被选入宫内便如笼中之鸟，失去自由，干一辈子苦差事，与亲人分离，不得相见。苛刻繁多的礼节，森严的规范、制度，突如其来的凌辱，黑暗至极，毫无出头之日。她们最害怕的就是生病，一旦病了，得不到医生诊治，病会愈来愈重，因为明朝律例明文规定："宫嫔以下有病，医者不得入，以证取药。"宫嫔都只是这种待遇，宫女就更不必说了。

《明宫史》记载："在棂星门迤北、金鳌玉蛛桥西洋房夹道，有内安乐堂，有掌司总其事者二三十人。凡宫人病老或有罪，先发此处，待年久方再发外之浣衣局也。"这句话的大体意思是，宫女和太监们生病了，或是岁数大了，或是犯了法，就被遣到这里，自生自灭。如果有极少数的人偶被皇帝看中，当了皇帝的女人，身份会稍微有些与众不同，如果生了孩子还可能得到晋封，否则就会在这幽深的皇宫中度过一生。

魏忠贤阉割监生

东厂魏忠贤当权的时候，京师中只要有人提起一个"魏"字儿，就会被拿去减一尺（杀头）。魏太监的威势，就如山岳一般，没有哪个敢去撼动分毫。官员上的奏本，都由他手里经过。若是里面有个带"魏"字的，不管上京的、出京的，他都假传一道圣旨，即时拿回处死。因此，不论文臣武将，身在魏檐下，岂敢不低头！一两年间，在他门下就拜了百十多个干儿子。一日，他忽然想招一批有学问的太监进宫，便让干儿子崔呈秀去办。

崔呈秀欣然领命，辞了魏太监出来。一面吩咐国子监，考选在京监生二十名，一面吩咐儒学教授，考选生员二十名，尽行阉割，送上东厂魏爷处。那些别省来的监生，听说是要阉割了送与魏太监，一个个惊得魂飞魄散，当夜就逃去了一大半。

崔呈秀考选了二十名生员，二十名监生，阉割停当。两三日内，死了一二十个。

崔呈秀便把那些活下来的，都送给了魏太监。魏太监一个个考选过，觉得毕竟是生员比监生才学高些。魏太监道："崔儿，这二十名监生，还抵不得十个生员的肚量。"崔呈秀笑道："殿爷，这也难怪他们，原是各省风俗。那通得，都思量去讨个正路前程出身，那胡乱的，才来纳监。"魏太监道："那朝廷家哪里来许多胡乱的纱帽？"崔呈秀道："殿爷还不知道，这是选来上等有才学的，还有那一窍不通的，南北两监，算来足有几千！"魏太监笑道："崔儿，咱爷虽有百十多个干儿子，哪个如你这般孝顺，做来的事，件件都随着咱爷意的。"

清代野史

清太祖畏惧明朝假都督

满洲以前每年都要向明廷上贡蜜，兼开蜜市。相传蜜是用来作为糗粮的。万历四十一年后不再上贡。明之边臣，对此加以隐瞒。次年四月，巡抚都御史郭光复到任不久，了解到这个情况，派辽阳材官萧子玉，假称都督衔命探听原因。子玉于是盛设仪仗，坐着八人的大轿至满洲境，扬言天使降临而不好好迎接，要以无礼之罪加以责问。太祖闻之，立即叮嘱随从迎于道旁。子玉问他为什么不上贡蜜。太祖肃立对曰："本部之蜜，好像中原五谷，五谷也有不丰收的时候，这能怪谁呢？本部五年来花疏蜂少，所以没有上贡。等到春秋花满，酿熟蜂蜜，就会像以前一样上贡。"子玉于是带着厚礼回来复命。不久，太祖始知其伪，不过也来不及了。

雍正帝时使用骇人的血滴子

雍正帝没有继位时，曾经假扮贩运珠宝之客，游遍江浙一带。他喜欢结交三教九流，尤其注意侦探隐私之术。即位后，这些人便成为他的心腹。他对大臣的侦查非常严密，令人防不胜防。当时，有人制作了一种杀人利器，形状浑圆似球，中间藏有快刀，刀旁有弹簧式的机关。他的心腹带着这种利器，看见有图谋不轨者，就暗地里把利器罩在那人头上，机关一发动，头就断了，由于这种利器杀人速度很快，大家都很害怕，所以称之为血滴子。

雍正帝痴迷剑术

雍正小时候，浪迹江湖，不务正业，有酗酒、斗剑等江湖武士的习气，而且他也的确是个喜欢在江湖上行走的武林高手。因此，他经常仗剑云游，遇见剑术高明的侠客，就要想办法结交他们，甚至还结拜成兄弟，进而向他们学习高深剑术。他在行走江湖的几十年中，与当时十三个有很高武艺的江湖之士结拜成了兄弟。在这十三个异姓兄弟中，有一个和尚的剑术达到了炉火纯青、无人能比的境地。据说这个和尚不但骁勇绝伦，而且把剑炼到尘埃微粒那么大，不用时，就把剑收缩到脑海中，成为意念的一部分；而只要他需要，就能够吐气成剑，灵敏、矫健、势如长虹，可以在百里之外把人的脑袋砍下来，就像探囊取物一样，让人防不胜防。江湖同道给他起了个绰号，叫万人敌。稍次于万人敌的剑客可以将剑练到芥菜籽那么大，一般都藏在他们的指甲缝里，一旦临敌，就凌空弹指，剑去如飞，挡者必死。悟性极高的雍正，剑术就到了这种练剑成芥的水平。这位四皇子跟江湖武士结拜的做法，自然遭到康熙帝的强烈反对。康熙把他比作无赖子弟，因而对他一向不理不睬，以至于他很怕面见康熙。

然而，雍正痴迷于剑术当然完全不同于那些平常的嗜武成癖的武士。一般的江湖武士潜心学武的目的，不过是要成为武林的最高领导者，或者是要称霸一方。雍正却不然，他习武只不过是把它作为他政治斗争过程中一把出人意料的宝剑，是作为政治斗争的开山斧、敲门砖。一旦时机成熟，这把利剑就会出其不意地从某个地方杀出来，为他篡位夺权杀出一条血路。

乾隆帝在秘戏图中的容貌

一个满洲人的兄长在内务府当官，家中藏有皇宫之物，曾经出示一本秘戏图册，有数十幅画，种种淫狎之状都有，女子容貌各不相同，男子却始终为一人，长得非常英俊，气质不凡。此满洲人说："这就是高宗。"也就是乾隆帝。

乾隆帝厚待私生子

乾隆帝很好色。傅恒之妻、孝贤皇后的嫂嫂，可以出入宫廷，乾隆帝找机会宠幸了她。傅恒的妻子不敢抗拒，怀了孕，不多久生下福康安。傅恒其他三个儿子虽都身为额驸，但都不如福康安受宠。乾隆帝十分疼爱福康安，多次想封他为王，使他和皇子一样，但碍于家法，没如愿。于是打算让他在得军功之后，封他为王。因此常派得力干将陪同福康安出兵作战，这些将领心领神会，后来福康安终于晋封为贝勒，但是还未来得及封王就死了。

乾隆帝为母祝寿

皇太后的正宫是慈宁宫，它是宫中举行庆典活动的一个重要场所。比如给皇太后上徽号、册立后妃以及元旦、冬至、皇太后万寿节等盛大的庆祝活动都是在这里举行的。

乾隆十六年十一月二十五日，乾隆帝为了庆贺母亲孝圣太后六十寿辰，便在慈宁宫举行了隆重的祝寿礼。在庆寿的这个月内，各衙门一律不处理案件；在京城的文武官员要进献金银珠宝、绫罗绸缎等寿礼；外省官员除了进表祝贺外，还要派代表进京参加庆典。祝寿这天，三品以上文武官员和外国来使，一清早就按等级分别在长信门外，或者隆宗门外，午门外排列守候，乾隆帝则亲自守候在慈宁门外。等到皇太后在中和韶乐的伴奏下入座，庆典活动便正式开始。首先，乾隆帝带领各位王公大臣向皇太后行三跪九拜礼，然后是皇后率内廷各妃嫔和公主、福晋、大臣命妇等向皇太后行六肃三跪二拜礼，接下去是皇子、皇孙给皇太后行三跪九叩礼……在这一系列礼仪中，最能体现满族特色的，是乾隆帝身穿彩衣，手捧酒杯，面向皇太后跳舞称贺，皇子、皇孙以及驸马们也依次跟在他后面手舞足蹈。

这次祝寿，除了和以往一样在内务府拿出白银一万两外，还有珍珠上千串、绸缎上百匹，从十一月二十一日到二十五日这五天内，宫内外每天都要向皇太后进献大量的珍奇玩物，称为"九九寿礼"。例如，二十一日这天进献了九尊佛像、九对宫灯、九个玛瑙花瓶、九件玉玩、九件古铜器、九盒果品、九幅挂轴、九本画册、九卷手卷；二十二日又进献九件玻璃陈设、九个象牙大盆景、九对髹漆香几、九柄玉石玛瑙如意、九盘蜜蜡果品、九盒香料、九个彩漆手炉、九件葫芦匏器、九件牙雕陈设等等。

咸丰帝为兰儿讨饶

清宫有规定，凡皇上宿某处，都有册籍记载。皇后有权知道并稽考。有不合格的妃嫔，就予以杖斥。而承伺的内监，则有权在宫门外，诵读祖训。皇帝须起床跪听，直到出朝。文宗宠幸孝钦时，接连几日不上朝。孝贞知情后，于是头顶着祖宗遗训，至宫门跪读。文宗大吃一惊，赶忙制止了她，并答应她马上去上朝。后登殿，忽然想起皇后有杖斥后宫的权力，便有不祥的预感，乃草草处理完政务，即命驾还宫。不出文宗所料，皇后正要惩治孝钦。文宗大呼："请皇后免责，兰儿已有身孕了。"兰儿是孝钦小名。皇后闻听此言，埋怨文宗为何不早说，她要杖笞孝钦，原本是遵照祖训行事，如果因此而害死了她腹中的孩子，这就有违祖训了。

大玉妃与小玉妃争风吃醋

清太宗后博尔济氏面容姣好，肌肤如玉，被宫中誉之为"玉妃"。当初，她仅为才人，聪慧善智谋，言则称"太宗旨"。世传，她曾劝洪承畴："降，朝廷亦不会亏待你，关外之地予汝所有。卒，覆明社，其功可与开国将军同日而语。"玉妃因此得参政之机会，权力日进。又生皇子福临，故被封为后宫之首。有妹，嫁九王，后以多尔衮福晋称之，亦美貌异常，白皙光艳与姊相等。人为示区别，故以"大玉妃""小玉妃"相称。两玉妃相貌极为相似。洪承畴之降也，稳操胜算，折冲于帷幄内者，且小玉妃亦为之疏附。太宗固知其故，便厚待九王。既都沈阳，仿汉制定起居，宫禁稍稍森严，独九王以参与密谋，故仍然出入自由。太宗频年用兵，征战南北，一年之中，无几日可安心歇息。既服朝鲜，转师入山海关，长年在外征战，无回家之闲时。内政琐务，尽决于九王，而实奉大玉妃意旨，逢迎无所不至。大玉妃往往留九王居宫中，长久不回私室。小玉妃问他，辄言："出于商量军国要事。"小玉妃开始相信，后又听人有众多传言。小玉妃以"请安"为名亲自入宫，探听虚实。大玉妃匿九王于他所，不许小玉妃入宫见她。遣人传诏曰："皇帝有旨，无皇上令而私自入内者，斩。幸福晋自爱。"小玉妃羞怒难当，本欲自裁于宫门，被左右劝住才恢复平静。自是，玉妃姊妹变成了仇敌。会闯兵破明都，吴三桂引清兵入关。未发，小玉妃贿某王，向太子宗大玉妃、九王恶事。太宗震怒，曰："朕唯有处分这对贱人才能平天下！"乃命返师沈阳，先平内乱才止外侵，然回宫不到一日便暴崩。众人怀疑乃大玉妃及九王为之。但那时九王党羽颇盛，众人皆不敢言。九王旋奉遗诏摄政。师入燕京，遂恒居宫中。大玉妃为保其位而泄政事机密。小玉妃既抵燕京，恚不往朝太后。众皆劝之，为掩朝廷耳目而一往。太后命人带领她去别处，半天未见其面。小玉妃愤怒不已，大骂，宫人皆不敢言。有人报告太后，太后想让武士绞死她。总管某劝曰："太后此番作为，杀了自己亲妹妹，不可。不如让皇父来定夺。"太后乃命多尔衮先归，召传皇父。小玉妃不信，以为九王尚在宫中，坚持不走，要见太后一面，久之，一侍婢持九王之手环入告。侍婢为小玉妃亲信，才得以出宫，是夜小玉妃暴卒，满朝不敢提及。睿王削号后，府中人始泄之。

慈禧太后小产

在宫中，会有不少俊俏可爱的太监，他们在禁宫中侍候某个贵妃，或者与某个贵妃关系甚密，难免不产生情愫。

久居深宫的贵妃常会因孤生怨，可太监终究是个男子，所以拉一个俊秀者到床上，即使抚摩抱卧，亦可情趣大增。何况太监也擅长玩弄舌技，古称"舌耕"。河间县人吕辅卿在《河间见闻录》中载道："太监在宫闱中，常与嫔妃相通，其阉割未尽者，尤能欢娱，嫔妃争相罗致。"

晚清之时有位大夫名为马培之，为慈禧治过病。马培之乃大官僚刘坤一等保举，进宫治病前需要向公卿太监们请安，并且赠以礼物。否则他们进以谗言便会生出事端。当时对慈禧之病，太监们众说纷纭，为了解实情，马培之只有贿赂太后身边之人。据说，慈禧所得乃小产之后虚弱之症。马培之不解，慈禧寡居多时，何以小产。怎奈太监们言之成理，说造事之人先乃荣禄，近年则为李莲英。而李莲英乃无法行人道的太监总管，居然会此淫术，后来才知他是阉割不彻底的人。李莲英权倾朝野，崇信道法，有很多人向其进奉海狗肾等药物。他在宫外不但有妻妾，而且有子嗣，但他均称之为养子。

西太后怒撕遗诏

穆宗的病本来快要康复，一天，他忽然想去找凤秀女，于是就告诉孝哲，孝哲不答应。穆宗就跪在地上不起来，非要孝哲答应，孝哲无奈之下只好答应。下了命令，穆宗满心欢喜地去了。第二天，穆宗病情加重，御医看过后认为已无药可救，孝哲因此万分悔恨。穆宗在大病之中单独召见军机大臣、侍郎李鸿藻，他一来，皇上便要他面圣。此时孝哲也在皇上旁边，她想回避，却被穆宗制止道："没有必要，他既是我的师傅，又是前朝老臣，你是我的妻子，我要对他说什么，你不需回避。"鸿藻进宫后见孝哲在旁边，立即伏地行礼，穆宗连忙说："师傅快平身，此时哪还是讲究礼节之时啊。"皇上用手拉着鸿藻说："朕的病好不了了。"鸿藻一听就放声痛哭，孝哲也哭了起来。穆宗劝住他们后说："现在不是哭的时候。"

他看看孝哲说："朕若西归就要有储君，你觉得谁是合适人选呢？赶快告诉我。"孝哲回答说："国不可一日无君，我更不愿借着太后的头衔而干涉帝政，给国家招惹祸事。"穆宗微笑道："你明白这个道理，我也就没有什么牵挂的了。"于是就和鸿藻商议让载澍继承帝位，皇上口传圣旨，让鸿藻在龙榻边听旨。凡千余言，防孝钦十分严密。圣旨写好后，穆宗看了后还对鸿藻说："什么事都安排妥当了，师傅下去吧，明天或许还能见得上一面。"鸿藻出宫后，面如死灰，立即奔到孝钦那儿商量对策，见到孝钦后，鸿藻从袖中将草拟的遗诏拿出，孝钦看完后怒气冲天，将诏书撕得粉碎，扔在地上，把鸿藻也赶了出去。孝钦立即命令不再给皇上吃药送饭，也不许他到乾清宫。没过不久，穆宗驾崩的消息就传了出来。第二天，宫外才知道穆宗已死。

殿试读卷仪

殿试读卷仪是清代科举制度。每逢会试，各省中试举人于太和殿策试后，钦命读卷大臣八员校阅。结胪前一日辰刻，以前列十本签拟名次，缄封进呈御览。皇帝于养心殿西暖阁，次第披阅毕，召读卷大臣入，亲定甲乙，以卷授。读卷大臣出诉弥封，恭照名次缮写绿头笺。读卷大臣率引班宫引前列十人进乾清门，至丹陛西阶下等候，记注乾林四人随入。皇帝御舆由月华门至乾清宫宝座，御前侍卫等左右侍立，记注官宫由殿西门进侍立，读卷大臣捧绿头笺亦由殿西门左趋至宝座前，跪呈。引班宫引十人至丹陛中北面跪，以次奏名籍毕，起，退。皇帝亲定一甲三人，二甲七人，以绿头笺授读卷大臣。读卷大臣恭捧，起，退。侍卫、记注官咸退，率十人侍立丹陛西阶下，皇帝御舆由月华门还便殿。引班宫引十人先出，读卷大臣捧卷至红本房，用朱笔依次填名次于卷端，仍捧出乾清门，至内阁，填写金榜。第二天，皇帝升太和殿传胪。

皇帝大婚制

清朝入关后的皇帝共有十位，其中顺治、康熙、同治、光绪四帝都是冲年即位，所以他们的大婚和册后都是同时进行的，他们在紫禁城先后举行过五次大婚礼。其中，顺治皇帝举行过两次大婚。皇帝再行纳彩礼、大征礼、册立、奉迎礼、合卺礼、庆贺礼和赐宴礼等名目众多的繁缛礼仪。清代四帝的大婚立后，规模盛大，典礼隆重。而雍正、乾隆、嘉庆、道光、咸丰五个皇帝是婚后即位，不需要再行大婚礼了，只需在即位时通过行册立礼，将原嫡福晋册立为皇后正位中宫。末代皇帝溥仪（宣统）在清之时，尚不满六岁，不能成婚立后。

清朝帝后丧葬之礼

清初各种典章制度未备，太祖、太宗二帝的丧葬之仪亦很简略。顺治十八年

（1661 年）年正月初七日，清世祖驾崩，礼官因明朝列帝丧仪并结合满州旧制，制定出清朝皇帝的丧仪。其制，嗣皇帝（圣祖）、亲王、百官、公主、福晋以下，宗女、佐领、三等侍卫、命妇以上，男子摘掉帽上红缨、截去辫发，女子去掉粉装首饰，剪发。大敛以后，梓宫设于乾清宫，设几筵，每日早、午、晚三次上食祭奠，皇帝亲行礼。三日内缟素朝夕哭临，王公大臣至宗室公夫人以上在几筵前，副都统以上在乾清门外，汉文官在景运门外，武官在隆宗门外，以次排班随哭。第四日起，王公百官在官衙斋宿二十七日，以后每日哭临一次，军民二十七日除丧服。音乐、嫁娶，官员之家停百日，军民停一月。禁屠宰四十九日，京城自大丧之日为始，各寺、观皆鸣钟三万杵。百日内票本俱蓝笔批签，移文用蓝印。外省地方官服表二十七日，军民男女服表十三日。

清朝沿袭前代以日易月的服丧之制，凡遇帝后大丧，嗣皇帝和王公百官服斩衰之服二十七日而除，皇帝在宫中仍须素服三年，以循古礼三年丧之制。三年丧满，在太庙行祫祭礼，其仪同岁暮祫祭。

康熙以后，清朝诸帝后丧葬之仪皆仿世祖例行之，唯有二点突出变化：一是皇太后、皇帝及部分皇后之梓宫赴陵大葬，皆由在位皇帝亲送至陵园，一应典礼遂由皇帝主祭。二是清初太祖、太宗、世祖三朝帝后多遵从满洲旧制火葬，即将遗体连同梓宫、随葬宝物一起焚化，然后以盛贮骨灰之坛（宝宫），葬入陵中，惟死于康熙二十六年（1687 年）、五十六年（1717 年）的太宗孝庄文皇后、世祖考惠章皇后例外。康熙朝开始，清朝帝后葬俗文化，不再火化遗体，而是实行棺木葬，即直接将梓宫葬入陵中。

正大光明匾与清廷传位制

清乾隆皇帝即位时，不是雍正亲口宣布，而是通过秘密立储和传位诏书来实现的。

秘密立储制度是雍正鉴于康熙年间因立储不当导致内宫动荡而想出来的。雍正即位不到一年，即创秘密立储，他把继嗣写出，藏于匣内，秘不示人，然后让总理事务五大臣，将密封锦匣置于乾清宫正中世祖皇帝御书"正大光明"匾额之后，此匾为宫中最高之处，也是最安全的地方。直至雍正病亡，乾隆即位，整个接班过程没出一点差错，雍正的秘密立储制度非常成功。

雍正秘密之储，收到了巩固人心的政治效果。乾隆即位后，也遵照这个方法，于元年（1736 年）七月，预书皇二子之名，藏于"正大光明"匾后。皇二子早死，乾隆又密立皇十五子，即仁宗。后来嘉庆、道光也相继用此法立嗣。秘密立储制实行后，争夺储位的斗争就基本绝迹了，这不得不归功于雍正的良苦用心。

清宫禁卫制

清廷对紫禁城乃至北京城各城门的管理和启闭，都有严格的规章制度。尤其是在夜间，随意出入更不是件容易的事。如果有急需出入者，就需有一种特殊的通行证，才能开启城门放人出去。这种特殊的证件称为合符。

合符是由铜制成的，由阴阳两扇组成，每一扇两侧分别铸有阳文和阴文"圣旨"二字，阴阳合一，浑然一体。故宫博物院中珍藏有同治年间的合符，呈椭圆形，长十四厘米，宽九厘米，厚约一厘米。每一扇面上都雕刻着龙纹、门名和铸造年份。使用时，阴文合符由负责把守城门的一方掌管；而阳文合符则放在皇宫内。如果夜间突然要传圣旨或办事，或有紧急军务，或因公务需要立即出门者，须持阳文合符到城门，由该门护军参领将两者核对，检验合格后，才可放行，第二天还必须禀告皇上。如果出门者自称奉谕旨出门，但没有阳文合符，便不会开门。如果遇到皇帝驾车远游，那么便将阳文合符交留京办事大臣轮班看管，等到皇帝回宫后，立即还给皇帝。如果皇帝回到圆明园，就直接送交到御园宫门。

清廷皇后冠服制

清代皇后冠服并没有礼服与常服之分。皇后冠服有朝冠、吉服冠。朝冠分为冬、夏两种。冬用薰貂，夏用青绒，上缀朱纬。冠上的饰物为凤、猫眼石、珍珠、金翟。皇后的朝袍有三种，朝褂有三种，还有龙袍三种，龙褂两种。朝褂为石青色，有万福万寿文、绣龙或八宝平水。朝袍是明黄色的，但领子会加缘，且分冬、夏两种，冬天用海龙缘或貂缘，夏天用片金缘，袍上绣龙、五色云和八宝平水。龙袍是明黄色，龙褂是石青色，在穿朝服时还配有朝珠，一般是东珠一盘，珊瑚两盘，共三盘。

后宫中皇后以外有名分的嫔妃所穿的服饰都是有等级之分的，她们都算是内官，在制度上都有规定。

清宫御膳"家法"——饭菜只许吃三勺

清朝皇帝特制定"家法"来防止暗杀，规定再好吃的饭菜，也只许吃三勺。晚清慈禧太后虽然位高权重，也不敢违反"家法"。曾在宫中侍奉过她的宫女说，进膳时，"老太后想吃哪个菜，就用眼看一下，然后就会专门有个老太监把这个菜放在她身边，并用勺给老太后舀一勺。假如一定要吃第三勺，那么三勺后，身边的四个太监首领会大喊一声'撤'，这个菜就十天半月不再出现。这四个身旁的老太监是专门执行这一家法的。舀第三勺的菜，准是老太后喜欢吃的，若让别人知道，会在这个菜上打主意。老太后之所以要这么做，是为了让后人在吃饭时也小心谨慎，不能为了贪食而遭暗杀。就是因为这样的家法，即使跟了老太后四十多年的人也不知道她最爱吃的是什么。今天爱吃各地督抚上贡的菜，明天也许爱吃御膳房的常规菜，后天也许爱吃合乎时令的新菜。在这件事上真是'天意难测'"。

清宫葡萄藏春药

奕䜣的身体原来就很虚弱，后由于纵情声色，体质就更差了。为了弥补自己身体的不足，他在各个可以尽情风流的地方都备有春药，以备不时之需。

有天，他传旨召丁文诚到圆明园觐见。丁文诚接到圣旨后，忙骑马赶到圆明园，但咸丰帝却迟迟没有来，丁文诚无聊，就想到外面散散步，才起身，就发现书桌上有一碟葡萄。这些葡萄紫绿相间，娇艳欲滴，看起来十分新鲜，但这时还是五月，按道理，葡萄成熟的季节还没有到。丁文诚感到很好奇，就拿起一粒放进嘴里，只觉味道十分鲜美，但没过多久，他就觉得浑身燥热，下部暴突。农历五月的北京已是十分炎热，人们穿的都是细纱薄缎，下部坚挺，使单薄的裤子高高隆起，十分明显。丁文诚知道自己是吃了春药，一时之间又惊又怕，生怕被咸丰发现。他情急生智，忙用手按住腹部，倒地大喊。园内太监们听到他的呼喊，都赶过来问发生了什么事。丁文诚便谎称自己中了急痧，疼痛难忍。太监们忙给他服用治痧药，但没有用。太监们无奈，只好叫人扶他从便门中回去，直到走出圆明园，丁文诚都不敢站起身来行走。

清代太监的品级

清代裁定宦官人数，由内务府大臣统领。

清代额定太监二千四百人，官级四等，总管太监，六品，八人；首领太监，七品，八十九人；副首领太监，八品，四十三人；笔帖式，有八品敬事房。其余杂役、守护之太监，均为无品的普通太监。

清代，负责皇帝、后妃的衣食是太监的主要职责。四季所需的物品均要事先备好，交于御前大臣。首领太监、执事太监充当内廷坐更。

清代，不允许太监出紫禁城的大门。

太监净身立"婚书"

自愿净身入宫为太监之人，务必要地位高的太监援引，随后凭证人立下"婚书"，像女人那样"嫁"入宫中。"婚书"须是在自愿的前提下具结。如此之后，便准备术前工作。择一良辰吉日，把自愿者关入房中。

为了净身者的安全起见，采用密不透风的房子。在此禁闭的三四天中，不可进食，以免排泄物使术后创口恶化，危及生命。如此经过三四天，就开始"手术"了。

首先操刀者要问："此次自愿净身吗？"受割者说："是。"又问："倘若你反悔，现在还来得及！"答道："决不后悔。""那么你断子绝孙，和我不相干吧？"答道："不相干！"

例行问话之后，身为介绍人的太监把"自愿阉割书"循例宣读一遍，手术便开始了。

第三章　历史典故

望帝啼鹃

　　相传在远古时代，忽然有一个叫杜宇的青年男子从天而降，成了蜀地的国王，号望帝。望帝当国王的时候，很关心老百姓的生活，教导老百姓怎样种植庄稼，叮嘱人民要遵循农时，搞好生产。他热爱百姓，因此百姓对他十分拥护。

　　那时蜀国经常闹水灾。望帝也想尽各种方法来治理水灾，但始终不能从根本上根除水患。这场洪水和当年尧时候的洪水几乎不相上下。后来，望帝发现鳖灵是个人才，并加以重用。鳖灵受望帝的委任，担任治理洪水的任务。在治水上，鳖灵显示出过人的才干。他带领民众治理洪水，打通了巫山，使水流从蜀国流到长江。这样，水患得到解除，蜀国人民又可以安居乐业了。鳖灵在治水上立下了汗马功劳，杜宇十分感谢，便自愿把王位禅让给鳖灵，鳖灵受了禅让，号称开明帝，又叫丛帝。望帝死后，灵魂化成杜鹃。他生前爱护人民，死了仍然惦念百姓的生活，每到清明、谷雨、立夏、小满，就飞到田间一声声地鸣叫。人们听见这种声音，都说：这是我们的望帝杜宇啊！于是相互提醒：是时候了，快播种吧。或者说：是时候了，快插秧吧。人们因此又把杜鹃叫作知更鸟、催工鸟。

不食周粟

　　伯夷、叔齐是商末孤竹君的儿子，墨胎氏。孤竹在今辽宁卢龙东南。孤竹君生前立次子叔齐为继承人。孤竹君去世后，叔齐让位给兄长伯夷。伯夷也不愿作国君而逃避。

　　后来二人闻听西伯侯姬昌（周文王）善养老幼，深得人民拥戴而入周投靠。文王仙逝，周武王继位而拥兵伐纣。他们认为诸侯伐君是为不仁，极力劝谏。武王不听，决意灭商。伯夷、叔齐对周武王的行为嗤之以鼻，誓死不作周的臣民，也不吃周的粮食，隐居在首阳山，采野果为生，不久饿死。临死前，他们仍然感叹武王伐纣是以暴易暴。伯夷、叔齐的行为虽然有违历史潮流，但是他们宁死不食周粟的气节为世人所敬仰。

桐叶封弟

三千多年前，武王克商，西周建立，分封诸侯，捍卫王室。然而，宏图大略的周武王完成统一大业后，诸多政治理想还没来得及付诸实施，就遗憾地离开了人世。年幼的成王登基，由周公旦辅助。周公充分发挥了自己的才干，为周王朝制定了一整套典章制度，把周朝治理得井井有条。有一天，周成王的弟弟叔虞和成王在一起玩耍，周成王随手攀摘了一片梧桐树叶，送给了弟弟叔虞，随口道："我把这作为信物，将唐地封赐给你！"叔虞接过树叶后，心里非常高兴，随后把这件事告诉给周公，周公认为天子一言既出，驷马难追。这件事如果是真的，那可非同小可了，于是前去询问周成王，周成王说他只不过是跟弟弟开玩笑罢了，周公听后严肃地说："天子无戏言，出口成宪，而且史书记载，乐师歌颂，世人称道。哪能随便说说。"成王听周公言之有理，只好把叔虞封于唐，后来，叔虞的儿子把都迁到晋水的岸边，改唐为晋。后人用这一典故表示分封之意。

多行不义必自毙

多行不义必自毙的意思是：不义的事情干多了，必然会自取灭亡。这个典故出自《左传》。春秋时期，郑国君王郑武公有两个儿子，大儿子称"庄公"，小儿子称"共叔段"。可是他们的母亲姜氏却比较偏爱小儿子。郑武公死后，由他的大儿子郑庄公即位。可是共叔段在母亲的支持下，竭力扩充自己的封地，积极进行夺取王位的准备工作。

郑庄公的大臣祭仲知道后，就对庄公说："君王要及早安排啊，共叔段的势力已经很强了，再这样下去，您的王位会被他篡取的！"

庄公听了，却道："多行不义必自毙，子姑待之。"这句话用现代人的话说就是：一个人若不仁义的事情做多了，必定会自取灭亡，你就等着吧！

果然如此，共叔段的势力在不断扩大，将郑国的西部和北部边境招于自己门下。同时，他还不停地修筑城池、屯田积兵，并让其母亲姜氏里应外合，攻下郑都。

庄公早有防备，趁共叔段进军郑都时，出奇兵攻其窝穴。长久受共叔段压迫的农民们也参与战斗，共叔段兵败，逃亡他处，而庄公出军追杀，最后共叔段走投无路，被逼自杀。

一鸣惊人

公元前 613 年，楚成王的孙子楚庄王新即位，做了国君。晋国趁这个机会，把几个一向归附楚国的国家又拉了过去，订立盟约。楚国的大臣们很不服气，都向楚庄王提出要他出兵争霸权。无奈楚庄王登位三年，不发号令，终日郊游围猎，沉湎声色，并下命："有敢谏者，死无赦！"大夫伍参冒死进谏，逢庄王左抱郑姬，右抱越女，坐于钟鼓之间。伍参请庄王猜谜语："有鸟止于阜，三年不飞不鸣，是何鸟也？"庄王答："三年不飞，飞将冲天；三年不鸣，鸣将惊人！"但数月之后，庄王依然照旧，享乐更甚。大夫苏从又进谏。庄王抽出宝剑，要杀苏从。苏从无所畏惧，坚持劝谏。苏从说："我知道，只要大王能够听我的意见，我就是触犯了禁令，被判了死罪，也是心甘情愿的。"于是，庄王罢淫乐，亲理朝政，并让伍参、苏从担任要职。这就是"一鸣惊人"的来历。

后来的人便把"一鸣惊人"这句成语用来比喻一个人如有不平凡的才能，只要他能好好运用，一旦发挥出来，往往有惊人的作为。

问鼎

楚庄王为讨伐外族入侵者来到洛阳，为了显示楚国的兵威，在郊外举行了一次大检阅。周天子得知这件事情后，大为震惊，于是派一个大臣王孙满到郊外去慰劳楚军。

楚庄王和王孙满交谈的时候，楚庄王问起周王宫里藏着的九鼎大小轻重怎么样。九鼎是象征周王室权威的礼器。楚庄王问起九鼎，就是表示他有夺取周天子权力的野心。

王孙满是个善于应付的人。他劝说楚庄王：国家的强盛，主要靠德行服人，不必去打听鼎的轻重。楚庄王自己知道当时还没有灭掉周朝的条件，也就带兵回国了。

以后，楚庄王又请了一位楚国有名的隐士孙叔敖当令尹（楚国的国相）。孙叔敖当了令尹以后，开垦荒地，挖掘河道，奖励生产。为了免除水灾旱灾，他还组织楚国人开辟河道，灌溉了上百万亩庄稼，国库积累了很多粮食。没几年工夫，楚国更加强大起来，楚庄王成为称雄中原的霸主。后来人们就把图谋篡夺王位叫作"问鼎"。

管鲍之交

管仲青年时家里很穷，又要奉养母亲。鲍叔牙知道了，就找管仲一起投资做生意。做生意的时候，因为管仲没有钱，所以本钱几乎都是鲍叔牙拿出来的。可是，赚了钱以后，管仲却拿的比鲍叔牙还多，鲍叔牙的仆人看了就说："这个管仲真奇怪，本钱拿的比我们主人少，分钱的时候却拿的比我们主人还多！"鲍叔牙却说："不能这么说！管仲家里穷又要奉养母亲，多拿一点没有关系的。"在日常的交往中，鲍叔认识到管仲是有贤才的人。

后来鲍叔侍奉齐国的公子小白，管仲侍奉公子纠。再后来，齐国的国王去世后，公子诸当上了国王，诸每天吃喝玩乐不做事，鲍叔牙预感齐国一定会发生内乱，就带着公子小白逃到莒国，管仲则带着公子纠逃到鲁国。不久之后，公子诸被人杀死，齐国发生内乱，管仲想杀掉小白，让纠能顺利当上国王，可惜管仲在暗算小白的时候，把箭射偏了，小白没死。后来，鲍叔牙和小白比管仲和纠还早回到齐国，小白就当上了齐国的国王，就是齐桓公。小白当上国王以后，决定封鲍叔牙为宰相，鲍叔牙却对小白说："管仲各方面都比我强，应该请他来当宰相才对呀！"小白一听："管仲要杀我，他是我的仇人，你居然叫我请他来当宰相！"鲍叔牙却说："这不能怪他，他是为了帮他的主人纠才这么做的呀！"小白听了鲍叔牙的话，请管仲回来当宰相，而管仲也真的帮小白把齐国治理得很好。

后来，大家在称赞朋友之间有很好的友谊时，就会说他们是"管鲍之交"。

老马识途

公元前 663 年，齐桓公应燕国的要求，出兵攻打入侵燕国的山戎，相国管仲和大夫隰朋随同前往。齐军是春天出征的，到凯旋时已是冬天，路旁景物变化很大。大军在一个山谷里转来转去，虽然派出多批探子去探路，但仍然找不到归路。时间一长，军队的给养发生困难。

管仲思索了好久，有了一个设想：既然狗离家很远也能寻回家去，那么军中的马尤其是老马，也会有认识路途的本领。于是他对齐桓公说："大王，我认为老马有认路的本领，可以利用它在前面领路，带引大军出山谷。"齐桓公同意试试看。管仲立即挑出几匹老马，解开缰绳，让它们在大军的最前面自由行走。也真奇怪，这些老马都毫不犹豫地朝一个方向行进。大军就紧跟着它们，最终走出山谷。

老马识途现用来比喻有经验的人熟悉情况，能在某个方面起指引的作用。

沉鱼

人们用"闭月羞花沉鱼落雁"来形容中国古代四大美女。不管历史的真相到底是什么，她们身上都负担了太多的政治文化意义，是她们所不能承受的。

春秋战国时期，越国有一个叫西施的，是个浣纱的女子，五官端正，粉面桃花，相貌过人。她在河边浣纱时，清澈的河水映照出她俊俏的身影，使她显得更加美丽，这时，鱼儿看见她的倒影，忘记了游水，渐渐地沉到河底。从此，西施这个"沉鱼"的代称，在附近流传开来。

兔死狗烹

春秋末期，吴、越争霸，越国被吴国打败，屈服求和。越王勾践卧薪尝胆，任用大夫文种、范蠡整顿国政，十年生聚，十年教训，使国家转弱为强，终于击败吴国，洗雪国耻。吴王夫差兵败出逃，连续七次向越国求和，文种、范蠡坚持不允。夫差无奈，把一封信系在箭上射入范蠡营中，信上写道："兔子捉光了，捉兔的猎狗没有用处了，就被杀了煮肉吃；敌国灭掉了，为战胜敌人出谋献策的谋臣没有用处了，就被抛弃或铲除。两位大夫为什么不让吴国保存下来，替自己留点余地呢？"文种、范蠡还是拒绝议和，夫差拔剑自刎。越王勾践灭了吴国，在吴宫欢宴群臣时，发觉范蠡不知去向，第二天在太湖边找到了范蠡的外衣，大家都以为范蠡投湖自杀了。可是过了不久，有人给文种送来一封信，上面写着："飞鸟打尽了，弹弓就被收藏起来；野兔捉光了，猎狗就被杀了煮来吃；敌国灭掉了，谋臣就被废弃或遭害。越王为人，只可和他共患难，不宜与他同安乐。大夫至今不离他而去，不久难免有杀身之祸。"文种此时方知范蠡并未死去，而是隐居了起来。他虽然不尽相信范蠡的这番话，但从此常告病不去上朝，日久引起勾践疑忌。一天勾践登门探望文种，临别留下佩剑一把。文种见剑鞘上有"属镂"二字，正是当年吴王夫差逼忠良伍子胥自杀的那把剑。他明白勾践的用意，悔不该不听范蠡的劝告，只得引剑自尽。

董狐直笔

董狐是春秋晋国太史，也称史狐。因董督典籍，故姓董氏。董狐秉笔直书的事迹，开我国史学直笔传统的先河。

晋灵公夷皋聚敛民财，残害臣民，举国上下为之不安。作为正卿的执政大臣赵盾，多次苦心劝谏，灵公非但不改，反而肆意残害。他先派人刺杀赵盾，未遂，又于宴会上伏甲兵袭杀，还是失败了。赵盾被逼无奈，只好出逃。当逃到晋国边境时，听说灵公已被其族弟赵穿带兵杀死，于是返回晋都，继续执政。

董狐以"赵盾弑其君"记载此事，并宣示于朝臣，以示笔伐。赵盾辩解，说是赵穿所杀，不是他的罪。董狐申明理由：他作为执政大臣，在逃亡未过国境时，原有的君臣之义就没有断绝，回到朝中，就应当组织人马讨伐乱臣，不讨伐就未尽到职责，因此，"弑君"之名应由他承当，这是按写史之"书法"决定的。

当时记事的"书法"依礼制定，礼的核心在于维护君臣大义，赵盾不讨伐弑君乱臣，失了君臣大义，因此董狐定之以弑君之罪。对此，孔子大加赞扬，称董狐为"书法不隐"的"古之良史"，后世据以称之为"良狐"，以表褒美之意。随着时代的发展，直笔的含义逐渐摆脱了当时社会的局限，从司马迁开始，赋予了它"不虚美、不隐恶"的实录精神。

田忌赛马

田忌赛马是中国历史上有名的揭示如何善用自己的长处去对付对手的短处，从而在竞技中获胜的事例。

齐国的大将田忌，很喜欢赛马，有一回，他和齐威王约定，要进行一场比赛。他们商量好，把各自的马分成上、中、下三等。比赛的时候，要上马对上马，中马对中马，下马对下马。由于齐威王每个等级的马都比田忌的马强得多，所以比赛了几次，田忌都失败了。齐威王屡战屡胜，正在得意扬扬地夸耀自己马匹的时候，看见田忌陪着孙膑迎面走来，便站起来讥讽地说："怎么，莫非你还不服气？"田忌说："当然不服气，咱们再赛一次！"说着，"哗啦"一声，把一大堆银钱倒在桌子上，作为他的赌钱。齐威王一看，心里暗暗好笑，于是吩咐手下，把前几次赢得的银钱全部抬来，另外又加了一千两黄金，也放在桌子上。齐威王轻蔑地说："那就开始吧！"一声锣响，比赛开始了。孙膑先以下等马对齐威王的上等马，第一局输了。齐威王站起来说："想不到赫赫有名的孙膑先生，竟然想出这样拙劣的对策。"孙膑不去理他。接着进行第二场比赛。孙膑拿上等马对齐威王的中等马，获胜了一局。齐威王有点心慌意乱了。第三局比赛，孙膑拿中等马对齐威王的下等马，又战胜了一局。这样。比赛的结果是三局两胜，当然是田忌赢了齐威王。

晏子使吴

一年，晏婴奉命出使吴国。一天清晨，晏婴来到宫中等候谒见吴王。不一会儿，侍从传下令来："天子召见。"晏婴一怔，吴王什么时候变成天子了？当时周天子虽已名存实亡，但诸侯各国仍称周王为天子，这是他独享的称号。晏婴马上反应了过来，这是吴王在向他炫耀国威呀。于是，他见机行事，假装没听见。侍卫又高声重复，晏婴仍不予理睬。侍卫没有办法，直接走到他跟前，一字一顿地说："天子请见。"晏婴故意装作惊诧的样子，问道："臣受齐国国君之命，出使吴国。谁知晏婴愚笨至极，竟然走错了方向，走到天子的朝廷上来了。麻烦问一下，在哪里可以找到吴王？"吴王听门人禀报后，无可奈何，只得传令："吴王请见。"晏婴听罢，立刻昂首挺胸走上前拜见吴王，并向他行了谒见诸侯时当行的礼仪。吴王本来是想利用这个办法来难为晏婴的，结果却自讨没趣，好不尴尬。但是他并没有死心，还想继续难为晏婴。他故意装作非常诚恳的样子对晏婴说："一国之君要想长久保持国威，守住疆土，该怎么办？"

晏婴不假思索地答道："先人民，后自己；先施惠，后责罚；强不欺弱，贵不凌贱，富不傲贫。不以威力欺压别国国君，不以势众兼并他国，这是保持国威的正当办法。否则，就很危险了。"

自以为是的吴王听完晏婴的一番慷慨陈词，再也想不出什么难题为难晏婴了。晏婴凭着自己的聪明才智不动声色地又一次取得了出使的胜利。

折冲樽俎

"折冲樽俎"这个典故还是来自晏婴的事迹，意思是不用武力而在酒宴谈判中制敌取胜。孔子称赞晏婴的外交表现说："不出樽俎之间，而折冲千里之外。"

春秋中期，诸侯纷立，战乱不息，中原的强国晋国谋划攻打齐国。为了探清齐国的形势，便派大夫范昭出使齐国。齐景公以盛宴款待范昭。席间，正值酒酣耳热，均有几分醉意之时，范昭借酒劲向齐景公说："请您给我一杯酒喝吧！"景公回头告诉左右侍臣道："把酒倒在我的杯中给客人。"范昭接过侍臣递给的酒，一饮而尽。晏婴在一旁把这一切看在眼中，厉声命令侍臣道："快扔掉这个酒杯，为主公再换一个。"依照当时的礼节，在酒席之上，君臣应是各自用个人的酒杯。范昭用景公的酒杯喝酒违反了这个礼节，是对齐国国君的不敬，范昭是故意这样做的，目的在于试探对方的反应如何，但还是被晏婴识破了。范昭回国后，向晋平公报告说："现在还不是攻打齐国的时候，我试探了一下齐国君臣的反应，结果让晏婴识破了。"范昭认为齐国有这样的贤臣，现在去攻打齐国，绝对没有胜利的把握，晋平公因而放弃了攻打齐国的打算。

安步当车

战国时，齐国有一位很有才华的人叫颜斶。一次齐宣王在召他进宫的时候，颜斶走到殿前的阶梯时，见宣王正等待他拜见，就停住脚步，不再往前走了。宣王见了很奇怪，就说："颜斶，过来吧！"颜斶听到后，不仅一动未动反而说："大王，走过来！"

宣王听了很不高兴，左右的大臣见颜斶目无君主口出狂言，都说："大王是君主，你是臣民，大王可以叫你过来，你也叫大王过来，怎么行呢？"颜斶说："我如果走到大王面前去，说明我羡慕他的权势；如果大王走过来，说明他礼贤下士。与其让我羡慕大王权势，还不如让大王礼贤下士的好。"齐宣王恼怒地说："到底是君王尊贵，还是士人尊贵？"颜斶不假思索地说："当然是士人尊贵，君王并不尊贵！"

宣王说："你说这话有根据吗？"颜斶神色自若地说："当然有，秦国进攻齐国的时候，秦王曾下过这样两道命令：'谁敢在柳下季坟墓五十步以内的地方砍柴，格杀勿论！谁能砍下齐王的脑袋，就封为万户侯。由此看来，一个活着的君主的头，竟然连一个死的士人坟墓都不如啊。"

齐宣王觉得自己理亏，也意识到他是贤能的人，便诚恳地要求他留下来，并保证他官居高位，富贵荣华。颜斶却辞谢说："玉，原来产于山中，如果一经匠人加工，就会破坏，虽然仍然宝贵，但毕竟失去了本来的面貌。士人生在穷乡僻壤，如果选拔上来，就会享有利禄；不是说他不能高贵显达，但他外来的风貌和内心世界会遭到破坏。所以我情愿希望大王让我回去，每天晚点吃饭，也像吃肉那样香；安稳而慢慢地走路，足以当作乘车；平安度日，并不比权贵差。清静无为，纯正自守，乐在其中。命我讲话的是您大王，而尽忠宣言的是我颜斶。"颜斶说罢，向宣王拜了两拜，就告辞而去。

鸡鸣狗盗

战国时候，齐国的孟尝君喜欢招纳各种人做门客，号称宾客三千。

有一次，孟尝君率领众宾客出使秦国。秦昭王将他留下，想让他当相国。孟尝君不敢得罪秦昭王，只好留下来。不久，大臣们劝秦王说："留下孟尝君对秦国是不利的，他出身王族，在齐国有封地和家人，怎么会真心为秦国办事呢？"秦昭王觉得有理，便改变了主意，把孟尝君和他的手下人软禁起来，只等找个借口杀掉。

秦昭王有个最受宠爱的妃子，昭王对她言听计从。孟尝君派人去求她救助。妃子答应了，条件是拿齐国那一件天下无双的狐白裘当报酬。这可叫孟尝君作难了，因为刚到秦国，他便把这件狐白裘献给了秦昭王。就在这时候，有一个门客说："我能把狐白裘找来！"说完就走了。原来这个门客最善于钻狗洞偷东西。他先摸清情况，知道昭王将那件狐裘放在宫中的精品贮藏室里。他便借着月光，轻易地钻进贮藏室把狐裘偷出来。妃子见到狐白裘高兴极了，想方设法说服秦昭王放弃了杀孟尝君的念头，并准备过两天为他钱行，送他回齐国。

孟尝君并没有等两天，而是立即率领手下人连夜偷偷骑马向东快奔。到了函谷关正是半夜。按秦国法规，函谷关每天鸡叫才开门。大家正犯愁时，只听见几声"喔，喔，喔"的雄鸡啼鸣，接着，城关外的雄鸡都打鸣了。原来，孟尝君的另一个门客会学鸡叫。守关的士兵虽然觉得奇怪，但也只得起来打开关门，放他们出去。孟尝君靠着鸡鸣狗盗之士逃回了齐国。

高枕无忧

冯谖是战国时期齐国相国孟尝君的门客。有一次，他自愿为孟尝君到薛地去讨债，不但没有把钱讨回来，反而把债券都烧掉了。当地的人们以为是孟尝君叫他那样做的，所以对孟尝君非常感激，后来孟尝君被齐王解除了相国的职务，只好前往薛地，受到了当地人们的欢迎。孟尝君这才知道冯谖烧债券的原因。但是冯谖却对孟尝君说："狡兔有三窟，才能免除一死。现在您仅有一窟，还不能高枕无忧，我愿意替您再凿两

窟。"于是冯谖去见梁惠王说:"齐国解除了孟尝君相国的职务,使诸侯有了任用孟尝君的机会。谁如果先把他请去治理国家,一定能够富国强兵。"梁惠王听到这话,就派使臣带着黄金万两和车马百乘,去请孟尝君到梁国做相国。冯谖又建议孟尝君不要答应梁国的聘请,梁国的使臣跑了三趟,都没有把孟尝君请去。齐王知道了这件事,害怕孟尝君会到梁国去做官,赶紧用隆重的礼节,请孟尝君回去仍做相国。冯谖又劝孟尝君向齐王请求赐给他先王传下来的祭器,以保证薛地的安全。冯谖对孟尝君说:"现在三窟已经凿成,您可以'高枕无忧'了。"后来,人们便用"高枕无忧"来形容满足现状,无忧无虑。

完璧归赵

战国时候,赵王得到了一块名贵宝玉"和氏璧"。这件事情让秦国大王知道了,他就写了封信,派人去见赵王,说秦王愿意用十五座城来换那块宝玉。赵王想来想去拿不定主意,就跟大臣们商量。蔺相如知道了,对赵王说:"大王,让我带着'和氏璧'去见秦王吧,到那里我见机行事。如果秦王不肯用十五座城来交换,我一定把'和氏璧'完整地带回来。"

蔺相如到了秦国,秦王在王宫里接见了他。蔺相如双手把"和氏璧"献给秦王。秦王接过来左看右看,非常喜爱。他看完了,又传给大臣们一个一个地看。蔺相如一个人站在旁边,等了很久,也不见秦王提起割让十五座城的事儿,知道秦王根本没有用城换宝玉的诚意。他想出了一个计策,就走上前去,对秦王说:"这块'和氏璧'看着虽然挺好,可是有一点小毛病,让我指给大王看。"秦王一听赶紧叫人把宝玉交给蔺相如。

蔺相如拿着"和氏璧"往后退了几步,身子靠在柱子上,气冲冲地对秦王说:"方才大王把宝玉接了过去,随便交给下面的人传看,却不提起换十五座城的事情来。这样看来,大王确实没有用城换璧的真心。现在宝玉在我的手里。如果大王硬要逼迫我,我情愿把自己的脑袋跟这块宝玉一块儿碰碎在这根柱子上!"说着,蔺相如举起"和氏璧",对着柱子,就要摔过去。

秦王本来想叫武士去抢,可是又怕蔺相如真的把宝玉摔碎,连忙向蔺相如赔不是,并叫人把地图拿来,假惺惺地指着地图说:"从这儿到那儿,一共十五座城,都划给赵国。"蔺相如说:"大王要接受这块宝玉,应该斋戒五天,在朝廷上举行接受宝玉的仪式,我才能把宝玉献上。"秦王说:"好!就这么办吧!"他就派人送蔺相如到旅店去休息。蔺相如拿着那块宝玉到了公馆里,就叫一个手下人打扮成一个买卖人的样儿,把那块宝玉包着,藏在身上,偷偷地从小道跑回赵国去了。至于秦王会把他怎么样,他一点也没有考虑。

后来秦王发觉这件事,后悔已经来不及了,想发兵攻打赵国吧,赵国在军事上做了准备,怕打不赢,最后只好作罢。

负荆请罪

战国时，蔺相如因多次为国争誉立功，被封为上卿，位于大将廉颇之上。

廉颇很不服气，他对别人说："我廉颇攻无不克，战无不胜，立下许多大功。他蔺相如有什么能耐，就靠一张嘴，反而爬到我头上去了。我碰见他，得给他个下不了台！"这话传到了蔺相如耳朵里，蔺相如就请病假不上朝，免得跟廉颇见面。

有一天，蔺相如坐车出去，远远看见廉颇骑着高头大马过来了，他赶紧叫车夫把车往回赶。蔺相如手下的人可看不顺眼了。他们说，蔺相如怕廉颇像老鼠见了猫似的，为什么要怕他呢！蔺相如对他们说："诸位请想一想，廉将军和秦王比，谁厉害？"他们说："当然秦王厉害！"蔺相如说："秦王我都不怕，会怕廉将军吗？大家知道，秦王不敢进攻我们赵国，就因为武有廉颇，文有蔺相如。如果我们俩闹不和，就会削弱赵国的力量，秦国必然乘机来打我们。我所以避着廉将军，为的是我们赵国啊！"

蔺相如的话传到了廉颇的耳朵里。廉颇静下心来想了想，觉得自己为了争一口气，就不顾国家的利益，真不应该。于是，他脱下战袍，背上荆条，到蔺相如门上请罪。蔺相如见廉颇来负荆请罪，连忙热情地出来迎接。从此两人结为生死之交，赵国将相和睦，国势大振。

胡服骑射

"胡服骑射"指学习胡人的服饰打扮，同时也学习他们的骑马、射箭等武艺。这个典故告诉人们不要故步自封，应学习别人的长处，勇于改革。公元前307年，赵武灵王（前325~前299）吸取了北方少数民族骑马作战的优点，进行了"胡服骑射"的军事改革，发展骑兵，开拓北地。胡服骑射虽然引起贵族的不满，却使赵国的军事力量强大起来。赵惠文王（前298~前266）即位后整顿内政，于是"民富而府库实"。当时楚、齐相继衰弱，赵国因此成为唯一能与秦国争雄的强国。

乐极生悲

乐极生悲是形容一个人快乐到极点转而发生悲哀的事情。乐极生悲原写为"乐极则悲"，出自《史记》。战国时期，齐威王经常通宵饮酒作乐，不理朝政。有一年楚军进攻齐国，他连忙派自己信得过的使节淳于髡去赵国求救。淳于髡果然不辜负齐王重托，到了赵国就请来了十万大军，吓退了楚军。当然，齐威王十分高兴，立刻摆设酒宴请淳于髡喝酒庆贺。齐王高兴地问淳于髡："先生你要喝多少酒才会醉？"淳于髡一看这架势，知道齐王又要彻夜喝酒，必定要一醉方休。他想了想回答道："我喝一斗酒也醉，喝一石酒也醉。"齐王不解其意，淳于髡解释自己在不同场合、不同情况下酒量会变化："所以我得出一个结论，喝酒到了极点，就会酒醉而乱了礼节；人如果快乐到了极点，就可能要发生悲伤之事（原文是：酒极则乱，乐极则悲）。所以，我看做任何事都是一样，超过了一定限度，则会走向反面了。"齐威王听出他是在讽谏自己，当即痛快爽朗地表示接受淳于髡的劝告，今后不再彻夜饮酒作乐，改掉自己的恶习。

跳梁小丑

战国时魏国相国惠施，在和庄子的一次谈话中，以自家一株大樗树为例，说树的主干臃肿，小枝多卷曲，不成材，木匠师傅对它连看都不看一眼，以此讥讽庄子所说的"大而无用，众所同去"。对此，庄子这样回答道："子独不见狸狌乎，卑身而伏，以候敖者；东西跳梁，不避高下：中于机辟，死于罔罟。今夫斄牛，其大若垂天之云。此能为大矣，而不能执鼠。今子有大树，患其无用，何不树之于何有之乡、广莫之野，彷徨乎无为其侧，逍遥乎寝卧其下。不夭斤斧，物无害者，无所可用，安所困苦哉！"

这段话的大意是：你难道没看见过野猫吗？它们隐伏起来，伺机猎取出来活动的小动物，东蹿西跳，不避高低；往往触到机关，死于网罗之中。还有牦牛，庞大的躯体像天边的云。它能使自己很大，却不能抓老鼠。现在你有大树，担心它无用，为什么不把它种植在虚无的乡土上，广阔无垠的旷野里？它可以生长得更加枝叶繁茂，来往行人可以逍遥自在地在它下面乘凉歇荫。因此，它并不因为所谓无所可用而感到有什么困苦。庄子在这里要说的是，"无为虚谈，可以逍遥适性，荫庇苍生"，以此驳斥惠施的"大而无用"的讥讽。

后人从这段故事引申出成语"跳梁小丑"，比喻那些品格低下或并无什么真才实学者，为了达到个人私利或不可告人的目的而极尽捣乱、破坏之能事，但终究没有什么了不得，只不过是真正地暴露了他自己的丑恶嘴脸罢了。

南门立木

古人云：人无信不立，国无信不强。"南门立木"说的就是诚信的重要性。

最初，在战国七雄中，秦国在政治、经济、文化各方面都比中原各诸侯国落后。公元前361年，秦国的新君秦孝公即位，决心发愤图强。两年后，秦孝公的君位坐稳了，就拜商鞅为左庶长，进行变法，说："从今天起，改革制度的事全由左庶长拿主意。"

商鞅起草了一个改革的法令，但是怕老百姓不信任他，不按照新法令去做。就先叫人在都城的南门竖了一根三丈高的木头，下命令说："谁能把这根木头扛到北门去，就赏十两金子。"不一会儿，南门口围了一大堆人，大家议论纷纷。有的说："这根木头谁都拿得动，哪儿用得着十两赏金？"有的说："这大概是左庶长成心开玩笑吧。"大伙儿你瞧我，我瞧你，就是没有一个敢上去扛木头的。商鞅知道老百姓还不相信他下的命令，就把赏金提到五十两。没有想到赏金越高，看热闹的人越觉得不近情理，仍旧没人敢去扛。正在大伙儿议论纷纷的时候，人群中有一个人跑出来，说："我来试试。"他说着，真的把木头扛起来就走，一直搬到北门。商鞅立刻派人传出话来，赏给扛木头的人五十两黄澄澄的金子，一分也没少。

这件事立即传开了，一下子轰动了秦国。老百姓说："左庶长的命令不含糊。"商鞅知道，他的命令已经起了作用，就把他起草的新法令公布了出去。

纸上谈兵

赵惠文王去世，太子孝成王即位。孝成王七年（前259），秦军与赵军在长平对阵，那时赵奢已死，蔺相如也已病危，赵王派廉颇率兵攻打秦军，秦军几次打败赵军，赵军坚守营垒不出战。秦军屡次挑战，廉颇置之不理。赵王误中秦军的反间计。秦军间谍说："秦军所厌恶忌讳的，就是怕马服君赵奢的儿子赵括来做将军。"赵王因此就以赵括为将军，取代了廉颇。

赵括从小就学习兵法，谈论军事，以为天下没人能抵得过他。他曾与父亲赵奢谈论用兵之事，赵奢也难不倒他，可是并不说他好。赵括的母亲问赵奢这是什么缘故，赵奢说："用兵打仗是关乎生死的事，然而他却把这事说得那么容易。如果赵国不用赵括为将也就罢了，要是一定让他为将，使赵军失败的一定就是他呀。"等到赵括将要起程的时候，他母亲上书给赵王说："大王不可以让他做将军。"赵王说："您就把这事放下别管了，我已经决定了。"赵括的母亲接着说："您一定要派他领兵，如果他有不称职的情况，我能不受株连吗？"赵王答应了。

赵括代替廉颇之后，把原有的规章制度全都改变了，把原来的军吏也撤换了。秦将白起听到了这些情况，便调遣奇兵，假装败逃，又去截断赵军运粮的道路，把赵军分割成两半，赵军士卒离心。过了四十多天，赵军饥饿，赵括出动精兵亲自与秦军搏斗，秦军射死赵括。赵括军队战败，几十万大军于是投降秦军，秦军把他们全部活埋了。第二年，秦军就包围了邯郸，有一年多，这期间赵国几乎不能保全，全靠楚国、魏国军队来援救，才最终得以解除邯郸的包围。由于赵括的母亲有言在先，赵括兵败没有株连她。

"纸上谈兵"现在用来比喻只会空谈理论，不能解决实际问题。

奇货可居

战国末期，卫国的大商人吕不韦去赵国做生意，来来往往，买买卖卖。他手头已经赚下了很多很多的钱，可说是家有万金了。一天，他遇见被作为人质扣押的秦国公子子楚。他认为从子楚身上可以做一笔政治性的投机生意，便同父亲商量。他问父亲："种田的利润大约有多少倍？"他父亲说："十倍。""贩卖珠宝的利息呢？""一百倍。""拥立一个国王的利润呢？"他父亲惊叫道："啊呀！那就多得难以计算了！"吕不韦笑道："那么子楚这种珍奇的货物囤积起来，可以赚取大利啊！"于是，他对子楚百般笼络，并拿出六百两黄金贿赂看守子楚的官吏，让他们放松对子楚的看管。后来在秦兵重围邯郸时，吕不韦领着化了妆的子楚，杂在百姓之中，混出邯郸，回到了咸阳。子楚回国后不久就登上了王位，他感谢吕不韦的恩情，任命吕为相国，封给他许多土地。

图穷匕见

秦国是战国七雄中的强者，它不断蚕食他国，公元前228年向北进犯，已经俘虏了赵王，燕国危在旦夕。燕国的太子丹派荆轲作刺客，决心要杀死秦始皇，以解亡国的威胁。

荆轲出发前，做了三项周密准备：由勇士秦舞阳陪同荆轲行刺；带上秦王一直想杀死的樊姓仇人的人头；再拿上燕国打算要献给秦王的最肥沃的燕地督亢的地图。这后两项准备，当然是为了取信于秦始皇的安排，那卷地图更有特别功用，里面藏着刺杀秦始皇的锋利匕首，刀锋上还淬过了烈性毒药。

图穷匕见

秦始皇接见荆轲时，见了仇人被斩的头颅，又听说燕国欲献大片土地，就兴奋不已地打开地图，地图全部展开时匕首出现了。荆轲一个箭步跑过去，拿起匕首又拉住秦王，但秦始皇推倒挣脱而逃，衣袖都撕断了，围柱追逐一番之后，秦王才知抽剑砍伤荆轲，众大臣侍卫随后用乱刀将荆轲杀死了。现在常常用"图穷匕见"来比喻真相显露出来的意思。

一字千金

战国末期，秦国有一个大商人，名叫吕不韦，他在赵国经商时，曾资助过秦庄襄王（名子楚），还把他的妾赵姬送给子楚为妻，后来子楚当了大王以后，吕不韦就被任命为秦国的相国。庄襄王在位三年便病死，由他十三岁的儿子嬴政（赵姬所生）接替王位，并尊称吕不韦为仲父。慢慢地，行政大权全落在吕不韦和赵姬的手中。当时养门客之风很盛，吕不韦养了三千门客，作为他的智囊团，替他想出各种各样的办法来巩固他的政权。这些门客把自己的见解和心得汇集起来，写成了一部二十余万言的巨著——《吕氏春秋》。吕不韦把书带到秦国首都咸阳公布，悬赏说，如果有人能在书中增加一字或减一字者，就赏赐千金。

后来人们根据这个故事，引申成"一字千金"，用来形容一篇文章的每一个字的价值都很高，不可删改。

取而代之

秦朝时，项羽少年时既不愿读书，也不愿练武。有一次，他叔父项梁责备他，项羽说："读书认字只能记住姓名；学习剑术只能抵得住几个人，我要学会能抵挡万人的本领。"于是，项梁就教他学习兵法。后来，项梁因杀人受到追捕，就带项羽一同出逃。

秦始皇统一了燕、赵、韩、魏、齐、楚六国，建立了强大的秦朝。他为了宣扬威德，进一步巩固统治，经常出巡全国各地。一次，秦始皇巡游会稽时，车马仪仗浩浩荡荡，大路两旁站满了看热闹的人群，项梁和项羽也在其中。项羽看到秦始皇出巡的盛况，忽然说了这么一句："彼可取而代之也！"

项梁听了，不禁大吃一惊，急忙伸手去捂住项羽的嘴，小声责备了他几句，却也暗暗赞赏他这个小侄子的胆识。原来项梁也早在心里盘算着怎样推翻秦朝，恢复楚国的事，不过他没有显露出来罢了。后来他叔侄俩就在陈胜、吴广领导的农民起义运动中投入了反秦的战斗。

孺子可教

张良谋刺秦始皇没有成功，逃到下邳隐藏起来。一天，张良在一座桥上遇到一位老人。老人见到张良时故意把鞋子扔到桥下并对张良说："小伙子，到桥下替我把鞋捡上来。"等张良把鞋捡上来后，老人说："替我穿上。"张良就跪在地上替他把鞋穿上。老人满意地笑着走了。不一会儿，老人回转来对张良说："真是孺子可教啊！"他告诉张良五天后到桥上来和他相会。

五天后，天一亮，张良就来到桥上，但老人已经先到了。他责备张良来晚了并叫他五天后再来。第二次，张良在鸡叫时来到桥上，但老人又先到了。这次老人大发脾气，怪他来晚了，叫他五天后再来。这次，张良不到天亮就来了，等了好长时间，老人才到。老人非常高兴，当即交给张良一本书并告诉他，读了这部书将来大有用处。张良回家一看，原来是部兵法书，他日夜攻读，后来辅佐刘邦建立大汉王朝。

约法三章

现在，人们经常使用"约法三章"来表示凡事要先讲定规则，大家来共同遵守。这个典故出自《史记》。

公元前 206 年，刘邦率领大军攻入关中，到达离秦都咸阳只有几十里路的灞上（今陕西西安东）。秦王子婴向刘邦投降。刘邦进咸阳后，本想在豪华的王宫里休息，但他的心腹樊哙和张良告诫他别这样做，免得失掉人心。刘邦接受他们的意见，下令封闭王宫，并留下少数士兵保护王宫和藏有大量财宝的库房，随即退回来驻扎在灞上。为了取得民心，刘邦把关中各县父老、豪杰召集起来，郑重地向他们宣布："父老们苦于秦朝的苛虐法令已经很久了，应该全部废除。现在我和众位约定，不论是谁，都要遵守三条法律。这三条是：杀人者要处死，伤人者要抵罪，盗窃者也要判罪！"父老、豪杰们都表示拥护约法三章。接着，刘邦又派出大批人员，到各县各乡去宣传约法三章。由于坚决执行约法三章，刘邦得到了百姓的信任、拥护和支持。

鸿门宴

秦末，刘邦与项羽各自攻打秦朝的部队，刘邦兵力虽不及项羽，但刘邦先破咸阳，项羽勃然大怒，派英布击函谷关，项羽攻入咸阳。此时项羽拥兵四十万，号称百万，驻扎新丰鸿门（今陕西临潼东的项王营）。刘邦有兵十万，号称二十万，安营灞上。谋士范增劝说项羽立即攻击刘邦。项羽的叔父项伯与张良素有交情，当夜策马至刘邦军中将范增的计谋密告张良，劝张良赶快逃避。张良马上将情况告诉刘邦。刘邦请项伯从中调解，项伯要求刘邦第二天到鸿门。随后，项伯连夜赶回鸿门，劝说项羽。项羽认为项伯所说有理。第二天早晨，刘邦亲自来见项羽，项羽设宴招待。鸿门宴上，虽不乏美酒佳肴，但却暗藏杀机。席间，范增三次举起所佩玉玦，示意项羽杀掉刘邦，项羽犹豫不决。范增于是指示项羽堂弟项庄来席前舞剑助兴，意在乘机刺杀刘邦。项伯见此情况，也拔剑起舞，并用自己身躯保护刘邦。张良也离席去叫樊哙，樊哙携带剑盾闯入军门，指责项羽要杀有功之人。后刘邦借上厕所的机会，在樊哙等人的护卫下，由小路急忙返回灞上，才得以脱身。后人用鸿门宴喻指暗藏杀机的宴会。

明修栈道，暗渡陈仓

秦朝末年，政治腐败，群雄并起，纷纷反秦。刘邦的部队首先进入关中，攻进咸阳。势力强大的项羽进入关中后，逼迫刘邦退出关中。鸿门宴上，刘邦险些丧命。刘邦此次脱险后，只得率部退驻汉中。刘邦受封后要到封地去，项羽只许三万名士卒随从，但楚军以及其他各诸侯军中由于仰慕刘邦而自愿前往的人却有好几万人。汉军进入蜀中川道，过去后立即烧毁了栈道，用以防备其他诸侯发兵偷袭自己，同时，也向项羽表明汉军没有返回关中的想法。

公元前206年，已逐步强大起来的刘邦，派大将军韩信出兵东征。出征之前，韩信派了许多士兵去修复已被烧毁的栈道，摆出要从原路杀回的架势。关中守军闻讯，密切注视修复栈道的进展情况，并派主力部队在这条路线各个关口要塞加紧防范，阻拦汉军进攻。谁知韩信却派大军绕道到陈仓（今陕西宝鸡市陈仓区东）发动突然袭击，一举打败章邯，平定三秦，为刘邦统一中原迈出了决定性的一步。

背水一战

公元前204年，韩信受命在井陉（今河北井陉）攻击赵国。韩信率军在离井陉口三十里处驻扎，又选轻骑二千人，手持红旗，隐蔽山后观察赵军。吩咐他们如果赵军出营，就乘虚入其营垒，拔掉赵军旗，换上红旗。布置完之后，韩信便率万人先行，背靠大河布下军阵。次日天一亮，韩信就命令进攻井陉口。赵军出营迎战，双方激战许久，韩信军假装败退，弃旗丢鼓，退入营垒之中。赵将见到这个情景，遂以全军进攻韩信军。韩信军背后是河，无路可退，全都拼死战斗，勇猛拼杀。就在这时，事先埋伏在山后的汉军乘虚进入了赵军营垒，将二千面汉军红旗插上。赵军见不能战胜汉军，便想退回营寨，却见营寨已被汉军占领，全都惊慌不知所措。汉军前后夹击，赵军大败。

事后，有人问韩信："按照兵法，布阵应是'右背山陵，左对水泽'，背山面水布阵，您反其道而行之，却取得了胜利，这是为什么？"韩信说："置之死地而后生，这也是兵法的一个原则。我所率的兵，大多没经过严格的训练，只有将他们放在死地，他们才能拼死争杀，如果把他们放在生地，他们都会逃走，怎能打胜仗呢？"

四面楚歌

公元前202年，项羽和刘邦原来约定以鸿沟（在今河南荣县境贾鲁河）东西边作为界限，互不侵犯。后来刘邦听从张良和陈平的规劝，觉得应该趁项羽衰弱的时候消灭他，就又和韩信、彭越、刘贾会合兵力追击正在向东开往彭城（即今江苏徐州）的项羽部队，布置了几层兵力，把项羽紧紧围在垓下（今安徽灵璧县东南）。这时，项羽手下的兵士已经很少，粮食又没有了。夜间项羽听见四面围住他的军队都唱起楚地的民歌，不禁非常吃惊地说："刘邦已经得到楚地了吗？为什么他的部队里面楚人这么多呢？"说着，心里已丧失了斗志，便从床上爬起来，在营帐里面喝酒，自己写了一首诗，诗曰："力拔山兮气盖世，时不利兮骓不逝。骓不逝兮可奈何，虞兮虞兮奈若何？"并和他最宠爱的妃子虞姬一同吟诵。一曲既罢，虞姬自刎于项羽的马前，项羽英雄末路，带领八百余名骑士突围，最终只余下二十八人。他感到无言面对江东父老，最终自刎于江边。刘邦独揽天下。

因为这个故事里面有项羽听见四周唱起楚歌，感觉吃惊，接着又失败自杀的情节，所以以后的人就用"四面楚歌"这句话，形容人们遭受各方面攻击或逼迫的人事环境，而致陷于孤立窘迫的境地。

成也萧何，败也萧何

韩信本为布衣，家贫，最初跟随项梁，后又投奔项羽，屡次进言，不被采纳。于公元前206年，弃楚投汉。初期不得志，多次与萧何接谈，被视为奇才。自度不会被刘邦重用，于是不辞而别。后被萧何追回，同时留下了"萧何夜下追韩信"的典故。萧何恳切地向刘邦推荐韩信。于是，被拜为大将，受到重用，为汉室江山立下了汗马功劳。

公元前202年，刘邦称帝，为了巩固新兴的西汉政权，便开始了逐一地翦灭异姓王的斗争。韩信逐渐被排挤，最后被降为只有虚名的淮阴侯。公元前197年，阳夏侯举兵谋反，自立为王。刘邦亲率大军前去征讨。当时韩信推说自己有病，没有随同前往。谁知，韩信手下的人上书告发，说韩信是同谋。吕后一听事关重大，便急忙秘密召见丞相萧何，商量对策，后把韩信诱杀于宫内，并灭其三族。

汉高祖刘邦依靠得力的大将韩信，取得天下；韩信居功反叛，吕后诱杀了他，这就是韩信的"成"与"败"。韩信被刘邦重用，是萧何极力推荐的结果。刘邦的妻子吕后，也是按照萧何的计谋诱杀的韩信。这就是"成也萧何，败也萧何"。

萧规曹随

汉惠帝二年（前193），丞相萧何病重。汉惠帝亲自探望，问他将来可以接替丞相的人选。汉惠帝问他："曹参怎么样？"萧何和曹参早年都是沛县的官吏，萧何明白曹参是个治国的人才，所以汉惠帝一提到他，就表示赞成。萧何死后，曹参接任丞相。可是他一天到晚都在请人喝酒聊天，好像根本就无心治理国家。惠帝感到很纳闷，于是就让曹参的儿子曹窋回家问问。曹窋接受了皇帝的旨意，回家后跟他父亲闲谈。曹参听了儿子的话后，大发脾气，还把儿子狠狠地打了一顿。曹窋挨了父亲的打骂后，向汉惠帝大诉委屈。惠帝听了后就更莫名其妙了，于是就在第二天找曹参单独交谈。曹参大胆地说："请陛下好好地想想，您跟先帝相比，谁更贤明英武呢？"惠帝立即说："我怎么敢和先帝相提并论呢？"曹参又问："陛下看我的德才跟萧何丞相相比谁强呢？"汉惠帝笑着说："我看你好像不如萧丞相。"

曹参接着说："陛下说得好。既然您的贤能不如先帝，我的德才又比不上萧丞相，那么先帝与萧丞相在统一天下以后，陆续制定了许多明确而又完备的法令，难道我们还能制定出超过他们的法令规章来吗？"汉惠帝听了曹参的解释后就立刻明白了。

曹参在担任丞相期间，极力主张清静无为，遵照萧何制定好的法规治理国家，使西汉政治稳定、经济发展。百姓们编了一首歌谣称颂他：萧何定法律，明白又整齐；曹参接任后，遵守不偏离。施政贵清静，百姓心欢喜。这就是历史上的"萧规曹随"。

缇萦救父

公元前 167 年，山东临淄有个小姑娘名叫淳于缇萦。她的父亲淳于意，喜好医学，后来做了太仓令，但厌倦了官场上的"礼尚往来"，就辞官回家，当起医生了。

有一次，有个大商人的妻子生了病，请淳于意医治。那病人吃了药，病没见好转，过了几天死了。大商人仗势向官府状告淳于意治死了人。当地的官吏判他"肉刑"（当时的肉刑有脸上刺字，割去鼻子，砍去左足或右足等），要把他押解到长安去受刑。

淳于意有五个女儿，没有儿子。他离开家被押解到长安的时候，望着女儿们叹气，说："唉，可惜我没有男孩，遇到急难，一个有用的也没有。"缇萦虽然年龄最小，却最有勇气。她又悲伤，又气愤："为什么女儿没有用呢？"于是，她不顾家人反对，和父亲一起去了长安，并给汉文帝上了一道奏章，将事情的经过以及肉刑的弊端一一道来。

汉文帝接到奏章后，被缇萦的孝心感动，正式下令废除肉刑。这样，缇萦就救了她的父亲。

缇萦上书救父的孝行，万古流芳，成为后世孝道的典范。

冯唐易老

汉文帝时，冯唐是一位大臣，他当初以孝悌而闻名，拜为中郎署。由于他为人正直无私，敢于进谏，不徇私情，所以时时处处遭到排挤，直到头发花白，年事已高，也没有得到升迁，还只是个郎官。

后来，北方的匈奴族又来入侵汉朝，汉文帝下令到各地征招平匈奴的将军。这一天，汉文帝经过郎署时，遇上了冯唐，于是两人就将帅之事交谈起来，汉文帝非常赏识冯唐的才能。冯唐趁此机会向汉文帝申斥了云中太守魏尚被削职的冤案，并恳求汉文帝把魏尚官复原职，让其率兵攻打匈奴。魏尚不负众望，击退了匈奴，冯唐也因为荐贤而升为车都尉。汉景帝即位后，由于冯唐性格耿直，不久又被罢官。汉景帝去世后，汉武帝即位，匈奴又来侵犯。汉武帝广征贤良，有人推举冯唐，可是冯唐已经九十多岁了，他心有余而力不足，再也不能出来任职。现在人们就用冯唐易老来形容老来难以得志。

金屋藏娇

"金屋藏娇"是一个传诵千年的婚姻传奇，是一个男子对自己的原配正妻许下的结发誓言和婚姻承诺。

这个典故的主人公是汉武帝刘彻，"娇"就是指武帝的原配妻子陈皇后。陈皇后小名叫"阿娇"，母亲是汉景帝唯一的同母姐姐馆陶长公主，是当时朝廷中举足轻重的人物。

汉景帝最初立长子刘荣为太子。馆陶长公主原计划将女儿许配太子刘荣，以期日后成为皇后。她使人问太子母亲栗姬的意思，谁知栗姬恼怒长公主经常向景帝进荐美女分宠，断然拒绝。馆陶长公主震怒，遂起废太子之心。

一日，馆陶长公主抱着刘彻问："彻儿长大了要讨媳妇吗？"当时才是胶东王的刘彻说："要啊。"长公主于是指着左右众多宫女问刘彻想要哪个，刘彻都说不要。最后长公主指着自己的女儿问："那阿娇好不好呢？"刘彻于是就笑着回答说："好啊！如果能娶阿娇做妻子，我会造一个金屋子给她住。"这就是金屋藏娇的由来。在长公主的支持下，刘彻也顺利被立为太子。

凤求凰

司马相如与卓文君的爱情故事可说是家喻户晓。司马相如（约前179~前117），字长卿，四川人，汉代著名辞赋家、音乐家，善鼓琴，其所用琴名为"绿绮"，是传说中最优秀的琴之一。卓文君貌美有才气，善鼓琴，家中富贵，是汉临邛大富商卓王孙之女，好音律。

一次，司马相如去卓王孙家里做客，借琴表达自己对寡居在家的卓文君的爱慕之情，他弹琴唱道："凤兮凤兮归故乡，游遨四海求其凰，有一艳女在此堂，室迩人遐毒我肠，何由交接为鸳鸯。"卓文君非常欣赏司马相如的才华，两人约定私奔。当时，司马相如家徒四壁，卓文君毅然决定在临邛老家开酒肆，自己当垆卖

司马相如与卓文君

酒，终于使得要面子的父亲承认了他们的爱情。从此留下了这段"凤求凰"的佳话。

九牛一毛

汉武帝（刘彻）听说李陵带着部队深入到匈奴的国境，士气旺盛，心里很高兴。这时，许多大臣都凑趣地祝贺皇帝英明，善于用人。后来李陵战败投降，武帝非常生气，原来祝贺的大臣也就反过来责骂李陵无用和不忠。这时司马迁站在旁边一声不响，武帝便问他对此事的意见，司马迁爽直地说李陵只有五千步兵，杀伤了一万多敌人，实在是一位了不起的将军了。最后因粮尽箭完，归路又被截断，才停止战斗。李陵不是真投降，而是在伺机报国。他的功劳还是可以补他的失败之罪的。武帝听他为李陵辩护，又讽刺皇上近亲李广利从正面进攻匈奴的庸懦无功，一怒之下将司马迁关到狱里。

次年，又误传李陵为匈奴练兵，武帝没把事情弄清楚，就把李陵的母亲和妻子杀了。司马迁遭到诬陷，被施予最残酷、最耻辱的"腐刑"。司马迁受到了这种摧残，痛苦之余，就想自杀；但转念一想，像他这样地位低微的人死去，在许多大富大贵的人眼中，不过像"九牛亡一毛"，不但得不到同情，且更会惹人耻笑。于是他决心忍受耻辱，勇敢地活下去，并最终创作出了伟大的历史著作《史记》。

司马迁把他这种思想转变的情况告诉了好友任少卿，后来的人便根据他信中所说的"九牛亡一毛"这句话，引申成"九牛一毛"这句成语，用来比喻某种东西或某种人才仅是极多数里面的极少一部分，好像九头牛身上的一根毛一样。

落雁

汉元帝在位期间，南北交兵，边界不得安静。汉元帝为安抚北匈奴，送昭君与单于结亲，以保两国永远和好。在一个秋高气爽的日子里，昭君告别了故土，登程北去。一路上，马嘶雁鸣，勾起她的思乡之情；悲切之感，使她心绪难平。她在坐骑之上，拨动琴弦，奏起悲壮的离别之曲。南飞的大雁听到这悦耳的琴声，看到骑在马上的这个美丽女子，忘记摆动翅膀，跌落地下。从此，昭君就得了"落雁"的代称。

闭月

貂蝉在《三国志》中并没有具体的记载，只出现在历史小说《三国演义》中，可以说是虚构的人物。

三国时汉献帝的大臣司徒王允的歌伎貂蝉在后花园拜月时，忽然轻风吹来，一块浮云将那皎洁的明月遮住。这时正好王允瞧见。王允为宣扬他的女儿长得如何漂亮，

逢人就说："我的女儿和月亮比美，月亮都比不过，赶紧躲在云彩后面了。"因此，貂蝉也就被人们称为"闭月"了。

投笔从戎

班超是东汉一个很有名气的将军。他从小就很用功，对未来也充满了理想。由于家境贫寒，长大后他替官府抄写文书，维持生计。有一天，他正在抄写文件的时候，写着写着，突然觉得很闷，忍不住站起来，丢下笔说："大丈夫应该像傅介子、张骞那样，在战场上立下功劳，怎么可以在这种抄抄写写的小事中浪费生命呢！"班超一到军旅，就显示出非凡的军事才能，得到了奉车都尉（官名）窦固的赏识，并在对匈奴的战争中取得胜利。接着，他建议和西域各国来往，以便共同对付匈奴。朝廷采纳他的建议，派他带着数十人出使西域。在西域的三十多年中，他靠着智慧和胆量，渡过各式各样的危机。

班超一生总共到过五十多个国家，并和这些国家保持和平友好的关系，也同时宣扬了汉朝的国威。

不入虎穴，不得虎子

东汉时候，班超跟随奉车都尉窦固和匈奴打仗，立有功劳。后被派去出使西域（今新疆全省，甘肃边，和葱岭以西中亚一部分地区）。他首先到鄯善国（今新疆罗布泊西南）。国王早知班超为人，对他十分敬重，但隔一个时期，忽然变得怠慢起来。班超召集同来的三十六人说："鄯善国最近对我们很冷淡，一定是北方匈奴也派有人来笼络他，使他踌躇不知顺从哪一边。聪明人要在事情还没有萌芽的时候就发现它，何况现在事情已经很明显了。"经过打听，果然是这样。于是班超又约同所有的人："我们现在处境很危险，匈奴使者才来几天，鄯善国王就对我们这么冷淡，如果再过一些时候，鄯善国王可能会把我们绑起来送给匈奴。你们说，这该怎么办？"当时大家坚决地表示愿听他的主张。于是，他继续道："不入虎穴，不得虎子。现在唯一的办法，就是在今天夜里用火攻击匈奴来使，迅速把他们杀了。只有这样，鄯善国王才会诚心归顺汉朝。"这天夜里，班超就和他同去的三十六个同伴，冲入匈奴人住所，奋力死战，一举拿下匈奴来使。鄯善国王大为震惊，只得同意与汉朝结盟。班超出色地完成了任务。

后人用"不入虎穴，不得虎子"这句话来说明人们做事，如果不下决心，不身历险境，不经过艰苦的努力，是不能达到目的的。

举案齐眉

东汉初年的隐士梁鸿，字伯鸾，扶风平陵人（今陕西咸阳西北）。他博学多才，家里虽穷，可是崇尚气节。东汉初，他曾进太学学习。结束在太学的学业后，就在上林苑放猪。

有一次，梁鸿因不小心，使得房子着火，延及周围的人家。梁鸿就一家家地去查问每家所遭受的损失，并以猪来作为赔偿。有一家人嫌赔得太少。梁鸿答应自己做工来赔偿损失。梁鸿在这家干活勤勤恳恳，毫无怨言。邻人和那家主人越来越尊敬他。

由于梁鸿的高尚品德，许多人想把女儿嫁给他，梁鸿谢绝他们的好意，就是不娶。与他同县的一位孟氏有一个女儿，长得又黑又肥又丑，而且力气极大。她说："我要嫁像梁伯鸾一样贤德的人。梁鸿听说后，就下聘礼，准备娶她。

孟女高高兴兴地准备嫁妆。可是婚后一连七日，梁鸿一言不发。孟家女就来到梁鸿面前跪下，说："我犯了什么错吗？"梁鸿答道："我一直希望自己的妻子是位能穿麻葛衣，并能与我一起隐居到深山老林中的人。而现在你却穿着名贵的丝织品缝制的衣服，涂脂抹粉、梳妆打扮，这哪里是我理想中的妻子啊？"孟女听了，对梁鸿说："我这些日子的穿着打扮，只是想验证一下，夫君你是否真是我理想中的贤士。妾早就准备有劳作的服装与用品。"说完，便将头发卷成髻，穿上粗布衣，架起织机，动手织布。梁鸿见状，大喜，连忙走过去，对妻子说："你才是我梁鸿的妻子！"他为妻子取名为孟光，字德曜，意思是她的仁德如同光芒般闪耀。后来他们一道去了灞陵（今西安市东北）山中，过起了隐居生活。

不久，梁鸿被召入京为官，夫妻二人到了吴地（今江苏境内）。梁鸿一家住在大族皋伯通家宅的廊下小屋中，靠给人舂米过活。每次归家时，孟光备好食物，低头不敢仰视，举案齐眉，请梁鸿进食。皋伯通见此情形，大吃一惊，心想：一个雇工能让他的妻子对他如此恭敬有加，那一定不凡。于是他立即把梁鸿全家迁入他的家宅中居住，并供给他们衣食。梁鸿因此有了机会著书立说。后人用举案齐眉来形容夫妻之间的相互尊敬。

倒屣相迎

东汉时期的大学问家蔡邕，文史、辞赋、音乐、天文无不精通，官居皇室右中郎将。人称"入学显著，贵重朝廷，常车骑填巷，宾客盈座"。但他从不摆架子，从不傲慢，很善于和人交往，好朋友很多。有一次，他的好友王粲来拜访，正逢蔡邕睡午觉。家人告诉他王粲来到门外，蔡邕听到后迅速起身跳下床，急急忙忙踏上鞋子就往门外跑，由于太慌忙，把右脚的鞋子踏到了左脚上，左脚的鞋子踏到了右脚上，而且两只鞋都倒踏着。当王粲看到蔡先生是这么个模样，便抿着嘴笑起来。倒屣相迎这个典故就是这么来的，说明对待朋友的热情和一片诚意。

三顾茅庐

三顾茅庐原为汉末刘备礼贤下士，恳请诸葛亮相助的故事，现在比喻真心诚意，一再邀请、拜访有专长的贤人，也就是不耻下问，虚心求才的意思。汉末，黄巾军起义，天下大乱，曹操坐据朝廷，孙权拥兵东吴，汉宗室豫州牧刘备听徐庶和司马徽说诸葛亮很有学识，又有才能，就和关羽、张飞带着礼物到隆中卧龙岗去请诸葛亮出山辅佐他。恰巧诸葛亮这天出去了，刘备只得失望而归。不久，刘备又和关羽、张飞冒着大风雪第二次去请。不料诸葛亮又出外闲游去了。张飞本不愿意再来，见诸葛亮不在家，就催着要回去。刘备只得留下一封信，表达自己对诸葛亮的敬佩和请他出来帮助自己挽救国家危亡局面的意思。过了一些时候，刘备吃了三天素，准备再去请诸葛亮。关羽说诸葛亮也许是徒有一个虚名，未必有真才实学，不用去了。张飞却主张由他一个人去叫，如他不来，就用绳子把他捆来。刘备把张飞责备了一顿，又和他俩第三次访诸葛亮。到时，诸葛亮正在睡觉。刘备不敢惊动他，一直站到诸葛亮自己醒来，才彼此坐下谈话。诸葛亮精辟地分析了当时的形势，提出了首先夺取荆、益作为根据地，对内改革政治，对外联合孙权，南抚夷越，西和诸戎，等待时机，两路出兵北伐，从而统一全国的战略思想，这次谈话即是著名的《隆中对》。诸葛亮看到刘备有志替国家做事，而且诚恳地请他帮助，就出来全力帮助刘备建立蜀汉政权。

初出茅庐

东汉末年，刘备三顾茅庐请出诸葛亮并拜为军师。而关羽、张飞对诸葛亮口服心不服。没过多久，曹操派大将夏侯惇领十万大军打新野，刘备找诸葛亮商议，诸葛亮说："怕众将不听我令，愿借主公印剑一用。"刘备忙将印剑交给诸葛亮。诸葛亮开始集众点将。命关羽带一千人马埋伏在豫山，放过敌人先头部队，看到起火，迅速出击。张飞带一千人马埋伏在山谷里，待起火后，杀向博望城。关平、刘封带五百人马，在博望坡后面分两路等候，敌军一到，立刻放火。又把赵云从樊城调来当先锋，只许败不许胜。刘备带一千人马作后援。关羽忍不住问："我们都去打仗，先生干什么？"诸葛亮说："我在城中坐等。"张飞大笑说："我们都去拼命，先生你好逍遥！"诸葛亮说："印剑在此，违令者斩！"关羽、张飞无话，冷笑着走了。在战斗中，各将按诸葛亮吩咐行事，直杀得曹兵丢盔弃甲。诸葛亮初次用兵，神机妙算，大获全胜，使关羽、张飞等人佩服得五体投地。

空城计

三国时期，诸葛亮因错用马谡而失掉战略要地——街亭，魏将司马懿乘势引大军十五万向诸葛亮所在的西城蜂拥而来。当时，诸葛亮身边没有大将，只有一班文官，所带领的五千军队，也有一半运粮草去了，只剩两千五百名士兵在城里。众人听到司马懿带兵前来的消息都大惊失色。诸葛亮登城楼观望后，对众人说："大家不要惊慌，我略用计策，便可教司马懿退兵。"

司马懿

于是，诸葛亮传令，把所有的旌旗都藏起来，士兵原地不动，如果有私自外出以及大声喧哗的，立即斩首。又叫士兵把四个城门打开，每个城门之上派二十名士兵扮成百姓模样，洒水扫街。诸葛亮自己披上鹤氅，戴上纶巾，领着两个小书童，带上一张琴，到城上望敌楼前凭栏坐下，燃起香，然后慢慢弹起琴来。

司马懿的先头部队到达城下，见了这种气势，都不敢轻易入城，便急忙报告司马懿。司马懿听后，笑着说："这怎么可能呢？"于是令三军停下，自己飞马前去观看。离城不远，果然看见诸葛亮端坐在城楼上，笑容可掬，正在焚香弹琴。左面一个书童，手捧宝剑；右面也有一个书童，手里拿着拂尘。城门里外，二十多个百姓模样的人在低头洒扫，旁若无人。司马懿看后，疑惑不已，便来到中军，以后军充作前军，前军作后军撤退。他的次子司马昭说："莫非是诸葛亮家中无兵，所以故意这样子来？父亲为何要退兵呢？"司马懿说："诸葛亮一生谨慎，不曾冒险。现在城门大开，里面必有埋伏，我军如果进去，正好中了他的计。还是快快撤退吧！"于是各路兵马都退了回去。

人们现在用这个词来指在危急处境下，掩饰空虚，骗过对方的策略。

小时了了，大未必佳

汉朝末年（东汉），北海地方出了一个很博学的人，名叫孔融，字文举，是孔子的二十世孙。他从小就很聪明，尤其长于辞令，小小年纪，已在社会上享有盛名。他10岁时，跟他父亲到洛阳（今河南洛阳市。洛阳是历代帝王的陪都，称为东都），当时在洛阳的河南太守，是很负盛名的李元礼，由于李氏的才名很重，因此在太守府中往来的人除了他的亲戚，其余都是当时有才名的人。如果不是名人去访，守门的人照例是不通报的。年仅10岁的孔融，却大胆地去访问这位太守。他到府门前，对守门人说：

"我是李太守的亲戚，给我通报一下。"守门人通报后，李太守接见了他。李元礼问他说："请问你和我有什么亲戚关系呢？"孔融回答道："从前我的祖先仲尼（即孔子）和你家的祖先伯阳（指老子，字伯阳）有师资之尊（孔子曾向老子请教过关于礼节的问题），因此，我和你也是世交呀！"当时有很多贺客在座，李氏和他的宾客对孔融的这一番话都很惊奇。其中有一个中大夫陈韪，恰恰后到，在座的宾客将孔融的话告诉他后，他随口说道："小时了了，大未必佳。"聪明的孔融立即反驳地道："我想陈大夫小的时候，一定是很聪明的。"陈韪给孔融一句话难住了，半天说不出话来。

画饼充饥

三国时候，魏国有个人叫卢毓。他10岁就成了孤儿，两个哥哥又先后去世。在兵荒马乱中，他辛勤努力养活着寡嫂和侄儿，日子虽然过得很艰难，但他的为人和学问受到了人们的称赞。

后来卢毓做了官，为官清正，任职三年多，提出了不少好建议，魏明皇帝很信任他。

那时选拔官吏，一般是凭人推荐，而推荐者往往只推荐有名的人物，这些名人多数只重清谈，不务实际，互相吹捧，因此魏明帝很不满意。在选拔中书郎时，魏明帝就下令说："这次选拔，要由卢毓来推荐。选拔的人不要只看名声。名声就像在地上画个饼一样，其实是不能吃的啊！"

"画饼充饥"就是从这个故事中产生的。现在往往用来比喻用空想来做自我安慰，或者用来说明虚名是没有实际用处的。还有意思相近的成语"望梅止渴"，后来，人们用它来比喻以不切实际的空想来满足自己。

刮目相看

三国时，吴国著名大将吕蒙，幼年时家境贫困，没有读过书。吴国国君孙权曾开导他说："你们如今都身居要职，掌管国事，应当多读书，使自己不断进步。"可是吕蒙说："军队里事情太多，没有时间读书。"孙权说："过去许多著名的军事家，都是在戎马忙乱之中刻苦读书的，你也可以坚持自学啊。"

吕蒙从此发愤读书，进步很快。鲁肃继周瑜掌管吴军后，上任途中路过吕蒙住地，吕蒙摆酒款待他。鲁肃还以老眼光看人，觉得吕蒙有勇无谋。吕蒙热情招待他，并问鲁肃此次去新驻地对防守有何打算，鲁肃满不在乎，随口答应道："尚未考虑，到时候看着办吧。"吕蒙批评了鲁肃对待职务不严肃的态度，同时献计五条，当场提笔写出。鲁肃顿时改变态度，亲切地说："我一向认为老弟只有武略，时至今日，老弟学识出众，确非吴下阿蒙了。"吕蒙道："士别三日，便当刮目相看。何况隔了这么久呢！"

乐不思蜀

三国时代，蜀国的君主刘备死后，由他的儿子刘禅即位。刘禅昏庸无能。魏国大将军司马昭攻破蜀国后，刘禅投降了。司马昭勒令刘禅从蜀国的成都迁往魏国的洛阳居住。有一天，司马昭同刘禅一起欢宴，特地为刘禅演唱刘禅故国蜀地的乐音舞蹈，在旁的人们都为刘禅的亡国感到悲伤，而刘禅却欢乐嬉笑，无动于衷。司马昭看见这种情形就对贾充说："想不到刘禅竟糊涂到了这种地步，即使诸葛亮活到这时，也帮助不了这个昏庸的君主，何况是姜维呢！"贾充说："他要是不这样昏庸，殿下您又怎么能吞并他呢？"事后，司马昭问刘禅："你还想不想蜀国呢？"刘禅回答说："我住在这里很快乐，不再想蜀国了。"现在人们用这个词来比喻乐而忘返或乐而忘本。

司马昭之心路人皆知

司马昭是三国时魏国人，他的父亲司马懿是魏国的大将。魏明帝曹睿死时，托付曹爽与司马懿辅佐齐王曹芳治理天下。曹爽与司马懿互相排挤，经过激烈的权力争斗，司马懿尽诛曹爽一党，魏国军政大权自此落入司马氏手中。

司马懿死后，大儿子司马师不久废除了已经成年但迟迟未能亲政的曹芳，另立十三岁的曹髦为帝，权势比司马懿更大，但没有多久，就病死了。司马师在病重的时候，便把一切权力交给了弟弟司马昭。司马昭总揽大权后，野心更大，总想取代曹髦。他不断铲除异己，打击政敌。年轻的曹髦知道自己即便做"傀儡"皇帝也休想当长，迟早会被司马昭除掉，就打算铤而走险，用突然袭击的办法，杀掉司马昭。

一天，曹髦把跟随自己的心腹大臣找来，对他们说："司马昭之心，路人皆知也。我不能白白忍受被推翻的耻辱，我要你们同我一道去讨伐他。"几位大臣知道这样做等于是飞蛾投火，都劝他暂时忍耐。在场的一个叫王经的人对曹髦说："当今大权落在司马昭手里，满朝文武都是他的人；君王您力量薄弱，莽撞行动，后果不堪设想，应该慎重考虑。"

曹髦不接受劝告，亲自率领左右仆从、侍卫数百人去袭击司马昭。谁知大臣中早有人把这消息报告了司马昭。司马昭立即派兵阻截，把曹髦杀掉了。后来，人们用"司马昭之心，路人皆知"来说明阴谋家的野心非常明显，已为人所共知。

历史典故

投鞭断流

东晋时，前秦苻坚统一北方后，与南方东晋王朝南北对峙，分庭抗礼。苻坚欲率百万步骑兵南下，一举灭除东晋。苻坚集群臣商议，众大臣多不赞同。大臣们认为东晋有长江天险，其君又深获民望，因此不可轻举妄动，盲目轻进。不如固守国力，修整军备，然后乘机攻伐。苻坚不以为然，反而大言不惭地说："朕今有近百万大军，兵多将广，人多势众，投鞭于江，足断其流。岂惧天险？"于是不顾谏言，立意伐晋，亲率大军，兵临淝水，自西而东，列队甚长。东晋遣大将谢玄、谢石领八万精兵抗敌。苻坚轻敌，自恃兵多，于是急攻，结果遭到晋军顽强抵抗。淝水一战，苻坚大败，自此前秦一蹶不振。

投鞭断流原指将所有马鞭投入江中，便可截断水流。后喻人马众多，兵力强大。

东山再起

公元383年8月，苻坚亲自带领八十七万大军从长安出发。向南进发，烟尘滚滚，步兵、骑兵，再加上车辆、马匹、辎重，队伍浩浩荡荡，差不多千把里长。过了一个月，苻坚主力到达项城（今河南沈丘南），益州的水军也沿江顺流东下，黄河北边来的人马也到了彭城（今江苏徐州），从东到西一万多里长的战线上，前秦水陆两路进军，向江南逼近。这个消息传到建康，晋孝武帝和京城的文武官员都着了慌。晋朝军民都不愿让江南陷落在前秦手里，大家都盼望宰相谢安拿主意。谢安是陈郡阳夏（今河南太康）人，出身士族，年轻的时候，跟王羲之是好朋友，经常在会稽东山游览山水，吟诗谈文。他在当时的士大夫阶层中名望很大，大家都认为他是个挺有才干的人。但是他宁愿隐居在东山，不愿做官。有人推举他做官，他上任一个多月，就不想干了。当时在士大夫中间流传着一句话："谢安不出来做官，叫百姓怎么办？"到了40多岁的时候，他才重新出来做官。因为谢安长期隐居在东山，所以后来把他重新出来做官的故事称作"东山再起"。

枕戈待旦

西晋人祖逖和刘琨都是性格开朗、仗义好侠的志士。年轻时不但文章写得好，而且都喜欢练武健身，立志报效祖国。当时，晋朝表面上还管辖着中原大地，但实际上已是内忧外患，风雨飘摇了。祖逖和刘琨一谈起国家局势，总是慷慨万分，常常聊到深夜。

一天，祖逖又和刘琨谈得十分兴奋，刘琨不知什么时候睡着了，祖逖却久久沉浸在谈话的兴奋之中，不能入睡。荒原上的雄鸡叫了起来，祖逖一跃而起，踢醒了刘琨："听，这雄鸡啼鸣多么振奋人心呀，快起来练剑吧！"于是，两人操起剑来，在高坡上对舞。从此，他俩每天清早听到头一声鸣叫，一定来到荒原上抖擞精神练起剑来。后人还把这段故事总结为闻鸡起舞。

刘琨被祖逖的爱国热情深深感动，决心献身于祖国。一次他在给家人的信中写道："在国家危难时刻，我经常'枕戈待旦'（枕着兵器睡觉一直到天明），立志报国，常担心落在祖逖后边，不想他到底还是走到我的前头了！"后来人们用这个词来形容时刻警惕敌人，准备作战。

才高八斗

南朝宋国有谢灵运，是我国古代著名的山水诗作家。他的诗，大都描写会稽、永嘉、庐山等地的山水名胜，善于刻画自然景物，开创了文学史上的山水诗一派。他写的诗艺术性很强，尤其注意形式美，很受文人雅士的喜爱。诗篇一传出来，人们就竞相抄录，流传很广。宋文帝很赏识他的文学才能，特地将他召回京都任职，并把他的诗作和书法称为"二宝"，常常要他边侍宴，边写诗作文。一直自命不凡的谢灵运受到这种礼遇后，更加狂妄自大。有一次，他一边喝酒一边自夸道："魏晋以来，天下的文学之才共有一石（一种容量单位，一石等于十斗），其中曹子建（即曹植）独占八斗，我得一斗，天下其他的人共分一斗。"从他的话中可以看出，他除了佩服曹植以外，其他人的才华都不放在眼里，自我评价非常高。

笑里藏刀

唐太宗时，有个名字叫李义府的人，因善写文章，被推荐当了监察御史。李义府还善于奉承拍马，他曾写文章颂扬过唐太宗，因此，博得太宗的赏识。唐高宗时，李义府又得到高宗的信任，任中书令。从此，更加飞黄腾达。李义府外表温和谦恭，同人说话总带微笑，但大家知道，他内心极其阴险，因此都说他"笑里藏刀"。李义府在朝中为所欲为，培植亲信，任意让妻儿向人索取钱财，还随意封官许愿。高宗知道以后，曾婉转地告诫过他，但李义府并不放在心上。有一次，李义府在宫中看到一份任职名单，回家后，让儿子把即将任职的人找来，对他说："你不是想做官吗？几天内诏书即可下来，你该怎样谢我？"那人见有官做，立刻奉上厚礼。之后，高宗得知此事，不能再容忍了，就以"泄露机密"的罪名，将李义府父子发配边疆。现在人们用笑里藏刀来形容表面和善，内心却阴险毒辣的人。

请君入瓮

唐朝的武则天，是中国历史上唯一的一位女皇帝。她为了维持自己的统治，采用严刑峻法，消除异己。因此，她手下的一些酷吏，便借机想方设法诬陷自己的政敌，并绞尽脑汁制造酷刑逼供。整个国家都笼罩在高压的恐怖气氛下。

武则天当政期间的两个最有名的酷吏就是周兴和来俊臣，有成千上万的人冤死在他们手上。有一次，周兴被人密告谋反。武则天便派来俊臣去审理这宗案件，并且定下期限审出结果。来俊臣和周兴平时关系不错，因此感到很棘手。他苦思冥想，想出一计。一天，来俊臣故意请来周兴，两人一边饮酒一边聊天。来俊臣装出满脸愁容，对周兴说："唉！最近审问犯人老是没有结果，请教老兄，不知可有什么绝招可以教给我？"周兴一向对刑具很有研究，便很得意地说："我最近才发明一种新方法，不怕犯人不招。用一个大瓮，四周堆满烧红的炭火，再把犯人放进去。再意志坚强、顽固不化的人，也会招认的。"

来俊臣听了，便吩咐手下人抬来一个大瓮，照着刚才周兴所说的方法，用炭火把大瓮烧得通红。来俊臣突然站起来，把脸一沉，对周兴说："有人告你谋反，我奉命来审问你，如果你不老老实实供认的话，那就请君入瓮吧！"周兴听了惊恐失色，知道自己在劫难逃，只好俯首认罪。

请君入瓮现在用来比喻用某人整治别人的办法来整治他自己。

桃李满天下

唐代武则天当皇帝时，有一个宰相叫狄仁杰，字怀英，太原人。此人德高望重，敢于直言相谏，深得武则天赏识。武则天称他为"国老"（武则天即位时，狄仁杰已80多岁）而不直呼其名。就是上朝时，武则天也不让他跪拜，说：见狄公下拜，我浑身都痛。武则天常对其他大臣说："不是特别重要的军国大事，你们不要去麻烦狄老。"

武则天为了巩固自己的统治，采取多种措施，广罗人才，并让狄仁杰给她推荐能担任将相的人才。狄仁杰推荐了张柬之、姚崇等数十人，这些人后来多成了名臣。有人对狄仁杰说："天下桃李，悉在公门矣。"狄仁杰说："举贤为国，非为私也。"

公元700年，狄仁杰病死，武则天痛哭流涕。自此以后，每当朝廷有大事而众人又不能解决时，武则天常叹息说："老天爷为什么这么早就夺去了我的国老啊！"

"桃李满天下"这句成语，常用来比喻一个人到处都有学生。桃树和李树，比喻培植出的优秀人才。

羞花

唐朝开元年间，有一美貌女子叫杨玉环，被选进宫来。杨玉环进宫后，思念家乡。一天，她到花园赏花散心，看见盛开的牡丹、月季……想自己被关在宫内，虚度青春，不胜叹息，对着盛开的花说："花呀，花呀！你年年岁岁还有盛开之时，我什么时候才有出头之日？"声泪俱下，她刚一摸花，花瓣立即收缩，绿叶卷起低下。杨玉环哪里想到，她摸的是含羞草。这一情景恰被一宫娥看见。宫娥到处说，杨玉环和花比美，花儿都含羞低下了头。"羞花"称号由此得来。

杯酒释兵权

宋太祖赵匡胤登位之初，对和他一同打天下的功臣们十分不放心。因为他深刻认识到，武将们在废立皇帝、改朝换代方面的巨大能量。公元961年的一天，禁军大将石守信等奉召来到后花园，太祖设宴相待。酒过三巡，太祖故作愁眉不展状，开口说道："我不是靠你们出力，到不了这个地步，但做皇帝太艰难了，我整晚都不敢安枕而卧啊！"石守信等忙问其故，太祖就说："这不难知道，谁不想做皇帝呢？"石守信等一听，惊恐万状，纷纷表白。太祖断然说道，"你们虽无异心，然而倘若你们部下追求富贵，一旦以黄袍加之你身，你虽然不想做皇帝，能办到吗？"众将一听，都吓得离席叩头，请求太祖指示一条"可生之途"。太祖才表明了自己的真正意思："人生很短暂，求富贵者，不过想多积金钱，多多娱乐，使子孙免遭贫乏而已。你们不如释去兵权，出守地方，多买良田美宅，为子孙立永不可动的产业，同时日夜饮酒相欢，以终天年。君臣之间，两无猜疑，上下相安，这不很好吗？"众将明白了太祖的意思，第二天都称病辞职。太祖大喜，安排他们到地方做节度使。

赵匡胤几杯美酒，轻而易举地解决了大将独揽军权的问题，被誉为"最高政治艺术的运用"，成为千古佳话。

半部《论语》治天下

赵普与宋太祖赵匡胤在年轻的时候就是同学兼朋友，他出身比较穷苦，少年时没有好好读过书，后来就一直跟随赵匡胤打天下。宋朝开国后，赵普白天忙于处理国家政务，夜晚则读《论语》。据说每当遇到重大问题，赵普总是说："明天再作决策。"晚上回家以后，他从箱子里面拿出一本书仔细地读，第二天准能够提出一个很高明的见解。时间久了，大家都很奇怪，觉得赵普家里一定藏有什么秘籍宝典。有一次，赵

匡胤晚上去他家里商量紧急政务，看到他的书桌上放着一本书，一看原来是《论语》。赵匡胤有些奇怪，就问道："《论语》是小孩子启蒙的书，你为什么还要读它呢？"赵普回答："《论语》中有治国的大道理，臣已经用半部《论语》帮陛下打了江山，现在要另外半部来帮助陛下治理天下。"因此后世就有了"半部《论语》定天下，半部《论语》治天下"的说法。

寇准罢宴

相传，宋淳化年间，青年时代的寇准，得到宋太宗的支持和信任，提升为参知政事。不久，太宗又为寇准主婚，让皇姨宋娥与他成亲。宋娥是赵匡胤宋皇后的幼妹、邢国公宋准的幼女，美貌聪慧，贤淑多才。新婚期间，日日酒宴，夜夜歌舞。

一天，寇准与宋娥正在欢宴，忽听门官来报："相爷，大门外有个老汉，说是相爷的同乡，非要见相爷不可。"一听是家乡人，寇准忙说："快请进来！"不一会儿，门官领来一个老汉，衣着破烂，脸上布满皱纹。寇准一看，原来是舅舅，便上前拜见，让老人家坐下。谁知老汉两眼发呆，并不回答寇准夫妻的问话，却大哭起来。寇准忙问："舅舅，家里出了什么事？"老汉连连摇头。问了半天，老汉才长叹一口气，说："我见你这么荣华富贵，又听你手下人说，你每日每夜都是这样，叫我不由得想起我那可怜的老姐了。她一辈子受苦受难，没过上一天好日子！"寇准听舅舅说起母亲，慌忙跪下，说："都是甥儿不好，得意忘形，忘了母亲早年的苦楚。"说罢，忙和宋娥劝舅舅入席用饭。老汉看着宴席上的山珍海味，硬是不入席，却指着宴席说："这一桌饭，够咱家乡一家人过几个月哩！你在京城里吃得这么好，可知咱华州、同州今年大旱，颗粒无收，一斗米涨到一千钱。现在还没过年，已闹起了饥荒，到明年春天，不知要饿死多少人呢！想到这，我怎么能吃得下？"

寇准也听说家乡有旱情，可是从地方官的奏折里，却看不出灾情的严重程度。听舅舅这一说，顿感自己失职，愧对乡里。他安排舅舅住下，急忙回到大厅，吩咐撤了宴席，并以此为戒，永不夜宴。第二天早朝，寇准将故里旱情如实奏给太宗，并请旨回陕西督赈和询察民情。他回陕西后，为家乡办了一些好事，还把关中的赋税免征三年。

大材小用

南宋著名爱国词人辛弃疾，父亲在他童年时就去世了，他由祖父抚养成人。辛弃疾曾拜当时著名的田园诗人刘瞻为师，并和党怀英两人同是刘瞻最得意的学生。有一次，刘瞻问他们两人的志向。党怀英回答说："读书为了做官，为了取得功名，光宗耀祖。我一定要到朝廷里去做大官；如果做不了官，就回家隐居，学老师的样子写田园诗。"

刘瞻听了很高兴，连连称好，认为他的志向很正确。辛弃疾却回答说："我不想做官，我要用词写尽天下的贼，用剑杀尽天下的贼！"刘瞻听了大吃一惊，要辛弃疾今后不要再说这样荒唐的话。此后，辛、党两人的生活道路截然不同：辛弃疾英勇地投身到抗金的民族战场上去，以爱国词人著称于世；而党怀英则混迹于金人统治集团，成为金人的帮闲乃至帮凶。

南宋末，金国不断南侵。辛弃疾参加了抗金义军。后来，他在南宋朝廷里，历任湖北、江西、湖南、建安抚使。由于主和派的打击，他在上饶带湖旁，度过十八年退隐生活。1203 年，朝廷任命他为浙东安抚使兼绍兴知府。他常与住在绍兴鉴湖旁的爱国诗人陆游议论国家大事。第二年春，宋宁宗要他去京城，征询他对北伐金国的意见。临行前，陆游送他一首长诗《送辛幼安殿撰造朝》。诗中说：辛弃疾是管仲、萧何样的一流人物，做浙东安抚使是大材小用了。辛弃疾到了京城，皇帝只安排他做镇江府知府。66 岁那年，这位始终被大材小用的爱国英雄在忧愤中病逝。

两袖清风

于谦（1398~1457），字廷益，浙江钱塘人，明朝名臣。考中进士后被任命为御史，多有政绩。正统年间，宦官王振专权，作威作福，肆无忌惮地招权纳贿。百官大臣争相献金求媚。每逢朝会期间，进见王振者，必须献纳白银百两；若能献白银千两，始得款待酒食，醉饱而归。而于谦每次进京奏事，从不带任何礼品。有人劝他说："您不肯送金银财宝，难道不能带点土产去？"于谦潇洒一笑，甩了甩他的两只袖子，说："只有清风。"这就是"两袖清风"的来历。

声声入耳，事事关心

"风声雨声读书声，声声入耳，家事国事天下事，事事关心"是东林党首领顾宪成撰写的一副对联，镌刻在东林书院的大门口。表现的是读书人既认真读书，又关心国家大事的胸怀，是对"两耳不闻窗外事，一心只读圣贤书"思想的一个反对。

万历三十二年（1604），被革职还乡的顾宪成在常州知府欧阳东凤、无锡知县林宰的资助下，修复宋代杨时讲学的东林书院，与高攀龙、钱一本、薛敷教、史孟麟、于孔兼及其弟顾允成等人，讲学其中，"讲习之余，往往讽议朝政，裁量人物"，其言论被称为清议。朝士慕其风者，多遥相应和。他们怀着忧国忧民的意识，意在有所作为，就形成了一股不容忽视的政治势力，与他们唱反调的那一派称他们为"东林党"。

明神宗后期，宦官擅权，倒行逆施，政治日益腐化，社会矛盾激化。针对这一现象，东林党人往往不畏强权，为民请命，大胆弹劾朝中权贵，反对"矿使""税监"，甚至敢于冒犯"龙颜"。天启帝时期，宦官魏忠贤专政，形成明代势力最大的阉党集团，齐楚浙诸党争相依附之，对东林党人实行血腥镇压。1624 年，东林党人杨涟因弹劾魏忠贤二十四大罪被捕，与左光斗、黄尊素、周顺昌等人同被杀害。魏忠贤又借红丸案、梃击案、移宫案三案为题，毁东林书院，打击东林党。东林著名人士魏大中、顾大章、高攀龙、周起元、缪昌斯等先后被迫害致死，并企图将东林党人全部杀害。1627 年明思宗朱由检即位，魏忠贤自缢死，对东林党人的迫害才告停止。但东林与阉党的斗争，一直延续到南明时期。

第四章　战争风云

涿鹿之战

　　涿鹿之战，指的是距今约 4600 余年前，黄帝部族联合炎帝部族，与东夷集团中的蚩尤部族在今河北省涿州市一带所进行的一场大战。这是远古时代一次很大规模的战争。相传神农氏为帝王时，各氏族、部落互相掠夺，残害百姓，其中蚩尤最为暴虐，神农氏、黄帝无力征讨。阪泉之战后，黄帝势力大增，蚩尤仍继续作乱，不肯听命。黄帝征集各部落、联盟兵众，与蚩尤大战于涿鹿（今河北涿鹿东南）之野。相传黄帝命应龙作水阵阻挡蚩尤，但被效忠于蚩尤的风伯雨师所破。黄帝又请旱神女魃作法，天气骤然放晴，旱热难当，使久习于东南方阴雨气候的蚩尤无法忍受，败阵南逃，于冀州之野被擒杀。

　　"战争"的目的，是双方为了争夺适于牧放和浅耕的中原地带。它也是我国历史上见于记载的最早的"战争"，对于古代华夏族由野蛮时代向文明时代的转变，都产生了重大的影响。

牧野之战

　　公元前 1046 年，周武王在姜子牙等人辅佐下，率军直捣商都朝歌（今河南淇县），在牧野（今淇县以南卫河以北地区）大破商军、灭亡商朝的一次战略决战，这便是牧野之战。商汤所建立的商王朝，历经初兴、中衰、复振、全盛、渐弱等阶段后，到了商纣王时期，已步入了全面危机的深渊。在纣王的统治下，殷商王朝政治腐败、刑罚酷虐，连年对外用兵，民众负担沉重，痛苦不堪；贵族内部矛盾重重，分崩离析，从而导致整个社会动荡不安。周文王死后，武王做灭商准备，曾率师东观兵于孟津，诸侯不约而至孟津相会助周王八百。武王以时机尚未成熟，率师还周。两年后，纣王残暴更甚，武王率戎车三百乘、虎贲三千人、甲士四万五千人，渡孟津伐纣，诸侯会集，其他方国也出兵助周。商纣发兵十七万拒敌。两军会战于牧野，商军倒戈。纣见大势已去，登上鹿台，自焚而死。武王率兵入商都，商朝灭亡。

国人暴动

在西周，平民阶级被称为"国人"或"庶人"。西周后期，奴隶主贵族日益腐朽，平民越来越受到他们的压迫。周厉王是西周的第十位君王。他贪财好利，暴虐无道，压制民言，残酷地剥削和压迫奴隶和平民。当年的大臣召公曾提出"防民之口，甚于防川"的忠告，但是周厉王并不在意。厉王任用荣夷公为卿士，实行专制政策，又命令卫巫监谤，禁止国人谈论国事，违者杀戮。公元前841年，忍无可忍的国人在都城镐京发动武装暴动。平民和奴隶攻入王宫，周厉王仓皇逃跑，后死在外地。宗周无主，朝政由周定公、召穆公共同执掌，史称"周召共和"或"共和行政"。国人暴动直接导致了周王室的日趋衰微。

齐鲁长勺之战

春秋初期，即位不久的齐桓公，不听主政大夫管仲内修政治、外结与国、待机而动的意见，于公元前684年春发兵攻鲁，企图一举征服鲁国。鲁庄公注意整修内政，取信于民，决心抵抗。深具谋略的鲁国士人曹刿自告奋勇，请随庄公出战。鲁军根据齐强鲁弱的形势，在长勺（今山东莱芜东北，一说曲阜北）迎击齐军。两军列阵毕，鲁庄公欲先发制人，被曹刿劝止。齐军见鲁军按兵不动，便一而再、再而三地发起冲击，均未奏效。齐军疲惫，士气沮丧。鲁军阵势稳固，斗志高昂。曹刿见战场形势已呈现"彼竭我盈"的有利变化，建议庄公实施反击。鲁军将士一鼓作气，击溃齐军。庄公急于追击，曹刿恐齐军佯败设伏，即下车察看齐军车辙痕迹，又登车眺望齐军旌旗，发现辙乱旗靡，判明齐军确败，方建议乘胜追击，终将齐军逐出鲁境。这次战争在中国古代战争史中，以后发制人、敌疲再打的防御原则取胜而著称。

葵丘会盟

公元前655年，周王室内讧，齐桓公联合诸侯保住太子郑的地位。不久，又拥立太子郑为王，即周襄王。公元前651年，齐桓公召集宋、鲁、郑、许等诸侯在葵丘会盟，周襄王派代表参加，对齐桓公极力表彰。在葵丘之会上，齐桓公代表诸侯各国宣读了共同遵守的盟约。其主要内容是，不准把水祸引向别国；不准因别国灾荒而不卖给粮食；不准更换太子；不准以妾代妻；不准让妇女参与国家大事。这些内容，有些是各国在经济上互相协作的要求，有的是维护宗法统治秩序的需要。条约规定："凡我同盟之人，既盟之后，言归于好。"通过葵丘的盛会，齐桓公终于达到了联合诸侯，称霸中原的目的。这是齐桓公多次召集诸侯会盟中最盛大的一次，标志着齐桓公的霸业达到顶峰。

城濮之战

公元前 632 年，晋文公为营救遭楚攻打的宋国，出兵讨伐楚的盟国曹、卫。由于晋取得了齐、秦的支持，楚王意欲退兵，但楚将子玉执意与晋决战，于是北进抵晋兵。晋文公遵守当年对楚王的承诺，退避三舍，到达城濮（在今山东）与楚对峙。晋军利用楚军的轻敌，歼灭楚军两翼，子玉率中军逃走，晋军大胜。城濮之战确立了晋文公的霸主地位。不久，晋文公会诸侯于践土，周襄王正式册封晋文公为侯伯。

城濮之战是春秋时期晋、楚两国为争夺中原霸权而进行的第一次战略决战。在这场战争中，楚军在实力上占有优势，但是由于晋军善于"伐谋""伐交"，并在战役指导上采取了正确的扬长避短、后发制人的方针，从而击败了不可一世的楚军，"取威定霸"，雄踞中原。

晋楚邲之战

邲之战是春秋中期，晋、楚两国为争夺郑国，以求中原霸权，在邲（今河南荥阳东北）地展开的又一次主力决战。公元前 597 年春，楚庄王率师围郑（今河南新郑），攻下郑都。6 月，晋中军元帅荀林父率军救郑，但军帅间对和战久议不决。主战的先谷不听指挥，率其部属渡过黄河，驻扎在邲。先谷的主张得到中军大夫和下军大夫的支持。魏铸赵旃因私人目的擅自向楚军请战。上军主帅提出备战的建议，却未被采纳。楚庄王接受请战，领军迎战晋军。他先发制人，迅速接近晋军，展开进攻。晋军遭到突然袭击，不知所措，荀林父命令士兵渡河逃归。只有上军有所准备，未被打败，中军和下军则溃不成军。至黄昏，楚军进驻邲地而获得大胜。经此一战，晋国丧失长达数十年的霸主地位，楚国夺得中原霸权。

三家分晋

三家分晋是指中国春秋末年，晋国被韩、赵、魏三家瓜分的事件。春秋战国之际，晋新兴地主阶级和奴隶贵族之间、各新兴地主阶级之间互相斗争。公元前 453 年，晋被赵、韩、魏三家所分，形成三家分晋的局面，晋君成为附庸。奴隶制的晋国也转化为封建制的赵、韩、魏三国。公元前 403 年，周天子正式承认三家为诸侯。因此韩、赵、魏三国又被合称为"三晋"。三家分晋是历史上具有划时代意义的重大事件。它是中国奴隶社会瓦解，封建社会确立的标志。

马陵之战

战国中期，位于中原地区的魏国逐渐强大起来，不断对邻国用兵。公元前342年，魏攻韩，齐威王派田忌、孙膑率军救韩。魏惠王派将军庞涓、太子申以十万大军迎战。孙膑利用魏军的骄傲轻敌，采用了退军减灶、诱敌深入的战术，逐日减少营地军灶数目，制造齐军大量逃亡的假象。魏军中计，只以精锐部队轻装兼程追赶，于马陵（今河南范县西南）进入齐军包围圈。"齐军万弩齐发"，魏军大溃，太子申被擒，庞涓自杀。此战齐歼魏军十万，魏国从此国力大减，一蹶不振。

长平之战

公元前262年，秦、赵为了争夺韩的上党郡，发生了长平（今山西高平市西北）之战。赵将廉颇采用坚壁清野、以逸待劳消耗秦军的战术，双方僵持了三年。后来秦国利用反间计，使赵王任用只会纸上谈兵的赵括代替廉颇为将。公元前260年，赵括改守为攻，全线出击。秦将白起兵分二路，一方面佯败引诱赵军深入；一方面切断赵军退路，使赵军粮道断绝，困于长平。赵括战死，四十余万降军被全部活埋。长平之战使赵国国力大衰。

长平之战是我国历史上最早、规模最大的包围歼灭战。这场战争，由于最有实力统一中国的赵国遭受毁灭性打击，从而令秦国国力大幅度超越于同时代各国，极大地加速了秦国统一的进程。

陈胜吴广起义

公元前209年，秦二世下令征发淮河流域的900名贫苦农民去防守渔阳（今北京密云），陈胜、吴广为屯长。途中为大雨所阻，不能如期到达。根据秦朝法律，过期要斩首，于是陈胜、吴广组织群众，揭竿而起。大家推举陈胜为将军，吴广为都尉，提出了"伐无道，诛暴秦"的口号，组成一支农民起义军。为了扩大影响，他们夜晚在驻地附近神祠中燃篝火，作狐鸣，发出"大楚兴，陈胜王"的呼声，被民间传为神话。起义军占领大泽乡，攻下蕲县，很快攻占了五六个县城。起义军所到之处，贫苦农民纷纷响应。起义军攻占陈县后，建立了"张楚"政权，陈胜为王。但是由于缺乏经验，起义军在几次战斗中都损失惨重。一部分起义军后来与项羽、刘邦等人领导的起义军会合，继续同秦军战斗。

陈胜、吴广领导的农民起义，是我国历史上第一次大规模的农民起义，在中国历史上第一次显示了封建社会农民阶级的伟大力量。

巨鹿之战

公元前 206 年，秦将章邯击败项梁率领的楚军主力，认为楚地的实力不足为惧，就转而攻击赵地。秦军攻占赵都邯郸后，把赵王围困在巨鹿城。赵王歇遣使求救于楚军。楚怀王以宋义为上将军、项羽为次将军，率五万楚军北上救赵。宋义驻兵四十六日不进，企图坐观秦赵相斗，收渔翁之利。项羽一再建议立即渡漳河救赵，内外夹击，以破秦，但未被采纳。项羽一怒之下，杀死宋义。楚王随即任命项羽为上将军，率兵北进。12 月，项羽先派人截断秦军的粮道，然后再亲自领军渡过黄河。过河后，下令烧毁军营，破釜沉舟，每人只带三日粮，以示誓死决战的决心。项羽身先士卒，率楚军连续进攻，九战九捷。楚军大破秦军，解巨鹿之围。诸侯共尊项羽为上将军。

巨鹿之战一举歼灭秦军主力，扭转了整个农民战争的战局，对于推翻秦王朝反动腐朽的统治具有决定性的意义。

楚汉相争

楚汉相争是指从公元前 206 年至前 202 年之间，刘邦和项羽为了争做皇帝而展开的将近四年的战争。

公元前 206 年 10 月，刘邦灭秦后在关中称王。12 月，项羽挥军破函谷关，想消灭刘邦军。刘邦自知不敌，亲赴鸿门谢罪。不久，项羽入咸阳，烧阿房宫、杀秦王子婴，并自立为西楚霸王，定都彭城（今江苏徐州），同时分封诸侯，封刘邦为汉王，领巴蜀及汉中地，并故意封秦降将领关中地，以扼制刘邦。刘邦忍气吞声接受封号，于公元前 205 年 4 月年领兵入汉中，并烧毁栈道，表示再也无意出兵，以麻痹项羽。于是项羽率军东归。5 月，齐国贵族后裔田荣不满分封，自立为齐王。刘邦乘乱重返关中，击败秦朝降将，并用计欺骗项羽，使其相信自己取得关中后就心满意足，不会东进。项羽放心东去，对西边没有加强防范。10 月，刘邦挥军东出，拜韩信为大将，名为义帝发丧，暗中派人联络诸侯，公开声讨项羽，拉开了楚汉战争的序幕。

经过彭城、成皋之战后，项羽屯兵于今河南荥阳与刘邦形成对峙。不久，韩信在潍水之战中歼灭齐楚联军，完成对楚侧翼的战略迂回，又派灌婴率军一部直奔彭城。项羽腹背受敌，兵疲粮尽，遂与汉订盟，以鸿沟为界，中分天下，东归楚，西归汉。9 月，项羽引兵东归。

楚、汉订盟后，刘邦本想退兵，在张良、陈平提醒下，下令全力追击楚军。同年 10 月两军战于固陵（今淮阳西北），项羽小胜。刘邦以封赏笼络韩信、彭越、黥布等，

战争风云

埃下一战重创楚军，逼项羽自刎于乌江（今安徽和县），为期四年的楚汉战争宣告结束。

白登之围

匈奴是犬戎人的后代。自从西周穆王开始向西北方拓展领土以来，匈奴就一直是中原地区最大的外来威胁。秦亡以后，匈奴又卷土重来，不断南下骚扰汉朝北方边境。公元前201年，匈奴冒顿自称单于，把秦将蒙恬攻占的燕国一带的土地全部夺回，接着又进攻韩王信（原韩国贵族，和韩信是两个人），迫使韩王信投降。公元前200年，刘邦亲自率兵北伐，失利后被三十万骑兵包围于白登（今山西大同）。被围困七日后，用陈平之计，贿赂匈奴阏氏（王后）才得以脱险。

这次战争让刘邦看到匈奴的实力。既然战争不能解决问题，于是就接受臣下的建议，把公主嫁给单于，用和亲的手段与之讲和，以此，为汉初争取了相对长久的和平。

七国之乱

七国之乱是发生在汉景帝三年（前154）的一次诸侯王国的叛乱。参与叛乱的是吴王濞、楚王戊、赵王遂、济南王辟光、淄川王贤、胶东王雄渠、胶西王昂。吴王濞为这次叛乱的主谋。七国之乱的根源，是强大的王国势力与专制皇权的矛盾。汉初，刘邦一面铲除异姓诸侯王，一面分封同姓的子弟为王。后来受封的诸侯王割据势力迅速扩张，严重威胁中央集权。吕氏当权以及汉文帝刘恒登基等政治事件，加剧了这一矛盾。汉景帝刘启采纳晁错的《削藩策》，削夺王国土地则是七国之乱的导火线。七国诸侯打着"诛晁错、清君侧"的旗号，联合起兵反叛，汉朝中央派周亚夫率军平叛。此后，汉政府加强了对王国的控制。

绿林、赤眉农民起义

西汉末年，土地兼并愈演愈烈。大批农民丧失土地，多数沦为流民或奴婢。王莽改制使社会矛盾进一步激化。公元18年，山东琅琊人樊崇，在莒县（今山东莒县东北）集合饥民百余人起义，占据泰山，附近农民纷纷响应。不久起义队伍猛增至数万人。他们以泰山为中心，转战山东，到处捕杀官军，没收地主财物，严惩恶霸地主。这支起义军屡败王莽的军队。为了和王莽军队区别开来，他们把眉毛涂上红色，因此被称为"赤眉军"。赤眉军纪律良好，受到农民的拥戴，声势越来越大。在赤眉军起义的同时，全国农民起义军还有二十多支。其中力量最强的一支，是新市（今湖北京山）

人王匡（与王莽太师同名）、王风领导的队伍。他们以绿林山为基地，因此被称作"绿林军"。公元 23 年 5 月，绿林军已发展到十万人。经过昆阳之战后，他们攻入长安，推翻了王莽政权。后绿林军腐化，赤眉军被刘秀所灭，刘秀建立东汉政权。

黄巾大起义

黄巾起义是东汉末年张角领导的一次有组织、有准备的全国性农民起义，因起义军头戴黄巾而得名。

东汉末年，宦官专政，横征暴敛，豪族大地主疯狂兼并土地，农民大量破产逃亡。公元 184 年（甲子年），太平教首领张角以"苍天已死，黄天当立，岁在甲子，天下大吉"为口号兴兵反汉。十余年间，集数十万人遍布八州。各地都举行起义，他们焚烧官府，捕杀官吏。起义军虽然勇猛，但缺乏经验，在东汉政府和豪强地主的联合镇压下，黄巾起义最终失败。失败后的黄巾军仍继续战斗。

黄巾军共经历了七个月的英勇斗争，沉重打击了豪族大地主阶级，动摇了东汉王朝的统治。

官渡之战

公元 196 年，曹操把汉献帝挟持到许昌，形成"挟天子以令诸侯"的局面，取得政治上的优势。公元 197 年春，袁术（袁绍之弟）在寿春（今安徽寿县）称帝。曹操即以"奉天子以令不臣"为名，讨伐袁术。经过几次战役，曹操控制了黄河以南，淮、汉以北大部分地区。公元 198 年，袁绍击败公孙瓒，占有青、幽、冀、并四州之地，从而与曹操形成沿黄河下游南北对峙的局面。袁绍的兵力在当时远远胜过曹操，自然不甘屈居于曹操之下，他决心同曹操一决雌雄。公元 199 年，袁绍挑选精兵十万，战马万匹，企图南下进攻许昌，官渡之战的序幕由此拉开。公元 200 年，双方在官渡（今河南中牟北）决战。袁绍拥兵十多万人，曹操兵少。曹操乘袁军轻敌，内部不和，亲自率领精兵五千偷袭袁军后方，焚毁其全部粮草。袁绍军心动摇，纷纷溃退。曹操乘胜追击，歼灭袁军主力七万多人。袁绍从此一蹶不振。经此一战，曹操奠定了统一北方的基础。

官渡之战是我国历史上以少胜多的著名战例。

赤壁之战

曹操统一北方大部之后，企图一举统一南方。公元 208 年，曹操率大军南下，占

领荆州，改编荆州水军，拥兵二十多万，乘胜顺流东下，进到赤壁（今湖北嘉鱼东北）。曹军由于发生疫病，退驻江北。曹操下令将战船相连，减弱了风浪颠簸，利于北方籍兵士上船，欲加紧演练，待机攻战。周瑜鉴于敌众己寡，久持不利，决意寻机速战。部将黄盖针对曹军"连环船"的弱点，建议火攻，得到赞许。孙刘五万联军利用曹军远来疲惫，疫病流行，不习水战和曹操骄傲轻敌等弱点，用火攻先击败了曹操水军，继之大破曹军。曹操率领残兵逃回北方。赤壁之战后，曹、孙、刘三大集团鼎立的局面开始形成。

孙权、刘备在强敌面前，冷静分析形势，结盟抗战，扬水战之长，巧用火攻，创造了中国军事史上以弱胜强的著名战例。

八王之乱

八王之乱是西晋统治集团内部历时十六年（291～306）的战乱。战乱参与者主要有汝南王司马亮、楚王司马玮、赵王司马伦、齐王司马冏、长沙王司马乂、成都王司马颖、河间王司马颙、东海王司马越等八王，因此史称"八王之乱"。

公元290年，晋武帝司马炎病死，惠帝即位。惠帝妻贾后想独揽大权，与辅政的外戚杨骏发生矛盾。公元291年贾后杀死杨骏，统治阶级内部开始发生一连串政治残杀和战争，先后有八个分封为王的皇族，为了争夺中央政权，进行了大规模的混战，历时十六年之久。这次战乱，严重地破坏了生产，给人民带来深重灾难。

永嘉之乱

从东汉以来，中国西部和北部周边的各少数民族开始不断地向内地迁徙。魏晋之际，在北方汉族人口锐减的情况下，胡族内迁形成高潮。在这过程中，内迁的民族主要包括匈奴、羯、鲜卑、氐、羌等，历史上泛称为"五胡"。在统治集团内部，西晋诸王为争夺中央最高权力，发生了一连串的相互残杀和战争，历时十六年之久，史称"八王之乱"。西晋王朝摇摇欲坠。306年，晋惠帝死，司马炽嗣位，是为怀帝，改元永嘉。刘渊遣石勒等大举南侵，屡破晋军，势力日益强大。308年刘渊正式称帝。刘渊死后，其子刘聪继位。次年，刘聪遣石勒、王弥、刘曜等率军攻晋，在平城（今河南鹿邑西南）歼灭十万晋军，又杀太尉王衍及诸王公。311年，匈奴兵攻陷西晋京师洛阳，俘虏了晋怀帝。纵兵烧掠，杀王公士民三万余人，史称"永嘉之乱"。永嘉之乱后不久，怀帝被匈奴人杀害，其侄愍帝被拥立于长安。但这时皇室、士族已纷纷迁至江南，西晋王朝名存实亡。到了316年，匈奴兵攻入长安，俘虏了愍帝，西晋至此宣告灭亡。

永嘉以后，北方士族大量南迁，这使以黄河流域为中心的中国文化第一次移向长江流域，改变了以前重北轻南的文化格局。

淝水之战

4世纪下半期，氐族贵族建立的前秦逐渐强大，统一了黄河流域。383年，秦王苻坚强征各族人民，组成九十万军队南下，企图一举消灭东晋。东晋派谢石、谢玄率军八万迎战。晋军在洛涧（今安徽定远西南）大破秦军先头部队，进至淝水，要求秦兵略向后移，以便渡河决战。苻坚企图乘晋军渡河过半时猛攻，于是命令军队后退。晋军乘秦军后退发起攻击，秦军由于军心早已涣散，在晋军的攻击下一退不可遏止。秦军大败，苻坚率部下十多万人逃回北方。淝水之战是我国历史上以弱胜强的著名战例。淝水之战后，南北对峙局面形成。

隋末农民起义

隋末农民起义是指从公元610年至618年上百支农民起义军进行的一场推翻隋王朝统治的大规模农民起义战争。

隋炀帝骄奢荒淫，连年大兴土木，不断对外用兵，繁重的徭役、兵役使得田地荒芜，民不聊生。公元611年首先爆发了王薄起义，此后起义军日益增多，斗争地区也日趋广阔，形成了全国范围的起义高潮。公元616年以后，逐渐形成了三大起义军，即翟让领导的河南的瓦岗军、河北的窦建德军和江淮的杜伏威军。起义军打击地主阶级，歼灭隋军主力，使隋朝统治土崩瓦解。地主官僚李渊也乘机割据一方。

隋末农民起义规模巨大，起义军作战勇猛，指挥灵活，采取攻其不备，诱敌轻进等谋略和战法，节节获胜，击败了隋军主力，摧毁了隋王朝的统治，在中国农民战争史上占有重要地位。起义有力地打击了地主阶级，特别是士族大地主，削弱了他们对农民的人身束缚，推动了社会生产力的发展，使中国历史上出现了经济比较繁荣的时期。

玄武门之变

"玄武门之变"是唐朝统治阶级内部一场争权夺利的斗争。唐朝建立后，李渊封长子建成为太子，协助处理军国大事，实力雄厚的次子世民文武双全，武功卓著，由此形成两大势力。建成联合四弟元吉，准备除掉世民。公元626年6月4日，世民先发制人，在玄武门设下埋伏杀死建成、元吉。三天之后，唐高祖宣布立秦王为太子，国家大事，一律由太子处理。这年8月，唐高祖被迫让位，自称太上皇，李世民即位，就是唐太宗。第二年，改年号为贞观。历史上把这次政变，叫作"玄武门之变"。李世民

即位后，励精图治，开创了"贞观之治"。

渭水之盟

公元 626 年，唐太宗李世民刚刚即位，东突厥颉利、突利二可汗率兵十余万人直逼长安。大军驻扎在城外渭水便桥之北，距长安城仅四十里，京师大震，长安戒严。太宗被迫设疑兵之计，亲率高士廉、房玄龄等六骑至渭水边，隔渭水与颉利对话，指责颉利负约。不久后唐大军赶至太宗背后。颉利见唐军军容威严，又见太宗许以金帛财物，便请求结盟。于是双方在便桥上杀白马订立盟约。突厥领兵而退。这就是有名的"渭水之盟"。这次事件对太宗震动很大，认为突厥反复无常，决定要彻底铲除突厥。后来，颉利多次背盟南下骚扰，太宗忍无可忍，派李靖、李绩等率大军出击。公元 630 年，唐军在阴山大破东突厥，俘获颉利。太宗当面数

李靖

明颉利的罪状，但仍授予官爵，赐予田宅，把俘获的部众安置在北方边境地区，设都督府，由突厥人自己担任都督加以管辖。这种宽容政策，收到了很好的效果。各族首领纷纷上表"相率内属"，尊唐太宗为"天可汗"。

安史之乱

安史之乱是节度使安禄山和史思明于唐玄宗李隆基执政末年发动的历时八年的叛乱。由于唐玄宗尊孔崇儒，中央集权力量被削弱，藩镇割据势力兴起。公元 755 年，平卢、范阳、河东三镇节度使安禄山以诛杨国忠为名，在范阳（今北京）叛乱，攻下洛阳。次年称帝，并攻下长安。公元 757 年被其子安庆绪所杀。公元 759 年安部将史思明杀安庆绪，再攻洛阳。两年后被其子史朝义所杀。公元 763 年史朝义自杀。叛乱前后历时近八年，始告平定。安史之乱是唐朝由盛转衰的转折点。战乱虽平，但安史部将势力并未消灭，藩镇割据局面由此形成，中原战乱地区经济遭到严重的破坏，吐蕃对唐的侵扰也日益频繁，唐朝国力大为削弱，其全盛时代也就从此结束了。

唐末农民起义

从公元859年末浙东人裘甫举起反唐义旗至884年黄巢义军被镇压，这场反抗唐王朝统治的大规模农民起义战争，先后长达二十五年之久，特别是黄巢起义，历时十年。

由于藩镇割据，宦官专权和朋党之争，唐末政治黑暗，土地兼并日益严重，水旱灾害频繁。公元875年，王仙芝领导山东、河南农民数千人在长垣起义，同年黄巢起义响应。后王仙芝战死，黄巢领导起义军，在全国展开流动作战。公元880年起义军占领洛阳，第二年占领长安，建立政权，国号大齐。但起义军并没有乘胜追击唐朝残余军队，致使唐朝统治者又纠集军队和地主武装，向农民军反击。公元883年农民军撤出长安。公元884年，黄巢在泰山附近战败自杀。

唐末农民起义瓦解了唐朝的反动统治，推动了历史的进程。

庆历和议

从1040年至1042年间，西夏连续对宋发动了三次大规模的战事，宋朝每次都遭到惨败。西夏虽屡胜，但掳掠所获财物与先前依照和约及通过榷场贸易所得物资相比，实在是得不偿失。

1044年，宋朝与西夏最后达成协议。和约规定：夏取消帝号，名义上向宋称臣；宋夏战争中双方所掳掠的将校、士兵、民户不再归还对方；从此以后，如双方边境之民逃往对方领土，都不能派兵追击，双方互相归还逃人；双方在本国领土上可以自由建立城堡；宋朝每年赐给西夏银五万两，绢十三万匹，茶两万斤；另外，每年还在各种节日赐给西夏银两万两千两，绢两万三千匹，茶一万斤。

庆历和议达成后，西夏多次派遣使者到宋朝，请求宋朝开放边境地区的互市。1045年，宋朝政府决定在保安军（今陕西志丹）和镇戎军（今宁夏固原）的安平皆设置两处榷场，恢复双方贸易往来。

澶渊之盟

1004年，辽圣宗、萧太后率兵二十万大举南侵，兵锋直逼黄河北岸的澶州（今河南濮阳），东京危急。宋真宗畏敌，准备迁都南逃，在宰相寇准等人的促使下才亲临前线澶州（今河南濮阳），宋军士气大振；而辽初战不利，统帅阵亡，又有后顾之忧，但北宋统治者无心抵抗，屈辱妥协，同意与辽议和。双方约为兄弟之国，宋每年输辽银十万两，绢二十万匹；宋辽以白河沟为界，史称"澶渊之盟"。澶渊之盟的缔结，是宋辽双方力量均势下的产物，此后双方停止战争，和平往来达百年之久，宋辽边境得以安定，双方生产都有所恢复和发展。

靖康之变

靖康元年（1126）1月，金军南下，渡过黄河，直抵北宋东京开封城。宋钦宗派使者赴金营求和。金军提出：宋须交金五百万两、银五千万两、牛马骡各一万头匹、驼一千头、杂色缎一百万匹、绢帛一百万匹；割让太原、中山（今河北定州）、河间三镇；尊金帝为伯父；以宋亲王、宰相作人质，送金军北渡黄河，才许议和。金军攻城，宋守军多次击退金军。但宋钦宗仍继续与金议和，答应了金赔款和割地的要求。金撤军北归。同年8月，金军再次南侵，东京城破。宋钦宗亲赴金营，献上降表。从12月起，金军大肆搜刮宋廷的府库及官、民户的金银钱帛。次年4月，金军俘徽、钦二帝和后妃、皇子、宗室贵戚北撤。宋朝皇室的宝玺、舆服、法物、礼器、浑天仪等也被掠去。北宋灭亡。

绍兴和议

绍兴和议是南宋与金在1141年签订的和议。宋军在反击金的入侵中已取得一定的胜利，但宋高宗与宰相秦桧唯恐有碍对金议和，解除了韩世忠、张俊、岳飞三大将的兵权，甚至制造岳飞冤狱，使抗战派对投降议和活动无法进行反对。绍兴十一年（1141）双方达成和约：宋向金称臣，金册宋康王赵构为皇帝；划定疆界，东以淮河中流为界，西以大散关（陕西宝鸡西南）为界，以南属宋，以北属金；宋每年向金纳贡银、绢各二十五万两、匹，自绍兴十二年（1142）开始，每年春季搬送至泗州交纳。绍兴和议确定了宋金之间政治上的不平等关系，结束了长达十余年的战争状态，形成了南北对峙的局面。

嘉定和议

金章宗在位晚期，金朝北边受到蒙古族的侵逼，内部又有各族人民的反抗。南宋重臣韩侂胄便乘机对金用兵，进行北伐。1206年5月，宋分道进兵。初时收复了一些地方，不久，金援兵大量南下，宋军大败。金人要求惩办战争祸首，主和派礼部侍郎史弥远等竟杀死韩侂胄，并将其首级送给金人。嘉定元年（1208），双方重定和约，史称"嘉定和议"。其主要内容如下：南宋与金由叔侄之国改称伯侄之国；界与绍兴时同，金军放弃新占的大散关以南地区；一次性赔"军银"三百万两。这次和议是南宋对金另外一次的屈辱媾和。

元末农民大起义

元朝末年，韩山童通过白莲教宣传、组织群众，准备起义。1351 年 5 月，韩山童、刘福通发动起义。起义军头裹红巾，人称红巾军。刘福通起义后，得到了各地的响应。其中影响较大的有：北方的"北琐红军"和"南琐红军"，濠州（今安徽凤阳）的郭子兴等。1355 年 2 月，刘福通拥立韩山童之子韩林儿称帝，又称小明王，国号大宋，改元龙凤。1358 年，刘福通迁都汴梁（今河南开封），迎来了北方红巾军全盛的时代。在元政府和地主武装的镇压下，各路北伐军失利，汴梁失陷。不久，刘福通遇害。1352 年，朱元璋参加了濠州郭子兴的起义。郭子兴死，朱元璋继续领导这支起义军。以后，朱元璋渡江南下，建立了以应天府（今南京）为中心的根据地。朱元璋采纳"高筑墙，广积粮，缓称王"的建议，组织屯田，保障自身物质基础。1364 年，朱元璋即吴王位，设置百官。1367 年 12 月，朱元璋正式即位，国号"明"，以应天府为国都。1367 年 10 月，朱元璋派徐达、常遇春率大军北伐。1368 年 7 月，元顺帝北逃。不久，明军进入大都，元朝灭亡。

元末农民起义沉重打击了地主阶级，解决了北宋以来长期积累的土地兼并问题，促进了社会生产力的发展。

靖难之变

1398 年，朱元璋死后，因太子朱标早死，皇太孙朱允炆即位，年号建文，为建文帝。建文帝即位后，即与信亲大臣齐泰、黄子澄等密谋削藩。与此同时，也在北平及城内部署兵力，又以防边为名，把燕王的护卫精兵调出塞外戍守，准备削除燕王。建文帝以为准备停当了，便秘密下令擒拿燕王，但是没有成功，燕王朱棣立即起兵南下。这时建文帝已无大将可用，只好起用幸存的老将耿炳文统兵北伐，又派纨绔子弟李景隆继续讨伐，均被朱棣打得大败。战争历时四年（1399~1402），结果朱棣得胜，占领南京，即皇帝位，年号永乐，是为明成祖。建文帝下落不明。

土木堡之变

1449 年 2 月，蒙古族瓦剌部落首领也先遣使两千余人进贡马匹，向明朝政府邀赏，由于宦官王振不肯多给赏赐，并减去马价的五分之四，没能满足他们的要求，就制造衅端。同年 7 月，也先统率各部，分四路大举向内地骚扰。东路进攻辽东；西路进攻

战争风云

甘州（甘肃张掖）；中路为进攻的重点，分为两支，一支直攻宣府围赤城，另一支进攻大同。大同前线的败报不断传到京城，明英宗朱祁镇在王振的煽惑下，一意孤行，决定亲征。7月16日，英宗和王振率五十余万大军从北京出发，由于组织不当，一切军政事务皆由王振专断，随征的文武大臣却不能参与军政事务，军内自相惊乱。13日，明军狼狈逃到土木堡，瓦剌军已紧逼明军。土木堡地高无水，将士饥渴疲劳，仓促应战。瓦剌军四面围攻，骑兵蹂阵而入，挥长刀砍杀明军，明英宗被俘。随征大军几乎全部战死，明五十万大军"死伤过半"。这次战役，明史上称为"土木堡之变"。这次大败影响深远，成为明王朝由初期进入中期的转折点。

城市民变

城市民变是明朝万历、天启年间（1573～1627），广大城镇、市民、生员、乡绅反对矿监税使与封建权贵的斗争。参加者主要是商人、工匠、乡绅等。民变多起因于矿监税使的疯狂掠夺。城市民变与农民起义不同，它在一定程度上反映了正在兴起的城市社会力量反对腐朽的封建统治，要求改革政治，保护工商业发展的愿望，但他们缺乏长远目标，也没有同广大农民或其他被统治势力相结合，斗争孤立分散，因而斗争成果并不显著。

萨尔浒之战

努尔哈赤花费三十年时间统一了东北女真部落，并于1616年建立了后金政权。此时，后金国兵精粮足，努尔哈赤不满足偏居东北，逐渐把目光转移到日益腐朽的明王朝。1618年4月，努尔哈赤公开宣布"七大恨"，起兵反明。金兵兵临抚顺城下，明守将李永芳畏敌，开城投降。7月，后金军攻入鸦鹘关，攻占清河堡。至此明抚顺以东诸堡，大都为后金占领。明廷在辽左覆军损将后，决定发动一场大规模的进攻后金的战争，企图一举消灭建立不久而势力日盛的后金政权。1619年2月，明各路大军二十四万云集辽沈，兵分四路，分进合击，直捣后金政治中心赫图阿拉，一举围歼后金军。当时，后金的八旗兵力共六万余人，与明军相比，处于劣势，决定采取"凭尔几路来，我只一路去"的集中兵力、逐个击破的作战方针。结果明军大败。

努尔哈赤的胜利，不但使后金政权更趋稳固，而且从此夺取了辽东战场的主动权，为日后的进一步发展创造了有利条件。而明军自遭此惨败，在战场上完全陷入了被动，被迫采取守势，辽东局势日趋危急。

明末农民起义

明朝末年，陕北地区连年灾荒。1628 年旱灾严重，但官府仍照旧催逼租税，农民忍无可忍而起义，涌现出高迎祥等领导的十几支农民军。高迎祥称闯王，死后，起义军拥李自成为闯王。主力分成两支，一支由李自成率领，一支由张献忠率领。1640 年，李自成军进入河南，提出"均田免粮"的口号，受到民众欢迎。1643 年，起义军占领西安，次年建立政权，国号大顺。1644 年攻入北京，崇祯死。李自成进军北京，沿途宣布"五年不征，一民不杀""平买平卖"，又宣布凡被地主侵占的田地农民都可以认回耕种。农民军纪律严明，禁止私藏金银、占居民房和踏坏田苗，受到民众的欢迎。起义军占领北京后，李自成率军在山海关欲招降吴三桂，但吴三桂降清，与多尔衮合兵夹击，双方兵力过于悬殊，起义军败，回师北京，撤退至西安，欲以陕西为基地再起。李自成辗转至湖北九宫山时，遭地主武装袭击而身亡。张献忠的农民军在长江中下游作战，后占领成都。清军入关后，张牺牲。农民军余部继续同清作战，坚持斗争二十余年。

三藩之乱

清康熙初，平西王吴三桂镇云南，平南王尚可喜镇广东，靖南王耿精忠镇福建，时称"三藩"。"三藩"多拥重兵，久镇其地，形同割据。康熙十二年（1673）3 月尚可喜自动请撤藩归老辽东，吴三桂、耿精忠亦相继请撤藩归辽东以为试探。康熙以"撤亦反，不撤亦反"，下令撤藩。吴三桂于 11 月发动叛乱，耿精忠、尚可喜子尚之信及广西将军孙延龄先后响应，清政府军事上并无准备，一时，三藩占有云、贵、桂、粤、闽、湘、蜀等省，以及赣、浙、陕、甘、鄂的部分地区。清政府在政治上实行分化瓦解；在军事上遏制吴部于湖南，然后剪其两翼。康熙十五年（1676），尚之信、耿精忠及陕甘的王辅臣相继反正，吴三桂于衡州称帝，国号周，年号昭武，开科取士。不久吴三桂病死，吴世璠嗣位于贵阳，改年号洪化。康熙十九年（1680）吴世璠败走云南。次年，清军入昆明，吴世瑶自杀，三藩乱平。耿精忠、尚之信等被处死，财产入官，尽撤藩军入北京。不久之后，朝廷在福州、广州、荆州设八旗驻防，以加强对南方的控制。

雅克萨之战

雅克萨之战，是沙俄侵略者妄图侵占我国黑龙江流域大片领土，我国军民被迫进行的一次反对侵略、收复失地的自卫战争。1632 年，沙俄扩张至西伯利亚东部的勒拿河流域后，建立亚库次克城，作为南下侵略中国的主要基地。

1649 年末沙俄再次侵入黑龙江，强占我国达斡尔头人拉夫凯的辖区，其中包括雅克萨城寨（今黑龙江左岸阿尔巴金诺）。1683 年 9 月，康熙勒令盘踞在雅克萨等地的沙俄侵略军撤离清领土。侵略军不予理睬，反而率兵窜至瑷珲劫掠，清将萨布素将其击败，并将黑龙江下游侵略军建立的据点均予焚毁，使雅克萨成为孤城。1685 年，为了彻底消除沙俄侵略，康熙命都统彭春，负责收复雅克萨。俄侵略军在强大攻势的压力下，缩在城内，丧失还击的能力，处于被动挨打的窘境。沙俄侵略军头目走投无路，只好遣使赴清军大营乞降，并发誓不再到雅克萨侵扰。1685 年 8 月，莫斯科派兵六百增援尼布楚。当获知清军撤走时，侵略军头目率大批沙俄侵略军再次窜到雅克萨。1686 年 8 月，清军开始攻城。雅克萨城旦夕可攻下，沙皇急忙向清请求撤围，遣使议定边界。清答应所请，准许侵略军残部撤往尼布楚。雅克萨反击战结束后，双方于1689 年 7 月 24 日缔结了《中俄尼布楚条约》。这次胜利遏制了几十年来沙俄的侵略，使清东北边境在以后一个半世纪里基本上得到安宁。

第一次鸦片战争

第一次鸦片战争（1840 年 6 月~1842 年 8 月），英国人称为"通商战争"，是英国对中国发动的一场侵略战争。战争的导火线是英国强行向中国推销鸦片。鸦片贸易给中国社会带来的严重危害，引起了清政府和广大人民的重视。1838 年 12 月，道光皇帝命林则徐为钦差大臣，派往广东禁烟。1839 年 3 月，林则徐会同两广总督邓廷桢、广东水师提督关天培在广州筹划禁烟。林则徐立下誓言"若鸦片一日未绝，本大臣一日不回，誓与此事相始终，断无中止之理"，表明禁绝鸦片的决心。6 月，林则徐将缴获的鸦片在虎门海滩当众全部销毁。

中国禁烟的消息传到伦敦，一场由英国资产阶级挑起的侵略战争爆发。1840 年 6 月，英军首先进犯广州，遭到清军的抵抗后，转攻厦门，又被邓廷桢的军队击退。1841 年 1 月 7 日，英军攻击沙角、大角炮台。中国军队仓促抵抗，伤亡惨重，炮台失陷。英军进逼虎门，琦善妥协求和。琦善的卖国行径激起清廷上下不满，道光皇帝认为有损天朝尊严，决定对英宣战。英军先发制人，再次进攻虎门。关天培亲自率军坚守炮台，以身殉国。1841 年 5 月，英军进攻广州，广州城外的泥城、四方炮台相继失守。8 月 26 日，英军攻陷厦门。10 月 1 日，英军再陷定海。10 日，镇海陷落。13 日，宁波陷落。道光皇帝为挽回败局，决定第二次出兵，清军到达前线后，贸然出兵，结果全线溃败。1842 年 6 月，吴淞口陷落；7 月，镇江陷落。8 月，英舰到达南京下关江面。29 日，清政府在英国炮舰的威逼下，签订了中国近代史上第一个丧权辱国的不平等条约——中英《南京条约》。战争以清朝的失败而告终。

南京条约

1842年8月29日，中英《南京条约》签订。主要内容：（1）割香港岛给英国；（2）开放广州、厦门、福州、宁波、上海为通商口岸；（3）中国向英国赔款2100万银圆；（4）英国在中国的进出口货物纳税，中国需与英国共同议定；（5）英国商人可以自由地与中国商人交易，不受"公行"的限制。1843年英国政府又强迫清政府订立了《五口通商章程》和《五口通商附粘善后条款》（《虎门条约》）作为《南京条约》的附约，增加了领事裁判权、片面最惠国待遇等条款。

1844年7月与1844年10月，美国和法国趁火打劫，效仿英国，先后威逼清政府签订了中美《望厦条约》和中法《黄埔条约》，获得除割地、赔款之外，与英国同样的特权。从1845年起，比利时、瑞典等国家也都胁迫清政府签订了类似条约，中国的主权遭到进一步破坏。鸦片战争的失败和《南京条约》等一系列不平等条约的签订，使中国社会发生了根本性的变化。政治上独立自主的中国，战后由于领土主权遭到破坏，自给自足的自然经济解体，逐渐成为世界资本主义的商品市场和原料供给地。中国的大门被打开，开始沦为半殖民地半封建社会。

金田起义

鸦片战争后，清政府加紧了对农民的盘剥，国内的矛盾越来越尖锐和突出。

1843年，洪秀全同冯云山、洪仁玕在广东花县首创拜上帝教，次年春入广西传教，积极宣传组织农民群众。洪秀全、冯云山经过五年的组织发动，以紫荆、金田为中心的拜上帝会势力已扩展到十个州、县，斗争方式由宗教冲突发展到政治的、武装的斗争，起义的核心领导和骨干力量已经形成。革命思想理论被越来越多的贫苦农民接受。1851年1月11日（一说1850年11月4日），洪秀全领导一万多汉、壮、瑶等族人民在金田庄严宣告起义，建国号太平天国。洪秀全严申五项军纪，冯云山宣读秉承天父旨意，合力诛妖灭清，实现太平的讲词。从此，一场规模空前的农民战争在中国大江南北展开。

金田起义承担着反封建反侵略的双重任务。反对封建主义，加速了清王朝和整个封建制度的衰落和崩溃；反侵略，打破了西方侵略者把中国迅速殖民地化的企图。

太平天国运动

1851年举行金田起义，建号太平天国，尊洪秀全为天王。太平军攻占永安（今蒙山）城后，即封王建制，分封东、西、南、北、翼王，东王节制诸王，各种立国规制初具规模。1853 年初，太平军克湖北省城武昌，即挥师五十万东下占领南京，定都天京（今南京），颁行《天朝田亩制度》，发行货币，坚持独立自主、反对外来侵略的外交政策。5 月，派兵北伐和西征。北伐军孤军直入，打到北京附近，功败垂成。西征军于湖口、九江大败湘军，继而破江北大营和江南大营，起义进入鼎盛时期。1856 年，杨秀清居功自傲，洪秀全密诏韦昌辉、秦日纲回京诛杨。洪秀全又疑忌翼王石达开主朝政，于是多方钳制。石负气率精兵良将离京出走，最后在贵州大渡河全军覆灭。

太平天国从此由盛转衰。洪秀全临朝主政，重建五军主将制，大力提拔年青将领陈玉成、李秀成、李世贤、杨辅清等，重用陈玉成、李秀成主持军国事务，一度重振军威，破江北大营，三河大捷大败湘军李续宾部。1859 年，洪仁玕到天京，得天王倚重，封干王，主持朝政，颁布了《资政新篇》。

第二次鸦片战争后，外国侵略者同清政府互相勾结，共同镇压太平天国。太平天国坚决同侵略者进行英勇斗争，给侵略者以沉重打击。安庆失陷之后，太平军在江苏、浙江的根据地也相继失守，只剩下天京及其周围小块地区，这时，天京内无粮草，外无援兵，形势日益危急。1864 年 6 月，洪秀全病逝。7 月 19 日，湘军挖掘地道，用火药轰塌城墙，经过激烈巷战，天京陷落。大部分太平军将士壮烈牺牲，少数人突围。幼天王和洪仁玕在江西被俘，英勇就义。李秀成在天京突围时被俘，被曾国藩杀死。太平军余部转战大江南北，一直奋战到 1868 年。

中国历史上这场空前规模的太平天国农民战争，前后奋战十四年，纵横十八省，威震全中国，最终在清政府和外国侵略势力的联合绞杀下失败了。

第二次鸦片战争

第一次鸦片战争后，资本主义列强最强烈的愿望仍是扩大对中国的侵略权益。1851 年太平天国革命爆发后，列强各国认为这是加紧侵略中国的极好时机，英、法、美三国在 1854 年和 1856 年两次提出修约要求，俄国也会同响应。四国的修约要求，没有得到清政府的允许，于是，他们决心抓住一个机会作为借口，挑起战争。1856 年英、法两国以亚罗号划艇事件和马神甫事件作为借口，发动了侵华战争。

在从 1856 年 10 月到 1860 年 11 月历时四年多的第二次鸦片战争中，中国人民和爱国官兵保家卫国，英勇抗敌，给予侵略者沉重的打击。但是，由于清政府的腐败无能，战争以中国失败而告终。战争中，英法联军所到之处，烧杀抢掠，无恶不作，使中华民族再次蒙受沉重灾难。1860 年 10 月，英法联军在北京洗劫和烧毁了融汇中外建筑艺术精华的万园之园——圆明园。

1860 年 11 月，中英、中法《北京条约》签订后，英法联军开始撤离北京。俄国驻中国公使伊格纳切夫以"调停有功"为借口，提出了新的领土要求。14 日，清政府与俄国签订了《北京条约》，将乌苏里江以东 40 万平方公里的土地划归俄国，增开喀什噶尔为商埠，并在喀什噶尔、库伦设领事馆。1864 年，俄国强迫清政府订立《勘分西北界约记》，割占巴尔喀什湖以东以南 44 万平方公里的土地，成为第二次鸦片战争期间最大的获利者。

中日甲午战争

日本在"明治维新"后，国力大大增强，开始准备向外侵略扩张。中日甲午战争共分为三个阶段。第一阶段，1894 年 7 月 25 日至 9 月 17 日。这时在清廷内部，以光绪帝为首的主战派占上风。当时恰逢慈禧太后六十岁，她盼望从速结束战争，以免耽误她大办庆典，因此倾向和议，但迫于清议，一时尚不敢公然主和。在此阶段中，战争是在朝鲜半岛及海上进行，陆战主要是平壤之战，海战主要是黄海海战。平壤、黄海战后，日本方面广造舆论，大肆渲染胜利，显示了其扩大侵略战争的野心。而在清朝方面，进一步推行其消极避战方针，同时慈禧太后的主和也渐趋明朗化。第二阶段，从 1894 年 9 月 17 日到 11 月 22 日。在此阶段中，战争在辽东半岛进行，有鸭绿江防之战和金旅之战。随着清军节节败退，在清廷内部，主和派已占上风，大肆进行投降活动。旅顺口失陷后，日本海军在渤海湾获得重要的根据地，从此北洋门户大开，北洋舰队深藏威海卫港内，战局更加急转直下。第三阶段，从 1894 年 11 月 22 日到 1895 年 4 月 17 日。在此阶段中，战争在山东半岛和辽东两个战场进行，有威海卫之战和辽东之战。1895 年 2 月，在日本海陆两军的夹击下，我国北洋舰队全军覆没。随着战争的失利，清政府进一步加紧了乞降活动。1895 年 4 月，清政府和日本签订了丧权辱国的《马关条约》。

马关条约

《马关条约》是中国清政府与日本于 1895 年 4 月 17 日签署的条约，原名"马关新约"。包括《讲和条约》十一款，《另约》三款，《议订专条》三款，以及《停战展期专条》两款。《马关条约》的签署标志着中日甲午战争的结束。主要内容有：清政府从朝鲜半岛撤军并承认朝鲜的"自主独立"；清政府不再是朝鲜之宗主国；清政府割让台湾岛及所有附属各岛屿、澎湖列岛和辽东半岛给日本；清政府赔偿日本军费两亿两；清政府开放沙市、重庆、苏州、杭州为商埠；允许日本人在通商口岸设立领事馆和工厂及输入各种机器；彼此的最惠国待遇。《马关条约》的签订使我国社会半殖民地半封建的程度进一步加深了。

八国联军攻占北京

自从 1895 年中日甲午战争中国失败后，西方列强对中国这块肥肉垂涎三尺。19 世纪末，西方列强掀起了瓜分中国的热潮。1900 年 6 月 17 日八国联军（英国、法国、德国、俄国、美国、日本、意大利、奥匈帝国）攻占大沽炮台；7 月 14 日攻陷天津；8 月 2 日集兵二万自天津沿运河两岸进发，在廊坊受义和团围攻（史称廊坊大捷），兵败后加大兵力一举占领廊坊；8 月 14 日凌晨来到北京城外向北京发起总攻；至 16 日晚基本占领北京全城。慈禧太后、光绪帝和亲贵大臣逃往西安，派奕劻和李鸿章与联军谈和。9 月德国陆军元帅瓦德西被推为联军总司令来华。联军陆续增至十万，由京津出兵，分侵山海关、保定、正定以至山西境内。此间，俄国又单独调集步骑兵十七万，分六路侵占中国东北。12 月联军提出《议和大纲》，迫使清政府全盘接受，并于 1901 年 9 月 7 日签署了《辛丑条约》。后八国联军除留一部常驻京津、津榆两线外，其余撤兵回国。

辛丑条约

八国联军侵华期间，清政府在民众的压力下，表面上向列强各国"宣战"，暗地里却破坏义和团运动，向侵略军妥协投降。1900 年 7 月 14 日天津失陷后，清政府于 8 月 7 日任命李鸿章为全权大臣正式向外国列强乞和。列强各国本想以武力瓜分中国，在中国人民的反抗下，没能得逞；同时，各国各有打算，互不相让，矛盾重重，使得它们需要继续利用和维护清政府，通过清政府间接统治中国。

1900 年 12 月，列强各国（除了出兵的八国外，又加上比利时、荷兰、西班牙三国）向清政府提出《议和大纲》，后又订立详细条款，于 1901 年 9 月 7 日在北京正式签订《辛丑条约》。《辛丑条约》的主要内容：惩办"得罪"列强的官员；派亲王、大臣到德国、日本赔罪；清政府明令禁止中国人建立和参加抵抗侵略军的各种组织；赔款四亿五千万两白银，分三十九年付清，本息九亿八千万两白银；在北京东交民巷一带设使馆区，各国可在使馆区驻兵，中国人不准在区内居住；摧毁大沽炮台以及北京至天津海口的炮台；各国可以在北京至山海关铁路沿线驻兵。《辛丑条约》签订后，中国完全沦为半殖民地。

第五章　历史名人

吕尚

　　吕尚是齐国的缔造者，周文王倾商武王克殷的首席谋主、最高军事统帅与西周的开国元勋，齐文化的创始人，也是中国古代一位影响久远的杰出的韬略家、军事家与政治家。历代典籍都公认他的历史地位，儒、道、法、兵、纵横诸家皆追他为本家人物，被尊为"百家宗师"。

　　吕尚，生卒不详，姜姓，吕氏，名尚，字牙，尊称子牙，号太公望，周武王尊之号为"师尚父"，为炎帝神农氏54世孙，东海（今山东日照市）人。吕尚一生坎坷多磨而又轰轰烈烈，在政治、军事、经济思想等方面都有卓越贡献。

　　吕尚的祖先在舜时当过一方的部落酋长，曾协助夏禹治水有功，被封于吕，以地为姓。夏以后，吕姓子孙繁衍分化，吕尚家已很贫穷了。吕尚是一位很有才能、很有抱负的人。但在商纣王的残暴统治下，他怀才不遇。为了生计，他曾经在朝歌城里宰牛卖肉，在孟津街头开店卖酒。光阴似箭，吕尚已是七十多岁的老人，而他的抱负仍然未能实现。

　　后来文王访贤，吕尚做了他的谋士，官封太师。周武王在吕尚的辅佐下灭商，为了有效地统治幅员辽阔的疆土，采取"封建亲戚，以屏藩周"的政策。吕尚被封为齐侯，都营丘（今山东临淄县）。后来，吕尚治理齐国，能够因地制宜，充分利用傍海的自然条件开发鱼盐资源，发展工商业，使人民安居乐业，使周朝在东方的统治得到了巩固。

　　吕尚的文治武略影响深远。他不仅是西周的功臣，而且是辅佐文王、武王、成王、康王四朝之元老，积累了丰富的治国经验，推动了社会的发展和进步。

　　吕尚作为中国韬略鼻祖、千古武圣，其文韬武略、经国治军，理民化俗之论、之策、之术，都为后人奠定了良好的基础，并为华夏民族所称颂、效法。

　　吕尚被封齐，建立齐国之后，推行的根本方针是"天下非一人之天下，乃天下人之天下也"的思想。吕尚认为，人的本性是恶死而乐生，好德而归利，能给予人以生利的是道义，能行仁义道德者，则能使天下人归服。因此，国君应当以天下之利为利，以天下之害为害，以天下之乐为乐，以天下之生为务。只有以仁义道德为天下兴利除害，使天下人与之共利害，同生死，共忧患，共苦乐，这样才可以得民心，得天下，使万民归心、拥君。

吕尚认为，爱民之道，就是以仁义之道，修德惠民，使民和服。要尊重民意，敬爱民众，聚合宗亲，行仁举义，才会受到民众的拥护爱戴，这样使天下和服，才可以守土、固国而王天下。因此，威服天下者，不必专任武力，不可横暴百姓，而要以仁义为本，修德禁暴。

吕尚通过自己长期生活在民众中的亲自实历，不断观察，精心研究，对于民为贵、民为本的思想有深刻的认识，并树立了牢固的民本意识，所以他在出山之前和立国治国之中，都始终坚持以民为本，实行仁政，收服民心，使万民归心。对如何安定天下，吕尚指出：天有其自己的运行规律，民众有其自己的日常生活事业。

吕尚是中国历史上一位全智全能的人物，也是中国文艺舞台上一个"高、大、全"的形象，还是中国神坛上一位居众神之上的神主。作为宗教的神仙，他是武神、智神，被奉为"太公在此，百无禁忌"的护佑神灵。

管仲

管仲文韬武略，是旷世之才，中国春秋时代齐国杰出的政治家、理财家、改革家，他的治国方略，影响了此后中华民族历史的全过程。他辅佐齐桓公，打着"尊王攘夷"的旗号，存邢、救卫、援燕、安周，九合诸侯，一匡天下。他是中国历史上治国安邦、富国强兵第一人。

管仲（约前725~前645），名夷吾，字仲，又称管敬仲。管仲家贫，自幼刻苦自学，通"诗""书"，懂礼仪，知识丰富，武艺高强。他和挚友鲍叔牙分别做公子纠和公子小白的师傅。齐襄公十二年，齐国动乱，公孙无知杀死齐襄王，自立为君。一年后，公孙无知又被杀，齐国一时无君。逃亡在外的公子纠和公子小白，都力争尽快赶回国内夺取君位。

管仲为能使纠当上国君，埋伏途中欲射杀小白，箭射在小白的铜制衣带钩上。小白装死，在鲍叔牙的协助下抢先回国，登上君位。他就是历史上有名的齐桓公。桓公即位，设法杀死了公子纠，为报一箭之仇，欲除管仲。鲍叔牙极力劝阻，指出管仲乃天下奇才，要桓公为齐国强盛着想，忘掉旧怨，重用管仲。桓公接受了建议，接管仲回国，不久即拜为相，主持政事。

管仲

管仲强调"仓廪实而知礼节，衣食足而知荣辱"，认为国家能否安定，人民能否守法，都与经济是否发展密切相关。他废除了齐国仍保留的公田制，实行按土地肥瘠定赋税轻重的土地税收政策，使赋税趋于合理，提高了人民生产的积极性。设盐官煮盐，设铁官制农具，发展渔业，由国家铸造钱币调节物价，推动商品流通；鼓励商民与境外贸易。齐国的经济得到很大发展。

整顿行政区划和机构。把国都划分为 21 个乡。其中工商乡 6 个，乡民专营本业，不服兵役。农乡 15 个，乡民平时种田，战时当兵。国都以外划分为邑、卒、乡、县，均设官员管理。10 县为 1 属，全国共有 5 属，设 5 位大夫管理。每年初，5 位大夫要向国君报告属内情况。这就形成了对全国的统治。

管仲认为兵在精不在多，强调寓兵于农，把行政上的保甲制度同军队组织紧密结合起来。在农乡，5 家为 1 轨，10 轨为 1 里，4 里为 1 连，10 连为 1 乡，5 乡为 1 军。每家出 1 人当兵，1 军为 1 万人。全国有 3 军，国君自率 1 军，二位上卿各率 1 军。每年春秋通过狩猎训练军队，提高军队的战斗力。

齐国由于管仲实行改革，很快强盛起来。管仲又向齐桓公提出了在中原称霸的谋略，即"尊王攘夷"。所谓"尊王"，就是拥护周王室。那时，西周王室衰微，造成列国互相争战。首先举起尊王的旗帜，就能借周天子之命，名正言顺地得到盟主的地位。所谓"攘夷"，是指当时我国北方的狄人和西方的戎人借中原各国争战之机内侵，对各国造成严重威胁，领头伐夷就能得到各国的拥戴。

勾践

勾践，春秋时期最后一个霸主，著名的政治家和军事家。曾兵败于吴，屈服求和。后卧薪尝胆，发奋图强，终成大事，公元前 473 年灭吴。

勾践，生卒不详，姓姒（大禹的后代），名勾践，又名菼执，春秋末越国国君。公元前 496 年，越王勾践即位。吴王阖闾乘越国丧乱之际兴兵伐越，勾践率兵抵抗，战于携李（今浙江嘉兴市）。吴军战败，阖闾死于归国途中。其子夫差即位后，勤于练兵，欲报杀父之仇。

勾践闻吴王夫差日夜练兵，欲先发制人，于周敬王 26 年（前 494 年）率军攻吴。吴王亲率精兵迎战，两军大战于夫椒（今江苏苏州），越军大败。勾践带着剩下的五千人逃至会稽山（今浙江绍兴南），被吴军包围。范蠡向勾践献策，让大夫文种贿赂吴太宰伯嚭，向夫差跪求称臣纳贡。夫差免勾践一死，但要勾践夫妇到吴国做他的奴仆。

勾践被夫差押解到吴国，夫差有意羞辱他，要他住在阖闾坟前的一个小石屋里，白天为夫差喂马擦车，黑夜为阖闾守坟看墓。夫差每次驾车出游，勾践都要给他牵马，步行在车前。夫差生病，勾践前去问候，还掀开马桶盖亲尝夫差的排泄物，极力显出体贴的样子，以博取夫差的信任。时间过了三年，由于勾践尽心服侍，再加上吴国太宰不时接受文种的贿赂，并在夫差面前为勾践说好话，夫差认为勾践已真心臣服，决定放勾践夫妇和范蠡回国。

勾践回到越国后，为了激励自己不忘报仇雪耻，睡觉时不铺褥子而铺上柴草；在房间里挂了一个苦胆，每顿饭前都要尝尝。这就是"卧薪尝胆"典故的由来。为向百姓做出表率，他和夫人始终过着清贫的生活，吃饭没有鱼、肉，穿粗布衣衫，自己经常同百姓下田耕种，夫人自己也养蚕织布。

越国遭受战争的重创，田地荒芜，人口减少，生产受到很大破坏。为使国家迅速富强，勾践采纳了范蠡、文种提出的"十年生聚，十年教训"之策。由范蠡负责练兵，文种管理国家政事，推行让人民休养生息的政策，由国家奖励耕种、养蚕、织布，尤其鼓励生育，增加人口。

在内部，越国休养生息，恢复生产；在外部，勾践又采取许多办法麻痹吴国，造成吴国内耗。勾践年年按时给吴国纳贡，使夫差始终相信他是真心臣服，并且继续贿赂吴太宰，派出奸细刺探吴国的消息，散布谣言以离间吴国君臣关系，使夫差杀害了忠臣伍子胥。勾践又以越国遭遇自然灾害为理由，不时向吴国借粮，使吴国粮食储存减少，而越国则储备充足。得知夫差要建造姑苏台，勾践派人运去特大木料，夫差非常高兴，扩大了姑苏台的设计，使吴国劳民伤财。

公元前482年，勾践亲率五万大军攻打吴国，吴军大败，太子友阵亡。这时，夫差打败齐、晋、卫、鲁等国，在黄池（今河南封丘）会盟，当上了霸主。接到消息，夫差只得派伯嚭向越求和。

公元前478年，吴国多年灾荒又遇大旱，勾践乘隙攻吴。越军采取两翼佯动、中央突破、连续进攻的作战方法，大败吴军于笠泽。吴王夫差被越军长期围困，力不能支，遂派王孙雒袒衣膝行向勾践求和。范蠡力劝勾践说："大王您忍辱受苦二十余年，为了什么？怎能就此前功尽弃呢？"就回绝王孙雒说："过去是上天把越赐予吴国，你们不受；今天是上天以吴赐越，我们不敢违背天命而听从你们的请求。"王孙雒还要哀求，范蠡毅然击鼓进兵。吴王夫差见大势已去，遂自杀而亡。

勾践率得胜之师，北渡淮河，与齐、晋等国会于徐州（今山东滕县）。周王派使臣送来祭肉，封勾践为"侯伯"。自此，越军横行江淮一带，诸侯尽来朝贺，勾践的霸业完成。

老子

老子在中国哲学史上最大的贡献，就是指出了作为宇宙万物本原及其存在的根据的形上之"道"，创立了以"道"为核心，包括本体论、辨证法、认识论和人生哲学等内容的系统的哲学思想体系。

老子（约前570~前470左右），姓李，名耳，谥曰聃，字伯阳，楚国苦县（今涡阳县）人，是中国古代伟大的哲学家、思想家，道学家派的创始人。

传说他的母亲感应到天空有一颗大流星入腹，怀孕十一个月才生下老子，母亲却因难产而死。老子"从母左腋出"，生下时上唇有一道淡淡的白胡子，两只耳朵大得出奇，因而取名为李耳，字聃。李耳生下来就能开口讲话，而且耳大是富贵之相，因而深得爷爷的喜爱。

李耳自幼聪慧，静思好学，长大以后师从常枞。据记载，常枞是一位精通殷商礼乐的学者，他学识渊博，教诲学生孜孜不倦，对李耳的教导都要李耳自己体悟。李耳很勤奋，再加上常枞的教导，他的思想日益成熟，当时已是一个颇有声望的学者，学识无人能及，因而被任命为周守藏室之史官，管理朝廷的众多藏书。在这里，老子研读了《尚书》，思想又一次产生了飞跃。

当时的老子声名鹊起，许多学者都慕名前来讨教。据说孔子就曾专程前往洛邑向李耳问礼。孔子在庙堂阶前看到一尊"三缄其口"的金人，于是问老子，金人背后的铭文"无多言，多言多败。无多事，多事多虑"是何意。老子的回答是：一个人等到他的骨头全部已腐朽了，只有他的言论尚存。况且作为一个君子，时机成熟的时候可以出而为仕，否则就随遇而安。会做生意的商人，常把货物藏得很严密，仿佛一无所有；有盛德的君子，看他的容貌，仿佛十分愚钝。去掉你身上的骄气与过多的欲望，去掉你造作的姿态与过多的志向，这些对你有益无害。

孔子离去后，对自己的弟子说："鸟，我知道它能飞翔；鱼，我知道它能在水中游动；兽，我知道它能奔跑。能奔跑的兽我可以用网去捕捉它，能游的鱼可以用钓绳去钓，能飞的鸟可以用箭去射。至于龙，我就不知道了，它是否能乘风云飞上天呢？我今天见到老子，感觉他就像龙一样。"

本来，老子的思想已开始向隐居修养、追求无名发展，恰好此时周王室的一场内乱又使他得以由仕途中解脱。周王室发生内乱，景王崩，王子朝叛变，并带走了大批周朝的典籍逃奔到楚国。此事波及李耳，李耳于是辞去守藏室史之职，离开周都，准备从此隐居。行至函谷关时，关令尹喜请求道："先生要隐居了，请尽力写一部书吧。"于是老子写成了一部书，这就是《道德经》。

《道德经》一书言简意赅、博大精深，谈宇宙，谈人生，提出了"道""自然""无为"等著名的哲学概念，成为中国哲学的基础之作。

孔子

孔子所处的春秋时代，西周社会以血缘氏族为基础的政治制度崩溃瓦解，而基于文化认同的"诸夏"民族共同体正在形成。孔子在这样的历史背景下，成了时代精神的代表人物与集大成者，开创了春秋战国诸子百家的先河。他所著的《论语》一书，是儒家经典著作之一。

孔子（前551~前479），春秋末期思想家、政治家、教育家，儒家学派的创始人。名丘，字仲尼。鲁国陬邑（今山东曲阜东南）人。曾修《诗》《书》，定《礼》、《乐》，序《周易》，作《春秋》。孔子的思想及学说对后世产生了极其深远的影响。

孔子的父亲叫叔梁纥（叔梁为字，纥为名），母亲叫颜征在。叔梁纥是当时鲁国有名的武士，立过两次战功，曾任陬邑大夫。叔梁纥先娶妻施氏，生9女，无子。又娶妾，生一子，取名伯尼，又称孟皮。孟皮脚有毛病，叔梁纥很不满意，于是又娶颜征在。当时叔梁纥已66岁，颜征在还不到20岁。孔子三岁时，父亲叔梁纥卒，孔家成为施氏的天下，施氏为人心术不正，孟皮生母已在叔梁纥去世前一年被施氏虐待而死，孔子母子也不为施氏所容，孔母颜征在只好携孔子与孟皮移居曲阜阙里，生活艰难。孔子17岁时，孔母颜征在卒。

孔子

孔子15岁立志于学。他虚心好学，学无常师，相传曾问礼于老聃，学乐于苌弘，学琴于师襄。30岁时，已博学多才，成为当地较有名气的一位学者，并在阙里收徒授业，开创私人办学之先河。

孔子35岁时，因鲁国内乱而奔齐。为了接近齐景公，做了齐国贵族高昭子的家臣。次年，齐景公向孔子询问政事，孔子说："君要像君，臣要像臣，父要像父，子要像子。"景公极为赞赏，欲起用孔子，后因齐相晏婴从中阻挠，于是作罢。

鲁哀公十一年（前484），孔子应鲁大夫之请，返回鲁国。此时，孔子率弟子出外游历宋、卫、陈、楚、蔡等国已有十四年之久。孔子虽然满怀复兴周礼、改良时政的政治抱负，但却没有一个诸侯愿意重用他。孔子返回鲁国不久，鲁哀公、季康曾先后问政于孔子，但最终没有启用。孔子眼见自己的政治理想无法施展，于是转而致力于著述与讲学，以求得自己的理想、思想、学识传播于后世。

孔子的成就主要是在教育和哲学领域以及政治思想上。儒家思想基本上坚持"亲亲""尊尊"的立法原则，维护"礼治"，提倡"德治"，重视"人治"。有一次，孔子的弟子子贡问怎样治理国家，孔子说："粮食充足，扩充军备，人民信任。"子贡问："如果迫不得已一定要去掉一项，在这三项里先去掉哪一项？"孔子说："去掉军备。"子贡又问："如果迫不得已去掉一项，在这两项里该去掉哪一项？"孔子说："去掉粮食。没有粮食，虽然会饿死，但自古以来，人都会死的。如果没有了人民对国家的信任这一项，也就失去了立国之本了。"

汉代的董仲舒建议当时的汉武帝，实行"罢黜百家，独尊儒术"的政策。从此，儒家思想被封建统治者长期奉为正统。孔子也成为我国历史上绝无仅有的千古儒圣。

墨子

墨子的思想在春秋诸家思想中突出地闪耀出了一种人性的光辉。他真正地把人看得神圣而伟大，充分认识到了人的权利与人的尊严。墨子重视实践，鼓励人们去为了理想而奋斗。可以说，墨子是现代人权思想和世界大主义的先驱。

墨子（约前468~前376），名翟，是春秋时期的思想家、政治活动家、教育家、科学家。

墨子出生于宋国，父亲是木匠，墨子从小就随父学艺。他心灵手巧，肯于钻研，在他十几岁的时候已经是个能工巧匠了，技术可与当时最著名的工匠鲁班媲美。他制作的木鹰能飞上天，还成功地做成了小孔成像的实验。此外，他还发明了许多对农业生产及军事备战有用的器械，如辘轳、滑轮、车梯等。墨子从自身的实践中总结出许多有关自然科学的原理，他在几何、光学、力学等方面都有不少发现。

墨子9岁入私学，学习儒家典籍，后来又到邹城拜史氏为师，很快成为老师的得意门生。求学多年之后，墨子回到故乡开始了教学生涯。在博采众长的基础上，墨子对儒家的整个思想体系进行了深入的反思，由于不满儒家过于注意礼仪而缺乏对人民真正的关心，开始成了儒家的反对派，创立了墨家学说。

墨子的学说思想主要包括以下几点：

兼爱非攻。墨子要求君臣、父子、兄弟都要在平等的基础上相互友爱，并认为社会上出现强执弱、富侮贫、贵傲贱的现象，是因天下人不相爱所致。

天志明鬼。墨子认为天之有志，即兼爱天下之百姓。"人不分幼长贵贱，皆天之臣也"，"天之爱民之厚"，君主若违天意就要受天之罚，反之，则会得天之赏。这是墨子的天赋人权与制约君主的思想。

尚同尚贤。墨子认为，百姓与天子皆上同于天志，上下一心，实行义政，要选举贤者为官吏，选举贤者为天子国君。墨子要求君上能尚贤使能，即任用贤者而废抑不肖者。墨子把尚贤看得很重，以为是政事之本，特别反对君主用骨肉之亲，对于贤者则不拘出身，提出"官无常贵，民无终贱"的主张。

节用节葬。墨子抨击君主、贵族的奢侈浪费，尤其反对儒家看重的久丧厚葬之俗，认为君主、贵族都应像古代大禹一样，过着清廉俭朴的生活。

墨子有弟子300多人，大多是手工业劳动者。墨家学派有严密的组织，他们过着艰苦朴素的生活，弟子即使当了官，也必须恪守墨家的主张，得到的俸禄，也要分一部分供这个组织使用。因为有着严明的纪律和很强的实践力，墨家很快成为当时最有势力、影响最大的学派，与儒家并称"显学"，墨子也被称为北方圣人。

墨子不仅是个思想家，同时也是一个实干家，为推行自己的政治主张而奔走于列国之间，广泛宣传他的学识，足迹遍及鲁、宋、齐、楚、魏等国家。同时，他提倡教育，重视教育在社会和个人发展中的作用。墨子的教学内容非常重视关于客观事物的実践知識。他提出过判断事物的是非真假的三项标准，称为"三表法"。其中一表是古代圣王的作为；一表是百姓民众的利害；另一表则是根据百姓耳闻目睹的事例来判断是非。

墨家学说因其思想特点具有人民性和科学性，不合统治者的胃口，故后世日渐衰微。

墨子著有《墨子》一书，现存53篇。

公元前376年，墨子病逝于鲁国。

孟子

孟子的思想虽然不为统治者所提倡，但其中的积极方面却影响深远。尤其是他的民本思想，成为后来的改革者、革命者的理论依据。而"威武不能屈，富贵不能淫，贫贱不能移"的气节人格更激励着历代仁人志士不畏强权，为真理正义而斗争。孟子的思想学说对后世有很大影响，尤其对宋明理学影响更巨，宋代以后常把孔子思想与孟子思想并称为"孔孟之道"。

孟子（前372～前289），名轲，战国中期鲁国邹人。受业于子思门人，曾游历于宋、滕、魏、齐等国，阐述他的政治主张，还曾在齐为卿。晚年退而著书，传世有《孟子》七篇。他是战国中期儒家的代表。

公元前372年，孟子出生于邹国（今山东邹城）。孟子3岁时，父亲就去世了，对孟子的教育就落在他母亲一个人的肩上。

孟子小时候，一天，邻居家杀猪。孟子

孟子

问妈妈："他们为什么杀猪？"母亲骗他说："给你吃啊。"小孟子听了，非常高兴，蹦蹦跳跳地跑了。孟母感到很懊悔，她自言自语道："我怀这个孩子的时候，席子不放正了不坐，肉不切得均匀不吃，为的是从胎里教化儿子。现在他懂事了却骗他，真不应该。"于是孟母果真去买了肉给孟子吃。孟母就是这样教导孟子的。

到前358年，孟子拜孔子嫡孙子思的门人为师，学习诗书礼仪。前343年起，孟子的思想已经形成，在家乡开始教徒讲学。

孟子认为人性本善。他认为好人坏人之分，主要是由于社会的影响。他把人比做山木。他说，山上的树木本来是茂美的。但因为它接近都市，人们对它砍伐不休，牛羊践踏不已，于是长得不成样子，能说这些树木原来是不美的吗？人也是这样，本有善良的品性，但不断被摧残，得不到发扬，最后变得同禽兽差不多，能说人的本性原来就是这样的吗？

孟子认为民众的问题最重要，君王的问题不占重要地位。君王在用人时，应该尊重人民群众的意见，因为人民群众才是最智慧的。这种民贵君轻的思想是极为可贵的。

孟子政治思想的核心内容是"王道""仁政"，意思是人的本性是好的，应该把人当人看。统治者要想得到天下，办法在于得民，得民的关键在得人心。孟子所说的王道，最主要的就是给予人民产业，轻徭薄赋，减少刑罚。

前 330 年起，孟子开始周游列国，希望能推行自己的"仁政"理想，造福于天下百姓。

孟子向梁惠王说："不耽误农活的季节，粮食就会吃不完。不用细密的渔网到湖里去捕鱼，水产就会吃不完。伐木者按适当的时令砍伐树木，木材就会用不尽。粮食和水产都吃不完，木材用不尽，这样就能使百姓饱暖生活，死后有钱埋葬，没有什么不满足的。生养死葬都没有不满，就是王道的开端了。"

孟子去见齐宣王说："把泰山夹在腋下而跳过北海，告诉人说'我不能'，这的确不能。替老年人按摩肢体，告诉人说'我不能'，这是不肯做，不是不能做。所以王不能称王于天下，不是属于夹着泰山越过北海一类，而是属于按摩肢体一类。敬养自己家的老人，从而推广到敬养别人家的老人；爱护自己家的小孩，从而推广到爱护别人家的小孩，这样统治天下就会像在手掌上玩弄东西一样容易。"

孟子游说列国，发现天下没有肯施行仁政的国君，于是从前 310 年起，开始在邹国讲学，并写下了论述自己思想的著作。

约前 289 年，孟子逝世，享年 84 岁。

韩非子

韩非以主张"以法治国"而闻名，而且提出了一整套的理论和方法，这为后来建立的中央集权的秦朝提供了有效的理论依据。后来的汉朝继承了秦朝的集权体制以及法律体制，这就是我国古代封建社会的政治与法制主体。他的著作《韩非子》有非常重大的历史意义。

韩非子（约前 281~前 233），生活于战国末期，战国末年杰出的思想家和法家的集大成者。

韩非是韩国的贵族，喜刑名法术之学，是荀子的弟子，后世称他为韩非子。当时韩国很弱，常受邻国的欺凌，他多次向韩王提出富强的计策，但未被采纳。韩非写了《孤愤》《五蠹》等一系列文章，这些作品后来集为《韩非子》一书。秦王嬴政读了韩非的文章，极为赞赏。

身为贵族的韩非子从小立志要做一番大事业，他在弱冠之年便告别父母，独自一人游历天下，最终投师于当时著名的思想家、政治家赢子。荀况在齐国讲学时，门徒不可胜数，其中有两位著名人物，一位是后任秦国丞相的李斯，一位就是韩非子。韩非子为人正直，天资聪慧又勤学不怠，因而他的老师放言"帝王之术非韩非不能大，法家之思非韩非不能广"。

公元前233年，秦王发兵攻打韩国，向韩国索要韩非。韩王就派韩非出使秦国。韩非来到秦国后，秦王政很高兴，和韩非促膝畅谈天下大事，但韩非口吃，善著述而不善言谈。韩非劝秦王不要先攻打韩国，应将赵国先消灭掉。秦王以为韩非有私心，便开始猜疑，置之而不重用。李斯、姚贾因嫉妒而进谗言诋毁韩非，说韩非本是韩国公子，终究为韩而非为秦尽全力。如果秦王不用而放他回韩国，将给秦国留下祸患，不如杀了他。秦王听信谗言，将韩非下狱论罪。李斯派人送毒药给韩非，逼他自杀。等秦王要召见他时，才知道韩非已身死狱中。

韩非虽死，但他的思想却在秦始皇、李斯手上得到了实施。韩非著作吸收了儒、墨、道诸家的一些观点，以法治思想为中心。他总结了前期法家的经验，形成了以法为中心的法、术、势相结合的政治思想体系。

韩非着重总结了商鞅、申不害和慎到的思想，把商鞅的"法"、申不害的"术"和慎到的"势"融为一体。他认为，国家图治，就要求君主要善用权术，同时臣下必须遵法。在"法"的方面，韩非特别强调了"以刑止刑"思想，强调"严刑""重罚"。同时，光有法和术还不行，必须有"势"做保证。"势"，即权势、政权。韩非赞赏慎到所说的"尧为匹夫不能治三人，而桀为天子能乱天下"，提出了"抱法处势则治，背法去势则乱"的著名论点。

尤可称道的是，韩非第一次明确提出了"法不阿贵"的思想，主张"刑过不避大臣，赏善不遗匹夫"，这是对中国法制思想的重大贡献，对于清除贵族特权、维护法律尊严，产生了积极的影响。

韩非擅长创作寓言故事，并通过这些故事来述说自己的政治观点。《韩非子》一书当中，共汇集寓言故事三百多则，如自相矛盾、守株待兔、滥竽充数、老马识途、曾子杀猪等，它们已经成为中国文学中的瑰宝而代代相传。

屈原

屈原的出现，不仅标志着中国诗歌进入了一个由集体歌唱到个人独创的新时代，而且他所开创的新诗体——楚辞，突破了《诗经》的表现形式，极大地丰富了诗歌的表现力，为中国古代的诗歌创作开辟了一片新天地。

屈原（前339～前278），战国末期楚国人，杰出的政治家和爱国诗人。名平，字原。

屈原因出身贵族，又明于治乱，娴于辞令，故而早年深受楚怀王的宠信，位为左徒，三闾大夫，后来遭到小人的诬陷和楚怀王的疏远。

战国时期，有秦、齐、楚、燕、赵、魏、韩七国，其中，秦、齐、楚三国最强盛。秦国早想吞并楚国，一直没敢行动，就是因为齐楚两国关系很好。

怀王十五年（前304），为了拆散楚国和齐国的联盟，秦国丞相张仪决定亲自到楚国去一趟。张仪到了楚国，首先找楚王的宠妃郑袖、公子子兰和大臣靳尚这几个人，送给他们许多金银珠宝，让他们去劝说楚怀王，和齐国断交。这几个人得了好处，甘心情愿为敌国效劳，迷惑楚怀王。楚怀王果然中计，举行隆重仪式，接见张仪。张仪以秦王代表的身份，对楚怀王说："咱们秦楚两国，山水相连，本应结盟友好，称霸天下，可您却同东海边上的齐国联合。我们大王对您的做法很不高兴。我们大王说了，如果您和齐国断交，秦国就送给您六百里的土地。"

屈原

不用一兵一卒，白来六百里土地。楚怀王越想越高兴，下令大摆酒宴，隆重庆贺。屈原是坚决主张齐楚联合共同对付秦国的。他听说张仪来到楚国，知道他准是来破坏齐楚联盟的。他担心楚王上当，就闯进王宫。见了楚怀王，他大声说："张仪的话，大王千万不能相信。楚国要是跟齐国绝交，秦国就会乘虚而入，欺负楚国的。"

可是，楚怀王不听。屈原长叹一声，只好离开了。

后来，楚怀王果然和齐国绝了交，又派使者到秦国，接受那六百里土地。楚国使者到了秦都咸阳住下。一个多月过去，张仪才在相府召见了他。使者提出六百里土地的要求，张仪故作吃惊地问："什么？什么六百里土地？哪儿来的六百里土地？"

"不是你亲口说的，要送楚国六百里土地吗？"使者说。

"那是你们听错了。"张仪冷笑一声，"我说的是六里，不是六百里。"

使者气愤地立即赶回楚国向楚怀王汇报。楚怀王下令出兵，对秦国进行报复。楚国出兵，没有准备，秦国却早有提防。结果，头一仗，楚国一触即溃，丧失了汉中六百里土地；再一仗，楚军仍然没有取胜。

于是屈原奉命出使齐国重修齐楚旧好。此间张仪又一次由秦至楚，进行瓦解齐楚联盟的活动，使齐楚联盟未能成功。怀王二十四年，秦楚黄棘之盟，楚国彻底投入了秦的怀抱，屈原亦被逐出郢都，到了汉北。

怀王三十年，屈原回到郢都。同年，秦约怀王武关相会，怀王遂被秦扣留，最终客死秦国，顷襄王即位后继续实施投降政策，屈原再次被逐出郢都，流放江南，辗转流离于沅，湘二水之间。

顷襄王二十一年（公元前278），秦将白起攻破郢都，屈原悲愤不已，遂自沉汨罗江，以身殉了自己的政治理想。

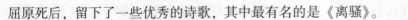

屈原死后，留下了一些优秀的诗歌，其中最有名的是《离骚》。

《离骚》的形式来源于楚国人民的口头创作，诗人又将之加以改造，构成长篇，使之包含了丰富的内容。它的语言精练，吸收了楚国的不少方言，造句颇有特色。诗人用了许多比喻，无情地揭露了统治集团的丑恶，抨击了他们的奸邪、纵欲、贪婪、淫荡和强暴。同时，他也塑造了坚持正义、追求真理、不避艰难、不怕迫害、热爱乡土和人民的人物形象。

《离骚》是一部具有现实意义的浪漫主义抒情诗，诗中无论是主人公形象的塑造，还是一些事物特征的描绘，诗人都大量采用夸张的浪漫主义表现手法。神话传说的充分运用，展开了多彩的幻想的翅膀，更加强了《离骚》的浪漫主义气韵。比、兴手法的运用，在《离骚》中是非常多见的，如以香草比喻诗人品质的高洁，以男女关系比喻君臣关系，以驾车马比喻治理国家等。

孙武

孙武在军事科学这门具体科学中，概括和总结出了异常丰富、多方面的哲学道理，确立了他在春秋末期思想界中与孔子、老子的并列地位，被并称为春秋末期思想界上空的三颗明亮的星体。

孙武（约前551~?），春秋时期吴国名将，伟大的军事理论家，字长卿，齐国乐安（今山东惠民）人，后人尊称孙子、孙武子。

孙武的祖先是陈国公子完，由于陈国内部发生政变，公子完携家眷逃到齐国，投奔齐桓公，改姓田，故他又被称为田完。田完的五世孙田书，很有军事才干，做了齐国的大夫，因为领兵伐莒（今山东莒县）有功，齐景公在乐安封给他一块食邑，并赐姓孙氏。因此，田书又被称为孙书。孙书的儿子孙凭做了齐国的卿，孙凭就是孙武的父亲。此时的齐国，内部矛盾重重，危机四伏。田、鲍、栾、高四大家族之间争权夺利，斗争愈演愈烈。大约在公元前517年，年轻的孙武毅然离开乐安，投奔了吴国。

孙武来到吴国后，在吴都（今苏州市）郊外结识了伍子胥。两人谈得十分投机，结为密友。这时吴国的局势也在动荡不安之中，两人便避隐深居，待机而发。孙武一边灌园耕种，一边写作兵法，写成13篇兵法。公元前515年，吴国公子光利用吴国伐楚、国内空虚的机会，以专诸为刺客，袭杀吴王僚，然后自立为王，称阖闾。阖闾即位后，礼贤下士，任用伍子胥等一批贤臣。后来，伍子胥将孙武推荐给吴王阖闾。

在孙武的严格训练下，吴军的军事素质有了明显的提高。公元前512年，阖闾、伍子胥和孙武，指挥吴军攻克了楚的属国钟吾国（令江苏宿迁东北）、舒国（今安徽间江县西），阖闾想要长驱直入攻克楚都郢（今湖北江陵县纪南城），孙武认为疲惫之师不宜久留，伍子胥也完全同意孙武的主张，吴王便下令班师。回朝后，孙武和伍子胥共同商订了一套扰楚、疲楚的计策，即组成三支劲旅，轮番袭扰楚国，弄得楚国连年应付吴军，人力物力都被大量耗费，国内十分空虚，属国纷纷叛离。

公元前 506 年，楚国攻打已经归附吴国的小国——蔡国，阖闾和伍子胥、孙武便指挥训练有素的 3 万精兵，乘坐战船，溯淮而上，直趋蔡国与楚国的交界处。楚军见吴军来势凶猛，不得不收缩部队，调集主力，防守于汉水一带。不料孙武突然改变了进军的路线，放弃战船，改从陆路进攻，直插楚国纵深。孙武选择了强壮敏捷的 3500 人为前阵，身穿坚甲，手执利器，连连大败楚军。然而，这时越国乘吴军伐楚之机进攻吴国，秦国又出兵帮助楚国对付吴军，这样，阖闾不得不引兵返吴。

孙武在帮助阖闾西破强楚的同时，计划征服越国。公元前 496 年，阖闾听说越王允常去世，新即位的越王勾践年轻稚弱，越国国内不大稳定，认为机不可失，时不再来，便不听孙武等人的劝告，仓促出兵越国。两军相遇于吴越边境的木隽李（今浙江嘉兴县西南）。勾践施展巧计，派死刑犯出阵排成三行，把剑放在脖子上，一个个陈述一番后，自刭于阵前。吴国士兵看傻了眼，越军乘机发动冲锋，吴军仓皇败退，阖闾负重伤身亡。

阖闾去世后，由太子夫差继承王位。公元前 494 年春天，勾践调集军队从水上向吴国进发，夫差率 10 万精兵迎战于夫椒（今江苏苏州西南太湖边）。在孙武、伍子胥的策划下，吴军大败越军，勾践带着 5000 名甲士跑到会稽山（今浙江绍兴市东南）上的一个小城中凭险抵抗，被吴军团团包围。勾践只得向吴屈辱求和。

越王勾践屈辱求和后，卧薪尝胆，立志复仇，他十年生聚，十年教训，使越国富足，越军精悍。公元前 482 年，越军乘吴军主力聚集黄池与中原诸侯盟会、吴国国内兵力空虚之际，发兵袭击吴国，攻入吴国国都。吴国遭此劫难，便一蹶不振，由盛转衰，至公元前 473 年，正式被越国灭亡，夫差愧恨交加，自刎而死。孙武所梦想的由吴王统一华夏，也就成为泡影。

孙武的一生，除了其赫赫战功以外，又给后人留下了不少珍贵的论兵、论政的篇章，其中流传下来的《孙子兵法》尤以著名。这短短的 13 篇兵法，仅 5000 字，却体现了孙武完整的军事思想体系。

孙膑

孙膑是战国中期兵家的代表人物，伟大的思想家、卓越的军事家。他所著的《孙膑兵法》，继承和发展了孙武和吴起等人的军事思想，总结了当时的作战经验，为我国古代军事理论宝库增添了丰富的内容。

孙膑（生卒年不详），其本名不传，吴国大将孙武的后代，齐国人（今山东鄄城人），战国时期著名军事家。

相传他少年时与庞涓同师于高人鬼谷子。后来庞涓当了魏国的将军，妒忌孙膑的才能，就派人把他诓骗到魏国，处以膑刑（挖去膝盖骨），所以人们称他为孙膑。

后来，孙膑得到齐国使臣的帮助，逃离魏国，到了齐国，做了齐国的军师。

公元前 354 年，魏惠王派庞涓进攻赵国，包围了赵国的国都邯郸。第二年，赵国向齐威王求救。齐威王想拜孙膑为大将，孙膑忙推辞说："不行。我是个受过刑的残疾人，当了大将，会给人笑话。大王还是请拜田大夫为大将吧。"齐威王就拜田忌为大将，孙膑为军师，发兵去救赵国。孙膑坐在一辆有篷帐的车子里，帮助田忌出主意。孙膑对田忌说："现在魏国把精锐的兵力都调去攻赵国，国内大多是些老弱残兵，十分空虚。咱们不如去攻魏国大梁。庞涓听到消息，一定会放弃邯郸，回救魏国，我们在半道上等着，迎头痛击他一顿，一定能把他打败。"这时，庞涓已经攻下邯郸，忽然听说齐国打大梁去了，立刻吩咐撤兵。刚撤到桂陵（今河南长垣西北）地界，就撞上齐国兵马。两国短兵相接，庞涓大败。齐国大军得胜而归，邯郸之围也解除了。

公元前342年，魏国又进攻韩国，韩国向齐国求救。第二年，田忌和孙膑又出兵救韩。孙膑仍采用过去的战略，没有直接发兵韩国，而是直接攻魏。庞涓被迫放弃攻韩，赶回迎战。孙膑认为魏军素来剽悍勇猛，轻视齐军，决定利用他们这种心理，诱敌取胜。于是，齐军假装怯战，向后退却，并采取逐日减灶的办法，迷惑敌人。庞涓追击齐军，到齐军扎过营的地方，发现三天中间齐军的炉灶减少了一大半。他认为齐军已逃亡过半，非常高兴。孙膑估计庞涓晚上可到马陵，就在这里设下埋伏，在道旁树上写了"庞涓死于此树之下"八个字，命令伏兵看到火光就一齐放箭出击。庞涓果然在晚上进入马陵道。他见树上有字，举火看字，还没有看完，齐军已万弩齐发，箭如雨下。结果，庞涓被迫自杀，十万魏军全部被歼，齐军大获全胜。这就是著名的"马陵之战"。

孙膑两次大败魏军，从此名显诸侯，人们都知道他善于用兵了。

《孙膑兵法》又名《齐孙子》，以区别于孙武的《孙子兵法》。仅从现存的30篇就足以看出，《孙膑兵法》继承和发展了孙武和吴起等著名兵法家的兵法思想。在这部兵法中，孙膑结合自己所处年代的特点，溶入了自己的丰富经验和精心研究的成果。

孙膑继承前人，超越前人，形成了独具特色的军事理论体系。他的论著可谓博大精深，确实是留给后人的宝贵的财富。

廉颇

廉颇是战国时期一位杰出的军事将领，南征北战数十年，攻城无数，未尝败绩。为人亦襟怀坦荡，知错就改。他的一生，正如司马光所言："廉颇一身用与不用，实为赵国存亡所系。此真可以为后代用人鉴矣。"

廉颇，生卒年不详，战国时期赵国杰出的军事将领。

赵惠文王初，东方六国以齐最为强盛，齐与秦各为东西方强国。秦国欲东出扩大势力，赵国当其冲要。为扫除障碍，秦王曾多次派兵进攻赵国。廉颇统领赵军屡败秦军，迫使秦改变策略，实行合纵，于惠文王五十四年（前258）在中阳（今山西中阳县西）与赵相会讲和。此后，廉颇率军征战，守必固，攻必取，几乎百战百胜，威震列国。

公元前266年，赵惠文王卒，孝成王立。这时，秦国采取应侯范雎"远交近攻"的谋略，一边跟齐国、楚国交好，一边攻打临近的小国。周赧王五十五年（前260），秦国进攻韩地上党。上党的韩国守军孤立无援，太守冯亭便将上党献给了赵国。于是，秦赵之间围绕着争夺上党地区发生了战争。这时，名将赵奢已死，蔺相如病重，执掌军事事务的只有廉颇。于是，赵孝成王命廉颇统帅20万赵军阻秦军于长平（今山西高平市西北），历史上把这次战役称为"长平之战"。当时，秦军已南取野王（今河南沁阳），北略上党（今山西中部地区），切断了长平南北联系，士气正盛，而赵军长途跋涉而至，不仅兵力处于劣势，态势上也处于被动不利的地位。面对这一情况，廉颇正确地采取了筑垒固守、疲惫敌军、相机攻敌的作战方针。他命令赵军凭借山险，筑起森严壁垒。尽管秦军数次挑战，廉颇总是严束部众，坚壁不出。同时，他把上党地区的民众集中起来，一面从事战场运输，一面投入筑垒抗秦的工作。秦军求战不得，无计可施，锐气渐失。

赵王求胜心切，强行罢廉颇职，用赵括为将。虽然蔺相如力谏，指出只知纸上谈兵的赵括不适合担此重任，但赵王不听。赵括代替了廉颇的职务后，完全改变了廉颇制定的战略部署，撤换了许多军官。秦国见使用赵括为将，便暗中启用武安君白起率兵攻赵，大败赵括军于长平，射杀赵括，坑赵兵四十余万。

长平之战后，秦国趁势包围赵都邯郸，持续一年多，幸有魏公子信陵君窃取兵符相救得以不灭，但国力已大减。

燕以赵大伤于长平，以丞相栗腹为将，于秦昭襄王五十六年（前251）举兵攻赵。赵使廉颇为将，指挥了著名的鄗代之战。廉颇指挥为保卫乡土而同仇敌忾的赵军，采取集中兵力打敌正面的战法，首战告捷，挫敌兵锋，打掉了燕军的嚣张气焰。接着，他率领赵军大败燕军主力，阵斩栗腹。燕军主帅被斩，惊慌溃退。廉颇抓住燕军败退之机，立命赵军乘胜追击，长驱500里，于公元前250年进围燕国都城蓟（今北京市）。燕王喜眼看燕国危在旦夕，只好答应赵国提出的割让5城等全部要求，向赵国求和。廉颇因功封信平君，为相国。廉颇任相国前后约六七年，多次击退入侵敌军，战功显赫。

秦始皇二年（前245），赵孝成王卒，其子赵悼襄王继位。襄王听信了奸臣郭开的谗言，解除了廉颇的军职，派乐乘代替廉颇。廉颇因受排挤而发怒，攻打乐乘，乐乘逃走。廉颇于是离赵投奔魏国大梁（今河南省开封市）。廉颇去大梁住了很久，魏王虽然收留了他，却并不信任和重用他。

赵国因为多次被秦军围困，赵王想再任用廉颇，廉颇也想再被赵国任用。赵王派遣使者宦官唐玖，带着一副名贵的盔甲和四匹快马到大梁去慰问廉颇，看廉颇还是否可用。廉颇的仇人郭开却唯恐廉颇再得势，暗中给了唐玖很多金钱，让他说廉颇的坏话。赵国使者见到廉颇以后，廉颇在他面前一顿饭吃了一斗米，十斤肉，还披甲上马，表示自己还可用。但使者回来向赵王报告说："廉将军虽然老了，但饭量还很好，可是和我坐在一起，不多时就拉了三次屎。"赵王认为廉颇老了，就没任用他，廉颇也就没再得到为国报效的机会。

楚国听说廉颇在魏国，就暗中派人迎接他入楚。廉颇担任楚将后，没有建立什么功劳。不久，一代名将廉颇在楚国的寿春（今安徽省寿县）去世。

扁鹊

中国文化博大精深，在五千年的文明进程中，几乎每天都有新词汇出现，这是时代发展的要求，也是人民智慧的体现。中国语言的一大特色，是很多词汇往往包含一段典故，如"起死回生""讳疾忌医"这两个大家耳熟能详的成语，就有自己的典故，而该典故中的主人公就是中国传统医学的鼻祖，被后世尊为"神医"的扁鹊。

《史记》《韩诗外传》《战国策》《说苑》等古代典籍中关于扁鹊的生平事迹记载很多，而且极富传奇色彩。扁鹊，出生于战国时的渤海郡，原名秦越人。据传扁鹊年轻时经营过旅店，并有幸结识了名医长桑君，由于扁鹊为人忠厚、谦虚，加之天资聪慧，深得长桑君喜爱，于是成为其衣钵的继承者，之后扁鹊便开始了独立行医的生涯。

扁鹊在行医过程中不断吸取民间经验，诊断水平和治疗水平很快达到了登峰造极的地步。于是，很多王孙贵族慕名前来请他医治，即使是这样，扁鹊依旧保持着他谦虚谨慎的态度，因为在他看来，高尚的医德是行医之本。扁鹊在行医过程中提出了自己的行医原则：依仗权势、恣行无忌的人，贪图钱财、不顾性命的人，他从来不医治。当时巫术流行，好多人不相信医道，这些人也被扁鹊拒之门外。

春秋战国时期，频繁的战争使社会局势动荡不安，各诸侯国为了增强实力，都积极招贤纳士，人才受到尊重和重视。扁鹊虽生在齐国，却凭借一身医术游历于各诸侯国之间，为达官贵人和百姓看病。他在行医过程中能够做到随机应变：邯郸尊重妇女，他就称自己精通妇科；洛阳尊重老人，他就称自己精通老年人的疑难杂症；秦国疼惜孩子，他就称自己擅长治疗儿科。令人惊奇的是，无论是哪一科，他都技术娴熟，诊治起来游刃有余，为他带来极高的声誉。

扁鹊高明的医术，高尚的医德，受到人们的尊重，而他也不负盛名，对很多医学技术进行了革新。扁鹊之前，中医的诊断以三部九候诊法为主，扁鹊在此基础上创造出望色、听声、写影和切脉的诊断方法，也就是现代中医所称的望、闻、问、切。扁鹊尤精于望诊和切诊，《史记》中关于《扁鹊见齐桓公》一篇就是很好的例子，扁鹊通过望诊确定齐桓公的病情发展状况，可见其望诊有很深的造诣。

扁鹊还是最早使用切诊的医生，《史记》中关于他为虢太子治病的事例就是很好的见证。值得一提的是，在这个病例中，扁鹊还运用了综合疗法，他先诊断出太子是"尸厥"，然后用针灸、药熨与汤药相结合治疗，终于使太子"起死回生"。

扁鹊在行医之余还收了很多门徒，在他的细心调教下，子阳、子豹、子越等人都很有成就，后来还形成了扁鹊学派。扁鹊高超的医术救了很多人的性命，却葬送了自己的生命，他因将秦王多年的顽疾治愈，而受到秦国李醯的嫉妒，并最终被其谋害。

扁鹊死后，人们为他修陵墓、建庙宇，并流传下来一首诗"昔为舍长时，方伎未可录。一遇长桑君，古今皆叹服。天地为至仁，既死不能复。先生妙药石，起骀效何速！日月为至明，覆盆不能烛。先生具正眼，毫厘窥肺腹。谁知造物者，祸福相倚伏。平生活人手，反受庸医辱。千年庙前水，犹学上池绿。再拜乞一杯，洗我胸中俗。"以示对他的怀念之情。

商鞅

公元前 338 年，商鞅因被诬告谋反被追杀。他四处逃亡，逃到边关想住宿一晚，结果所有店家均因害怕被"连坐"而将其拒之门外。他想要逃到临近的魏国，魏人因他不守承诺攻魏不愿收留。最后他不得不回到自己广阔的封地商邑，并组织兵士抵抗秦军，但终因寡不敌众惨遭失败，最终被秦惠文王施以最残酷的刑罚——车裂，并灭其九族。

古往今来，几乎任何一次社会变革都要付出巨大的代价，而商鞅被处以极刑，可能是"商鞅变法"所付出的最为沉重的代价。以改革变法著称于世的一代政治家商鞅，最终"作法自毙"，死在自己制订的刑罚之下。尽管如此，商鞅所开创的变法大业却成为不可逆转的社会必然趋势，秦惠王和以后几代君主都继续推行商鞅的新法，使秦国获得持续发展，为秦始皇日后统一中国奠定了基础。

商鞅出生于公元前 390 年，在历史上属于战国中期。虽然商鞅是在秦国推行变法，但他却出身于卫国贵族。原名公孙鞅，也称卫鞅。当他在秦国立下汗马功劳之后，秦孝公将商地 15 邑赏给他，公孙鞅便因自己的封地名被后人称为商鞅。司马迁在《史记·商鞅列传》中说商鞅"少好刑名之学"，可见他从小就十分关注治国之策。商鞅受早期改革家的影响很大，如李悝、吴起等人，尤其推崇李悝，并将其《法经》视为经典。

学有所成之后，商鞅最初作了魏国宰相公叔痤的家臣，深受赏识。公叔痤十分了解商鞅的学问和才干，临死前曾对魏惠王说"公孙鞅年少有奇才，可任用为相。"又说"王既不用公孙鞅，必杀之，勿令出境。"庆幸的是，魏惠王对此并不以为意，这虽使他日后深为懊悔，却使中国历史上出现了一个伟大的政治家。

公叔痤死后，商鞅得知秦孝公颇具雄才大略，正在征召求贤，就来到秦国。在秦孝公亲信的引荐之下，与秦孝公畅谈治国之法，深得孝公心意，很快得到赏识和重用。在孝公的支持下，商鞅于公元

商鞅

前 356 年和公元前 350 年分两次进行了革新变法。

任何变法和革新都是一次治国方略和利益关系的重组，这就难免会遭到原有利益集团的反对，商鞅变法也不例外。以甘龙、杜挚为代表的贵族反对变法，提出"智者不变法而治""法古无过，循礼无邪"，认为效法古人之法才不会有过错。对此，商鞅针锋相对的以"治世不一道，便国不法古"的观点将其驳倒，提出应根据时代的发展制定法令和礼制。当守旧势力撺掇太子触犯新法时，商鞅断然惩罚了太子的两个师傅，为新法建立了权威。

扫除障碍之后，商鞅的新法开始在秦国推行。为了加强君主专制统治，增强法律的权威，商鞅重新颁布了法律，强调"依法治国"，主张轻罪重罚，并在李悝《法经》的基础上增加了连坐法，杜绝了包庇罪犯的现象，而他日后因此法陷入绝境大概是他始料未及的。

为强化中央集权，商鞅在新法中废除世卿世禄制；在地方实行县制，由国家直接委派官员即县令主持政务，剥夺地方贵族在地方的特权，这成为秦统一后郡县制的先声。此外，商鞅还提出鼓励军功，实行二十等爵制，按军功大小定爵位，还将国都迁至咸阳，以利于向东发展。

从两周起实行的井田制这时已无法适应社会发展的需要，成为阻碍经济发展的障碍，这自然也成为商鞅改革的重点之一。他在战国中期率先使用国家政治手段，发起一场"废井田、开阡陌"的土地改革，从法律上废除了土地国有的井田制度，实行土地私有制，允许土地买卖，并按照占有土地的多少征收赋税。为了保证足额征收赋税，商鞅制造了标准的度量衡器，要求周人严格执行，这项措施便利了经济、文化的交流，同时也为秦朝统一度量衡奠定了基础。

为了使新法得到人民认可，顺利推行，商鞅进行了一系列努力，众所周知的城门立木建信便是其中之一。商鞅强调教育，主张通过培养法治人才来达到法治。然而，他为压制人民的思想开创了"燔诗书"的高压政策，虽然在当时起到一定的作用，却对中国文化典籍造成极大摧残。

商鞅新法推行十几年后，秦国经济获得极大发展，军队战斗力大大增强，国富民强，扭转了在列国中落后的局面。对此，司马迁在《史记·商鞅列传》中写道："行之十年，秦民大悦。道不拾遗，山无盗贼，家给人足。民勇于公战，怯于私斗，乡邑大治。"公元前 340 年，商鞅献计打败魏军，秦孝公将商 15 邑封给他，从此，人们开始称他为商鞅。

新法的推行虽使秦国大治，但商鞅却因此树敌颇多，"商君相秦十年，宗室贵戚多怨望者"。于是在秦孝公死后，商鞅不可避免的落得尸首分离的悲惨下场。

由于中国古代统治者对儒术的尊崇，人们对商鞅的评价并不高，但在今天看来，商鞅在战国中期实行的变法无疑是顺应历史潮流的，是历史的进步，而阐述商鞅主要思想的《商君书》对中国两千多年的历史文化产生了深远影响。

李冰

李冰是我国科学治水的典范，伟大的水利学家。他领导创建了目前世界上历史最悠久的水利工程——都江堰，在水利史上立下了千古奇功，名扬世界。

李冰（前302~前235），今山西运城人，战国时期的水利家，对天文地理都有研究。大约在秦昭襄王五十一年（前256），李冰被任命为蜀郡守。他到任后看到当地严重的自然灾情，就着手进行大规模的治水工作，设计并组织兴建了都江堰。整个工程是由分水堰、飞沙堰和宝瓶口三个主要工程组成的，规模宏大，地点适宜，布局合理，同时具备防洪、灌溉、航运三种作用，充分体现了李冰和劳动人民的智慧，是世界水利工程史上的奇迹。

在兴建都江堰初始，李冰和他的儿子李二郎对岷江两岸的地势进行了实地考察，仔细地记录了水情。并根据具体情况，制定了治理岷江的合理方案，开始了兴建都江堰的工程。他们先是在岷江的上游打开了一个20米宽的口子，叫它"宝瓶口"，让岷江分出一条支流向东流去，一来可以减少岷江的水量，二来可以灌溉岷江以东的土地。在江南岸剩下一堆孤立的岩石，形状就好像是大石堆，这就是后人称作的"离堆"。在江心，采取了构筑分水堰的办法，把江水分为两支，让其中的一支流进宝瓶口。为了实现在江心的建筑，李冰另辟新路，吩咐竹工们编成长三丈、宽二尺的大竹笼，里面装满鹅卵石，一个一个地沉入江底，筑成了分水大堤。这样，岷江水被分成东西两股。西面的叫作外江，是岷江的正流；东面的叫作内江，是灌溉渠系的总干渠。渠道的头上就是宝瓶口，在经过这个地方的时候再分成许多河道，组成一个纵横交错的扇形水网，灌溉面积达20多万公顷。飞沙堰高度适中，具有分洪和减少宝瓶口泥沙的功能。从此，岷江水开始为民所用。以后，李冰又多次对都江堰进行改进，彻底保证了都江堰对水患的遏制作用。

李冰在治水的过程中，排除了种种迷信势力的阻挠，坚持用科学的方法来治理水患，而且他成功地解决了由于秦王的亲戚华阳侯的嫉妒，所制造的一系列的谣言和中伤事件，及时地处理了工程当中出现的问题。但是华阳侯的险恶用心还是让李冰受到了革职的处罚。温柔贤淑的李夫人甘当人质，为李冰赢得了宝贵的治水时机，使工程取得了最后成功。百姓们对李冰感恩戴德，但李夫人却病死在咸阳。

李冰为蜀地的发展做出了不可磨灭的贡献，人们永远怀念他。两千多年来，四川人民把李冰尊为"川主"。1974年，在都江堰枢纽工程中，发现了李冰的石像，其上题记："故蜀郡李府郡讳冰"。这说明早在1800年前，李冰的业绩已为人民所传颂。近人对李冰的功绩也极为赞赏。1955年，郭沫若到灌县时，题词："李冰掘离堆，凿盐井，不仅嘉惠蜀人，实为中国二千数百年前卓越之工程技术专家。"

李冰父子修建的都江堰水利工程，不仅在中国水利史上，而且在世界水利史上也占有光辉的一页。它悠久的历史举世闻名，它设计之完备令人惊叹！他是我国历史上最伟大的水利工程。

庄子

庄子的妻子死后，他不仅不悲伤，反而鼓盆而歌。当他的友人惠子就此责问他时，他道出了自己的生死观："死生犹如昼夜交替，故生不足喜，死不足悲。死生都是一气所化……"

"北冥有鱼，其名为鲲。鲲之大，不知其几千里也。化而为鸟，其名为鹏。鹏之背，不知其几千里也……"这是中国古代著名思想家、哲学家、文学家、道家思想的代表人物庄子《逍遥游》中的句子，如今，《逍遥游》已经被选入中学课本，成为中学生必读的一篇经典之作。

入仕似乎是中国古代文人的唯一出路，孔子、孟子都曾试图在政治上一展宏图，但在春秋战国的时代背景下，他们注定要碰壁。庄子似乎有先见之明，没有任何证据表明他想涉足政治，尽管他曾做过漆园小吏，也如昙花一现般短暂。他是老子之后，又一位主张清静无为、修身养性的伟大哲学家。

庄子，名周，字子休，宋国蒙人，生活在约公元前369年到前286年，正值中国古代战国时期，梁惠王、齐宣王与他生活在同一时代，而亚圣孟子也只大他几岁而已。关

庄子

于庄子的生平事迹已经难以考证，流传下来的多是故事传说，但是庄子的思想却完整的保存下来，并一直影响了中国两千多年。

与孔孟推崇的"仁义"不同，作为道家学派的代表人物，庄子继承并发展了老子的思想，以"道德"为自己学说的精华，后世将他和老子并称"老庄"，他们的哲学思想即是现在仍然备受推崇的"老庄哲学"。

庄子的哲学包括"道"和"德"两方面。他所说的"道"无所不包，无所不在，囊括万事万物，然而本质上却是虚无的，是效法自然的"无为"。他主张顺从自然，摒弃"人为"，认为"天"代表自然，而"人"则指人为造成的与自然相背离的所有后果，因此人只有顺从天道，才能与天地相通，这也就是他所倡导的"德"的所在。

古代的学者大多生活拮据，庄子自然也不例外，他淡泊名利，一生贫困，宁可在乡间过缺衣少食的生活，也不愿接受楚威王的重金礼聘，在道德上秉承一贯的廉洁和正直。然而在他的内心深处却充满了对现实的悲愤和绝望，正因为不想看到污浊的世道，他才选择隐退；正因为看到生死之争，他才与世无争；正因为世人受到太多束缚，他才追求精神的自由，以达到一种逍遥自在的境界。他对现实的所有爱恨，都在其哲

学思想上表现出来。

庄子一生著述颇丰，有十余万言，结集成书，书名即为《庄子》。这部著作现存 33 篇，分《内篇》《外篇》和《杂篇》三部分，大部分是以寓言故事的形式辨明自己的观点，例如《渔夫》《盗跖》就是维护老子的学说，攻击孔子的观点。《庄子》一书反映了庄子的真实思想，其中《齐物论》《逍遥游》《大宗师》被认为是庄子哲学思想的集中体现。

《庄子》的出现，不仅标志着中国古代哲学的发展达到更高水平，同时也对后世文学语言产生了重大影响。庄子的哲学并非枯燥的说教，而是用丰富的想象力、变化多端的文笔、仪态万方的语言文字，将自己的思想用一个个生动、幽默、引人入胜的寓言故事表达出来，常常给人石破天惊、振聋发聩的感觉。有学者认为，《庄子》是先秦散文最高成就的代表。

后世很多大家都受到庄子文风的影响，像李白、苏轼、陶渊明、曹雪芹等等，可以列出长长的名单。鲁迅也曾在《汉文学史纲要》一书中评价庄子的散文说："汪洋捭阖，仪态万方，晚周诸子之作，莫能先也。"庄子影响之大不言而喻。

荀子

在诸子百家中，以春秋时期孔子为创始人的儒家学派脱颖而出，成为中国传统文化的主流和核心，对整个中华民族精神的形成产生了重要影响。到战国时，儒家分成了八个流派，其中孟子和荀子两派最为重要。对于被称为亚圣的孟子，世人几乎无一例外地给予了肯定，但是对于荀子，古往今来却争议颇多。

荀子名况，号卿，战国时赵国郇邑人，活动时间约在公元前 313 年到公元前 238 年之间，战国后期著名的思想家、教育家，是继孔子、孟子之后，儒家学派最重要的代表人物。但是荀子并没有全盘接受儒家学说，而是在孔子"仁"和孟子"义"的基础上，提出了"礼"，将对人们行为的规范提上了日程。荀子尊崇孔子，却对以孟子为首的儒学提出了反对意见，他认为只有自己真正继承了孔子思想。

荀子一生游历过很多地方，据说他 15 岁时就到齐国著名的"稷下学宫"游学，并很快成为领袖人物，曾两次担任学宫祭酒（行礼时的首席），地位尊贵。约前 264 年，荀子应邀游秦，并以儒学为出发点，向秦王提出了以"结威反文"的方式实现统一的建议，可惜没有被统治者采纳。之后，荀子又先后游走于燕、齐、楚、赵等国，后因被楚春申君委任为兰陵令而在兰陵定居下来，直至逝世。

荀子积极从事教学和著述，将百家争鸣的结果加以总结，开创了较为完备的唯物主义哲学体系，并将这一成果传授给自己的弟子。值得一提的是，荀子的两名学生韩非和李斯也成为战国末期著名思想家，并开创了另外一个影响深远的学派——法家。也正因为荀子是法家创始人的老师，他曾在历代一度被质疑是否是儒家学者，并因此受到许多人的猛烈攻击。

荀子著有《荀子》一书，现存三十二篇，大部分是他自己的著作，内容涉及哲学、逻辑、政治、道德等多个方面。在人性问题上，荀子提倡"性恶论"，强调后天的环境和教育对人的影响，后人往往将之与孟子的"性善论"做比较。在政治方面，他提出"君者舟，庶人者水也。水则载舟，亦则覆舟"的观点，主张君主应"以德服人"。尤为重要的是，荀子在自然哲学方面，一反当时的天命、鬼神说，认为自然存在于人的意志之外，不以人的意志为转移，并提出"制天命而用之"的人定胜天的思想。

《荀子》的文章结构严谨，说理透彻，语言质朴，句法简练绵密，善用比喻，具有独特的风格，对后世说理文章有很大影响。值得一提的是，《荀子》中的短赋文体，开创了"赋"这一文学体裁，荀子当之无愧是中国古代杰出的文学家。

作为先秦诸子哲学的集大成者，荀子对中国两千多年的文化产生了深远影响，虽然他的理论不可避免地带有历史局限性，甚至曾长时期被排除在正统儒学之外，但是他的思想却影响了后代一大批学者，如韩非、张衡、王充、柳宗元、刘禹锡、王夫之，乃至近代的严复、章太炎等人。

秦始皇

秦始皇，秦国庄襄王之子，生于赵国国都邯郸（今河北省邯郸市），汉族（也称华夏族）人。前247年，庄襄王驾崩，嬴政即王位，年仅13岁。由于年少，国政旁落相国吕不韦和太后宠信的宦官缪毐手中。前238年，嬴政22岁时，在故都雍城举行了国君成人加冕仪式，开始亲理朝政。当年，嬴政清除了吕不韦、嫪毐集团，将军政大权集于一身，并任用李斯、尉缭、王翦等人，加紧准备进行统一战争。

秦始皇

自前230年至前221年，嬴政指挥秦军先后灭了韩、赵、魏、楚、燕、齐六国，建立了中国历史上第一个统一的中央集权封建国家——秦朝，定都咸阳。嬴政认为自己的功劳胜过三皇五帝，于是将尊号改为"皇帝"，自称"始皇帝"，即秦始皇。

秦朝建立后，为了有效管理国家，也为了替子孙万代奠定基业，秦始皇吸取战国时期设置官职的经验，建立了一套相当完整的中央集权制度和政权机构。

1. 皇帝权力至高无上

国家一切重大事务由皇帝裁决。皇帝命为"制"，令为"诏"，自称为"朕"，显示绝对权威。

2. 中央机构

中央设三公、九卿辅佐皇帝执行政务。三公为丞相（掌政事）、太尉（掌军政）、御史大夫（副丞相，掌图籍秘书、监察百官）。丞相、太尉、御史大夫以下，是分掌具体政务的诸卿，有九卿：奉常（掌宗庙礼仪）、郎中令（掌禁卫军）、卫尉（掌宫门卫兵）、太仆（掌皇帝车马）、廷尉（掌刑狱）、典客（掌民族事务）、宗正（掌皇族事务）、治粟内史（掌民政及财赋）、少府（掌山海地泽收入和官府手工业制造）。

此外，中央还有一些比较重要的官职，如博士（掌通古今史）、典属国（掌投降秦朝的少数民族）、詹事（掌皇后和太子事务）等。

3. 地方机构

秦始皇采纳李斯的建议，废除分封制，改行郡县制，全国分为36郡，郡下设县。郡县主要官吏由中央任免。

秦朝这套中央集权的政权机构一直被历代王朝仿效。其中，汉代的"三公九卿"，基本上是照搬秦制。

除了建立中央集权制度和政权机构外，秦始皇还进行了经济、文化等方面的统一性措施。主要的有：确立土地私有，统一法律、文字、货币和度量衡；收毁天下兵器，拆除战国时各国的城郭及设防工事；修筑通向全国的交通大道，称驰道；北筑长城，防御匈奴，南戍五岭，抚定百越等等。秦始皇还不断巡行全国，并在各地刻石颂功，宣扬大一统思想。

秦始皇的一系列措施，不仅加强了中央集权，巩固发展了国家的统一，而且促进了中国古代经济的进一步发展，以及以华夏族为主体的中华民族的第一次民族大融合。从此，中国第一次形成了真正意义上的中国。

但是，秦始皇推行统一的政策极其残暴。他烧毁诗书图籍，严重毁坏文化；他活埋议政的方士及儒生，钳制思想；他实行严刑苛法，租役繁重；他大兴土木，建宫室、修坟墓；他连年用兵，经常役使民力在200万左右，为当时全国总人口的10%。广大人民痛苦不堪，他去世的当年（前210年）就爆发了大规模的农民起义——陈胜、吴广起义。不久，秦朝就灭亡了。

吕不韦

吕不韦，作为一个商人，他开创了庄商人从政的历史先河，甚至可以说他改变了中国历史。他任丞相，先后辅佐秦庄襄王和秦王嬴政十几年，使秦国保持强盛的势头，把东方六国远远甩在了后面，拉开了统一天下的大幕。

吕不韦（前292~前235），姜姓，吕氏，名不韦，卫国濮阳（今河南濮阳南）人。战国时代著名商人，战国后期秦国杰出的政治家、思想家，后来位及秦国丞相。

在古代，商人的地位是比较低的，是难登大雅之堂的。为了改变自己的地位，吕不韦决定弃商从政，以达到成为贵族的目的。

作为商人的吕不韦，如果想在从政上取得成功，单纯靠拉关系、贿赂官员是很难取得重大成功的。因此，他决定把"奇货可居"的经商理论应用于政治权谋，直接从高层入手，孤注一掷，把秦国的质子异人作为自己进入上层的阶梯。又以五百金购珍宝献与当时受宠的华阳夫人，华阳夫人劝安国君嬴柱立异人为嫡嗣，改名子楚。在花费巨资包装质子的同时，吕不韦还大演美人计，把自己心爱的女人赵姬送质子异人为妻，以博得异人的欢心。

吕不韦

公元前 251 年，秦昭襄王嬴稷死后，安国君继秦王位，守孝一年后，加冕才三天就突发疾病去世了，谥号为孝文王。子楚继位，即秦庄襄王。公元前 249 年，任命吕不韦为丞相，封为文信侯，以河南洛阳十万户作为他的食邑。

三年后秦庄襄王病死，十三岁的嬴政继位，即后来秦始皇，尊吕不韦为"仲父"。在那时，魏国有信陵君，楚国有春申君，赵国有平原君，齐国有孟尝君，他们都礼贤下士，结交宾客，并在这方面要争个高低上下。吕不韦认为秦国如此强大，理应事事强于诸国，所以他也招来了文人学士，给他们优厚的待遇，门下食客多达三千人。吕不韦命他的食客各自将所见所闻记下，综合在一起成为八览、六论、十二纪，共二十多万言。其中包括了天地万物古往今来的事理，号称《吕氏春秋》。并把它悬挂在咸阳的城门上，贴出告示：若有人增删一字，就给予一千金的奖励。

随着嬴政越来越大，吕不韦怕自己与太后私通之事败露，于是把自己的食客嫪毐伪装成宦官而进献给太后，嫪毐进宫后受到太后专宠。嬴政发现母亲赵氏与吕不韦、嫪毐有奸情，并且还听到自己是吕不韦儿子的说法，就先把嫪毐家三族人众全部杀死，又杀太后所生的两个儿子，并把太后迁到雍地居住。后将吕不韦发配到蜀地，吕不韦不能自安，最后饮鸩自杀。

吕不韦作为一名由商人跃上政治舞台的封建地主阶级的政治家，固然有他唯利是图、贪求权势的阶级局限性，但是他的历史地位和历史功绩是不容抹杀的。两任秦国相邦，主持朝政，在政治、经济、军事、思想方面为秦统一创造了有利条件，打下了基础。他主持编写的《吕氏春秋》为封建大一统的理论做了新的探索。尽管他和秦始皇政见有所不同，又发生了激烈的权力冲突，但是事实说明秦始皇的统一与吕不韦的功业有不可分割的联系。总其一生，他对秦统一天下所做的贡献是巨大的，无愧为中国古代杰出的政治家、思想家。

李斯

战国末期，群雄并起，诸侯争霸，秦国从七雄中异军突起，成为最强大的国家。李斯辅佐秦王嬴政，结束了分裂割据、诸侯混战的局面，统一了中原，建立了中央集权制国家。在秦始皇显赫一世的历史功绩中，李斯功不可没。

李斯（前280~前208），楚上蔡人。年轻时当过小吏，后拜荀子为师，学习帝王之术、治国之道。学业完成以后，他分析了当时的形势，认为"楚国不足事，而六国皆弱"，唯有秦国具备统一天下、创立帝业的条件，于是他决定到秦国去施展自己的才能与抱负。

公元前247年，李斯来到秦国，先在秦相吕不韦手下做门客，取得信任后，当上了秦王政的近侍。李斯利用接近秦王的机会，进献《论统一书》，劝说秦王抓紧"万世之一时"的良机，"灭诸侯成帝业"，实现"天下一统"。秦王政欣然接受了李斯的建议，先任命他为长史，后又拜为客卿，命其制定吞并六国、统一天下的策略和部署。

公元前237年，秦国宗室贵族以韩国水工郑国在秦搞间谍活动事件为借口，要求秦王下令驱逐六国客卿，李斯也在被逐之列。李斯在被逐离秦途中，写了《谏逐客书》，劝秦王收回成命。他在《谏逐客书》中列举大量历史事实，说明客卿辅秦之功，力陈逐客之失，劝秦王为成就统一大业，要不讲国别，不分地域，广纳贤才。秦王看了《谏逐客书》深受感动，立即取消了逐客令，并恢复了李斯的官职，不久又提升他当廷尉。

秦王欣赏李斯的同时，也十分喜爱韩非的才华。李斯害怕韩非对自己的前途不利，就向秦王讲韩非的坏话。他说："韩非是韩王的同族，大王要消灭各国，韩非爱韩不爱秦，这是人之常情。如果大王决定不用韩非，把他放走，对我们不利，不如把他杀掉。"秦王轻信李斯的话，把韩非抓起来。事后秦王向姚贾问起韩非的为人，因为韩非得罪过姚贾，他当然不会讲韩非的好话。在李斯和姚贾的串通下，韩非求生无路，只好吃了李斯送来的毒药，自杀而死。

李斯以卓越的政治才能和远见，顺应历史发展的趋势，辅助秦王政制定了吞并六国、实现统一的策略和部署，并努力组织实施。结果仅仅用了十年的时间，就先后灭了六国，于公元前221年建立了我国历史上第一个统一的、中央集权制的封建国家，第一次完成了统一大业。秦朝建立以后，李斯升任丞相，继续辅佐秦始皇，巩固秦朝政权，维护国家统一，在促进经济和文化的发展等方面屡建奇功。他建议秦始皇废除了造成诸侯分裂割据、长期混战的分封制，实行郡县制。把全国分为36郡（后增加到41郡），郡下设县、乡，归中央直接统辖，官吏由中央直接任免。在中央设三公、九卿，分职国家大事。这一整套封建中央集权制度，从根本上铲除了诸侯王国分裂割据的祸根，对巩固国家统一、促进社会发展起了积极作用。所以，这一制度在秦以后的封建社会里一直沿用了近两千年。

秦统一后，由于过去各诸侯国长期分裂割据，语言、文字有很大差异，对于国家的统一和经济、文化的发展极端不利。于是，李斯向秦始皇提出了统一文字的建议，并亲自主持这一工作，他以秦国文字为基础，废除异体字，简化字形，整理部首，形成了笔画比较简单、形体较为规范，而且便于书写的小篆，作为标准文字。他还亲自用小篆书写了一部《仓颉篇》，作为范本，推行全国。

公元前210年，秦始皇死后，李斯为保全自己的既得利益，附和赵高伪造遗诏，立少子胡亥为帝，赵高篡权后又施展阴谋，诬陷李斯"谋反"，将其腰斩于市，并夷灭三族。

萧何

萧何是汉初一位具有卓越谋略的"镇国家、抚百姓"的治世能臣、一代名相，辅助汉高祖刘邦建立汉政权。他不论在战争期间，还是在汉初恢复时期，都表现出了中国古代杰出政治家的风度和治国才能，几千年来都被人们所称颂。

萧何（前257~前193），沛县人，年轻时任沛县功曹，平日勤奋好学，思想机敏，对历代律令很有研究，并好结交朋友，与刘邦是贫贱之交。刘邦当时只是一个小亭长，平时不拘小节，经常惹事。萧何就曾多次利用职权暗中袒护他，所以他们两个人的交情很好。

公元前209年，陈胜、吴广起义。萧何和曹参、樊哙、周勃等人聚集商议，观察形势，并与早已起义的刘邦联系。当时的沛县令也想归附陈胜，为了保住官位，与萧何、曹参商议，共同起义。萧何建议赦罪并重用刘邦。他们就到芒砀山去找刘邦。当他们回到沛县后，县令却变卦扣押了萧何。刘邦知道后大怒，带兵打回沛县，杀了县令，救出了萧何，共谋大计。萧何向大家宣布，公推刘邦为县令。

公元前206年十月，刘邦率大军兵临咸阳城。萧何进入咸阳后，急如星火地赶往秦丞相御史府，并派士兵迅速包围丞相御史府，不准任何人出入。然后让忠实可靠的人将秦朝有关国家户籍、地形、法令等图书档案一一进行清查，分门别类，登记造册，全部收藏，留待日后查用。

萧何收藏的这些秦朝的律令图书档案，使刘邦对天下的关塞险要、户口多寡、强弱形势、风俗民情等等了如指掌，对日后西汉政权的建立和巩固起到了巨大的作用，为建立汉朝制定正确的方针政策和律令制度找到了可靠的根据，足见萧何的深谋远虑。

刘邦令萧何坐镇关中，安抚百姓，同时负责兵员和粮饷的筹措与补给，自己则率大队人马浩浩荡荡地向彭城进发。

由于几经战事，这时的关中已是满目疮痍，残破不堪。萧何留守关中后，马上安抚百姓，恢复生产，全力收拾关中的残破局面。他一方面重新建立已经散乱的统治秩序，另一方面对百姓施以恩惠，以定民心。他不仅颁布实施新法，重新建立统治秩序和统治机构，修建宫廷、县城等等，另外又开放了原来秦朝的皇家苑囿园地，让百姓耕种，减免租税。这样，由于萧何办事精明，施政有方，颁布利民法令，农业生产迅速得到恢复，建立了稳固的后方，保障了前线的需要。

刘邦称帝后，在洛阳南宫大宴群臣。席间，觥筹交错，君臣共饮。刘邦显得特别高兴，他说："你们都说实话，我为什么能够夺取天下？项羽又为什么会失去天下？"群臣众说不一。刘邦最后说："你们只知其一，不知其二。运筹于帷幄之中，决胜于千里之外，我不如子房（张良）；镇国家、抚百姓、供军需、给粮饷，我不如萧何；指挥百万大军，战必胜，攻必克，我不如韩信。这三个人都是人中豪杰，我能用他们，所以能得天下。项羽只有一个范增还不能重用，因此最后败在我的手中。"其后，刘邦论功行赏。定萧何为首功，封他为酂侯，食邑最多。

刘邦

汉高祖刘邦是中国历史上一位杰出的军事家和政治家，他知人善任，推翻暴秦，消灭项楚，荡平群雄，统一中国，并加强了中央集权。作为汉朝开国皇帝，刘邦在位八年，政绩斐然。

刘邦（前256或前247~前195），楚国沛县（今江苏沛县）人。他出身农民家庭，排行第三，小号刘三。刘邦年轻的时候，好交游、爱饮酒，性格开朗，有大志向，就是不爱种田。后来被录用为沛县泗上的一个亭长，掌管一亭之内的治安和道路。他结交的好友如萧何、曹参，后来都成了他打天下的得力助手。当时，沛县来了一位吕公，是县令的贵客，全县大小官员都前往祝贺，负责收礼的萧何宣布说："送礼一千钱以内的坐堂下。"刘邦官小，工资微薄，这一天他根本就没带一分钱，他大呼一声"贺礼一万"，便大摇大摆地坐到贵宾席上去了，谈笑自若，气度非凡，引起了吕公注意。席散后，吕公叫刘邦留下来，与他交谈，认定他前程远大，不顾家中老妻反对，将女儿吕雉许配给了刘邦。

刘邦

刘邦身为亭长，经常押解囚犯到京都咸阳。他看到秦始皇出行的威严气势，十分的羡慕，感叹说："大丈夫应该这样呀！"在他的心里，隐隐有着富贵的梦想。

由于秦的暴政，天下老百姓都非常痛苦。陈胜、吴广在大泽乡揭竿而起，很快全国起义风起云涌。这时刘邦也拉起了九百人的队伍，回到沛县，在萧何、曹参、樊哙等人的支持下，攻下县城，杀了县令，打起了拥陈诛秦的旗帜。但没有多久，陈胜失败了。项梁、项羽率军队从江东渡长江，进入山东，成了抗击秦军的主力。刘邦带兵去投奔项梁，与项羽拜了把兄弟。

公元前208年八月，刘邦和项羽决定分兵两路攻秦。刘邦带兵从河南西进入关破秦。项羽带领主力北上救赵，牵制秦军主力。反秦将领们相约："先入关中的人做关中王。"

项羽作战英勇，孤身与秦军主力搏斗，在巨鹿城下大战秦军，一天九次激战，喊杀震天，终于打败秦军主力。但是项羽十分残暴，他的军队所到之处，经常烧杀抢夺，极大地失掉了民心。

与项羽相反，刘邦一路招抚降兵、安抚百姓。他趁项羽在河北与秦军主力决战的时机，乘虚而入，迂回进入咸阳，秦王子婴投降，秦王朝彻底灭亡了。刘邦下令与老百姓约法三章，杀人者偿命，伤人和盗窃的按罪处罚，秦朝的残暴法律全部废除。

项羽攻破函谷关，也进入关中，见刘邦势力越来越大，便想一举除掉刘邦。其时项羽的军队远远多于刘邦。危急时刻，刘邦带少数随从赶赴鸿门，向项羽请罪，鸿门宴上，总算骗得项羽信任，逃过了一劫。其后，项羽分封诸侯，自以为天下归一了。

后汉王刘邦乘项羽率楚军主力北上击齐之机，率诸侯联军攻楚。项羽随即率数万精兵远道奔楚，打败联军，几乎生擒刘邦。此后在长达三年的楚汉征战之中，项羽虽然几次击败刘邦，陷汉军于困境，但终因不度大势，不善于用人，缺乏全面谋略，被动应付，以致兵疲粮断，丧尽优势，后被汉军围困于垓下。项羽决战失利，自刎于乌江。

刘邦做皇帝后，为重建和稳定封建地主阶级的统治，采取了许多措施。在楚汉战争中，刘邦为了打败项羽，分封了一些异姓诸侯王。这些异姓诸侯王拥有强大的兵力，各据一方，大大削弱了中央政权的力量。西汉建立后，刘邦把韩信、彭越、英布等异姓诸侯王先后消灭了。当时，六国的旧贵族仍然是很强大的地方势力。刘邦把六国旧贵族和地方豪强十余万人口，全部迁到关中。这样，他们基本上被控制了。

西汉初年，正是长期战争之后，社会十分贫困，刘邦又实行休养生息的政策，让士兵复员生产，免除若干年徭役；让战争中流亡的人各归本土，恢复原有的田宅；把因饥饿卖身做奴隶的人释放为平民；减轻田租，规定十五税一，即每年征收田产的十五分之一。另外，他还命萧何以《秦律》为依据，制定《汉律》九章。这些措施，对于巩固中央集权，恢复社会经济，都有重大的作用。

公元前195年，刘邦在东征异姓诸侯王英布时，所受箭伤发作，并于这一年的四月病死于长安。

项羽

项羽，楚国名将项燕之孙，中国古代起义军领袖，秦亡后自封西楚霸王。著名军事家，"勇战"派代表人物，是中国历史上的一名强悍武将，更是力能举鼎气压万夫的盖世豪杰。

项羽（前232~前202），名籍，字羽，下相（今江苏宿迁）人。楚国名将项燕之孙。楚亡后，他随叔父项梁流亡吴中（今江苏苏州）。

项羽

项羽身高八尺，力能扛鼎，年轻时志向远大。公元前210年，秦始皇巡游路过吴中，大家都纷纷跑去看秦始皇的风采。项梁和项羽也在人群之中，项羽看着秦始皇前呼后拥、威风凛凛的样子，发出了"彼可取而代也"的豪言，令叔父对他刮目相看。

公元前209年，陈胜在大泽乡发动起义后，各地英雄纷纷响应，项梁和项羽也揭竿而起。项梁起义后，许多地方上的英雄纷纷率队伍投靠项梁，不久，他手下的士兵就达到了六七万人。

公元前207年，项羽为次将，随宋义率军救援被秦军围困的赵国军队。行至安阳，宋义只顾个人享乐，而士兵却忍冻受饿，项羽一怒之下，在帐中斩了宋义，并假楚王名义向军中命令："宋义与齐阴谋反楚，楚王密令我杀死他。"于是众人拥立他为上将军，接着项羽又派人杀了宋义之子。

项羽率兵救赵，此时赵王歇在秦将章邯和王离的进攻下，正处在危急之中。当时来救援的诸侯军有十几路，均不敢与秦军交战，只在营垒里作壁上观。项羽亲率主力渡过漳河，下令每人只带三天的干粮，沉没全部渡船，砸毁饭锅，以此向士兵表示要决一死战，绝无生还之心。楚军人人死战，无不以一当十，终于九战九捷，大破秦军。此一战，项羽威震各诸侯国，成为诸侯上将军，各路诸侯都归他指挥，项羽骁勇善战的威名也传遍了天下。

公元前206年，项羽杀进咸阳，火烧秦朝宫殿，自称"西楚霸王"，分封刘邦为汉王，王汉中、巴蜀，企图限制刘邦势力的发展，使其不得东进。结果养虎为患，导致汉军势力日后卷土重来。

由于项羽分封不公，引起诸侯和功臣不满。先是田荣据齐反楚，项羽急忙率军讨伐，刘邦便乘隙东进。公元前208年八月，汉军从汉中潜出故道，打败项羽所分封的秦地三王，迅速东进，直抵阳夏（今河南太康）。接着，又乘项羽与齐军交战之际，一举攻入楚都彭城，项羽急忙率三万精兵还救彭城。

此时，刘邦仗恃兵多将广，麻痹轻敌。项羽军则收复失地心切，斗志旺盛。三万楚军在项羽率领下，出山东经胡陵（今山东鱼台东南）趋萧（今江苏萧县西北），直抵彭城汉军侧背。战斗从拂晓开始，楚军勇猛顽强，边打边冲。到了午时，已将汉军打得大败。楚军追到彭城东北的泗水，汉军纷纷落水，死者十余万。汉军向南方山地溃逃，楚军追击至灵璧（在今安徽省）以东的睢水上，又歼灭数十万人。刘邦只率数十骑逃出重围，连妻子吕雉和父亲刘太公都做了项羽的俘虏。彭城一战，项羽决策果断，迅速率精兵回救彭城，出敌不意，击溃汉军数十万之众，是战史上以少胜多的范例。

彭城之役后，项羽乘胜进军，在京邑、索亭间（荥阳西、南）同刘邦再战，结果被阻於荥阳以东。双方在成皋一带相持两年之久。这期间，刘邦采取了正确的作战方法，扼守成皋，在持久战中消耗对方实力，伺机反击。双方力量由此发生了根本变化，汉军由弱变强，项羽由强变弱。

汉高帝五年（前202），刘邦向项羽发动总攻，在垓下把楚军团团包围。此时，十万楚军已兵疲粮尽，士气低落。夜间又听到汉军在四面唱起了楚歌。项羽大为惊骇，便借酒浇愁，并慷慨悲凉地唱道："力拔山兮气盖世，时不利兮骓不逝。骓不逝兮可奈何，虞兮虞兮奈若何？"唱罢飞身上马，带领八百骑突围南去。到东城（今安徽定远东南）只剩二十八人，想东渡乌江重整旗鼓，又觉无颜见江东父老，遂横剑自刎而死，年仅31岁。

张良

公元前202年，汉高祖刘邦在山东定陶汜水之阳举行登基大典，定国号为汉。庆功宴上，刘邦褒扬群臣，对于为汉朝建立立下汗马功劳的张良，则给予了最高赞扬："运筹策帷幄之中，决胜千里之外，吾不如子房"。此后，张良又作为汉朝的开国谋臣，为汉朝统治出谋划策，并与萧何、韩信一起被称为"汉初三杰"。

张良，字子房，出身于贵族世家，祖父、父亲两代都是韩国宰相。张良出生时，正值乱世，群雄并起，争权夺利，韩国业已衰落。张良亲眼目睹韩国被秦灭亡，于是反秦复国，报仇雪恨成为支撑他活动的主要信念。他不顾弟弟的丧葬，用所有家产雇佣一个大力士，于公元前218年椎击秦始皇，可惜并未成功。事情败露之后，他不得不四处逃亡，以躲避秦王的通缉。据说张良逃匿到下邳（今江苏睢宁北）时遇到"圮上老人"，并得到其兵书《太公兵法》。凭借此书，张良成为一个文韬武略、足智多谋的军事家。

张良

公元前208年，楚怀王命刘邦和项羽兵分两路进攻秦朝，并定下盟约"先入关者王之"。张良作为刘邦智囊团的成员之一，参与了每一场战役，并为其出谋划策，取得秦国很多郡县，并拿下通往咸阳最重要的交通要隘峣关，秦朝被灭亡。张良的计谋为刘邦赢得了宝贵的时间，使他抢在项羽之前进入关中。

如果仅仅将张良定义为一位军事家，显然是有失偏颇的，他在政治方面的功绩要远远高于军事。事实上在刘邦进入关中后，刚开始也听任部下胡作非为，但张良以"无道秦""助纣为虐"相劝，终使刘邦接纳自己的建议，与关中父老约法三章，博得民心，为日后与项羽争霸奠定了良好的基础。随后项羽来到关中，众所周知的"鸿门宴"就在此时发生，项羽原本计划摆鸿门宴杀掉刘邦，却因张良收买项伯而使刘邦逃脱。张良又一次救刘邦于危难之中。

公元前206年，项羽自立为西楚霸王，刘邦作为接受分封的18个诸侯之一，被封于汉中。悉心观察过地势之后，张良建议刘邦将入蜀的栈道全部烧毁，以消除项羽的防备之心，同时养精蓄锐，待势而发，被刘邦接纳，此计为刘邦向东发展做好了准备。8月，刘邦用韩信的计谋，"明修栈道"，从故道"暗渡陈仓"，一举攻取关中。

纵观楚汉战争全局，项羽的军队在前期占有绝对优势，并将汉军取得的一些土地重新夺回，但从张良在下邑献奇策，史称"下邑之谋"之后，战争局势得到扭转，汉军从战略防御转为战略进攻。张良认为：在外，应联合与项羽素有怨隙的九江王英布和彭越共同反楚；在内，则应重用能独当一面的大将韩信。于是，在张良的建议下，一个里应外合的军事同盟建立起来了，这是刘邦对楚战争计划的重要组成部分，日后，正是这三支力量取得了垓下之围的胜利。

查看楚汉战争的历史大事年表，只能看到汉军一步步取胜，却不知每一成功的背后都有一番周折。公元前204年冬，刘邦试图分封六国君臣，张良得知此事后前来劝谏。据说当时刘邦正在吃饭，张良画箸（筷子）劝阻，以史为鉴，切中要害，认为应该让分封成为维系将士归附的措施，终使刘邦收回成命。张良此番的精辟见解，在中国古代思想史上占有重要地位，直到1700年后，还被李贽赞为"箸论"。

公元前202年，项羽在垓下之围中自刎身亡，楚汉战争以汉方的彻底胜利宣告结束，随后，刘邦建立汉朝，张良继续发挥他政治家的作用。定国之初，定都和分封功臣成为当务之急，很多大臣建议定都洛阳，而张良却支持齐人娄敬的观点，经过一番辩论，刘邦将都城定在了张良口中的天府之国——长安。对于分封，张良建议刘邦先封赏最厌恶的雍齿，缓和了群臣和朝廷的矛盾。这一做法常常被后世的政客们翻用。

刘邦曾将齐国三万户赐为张良的食邑，但张良坚辞不受，请求封于留地，所以，张良也称留侯。汉朝定都关中后，张良就托病不出，他深知"鸟尽弓藏"的道理，后辞官归隐，专心修道养精，崇信黄老之学。

公元前186年，从不曾挥戈迎敌，却无愧于军事家、谋略家、政治家名号的张良去世，后世史学家无不对他深邃的智慧、奇妙的权谋交口称赞，他对中国社会的影响经久不衰，历久弥坚。

韩信

在中国古代君主专制的社会制度下，辅佐君主夺得天下的良臣猛将，往往在天下安定之后不得善终。"狡兔死，走狗烹。飞鸟尽，良弓藏；敌国破，谋臣亡"的咒语屡试不爽，辅佐刘邦建立泱泱大汉的韩信说出此咒语，并做了第一位实践者，他为西汉建立做出了不可磨灭的贡献，却因军事才能遭到猜忌，最后被以谋反的罪名处死在宫中。

韩信与张良、萧何并称"汉初三杰"，但韩信是三人中出身最为卑微的一个，并且是三人中唯一的武将。韩信，字重言，淮阴（今江苏淮安）人，日后曾被刘邦封为淮阴侯，司马迁在《史记》中也沿用了此称谓，作《淮阴侯列传》。在很长一段时期内，韩信都处于穷困潦倒的境地，他没有特别的求生手段，常常靠别人接济度日，但是他不同常人的魄力却已显露出来，这从他执意要为母亲寻求高且宽敞，而且四周能容纳一万家的坟地一事上可见端倪。

与历史上其他军事家相比，韩信的遭遇十分曲折，他曾三易其主，遭受很多屈辱才得到施展才能的机会。秦末农民大起义爆发后，韩信投在了项梁门下，默默无闻，不被重视。项梁死后，韩信归项

韩信

羽管辖，被提升为郎中，似乎有了被重用的苗头。但可惜的是，韩信数次给项羽献计都遭到冷遇。公元前 206 年，刘邦被封为汉王，进入巴蜀，韩信就在此时逃离楚营，投奔刘邦。

然而，命运并没有垂青于韩信，刘邦并没有像重视张良那样重视韩信，只让他做了治粟都尉，这使韩信大为不满。当时刘邦寓居蜀中，很多将领纷纷逃亡，韩信因不受重视，也加入了逃亡大军的行列。曾与韩信有过数次接触，并对其十分欣赏的萧何听说韩信逃走，急忙去将他追回，"萧何月下追韩信"的典故便由此而来。

至于萧何怎样说服刘邦任命韩信为大将，司马迁在《史记·淮阴侯列传》中这样写道："诸将易得耳。至如信者，国士无双。王必欲长王汉中，无所侍奉；必欲争天下，非信无所与计事者。顾王策安所决耳。"于是，在萧何的建议下，刘邦用十分隆重的形式拜韩信为大将军。至此，韩信才算正式踏入军事生涯。

韩信拜将不久，就立下了经天纬地的大功。公元前 206 年，刘邦决定进攻关内，与项羽一争天下。具体进攻策略是韩信所定，即明面派人修建烧毁的栈道，吸引楚军注意力，暗地里却从故道"暗度陈仓"，给予楚军猝不及防的突然袭击，很快平定了关

中大部分地区，取得对楚战争的最初胜利。韩信"明修栈道，暗度陈仓"的计谋也被传为佳话。

此后，韩信又先后成功地在荥阳为刘邦解围，平定魏国，击败代国。然而其功绩能与"明修栈道、暗渡陈仓"相提并论的，恐怕就只有井陉之战了。当时，韩信为数不多的部队被抽调一部分支援荥阳，他只带领少数兵力经太行山井陉口进攻赵国，与他对抗的是赵国二十多万的兵士。

韩信的奇谋妙策在井陉之战中起了至关重要的作用，不但攻下赵，还生擒赵王赵歇，并将其谋臣广武君收归麾下。对此，《汉书·韩信传》记载了韩信这样一句话："北举燕、赵，东击齐，南绝楚之粮道，西与大王会于荥阳。"

如果说韩信此前的军事行动甚得刘邦赏识的话，那么从他进攻齐国开始，就令刘邦感到了威胁。公元前204年，刘邦派郦食其劝说齐王结盟，并于此前命韩信攻齐。韩信听从蒯通的建议，为争功劳，在郦食其说服齐王的前提下大举进兵，平定齐地。

韩信的军功太显赫，他深知刘邦不会奈何他，于是请求刘邦命他为假齐王，治理齐地，刘邦出于无奈只好答应，殊不知，韩信已经为自己埋下了祸患。但韩信并非真心造反，否则在项羽以齐地相许，劝他叛汉时他就不会以"汉终不负我"拒绝了。

公元前202年，决定楚汉战争胜负的时刻到来，韩信以"十面埋伏""四面楚歌"之计围困项羽于垓下，迫使其自刎。随着项羽的覆灭，韩信的荣誉之路也走到了尽头，刘邦很快夺取韩信的兵权，并将他改封为楚王，移都下邳。韩信到楚国后收留了项羽的部下钟离眜，后被告谋反。公元前201年，刘邦偷袭韩信，尽管韩信交出钟离眜的首级，还是被擒拿。后来刘邦赦免了韩信，降其为淮阴侯。

韩信被降为淮阴侯之后，常常称病不出，以避免刘邦的猜忌，但这对一个满腹才华的人来说，无疑是最大的折磨。于是，当他的部下陈豨升为巨鹿郡守时，韩信与其约定，若造反，将助他一臂之力。后来，陈豨真的造反，韩信为其内应，但不幸被萧何和吕后识破。萧何和吕后密谋将韩信处死在长乐宫钟室，并夷灭其三族。韩信一生的成败用"成也萧何，败也萧何"来总结似乎再恰当不过。

韩信虽然在政治上有严重的失误，几次优柔寡断，最终落得悲惨下场，但是其卓越的历史贡献却不可磨灭。作为一个军事家，他是中国战争史上灵活用兵的典范，是孙武、白起之后最为杰出的军事将领；作为一个战略家，他为刘邦提出了楚汉战争决胜的根本方略；作为一个统帅，他身经百战，无一败绩，威震天下；作为一个军事理论家，他与张良在中国历史上第一次进行了大规模地整理兵书，为后世的军事研究做出巨大贡献。

董仲舒

西汉建立之后，文、景两代皇帝实行休养生息的政策，使国家出现政治稳定，经济繁荣，人民安居乐业，国力强盛的局面，这就是中国历史上的"文景之治"。相应

的，汉初的学术思想也自由宽泛起来，这使儒学得到极大复兴，秦朝时藏匿的很多儒家典籍纷纷现世，一些归隐的儒士也重返社会。董仲舒就是在这样的背景下走上事学之路的。

董仲舒的故乡在广川（今河北景县），邻近历史上盛产儒士的齐、鲁、燕、代，文化氛围非常浓厚，出生于公元前179年的董仲舒自幼受到多种文化的熏陶，这对他日后思想体系的形成产生了重大影响。

公元前140年，颇具雄才大略的汉武帝刘彻登基，他爱好文学，崇尚儒术，给儒学的发展带来了新的希望。7年后，汉武帝下令郡国举孝廉、策贤良，董仲舒顺应历史潮流，适时而出，以贤良对策，后世将他此次的对策称为《贤良对策》（也称《天人三策》）。就是在此对策中，董仲舒喊出了"罢黜百家，独尊儒术"这一郁积已久的无数儒士的心声，以及"大一统"的政治思想，并被汉武帝采纳。

其后，董仲舒先后担任易王和胶西王的国相，直到公元前121年辞官回乡，开始著书立说。即使如此，董仲舒仍然倍受武帝尊敬，每当朝廷有重大事件，都要特意派人去询问董仲舒的建议。公元前104年，汉代乃至中国历史上最杰出的一代大儒董仲舒逝世，他所建立的新的思想体系，成为官方统治哲学。

董仲舒构建的思想体系不是纯粹的儒学之说，而是以适应社会大一统为依据，兼容诸子百家思想的新儒学体系。其哲学基础是"天人感应"学说，认为"天"是有意志的，创造了万物和人，因此，人应该顺从天意，通过内省才能"知天"、了解天道，才能达到"天人合一"。董仲舒的"大一统"和"天人感应"的神学思想，无疑将统治者实行的中央集权制度秩序化、合理化，而由此推出的"三纲五常"也成为以后历代统治者维护统治的工具。

在人性论方面，董仲舒反对孟子的"性善论"和荀子的"性恶论"，认为人性是由天决定的，因此提出了"性三品"说，即将人性分为上、中、下三等，上等人天生就是善人，包括帝王和当权人物；中等人要通过教育才能达到善，主要指地主；下等人的性天生就是恶的，不必也不能受教育，只能服从统治。这些理论仅仅是董仲舒用来麻醉人民的，对于君主，他则强调教化的重要性，主张君主不仅要"求贤"，更应注重"养士"，同时提出了新的选举方式。

董仲舒提出"独尊儒术"中的儒术即儒家六经：《诗》《书》《礼》《乐》《易》《春秋》。他认为六经各有所长，应该兼具其长，但他本人也只对《春秋》公羊学十分精通。董仲舒学生众多，其中有很多人成为朝廷重用之臣，据说大史学家司马迁也曾是他的学生。

作为西汉的杰出思想家、哲学家、今文经学大师，董仲舒为统治者提供了统治的理论基础，从他开始，儒家思想成为中国社会的正统思想，对之后中国两千多年的政治、社会、文化都产生了深远影响。

张骞

　　张骞是中国西汉时期著名的旅行家、外交家和杰出的探险家。他前后两次出使西域，创造了"凿空"之功。如果没有张骞，就不会有今日誉满全球的"丝绸之路"。但就政治功绩来说，也许张骞并不值得褒扬，因为他两次都没有达到预定目的，但是他出行的意义和影响却远远超出他的直接使命，并对后世产生深远影响。

　　公元前139年，由一百多人组成的一支队伍从汉朝都城长安出发，向西行进。他们在一名郎官的带领下，战胜恶劣的环境，风餐露宿，冒险西行。这群人西行的目的是联络西域的大月氏国，与其共同对付匈奴人。领头的这位郎官就是中国历史上著名的旅行家、探险家、外交家张骞。

　　汉朝初年，匈奴的势力就已十分强大，曾数次侵犯中原，但因当时汉朝国力有限，只好以和亲政策求得一时太平。汉武帝刘彻即位后，国力大大增强，于是将征服匈奴的事提上了日程。当时西域有一个大月氏国，因其先王被匈奴人杀死并以头为饮器。与匈奴结下不共戴天之仇。汉武帝听说后便招募使者出使大月氏，希望与之结盟，共同进攻匈奴。

　　张骞字子文，汉中郡成固（今陕西城固县）人，或许是因为他官小位卑，又或许是人们并没有认识到通西域对历史的影响，所以没有任何史料提到张骞的具体出生年月和早年生活经历。所知道的是，汉武帝登基时，他已经是一名侍从官，具有坚韧不拔、以信待人的优良品质，这也是他日后能够长期忍辱负重，最终成就伟业的重要原因之一。汉武帝诏令一下，满怀抱负的张骞便挺身而出，毅然担起了国家和民族的重任，踏上了远走西域的征途。

　　张骞带领一行人从陇西（今甘肃临洮）出发，打算穿过河西走廊，到达远迁康居（今巴尔喀什湖和咸海之间）的大月氏国。但当时的河西走廊已经被匈奴控制，尽管张骞的队伍谨小慎微，还是不幸被匈奴兵俘获。匈奴单于得知张骞西行的目的后，破例没有杀掉他们，而是将其全部扣押和监禁起来，这一扣就是10年。为了使张骞放弃西行并归附，匈奴单于让张骞娶了匈奴女子为妻，甚至还有了孩子。

　　然而，张骞从来没有忘记自己的使命，他忍辱负重，无时无刻不在想办法逃离匈奴。随着时间的推移，匈奴逐渐放松了对张骞的看管，公元前129年的一天夜里，张骞趁其不备，和贴身随从甘父逃出了匈奴的控制。与之前的行程相比，他们此段路程更加艰难，没有充足的食物和水，无论是在烈日炎炎的戈壁沙漠，还是在冰天雪地的葱岭，他们的生命随时都会受到威胁。长途跋涉数天后，张骞经车师国（今新疆吐鲁番盆地）、焉耆（今新疆焉耆一带）、龟兹国（今新疆库车东）等进入大宛国（今费尔干纳），见识了汗血马，并在大宛国的帮助下到达大月氏国。

　　令张骞始料不及的是，大月氏在新领土上安居乐业，已经不再愿意打破和平与匈奴发生战争了。公元前128年，联盟失败的张骞启程东归，途中再次被匈奴俘虏，而他在两年后再次成功出逃。公元前126年，西行13年后，张骞终于回到长安，虽然他没有达到西行的目的，但却带回了大宛、大夏、大月氏、乌孙、奄蔡等国的大量资料，加强了内地和新疆一带的联系，为丝绸之路的开通奠定了基础。

汉武帝对张骞带回的信息十分满意，并促使他发动了几次大规模对抗匈奴的战争，张骞均被安排在军中。在此期间，张骞曾因军功被封为博望侯，后又因军事失误被贬为庶人，但是张骞的事业并没有就此停止。公元前119年，汉武帝派张骞再次出使西域，联络乌孙，共同攻击匈奴。

与第一次出行相比，张骞第二次的行程顺利了很多。他率领三百多人畅通无阻的到达乌孙，并派副使访问了大宛、大月氏、大夏等国，张骞的足迹遍及中亚、南亚许多地区，最远曾至罗马帝国和北非。和第一次出使西域一样，张骞第二次出行的政治目标因乌孙国的内乱再次化为泡影。公元前115年，乌孙国派使者护送张骞回汉，这是西域人第一次到汉朝。至此，张骞完成了历史赋予他的重任，第二年，张骞在长安去世。据说葡萄、苜蓿、石榴、胡桃、胡麻、汗血马等物种，都是张骞从西域带回中国的。

张骞两次出使西域，加强了汉朝和西域各国的经济文化交流，沟通了亚洲内陆的交通要道，因张骞在西域各国颇有威信，汉朝使者都以博望侯的名号取信于各国。张骞的出使行为史无前例，开辟了民族交流史上的新纪元，被誉为"凿空"之功。更为重要的是，后人踏着张骞的足迹，走出了誉满全球的"丝绸之路"，张骞的这一历史功绩至今仍被人津津乐道。

汉武帝

汉武帝，是刘邦的重孙、汉景帝刘启的第十子。他4岁被册立为胶东王，7岁被册立为太子，16岁登基，在位54年。他是中国历史上伟大的皇帝之一，其雄才大略、文治武功，开创了西汉王朝最鼎盛繁荣的时期，使汉朝成了当时世界上最强大的国家，对中国历史进程的发展产生了深远的影响。

1. 文治

政治方面：颁行"推恩令"，使诸侯王分封诸子为侯，使诸侯王封地被分割，以削弱诸侯王国势力；建立中朝制，即选用一批地位较低的内廷人员参与朝政，削弱相权；设置十三州部刺史，打击地方豪强，加强对地方的控制；京师七郡另设司隶校尉监察。这一系列措施，有效地削弱了诸侯王国的分裂企图，进一步强化了中央集权。

经济方面：颁布"算缗""告缗"令，征收商人资产税，打击富商大贾；采纳桑弘羊的建议，将冶铁、煮盐收归官营，禁止郡国铸钱；设置平准官、均输官，由官府经营运输和贸易；兴修水利，移民西北屯田，实行"代田法"。这一系列经济政策，大大增强了中央政府的经济实力，既保证了对外用兵的巨额军费，又为集权政治制度打下了坚实的经济基础。

思想文化方面：采纳董仲舒的建议，"罢黜百家，独尊儒术"，使儒学成为中国社会的统治思想，对后世中国政治、社会、文化产生了深远的影响。汉武帝也非常注重人才的开发，他确立了察举制度，开了中国有系统选拔人才制度的先河，对后世影响很大。汉武帝还定音律，置乐府，采集民间诗歌，非常具有开创意义。

2. 武功

汉武帝的武功主要表现在对外关系上。自汉高祖刘邦白登之围困于匈奴之后，汉朝一直对匈奴采取低调的和亲政策，忍气吞声。到汉武帝即位7年后，汉朝国富军强，于是开始讨伐匈奴。前129年，汉武帝派卫青、霍去病征伐匈奴，解除威胁，保障了北方经济文化的发展。同时，汉武帝派张骞出使西域，打通了丝绸之路，加强了对西域的统治，并发展了中西经济文化的交流。在西南，汉武帝派军队消灭了夜郎、南越政权，先后建立了7个郡，使今天的两广地区自秦朝后重归中央王朝版图。在东方，汉武帝于前109年至前108年派兵消灭卫氏朝鲜（今朝鲜半岛），并将其国土分为4郡，分别为：乐浪郡、真番郡、临屯郡、玄菟郡。至此，汉武帝大体奠定了中国今天的版图。

汉武帝的文治武功使西汉的政治、经济、军事、文化等各方面在当时都达到了极盛，整个社会表面上呈现一片灿烂的局面，但是由于汉武帝长年派兵征战——他在位53年，有43年都是在讨伐战争中度过的——过度使用民力，加上祀神求仙、挥霍无度，以致赋役繁重，民不堪命，造成"海内虚耗，户口减半"的凋零局面，社会各种矛盾积累并逐渐尖锐起来。

前99年，齐、楚、燕、赵和南阳等10个地区均爆发了农民起义。前91年，统治集团内部矛盾激化，武帝宠臣江充诬陷太子刘据，致使刘据起兵政变，长安城大乱，死者数万，刘据兵败自杀。此事过后不久，真相大白，汉武帝下令族灭江充家，幡然醒悟。

前89年，汉武帝在对以前所做一切事情反省悔过后，下轮台诏书（史称"轮台罪己诏"）：自己给百姓造成了痛苦，从此不再穷兵黩武、劳民伤财，要与民更始，休养生息。可惜，汉武帝还没有来得及全面推行与民休息的政策，便于前87年去世了。其后继者昭帝和宣帝坚持执行汉武帝晚年制定的与民休息的政策，因而在西汉中期出现了被后世称颂的昭宣中兴局面。

李广

李广出生将门世家，从小勤学苦练，练就一身绝技。特别是他的骑术和箭术，无与伦比。汉文帝对他的军事才能更是赞叹不已，曾经说过："惜乎！子不遇时，如今子当高帝时，万户侯岂足道哉！"

李广（？~前119），陇西成纪（今甘肃静宁南）人，西汉著名军事将领。李广的祖先是秦朝将军李信，曾率军战败燕太子丹。李广接受世传弓法，射得一手好箭。

公元前166年，匈奴大规模入侵汉境。李广以良家子弟的身份参军抗击匈奴。因为他善于骑马射箭，杀敌很多，便做了汉朝的侍郎。李广曾随汉文帝出行，有过冲锋陷阵以及与猛兽格斗的事迹。

到汉景帝当皇帝时，李广做了陇西都尉。吴楚七国叛乱时，李广随大将军周亚夫进攻吴楚军，李广夺取了敌军的军旗，扬名于天下。但是他回到朝廷后，没有获得奖赏，被调到上谷任太守。

有一次，匈奴进了上郡，李广带着一百个骑兵去追赶三个匈奴射手，追了几十里地才追上。他射死了其中的两个，把第三个活捉了，正准备回营，远远望见有几千名匈奴骑兵赶了上来。

李广手下的兵士突然碰到那么多匈奴兵，不由得都慌了。李广对他们说："我们离大营还有几十里地。如果现在往回跑，不能及时赶到大营，匈奴兵追上来就完了。不如干脆停下来，匈奴兵以为咱们是来引诱他们的，一定不敢来攻击我们。"接着，下令前进，在离匈奴阵地仅仅两里的地方停了下来，命令兵士一齐下马，把马鞍全卸下来，就地休息。

匈奴的将领看到李广这样布置，真的有点害怕。他们远远地观察汉军动静，不敢上来。

这时候，匈奴阵地上有一个骑白马的将军，走出来巡视队伍。李广突然带着十几名骑兵翻身上马，飞驰过去，一箭把他射死。然后再回到自己队伍，下马躺在地上休息。

匈奴兵越看越怀疑。天黑下来，他们认定汉军一定有埋伏，怕汉军半夜袭击，就连夜全部撤走。到了天亮，李广一瞧，山上已没有匈奴兵，才带着一百多名骑兵安然回到大营。

过了不久，汉武帝即位，派李广去攻打匈奴。匈奴兵很是强悍，打败了李广的部队，活捉了李广。匈奴的骑兵准备把李广押回去，当时李广受了伤，就把他放在两马中间，结了个网兜，让李广躺在里面。走了十几里，李广装睡，斜眼看见旁边有一少年骑着一匹好马，李广突然跃起窜上那少年的马，推落了少年，取过他的弓，向南飞奔。匈奴兵追来，李广射杀了几人，终于逃脱。回来后，朝廷判李广有罪，降为平民。

李广在家闲居了几年，后匈奴又来犯境。天子就召来李广，任命他为右北平太守。匈奴甚是惧怕李广，称他为"汉朝的飞将军"，听说汉朝再次任用李广，躲避他好几年，不敢侵入右北平。

此后3年，李广驻军右北平，一次，李广率四千骑兵从右北平出发攻打匈奴。前进了大约有几百里路，匈奴左贤王率领四万骑兵包围了李广。这次战斗，李广几乎全军覆没，回来后又被朝廷降为平民。

几年后，汉武帝大规模出击匈奴，年事已高的李广随大将军卫青出战。李广的部队在路上迷了路，没按期到达目的地与大部队会合，放跑了匈奴主力。卫青准备调查李广的罪责，就派人来安抚他。

李广非常难过，对他的部下说："我从年轻时开始，跟匈奴打了大大小小70多仗，而今很幸运地跟从大将军出征，有了跟单于交战的机会，可又迷失了道路，这难道不是天意吗？况且我已经60岁了，终究不能面对那些执法官吏的审问了。"说完就抽刀自杀了。

卫青

卫青是西汉时期为汉朝北部疆域的开拓做出过重大贡献的一位将领，也是中国历史上为人熟知的常胜将军。他能征善战，率军与匈奴作战，屡立战功。

卫青（？～前105），字仲卿，西汉河东平阳人，是汉武帝时期抗击匈奴的主要将领。

卫青是平阳侯曹寿（曹参之曾孙）家奴婢卫媪与小吏郑季的私生子，早年作为家奴在平阳侯家长大。卫青长大后做了平阳侯家的骑士，跟随平阳公主。建元二年春，武帝因喜欢卫青的姐姐卫子夫而任命卫青做了大中大夫。

元光五年（前130），卫青担任车骑将军，第一次领兵出击匈奴，与太仆、轻车将军公孙贺，大中大夫、骑将军公孙敖，卫尉、骁骑将军李广各领兵一万人，分别从上谷（今河北省怀来县）、云中（今内蒙古托克托东北）、代郡（今河北蔚县东北）、雁门出发。卫青至龙城（今在蒙古，当时为匈奴祭扫天地祖先的地方），斩杀、俘虏数百敌军，首战告捷。

元朔元年（前128）春，卫夫人生皇子，被立为皇后。同年秋，卫青领三万骑兵出雁门击匈奴，歼敌数千。

元朔五年（前124）春，汉武帝令卫青率三万骑兵出高阙；卫尉苏建为游击将军，左内史李沮为强弩将军，太仆公孙贺为骑将军，代相李蔡为轻车将军，全归卫青指挥，出朔方；大行李息、岸头侯张次公为将军，出往北平，总兵力有十几万人出击匈奴。

匈奴右贤王抵抗卫青等部的进攻。右贤王因轻视汉军而放松了警惕，大饮而醉。汉兵夜间赶到，包围了右贤王，右贤王大惊，带其爱妾与精兵一百人乘夜奔逃，冲破汉军包围北去。汉轻骑校尉郭成等人追逐数百里，不及。得右贤王属下副将十余人，男女一万五千余人，牲畜数千百万，引兵得胜而归。汉武帝接到战报，喜出望外，派特使捧着印信，到军中拜卫青为大将军，加封食邑8700户，所有将领归他指挥。

公元前121年，西汉对匈奴的河西之战开始，此战汉武帝命霍去病从东方的代郡出塞，卫青从定襄出塞。卫青因前将军李广迷路，错失攻打单于的战机。归来后卫青派长史审问李广，李广愤而自杀。卫青此次出征功不如骠骑将军霍去病，没有增加封邑。漠北之战，基本上解除了匈奴对汉朝的军事威胁。此后卫青未再出征。

公元前106年，大司马大将军卫青去世，汉武帝命人在自己的茂陵东边特地为卫青修建了一座像庐山（匈奴境内的一座山）的坟墓，以象征卫青一生的赫赫战功。

卫青一生七次率兵出击匈奴，用兵敢深入，奇正兼擅，为将号令严明，与士卒同甘苦，作战常奋勇争先，将士皆愿为其效力。而且卫青处世谨慎，奉法守职，为一代将帅的楷模。

霍去病

霍去病是中国西汉武帝时期名将，西汉杰出的军事家。好骑射，善于长途奔袭。他六击匈奴，每战皆胜，可惜 24 岁英年早逝，死后得到了汉武帝的厚葬，谥封景桓侯。

霍去病（前140~前117），河东郡平阳县（今山西临汾西南）人。霍去病是大将军卫青的外甥，母亲卫少儿，是汉武帝皇后卫子夫的姐姐。由于有皇族关系，霍去病在 18 岁时就很得皇帝宠信，入宫做了侍中。

在公元前 123 年，随大将军卫青出征，北击匈奴时，霍去病率领八百精锐骑兵离开大部队几百里去追击匈奴，最后歼敌二千零二十八人，其中有相国和单于的祖父，活捉单于叔叔，战后封为冠军侯。

公元前 121 年春，霍去病被任命为骠骑将军，率领精骑一万人，向河西地区进发。在这场战役中，汉军大获全胜，斩杀匈奴楼兰王、卢侯王，活捉了匈奴浑邪王的儿子及相国、都尉等高官，歼敌八千九百余人，并且缴获了匈奴休屠王的祭天金神像。战后，汉武帝下令增封霍去病食邑 2000 户。公元前121 年夏的第二次河西战役中，霍去病孤军深入，以他变幻莫测的战术大败匈奴军。这次战役中，匈奴单桓王、酋涂王及相国、都尉等 2500 人投降，王母、单于阏氏、王子、相国、将军、当户、都尉等 120 多人被俘虏，匈奴兵 30200 人被汉军歼灭。霍去病的声望日益显赫，地位也日益尊贵。

霍去病雕像

后来霍去病由于受降浑邪王有功，又被加封食邑 1700 户。从此，匈奴的军事力量大大削弱了，他们不得不退出了汉朝的领域，退到了遥远的沙漠以北地区。从那以后，汉朝西部再也没有了异族的威胁，通往西域的道路完全畅通了。然而，匈奴并未停止对汉朝边境的骚扰。公元前 120 年秋，一万多匈奴骑兵突然袭击定襄、右北平地区，杀掠汉朝边民一千多人。汉武帝决定再次对匈奴反击，以平定汉朝边境。

公元前 119 年，卫青和霍去病各率五万骑兵，分东西两路向漠北进军。霍去病领兵从代郡出发，大胆地起用匈奴降将赵破奴、复陆支、伊即轩等。大军在霍去病的指挥下，横穿沙漠，行军两千多里后与匈奴左贤王相遇。在汉军的猛攻下，左贤王大败而逃。这次战役中，汉军活捉了匈奴屯头王、韩王和匈奴将军、相国、当户、都尉等八十余人，共歼敌七万人，匈奴左贤王的军队几乎全军覆没。

霍去病乘胜追击，率军追至狼居胥山（今蒙古境内德尔山）。霍去病再一次因功受到封赏，加封食邑5800户，与他的舅舅——大将军卫青一起被拜为大司马。从那以后，匈奴迁到了更加偏远的地方，再也不敢来滋扰汉朝边境了。霍去病在他短暂的戎马生涯中曾四次领兵出塞攻打匈奴，歼敌人数达十一万之多。

霍去病作战时身先士卒，喜欢做先锋。但是，他毕竟在宫中长大，贵族习气较多，所以对于士卒体恤不够。在塞外时，士兵缺少粮食吃，饥饿难当，他却在踢球寻乐。有一次出征时，汉武帝曾经赏赐宫廷膳食几十车。但等到霍去病凯旋而归时，扔掉的很多，而士兵们却还有饥饿的。

公元前117年，霍去病因病而死，年仅23岁。武帝悲痛异常，给他修的陵墓外形很像祁连山，还追封为景桓侯，并在墓前树立了一尊"马踏匈奴"的石像，象征着他为国家立下的不朽功勋。

司马迁

在中国历史和文学的大道上，司马迁和他的名著《史记》是一座伟大的丰碑。司马迁"刚正不阿，留将正气冲霄汉；忍辱负重，著成汉史照尘寰"的精神影响了一代又一代有志之士，而他的著作《史记》更是被鲁迅誉为"史家之绝唱，无韵之离骚"。

司马迁是我国西汉时期的史学家，字子长，生于汉景帝中元，卒年不详。其先辈世代就任太史的官职，父亲司马谈不仅崇尚道家，对儒、墨、名、法、阴阳等各家学说都有涉猎，并在著作《论六家要旨》中对这些学说进行过批判和总结，并希望在有生之年编写一部通史。但是天不遂人愿，司马谈还没有动笔就抱憾辞世，这种家学传统对司马迁的一生产生重大影响。

按照父亲的遗愿，像孔子编纂《春秋》那样，编写一部能永垂不朽的史著逐渐被司马迁提上了日程。公元前104年，司马迁开始了撰写《史记》的工作。

武帝天汉二年（公元前99年），李陵事件打断了《史记》的进程，司马迁的命运也在这一年发生了巨大的转折。正直公正的司马迁为李陵求情，向汉武帝进言："李陵只率领五千步兵，深入匈奴，孤军奋战，虽陷于失败之中，杀伤匈奴之多，足以显赫于天下了。他之所以投降匈奴，一定是想寻找适当的机会再报答汉室。"一石激起千层浪，他的直言触怒了汉武帝，被汉武帝判以死刑打入大牢。

万念俱灰的司马迁在"死或重于泰山，或轻于鸿毛"的信念支撑下，选择以宫刑来换取继续撰写《史记》的生命。经过艰难的十六个春秋，司马迁终于完成了史记的撰写工作。《史记》全书130篇，由本纪12篇、表10篇、书8篇、世家30篇、列传70篇组成，共计526500字。司马迁把黄帝轩辕氏到汉武帝天汉年间近三千年历史进程中的政治、经济、文化全部收进了《史记》。

《史记》是一部形象生动的历史，开创了我国传记文学的先河。在《史记》这座人物画廊里，司马迁这位出色的画家为我们刻画了破釜沉舟的武将项羽、负荆请罪的将军廉颇、焚书坑儒的秦始皇、揭竿起义的陈涉等等历史人物的风采，给人以美的享受和思想上的启迪。司马迁创造性地把文学艺术与史学巧妙地熔铸于一炉，鲁迅先生称赞《史记》是"史家之绝唱，无韵之《离骚》。"也正因为如此，在中国浩如烟海的史学著作中，《史记》成了最受欢迎的书籍。

《史记》不仅开创了"纪传体"的体例，还开创了将政治、经济、民族、文化等各种知识综合起来的纂史方法。由于纪传体内容广泛、灵活性强，能够反映出当时社会的基本概况，得到了历代史家的认同，影响十分深远。

司马迁的《史记》还原了历史的真实面貌，避免了"誉者或过其失，毁者或损其真"的情况出现。在司马迁笔下，即使是他最挚爱的历史人物，他也会站在历史的角度给予公正的评判，项羽就是最佳的例证。这个人物是司马迁心目中的英雄，他在写作的过程中投入了极大的热情来讴歌项羽，但是他也没有回避项羽的骄傲自大和企图以武力征服天下的致命弱点。

《史记》还对后世的各种文学产生了广泛而深远的影响。它是我国第一部以描写真实人物为中心的大规模作品，通过突显人物特征、进行人物对比、虚构细节等方法把人物加以类型化，其中很多人物如帝王、英雄、侠客、官吏等都成了后世文学人物形象创作的模板。

司马迁是中国历史上伟大的史学家，他名震古今中外的史学巨著《史记》，为后人展示了一部规模宏大的社会变迁史，为世界人民留下了一笔珍贵的文化遗产。无论在历史上还是文学上，司马迁都取得了光辉的成就，他崇高的人格也将永远闪耀着不朽的光芒。

刘向

《战国策》不仅语言生动，文辞优美，人物形象刻画惟妙惟肖，具有很高的文学价值，更为重要的是，它所记录的纵横家的言论，展现了当时的社会风貌，还具有很高的史学价值。

然而，当西汉的刘向初发现它时，看到的却是内容混杂、残缺不全的样子。古代文献和典籍是后人了解历史的重要渠道之一，可是却有很多文献像《战国策》一样杂乱、零散，甚至残缺不全。于是，古籍整理工作成为摆在学者面前一项艰巨的工作。

在历史长河中，刘向为这一事业献出了毕生的精力。他在整理校订古籍过程中，不仅"向辄条其篇目，撮其旨意"，为了方便后人阅读、防止再次散佚，还把每一篇的篇题都重新做了记录，因此被后人称为"目录学之鼻祖"。

刘向字子政，沛县人，出身于贵族之家，生于公元前 77 年，从小勤奋好学，博览群书，熟悉儒、道、诸子各家经典。入仕之后，他因其敢于直言，反对外戚宦官专权，一生几经沉浮，直到成帝时才被重用，官至中垒校尉，开始奉命校订整理古籍。

公元前 26 年，刘向开始了艰巨的校对整理经传、诸子、诗赋的工作。当时这些著作基本上是由后人口传或传抄的，内容差异很大。为了使内容更加精确，刘向把不同版本的同一书籍，逐字逐句进行核对，找出差异进行修订，并记录下作者的思想及价值。后来他的这些叙录被编撰成册，这就是著名的《别录》。

经过二十余年的努力，刘向终于圆满地完成了编撰工作，这也是中国历史上第一次由政府组织的大规模图书整理工作。他所整理的 33090 卷图书，为先秦古籍的保存、流传做出了巨大贡献。

刘向不仅是西汉后期一个重要的目录学家，还是很有成就的文学家。他借先秦至西汉的传说和故事来发表自己的政治思想和伦理观念，使文章既有文学意味又意蕴深刻，其中很多篇目都有完整的故事情节，叙事生动，对后世的笔记小说产生了影响。更可贵的是，他在著作中所引用的大量历史史实，为后人留下了宝贵的文献资料。其主要著作有：《说苑》《新序》《列女传》。

此外，刘向还写了很多优秀的散文。他的文章顺应时代的潮流，以政论文为主，结构平整，舒缓平和，逻辑清晰，正反论证结合，说理畅达，较有各的有《谏营昌陵疏》和《战国策叙录》，均是当时散文的典范之作。

刘向的主要功绩是对古籍的整理编目，这项工作使中华文化得以传承，为以后的文化发展奠定了基础，而他所创造的目录提要的方法、校勘订正法、辨伪法等古籍整理方法，成来发展为整理图书的专业学科。班固在《汉书》中这样评价刘向："为人平易，廉洁乐道，不交接世俗，而专思经术。昼读书传，夜观星宿，经常通宵达旦。"

王充

在整个东汉两百年的历史上，能称得上思想家的只有三位，即王充、王符、仲长统。范晔在《后汉书》中为他们三人作了合传，后世很多学者将他们誉为"汉世三杰"。而就这三人而论，王充是其中年龄最长和著作最多的一个，他在很大程度上影响了王符和仲长统，是东汉最杰出的思想家。

王充，字仲任，会稽上虞人，出生于公元 27 年，他自称出身于"孤门细族"，事实上他的先辈也曾风光无限，只是到王充出生时已经完全衰落下去了，但王充还是受到了正统儒家经典的教育，并且在私塾很多学生中脱颖而出。《后汉书》中写道："充少孤，乡里称孝。"他的品德言行自小就得到认可。之后王充不远千里来到京都洛阳，进入太学拜班彪为师。

在洛阳，王充博览群书，遍访名儒，学问大增，眼界大开。王充记忆力非常出众，因没钱买书，他常常到书店读书，过目不忘，这也是他能够精通百家之言的原因之一。照常理，像王充这样的杰出人才本应出将入相，可事实并非如此。王充的仕途之路坎坷而多阻碍，仅做过几任郡县僚属，每每因与上级意见相左而去职。若论显赫功绩，王充实在没有什么惊天动地的伟业，也无法凭借传奇经历引人入胜，但这也许正是成就他学术思想成就最重要的因素之一。

王充擅长辩论，且总是以诡异开始，以不可辩驳的结论收尾。他认为很多儒家学者都偏离了儒家的本质，于是闭门思考，完成二十多万字，共八十五篇的《论衡》一书，对很多当时困惑人们的问题做了解释。晚年，王充因才名远扬被汉肃宗征召入朝，但因其体弱多病，终不成行，后写就《养性书》。约公元97年，王充因病去世。

王充最重要的著作是《论衡》，保留至今的有85篇。东汉时期，传统的儒家学说被掺进了谶纬学说，演变成了儒术，而王充的《论衡》对这种弊症进行了批判，成为当时评定言论价值的标尺。也正因为《论衡》反对汉代儒学的正统思想，曾一度遭到后代统治者的冷遇和禁锢，甚至有人将其视为"异书"。

《论衡》从宇宙观上反对董仲舒"天人感应"的唯心主义哲学思想，并针锋相对地提出天地万物都是由"气"构成，万物生长是"自然之化"，所以，万物并非上天有意创造。《论衡》所阐述的是一种自然主义宇宙观，认为人虽然能利用自然，但却无法摆脱自然的支配，这也是古代唯物主义最大的缺陷。

《论衡》用自然主义唯物论的观点论述社会历史发展，认为社会历史是客观发展的过程，不以人的意志为转移，否定"天人合一"的"道统"观。书中提出，社会兴衰治乱的原因在它自身，而并非"上天"或者"君主"的意志所致。王充认为人的生死也是一种自然现象，人死犹如火灭，何来鬼神？从而否定鬼的存在，破除了"善恶报应"的迷信思想，对后世的唯物主义者、无神论者产生重大影响。

由于王充在《论衡》中对汉代经学进行了论难，甚至上问孔孟，公然向权威的经典挑战，曾一度被视为名教之罪人，其儒学家的身份也遭到质疑。但综观王充生平事迹不难看出，他不仅是一位儒学家，而且是一位非常博学的奇儒。

班固

班固，字孟坚、彪子，陕西咸阳人，于光武帝建武八年（公元32年）出生在一个儒学世家，父亲是当时有名的史学家和文学家。班固从小聪慧过人，加上良好的家庭氛围的熏陶，9岁就能作诗赋，并于公元47年入太学，接受儒家正统思想教育。

公元54年，班固的父亲去世，为完成父亲的遗愿，班固在整理父亲遗稿的基础上，开始了《汉书》的撰写工作。后来，班固被人诬告私改国史，于是他的书稿被送往京城，交给明帝。明帝是一位热心提倡儒学的帝王，他对班固的才学十分赏识，便召其为兰台令史。命其修史。班固就任后与陈宗等人撰成《世祖本纪》一书，后又迁升为秘书郎，典校秘书。

公元76年章帝继位，他也是一位爱好儒学的帝王，班固备受礼遇，于建初三年迁玄武司马。汉和帝永元元年（89年），班固入窦宪幕府，并随其出征单于，后因窦宪的政治斗争失败而受牵连，于永元四年卒于狱中，享年61岁。当时《汉书》基本完成，剩余部分汉和帝令班固之妹班昭补做。

《汉书》是班固仿《史记》而作，历史记载也有相同之处。但是《汉书》没有拘泥于《史记》的体例和样式，而是在《史记》原有内容的基础上，增加了《刑法志》《五行志》《地理志》《艺文志》四个部分。由于汉朝崇尚儒学，所以儒家思想成为《汉书》中评判是非的标准。从时间上来看，全书记述了公元前 198 年至公元 23 年，近 230 年的断代历史，开中国断代史之先河。整部著作包括本纪 12 篇，表 8 篇，志 10 篇，列传 70 篇，共 100 篇。

在新增的内容里，《刑法志》中对法律制度的起源、沿革和重要罪名做了系统的叙述。《艺文志》分六艺、诸子、诗赋、兵书、数术、方技六略，阐述了对各学术流派的考证及其现存书籍的记录。

《地理志》分为上、下两卷，所记载的地理情况，不再是近则凭证实，远则凭传闻，而是直接引用国家掌握的测绘和统计，增强了准确度。值得关注的是，刘向是第一个在正史中开辟《地理志》的人，并且，他不拘泥于西汉的地理，使之成为首例沿革地理著作。由于儒家"天人合一"思想的影响，刘向的著书宗旨是"追述功德"，使之"扬名于后世"，还将人文地理的概念引入书中。

《五行志》是专门记述五行灾异神秘学说并做出解释的著作，其中很多记载在现在看来仍然很有意义，如关于太阳黑子的记录："成帝河平元年三月乙未，日出黄有黑气，大如钱，居日中央。"

汉朝时期辞赋盛行，受其影响，《汉书》的语言精工富艳，模拟古文，辞藻华丽，工于排比、对偶，人物传记，以叙事为主，不发表自己的主观感受。

而班固也擅长作赋，撰有《两都赋》《幽通赋》等。他认为辞赋充分体现了汉繁荣兴旺的盛况，并且使"大汉之文章，炳焉与三代同风"。他继承西汉赋的体制，以问答为主，辞藻富丽典雅，并开辟了新题材——京都赋，代表作为《两都赋》。

班固是司马迁之后又一位伟大的史学家，他开创了断代史体例，为后人写正史树立了典范。

张衡

张衡的一生在天文学、地震学、机械技术、数学乃至文学艺术等许多领域都做出了杰出的贡献，是一位不可多得的具有多方面才能的科学家。

张衡（78~139），字平子，南阳西鄂（今河南南阳市石桥镇）人。他是我国东汉时期伟大的天文学家，为我国天文学的发展做出了不可磨灭的贡献，在数学、地理、绘画和文学等方面，张衡也表现出了非凡的才能和广博的学识。

张衡出生于南阳郡西鄂县一个清苦的官僚家庭。生活的艰难激发了他艰苦奋斗的精神。张衡天资聪明，勤奋好学，少时便熟读了儒家经典。十六七岁时就开始到外地游学，"游于三辅，因入京师，观太学，遂通五经，贯六艺"，终成一代文化伟人。

张衡一生为官清廉公正，不与权奸同流合污，仕途并不顺利。他曾因上书建议裁抑宦官权臣，而遭到奸佞联合弹劾，被贬为河间太守。111年，张衡被调回京师担任尚书一职，他因此接触到了更多的黑暗与腐败的社会现实，对社会深感忧愤与失望。于是，他专心致志从事科学研究，并取得了累累硕果。

张衡最杰出的成就是在天文方面，他继承和发展了浑天说，撰写了两部重要的天文学著作《灵宪》和《浑天仪图注》。117年，张衡根据浑天说制成了世界上最早使用水力转动的浑天仪。这是世界上第一架能够比较准确地观测天象的仪器，是划时代的伟大创造，推动了中国古代天文事业的发展。

在地震学上，张衡发明了世界上第一台地震仪——候风地动仪，这是张衡在浑天仪之外的另一个不朽的创造。地动仪全由青铜铸成，直径八尺，像一个大酒坛。周围铸有八条龙，头下尾上，按照东、南、西、北、东南、东北、西南、西北的方向排列着。龙头和仪器内部的机关相连，每条龙嘴里都含着一颗钢球。八个龙头下，蹲着八只张着嘴的铜蟾蜍。地动仪内部有一根大铜柱，叫作都柱，都柱上粗下细，能够摇摆。都柱旁有八条通道，通道内安有机关，叫作牙机。一旦发生地震，都柱就会向地震的方向倾斜，触动通道中的牙机，而那个方向的龙头，就会张开嘴巴，吐出钢球，落在下面的蟾蜍嘴中，发出声响。据此，人们就可以知道地震的时间和方位。

在气象领域，张衡还发明了类似国外风信机的气象仪器——候风仪，比西方的风信机要早一千多年。

张衡共著有科学、哲学、文学等著作三十二篇，其中天文著作有《灵宪》《灵宪图》等。为了纪念张衡的功绩，人们将月球背面的一环形山命名为"张衡环形山"，将小行星1 802命名为"张衡小行星"。

张仲景

张仲景的《伤寒杂病论》是中国医学方书的鼻祖，是我国医学史上影响最大的古典医著之一，也是我国第一部临床治疗学方面的巨著。《伤寒杂病论》发展并确立了中医辨证论治的基本法则，在整个世界都有着深远的影响。

张仲景（150~219），又名张机，南阳郡涅阳（今河南南阳市）人。出身地主家庭，自幼受到良好教育。他在史书中看到了扁鹊望诊齐桓侯的故事，于是对医术产生了兴趣。从师于乡里名医张伯祖，打下了扎实的医学功底。汉灵帝时，举孝廉，建安中官至长沙太守。

东汉末年，朝政腐败，导致天下大乱。豪强之间连年混战，民不聊生，疾病流行。当时医术不发达，人们大多迷信巫术，特别是穷人，有病就求神拜鬼，在巫师和道士的欺骗下丢钱丧命。张仲景看了实在是心痛不已，他非常憎恨这些谋财害命的巫师们。一次，他遇到一位妇女发病，她一会儿哭，一会儿笑，显然是受了某种刺激。病人的家属听了巫师们的鬼话，认为她是妖怪缠身，必须为她驱邪。张仲景观察病人的神色，询问了有关情况，说这不是鬼怪缠身，而是热血入室。她的病是完全可以用药治好的。病人的家属请他治疗，张仲景给病人扎了几针，几天后，病妇就好了。

他是使用人工呼吸方法救人的第一人。一次，张仲景在行医时，发现有户人家门前聚集了很多人，他上前一看，只见一个人躺在地上，旁边有几位妇女在哭泣。张仲景一问情况，原来躺在地上的那个人因穷得活不下去而上吊自尽，被家属发现，虽然被解救下来，但已经不能动弹了，所幸时间还不算久。张仲景马上挤开人群，吩咐把人放在床板上，用被子盖好保暖；叫两个人用力按摩他的胸脯，一面活动他的双手，自己则用手掌按压那人的腰部和腹部，一紧一松，不到半个钟点，那人居然有了微弱的呼吸；再继续一会儿，那人就清醒过来了。

张仲景

张仲景是中医界的一位奇才，所著《伤寒杂病论》是一部奇书，它确立了中医学重要的理论支柱之一——辨证论治的思想，在中医学发展过程中，实属"点睛之笔"，被称为"医方之祖"。

辨证论治，是中医学的专业术语。意义是说要运用各种诊断方法，辨别各种不同的症候，对病人的生理特点以及时令节气、地区环境、生活习俗等因素进行综合分析，研究其致病的原因，然后才能确定恰当的治疗方法。

有一次，两个病人同时来找张仲景看病，都说头痛、发烧、咳嗽、鼻塞。张仲景给他们切了脉，确诊为感冒，并给他们各开了剂量相同的麻黄汤，发汗解热。

第二天，一个病人的家属早早就跑来找张仲景，说病人服了药以后，出了一身大汗，但头痛得比昨天更厉害了。张仲景听后很纳闷儿，以为自己诊断出了差错，赶紧跑到另一个病人家里去探望。病人说服了药后出了一身汗，病好了一大半。张仲景更觉得奇怪，为什么同样的病，服相同的药，疗效却不一样呢？他仔细回忆昨天诊治时的情景，猛然想起在给第一个病人切脉时，病人手腕上有汗，脉也较弱，而第二个病人手腕上却无汗，他在诊断时忽略了这些差异。

病人本来就有汗，再服下发汗的药，不就更加虚弱了吗？这样不但治不好病，反而会使病情加重。于是他立即改变治疗方法，给病人重新开方抓药，结果病人的病情很快便好转了。这件事给他留下了深刻的教训。同样是感冒，表证不同，治疗方法也不应相同。

祖冲之

祖冲之是中国南北朝时期杰出的数学家、天文学家和机械制造家。他为中国古代的科学发展做出了卓越的贡献，在历史上占有重要的地位。

祖冲之（429~500），字文远，南北朝时期著名数学家、天文学家。祖冲之祖籍范阳郡遒县（今河北涞水），为避战乱，祖冲之的祖父祖昌由河北迁至江南。祖昌曾任刘宋的"大匠卿"，掌管土木工程；祖冲之的父亲也在朝中做官，学识渊博，受人敬重。

祖冲之生于建康（今江苏南京）。祖家历代都对天文历法有研究，祖冲之从小就有机会接触天文、数学知识，在青年时代就赢得了博学多才的声誉。宋孝武帝听说后，派他到"华林学省"做研究工作。公元461年，他在南徐州（今江苏镇江）刺史府里从事，先后任南徐州从事史、公府参军。公元464年他调至娄县（今江苏昆山东北）任县令。在此期间他编制了《大明历》，计算了圆周率。

宋朝末年，祖冲之回到建康任谒者仆射，此后直到宋灭亡一段时间后，他花了较大精力来研究机械制造。公元494年到498年之间，他在南齐朝廷担任长水校尉一职，受四品俸禄。鉴于当时战火连绵，他写有《安边论》一文，建议朝廷开垦荒地，发展农业，安定民生，巩固国防。

公元500年，72岁的祖冲之去世。

祖冲之在科学上的贡献，首先是对天文历法的改革。当时使用的历法是何承天花了四十年心血编制的《元嘉历》，这个历法虽然较过去的历法都好，但祖冲之经过亲自测算后，发现仍有许多不足。祖冲之决定重新编一本历法。经过多年辛苦的工作，终于在463年，也就是祖冲之33岁那年，他的新历法编制出来了，因这一年是刘宋孝武帝大明六年，所以这部历法叫《大明历》。祖冲之将一年定为365.24281481天，与现代科学测算出来的数据相差不到50秒。可是，这部先进的历法却遭到权臣的阻挠，直到他死后十年才被采用。

公元464年，祖冲之35岁时，他开始计算圆周率。在祖冲之之前，中国数学家刘徽提出了计算圆周率的科学方法——"割圆术"。祖冲之在他的基础上，经过刻苦钻研，反复演算，将圆周率推算至小数点后7位数（即3.1415926与3.1415927之间），并得出了圆周率分数形式的近似值。

祖冲之计算得出的圆周率，外国数学家获得同样结果，已是一千多年以后的事了。为了纪念祖冲之的杰出贡献，有些外国数学家建议把圆周率π叫作"祖率"。

除了在计算圆周率方面的成就，祖冲之还与他的儿子一起，用巧妙的方法解决了球体体积的计算问题。他们当时采用的原理，在西方被称为"卡瓦列利"（Cavalieri）原理，但这是在祖冲之以后一千多年才由意大利数学家卡瓦列利发现的。为了纪念祖氏父子发现这一原理的重大贡献，数学上也称这一原理为"祖原理"。

祖冲之在数学上的贡献还不止这些，他曾提出"求差幂"和"开差立"问题。这在工程测算上有极大的用途。祖冲之还是一位杰出的机械制造专家，他重造了失传已久的指南车，研制出用水力推磨的水碓磨，也制造出了日行千里的机械船，在当时都是杰出的创造，代表着当时世界先进水平。

蔡伦

作为文明古国，中国五千年的文化精髓得以流传后世，不得不感谢文字的载体。商朝时人们用甲骨记事，先秦时用竹简、木牍及丝帛记事，但是简牍笨重，帛又太昂贵，普通人负担不起。随着文化的发达，急需要一种方便、廉价的书写材料。纸，就是在这种迫切的需求中应运而生的。提到纸，我们就不得不提到一个人——蔡伦。

蔡伦，东汉桂阳（今湖南耒阳）人，字敬仲，他出生于贫苦农民之家，从小聪慧伶俐，永平十八年（公元75年）被选入宫中为宦官。当时的太监需要读书写字，学习各种礼仪制度，蔡伦的勤奋很快让他脱颖而出，一年之后被升任为小黄门。之后他帮助窦太后取得后宫斗争的胜利，被升任为中常侍，服侍幼主刘肇，并有机会参与国家要事。后窦太后卒，他投靠邓皇后，因邓皇后喜欢文墨，所以自请兼任尚方令，监管御用物品的生产。

尚方令下设很多手工作坊，资金和技术都很雄厚，为蔡伦的发明创造提供了很好条件。据资料记载，经过蔡伦改进和监制的各种生活用品和器械均精工坚密，更重要的是在这期间他改进了造纸术，发明了质地优良，便于书写的纸。之后他先后被提升为龙亭侯、长乐太仆，正当蔡伦极盛时，建光元年（121年）邓太后卒，他也因之前与窦太后合谋之事发，而被迫自杀。

我国的纸早在西汉时就出现了，20世纪的考古工作者曾经四次在汉墓中发现西汉纸，如1957年发现的灞桥纸，但是纸质不适合书写。1986年考古工作者在天水马滩西汉墓内发掘了一张地质地图，水平远远高于灞桥纸，已经可以用于书写了。

蔡伦在总结前人技术的基础上对造纸术进行了革新，他采用树皮、麻头、破布、旧渔网等废旧易得之物为原料，经过浸泡之后，把原料捣碎放入锅中蒸煮，待煮成稀糊状时，用细竹把纸浆捞起，滤出水分之后定型，然后用石块压出纸张中的水分，再把半干的纸放在火炉上烘干，这样纸就造成了。蔡伦发明的这种原材料的处理、制浆、打浆、抄纸、干燥等工序，一直沿用至今。

蔡伦在造纸工艺中除原料之外还有很多突破，如首次采用树皮作为造纸的原材料，开创了近代木浆造纸的先河；采用石灰碱液蒸煮原料，加快了纤维的离解净化，提高了生产效率和生产质量。蔡伦发明的纸轻便、廉价、书写时字迹清晰，很快得到推广，后人为了纪念蔡伦的功绩，把他发明的纸称为"蔡侯纸"。

由于战乱，很多百姓到朝鲜半岛避难，造纸术也随之流传到了那里。公元七世纪，新罗（今韩国）统一朝鲜，造纸术得到发展，所生产的"高丽纸"受到中国书法家的喜爱。公元九世纪之后，造纸术通过丝绸之路传到古印度，之后又传到阿拉伯、西班牙、意大利、法国、德国并最终传遍欧洲。

造纸术的传播，不仅促进了文化的交流，也使教育得到普及，更成为唐朝印刷术诞生的催化剂，并深刻地影响了世界文明的发展进程。

华佗

汉朝时期，儒家思想占据统治地位，其影响遍及社会生活的各个方面，医学也不例外。儒家奉行"身体发肤，受之父母"，所以我国的医学一直以内科为主，可是在东汉末年这一传统被一位杰出的医学家打破，他就是"建安三神医"之一的华佗。

东汉末年，政治动荡，外戚宦官专权。为了巩固政权，他们相互倾轧，内乱不断，瘟疫流行，百姓成了最终的牺牲品。看透了官场的黑暗后，华佗立志以医济世，希望可以解除苍生的苦难。

华佗是曹操的同乡，生于沛国谯县（今安徽亳州市谯城区），字元化，家族曾是盛极一时的士族，可是到华佗出生时已经衰败了，于是他成了复兴家族的希望。华佗从小学习刻苦，《诗经》《周易》等古籍的阅读极大地提高了他的文学素养，家乡盛产药材则为他接触医学奠定了基础。

华佗

我国的医学在春秋时期已经很发达，出现了对后世影响深远的医学典籍，如《黄帝内经》《神农本草经》等，诊断手法和治疗手段都已基本确立。华佗不同于其他名医，他并没有专门拜师，而是精心地研读这些医学著作，在实践中不断地探索，到中年时他的医术已经到了炉火纯青的地步。书籍中记载的古人高尚的情操、以医济世的事迹也深深地感染了华佗，使他决心做一位有医德的悬壶济世的医生。

华佗的医术非常精湛，《后汉书·华佗传》说他"晓养性之术""精于方药"，诊断精确，在内科、外科、妇科、儿科的治疗上都很有心得。他在医学上最重要的贡献是在外科中首创了全身麻醉法，这一特殊的贡献让他成了中国的"外科鼻祖"。

《后汉书·华佗传》载："若疾发结于内，针药所不能及者，乃令先以酒服麻沸散，既醉无所觉，因刳破腹背，抽割积聚。"可见有了麻醉散之后，很多因针灸、汤药、药熨疗法无法根治的病都可以迎刃而解了，同时还减轻了病人的痛苦。可惜的是麻醉散的配方现在已经不可考了。其实麻醉性药物很久之前就存在了，但只是人们为达到不可告人的目的而采取的一种手段，并没有用在医学上。麻醉散在外科手术上的使用不仅在我国医学史上，就是在世界医学史上都具有跨时代的意义，而且这个发现比欧洲早了近千年。

华佗还注意到运动对人体疾病的预防作用，于是身体力行发明了"五禽戏"。所谓的"五禽戏"是指：模仿五种动物的动作，再配以合理的气息调理，达到舒筋活血、疏肝健脾、手足关节灵活为目的的一种健身方法，常常练习可以益寿延年。据说，华佗的弟子们由于练习"五禽戏"年近七旬还耳聪目明、齿发坚固。

除此之外，华佗还擅长望诊和切诊，在方药、针术和灸法上也很有造诣，他能通过望诊准确判断出病情，而且只扎几个穴道就可使病人痊愈。

为了使自己的医学经验造福更多的人。华佗一面广收门徒，一面积极撰写书稿，然而他的很多著作都已遗失。幸运的是，他的医道得以流传，而且他的门徒中出现了很多卓有成就的人：樊阿、吴普、李当之。他的一些医学经验也由弟子们继承下来并写进了自己的著作，如李当之的《本草经》。

华佗去世之后，人们为了纪念他多处修建庙宇和墓碑。在他家乡建立的华祖庙中，人们用一副对联来评价他的一生："医者剖腹，实别开岐圣门庭，谁知狱吏庸才，致使遗书归一炬；士贵洁身，岂屑侍奸雄左右，独憾史臣曲笔，反将厌事谤千秋。"此外后人还用"华佗再世""元化重生"来称誉为人们解除病痛的医生，可见华佗对后世影响之深远。

钟繇

钟繇，字元常，生于东汉的名门望族，祖籍颍川长社（今河南长葛），先人以德行著称于世，小时丧父，由叔父抚养成人，东汉末以孝廉进入仕途，因平董卓之乱有功，得到曹操的赏识，官至任侍中、司隶校尉，并辅助曹操平定北方。曹操去世后，他辅助曹丕，同样受到重用，先后被升任为大理、相国、廷尉、太尉等职。曹丕对他评价很高："乃一代之伟人也，后世殆难继矣。"

明帝即位之后，钟繇迁为太傅，故世称钟太傅。钟繇去世之后，明帝亲自前往悼念，并谥为成候，可见曹氏家族对他的重视程度。在三国群雄并起的时代，钟繇在政治和军事上的才能也许并不突出，可是他在书法上的造诣却无人可以替代。

钟繇早年擅长隶书，在对隶书进行多年的研究之后创出自己独特的风格——楷体。陶宗仪《书史会要》云："钟王变体，始有古隶、今隶之分，夫以古法为隶，今法为楷可也。"可知他的楷体是由古隶转变而来，而且其楷体初成之时还明显地留有隶书的痕迹。

钟繇对书法有自己独到的见解，他认为书法创作要有自然之气，即要效法自然界，顺其势而发展，浑然天成，不可过分的人工雕琢，让自然之美充斥在整个书法艺术之中。基于这种艺术观点，钟繇的书法自然飘逸，点画在变化之间流露出厚重醇古之感，字的结构周密严整，无雕刻之痕迹。尤其是他的小楷字，风格古朴、笔画秀挺、字体匀称。

钟繇之后的书法家，开始竞相临摹钟体．如晋朝的王羲之父子、唐朝的颜真卿、宋朝的黄庭坚，而小楷在晋朝王羲之的手里最终成型，并达到完善，确立了其审美的标准。可惜的是，钟繇的真迹被历史的长河淹没了，现在人们所看到的大都是后人的临摹本，如《宣示表》《贺捷表》《荐季直表》等。

诸葛亮

诸葛亮是三国时期蜀汉杰出的政治家、军事家、战略家、外交家，他是一位家喻户晓、妇孺皆知的历史人物，历来以忠义、智慧的形象在百姓心中位置如神。

诸葛亮（181~234），字孔明，号卧龙先生。诸葛亮于汉灵帝光和四年（181年）出生于琅邪郡阳都县（今山东沂南县）的一个官吏之家。诸葛氏是琅邪的望族，先祖诸葛丰曾在西汉汉元帝时做过司隶校尉（卫戍京师的长官）。诸葛亮父亲诸葛硅，字君贡，东汉末年做过泰山郡丞。

诸葛亮9岁母亲张氏病逝，12岁丧父，与姐姐以及弟弟诸葛均一起跟随由袁术任命为豫章太守的叔父诸葛玄到豫章赴任。

叔父诸葛玄病逝后，诸葛亮和姐弟失去了生活依靠，便移居南阳，17岁的诸葛亮与友人徐庶等从师于水镜先生司马徽。后在隆中隐居，广交江南名士，其智谋为大家所公认，有匡天下之志。他密切注意时局的发展，所以对天下形势了如指掌，人称"卧龙"先生。

经人推荐，刘备亲自前往卧龙岗拜访诸葛亮，去了三次才见到（史称"三顾茅庐"）。刘备叫其他人避开，对诸葛亮提问道："汉室倾颓，奸臣窃命，主上蒙尘。孤不度德量力，欲信大义于天下，而智术浅短，遂用猖獗，至于今日。然志犹未已，君谓计将安出？"

诸葛亮遂向刘备陈说了三分天下之计，分析了曹操不可取、孙权可作援的形势；又详述了荆、益二州的州牧懦弱，有机可乘，而且只有拥有此二州才可争胜天下；更向刘备讲述了攻打中原的战略。诸葛亮这些论述后世称之为《隆中对》。刘备听后大赞，力邀诸葛亮出山相助，于是诸葛亮步入仕途。

诸葛亮一生的功绩大致可分为三个阶段。

第一阶段是从出山至入川前。这一阶段，诸葛亮主要表现的是自己的外交能力。尤其是他在赤壁之战中的游说，使得孙刘结成同盟。诸葛亮在孙权面前谈论战事时的精细，与当时东吴大都督周瑜、参军校尉鲁肃等人的不谋而合，说明他对这场战争看得很清楚，诸葛亮确有军师之才。

第二阶段是诸葛亮入川到白帝城托孤。这一阶段诸葛亮主要表现的是自己出色的治政能力。可以说，蜀国在诸葛亮死后还能撑一段时间，和这一阶段诸葛亮对西川的治理有关。这一阶段，刘备先后屯兵于公安和阳平关，成都的全部内政都交给了诸葛亮。和演义中不同，汉中之战以及此前的定军山之战，诸葛亮都没有参与，他一直守在成都。

第三阶段是刘备死后到诸葛亮病逝，这一阶段，诸葛亮的精力已经由内政转向了军事。

1. 木牛流马。"木牛流马"使得蜀兵能在险恶的蜀道上迅速行军，对当时的军粮运输有很大的贡献。

2. 八阵图。诸葛亮为了提高蜀军的战斗力，将古代的"八阵"加以变化，成了后世所说的"八阵图"。八阵图纵横各八行，用辎车作为主要掩体，以鼓声和旗帜等指挥军队，可以变化许多阵法。

3. 连弩。类似架设在兵车上的武器，是一种可以连续发射的弓箭，在当时是很有威力的武器，是诸葛亮根据旧有的技术所制成的。

4. 孔明灯。诸葛亮发明的一种用来向救兵传递信息的空飘灯，也是热气球的起源。

建兴十二年（234年）二月，诸葛亮于北伐途中在五丈原（今陕西岐山南）病故，谥曰忠武侯。

曹操

曹操一生顺应时代潮流，统一北方，创立魏国，抑制豪强，发展生产，实行屯田制，还督促开荒，推行法制，提倡节俭，使遭受大破坏的社会开始稳定、恢复、发展。史书称之为"清平之奸贼，乱世之英雄"。

曹操（155~220），字孟德，沛国谯（今安徽亳州）人。出生于一个显赫的官宦家庭。东汉末年杰出的政治家、军事家、文学家、诗人。

年轻时期的曹操机智警敏，有随机权衡应变的能力，而任性好侠、放荡不羁，不修品行，不研究学业，所以社会上没有人认为他有什么特别的才能，只有梁国的桥玄等人认为他不平凡。桥玄对曹操说："天下将乱，非命世之才不能济也，能安之者，其在君乎！"

曹操于汉末黄巾时显露头角，后被封为西园八校尉之一，参与了天下诸侯讨伐董卓的战争。董卓死后，独自发展自身势力，纵横乱世，南征北战，先后战胜了吕布、袁术，并接受了张绣的投降。公元200年，曹操在官渡（今河南中牟县东北）以少胜多挫败河北袁绍，公元201年在仓亭（今河南管县东北）再次击破袁绍大军，并于207年北伐三郡乌桓，彻底铲除了袁氏残余势力，基本统一了中原地区。208年，曹操成为东汉政权丞相，南征荆州刘表，十二月于赤壁与孙刘联军作战失利。211年七月，曹操领军西征击败了以马超为首的关中诸军，构筑了整个魏国基础。公元212年又击败了汉中张鲁，至此，三国鼎立之势基本成型。公元213年，汉献帝派御史大夫郗虑册封曹操为魏王，于邺城建立魏王宫铜雀台，享有天子之制，获得"参拜不名、剑履上殿"的至高权力。公元220年，曹操于洛阳逝世，享年66岁，谥号"武王"，死后葬于高陵。曹操一生未称帝，他病死后，曹丕继位后不久称帝，追谥为"武皇帝"。

曹操在北方屯田，兴修水利，解决了军粮缺乏的问题，对农业生产恢复有一定作用；用人唯才，打破世族门第观念，罗致地主阶级中下层人物，抑制豪强，加强集权。所统治的地区社会经济得到恢复和发展。黄河流域在曹操统治下，政治有一定程度的清明，经济逐步恢复，阶级压迫稍有减轻，社会风气有所好转。

曹操一生以"安民定天下"为己任，以齐桓公、晋文公为榜样。但曹操对自我有着许许多多的自卑和不安全感，信奉"宁我负人，毋人负我"的人生哲理，所以个性极为猜疑和残忍，行为复杂多变，令人难以捉摸。

在文学方面，曹操父子形成了以"三曹"（曹操、曹丕、曹植）为代表的建安文学，史称"建安风骨"。曹操善诗歌，如诗歌《蒿里行》《观沧海》等抒发自己的政治抱负，诗中反映汉末人民苦难的生活，气魄雄伟，慷慨悲凉，在文学史上留下了光辉的一笔。

孙权

孙权是三国时期最重要的历史人物之一，在推动三国鼎立局面的形成过程中，起着至关重要的作用。孙权还是中国历史长河中屈指可数的有作为的帝王之一，在内政、外交、军事、经济等各个方面都有卓越的建树。

孙权（182～252），字仲谋，吴郡富春（今浙江富阳）人，是东吴政权的开国皇帝。

传说，孙权的母亲吴氏夜晚梦见红日东升，黄龙入体，不久就生下了孙权。孙权的父亲孙坚原来只是一县的小吏，黄巾起义爆发后，他招募兵勇千余人拥兵自守，升为别部司马，继为长沙太守，曾依附袁术巩固势力，192年在与刘备作战中中箭身亡。孙坚的长子，当时年仅17岁的孙策以孙坚旧部为基础占据江东，不到十年时间便削平江东各方割据势力，成为江东霸主。孙策非常喜欢弟弟孙权，经常把他带在身边。公元200年，孙策被刺，18岁的孙权便成了江东的新主人。

孙权的一个长处是"好侠，养士"，能好侠，就会义声远播；能养士，就有士肯出死力。孙权继承了孙策的基业之后举贤任能，把父亲的旧部下、哥哥的部下及好朋友都团结在一起，并很快赢得了部下的支持，使江东名士张昭、周瑜、鲁肃、程普、太史慈等对他"委心而服事焉"，因此很快稳定了东吴的局势。

在当时混乱的局面下，每一个稍有能力割据一方的势力都想得到扩充。北方的曹操、襄阳的刘表、盘踞蜀地的刘备以及孙权都在明争暗夺。但是刘表无能，举措失宜，所以地位不稳。其他三家都将目光投向了他。建安十三年（208），孙权一举灭掉刘表的江夏太守黄祖。但未等孙权对刘表用兵，曹操已率大军袭襄阳，继承刘表的刘琮不战而降，荆州被曹操占领。接着，曹操从江陵顺江东下，图谋一举消灭孙权，席卷江东。出发前，他写信恫吓孙权说："今治水军八十万众，方与将军会猎于吴"。对此，年仅26岁的孙权显露出他的足以与曹操、刘备并称无愧的政治家的才干。当他听了东吴内部主战派和主降派七嘴八舌的辩论以后，"拔刀斫前奏案曰：'诸将吏敢复有言当迎操者，与此案同！'"这是何等的气魄！也正因为他有抗曹的巨大决心，在各方面又处置得宜，因而才取得了在赤壁之战中以孙、刘五万联军大破二十多万曹军的奇迹。从而形成了三分天下、三足鼎立的局面。

219 年，孙权夺取了荆州，袭杀了蜀国大将关羽，次年又在彝陵之战中大败刘备，控制了长江中下游地区。229 年，孙权趁魏明帝年轻、吴国与蜀汉关系较好的时机称帝，改元黄龙。

孙权在开展军事、外交活动和扩大地盘的同时，还注重发展生产、富国强兵。他的另一大历史功绩就在于对江南的开发。

东汉以前，江南经济虽有进步，但还相当落后。东吴政权是在江南建立的第一个大政权，它的规模和实力，要远超过秦以前的吴、越、楚，而足以与北方的曹魏和西南的蜀汉相抗衡。为了维持这个大政权，需要相应的人力、文化、技术和经济条件，这对江南的开发是有利的。

孙权接替孙策主事不久就开始推行屯田制度，他还兴修水利，开凿了几条运河，使江南地区的农业、手工业、商业和航海业有了长足的进步，促进了我国经济重心由北向南的转移。另外，孙权在称帝之前就在交州和广州设立郡县，242 年又派兵攻占海南岛，此间还发兵横渡海峡到达台湾岛，基本上统一了江南地区。

东吴在孙权统治时期，始终保持着较强的实力，成为三国中延续时间最长、最后一个灭亡的政权，连同时期著名的政治家曹操也感叹道："生子当如孙仲谋！"

刘备

刘备一生的大部分时间是在战争环境下度过的，可谓鞍马劳顿，倥偬数十载，终于成就大业。作为三国时期的蜀国皇帝，他在中国历史上留下了深刻的足迹。

三国时代，曹操、刘备、孙权都是杰出的政治家。若论他们的德行、品格，曹、孙则远远不如刘备。刘备立身处事所表现出的品格特点，虽属于中国传统的政治思想理念范畴，但作为政治家的品格而言，至今仍不失为一面光亮的镜子。

刘备（161~223），字玄德，河北涿州市人，三国时期著名的军事家、政治家。蜀汉王朝的建立者。

据说，刘备是汉景帝之子中山靖王刘胜的后代。刘胜之子刘贞，西汉元狩六年（前 116）被封为涿县陆城亭侯，因为不及时向皇帝缴纳贡金，失去侯爵之位，于是家道中落，世代成为涿县人。

刘备少年丧父，家境贫寒，与母亲贩鞋织席为生，虽然处境艰难，但他却胸怀大志，对前途充满了憧憬和希望，他坚信终有一日能够摆脱贫困，干一番大事业。小时候，家中有株大桑树，遥望如同车盖，刘备与同宗族中的小孩在树下玩耍时说："我一定会坐有羽饰华盖的车。"叔父刘子敬听到后，当下斥责他："不许胡说，你想招来灭门之祸吗?"可见其志不在小。

刘备平时不大讲话,喜怒不形于色,但很善于接近他人。由于他喜欢结交天下豪侠,所以周围聚集了包括关羽、张飞在内的一批有作为的青年人。

东汉末年,朝政混乱,百姓不堪其苦。张角领导黄巾起义军趁势而起。188 年,刘备与关羽、张飞在涿县组织起了一支地方武装,加入东汉王朝扑灭黄巾起义军的战争,史料记载他:"数有战功""有武勇"。战争结束后,刘备建立了正规武装力量,任平原相(县令)。196 年升任徐州牧,官拜镇东将军,封宜城亭侯。徐州被吕布攻占后改任豫州牧。

在东汉末年的军阀混战中,刘备集团的力量相对较弱,又无稳定的根据地,一直处于颠沛流离的境地,曾经一度寄居于大军阀曹操、袁绍、刘表之下。但刘备为人的品质和品格方面符合中国传统的政治思想理念,所以所到之处都深受礼遇和尊敬。而且,他的这种政治品格也使他能够将一大批优秀的政治、军事人才收为己用,最典型的范例就是诸葛亮。

建安十二年(207 年)末,徐庶拜见刘备,刘备非常器重他。徐庶就向刘备举荐了诸葛亮。三顾茅庐之后,诸葛亮向刘备献上了隆中对。刘备按照诸葛亮的战略方针:占荆州、联孙吴、退曹兵、入四川,最后在 221 年,以汉室之正宗后裔的身份于成都称帝,建立蜀汉王朝,疆土包括今四川及云南、贵州北部、陕西旧汉中府一带。刘备对诸葛亮始终非常爱惜、尊重。

刘备作为一个优秀的政治家、军事家,他的优点是多方面的,如爱民爱才、宽厚仁义、知人善任,待人公正真诚等。《三国志》评论刘备"先主之弘毅宽厚,知人待士,尽有高祖之风,英雄之器焉。及其举国托孤于诸葛亮,而心神不二,诚君臣之圣公,古今之盛轨也。机权干略,不逮魏武,是以基宇亦侠,然折而不挠,终不为下者,抑揆彼之量,必不容己,非唯竟利,且以避害云尔。"

223 年,蜀国在刘备执意要为关羽报仇而发动的对吴战争中失败,同年四月,刘备在白帝城(今重庆奉节)病逝,谥号为"昭烈"。

关羽

凝聚在关羽身上而为万世共仰的忠、义、信、智、仁、勇,蕴涵着中国传统文化的伦理、道德、理想,渗透着儒学的春秋精义,并为释教、道教教义所趋同的人生价值观念,实质上就是彪炳日月,大气浩然的华夏魂。

关羽(? ~219),字云长,本字长生,并州河东解州(今山西省运城市)人,三国时期蜀国名将。被后来的统治者崇为"武圣",与号为"文圣"的孔子齐名。

关羽出生在一个有封建文化教养的农家,青少年时期在家习文练武兼作农事。因其熟读《左传》,长须飘飘,人称美髯公。中平元年(184),关羽在家乡路见不平,杀死郡豪,逃亡到涿郡。时逢刘备在招兵买马,与其相谈,甚为投机,便投到了刘备的旗下。后辅佐刘备成就大业，曾大破曹军，威震一时。

　　建安四年（199），曹操出兵亲征刘备。刘备惨败，北投袁绍，困守下邳（今江苏睢宁县西北）的关羽被俘。曹操十分爱惜关羽的将才，拜为偏将军，礼遇优渥，但关羽丝毫不为之所动。关羽坦率地表达了自己的心迹，说："吾极知曹公待我厚，然吾受刘将军厚恩，誓以共死，不可背之，吾终不留，吾当报曹公乃去。"后袁绍与曹操交战，关羽策马奋勇当先，在万军之中力斩袁绍的两员大将颜良、文丑，解白马之围。曹操上表封关羽为汉寿亭侯，并重加赏赐。关羽却分毫未取，封金挂印，留下书信拜谢曹操，骑坐赤兔马，提一口青龙偃月刀，千里走单骑，过五关斩六将，赴袁绍营中寻找刘备。

　　公元219年7月，关羽受刘备取汉中胜利鼓舞，北上取襄樊；曹操以于禁为将，督7军救曹仁，同时命徐晃率军进驻宛城。8月，山洪暴发，淹于禁等7军，关羽乘机攻击，庞德不降被杀，于禁投降；曹仁沉白马坚守樊城。关羽以偏将攻襄阳。自己亲自攻打樊城，并于樊城北布下阵地，以防北方曹军援兵；同时派人向附近郡县策反，荆州刺史胡修、南乡太守傅方投降，许昌以南部分官吏也暗中策应关羽；陆浑人孙狼聚众暴动，响应关羽，邺城魏讽乘机企图发动政变，即所谓"威镇华夏"。

　　曹操听取司马懿、蒋济等人意见，与孙权结盟，同时命徐晃率军救曹仁，并命名将张辽火速援曹仁。孙权故意派陆逊代吕蒙，关羽大意，遂抽走荆州部分守军；闰十月，孙权令吕蒙为大督，率军袭取江陵，孙皎后继，另派右护军蒋钦督水军进入沔水（汉水），防关羽顺流而下。吕蒙至寻阳（今湖北黄梅西南），将战舰伪装成商船，兵士扮为商人，昼夜兼程。

　　至公安，迫蜀守将傅士仁归降，继用傅士仁劝降了江陵守将糜芳，并厚待关羽将士眷属，释放关羽俘获的魏军将士，抚慰百姓。同时，令陆逊进至夷陵（今宜昌境），西防刘备。徐晃到前线后，与曹仁取得联系，曹仁军士气大增；为离间孙刘，从中渔利，乃令部将将孙权来信射入关羽营中，关羽见后，犹豫不决，军心动摇。徐晃乘机大举进攻关羽据点，大破关羽，并乘机打通樊城路线。是时，洪水退，曹仁引军配合徐晃攻击关羽，文聘从水路断关羽粮道，关羽节节败退。

关羽

　　关羽知荆州已失，急忙退军，士兵得知其家属获厚遇，士气剧降。关羽眼见大势已去，就退走麦城，向上庸方向撤退。最后在突围中被吴将潘璋所擒。

　　不久，孙权诛杀了关羽。一代骁将，从此陨落。

魏文帝曹丕

世人皆知曹操是惜才爱才之人，且本人也才华横溢。作为曹操的儿子，没有才华根本不可能亲近父亲，更别谈继承他的事业。在曹操众多的儿女中，曹丕从小聪慧好学，八岁就能作诗，长大之后更是博览群书，才华出众，深得父亲喜爱。这一切都为他将来的霸业奠定了基础。

曹丕（187—226年），曹操次子，字子桓，安徽亳县人，三国时期著名的政治家、文学家。曹丕生于乱世之中，他在《典论·自序》自叙："余时年五岁。上以四方扰乱，教余学射，六岁而知射。又教余骑马，八岁而知骑射矣。以时之多难，故每征，余常从。"

在南征北战之中，曹丕很快成长为将才，建安十六年（公元211年）被封五官中郎将、副丞相等职，于延康元年（公元220年）继承丞相之职。经过多次斗争，他从兄弟手中夺得兵权，坐稳了丞相之位。不久，他逼汉献帝刘协禅让帝位给他，改国号为魏，定都洛阳，史称魏文帝。

曹丕是三国中最早称帝的君主，汉朝四百年的历史终于在曹丕这里终结，可是三国鼎立的局面并没有改变。曹丕登基之后，励精图治，采取了一系列的政策来振兴魏国。他坚持大权独揽，为了达到这个目的，他限制后党权力，使他们不得干预朝政，随后又设立中书省，并由士人充任，直接听命于自己。

他创立了九品中正制，把权力收归朝廷，确立和巩固了士族豪强在政治上的特权，为魏晋南北朝时期的士族门阀制度奠定了基础。他实行宽仁政策，主张减少赋税、兵役和徭役、反对奢华的葬礼和祭祀。他还注重发展农业生产，兴修水利，实施屯田制。

曹丕在位的短短七年间，巩固了魏国的统治，表现了卓越的政治才能。可是曹丕在军事指挥上却是失败的，他曾三次率军出征，三次无功而返。更糟糕的是，他明知刘备攻打吴国必败，却没有抓住机会统一三国，而是轻信孙权，坐山观虎斗，错过了最好的时机。刘备败北之后，孙权失言和魏国反目，曹丕怒火中烧，亲自率兵攻打吴国，不想大败而归，一病不起，于公元226年5月病死于洛阳宫内，终年40岁。

曹丕是历史上少有的文武双全的帝王，作有《典论》及诗赋函札百余篇，是建安时期文学的代表人物之一。其《燕歌行》是历史上最早的也是最规范的七言诗。不仅如此，他还是文学史上最早的评论家之一。

作为帝王，曹丕结束了汉的统治，巩固了魏的基业，为以后三国的统一做出了贡献。而且在他的扶植下，建安文学得到发展，所以说曹丕是一位名副其实的文武帝王。

王羲之

晋代书法在总结前人成就的基础上出现了高峰，其中楷书和行书的成就尤为突出。值得一提的是，在隶书的基础上又演变出一种新的书体——隶草，由于这种字体多用于书写奏章，故又名章草。

这一时期各种书体艺术已经成熟，书法所透露出的艺术美也越来越显著，以王羲之的成就最为突出，其字"飘若浮云，矫若惊龙"，后世尊称他为"书圣"。由于其声名太盛，关于他的脍炙人口的典故，如"入木三分""东床和令坦"等在后世广为流传。

东晋书法家王羲之，字逸少，号澹斋，祖籍琅琊临沂（今山东临沂县北），生于东晋时的豪门望族，其先辈不仅在东晋朝野呼风唤雨、权倾一时，书法也很有造诣。良好的家庭氛围让他得到很好的书法教育，少时曾师从叔父、姨母卫夫人学习书法，并积极观摩前人名家书贴。

王羲之从小为人率直不慕荣利，"坦腹东床"的事情更成为当朝后世的美谈。他虽不喜仕途，但在优越的家庭背景下，一出仕就担任秘书郎，后不断升至右军将军、会稽内史，故后被称为"王右军""王会稽"。

王羲之得到卫夫人的真传，他对隶书和楷体极有心得，尤其是钟繇所创的小楷字在王羲之笔下更加的秀美。可是他并没有满足，

王羲之

不断钻研张芝的草书、李斯的篆体，吸取历代书法名家之专长，一改以往书法的古朴风格，笔法更加的精巧别致，终创出属于自己的书法风格，在楷书、草书、行书上取得很高的成就。

王羲之以人为字，把自己的性格、情趣、襟怀融入书法之中，把书法带入了另外一种境界，而且书法的美感也大大加强了。

王羲之的字，俊秀飘逸、笔力遒劲，其中草书以细腻见长，精致典雅，字体俊逸妍美，代表作《快雪时晴贴》《初目帖》。他的楷书结构多变而开合有度，笔法婉转多姿，字体俊秀，代表作《黄庭经》《乐毅论》。他的行书自然之中露出平和之气，笔力刚劲有力，却又柔韧有余，代表作《兰亭序》。梁武帝称赞他的书法是"字势雄厚，如龙跳天门，虎卧凤阙。"

在王羲之的众多著作中，《兰亭集序》最享有盛誉。此序作于永和九年（353年），

当时王羲之和朋友在兰亭饮酒作诗，后集成《兰亭集》，并应邀为此集作序。据说当时的王羲之饮酒过多，在似醉非醉之时挥笔写下了序文，可是酒醒之后却再也找不到当时的灵感。

《兰亭集序》共二十八行，三百余字，横、竖、点、撇、钩无论是哪一个笔画都极尽变化，使得每一个字均挺拔劲健独有新意，即使是同一个字在笔画飞转之间也有变化，无一雷同，米芾称其为"天下行书第一"。

《兰亭集序》不仅在书法上卓有成就，在文学上也因立意深远、文辞优美而成为千古佳作。可惜的是，《兰亭集序》后遗失了，现在看到的都是后人的临摹本。

王羲之的才华对他的儿子影响很大，他的七个儿子个个精通书法，尤其是第七子王献之，成就尤高，与父齐名，后世将他们父子并称为"二王"，这种特殊的家族现象被后世传作佳话。

陶渊明

中国文学发展到魏晋时期出现了很大的变化，当时战乱频繁，士族大夫为了排解心中的苦闷，用诗歌来阐述他们的玄老思想，于是诗的艺术性被削弱，而成了实实在在的宣传工具。这时急需有人来打破这种格局，重新把诗歌带回到自然的本源上来，陶渊明就是走在这个时代前列的人。

陶渊明，又名潜，字元亮，号五柳先生，谥号靖节，东晋杰出的田园诗人。他出生于曾显赫一时的仕宦家庭，可是很不幸，他年幼时家道开始衰落，父母早亡，于是他寄住在外祖父孟嘉家里。孟嘉是东晋名仕，家里有大量的藏书，这给陶渊明提供了博览群书的大好机会。在晋代，道家思想占据统治地位，但是陶渊明并没有受时代思潮的束缚，而是接受了儒家和道家两种不同的思想。

年轻时的陶渊明也曾怀有儒家治国平天下的理想，孝武帝太元十八年（385 年），他出任江州祭酒。可是在门阀制度森严的晋代，他庶族的身份被人轻视，于是他愤然辞官，之后他又历任参军、彭泽县令，但都失望而返。这时他所接受的道家思想已经主导了他的精神世界，《归去来兮辞》就是他与上层统治阶级决裂的豪迈宣言，他最终选择了隐居生活。

辞官之后的陶渊明开始了躬耕生活，起初他家中还有"方宅十余亩，草屋八九间"，但义熙四年（408 年），因家中失火导致他的生活更加穷困，常常需要朋友接济，甚至"夏日抱长饥，寒夜列被眠"。即使这样他也不愿意与当局者妥协，谢绝了檀道济的邀请和馈赐，表现了固穷守节的志趣。

长期的归隐农耕生活让陶渊明更加接近自然. 并且他的思想也受到影响，表现在诗文歌赋上则是题材多以描写清新的自然风光和质朴的农村生活为主，开创了田园诗题材。陶渊明的田园诗语言精练而质朴，多用白描手法抒发清明而淡远的情感，朴素、自然、真淳是他诗歌总的特点。

在《归园田居》中，他不仅用清新的笔调表现了农村生活的淳朴优美，劳动的喜悦，风格恬淡而富有生机，还表现了日常生活的悠闲自得和农民生活的清贫。陶渊明作为一个郁郁不得志的士大夫，他没有直接去表达对现实社会的不满，而是用田园诗恬静和美好的境界来否定现实，尤其在《桃花源记》里，他的这种美好理想得到了更充分的展现。

饮酒诗是陶渊明的又一大诗歌主题，他的《饮酒》诗共二十首，题为饮酒，实则是借酒咏怀，题材很广，或抒发无拘无束的生活，或回忆往昔，或写生活中的清苦，或写他的乐观精神，表现了他怡然陶醉的隐居情怀，意境优美，含蓄深邃。

陶渊明还写了大量的咏怀诗，以《杂诗》和《山海经》为代表。在《山海经》中，作者借歌颂精卫、刑天等神话人物来抒发自己大济苍生的志向永不熄灭，《杂诗》则多是表现他的苦闷和高洁情操。

公元 427 年，陶渊明在饥寒交迫中走完了他的生命历程，与世长辞。陶渊明以他质朴清新的文风，打破了玄言诗的独霸局面，对后世产生了深远影响。

刘勰

在中国文学理论批评史上，《文心雕龙》以"体大而虑周"首开我国文学理论批评的历史先河，其作者刘勰博得了当时社会的广泛赞誉。

刘勰（约 465—约 532 年），字彦和，山东莒县人，自幼丧父，家境贫寒，从小好学，立志要成为栋梁之才。20 岁那年，刘勰的母亲去世，因生活贫困，他不得不居住在定林寺，并一直在那里生活了 10 年。寺院枯燥的生活，让他有更多的时间博览群书，钻研儒家经典。之后，他应邀整理佛经，并最终成了"博能经纶"的佛学家。

30 岁时，刘勰撰成中国历史上最早的文学评论巨著《文心雕龙》，声名大振，也因此得以告别寺院，踏上仕途之路。梁武帝时，他历任奉朝请、东宫通事舍人等职，晚年出家为僧，改名慧地。

《文心雕龙》是一部文学写作的指南，共 50 篇，其中涉及了写作中应该注意的各种事项，分四个主要部分，包括总论、文体论、创作论、批评论。刘勰崇尚儒学，所以儒家思想成为《文心雕龙》的指导思想。他试图通过儒家经典的内容和表现手法来探讨文章的指导思想、评价标准和文体渊源。他认为文学的发展与时代和社会政治是紧密相连的，但是他又提倡文学不能拘泥于时代，要在继承上求发展。

针对南朝浮靡的文风，他详细地论述了风格和风骨对于文章的重要性，他认为在创作的过程中应"为情而造文"，把创作者的情感和思想融入作品中，而且作家要不断加强自身的修养，在生活中不断地积累素材，写作过程中再加以合理的想象，这样文章才会有自己的风格。

不仅如此，刘勰还在著作中对很多修辞手法、结构、文章裁剪、内容与形式的关系等做了精辟的论述，他所使用的一些理论术语如"意象""风骨""为情造文"，成为现代人评论古文的常用语。

文学评论古已有之，如魏晋时的曹丕，但是到了刘勰，批评文学发展得更为合理化。在《时序》和《知音》中，刘勰对文学批评应该注意的问题进行了详细的论述，强调批评家的修养和博观对正确评价作品的重要意义。例如关于批评态度问题，他认为作家要具备广博的知识，从文章的内容和形式进行全面的评析，不可以偏概全。在《知音》"六观说"中的位体、通变、事义、置辞、奇正、宫商就属于如何鉴别作品的内容与形式的论述。他的理论把文学批评推向新的阶段，时至今日，他的批评理论还对现在的文学批评有重要的参考价值，《文心雕龙》也成为中国文学批评史上杰出的著作。

《文心雕龙》中对文章的体裁与源流的阐述，是中国现存的关于文章体制和源流的重要参考著作。随着时间的推移，《文心雕龙》受到了许多国家的理论工作者的注意和重视。为了能更好地研究《文心雕龙》，国内外专门成立了"文心学"，也称"龙学"。

《文心雕龙》奠定了刘勰在中国文学史上和文学批评史上不可或缺的地位。除此之外，刘勰还写过不少有关佛理方面的著作，但是大部分已失传，今尚存《梁建安王造剡山石城寺石像碑》和《灭惑论》两篇散文。

郦道元

中国的文人墨客偏爱自然山水，无论是诗歌、散文还是其他文体著作，都可以看到山水的影子。专门的地理学著作更是层出不穷，其中有记载河流水道的，也有介绍人文地理的，像《山海经》《禹贡》《水经》等。但随着时间的流逝，地理情况在不断变化，急需一本能详尽记载古今地貌改变的书籍，郦道元的《水经注》就是顺应时代的要求应运而生的著作。

郦道元，字善长，生于北魏时期，祖籍范阳（今河北涿州市）。郦道元的家族曾出现过很多有政绩的官员，父亲郦范更是仕途顺利，曾在很多地方做官，郦道元跟随家人在辗转的过程中接触到各地的自然风光。

郦道元出生时北魏正处于鼎盛时期，成年之后他顺利进入仕途，得到魏孝文帝的重用，曾出任冀州长史、鲁阳郡太守、东荆州刺史、河南尹骑都尉、御史中尉和北中郎将等职务。因其为人刚正不阿、不畏强权、执法严厉，在政期间颇有政绩，但也得罪了很多位高权重的人，孝文帝驾崩之后，国内大乱，他也在就职途中被暗杀。

郦道元在任职期间亲自考察了河北、河南、山东、江苏等地的地貌，询问当地有阅历的老者，了解到很多古籍中遗漏的记载，如地名的变更，水道的变迁。为了使后人不混淆这些地理的变迁，他在《水经》的基础上，查阅古代地理专著，并以作注的形式开始了中国第一部综合性地理著作《水经注》的撰写工作。

郦道元没有拘泥于他所生活的时代，《水经注》从时间和地域上都有突破。时间上从先秦开始记载一直延续到北魏时期，约两千年的历史；地域上他不仅记载了全国的地理状貌，还记载了包括印度、朝鲜在内的国外河流的状况。

《水经注》在写作体例上也有突破，它以河道为纲，记述河道所经之处的地理状况，包括人文地理和自然地理的各个方面。在自然地理方面，他不仅记录了河流的发源地、干流、支流、水位，还介绍了影响河流改道的地理原因，河流所经之地的气候、土壤、湖泊、险滩、各种植物、动物、物产、自然灾害等。在人文地理方面，他记载了河流所经之地的古迹、民俗、神话传说、先进的手工技术和农业工程等。

《水经注》中还有很多考古和地名方面的记载，如古墓两百余处，宫殿一百余处，地名两万余处，更难能可贵的是他还介绍了很多地名的由来和变迁。当代著名历史地理学家侯仁之教授很确切地评价了《水经注》的价值："他赋予地理描写以时间的深度，又给予许多历史事件以具体的空间的真实感。"

除此之外，《水经注》还具有很高的文学价值。郦道元在写注时采用了山水游记的形式，笔力浑厚热情、语言清丽精美，描写抓住了事物的特征、结构严谨，使之成为魏晋时期山水游记的典范之作。

《水经注》全书40卷，近30万字，在历史的发展进程中，吸引了不少学者，到了明清时期还形成了专门的学术研究团体"郦学"。

北魏孝文帝元宏

他是我国历史上少有的改革家，他的谋略，他的勇气，他所取得的成就，不仅赢得了当时社会的赞誉，更对今天中国的历史产生了深远影响。有人说，他是民族的叛徒，有人说他是历史的巨人，但谁都无法否认他对我国的历史做出的巨大贡献，他就是北魏孝文帝。

北魏孝文帝，原名拓跋宏，后改名元宏，出生于公元467年的北魏。由于拓跋宏的父亲献文帝厌恶政治，一心修身养性，所以拓跋宏在3岁时就被立为太子，5岁便即皇帝位。在此后漫长的十余年里，北魏一直由拓跋宏的祖母冯太后执政，直到公元490年冯太后逝世，拓跋宏才开始亲临朝政。

孝文帝即位之初，北魏社会矛盾加剧，宗主势力强大，导致朝廷虚弱，鲜卑族官吏贪污成风，与汉士族争权夺利的斗争日益激烈，民族矛盾尖锐。于是鲜卑贵族中的一些有识之士强烈要求改革，加强朝廷统治。这一时期，北魏先后效仿南朝政治制度，进行了均田制、三长制、官吏俸禄制的改革，推动了鲜卑政权的封建化进程，还重用汉族士人，积极倡导务农囤粮，考核官吏。一时间，北魏政治清明，社会稳定，呈现一片少有的欣欣向荣的景象。

由于北魏长期偏隅北方，其都城平城（今山西大同东北）僻处北方内陆，交通闭塞，气候条件极其恶劣，不仅难以适应经济的发展，也不利于北魏统治整个中原地区，加上北方战事频繁，水旱疾病肆虐，人民生活困苦不堪。就当时的北魏而言，要想统一南方，就必须迁都中原。从政治上说，鲜卑人文化落后，要想消除民族隔阂，缓和民族矛盾，就要进行汉化改革，必须迁都；而平城为鲜卑旧都，保守势力大，改革势必遭到巨大阻力，也必须迁都，因而迁都中原势在必行。

公元493年，孝文帝置北魏众人的强烈反对而不顾，毅然决定迁都古都洛阳，并迅速开始实施汉化政策。其中，最重要的措施莫过于强令禁止鲜卑人讲胡语、穿胡服，明文规定要说汉语、穿汉服。作为一国之君，孝文帝言出必行，带头讲汉语，穿汉服，为以后各项改革措施的实施打下了坚实的基础。

孝文帝率先改拓跋姓为汉姓元，大大推进了北魏政权的汉化进程。而鲜卑族与汉族之间的通婚，则进一步融合了鲜卑族与汉族人民之间的关系，消除了双方存在的民族矛盾，两族人民团结一心拥护北魏政权。此外，孝文帝彻底废除了鲜卑旧的制度，效仿汉制，建立了完善的政治制度，大大促进了北魏政治、经济、文化等全方位的发展。

孝文帝不仅是一位文治武功的英名帝王，也是一位满腹经纶的文人学士，留下了很多传世佳句。不仅如此，在父亲的影响下，孝文帝还是一个虔诚的佛教信仰者，这直接促成了我国三大石窟之一的洛阳龙门石窟的出现。

在孝文帝的领导下，鲜卑族经济发展迅速，各民族间的经济、文化交流日益频繁，这在很大程度上缓和了北魏日益尖锐的社会矛盾，使千疮百孔的北魏统治又苟延残喘几十年。这是对西北少数民族进入中原后民族融合的发展史的一次总结，对统一的多民族国家的建立起着非常重要的作用。

公元499年，孝文帝举兵南征，病逝于北返途中，年仅33岁。

贾思勰

中国的历史是农业发展的历史，农业技术在自然科学中始终处于领先地位，可惜的是传统的官吏和知识分子专注于仕途，无暇顾及也不屑去关心记载这些丰富而宝贵的生产经验，于是农业著作无人问津，幸运的是我们还有贾思勰。

贾思勰经过多年的实践经验和总结前人成果，终于完成了我国历史上第一部完整的综合性农业科学巨著《齐民要术》。可是对历史进步做出如此大贡献的农学家，我们却在历史的书稿中找不到记载，所以我们没有办法考证他的一生经历。贾思勰，生平年月不详，大约生于北魏时期，祖籍齐郡益都县（今山东寿光市），可能生于世代务农的儒学世家，曾经做过高阳（今山东临淄）太守。

从《齐民要术》中可知，贾思勰从小喜爱农学，曾经游历过山西、山东、河北、河南等地，并对当地的农业进行考察研究，虚心向当地农民请教，获得了丰富的农业生产知识。中年之后，他回到故乡，亲自参加劳动，掌握了许多劳动技能。大约在北魏永熙二年（533年），他根据自己多年收集的资料和古书上，开始撰写《齐民要术》。

《齐民要术》分为10卷，共92篇，洋洋洒洒11万字，书中还附有"自序""杂说"。北朝时期战争频繁，农业荒废，百姓饥不能食，寒不能衣。贾思勰在《序》中阐述了他的富国以农的思想，并以古人管仲、商鞅等人为例来证明自己的观点。在《序》中他还参引农业古籍一百多种，收集农业谚语、民谣、典故等近百条。

《齐民要术》对农业和农副业都有详细的记载。在农业上，他对农作物从种植到收割的整个过程进行了详尽的阐述，指出影响植物高产的是选种、播种方法、施肥、灌溉、气候、土质等因素。在物种的培育和土质的改善上，他也提出独到见解。在解决物种上，他介绍了培育新品种的方法：人工选择、人工杂交和定向培育。在解决土质上，他提出轮种、套种的方法，而且还详细地记载了何种农作物轮种会产生最佳的效果。蔬菜的种植、果树的嫁接、如何预防虫害、野生植物的利用等知识在《齐民要术》中也有详细记载。

在农副业中，《齐民要术》记载了家禽的饲养和疾病预防的经验，其中很多方法一直沿用到了现在。此外书中还对我国的酿造技术进行了记录，包括酿酒、制酱、作醋、煮饧等；食物的保存和日常用品的生产在书中也占有一定比例。

《齐民要术》的出现给当时的社会农业注入了新的生命力，而且初步建立了我国的农业科学体系，并对后世农业发展产生了积极的影响。这部著作问世之后，不仅在民间争相传抄，历代政府也颇重视，到了宋朝曾经由官方刻印出版，作为各地的农业教科书。19 世纪的生物学家达尔文也从中受益，并称其为"中国古代的百科全书"。

孙思邈

孙思邈，陕西耀州区人，唐初医学家，生于一个农民家庭，从小体弱多病，家里为给他看病债台高筑。聪慧的孙思邈，7 岁入学，广泛阅览《老》《庄》及佛教经典，另一方面又沉迷于《内经》《伤寒杂病论》《神农本草经》等医学书籍，最终成了医学而著称的道士。后周宣帝时，因为社会动荡孙思邈隐居长白山，潜心修道，并开始研究养生之道。

孙思邈的一生曾经历两个朝代，受到四位帝王的青睐，可是他一生不仕，专心从医。他亲自采药为人治病，不断地总结临床经验，后又研究和总结前人的药方和医学理论，终其一生写成《千金方》。由于他对医药学的特殊贡献，后人称他为"药王""真人""药圣"。开耀元年（681 年）冬天，孙思邈无疾而终，享年一百零二岁（也有一百四一十岁之说）。

孙思邈

《千金方》全称《备急千金要方》，撰于永徽三年（652 年），共三十卷，涉及内科、外科、妇科、儿科等各个领域，共计二百三十二门，收方五千三百首。

作为一位医药学者，孙思邈医德高尚，所以他在《千金方》第一卷中论述了关于医德的内容：医生看病应该"不得问其贵贱贫富，长幼研荠，怨亲善友，华夷愚智，普同一等。"之后，他又论述了各种草药的功效和采摘季节，以及在制药中应注意的事项，并发明了蒸晒制药法。他还注重妇女与儿童的健康，著《妇人方》三卷，《少小婴孺方》二卷，置于《千金方》之首，奠定了宋朝妇科、儿科成为独立科目的基础。

孙思邈对养生、食疗也很重视，并在《千金方》中做了详细的记载。他认为人要延年益寿，第一要注意保持良好的心态，因为"怒而伤气""思虑伤神、悲能伤肺"。其次要有规律的生活节奏，要合理膳食，勤于锻炼等。在预防老年人疾病方面，他提出了很多建议："唾不至远，行不疾步，耳不极听，目不极视，坐不久处，立不至疲，卧不至懵。先寒而衣，先热而解。不欲极饥而食，食不可过饱；不欲极渴而饮，饮不欲过多。"这些理论对现代医学有很大的启迪作用。

《千金方》中对针灸、糖尿病、脚气病、肺脏证治、甲状腺肿大等均有记载，还对之前的所有临床经验做了详细的记录，所以这部著作倍受后人的重视。之后《千金方》传到日本，被不断地刊印，日本医生参考这部著作编撰了《医心方》，其中很多传染病的药方至今还在日本民间流传，对那里的医学发展产生了深远的影响。

隋文帝杨坚

汉朝灭亡后，中国经历了 3 个半世纪的分裂时期，汉人的统治地位逐渐被蛮夷之族所取代，秦汉时期辉煌的文化、艺术、建筑也在长年征战中严重受损。这时，一个改变历史的人物出现了，他就是在秦汉之后再次统一中国，建立隋王朝统一政权的隋文帝——杨坚。

公元 541 年，杨坚出生在北周一个军事贵族家中，父亲杨忠是北周柱国大将军。杨坚很有军事才能，14 岁时就到北周军队任职，在后来的南征北战中为宣帝夺得很多土地，官职也平步青云，一路飙升。宣帝死后将皇位传给了年幼的静帝，581 年，杨坚废静帝，推翻胡人的周朝，建立隋朝，即为隋文帝。

经过隋文帝的一番整顿，隋朝的国力逐渐强盛。从 588 年开始，隋文帝开始了统一中国的战争，他先灭掉割据南方的陈，随后琉球群岛（即今日的台湾）也宣布归降。589 年，中国长期四分五裂的局面宣告结束，隋文帝使中国又恢复了统一和平的时代。但是隋王朝的统治却并不长久，604 年，隋文帝驾崩，将皇位传给次子杨广。由于杨广统治政策失败，最终在 618 年被反对者杀死，盛极一时的隋王朝也随之灭亡了。

可是隋王朝的灭亡并不代表中国统一道路的终结，相反，建立在隋朝统一基础之上的唐朝取得了极大繁荣，其统治框架就是隋朝留下来的，并一直被历朝沿用了一千多年，隋文帝成为影响世界的 100 名人的原因也正在于此。

隋朝统一后，隋文帝在政治、经济等方面进行了一系列改革：在中央实行三省六部制，在地方实行州、县制，亲自任免中央官吏，使中央集权得到巩固；修建了两座规模巨大的都城，其中大兴城（即今西安）当时被誉为"世界第一城"，对后世都城建设影响深远；修建了连接黄河和长江的大运河，不仅沟通了南北经济，同时将南北两个文明联系起来。此外，他还修订刑法、改革土地制度、设置粮仓等，使隋朝出现政治清明、经济繁荣的景象，其统治时期被称为"开皇之治"。

在以上隋文帝的改革措施中，还有一项重要改革没有被列出，即科举制度。科举制度是用考试的方式选拔人才，使社会各基层有才能的人都有机会为国家效力。科举制度被以后历朝历代沿用，直到清朝末期才被废除，它对中国历史产生的影响是无可比拟的。

美国著名物理学家，对历史有深入研究的麦克·哈特曾将中国的隋文帝和欧洲的查理曼大帝做比较，他认为，虽然查理曼在西方广为人知，但其影响力却远不如隋文帝。因为"西欧许多重要地方……从未被查理曼征服"，并且"查理曼帝国不久就分裂了，再也没有统一过。"而隋文帝"成功的统一了整个中国"并且"持续了下去"。

李世民

李世民生于开皇十八年（599 年），早年随父亲李渊进军长安并于 618 年建立唐朝，他率部征战天下，为大唐统一立下汗马功劳，被封为秦王、天策上将。他率部平定了薛仁杲、刘武周、窦建德、王世充等割据势力，最终统一中国。

626 年，李世民发动玄武门之变，杀死了自己的兄弟太子李建成、齐王李元吉二人及二人诸子，被立为太子，唐高祖李渊不久被迫让位，李世民即位。

626 年 8 月，因唐朝发生玄武门之变，政局不稳，东突厥伺机入侵，攻至距首都长安仅 40 里的泾阳（今陕西咸阳泾阳县），京师震动。此时，长安兵力不过数万，刚刚即位的唐太宗李世民被迫设疑兵之计，亲率高士廉、房玄龄等 6 骑在渭水隔河与颉利可汗对话，怒斥颉利、突利二可汗背约。李世民赠予了颉利可汗大量金帛财物，并与之结"渭水之盟"，突厥退兵。629 年 8 月，唐太宗任命李靖、李勣、柴绍、李道宗等为行军总管，出兵征讨东突厥。630 年三月颉利兵败被俘，东突厥灭亡。

唐太宗即位后，居安思危，任用贤良，虚怀纳谏，实行轻徭薄赋、疏缓刑罚的政策，并且进行了一系列政治、军事改革，终于促成了社会安定、生产发展的升平景象，史称贞观之治。贞观之治是中国封建时代最著名的"治世"。

唐太宗吸取隋朝灭亡的教训，非常重视老百姓的生活。他强调以民为本，常说："民，水也；君，舟也。水能载舟，亦能覆舟。"他即位之初，下令轻徭薄赋，让老百姓休养生息。唐太宗爱惜民力，从不轻易征发徭役。

唐太宗善于纳谏和用人，这既是"贞观之治"形成的原因之一，也是"贞观之治"的内容之一。他重用房玄龄、杜如晦、魏征、长孙无忌等能臣。唐太宗在位 20 多年，进谏的官员不下 30 余人，其中大臣魏征一人所谏前后 200 余事，数十万言，皆切中时弊，对改进朝政很有帮助。李世民十分注重人才的选拔，严格遵循德才兼备的原则。他认为只有选用大批具有真才实学的人，才能达到天下大治，因此他求贤若渴，曾先后 5 次颁布求贤诏令，并增加科举考试的科目，扩大应试的范围和人数，以便使更多的人才显露出来。由于唐太宗重视人才，贞观年间涌现出了大量的优秀人才，可谓是"人才济济，文武兼备"。正是这些栋梁之材，用他们的聪明才智，为"贞观之治"的形成做出了巨大的贡献。

中国封建王朝历来的经济特征是"重农抑商"，贞观王朝是中国历史上少有的不歧视商业的历史阶段，不但不歧视，还给商业发展提供了许多便利条件，贞观王朝的商业经济有了迅速和长足的进展，新兴的商业城市像雨后春笋般地兴起。当时世界出名的商业城市，有一半以上集中在中国。除了沿海的广州、福州外，

李世民

还有内陆的洪州（江西南昌）、扬州、益州（成都）和西北的沙州、凉州。首都长安和陪都洛阳则是世界性的大都会。

自汉开辟的"丝绸之路"一直是联系东西方物质文明的纽带，唐朝疆域辽阔，在西域设立了安西四镇，西部边界直达中亚的石国（今属哈萨克斯坦），为东西方来往的商旅提供了安定的社会秩序和有效的安全保障，结果丝绸之路上的商旅不绝于途，品种繁多的大宗货物在东西方世界往来传递，使丝绸之路成了整个世界的黄金走廊。

唐太宗在位期间国土广大，边界线绵延曲折，地缘形势复杂，并随时间推移而发展变化。

贞观四年（630 年），唐太宗遣李靖平定东突厥，俘虏颉利可汗，解除了北边的威胁；九年（635 年），平定吐谷浑，俘其王慕容伏允；十四年（640 年），又派侯君集平定高昌氏，于其地置西州，并在交河城（今新疆吐鲁番西）置安西都护府。唐太宗对东突厥降众及依附于突厥的各族执行比较开明的政策，受到他们的拥戴，因而被尊为"天可汗"。十五年（641 年）送文成公主和亲于吐蕃的赞普松赞干布，发展了汉、藏两族间的经济文化交流。

纵观这一时期唐与周边所发生的诸多地缘关系，既有与唐军事利益攸关的，也有与唐政治、外交利益攸关的，还有与唐经济利益攸关的，更多的则是几种利益兼而有之，错综复杂。唐太宗比较成功地处理了与突厥、吐蕃、高昌及西域诸国、高句丽、新罗、百济等国之间的关系。

唐太宗最初立长子李承乾为太子，后来又爱重第四子魏王李泰，李承乾由此产生

了夺嗣之惧，企图发动政变刺杀李泰，没有成功，被废为庶人。唐太宗为防止身后发生兄弟仇杀的悲剧，贬魏王李泰，改立第九子晋王李治为太子，即以后的唐高宗。

贞观二十三年（649 年），唐太宗得了痢疾（一说是服用丹药暴病），医治最终无效，驾崩于终南山上的翠微宫含风殿，享年 50 岁。他在位 23 年，初谥文皇帝，庙号唐太宗，647 年加谥文武圣皇帝，749 年加谥文武大圣皇帝，754 年加谥文武大圣大广孝皇帝，葬于昭陵（位于今中国陕西省礼泉县东北 50 多里山峰上）。

郭子仪

郭子仪是唐朝有名的将领，他戎马一生，屡建奇功，以 84 岁的高龄才告别沙场。他"权倾天下而朝不忌，功盖一代而主不疑"，天下因有他而获得安宁达 20 多年。

郭子仪（697~781），华州郑县（今陕西华县）人。祖籍山西汾阳。唐代著名的军事家。父亲郭敬之，历任绥州、渭州、桂州、寿州、泗州五州刺史。在父亲的教育和影响下，他从小爱读兵书，练武功，无论读书还是习武都刻苦认真。郭子仪身材魁梧，体魄健壮，相貌秀杰。不仅武艺高强、阵法娴熟，而且公正无私，不畏权贵。

传说，他 20 岁时，在河东服役，曾犯过军纪，按律处斩。在押赴刑场的途中被当时著名诗人李白发现。李白见他相貌非凡，凛然不惧的样子，甚感可惜。他认定此人将来一定会大有造化，会成为国家的栋梁之材，于是便以自己的官职担保，救下了这条年轻的性命。郭子仪果然不负所望。参加武举考试后，便获高等补左卫长史（皇帝禁军幕府中的幕僚长）之职。因屡立战功，多次被提升晋职。

安史之乱爆发后，玄宗提拔郭子仪为卫尉卿，兼灵武郡太守，充朔方节度使。命令他带领本军讨逆，唐朝的国运几乎系郭子仪一身之上了。郭子仪立即亲赴校场，检阅三军，誓师出征。756 年四月，朔方军旗开得胜，一举收复重镇云中，大败叛军薛忠义，坑其骑兵 2000 人。接着郭子仪又使别将公孙琼岩率 2000 骑兵攻击马邑，大获全胜。捷报传到京城长安，人心稍安，郭子仪以功加御史大夫。

随后，朝廷命郭子仪回到朔方，补充兵员，从正面战场出击叛军，以图收复洛阳。郭子仪则认为，必须夺取河北各郡，切断洛阳与安禄山老窝范阳之间的联系，绝其后方供给线，才能有效地打击叛军前线的有生力量。这一出击方向的选择无疑是正确的。

经郭子仪的推荐，朝廷任命李光弼为河东节度使。郭子仪分了 1 万军队给李光弼，送他出征。李光弼由太原出井陉口，一连收复 7 座县城，直奔常山。史思明闻讯，率 5 万大军从西包围李光弼于常山。双方展开激战持续 40 多天。李光弼消耗很大，寡不敌众，被迫困守。只得派人向郭子仪求援。郭子仪急率军东进，火速驰至常山，与李光弼会合，以 10 万官军，与史思明会战于九门城南，大获全胜。

之后数年，但凡是郭子仪带兵都会旗开得胜，因此朝廷上下官员对他十分敬重，吐蕃、回纥称他为"神人"，皇帝都不直接呼他的名字，甚至有些安史叛将也很尊重他。

建元二年（781）六月十日，郭子仪以 85 岁的高龄辞世。德宗沉痛悲悼，废朝 5 日，下诏书高度评价和追念他。按律令规定，一品官坟墓高 1 丈 8 尺，朝廷特下诏给他加高 10 尺，以示尊崇。君臣依次到府第吊唁，生前死后，哀荣始终。

玄奘

公元 627 年秋，一个名叫玄奘的佛教弟子，悄无声息地离开了繁华的唐朝都城长安，踏上了西行求法的道路。

起源于印度的佛教，早在汉朝时就传入中国，由于梵文晦涩难懂，佛教在中国传播的过程其实就是人们对佛经的理解过程。经过几百年的发展，到唐朝时，佛经就越发难以阅读和理解了，于是便有佛家弟子试图到印度去探究佛经的本原，玄奘无疑是其中最为成功的一个。

约公元 602 年，玄奘出生在河南洛阳洛州缑氏县（进河南偃师县东南），出家之前姓陈名祎，玄奘是他的法号，他从印度取经归来之后，人们又尊称他为"三藏"，意为精通佛教经典经藏、律藏、论藏的法师。玄奘 13 岁进入佛门，潜心修习佛经，遍访佛教名师，很快就精通了很多经论，造诣颇深。对佛经了解得越深入，玄奘的疑惑就越多，一次偶然听到一位印度僧侣的介绍后，他决定去印度求佛法，并于 627 年整装出发。

在 17 年的求经过程中，玄奘历经千辛万苦，其间忍饥挨饿、风餐露宿自不必说，甚至一度身陷危境，九死一生，即便如此，玄奘求经的念头也从没动摇过。功夫不负有心人，当玄奘在 17 年后携带大、小乘佛经回到长安时，受到"道俗奔迎，倾都罢市"的隆重欢迎，并得到唐太宗的亲自接见。唐太宗希望玄奘能还俗入仕，被玄奘婉言谢绝。

在太宗和高宗两朝皇帝的支持下，玄奘召集名僧，主持翻译从印度带回来的佛经，十多年后就有《大菩萨藏经》20 卷、《显扬圣教论》20 卷、《解深密经》《因明入正理论》《瑜伽师地论》《能断金刚般若波罗蜜多经》等佛经被译成；由玄奘口述，辩机笔受的《大唐西域记》也宣告完成；玄奘还将中国古典哲学《老子》和佛经《大乘起信论》译成梵文，传到印度。

为了更有利于译经、藏经，公元 652 年，玄奘奏请建造大雁塔，在得到高宗批准后亲自督造。此后，玄奘便在这里主持寺务和译经事宜，创立法相宗，并成为唯识宗的创始者之一。玄奘不辞辛劳地为佛教事业奋斗了数十年，公元 664 年，他译成《咒五首》1 卷，这也是他的绝笔之作，2 月他就圆寂于大雁塔，葬于白鹿原，后世将玄奘所译之作称为"新译"。

玄奘是中国唐朝著名的佛教高僧，但是他的影响在地域上超出了唐朝的版图，远及印度、尼泊尔、巴基斯坦、孟加拉国等地，《大唐西域记》就是最好的证明。在时间上，他为佛教在东方的复兴做出巨大贡献，在世界文化史上占有重要地位，直到今天仍被佛教甚至无神论者所尊崇。

玄奘留给后世一千三百三十五卷佛经译本，是中国佛教史上最著名的三大翻译家之一。值得关注的是，他还是一位著名的旅行家，他的旅行比马可·波罗早了好几百年，他的取经经历广为流传，秦汉之后，再没有谁能像玄奘一样成为神话故事中家喻户晓的人物了。

"玄奘用极其开放的胸怀吸纳异域文化、传播中华文明，造就了亚洲特别是东亚文明的一些重要的文化特质，玄奘西行的历史意义，早已超越了时间、地理和宗教的限制，成为全人类的共同财富。"获得1998年诺贝尔经济学奖的阿马蒂亚·森如是说。

松赞干布

贞观十五年（641年）隆冬时节，一支十分壮观的和亲队伍从唐朝都城长安出发。他们跋山涉水，顶风冒雪，终于在一个多月后到达了此行的目的地——吐蕃。此时已是春暖花开，只见这里水草丰美、牛羊成群，毫无沿途黄沙漫漫的荒凉之感，给人一种豁然开朗的感觉，更让人眼前一亮的是那个前来迎亲的相貌英俊、气宇轩昂的年轻将领，他就是松赞干布。

松赞干布出生在公元617年的吐蕃，父亲是吐蕃一位非常有作为的赞普（吐蕃的最高领导者）。当时，正值唐太宗贞观时期，大唐声威远震，万国朝宗。与繁荣昌盛的唐朝所不同的是，吐蕃虽然已经基本完成统一，但毕竟只是一个边陲小国，其经济发展程度和文明开化与天朝上国的唐朝不可同日而语。

松赞干布13岁那年，父亲被仇人毒害而死，他即位成为赞普，并发誓为父报仇。缉拿凶手的同时，他加强军队训练，先后降服了周围各部落。之后松赞干布定都逻些（即今拉萨），正式建立了西藏历史上第一个王朝——吐蕃王国。

松赞干布素来景仰唐朝的制度与文化，多次派遣使者到长安请婚但都被拒绝，一怒之下，年轻气盛的松赞干布出兵唐朝，却大败而归。他不得不承认唐朝强盛的事实，同时也意识到了自己的轻狂。几年后，松赞干布更加虔诚地向唐朝请婚，唐太宗考虑到吐蕃已经统一青藏高原，是西南名副其实的强邦，笼络吐蕃不仅能换得西南边陲的安宁，还可以在潜移默化中使其追随唐朝，一举两得，便应允了这门亲事。

为了完成艰巨的和睦邦交的历史任务，文成公主一行人千里迢迢，背井离乡，带着丰厚的嫁妆，包括大量书籍、乐器、种子，甚至很多文人、乐师和农技人员，来到吐蕃，在这片广袤无垠的土地上埋下了文明的火种。

松赞干布不仅是一名骁勇善战的军事将才，也是一名治国有方的文人谋士。统一青藏高原后，他效仿唐朝制度，建立了一套完善严明的中央集权制度。同时，他还选贤与能，大兴水利，极大促进了吐蕃的社会经济发展，提高了人民的生活水平。

除此之外，为了结束吐蕃人没有文字的落后状态，松赞干布派出16名贵族子弟到印度求学，并最终创制出了藏文。藏文是西藏民族独有的文字，为民族之间的相互交流搭建了良好的平台，奠定了藏民族文化的保存、传承与发展的基石。

与大唐联姻之前，松赞干布先迎娶了泥婆罗（今尼泊尔）王国的公主，并从泥婆罗、天竺等地引进了先进的文化、技术，使吐蕃社会有了迅速发展。而松赞干布迎娶文成公主后，在其影响下，"文治"更加得心应手，吐蕃上下一片祥和。更为重要的是，中原与吐蕃之间关系也极为友好融洽，此后二百多年间很少再兵戈相见。不仅如此，松赞干布还醉心于中原文化，多次派吐蕃贵族子弟到长安国学读书，唐朝也不断派出各类工匠到吐蕃传授各种技术，促进了吐蕃社会的进步和发展。

松赞干布穷其毕生精力，为吐蕃、唐朝两国的交流与发展做出了巨大贡献。在他的带领下，吐蕃社会得到了快速发展，吐蕃与唐朝交流的日益频繁，为数年后西藏正式纳入中国版图、一个统一的多民族国家的建立奠定了坚实的基础。

贞观二十三年（649年），松赞干布被唐高宗封为驸马都尉、西海郡王，成为藏族历史上获此殊荣的第一人。之后他又晋封为宾王，头像被镌刻于石壁之上，永世列于唐太宗昭陵。永徽元年（650年），松赞干布病逝，葬于逻些。

武则天

武则天是我国历史上第一位、也是唯一的一位女皇帝，她既有容人之量，又有识人之智，还有用人之术，前后执政近半个世纪，上承"贞观之治"，下启"开元盛世"，史称"贞观遗风"。她的历史功绩，昭昭于世，是封建时代杰出的女政治家。

武则天（624~705），并州文水（今山西文水东）人，于唐高祖武德七年（624）生于长安。其父武士彟以经营木材为业，家境殷实，富有钱财。武则天从小性格强直，不习女红，唯喜读书，故知书达礼，深谙政事。

贞观十一年，唐太宗听说年轻的武则天长得明媚娇艳，楚楚动人，便将她纳入宫中，封为五品才人，赐号"武媚"，故称武媚娘。

贞观十七年，太子李承乾被废，晋王李治被立。此后，在侍奉太宗之际，武则天和李治相识并产生爱慕之心。唐太宗死后，武则天依唐后宫之例，入感业寺削发为尼。永徽元年，唐高宗在太宗周年忌日入感业寺进香之时，又与武则天相遇，两人相认并互诉离别后的思念之情。这时，由于无子而已失宠的王皇后看在眼里，便主动向高宗请求将武则天纳入宫中，企图以此打击受宠的萧淑妃。唐高宗早有此意，当即应允。永徽二年，唐高宗的孝服已满，武则天便再度入宫。次年五月，被拜为二品"昭仪"。

弘道元年，唐高宗病逝，临终遗诏：太子李显于枢前即位，军国大事有不能裁决者，由武则天决定。李显即位，是为唐中宗。武则天被尊为皇太后。

武则天谋夺李唐的社稷，剪除唐宗室。僧人法明等撰《大云经》四卷，指则天后是弥勒佛下世，当代唐为天下主，武后下令颁行天下。命两京诸州各置大云寺一所，藏《大云经》，命僧人讲解，并提升佛教的地位在道教之上。侍御史傅游艺率关中百姓九百人上表，请改国号为周，赐皇帝姓武。于是百官及帝室宗戚、百姓、四夷酋长、沙门、道士共六万余人，亦上表请改国号。武后准所请，改唐为周，改元天授。武后称圣神皇帝，以睿宗为皇嗣，赐姓武氏，以皇太子为皇孙。立武氏七庙于神都，追尊周文王为始祖文皇帝。立武承嗣为魏王，武三思为梁王，其余武氏多人为王及长公主。

1. 打击了保守的门阀贵族

武则天把反对她做皇后的长孙无忌、褚遂良等人都赶出了朝廷，这些关陇贵族和他们的依附者，在当时已经成为一种既得利益的保守力量。把他们赶出政治舞台，标志着关陇贵族从北周以来长达一个多世纪统治的终结，也为社会进步和经济发展创造了一个良好的条件。

2. 促进了经济的发展

武则天在建言十二事中就建议"劝农桑，薄赋役"。在她掌权以后，又编撰了《兆人本业记》颁发到州县，作为州县官劝农的参考。她还注意地方吏治，加强对地主官吏的监察。对于土地兼并和逃亡的农民，也采取比较宽容的政策。

3. 稳定了边疆形势

武则天执政后，边疆并不太平。她一方面组织反攻，恢复了安西四镇，打退了突厥、契丹的进攻，同时在边地设立军镇，常驻军队，并把高宗末年在青海屯田的做法推广到甘肃、张掖、武威、内蒙古、五原和新疆吉木萨尔一带。以温和的文化政策，接纳多元文化的发展。

公元705年正月，武则天病笃，卧床不起，被迫传位给太子李显，恢复唐国号，百官、旗帜、服色、文字等皆复旧制，恢复以神都为东都。705年11月，武则天在上阳宫病死，终年八十二岁。

狄仁杰

狄仁杰一生宦海沉浮，作为一个封建统治阶级中杰出的政治家，他每任一职，都心系民生。在他身居宰相之位后，辅国安邦，对武则天弊政多所匡正，为上承贞观之治、下启开元盛世的武则天时代做出了卓越贡献。

狄仁杰（630~700），字怀英，并州太原人。出生于一个官宦之家，祖父狄孝绪，任贞观朝尚书左丞，父亲狄知逊，任夔州长史。狄仁杰为武则天时期宰相，应试明经科，从而步入仕途。从政后，经历了唐高宗与武则天两个时代。初任并州都督府法曹，转大理丞，改任侍御史，历任宁州、豫州刺史、地官侍郎等职。狄仁杰为官，如老子所言"圣人无常心，以百姓心为心"，为了拯救无辜，敢于拂逆君主之意，始终保持体恤百姓、不畏权势的本色，始终是居庙堂之上，以民为忧，后人称之为"唐室砥柱"。

圣历元年（698），狄仁杰以政治家的深谋远虑，劝说武则天顺应民心，还政于庐陵王李显。当时，武则天的侄儿武承嗣、武三思数次使人游说太后，请立为太子。武则天犹豫不决。大臣李昭德等也曾劝武则天迎立李显，但没有为武则天接受。对武则天了解透彻、洞烛机微的狄仁杰，从母子亲情的角度从容地劝说她："立子，则千秋万岁后配食太庙，承继无穷；立侄，则未闻侄为天子而附姑于庙者也。"武则天说："此朕家事，卿勿预知。"狄仁杰沉着而郑重地回答："王者以四海为家。四海之内，孰非臣妾？何者不为陛下家事！君为元首，臣为股肱，义同一体。况臣位备宰相，岂得不预知乎？"最终，武则天感悟，听从了狄仁杰的意见，亲自迎接庐陵王李显回宫，立为皇嗣，唐朝得以维系。

作为一名精忠报国的宰相，狄仁杰很有知人之明，也常以举贤为意。一次，武则天让他举荐一名将相之才，狄仁杰向她推举了荆州长史张柬之。武则天将张柬之提升为洛州司马。过了几天，又让狄仁杰举荐将相之才，狄仁杰说："前荐张柬之，尚未用也。"武则天答已经将他提升了。狄仁杰说："臣所荐者可为宰相，非司马也。"由于狄仁杰的大力举荐，张柬之被武则天任命为秋官侍郎，又过了一个时期，升任宰相。

狄仁杰还先后举荐了桓彦范、敬晖、窦怀贞、姚崇等数十位忠贞廉洁、精明干练的官员，他们被武则天委以重任之后，政风为之一变，朝中出现了一种刚正之气。以后，他们都成为唐代中兴名臣。对于少数民族将领，狄仁杰也能举贤荐能。契丹猛将李楷固，曾经屡次率兵打败武周军队，后兵败来降，朝中官员主张处斩之。狄仁杰认为李楷固有骁将之才，若恕其死罪，必能感恩效节，于是奏请授其官爵，委以专征，武则天接受了他的建议。果然，李楷固等率军讨伐契丹余众，凯旋而归，武则天设宴庆功，举杯对狄仁杰说："公之功也。"由于狄仁杰有知人之明，后人对狄仁杰赞誉："天下桃李，悉在公门矣"。

在狄仁杰为相的几年中，武则天对他的信重是群臣莫及的，她常称狄仁杰为"国老"而不名。狄仁杰喜欢面引廷争，武则天"每屈意从之"。后来狄仁杰年事已老，多次以年老告退，武则天不许，入见，常阻止其拜。武则天曾告诫朝中官吏："自非军国大事，勿以烦公。"

狄仁杰是公正廉明、大气磅礴的政治家，他机智果断，运筹帷幄，辅佐武则天的同时，又巧妙安排接班人，在狄公死后促使武则天让位于李唐，为稳定武则天身后的政局以及大唐中兴做出了杰出贡献。

慧能

魏晋南北朝时期，佛教在民间广为流传，这使越来越多的佛教派别传入中国。印度禅宗第 28 代祖师菩提达摩，就是在这一时期将禅宗带到了中国。虽然中国禅宗以菩提达摩为始祖，事实上直到禅宗五祖时，中国的禅宗只能称之为禅学，真正创立起禅宗的人是禅宗六祖慧能，他是继菩提达摩之后，对禅宗影响最大的人，在中国佛教史上占有重要地位。

慧能出生在唐朝"贞观之治"时期的 638 年，广东新州人，出家之前姓卢，父亲曾是朝廷官员，在慧能三岁时去世，此后慧能跟随母亲迁居南海，靠卖柴为生。据说，慧能有一次偶然地听到有人诵读《金刚经》，感悟良深，便追问其出处，被告之是从湖北黄梅东山弘忍禅师那里得来，于是他在670年只身前去拜求佛法，途径宝林寺、东昌西昌石窟，慧能分别向那里的禅师求教，两年后，终于到达黄梅东山见到弘忍禅师。

弘忍禅师问慧能是哪里人，想求取什么，慧能如实回答是岭南人，只求做佛。然而在当时，岭南都是少数民族，被中原绝大多数汉族人所鄙视，弘忍禅师大概也有此想法，就说：你是岭南人，怎么能做佛呢？不料慧能却说："人虽然分南北，但佛并不分南北。"这令弘忍禅师震惊不已，于是让他留下来，在碓房舂米。八个月后，为了考验众弟子的禅解深浅，弘忍禅师命他们每人作一首偈语。身为上座和尚的神秀以一首"身是菩提树，心如明镜台。时时勤拂拭，莫使有尘埃。"博得众人的赞赏。

闻此偈后，慧能要求也作一偈，他作的这一偈直到现在仍然被人们津津乐道，即"菩提本无树，明镜亦非台。本来无一物，何处惹尘埃。"弘忍禅师得知此偈是慧能所作，就把他叫去，为他讲解经典，并将世代相传的法衣交给他，正式传他为六祖禅宗。为防止其他僧人争夺，弘忍禅师命他到南方暂时归隐。慧能谨遵师训，在广东四会一带整整隐匿了十五年，直到676年才引起人们的关注，也就是在此时，慧能才正式堕入佛门，剃发为僧。

至此，慧能为大众开示禅门，讲解佛法。一年后，慧能离开南方北上南华寺开山传法，有道俗上千人送行。之后37年，慧能一直在南华寺传教说法，其间，慧能应韶州刺史之邀在大梵寺讲经，他的弟子法海将他此次所讲法语以及此后的一些法语汇编成书，就是现在的《法宝坛经》。在佛教史上，其言行记录能被称得上"经"的，除了佛祖释迦牟尼外，在各宗派中就只有慧能一人了。713年，禅宗六祖慧能在家乡新州国恩寺圆寂，享年76岁，第二年他的真身被弟子迁回曹溪，供奉于灵照塔。

慧能创立的禅宗是佛教史上的一座里程碑，标志着佛教中国化时期的结束。慧能的禅法破除了佛祖的权威，认为佛存在于心，世人都有佛性，因此人人可以成佛，这与儒家宣扬的性善论不谋而合，使禅宗向儒家大大地迈进了一步。在修行方法上，他提出"顿悟成佛"，人们无须世代修行，而且并非只能通过静坐才能成佛，只要内心不再攀援善恶，认识到自己的本心，自然可以见性成佛，促使禅宗进一步世俗化，这也是禅宗能迅速传播，扩大影响的重要原因之一。

中国禅宗最早以《楞伽经》相印证，晦涩难懂，到慧能时，他一改传统做法，用文句简单、易于理解的《金刚经》经义代替《楞伽经》。慧能的禅宗不加修饰，简单质朴，单刀直入求得开悟，摆脱了名相繁琐的思想束缚，使佛教教义大大简化。慧能以定慧为本，高度的理性化几乎脱离了神学色彩，其影响已经远远超出了宗教的范畴，涉及哲学、文学、艺术等多个领域，如陆王学派的"心外无物""明心见理"等观点无疑是禅宗"自心是佛""明心见性"的翻版。

慧能一生弟子众多，最为著名的有行思、怀让、神会、慧忠、玄觉五人，他们得法后各成一派，形成了禅宗的五派法流，进一步将禅宗发扬光大。

随着历史的发展，人们对慧能的评价也越来越高，如今，慧能已经不仅仅是一位宗教领袖，而是被看作中国历史上一位重要的思想家，他的思想所包含的智慧和哲理至今仍在指导人们的生活。在英国国家图书馆广场上矗立的世界十大思想家塑像中，慧能与孔子、老子一起被尊为"东方三圣人"。

吴道子

在中国艺术长河中，每一个朝代都会涌现出很多卓有成就的艺术家，在群星璀璨的众多人物中，有三位艺术家被后人誉为"圣人"。在这"三圣"中，仅唐朝就出现两位：诗圣杜甫，画圣吴道子。唐朝艺术高度发达，其绘画艺术，以长安和洛阳为中心，出现了吴道子、王维、陈闳、杨庭光等众多画家，作品也是争奇斗妍，各领风骚。

唐代画家吴道子，祖籍阳翟（今河南省禹州），很小就成了孤儿。为了谋生，他向民间的画工和雕匠学习技艺，刻苦勤勉的他在众多画匠中脱颖而出，20岁时就颇有名气。他和唐朝其他名家一样，曾游历祖国山河，有机会结识同时代的画家，在相互的切磋中技艺大进。

开元年间，吴道子漫游到洛阳，玄宗很赏识他的才华赐名玄道，并封为内教博士官，专门负责内宫子弟的绘画功课，后又御封宫廷画师，官至"宁王友"。在宫廷里吴道子有幸得见中外各派画风，并不断地进行观摩，加之他在民间所汲取的绘画精华，最终成了"张家样"的继承者。

开元年间是吴道子绘画事业的鼎盛时期，各种绘画题材无所不能，无所不精，其中以人物绘画最为传神。吴道子的人物画以宗教题材为主，在长安、洛阳两地的寺庙留下几百部壁画，其中的佛道人物个个栩栩如生。他所画的佛道人物不拘泥于宗教，他随心所欲，以画工视角选取生活中喜欢的人物为创作原型，有时以普通人物为原型，有时又以自己为原型，甚至那些世俗的达官贵人也成了画中地狱的主人公，表达了他对神权的蔑视。

吴道子不拘于画法，有时从头部画起，有时又从脚趾画起，不拘一格，从来都是信手拈来，一挥而就，从不用画尺。苏轼称赞他的艺术"出新意于法度之中，寄妙理于豪放之外"。

吴道子所画佛道人物，继承了张僧繇、张孝师的风格，笔力豪宕磊落，状势雄峻而疏放，极具立体感和动感。他喜用白描手法，寥寥几笔人物就活灵活现，笔法洗练之极，后人称这种手法为"疏体"。他所描绘的人物并没有因为白描而显得粗糙，相反，通过线条的勾勒，人物的衣褶都清晰可见，根据不同线条的不断转化，显现出如兰叶如菁菜不同的形态，有飘飘欲起之感，人称"吴带当风"。

在衣服色彩的选取上，吴道子常以墨为主，略配以淡彩，形成自己的特色，后人称为"吴装"。其代表作《天王送子图》又名《释迦降生图》，是吴道子根据佛教经典故事而作，描述了释迦出生后由父母抱着去天神庙朝拜的故事。

由于吴道子特殊的技艺，历代彩绘工匠和雕匠都奉他为祖师，尊其为"画圣"。吴画代表作品还有《八七神仙卷》《孔子行教像》等，现存壁画有《云行雨施》《宝积宾伽罗佛像》《关公像》《百子图》等，还有很多作品流传到了国外，并广受欢迎。

李白

杜甫的《饮中八仙歌》一诗中，写了唐代的八个酒仙，而李白是这八个人物中的佼佼者。"李白一斗诗百篇，长安市上酒家眠，天子呼来不上船，自称臣是酒中仙。"酒后的李白豪气干云、桀骜不驯，傲世轻物，不污于俗。

李白站在盛唐诗坛高峰之巅对酒当歌，"人生得意须尽欢，莫使金樽空对月"，"钟鼓馔玉不足贵，但愿长醉不复醒"，"五花马，千金裘，呼儿将出换美酒，与尔同销万古愁"，郁结与狂放、失意与孤傲在酒和诗之中凝结，构成了李白璀璨的人生。

李白，汉族，字太白，号青莲居士，唐代伟大的浪漫主义诗人，被誉为我国文学史上的"诗仙"。李白的一生都游走在路上。20 岁时他只身从蜀地出发，开始广泛漫游，南到洞庭湘江，东至吴、越。四处游历的过程中，李白结交了很多朋友，其中不乏社会名流。

天宝初年（471 年），在道士吴人筠的推荐下，李白踏入了仕途：供奉翰林，不久便因权贵的谗毁，被排挤出京。此后，他在江、淮一带盘桓，遇到了风华正茂、志同道合的杜甫，中国文学史上最伟大的两位诗人建立了深厚的友谊，成为流传于后世的佳话。在此期间，他创作了《梦游天姥吟留别》，诗中用"安能摧眉折腰事权贵，使我不得开心颜"表达了他对权贵的不满。

天宝十四年（755 年），安禄山叛乱，李白曾应邀下山入幕府，代宗宝应元年（762 年），病死于安徽当涂县。李白的逝世，是中国文学史上的一大损失，他留下的59 首古诗、约 149 首乐府和 762 首近体诗是中国文学宝库里的灿烂瑰宝。

在这 900 多首诗歌中，政治抒情诗占有很大的比例，诗人通过这一题材的诗歌，充分表现了自己伟大的抱负，奔放的激情，豪迈的气概，是盛唐诗歌昂扬奋发精神的典范之作。

李白还有许多充满意境的山水诗。诗中他与自然景物完全地融合在一起，特定的情绪与山水景色的交融，使"景""情"之间产生了微妙的呼应，经情感渲染的山水丘壑无不具有理想化的色彩。例如"人游月边去，舟在空中行"，"人乘海上月，帆落湖中天"，"月随碧山转，水合青山流。杳如星河上，但觉云林幽"等等，与其说是对自然景观的逼真描绘，不如说是按诗人个性改造和理想化了的图景。

李白的诗歌想象力丰富，语言自然圆润、音律和谐、结构富于变化、句式参差不齐却又错落有致。他还善于从民歌和神话故事中寻找灵感，后人常用"雄奇飘逸"来形容他的诗风。

李白诗歌的题材多种多样，各类题材都有脍炙人口的代表作传诵至今：七言古诗《蜀道难》《行路难》《望庐山瀑布》《望天门山》《早发白帝城》等都成为盛唐的名篇，人们称他的诗作"集无定卷，家家有之"。

李白终其一生都在寻找自己的价值，他的精神永远处于高扬亢奋的状态之中，他用满腔的热诚去讴歌人生的理想，去感悟他所生活的世界，一切美的事物均被纳入他的感受，不断地超越现实，超越苦难的忧患，在生活的激流中奋勇直上。正是在这种生活态度和人生信念的影响下，他才有这么多伟大的作品诞生，中国的文学史上才多了一朵奇葩。

李白的诗歌影响了很多后世的名家，如苏轼、陆游等，由于他以才力写诗，凭气质写诗，使得他的诗具有独特的风格，在中国诗歌史上占有不可更替的地位。

杜甫

他经历了开元盛世，也经历了安史之乱，他从富足的生活跌入了困顿的谷底，他被万方多难的时代扼住了喉咙。漂泊、饥寒交迫不离不弃地伴他走完了人生路程，他就是杜甫。

杜甫，字子美，曾居长安城南少陵，故自号少陵野老，生于儒学世家，祖父是著名诗人。受家庭熏陶，他7岁学诗，15岁便小有名气。开元十九年（731年），杜甫开始了长达十年的漫游生活，在此期间他结识了李白和高适。

祖国的壮丽河山和丰富的文化遗产，极大地开阔了他的视野，激发了他对祖国山河的热爱，他这一时期的作品充满了浪漫主义色彩，抒发了自己远大的抱负，代表作品为《望岳》。

受传统儒家思想的影响，杜甫希望通过科举考试来实现自己兼济天下的抱负，于是他于747年来到长安。这时正是安史之乱的酝酿时期，他入仕无门，生活也开始变得困顿，被困长安十年。在这十年里他逐渐对政治，对现实有了更深的了解，文风开始转向现实主义，代表作品为《自京赴奉先县咏怀五百字》。

755年，安史之乱爆发，杜甫在战争中颠沛流离，他的笔触也自然地指向了战争，极尽所能地刻画了安史之乱时期残酷的社会现实和人民的苦难，《悲陈陶》《春望》《北征》《羌村》、"三吏""三别"都是这一时期的传世名作，他的诗也因此被称为"史诗"。

杜甫历经艰险终于逃出长安，投靠肃宗，被授左拾遗，但因为他敢于直谏，被一贬再贬。759年，杜甫终因与官场格格不入而愤然辞官，开始了他人生最后的十年飘摇生活。这时的杜甫对现实有了更深刻的了解，他一方面同情战争中的百姓，希望战争早日结束，一方面又希望通过战争，平息叛乱，抵御外侮，甚至希望牺牲自己来"大庇天下寒士俱欢颜"，名作有《茅屋为秋风所破歌》《闻官军收河南河北》《秋兴八首》等。

表达对亲人的思念是杜甫诗歌的又一大主题，这部分诗大都缠绵凄怆，如《月夜》怀念妻子，《月夜忆舍弟》怀念弟弟。此外，他还写了一些歌咏绘画、音乐、建筑、舞蹈的诗歌。

杜甫的诗歌不仅在内容上广阔深刻，在艺术形式上也独具特色，他善于驾驭各种诗体，尤以五言、七言见长。他的诗风不拘一格，但是由于他的诗歌内容以反应当时沉重的现实生活为主，诗人又善于将自己抑郁沉重的情感蕴含在诗作之中，所以后人常用"沉郁顿挫"来形容他诗的风格。

杜甫常自言"为人性僻耽佳句，语不惊人死不休"，所以他的诗歌极重炼字，增强了语言的表现力，在乐府诗中他还善于运用独白和细节来刻画人物性格。所有这一切，确立了杜甫在三千多年的中国文学史上至高无上的"诗圣"的地位。

770年冬，杜甫死于长沙至岳阳的船上，结束了他苦难而辉煌的一生，享年59岁。

韩愈

宋代苏轼称他"文起八代之衰"，明人茅坤在《唐宋八大家文钞》中把他列为唐宋八大家之首，有"文章巨公"和"百代文宗"之名，他就是韩愈。

韩愈，字退之，河南孟县人，唐代著名文学家、儒家学者、思想家、教育家。他生于官宦之家，父母早亡，由其兄嫂抚养成人，特殊的童年激励他刻苦读书，并希望用读书实现的经世之志。786年，韩愈怀着满腔热情来到京师参加科考，三试不第。

792年，韩愈终于考取进士，后经董晋推荐开始从政生涯。在任期间，他一方面致力于培养和推荐文学青年，一方面积极宣传自己对散文革新的主张，《答李翊书》是他开展古文运动的代表作。之后，他先后升任国子博士、刑部侍郎、国子祭酒、兵部侍郎、吏部侍郎，颇有政绩。长庆四年（824年），韩愈因病告假，卒于长安，终年五十七岁，谥号"文"，故后世又称之为"韩文公"。

我国的散文在先秦两汉时期就已经相当发达，内容总是有感而发，风格朴实自然，不尚藻饰。到了汉代，受到辞赋的影响，文风开始变得浮靡，内容华而不实，早期的散文终于被骈文所取代。唐朝时骈文还很盛行，但是已不符合时代的要求，"初唐四杰"首先对此提出改革，希望恢复散文的古朴风格，但成就不大，直到韩愈、柳宗元出来倡导阔中肆外的古文运动，才给了骈文致命的打击，改变了这种局面。

作为儒家学者的韩愈把古文革新运动与当时的政治紧密地联系在了一起。中唐时期政权飘摇，为了巩固统治，儒家的正统思想在遭到佛教、道教夹击之后重新受到重视。从小接受儒家教育的韩愈，想通过古文运动来振兴儒学。针对当时的浮靡文风，韩愈以现实为基础确立了改革理论："文以载道"。

所谓"文以载道"，是指以"文"来表现"道"，使文章言之有物，在此基础上他还提出文章可以反映现实生活，增强了文章的生命力。为了能够更好地实现自己的理论，他倡导恢复汉朝时期的散文传统，称散文为"古文"，所以他的革新运动又称为古文运动。经过长期的努力，韩愈终于开创了散文写作的新局面。

韩愈的改革理论在他的散文中得以验证。他的散文，形式多样，题材广泛，语言简洁明了，大致可以分为论说文、抒情文、叙述文。论说文以尊儒为主要内容，针对社会现实，思理细密、论证有力，代表作有《原道》《师说》等；抒情文以事叙情，气势充沛，文笔朴实，《祭十二郎文》是突出代表作品。叙述文不仅学习儒家的经书，还继承了《史记》中记事的传统，善于刻画人物形象，工于描写，融议论、叙事、抒情于一炉，增强感染力，代表作为《张中丞传后叙》。

韩愈的文章为古文运动树立了典范。他还以文为诗，把古文的创造手法引入诗歌，一扫诗坛颓风，其赋、记、颂、赞、书、序各种体裁的作品，均有卓越的成就。

韩愈还积极倡导教育，提倡从思想品德教育、知识教育、政治教育方面来培养学生，并通过《师说》阐述了他的"师道"理论，此书后来成为古代教育史中珍贵的教育文献。

韩愈以他深厚的古文根底、纵横磅礴的气势，使南北朝时倡导的古文发展到了顶峰。而他文官的地位为古文运动的发扬光大提供了便利的条件，从而使他成为文学史上以"文"著称于世的"唐宋八大家"之一。

白居易

安史之乱之后，唐朝的政权飘摇，颠沛流离的生活让很多诗人开始关心时政，文学朝着实务的方向发展，先后出现了很多现实主义诗人，白居易就是继杜甫之后又一位反映时政的伟大诗人。

白居易，字乐天，号香山居士，晚唐著名诗人。他生于一个中小官僚家庭，祖父和父亲均颇有才情。受家庭影响，他从小刻苦用功，希望可以实现兼济天下的志向，16岁就写出了闻名后世的《赋得古原草送别》。

贞元二十六年（810年），白居易考取进士，先后出任秘书省校书郎、翰林学士、左拾遗等职，其间，他写了大量的讽喻诗，因而得罪了权贵，遭到排挤，仕途不顺。在外任职期间白居易勤于政事，颇有政绩，得到人民爱戴，后常自娱于诗酒、山水之间，写了很多闲适、感伤的诗，晚年好佛，因而人称"诗佛"，75岁病逝，葬于洛阳，著有《白氏长庆集》七十五卷，共收诗文三千八百多篇。

白居易受儒家思想的影响极深，所以在诗歌创作上他也遵循儒诗的传统，主张"文章合为时而著，诗歌合为事而作"。他强调诗歌与政治的关系，宣称诗应该要为君、为臣、为民、为物、为事而作，不为文而作，尤其在其早期的作品《新乐府》《秦中吟》中表现较为突出。在这些诗歌中，他一方面反映人民的疾苦，一方面补察时政。他还反对艳丽诗风，强调语言须朴实通俗，议论须浅显易懂，写事须真实可信，形式须流利畅达，力求其诗"老妪能懂"，后人称他的这一改革为"新乐府"运动。

白居易通过诗歌创作实践了他的理论，他的诗歌题材广泛，形式多样，大致可以分为闲适诗和讽喻诗两种。讽喻诗多写于早期，内容以时政为主，在这些诗歌中反映了当时政治上的时弊及人民的生活状况，言辞激烈，语言通俗明了，表达了作者兼济天下的志向，代表作有《新乐府》《秦中吟》。

后期，白居易写了很多闲适诗。这时，他因政治失意而归隐，所以诗歌内容多表现自己洁身自好的志趣，也有一些诗歌表现自己的政治失意和苦闷无奈的心境，以叙事长诗《长恨歌》《琵琶行》最为著名。这两首诗以叙述为主，但是绝不铺陈，而是重在刻画人物心理，用意象来渲染环境，声韵流畅和谐，语言质朴动人，尤其是文中缠绵悱恻的情感打动了很多人，因而广为流传。

白居易的代表作有《长恨歌》《琵琶行》《赋得古原草送别》《钱塘湖春行》《暮江吟》《忆江南》《大林寺桃花》《同李十一醉忆元九》《直中书省》《长相思》《题岳阳楼》《观刈麦》《宫词》《问刘十九》《买花》等。

白居易的诗歌改革在一定程度上起了积极作用，针砭现实、指斥时弊，展现了广阔的社会生活，尤其是他提出的通俗性、写实性，在中国诗史上占有重要的地位。

黄巢

他并没有夺取天下的雄才大略，如果不是因为僖宗政权的腐朽无能，也许他不会走上起义的道路。他热爱文学，如果不是几次考试失败，或许他已在政坛上施展他的抱负或者成为一名文学家。然而时势造英雄，他终究还是走上了一条他不愿走的路。这个人就是黄巢。

黄巢，生年不详，卒于884年，曹州冤句（今山东曹县西北）人，出身于盐商家庭。黄巢极具天赋，小小年纪便展露出异于常人的才能，8岁的时候便吟出"他年我若为青帝"的诗句，却屡举进士不第，后以贩私盐为业。

封建社会历来就存在着土地兼并的问题，到了唐僖宗时更为严重，一度形成"富者有连阡之田，贫者无立锥之地"的局面。正因为如此，大量的农民加入了逃亡的行列，朝廷则把赋税转嫁到未逃亡的农民身上，更加促使了逃亡人口的增加。这样恶性循环的结果，就是广大农民不得不铤而走险，公开推翻朝廷政权。875年，黄巢登高一呼，率领数千人在曹州起义，从此开始了他的起义生涯。

黄巢的足迹几乎遍布了大江南北，他入江西，经浙江，从山东转战广州，再南广州回攻洛阳，破潼关，随后一路斩关折将，攻下首都长安，驰骋十余省，间接地切断了唐室江山的经济命脉，给唐王朝以致命的一击。他的这种类似长征的作战方式直接影响了后来的李自成、洪秀全、石达开、毛泽东等人。

黄巢乃一代枭雄，几次兵临绝境都能绝地逢生，但他残暴毒虐，嗜好滥杀无辜，攻克长安后不思进取，马上即皇帝位，建国号为"大齐"，没有能够消灭分镇关中的唐朝禁军。他没有适时建立经济政策，也未建立后方根据地，这些最终成了他起义失败的重要原因。

英雄末路的黄巢，死因扑朔迷离，是自杀还是他杀众说纷纭，无一个明确的定论。《新唐书》记载黄巢自杀身亡，《旧唐书》又云黄巢是被外甥杀害，敦煌文献另说黄巢被贴身大将杀害，还有的说法是黄巢已出家为僧。后来，黄巢之子率领残部四处流窜，号"浪荡军",于昭宗天复元年（901 年）进攻湖南时，遭湘阴土豪邓进思伏击而亡。自此，轰轰烈烈的唐末农民起义彻底失败了。

中国历史上的起义者中，黄巢是文武全才的典范。《全唐诗》收录黄巢诗三首，其中有两首写了菊花，菊花是黄巢的最爱。与晋朝的陶渊明等喜爱菊花的人不同，黄巢是借描写菊花来抒发他心中的大志，如《不第后赋菊》就抒发了他渴望推翻唐朝腐朽统治的远大抱负。

李国文先生在《唐末食人考》一文中这样评价黄巢：一，文不成，始终是一个不及第的秀才；二，武不就，围三百日食人无算拿不下陈州；三，想招安，讨价还价总谈不拢条件；四，当皇帝，进了长安连板凳也未坐热，又卷铺盖去当"流寇"，是一个基本没有做成什么，或从来没有做好什么的，让人无法讲出特点和长处的半吊子。

宋太祖赵匡胤

公元 975 年，宋朝大军兵临南唐城下，后主李煜向宋太祖表示愿意放弃国号，永远臣服于大宋，但被拒绝。李煜派使者质问宋太祖，究竟南唐有何过错，非要置之于死地。宋太祖毫不掩饰地说："卧榻之侧，岂容他人酣睡？"直到今天，这句话还左右许多人的头脑，成了一句著名的格言。

927 年，赵匡胤出生在洛阳夹马营的一个军人家庭。在家庭的熏陶下，赵匡胤从小就爱舞刀弄枪，并练就了一身好武艺。此时，距离威赫数百年的大唐帝国销声匿迹已整整 20 载。唐朝末年以来，藩镇割据的局面愈演愈烈，在公元 907 年后梁建立以来的半个世纪内，各地的割据势力连年混战，政权更迭频繁。在这样的环境中，老百姓生活苦不堪言，迫切希望社会安定下来。

948 年，21 岁的赵匡胤告别家人，开始寻找机会施展自己的抱负。第二年，赵匡胤遇到了千载难逢的机会，投身到后汉枢密使郭威旗下，不久，郭威建立后周。此时，赵匡胤已甚得后来的周世宗即当时的开封府尹柴荣赏识。在长期的南征北伐中，赵匡胤战功赫赫，地位如日中天。

959 年，周世宗逝世，其幼子柴宗继位，赵匡胤重兵在握。翌年，赵匡胤乘"主少国疑"之机发动"陈桥兵变"，废周建宋，改元建隆。

作为一位武将出身的皇帝，赵匡胤深刻地认识到武将在改朝换代方面的重大作用。他防患于未然，先下手为强，及时"杯酒释兵权"，解除了一些掌握重兵的大将的兵权，轻而易举解决了大将专兵权的问题。

鉴于唐朝中叶以来地方藩镇权势过大所产生的重大影响，宋太祖制定了"削夺其权，制其钱谷，收其精兵"的十二字方针，从政权、财权、军队三方面削弱藩镇权力，加强中央集权统治。在"削夺其权"方面，他除了派遣文官出任地方州郡长官，取代跋扈、难以管制的军人外，还在知州之外设立通判，二者共掌政权，相互牵制，分散和削弱了地方长官的权力。

在"制其钱谷"方面，宋太祖设置专门的官员管理地方财政，并规定各州不得擅留赋税收入，除正常经费开支外，必须全部上交京师。这不仅增加了中央的财政收入，也截断了地方对抗中央的物资来源。在"收其精兵"方面，他将各州精锐将士抽调到中央禁军，地方部队仅剩下一些老弱兵员，形同虚设，彻底摧毁了地方对抗中央的军事基础。

宋太祖对藩镇权力的剥夺与对武臣的压抑，在很大程度上提高了中央的威权。同时，他也在中央内部进行改革，设置了大量官员，分割相权，巩固了国家统治。但另一方面，官员的大量增多、权力的相互钳制与地方实力的削弱，形成了强干弱枝的局面，为宋朝日后的积弱埋下了隐患。

当时，宋朝周边一些国家的实力不容小视，他们虎视眈眈地窥伺宋朝的态度，让宋太祖如坐针毡。在宰相赵普的建议下，宋太祖确立了"先南后北""先易后难"的战略方针，并亲率宋朝精锐之师，纵横沙场，扫清了大宋统一道路上的障碍。976 年，南唐灭亡，宋朝一统中原。

宋太祖是一个杰出的封建帝王，他结束了安史之乱以来长达两百余年的诸侯割据和军阀混战局面，给饱经战乱之苦的民众提供了一个和平安宁的生活环境，为社会的进步、经济的发展和文化的繁荣奠定了坚实的基础。

在宋太祖的精心治理下，宋朝科技发展突飞猛进，政治也较清廉，社会相对稳定，是中国历史上经济与文化发展最为繁荣的时代之一，在封建社会发展中占有非常重要的地位，正如著名史学家陈寅恪说："华夏民族之文化，历数千载之演进，造极于赵宋之世。"

976 年，宋太祖暴死。他没有按照传统习惯将皇位传给自己的儿子，而是将皇位传给了弟弟宋太宗赵光义，便有了"赵光义弑兄登基"的传说，其死因至今仍然是未解之谜。

范仲淹

以"先天下之忧而忧，后天下之乐而乐"闻名于世的范仲淹，是宋代有名的文臣，他少有大志，以天下为己任，发愤苦读，精通儒学，诗词歌赋均有造诣，终成一代大师，而他"断齑画粥"的典故也被后世传为佳话。

北宋政治家、文学家范仲淹，字希文，少时丧父，为了生计寡母带他改嫁朱家，范仲淹也改朱姓。他从小心怀天下，立志苦读，一次偶然的机会得知了自己的身世，于是含泪辞母踏上了异地求学之路，并希望有朝一日可以自立家业光耀门楣。真宗大中祥符四年（1011 年），范仲淹很幸运地进入了应天府书院，这里不仅不收学费，还有名师可以请教，更有大量的藏书可以阅读，这对于经济拮据、酷爱读书的范仲淹是再理想不过的场所了。

范仲淹在这里"昼夜苦学，五年未尝解衣就枕，夜或昏怠，以水沃面，往往粥不充，日昃始食"。三年之后他顺利高中，被任命为广德军的司理参军，踏入了仕途，他也正式恢复了范姓，并接母亲到身边赡养。之后四十年的从政生涯中，他曾历任多职，甚至官至参知政事，但因其刚正不阿，敢于直谏，多次被贬，在宦海生涯中几经沉浮。

范仲淹是文武全才，他为官期间，清正廉明，关心百姓疾苦，颇有政绩。他任泰州海陵西溪镇盐仓监官时，主持修建了百余里的海堤，使盐场和梯田恢复生产，流离失所的百姓重归家园。为了感念范仲淹的功绩，人们称这座堤坝为"范公堤"，并为他立"生祠"，很多人也改范姓。

在宋与西夏的战争中，满朝文武慌乱无主，范仲淹却运筹帷幄，亲自披挂上阵，力退夏兵，名震一时，西夏人称"小范老子腹中自有数万甲兵"，后来很长一段时间不敢进犯。

从西夏对宋朝边境进行骚扰开始，宋朝的军事开支急剧膨胀。为了解决财政问题，政府不断加大对百姓的税收，苦不堪言的百姓反抗朝廷的暴动与骚乱纷然而起。在这种情况下，范仲淹被从边防调回京师，升任参知政事，受命出台措施改变内患。范仲淹根据朝廷的弊病提出了新政纲领《答手诏条陈十事》，历史上著名的"庆历新政"应运而生了。

范仲淹的改革包括十个方面："明黜陟、抑侥幸、精贡举、择长官、均公田、厚农桑、修武备、减徭役、覃恩信、重命令"。这些措施得到了欧阳修等官员的支持，仅实施几个月就使朝廷的面貌焕然一新。通过这些措施，官员被大量精简，只保留有才学有政绩的人，不仅减少了政府的开支，还提高了官员的整体素质。

"均公田"的实施使官员的收入达到了平衡，生活有了保障，提高了他们的办事效率；减赋税徭役，兴水利农事，不仅改善了农民的生活，还让百姓的生活得到保证。加之"重命令"的实施废除了以前朝令夕改的做法，提升了朝廷在百姓心目中的威信，内乱自然就平息了。为了防患于未然，范仲淹让京城附近的男丁在务农之余练习军事，既可以减少军事开支又可以保证充足的战斗力。

范仲淹的改革触犯了很多官员的利益，尤其是那些达官贵人及其子弟的利益，范仲淹及其支持者被诬陷为"朋党"，此外，大批保守派的官员也参与到反对阵营中来。面对这些压力，曾有雄心壮志要励精图治的仁宗终于妥协了，被迫下诏废除了所有的改革措施，范仲淹及其支持者先后被贬，轰轰烈烈的新政改革就这样夭折了，范仲淹的苦心孤诣，转瞬间付之东流。

范仲淹的改革虽然失败了，但是他的改革使宋朝的边境得到巩固，他所推荐的人才为宋朝学术发展奠定了基石。更重要的是，改革使许多官员看到了希望，为后来的"王安石"变法奠定了思想基础。其"先天下之忧而忧，后天下之乐而乐"的节操成为后世有志之士的精神典范，朱熹称他为"有史以来天地间第一流人物"。

毕昇

中国的文化璀璨夺目，各朝代都会出现很多文人墨客的佳作，但受条件所限并不是所有人都能有幸珍藏这些作品。人们只能通过口头传诵或是以借阅的方式得到这些文章。

造纸术发明以后，学子们开始借书抄录，一本书有时候要抄写几个月甚至几年，而且极容易抄错、抄漏，已经不能满足需求了，印刷术在这种情况下应运而生了。毕昇为印刷术的发展做出了卓越的贡献。

毕昇，生卒年月不详，据沈括的《梦溪笔谈》记载，毕昇为一介布衣，推测可能生于1000年左右，蕲州蕲水县直河乡（今湖北）人。他在宋仁宗庆历年间发明了活字印刷术，后因权贵的诬陷而卒于狱中。

根据史料记载，我国的印刷术产生于隋末至唐初这段时间，起初为雕版印刷。所谓的雕版印刷是指，把枣木或者梨木等纹质细密坚实的木材锯成木板，然后将书稿反贴在模板上，用刻刀在模板上刻成凸起的阳文，清理好木板后，在板上加墨就可以印刷了，一版能印几百部甚至几千部书。雕版印刷出现不久就被大量地用来刻印佛教经，后又被用来刻印医术、各家经典著作、字帖等，促进了文化的传播。

雕版印刷到了宋朝，畦刻更加精美，刀法熟练圆润，印刷的墨色均匀，文字印出后清楚鲜明，甚至出现了彩印。可是雕版印刷有很多缺陷，不仅费时，费料，出错之后不易改正，由于是木制品，所以很难保存，经常会因为虫蛀或者受潮变形而成为废品。毕昇用他的智慧和经验发明了活字印刷，弥补了雕版印刷的不足。

据《梦溪笔谈》记载，毕昇在规格统一的胶泥上刻字，然后用火烧烤，待冷却之后便成了坚硬的陶字，然后依类存放。排版时，在铁板上涂上松脂、蜡、纸灰，把需要的字放在铁板上，排满之后用火烧烤，等松脂和混合物融化与字体黏合时，用木板把字压平，铁板冷却之后就可以印刷了。这种方法不仅大大提高了印刷的效率，而且印刷完毕拆下来的字下次还可以继续使用，保存起来也方便。

毕昇的发明在当时并没有受到当局的重视，因而没有得到推广，他的胶泥活字也遗失了。值得庆幸的是，他所发明的活字印刷技术却一直流传了下来，铁板被改成了传热功能更强的铜板，胶泥字也被改成陶活字、木活字、泥活字、铜活字等不同形式。

公元十四世纪之后，活字印刷术先后传到了朝鲜、日本、欧洲等地，并不断被发扬光大，为文化的传播和历史的进步做出了不可磨灭的贡献，毕昇也因此被载入史册。

岳飞

岳飞，著名军事家、抗金名将。他一生坚持抗金，他的反抗民族压迫的爱国主义精神，为中华民族树立了光辉的典范。他是我国历史上一位杰出的民族英雄。

岳飞（1103～1142），南宋军事家，民族英雄。字鹏举，相州汤阴（今属河南）人。

岳飞父岳和，母姚氏，世代务农。岳飞少时勤奋好学，并练就一身好武艺。他青少年时向周同、陈广学习射箭、枪技，成为全县武艺最高强的人，但因家境贫困，后到相州（今安阳），为韩魏公（韩琦）家庄客，耕种为生。19 岁时投军抗辽。不久因父丧，退伍还乡守孝。

公元 1126 年，金兵大举入侵中原，岳飞再次投军，开始了他抗击金军，保家卫国的戎马生涯。传说岳飞临走时，其母姚氏在他背上刺了"精忠报国"四个大字，这成为岳飞终生遵奉的信条。

当时，我国东北女真贵族建立的金国日渐强大。1127 年，金兵灭掉了北宋。金兵的侵略，激起了广大人民的反抗。早在北宋灭亡以前，岳飞就应募从军，参加抗金斗争。他英勇善战，立过很多战功。南宋建立后，岳飞以下级军官身份，上书反对宋高宗南迁，要求北伐。不料这次上书触怒了主和派，他们以"小臣越职，非所宜言"的罪名，把岳飞的官职革掉了。于是，岳飞就投奔河北路招抚使张所。张所问他说："听说你作战非常勇敢，你自己衡量能对付多少敌人？"岳飞回答说："用兵不能单靠勇敢，首先要靠谋略。"张所很赏识他，任命他为中军统领，不久又升他为统制。

金军南侵时，岳飞转移到江南，在宜兴一带收编散兵，组成一支能单独作战的队伍。1130 年，金兵从建康准备渡江北返。岳飞当时驻扎在建康附近，向金兵发动攻击，打了一个大胜仗，乘胜收复了建康。1134 年，岳飞又继续出击，连战连捷，收复了襄阳等六郡。他也以战功被封为清远军节度使，不久又被封为武昌郡开国侯。

那时候，岳飞带领的军队称为"岳家军"。岳家军纪律严明，作战勇敢，遭到敌人袭击时一点不慌乱。金兵非常惧怕岳家军，他们说："撼山易，撼岳家军难！"可见岳家军声威之高了。

1140 年，金兵又大举进攻南宋。岳飞带兵进入河南，坚决反击。他把大本营驻扎在郾城，一面派兵收复颍昌、郑州、洛阳等地，一面派人到河北一带联络当地的抗金义军作战。金将完颜兀术探听到岳飞在郾城的兵力不多，就命人率领一万五千骑兵向郾城进攻。金兵以披着重铠的"铁塔兵"列在正面，左右两翼布列骑兵，叫"拐子马"，准备夹击。岳飞命令将士们手执刀斧，冲入敌阵，上砍敌人，下砍马腿，杀得金兵人仰马翻，歼灭了这支骑兵。这就是有名的郾城大捷。后来，完颜兀术集合十二万军队再来进攻，又被岳飞打得大败。

在朱仙镇，岳飞招兵买马，联络河北义军，积极准备渡过黄河收复失地，直捣黄龙府。他斗志昂扬地对诸将说："直捣黄龙府，与诸君痛饮耳！"这时高宗和秦桧却一心求和，连发十二道金字牌班师诏，命令岳飞退兵。岳飞抑制不住内心的悲愤，仰天长叹："十年之功，毁于一旦！所得州郡，一朝全休！社稷江山，难以中兴！乾坤世界，无由再复！"他壮志难酬，只好挥泪班师。

岳飞回临安后，即被解除兵权，任枢密副使。绍兴十一年（1142）八月，高宗和秦桧派人向金求和，完颜兀术要求"必杀飞，始可和"。秦桧乃诬岳飞谋反，将其下狱。绍兴十一年十二月二十九日，秦桧以"莫须有"的罪名将岳飞毒死于临安风波亭，是年岳飞仅三十九岁。

王安石

王安石，北宋杰出的政治家、思想家、文学家。宋神宗时宰相，创新法，改革旧政，是一个进步的政治家。他政治变法对北宋后期社会经济具有很深的影响，已具备近代变革的特点，被列宁誉为是"中国十一世纪伟大的改革家"。

王安石（1021~1086），字介甫，号半山，临川人。安石少好读书，记忆力强，受到了较好的教育。他心怀大志，博学多思，随父宦游各地，目睹了北宋"民劳财匮"的社会状况，在哲学、经济、教育、伦理等方面，提出了一个完整的新的思想体系——"荆公新学"，旗帜鲜明的标明自己的唯物主义立场，给当时的思想界带来一丝清新的空气，对后来中国学术思想产生了较大的影响，也同时为王安石的政治改革奠定了思想基础。王安石自22岁考中进士，踏入仕途，几近三十年地方官生涯，兴修水利，发展生产，局部地推行了改革弊政的革新措施。

由于深得神宗赏识，熙宁二年（1069），王安石出任参知政事，次年，又升任宰相，开始大力推行改革，进行变法。王安石明确提出理财是宰相要抓的头等大事，阐释了政事和理财的关系，并认为，只有在发展生产的基础上，才能解决好国家财政问题。执政以后，王安石继续发挥了他的这一见解。在改革中，他把发展生产作为当务之急而摆在头等重要的位置上。王安石虽然强调了国家政权在改革中的领导作用，但他并不赞成国家过多地干预社会生产和经济生活，反对搞过多的专利征榷，提出和坚持"榷法不宜太多"的主张和做法。

在王安石上述思想的指导下，变法派制订和实施了一系列新法，从农业到手工业、商业，从乡村到城市，展开了广泛的社会改革。与此同时，以王安石为首的变法派改革军事制度，以提高军队的素质和战斗力，强化对广大农村的控制；为培养更多的社会需要的人才，对科举、学校教育制度也进行了改革。变法触犯了大地主、大官僚的利益，两宫太后、皇亲国戚和保守派士大夫联合起来，共同反对变法。因此，变法失败，王安石在熙宁七年（1074）罢相。次年复拜相。王安石复相后没有得到更多支持，不能把改革推行下去，于熙宁九年（1076）辞去宰相职务，从此闲居江宁府。宋哲宗元祐元年（1086），保守派得势，此前的新法都被废除。王安石不久便郁然病逝。

欧阳修

宋仁宗庆历前后，范仲淹人等开始了政治革新，急需儒家思想的指导和一种实用的文体来表达自己的政见。于是一度中断的韩柳古文再次被重视，支持改革的领军人物欧阳修开始倡导诗文革新运动。

欧阳修，北宋时期政治家、文学家、史学家和诗人，字永叔，号醉翁、六一居士，庐陵（今江西吉安）人，一生历经四个朝代，参与了当时的政治改革，在政坛很有威望。欧阳修的身世非常凄苦，他4岁丧父，由寡母独自抚养成人，母亲经常讲述其父生前的事迹，激励他刻苦读书。

良好的家教，聪慧的天资，让欧阳修在很多学科上都颇有建树，他于仁宗天圣八年（1030年）中进士，累擢知制诰、翰林学士。在任翰林学士期间，他提拔过苏轼、苏辙、曾巩等人，后来他因为支持范仲淹的改革而被贬。晚年他政治趋于保守，于神宗熙宁四年（1071年）辞官，一年之后卒于家中，卒谥"文忠"。

唐末五代时期，开始流行一种风格浮艳、内容空洞的文风，宋朝短暂的繁华，也让这种文风得以流行，并出现了西昆体。为了改变这种文风，欧阳修大力提倡古文，并亲自校订韩文，刊行以示当代文人。

欧阳修推崇韩愈的古文，但并没有拘泥于韩愈的风格。他和韩愈一样强调"道"对"文"的决定作用，认为文章应该要言之有物，所不同的是在强调"道"的同时，他也重视文的发展，提高了文学的地位。他还取韩愈"文从字顺"的一面，舍弃了韩文中奇险、深奥的倾向，使文章向着平易朴实、自然流畅的方向发展，一扫之前的浮靡文风。他的改革受到梅尧臣、苏舜卿等人的支持，很快风靡文坛。

欧阳修不仅提出了理论改革，还用大量优秀之作来阐释自己的理论，以散文创作成绩最佳。欧阳修的散文，体质完备，内容充实，他对骈赋进行了修复，去除了骈文注重声律的严格限制，加入活泼流动的散体句法，使文章流畅婉转、舒敛自如，无论是议论还是叙事都有感而发。他的政论文，慷慨激昂、义正词严，《与高司谏书》《朋党论》等都是名篇。他的记叙文纡徐委婉，富于变化，无论状物写景或叙事怀人，都语言流畅，如著名的《醉翁亭记》。

欧阳修还把自己的革新观点运用到了诗歌领域，他的诗想象奇特，语言自然流畅，风格多样，涉及内容广泛，尤以清新秀丽的写景诗为最，代表作为《春日西湖寄谢法曹歌》。

欧阳修不仅善于作诗，还在《六一诗话》中提出诗"穷者而后工"的理论，主张诗歌归于自然，创造了论诗的新形式，开创了中国文学史上诗话体裁，对后世诗歌创作产生了很大的影响。此外，他还工于恋情相思、惜春赏花之类的词。他的词情感缠绵，含蓄蕴藉，以写景词为最，代表作有《玉楼春》《朝中措》等。

欧阳修开创的平易文风改变了宋代的浮靡文风，直到清朝还备受文人青睐，成就了他在中国文学史上的地位。

沈括

英国著名科学史专家李约瑟称《梦溪笔谈》是"中国科学史上的坐标"，这部书的作者是中国历史上少有的文武全才，他不仅通晓天文、地理、数学、生物、化学等各种学科，还是卓越的政治家和外交家。他有雄才大略，参与政治革新，用雄辩痛斥辽国的野心，还多次带军抗击西夏的进攻，他就是北宋著名的科学家、政治家沈括。

沈括，字存中，号梦溪丈人，北宋钱塘人。他生于官宦世家，父亲曾出任江宁等地的地方官，母亲是一个有很深文学修养的人。在家庭的熏陶下，沈括在十几岁时就读尽家中藏书，跟随父亲辗转的经历又让他得以了解各地的风土人情、人文风貌，增长了见识。24 岁时，他受父亲资荫任海州沭阳县主簿，在任期间关心农田水利，带领人民修筑渠堰，开发农田，颇有政绩。

嘉祐六年（1061 年），沈括任安徽宁国县令，两年之后考中进士，任扬州司理参军。治平三年（1066 年）他被调京师昭文馆编校书籍，之后他参加了王安石的变法，得到王安石

沈括

的赏识，于宋神宗熙宁五年（1072 年）开始职掌观测天象，推算历书。一年之后他被提升为集贤院校理，有机会大量阅读珍贵的皇家藏书，后又历任翰林学士、宣州知州、龙图阁直学士等职。

元祐三年（1088 年），沈括定居润州（今江苏镇江），并把自己购置的园地命名"梦溪园"，在此隐居，完成了《梦溪笔谈》《良方》等著作，宋哲宗绍圣二年（1095 年）逝世。

《梦溪笔谈》共二十六卷，另有《补笔谈》三卷、《续笔谈》一卷，内容涉及科学、史学、医学、数学、农学等 17 个门类，大约成书于 1086 年至 1093 年间。在书中，沈括对前人的科学成果和技术发展做了详尽的记载，尤其是对正史中没有记载的普通人物的贡献做了记录，如毕昇的活字印刷术，给后人留下宝贵的资料。他还对自己的一些发明创造做了记录，涉及数学、物理、化学、地理学方面的知识。

在物理学方面，沈括首先发现了地磁偏角，记录了指南针的最佳存放方法，诠释了光沿直线传播现象，做了共振现象的实验，阐述了凹面镜成像的原理等问题。在化学上，他最突出的成就是关于石油的研究。他不仅考察了石油的用途，还发明了用石油制造烟墨的工艺，而由他命名的"石油"这个名称一直沿用到今天。

在数学方面，沈括在日常生活的启发下创立了"隙积术"和"会圆术"。"隙积术"发展了《九章算术》的等差级数问题，而"会圆术"推动了我国几何学的发展，而且被后世的天文学家引入到天文学计算中。

在地质学方面，沈括对地貌、化石等进行了考察和研究，并根据结论推断出地貌形成的原因和化石生存时的自然环境。此外，他还在书中记载了很多药方，并对古人的错误记载进行了纠正。

沈括以他的博学和勤奋，为我们留下了一笔宝贵的财富，无怪乎《梦溪笔谈》会

被誉为"中国科学史上的坐标"。

苏轼

苏轼，字子瞻，一字和仲，号东坡居士，四川眉山人，生于文学世家，自幼博览群书，得以接触儒、释、道各种思想。嘉祐二年（1057年），苏轼中进士，因欧阳修赏识其文采而誉满京师。神宗时任祠部员外郎，因反对王安石的变法自求外调，后写诗讥讽时政，被弹劾入狱，这就是历史上有名的"乌台诗案"。遭此劫难后，苏轼被贬黄州，此时的他心灰意懒，为了排解自己的孤寂，他开垦荒地自娱，号"东坡居士"。这时他的儒家思想发生动摇，开始利用释道思想追求精神解脱。

变法失败后，苏轼被赦回朝，升任翰林学士知制诰，却因不能苟同保守派对王安石集团的压制而再次自求外调，其间颇有政绩，受人民爱戴。元祐八年（1093年），哲宗亲政，他被远贬儋州；徽宗即位，他遇赦北归，后卒于常州，享年六十五，葬于汝州郏城县。南宋高宗，赠其太师，追谥号"文忠"。

苏轼是欧阳修之后文坛的领军人物，他很好地继承了欧阳修的文学观点，并发扬光大。在散文上，他继承了古文运动所提倡的平易风格，却又不拘泥于古人，认为文学应该有自身的价值，不该成为传道的工具，凡所见之物所想之事皆可以入文。他还强调文学家自身的文学修养，强调文章的构思和灵感，使作文达到"如行云流水，初无定质，但常行于所当行，常止于所不可不止。文理自然，姿态横生"的艺术境界，与韩愈、柳宗元和欧阳修三家并称。

受自身经历的影响，苏轼前期的作品以兼济天下为主，风格磅礴奔腾，汪洋恣肆，后期的作品则空灵隽永、妙趣横生，代表作有《留侯论》、前后《赤壁赋》等。

苏轼还将文学革新观点引入诗词之中，打破了传统的婉约词风，扩大了词的表现功能。他认为能入诗、入文的题材均可以入词，凡诗文的表现手法同样实用于词。

他身体力行，创作了大量的词，以抒发自己的壮志豪情、反映民间疾苦、描写山川风物、怀旧念古等为题材，风格豪放阔达，开创了与婉约并立的豪放词派，代表作有《念奴娇》《水调歌头》等。他还写了很多格调健康的婉约词，并第一次把吊亡的内容写进了词，如《江城子·十年生死两茫茫》。

苏轼在诗歌领域也很有成就，突出的特点是以才学为诗、以议论为诗，给诗歌创作注入了新的活力，其中以写景诗和理趣诗的艺术价值最高。在这些诗歌中，他善于观察和捕捉各地景物的不同，并善于从中悟出理趣，代表作有《饮湖上初晴后雨》《题西林壁》《琴诗》等。

苏轼还在书法上极有造诣，擅长行书、楷书，与蔡襄、黄庭坚、米芾并称"宋四家"，今存世书迹有《答谢民师论文帖》《祭黄几道文》《前赤壁赋》《黄州寒食诗帖》等。

苏轼一生为我们留下了两千多首诗歌，三百余首词，代表了北宋文学的最高成就，对后世文学产生了深远的影响，林语堂对苏东坡评价最为贴切："苏东坡在中国是主要的诗人和散文家，而且他也是第一流的画家、书家，善谈吐，游踪甚广。天生聪慧，对佛理一触即通。"

宋徽宗赵佶

他是一位典型的"爱青丹不爱江山"的皇帝，在位 26 年，朝政荒废。但值得一提的是他执政期间，绘画被列入科举考试的科目之中，而且建立了专门的绘画学府，画家的地位被提高了。同时，涌现出大批绘画名家，如米芾、张择端。他积极收藏了很多珍贵的古代艺术作品，而他自己在绘画和书法上也有很深的造诣，甚至精通辞赋。他就是宋徽宗赵佶。

哲宗夭折，无子嗣，于是作为哲宗弟弟的赵佶有幸继位，即宋徽宗。徽宗从小喜欢绘画，结交了当时很多知名画家。他继位时，宋朝已经是摇摇欲坠了，父亲神宗所留下来的党派之争没有随哲宗的去世而结束。

为了改变这种局面，赵佶开始了大刀阔斧的改革，然而他毕竟不是一位政治天才，不能慧眼识人，他所倚重的蔡京和高俅，以权谋私，独霸朝纲，致使政治更加腐败，国库空虚。加之当时宋周边的少数民族不断在边境进行骚扰，徽宗自己又沉迷于艺术无暇多顾，于是宣和七年（1125 年）传位于赵桓，即后来的钦宗。

靖康二年（1127 年）金人顺利攻下了宋的都城，徽宗和后宫三千多人一起被金人俘虏，赵佶开始了艰难的亡国之君生活，受尽了金人的屈辱，后卒于五国城。

赵佶在中国历史上是昏君的代名词，可是他在艺术上的造诣却无可厚非，堪称一代大师，尤其是在绘画和书法上取得了很高的成就。赵佶在位时，喜欢收集、临摹古人的名画来增进自己的画技，所以他的画带有复古的倾向，但是并没有脱离时代。他一方面对各朝代画轴精心研究，一方面又积极地实景写生，画技很快达到了炉火纯青的地步。他的山水画尤其出众，在原物的基础上总有新意，笔法工于细描，精细瑰丽。

在各类画作中，赵佶最擅长画花鸟，他所画的花卉，能够精细到任何细小的地方，花卉在时间和季节上所表现出的不同姿态，他都能够准确地展现于笔下。他的鸟类画作更是绝佳，尤其善于画鸟的眼睛和羽毛，让整个画卷充满了灵动的富贵之气。

邓椿在《画继》中这样评价赵佶的鸟类画："独于翎毛，尤为注意，多以生漆点睛，隐然豆许，高出纸素，凡欲活动，众史莫能也。"赵佶的画作主要有《芙蓉锦鸡图》《红蓼白鹅图》《池塘秋晚图》《听琴图》《文会图》《雪山归棹图》等。

赵佶还是一代书法大家，他汲取黄庭坚、薛稷、薛曜书法之精髓，融入自己的气质和时代的特性，创出了"瘦金体"。这种笔体瘦劲挺拔，结构舒展，收笔之处与众不同，横带钩，竖带点，撇捺犹如刀锋，对此，《书史会要》评价说："笔法追劲，意度天成，非可以陈迹求也。"他的书帖《草书千字文》《闰中秋月诗帖》在后世广为流传，但得其心法者寥寥无几。

靖康之变后，兴盛一时的画院也随之结束，由赵佶所倡导的艺术辉煌也落幕了，而他精心收藏的很多名贵的书画也在战乱中被付之一炬。1142 年 8 月，赵佶遗骸终于回归故里，葬于永佑陵，立庙号为徽宗。

方腊

方腊出生于北宋宣和年间，又名方十三，歙州（今安徽歙县）人，一说睦州青溪人。家境贫寒的方腊从小便在地主家做雇工，由于他性情豪爽，喜好结交好友，因而深得世人喜爱。

北宋末年，宋徽宗昏庸无能，"六贼"蔡京、王黼、朱勔、童贯、梁师成、李彦执掌朝政，把持全国政治、经济、军事大权。"六贼"当权，政治更加腐败，他们穷奢极欲，极力搜刮民脂民膏，以供宋徽宗纵情享乐。加之兵乱、灾荒连年，千千万万的老百姓家破人亡，社会矛盾异常尖锐。

1120 年 10 月，在方腊的号召下，轰轰烈烈的农民起义爆发了。11 月初，方腊正式称帝，年号"永乐"，方腊被尊称为"圣公"。方腊带领起义军杀官吏、分财产，加之起义军纪律严明，与群众上下一心，政治上无视"君臣上"，经济上"不分你我"，在短短三个月间，就先后占领了浙江睦州、婺州、处州、杭州等六州五十二县，革命力量发展壮大，"众殆百万"。

起义军的发展壮大，引起了宋徽宗的极大恐慌，他迅速派 15 万精兵去镇压。而方腊起义军占领杭州后，做出了分兵"尽下东南郡县"的决策，派部将方七佛率领六万人马进攻秀州（今嘉兴），而后攻取金陵，与北宋"画江而守"。在秀州，方七佛大军遭遇宋军的顽强抵抗，实力悬殊，节节败退，退守帮源。由于叛徒告密，方腊不幸被俘，英勇就义。但起义军仍继续顽强斗争，直到次年三月才完全被镇压下去，起义失败。

方腊起义仅仅三个多月的时间，队伍就发展到上百万人，占领了浙江的六州五十二县，却在不到两个月的时间又很快失败，其主要原因是方腊起义军在面对北宋王朝的南下围剿时，在军事上采取了错误的消极防御的政策，一味固守革命根据地青溪帮源，致使起义军被困而死。而北宋王朝对外妥协退让，却对方腊起义军疯狂镇压，进一步暴露了北宋王朝的腐败和反动。

与发生在同一时期的宋江起义相比，方腊起义无论是规模还是影响，都要大得多。而且就人格魅力而言，英勇就义的方腊也明显比弃械招安的宋江更胜一筹。方腊作为杰出的农民起义领袖，推动了社会历史的进程。

朱熹

公元 1175 年，在信州（今江西上饶）一座名叫鹅湖的古寺举行了一场哲学辩论会。此次辩论会由当时著名学者吕祖谦邀集，试图调和学术界朱熹"理学"和陆九渊"心学"之间的分歧，于是这场辩论成了朱熹客观唯心主义和陆九渊主观唯心主义的一场论战，首开中国书院会讲之先河，这就是中国哲学史上著名的"鹅湖之会"。

从鹅湖之会的结果看，陆派似乎占了上风，但从对当时以及以后数百年对中国社会的影响来看，朱熹无疑是胜利者。朱熹字元晦，号晦翁，祖籍江西婺源，出生于1130 年，属于中国历史上的南宋。14 岁之前，他居住在福建尤溪，后因父亲去世，跟随母亲前往崇安（今福建武夷山）五里夫生活。18 岁时。朱熹考中进士，被任命为泉州同安县主簿，从此踏上仕途之路。

中国古代学者的入仕之路几乎都是坎坷重重，朱熹却似乎是个例外，他历任高宗、孝宗、光宗、宁宗四朝，曾先后担任泉州同安主簿、秘书省秘书郎、知南康军、提典江西刑狱公事、江东提刑、秘阁修撰、漳州和潭州知府、湖南转运副使、焕章阁待制、侍讲等职。然而，朱熹却始终没有忘记自己学者的身份，始终矢志不渝地坚持学术研究，曾在数年间对朝廷屡召不应，专心于著书立说。

朱熹早年推崇佛、道思想，30 岁时转入对儒家理学的研究，拜北宋理学泰斗程颐的三传弟子李侗为师，悉心钻研，并最终成为继程颢、程颐之后儒家最重要的人物。1178 年，朱熹在庐山"白鹿国学"的基础上建立白鹿洞书院，并制订一套《学规》，开始授徒讲学，宣扬理学思想。之后，他又主持修复了岳麓书院，与白鹿洞书院一起成为他传播理学的平台。

这一时期官学衰微，书院盛行，与朱熹对书院教育的努力和提倡不无关系。值得关注的是，白鹿洞书院和岳麓书院日后都被列入中国著名四大书院，而朱熹最早制订的《学规》也几乎成为所有书院的榜样。

为了帮助人们更好地学习儒家学说，朱熹从儒家经典中精心挑选出《大学》《中庸》《论语》《孟子》合订为一部书，称为《四书》，作为儒家的必读经典。《四书》后来又与儒家传统经典《五经》合称为"四书五经"，成为以后几个世纪官方教育的教科书，《四书》对中国教育的意义深远。

朱熹是宋代理学的集大成者，他在继承北宋程颢、程颐理学的基础上，又独立发挥，形成了自己的客观唯心主义思想体系。他认为理是世界存在的根源和基础，气是第二性，所以有"理在先，气在后""存天理，灭人欲"，这是其思想体系的核心。他提出"太极"是理的最高境界，但同时又提出理与气两者密不可分，理没有气不会存在，气没有理也不会存在，后世将他的学说和"二程"的学说并称为"程朱理学"。

朱熹学识渊博，在经学、史学、文学、佛学、道教乃至自然科学上都有较大成就，并且多有著作留世，其主要哲学著作有《四书集注》《周易本义》《西铭解》《易学启蒙》《四书或问》《通书解》《太极图说解》等，文学作品有《菩萨蛮》《水调歌头》《忆秦娥》《春日》《观书有感》等名篇，还有以他与弟子对话为形式的《朱子语类》问答录。

《大学》中的"格物、致知、诚意、正心、修身、齐家、治国、平天下"的思想，经朱熹发扬光大之后，成为后世无数学者的追求。

然而就是这样一位致力于理学研究的思想家，却因耿直的品行得罪权贵，终至落得一个悲剧的下场。1197 年，朱熹被革职后返回故乡，1200 年因忧愤病逝，享年 71岁。直到临终前，他还在修订《大学诚意章》，可惜的是，他生前并未看到自己的理学思想发扬光大。

成吉思汗

孙中山先生曾说："亚洲早期最强大的民族之中元朝蒙古人居首位"，"元朝时期几乎整个欧洲被元朝所占领，远比中国最强盛的时期更强大"。在这里，孙中山先生所赞誉的蒙古人和元朝均得益于一人的功绩，那便是元朝的创立者——成吉思汗。

成吉思汗姓奇渥温，名铁木真，成吉思汗是他成为蒙古大汗之后的尊号。铁木真是蒙古高原斡难河畔乞颜部部落领袖的儿子，自小生活富裕，直到 9 岁时父亲被仇敌毒杀，他跟随母亲和三个兄弟开始了艰难的游牧生活。艰辛的生活历练了铁木真，他决心长大后恢复父亲的事业。

收复旧部对铁木真来说是十分轻松的，他通过和亲与兼并战争在 1189 年被部从拥戴为汗，这一年，他才 27 岁。不久，他又将强大的盟友收归自己麾下。1196 年，铁木真大败仇敌部落，不仅报了父仇，还大大提高了自身的威望，铁木真的名号开始在蒙古草原上叫响。从 1200 年开始，铁木真发动 4 次战役，统一蒙古草原其他部落，于1206 年春建立大蒙古汗国，并被推为大汗，尊号成吉思汗。

事实上，成吉思汗的雄心绝非仅仅称雄于蒙古草原。即位后，成吉思汗开始了拓展疆土的南进和西征，终其在位的 20 多年，他始终在为扩展疆域而奋斗。他不仅征服了中国境内的西夏、金、西辽和畏兀儿族，还亲自远征至今乌兹别克斯坦、哈萨克斯坦、土库曼斯坦、阿富汗、伊朗、格鲁吉亚、阿塞拜疆、俄罗斯等地。成吉思汗把征服的土地都分封给了自己的儿子，让他们重新建立汗国。

1227 年，成吉思汗再次亲征，在进入西夏境内的萨里州时因病去世，葬于起辇谷，享年 66 岁。《元史》这样评价成吉思汗："帝（指成吉思汗）深沉有大略，用兵如神，故能灭国四十，逐半西夏，其奇勋伟绩甚众。"

成吉思汗在位期间进行了一系列卓有成效的改革：建立行政与军事合一的"领户分封制"，规定了贵族和封户的关系；编制《札撒大全》，作为统治的法律准则；创立"怯薛"即护卫军制度；创立了蒙古文字，结束了蒙古无文字的历史。通过一系列的改革，成吉思汗的统治进一步加强，社会生产力大大发展，蒙古国的封建统治制度也在

逐渐形成，为元朝的建立奠定了坚实的基础。

古往今来，人们对成吉思汗的征服活动莫衷一是，褒贬不一。但不可否认的是，他在建立一个地跨欧亚两大洲的帝国时，极大地促进了东西方之间的经济、文化交流，使"丝绸之路"得以重建。法国学者格鲁塞在《蒙古帝国史》中说："蒙古人几乎将亚洲全部联合起来，开辟了洲际通道，便利了中国和波斯的接触……从蒙古人传播文化这点说，差不多和罗马人传播文化一样有利。对于世界的贡献，只有好望角的发现和美洲的发现，才能够在这一点与之相似。"

忽必烈

忽必烈生于 1215 年 9 月 23 日。他生活于蒙古帝国的黄金时代，出生之时，蒙古人开始开疆扩土；他长成之时，蒙古大军已经把疆域远远地扩张到了北方和西方。

1251 年，忽必烈受命总领漠南汉地军国庶事。早在藩王时期他就思"大有为于天下"，并热心于学习汉文化。忽必烈曾先后召僧海云（宋印简）、僧子聪（刘秉忠）、王鹗、元好问、张德辉、张文谦、窦默等人，问以儒学治道。他任用汉人儒士整饬邢州吏治；立经略司于汴梁，整顿河南军政；屯田唐、邓等州。他依靠一批汉人儒生幕僚的帮助，几年内，在中原若干地区内建立起统治秩序，并搜罗和培养了一批治国人才。同时，他还奉蒙哥之命，领兵发动了灭亡大理国和侵掠南宋的两次战争。

1252 年六月，忽必烈去曲先脑儿（蒙哥驻夏之地）进见蒙哥汗。蒙哥命忽必烈率军征云南。1253 年，忽必烈率领大军在六盘山度夏。秋天，大军经过临洮进入藏族地区，到达武剌（今四川松潘）地方。1254 年初，忽必烈军包围了大理城。大理军民出城迎战失利。段兴智和高祥弃城逃走，大理城陷。

1257 年，蒙哥汗去世了，遗留下三个弟弟：忽必烈、旭烈兀和阿里不哥。旭烈兀自 1256 年成为波斯汗后，由于远离蒙古高原，而没有要求继承大汗位。剩下的只有忽必烈和阿里不哥。阿里不哥准备在蒙古召开库里勒台，以确保他被举为大汗。而忽必烈抢在他之前行动。他率军从武昌北上，在中原的开平上都府（位于今察哈尔和热河之间的多伦诺尔附近）建大本营。1260 年 6 月 4 日，他在此被他的军队拥立为大汗，当时他 44 岁。经过了数年与阿里不哥的争战之后，忽必烈的大汗地位得以巩固。

自从 1206 年成吉思汗建国以来，都是以族名为国名，称大蒙古国，而没有像北魏和辽、夏、金那样建立国号。忽必烈称汗后，于 1271 年 11 月正式建国号为"大元"，并于次年在"大都"建都。

忽必烈在位期间简化并整合了行政管理系统。他废除了自唐朝起就设立的门下省和尚书省，但保留了中书省，六部也并入中书省，该机构全权负责行政事务。由于只有一个机构负责，行政管理进行得更顺畅。忽必烈在进入中原之初将中书省的派出机构——行中书省进驻各地，统管军民事物，以后成为最高一级行政区划。从此，地方政治制度进入划省而治的阶段。行省置丞相、平章、右丞、左丞、参知政事等官，总管钱粮、兵甲、屯种、遭运，以及一切军国大事。后来行省逐渐成为最高地方行政区名称，对后世影响很大。

蒙古家族内部的最高权力斗争结束之后，忽必烈继续进行征讨周边国家地区的行动。在攻打南宋的战争中，忽必烈幸运地得到两位杰出将领：伯颜和阿术，还得到回鹘人阿里海牙的支持。1276 年 2 月 4 日，元军攻陷南宋首都临安（今杭州），俘虏 5 岁的宋恭帝和谢太皇太后以及南宋宗室和大臣，灭南宋，元朝成为全国性政权。

包括南宋在内，西夏（今甘肃、宁夏回族自治区）、金朝（今俄罗斯远东地区、中国黑龙江、辽宁、内蒙古诸省）、西辽（今吉尔吉斯斯坦/新疆、中亚）、吐蕃（今西藏、四川西部、缅甸、越南北部）的今中国全境第一次落入突厥—蒙古族征服者手中。这是 5 世纪的拓跋氏突厥人和 12 世纪的女真氏通古斯人都没有实现的事业，忽必烈最终完成了。尽管这位游牧民的后代忽必烈征服了中国，然而，他本人已经被中国文明所征服。因此，他能够认识到其政策始终如一的目标：成为真正的"天子"，使蒙古帝国成为中国帝国。

忽必烈在晚年遭遇了一连串打击。他最钟爱的妻子察必于 1281 年先他去世。五年之后，他最喜爱的儿子真金，也是他亲自选定的皇位继承人英年早逝。或许由于这些个人悲剧的刺激，他开始酗酒，并且毫无节制地暴饮暴食。他的体重迅速增加，越来越肥胖，并被因酗酒而引起的疾病折磨得痛苦不堪。与此同时，他的一些政策也遭到了失败。1294 年 2 月 18 日忽必烈病逝。

关汉卿

他的作品在他生前就名噪一时，百年之后又被译为法文、德文等多种语言，广受世界各地人们的欢迎，所以他被列入世界文化名人之列，他就是关汉卿。

关汉卿生卒年不详，据《录鬼簿》记载，他是元朝大都人，字汉卿，号己斋叟，可能做过元代太医院的医生。关汉卿出生在金末元初时期，经历了战乱，目睹了百姓的颠沛流离。在仕途无望的情况下，他每天游走于勾栏妓院之中，用玩世不恭来排解心中的苦闷。

为了调整心态，他放下仕子身份流连市井，因受浓郁的民间文化吸引，开始勤奋写作。他一生共著有杂剧 67 种，现存近 20 种，《窦娥冤》《救风尘》《望江亭》《拜月亭》《鲁斋郎》《单刀会》《调风月》等都是他的代表作。

特殊的生活经历让关汉卿很自然地把笔触指向了现实生活，他贴近下层人民，反映他们的心声和疾苦，用他们的反抗精神来鼓舞人们的士气。可是深受儒家思想影响的他又渴望仕途生活，希望通过仁政来拯救社会，所以他的剧作中充满了碰壁之后的自嘲和永不服输的进取精神。

关汉卿的杂剧大致可以分为三种：历史剧、喜剧和悲剧，代表作有《单刀会》《单鞭夺槊》《西蜀梦》等。关汉卿希望有人能够改变元朝纷乱的社会局面，所以他的历史剧主要歌颂英雄人物。可是受儒家思想的影响，他又希望用兵不刃血的形式达到这一目的，因而他通过歌颂《单刀会》中的关羽来呼唤这种英雄的出现。然而他很快就悟出，在乱世中像关羽这样的英雄都落得悲惨的结局，弱小的百姓就更不必说了，表达了他对现实社会的认知。

英雄惨死的经历让关汉卿最终发现，要改变自己的命运还是要依靠自己，于是他的笔触开始转向描写普通小人物的斗争。可贵的是，他塑造了很多女性形象，讴歌了她们的反抗精神和胆略，代表性人物有赵盼儿、杜蕊娘、婢女燕燕等，她们虽然生活在社会的最底层，然而她们桀骜不驯、善良、机警的个性和她们誓死捍卫自己权力的斗争精神，在当时给了人们很大的鼓舞，代表作为《救风尘》《望月亭》等。

为了加强作品对现实的批判功能，他用悲剧来表现主题。在这部分作品中关汉卿高举战斗的旗帜，揭露世间的罪恶，并最终凭借主人公坚定的信念战胜邪恶，其最具震撼力的代表作是《窦娥冤》。

关汉卿游走勾栏妓院的经历，让他广泛地接触了演员和观众，所以他在创作时非常注重舞台效果，用简练的文笔介绍人物和剧情，用设置悬念等手法来聚焦观众的注意力，突出故事的矛盾冲突。在语言上，他不仅注重主人公的语言环境，还广泛地汲取民间的谚语、俚语等素材，形成一种真切、生动的语言风格。

不仅如此，关汉卿还是出色的散曲作家，与郑光祖、马致远和白朴被誉为"元曲四大家"，他的散曲以描绘都市风光、政治抱负、羁旅生活、离别愁绪为主，代表作有《不伏老》等。

关汉卿为元代杂剧的繁荣奠定了基础，他的散曲改变了元散曲的纤细曲风，成为中国文学史和戏剧史上一位伟大的作家。

郭守敬

作为文明的发祥地之一，中国的自然科学，农业、医学、数学、天文学等都走在同时期世界的前列。随着科技的发展，涌现出一大批世界知名的科学家，如张衡、张仲景、贾思勰、郭守敬等，他们为中国的科学事业做出了不可磨灭的贡献。

我国的天文学是仅次于农学和医学的又一大自然科学。中国的天文学历史久远，早在原始社会时期就存在了，并且有了专门的天文官，在《诗经》中也曾多次提到"七月流火""三星在户"等天文学现象。到了唐朝，天文学更是发展到了鼎盛时期，但宋朝国力衰弱，天文学暂时被搁浅，到了元朝终于又迈开了前进的步伐。

元朝统一全国后决定修改旧历，制定自己的新历，于是组织了大批天文学者，在短短的五年时间（1276~1280）中取得了极大的成就，将中国古代天文学推向新的高峰。这批天文学者的领军人物就是郭守敬。

郭守敬，祖籍河北邢台，字若思，他的祖父是当时著名的学者，熟知天文和水利知识。受其影响，郭守敬从小就研读天文和水利学著作，很小就显露出科学天赋，他用极短的时间就理清了计时器莲花漏图的原理，还经常对各种地理现象进行细致的观察。

为了让郭守敬得到更好的教育，祖父把他送到精通天文和经学的刘秉忠门下，郭守敬不仅在那里学到了更多的天文学和经学知识，还结识了后来同样成为科学家的王恂。后经刘秉忠挚友张文谦推荐，郭守敬被元世祖任命掌管各地河渠的整修和管理工作，一年之后又被升任为银符副河渠使、都水少监、都水监、工部郎中等职，在任期间颇有政绩。

1276 年，忽必烈决定重修历法，张文谦为最高领导，精通天文、数学的王恂则负责具体工作。王恂首先想到了郭守敬，于是把他从水利部门调来参加修历。中国的天文学以历法和天象观测为主，历法又是天文学的中心，包括计算二十四节气、日食月食的推测、流行彗星的观测、日历的编撰等很多方面。要使编撰出的历法准确精密，就需要在天象的观测中有科学的观察方法和记录方法，还要有先进的观测仪器。

郭守敬组织人们进行了浩大的观测工作。他在全国设立了二十七个观测点，测量地理纬度、昼夜的长短，对以往的天文数据进行核查，并以这些为前提开始编撰《授时历》。

郭守敬认为，"历之本在于测验，而测验之器莫先仪表"，于是他在前人的基础上改良和发明了很多新的仪器，如浑天漏、玲珑仪、简仪、仰仪、高表、景符、正方案等，并科学地测定出回归年长度为 365.2425 日，与现今通行的公历值完全一致。并且，《授时历》摒弃了中国使用了上千年的上元积年，取消了日法的分数表达式，保证了天文学数字的精确。

《授时历》在计算方法上也更加精确，郭守敬在前人刘焯的基础上改变了以往的二次差内插法而采用三次差内插法来计算太阳和月亮的运行规律。他还利用弧矢割圆术来计算黄道和赤道的坐标，测定了黄赤交角新值，误差仅一度多。欧洲直到三个多世纪后才有可与郭守敬相比的观测仪器出现。

除《授时历》外，郭守敬还著有《推步》《仪象法式》《上中下三历注式》等天文学著作。为了纪念这位伟大的科学家，国际天文学联合会将美国在月球上发现的环形山命名为"郭守敬山"，中国也将编号为 2012 号的小行星命名为"郭守敬小行星"。

黄道婆

"黄婆婆，黄婆婆，教我纱，教我布，两只筒子两匹布。"这是在江南流传很广的一首歌谣。每年的农历四月初六，很多妇女都会口诵这首歌谣，到附近的"黄母祠"里烧香、祈祷，她们口中的黄婆婆，就是中国历史上为棉纺织业做出特殊贡献的黄道婆。

黄道婆大约生活在宋元之间，在传统思想的影响下，当时的妇女地位很卑微，所以没有办法在正史中考证她的生卒年月，只好根据当时的一些民间故事去略窥端倪。

黄道婆真实的名字已经不可考证，又称黄婆或是黄母，大约生于南宋淳祐年间，松江府乌泥泾镇人。黄道婆的家乡土地贫瘠，靠种植棉花、纺线、织布勉强度日。由于家境贫寒，黄道婆十一岁就被卖给别人当童养媳。沉重的劳动使黄道婆不堪忍受，而公婆的霸道和丈夫的虐待更让她的生活雪上加霜，于是她决定出逃。

元朝时，海上贸易已经很发达了，海南的纺织品传入了内地，无论从工艺还是技术上都比内地高一筹，他们织出的黎锦畅销全国。常年与机织为伴的黄道婆年幼时就很向往这个地方，于是在一个夜晚逃到一艘开往海南岛的商船上，并随船到了崖州（具体位置多变，但都在海南），希望通过自己掌握的一些纺织技术去那里谋生。

因为当时崖州与内陆相隔，所以那里的人们还保持着共耕分收，尊重女祖的民俗，黄道婆在那里得以安定下来。在当地黎族姐妹的细心传授下，她很快掌握了纺、织、染等各种工艺，并汲取各家之长，成了技艺精湛的纺织能手，但这一切并没有减少她对家乡的思念。

进入中年，她越发怀念自己的家乡，于是带着黎族人的美好祝愿，背着纺织工具踏上了回家的路。返回故里之后的黄道婆开始言传身教，为当地人传授纺织技术，并着手从扦、弹、纺、织等方面进行纺织改革，制成了一整套工具，极大地提高了效率。

在黄道婆传授脱子工艺之前，当地的棉籽都是用手剥，黄道婆根据黎族的脚踏车原理，发明了"捍"。这种新型的扎花工具，利用两个直径不同的铁轴和木轴，在相反方向以不同的速度回转碾轧来清除棉籽，既省时省力，又高效。"弹"发明以前，乌泥泾镇人都用小弓来弹松棉花，黄道婆把小弓改为大弓，把以前的线弦改为绳弦，并改用檀椎击弦，弹出的棉花质地更加纯正而且匀称，既提高了质量也提高了效率。

当时纺线主要是手捻纺坠纺纱或单锭手摇纺车纺纱，极大地制约了织布机的速度。黄道婆发明了三锭脚踏纺车，同时能纺三根纱，纺织效率一下子提高了三倍，成为当时世界上最先进的纺织工具。

此外，黄道婆还打破传统的丝绸技术，借鉴"崖州被"的特点，用错纱配色、综线挈花等棉织技术，在织出的褥、带、帨上配了鲜艳逼真的折枝、团凤、棋局、字样等花饰，这种技术在乌泥很快得到推广，一时间"乌泥泾被"畅销全国，原来"土地贫瘠、民食不给"的乌泥镇出现了"人既受教，竞相作为，转货他郡，家既就殷"的繁荣局面，整个松江府地区也因此成为我国植棉业的中心，并赢得了"松郡棉布，衣被天下"的美誉。

黄道婆为纺织业做出了卓越的贡献，改变了家乡人民的生活。她去世之后，乌泥泾镇人民无不感恩洒泪，为她立祠造像，永世怀念。

赵孟頫

他身上具有高贵的皇家血统，政治飘摇的宋朝。并没有影响到他的教育，皇族的身份、大量珍贵藏书和众多的文人墨客，为他的童年教育提供了良好的条件。赵宋皇

历史名人

族特有的文人气质在他那里得到了体现，加之他身上深厚的文化底蕴，超群的艺术天赋，终于成为一代集书法、绘画、诗词歌赋之大成于一身的"元人冠冕"的艺术大师，他就是赵孟頫。

赵孟頫，字子昂，号松雪，又号水晶宫道人，宋太祖世孙。家族大量的藏书，父亲渊博的知识，都给了他良好的文化熏陶，他曾入仕任职，宋灭亡之后隐居故里。后，元世祖征召宋的官吏，他被推荐入朝，因出众的才华受到元世祖的赏识，任兵部郎中，后迁至集贤直学士、济南路总管府事。元贞元年（1295 年），忽必烈去世，赵孟頫因政局不稳而辞隐。

公元 1310 年对赵孟頫来说是极不寻常的一年，他得到了皇太子爱育黎拔力八达的青睐，官拜翰林侍读学士，知制诰同修国史。第二年，皇太子继位，赵孟頫开始飞黄腾达，先后升任集贤侍讲学士、中奉大夫、翰林学士承旨、荣禄大夫，仕途得志，加之他在艺术领域的不俗成就，晚年之后他名满天下。

赵孟頫博古通今，在艺术上也有很深的造诣，绘画、书法、诗词无所不能，无所不精，尤以绘画和书法最为突出，更可贵的是他还有自己的艺术理论："作画贵有古意，若无古意虽工无益。今人但知用笔纤细，敷色浓艳，便自谓能手；殊不知古意既失，百病横生，岂可观也。吾所画似乎简率，然识者知其近古，故以为佳。此可为知者道，不为不知者说也。"他明确地提出反对由赵佶提倡的柔媚画风，认为绘画不仅是追求形似，更应该倡导古人的笔墨——讲求画的意蕴和情趣。赵孟頫的画题材多样，风格多变，表现形式也千变万化。他还精通各种绘画技巧，工笔、写意、青绿、水墨均能信手拈来。

在各类画作中赵孟頫以山水画和竹石画造诣最深，他的山水画汲取董源画之精华，以简朴直率的水墨法为主，清雅脱俗，含蓄宁静，色泽古朴，颇具道家的思想境界。竹石画讲求"笔墨同源"，以书法的技巧代替绘画的笔墨，画面洒脱简练、清新俊逸，色泽淡雅，实践了他"到处云山是吾师"的主张。

他的鞍马人物画虽不及山水竹石画，但在不失传统的情况下也能独具匠心，所画的马神情各异，布局疏密适度，能很好地表现主题。遗憾的是，赵孟頫的画作大部分都遗失了，现存的仅有《重汉叠嶂图》《双松平远图》《秋郊饮马图》《红衣罗汉》《人骑图》《鹊华秋色图》等。

此外，赵孟頫还是杰出的书法大师，他的书论对后世影响极深："学书有二，一曰笔法，二曰字形。笔法弗精，虽善犹恶；字形弗妙，虽熟犹生。学书能解此，始可以语书也。"《元史》本传讲："孟頫篆籀分隶真行草无不冠绝古今，遂以书名天下"。其实在各书体中，赵孟頫最擅长楷书和行书，他的书风雄健秀美、洒脱刚劲、笔法圆润、结构严谨，后世称其为"赵体"，他与颜真卿、柳公权、欧阳询并称为楷书"四大家"。

赵孟頫的书迹很多都保存完好，代表作有《千字文》《洛神赋》《归去来兮辞》《兰亭十三跋》《赤壁赋》《道德经》等。

赵孟頫改变了宋朝"画院"主导的画风，开创了元代新画风，被称为"元人冠冕"。而他在书法上的成就也对后世产生了深远的影响，成为元朝"官居一品，名满天下"的第一人。

朱元璋

朱元璋出身贫寒，也没有很高的文化，但后来却成了中国历史上一位很有作为的英明帝王、伟大的政治家。民间关于他的传说很多，所以他也是一位传奇皇帝。

朱元璋（1328~1398），字国瑞，原名朱重八，后取名朱兴宗，后再改名元璋，濠州钟离（今安徽省凤阳县）人。

朱元璋出生在贫苦农民家庭。在幼年时，以给大户人家放猪放牛为生，吃尽了苦头。公元 1344 年，淮北发生了严重的旱灾和虫灾，疾病到处流行。在这场劫难中，朱元璋的父母和长兄都先后病死，饿死。16 岁的朱元璋靠乡邻的帮助，草草埋葬了亲人之后，孤苦无依的他只好到附近的皇觉寺当了小和尚。不久，灾情越来越重，寺庙中的和尚也不得不外出讨吃就食。朱元璋入寺后不到几个月，就被打发出去，做了游方僧。他云游四方，到处乞讨，受尽了风霜之苦。但同时这也使他了解到民间疾苦，增长了社会见识。

朱元璋

元朝末年，政治越发黑暗腐败，阶级矛盾和民族矛盾十分尖锐。广大人民不堪忍受剥削、压迫和歧视，纷纷拿起武器起来斗争。公元 1351 年，爆发了韩山童、刘福通领导的元末农民大起义。公元 1352 年朱元璋云游回到家乡，接到濠州起义军中同乡汤和的相邀信，就投奔于濠州红巾军郭子兴的队伍。由于他勇武过人，很快就被提拔为亲兵九夫长。不久，又成为郭子兴的亲信，并娶了郭子兴的养女马氏为妻。朱元璋以战功先任镇抚，后升总管之职，成为濠州红巾军中统兵一方的大将。

公元 1355 年郭子兴病死，朱元璋以左副元帅职，成为这支起义军的实际领袖。他率军南下，攻破集庆，招降康茂才等军民 50 余万，改集庆为庆天府。龙凤政权任命朱元璋为江南等处行中书省平章。这时的朱元璋，局面小，兵力弱，四面受敌，形势不利。他利用元朝军队主力和小明王作战的机会，向南面和东南的元军主力进攻，取得胜利。在率军打下徽州时，朱元璋采纳了老儒朱升"高筑墙，广积粮，缓称王"的献策，命令军队自己动手生产，兴修水利，减轻农民负担，因而兵强粮足。之后朱元璋又把军事进攻的矛头指向土地肥沃、盛产粮食丝绸的浙江一带，先后占领诸暨、处州。孤立的元军据点次第被消灭。随后，他又适应新的军事形势，采取对东南取守势、东北和西面取攻势的战略，在军事上取得了有利的局面；然后又战鄱阳，取东吴，南征北伐，奠定了统一全国的基础。

在位期间的政绩

休养生息

明朝建立初期，经过近二十年战乱的破坏，社会一片凋敝。对此情形，朱元璋实行了发展生产、与民休息的政策。他接受大臣建议，鼓励开垦荒地，并下令：北方郡县荒芜田地，不限亩数，全部免三年租税。他还采取强制手段，把人多地少地区的农民迁往地广人稀的地区；对于垦荒者，由政府供给耕牛、农具和种子，并规定免税三年，所垦之地归垦荒者所有；还规定，农民有田五至十亩的，必须栽种桑、棉、麻各半亩，有田十亩以上者加倍种植。这些措施大大激发了农民垦荒的积极性。为了恢复和发展生产，朱元璋十分重视兴修水利和赈济灾荒。

官僚改革

明初，官僚机构基本上沿袭元朝，朱元璋逐渐认识到其中的弊病，于是进行了改革。首先是废除行省制。公元1376年，朱元璋宣布废除行中书省，设立承宣布政使司、都指挥使司和提刑按察使司，分别担负行中书省的职责，三者分立又互相牵制，防止了地方权力过重。

打击贪官

首先，对贪污六十两银子以上的官员格杀勿论；其次，朱元璋敢于从自己身边的"高干"开刀；第三，朱元璋发明"剥皮实草"的残酷刑法处置贪官；第四，朱元璋对自己培养的干部决不姑息迁就；第五，制定整肃贪污的纲领——《大诰》。

兴学立教

朱元璋采取了一系列强制措施，兴建学校，选拔学官，并坚持把"教育工作"作为衡量地方官政绩的重要指标。为了选拔能听命于皇帝的官吏，明朝政府规定科举考试只许在四书五经范围内命题，考生只能根据指定的观点答卷，不准发挥自己的见解。答卷的文体，必须分成八个部分，称为"八股文"。

张居正

张居正，明万历年间，因厉行改革而彪炳史册的一位传奇人物。他荣登首辅之位后，理政十年，整饬吏治，刷新颓风，整肃教育，延揽济世之才，革新税赋，梳理财政，拯朱明王朝将倾之厦，使万历时期成为明王朝最为富庶的时代，被后世誉为"宰相之杰"。

张居正（1525~1582），字叔大，少名张白圭，号太岳，谥号"文忠"，湖广江陵

（今湖北荆州）人，又称张江陵。中国历史上优秀的内阁首辅之一，明代伟大的政治家、改革家。

张居正是出身于湖北江陵的农家子弟，自幼就以神童蜚声乡里。5岁入学，7岁能通六经大义，12岁考中了秀才，13岁时就参加了乡试，写了一篇非常漂亮的文章，只因湖广巡抚顾璘有意让张居正多磨炼几年，才未中举。16岁中了举人，23岁经会试、殿试取中进士，并选为庶吉士，25岁升为翰林院编修，43岁进入内阁，任大学士，48岁任宰相。那时，封建统治阶级昏庸腐化，军政败坏，财政破产，农民起义此起彼伏，阶级矛盾尖锐，危机严重。为了巩固明王朝的统治，一方面，张居正以"得盗即斩"的手段加强镇压，另一方面采取了一系列富国强兵、使民"足食足衣"的政治措施。

精简机构，裁汰冗员。当时行政机构臃肿，人浮于事。张居正把能合并的机构都合并了。在精简机构时，还进一步划清了政府各部门的权限职责，严格官吏考核制度，加强了人事管理。这样一来，既减轻了朝廷支出，又鞭策着官吏们更好地工作，提高了行政效率。

严肃法纪，信赏必罚。张居正认为，"赏罚功罪，须至公至平，人心乃服，人心服，而后可责其用命"，因此，在他执政期间，凡是违法犯纪的人，不管是皇亲国戚，还是地方豪强，一概绳之以法。他一面大刀阔斧地整肃吏治，一面带头不搞行贿受礼。比如被他推荐任用的辽东总兵李成梁，后来被封为宁远伯。李为了报答他的推荐之恩，曾派人给他送去钱财。他坚决不受。因此，他主持颁布的一切政令，"虽万里外，朝下而夕奉行。"

张居正

蠲免积负，减轻人民负担。他对神宗说："今尚有一事为民害者，带征税粮也。夫百姓财力有限，一岁之入，仅足供一岁，不幸岁歉，目前尚不能办，岂复有余力更完累岁积逋乎？有司避责，往往将今年所征，抵完旧逋，即今岁所欠，又为将来带征矣。"要求神宗责令户部"核万历七年以前积负，悉行蠲免"。神宗采纳了他的意见，免去了农民在万历七年以前积欠国家的钱粮田赋。

重视人才，知人善任。他曾上书神宗说："今后用人，但问功能，不可拘资格。"他曾引用李成梁镇辽东，戚继光镇蓟门，使得"荒外詟服，边境坐拓"。又用潘季驯治理黄河，使得"堤工早完，转漕无患"。

公元1582年，张居正去世，过去因攻击他而受到处分的人，一个个官复原职。中官张诚在神宗面前说他与冯保"交结恣横"，并说他家"宝藏逾天府"。御史羊可立指责他构陷辽王。辽妃又上书为辽王辩冤，并说辽府金宝以万计，全部入居正家。神宗

被这些谗言迷惑了，遂公布张居正罪状，下令削去了他的官秩，剥夺了他的谥号，查抄了他的家产，几乎劈棺戮尸。

到熹宗朱由校即位，恢复了张居正的官秩，重新予以葬祭。直到崇祯三年礼部侍郎罗喻义等为他鸣冤，他的冤案才逐步得到了纠正。他的子孙也官复原职。张居正不仅热心于革新政治，还留下了一些内容丰富的政治论文和感情真挚的诗篇。有《张文忠公全集》传世。

明成祖朱棣

明成祖朱棣是中国历史上功绩累累的一代雄主。

公元1405年至1433年间，在亚洲一个贫穷落后的小国，郑和和他庞大的船队一出现就吸引了众人好奇的目光。他们为国王准备了光洁鲜艳的丝绸、精巧细致的瓷器、造型奇特的手工业品等，这都是当地人见所未见的。更重要的是，郑和此行宣扬了大明王朝的浩荡国威，这也是他们此行的真正目的。

公元1360年，明太祖朱元璋第四子朱棣生于应天（今江苏南京）。朱棣自幼习练兵事，渐通经史兵法，深得明太祖欢心。1370年，年仅10岁的朱棣被封为燕王，并于1380年就藩北平。此后，朱棣屡立战功，威名大振。

朱元璋逝世后，继位的建文帝朱允炆排除异己，极力打击军事实力最为强大，也对自己威胁最大的燕王朱棣。建文元年（即1399年），朱棣发动"靖难之役"，四年后攻陷南京，夺取皇位，次年改元永乐，是为明成祖。

明成祖即位之初，明朝北部的蒙古残部多次发动战争，严重威胁北方边境的稳定。为此，他亲自率兵北征，追剿蒙古残部，缓解了对明朝的威胁。为进一步打击北部边境蒙古势力，巩固北部边防，永乐元年（即1403年），明成祖改北平为北京，1421年正式迁都北京。这对巩固边防、维护国家统一有重要意义，成为明朝维持近300年江山的重要保障，对中国历史的发展意义重大。

由于久居北方，明成祖对北方风土人情了然于胸，管理起来驾轻就熟。为保障北京粮食和各种物资的需要，他下令疏通会通河，凿清江浦，使江河重新畅通，架起一座南北经济文化交流的桥梁。此外，他还加强对其他边疆地区的统治，进一步发展和巩固了全国统一的形势。

在政治上，明成祖继续沿用前朝政策并做了适当调整，提出了"为治之道在宽猛适中"的方针。一方面，他以科举制取代八股取士、编修书籍以笼络地主知识分子；另一方面，他大力宣扬儒家思想，选贤与能，极大程度促进了当时的政治、经济、军事、文化等方面的发展。

在位期间，明成祖进一步强化君主专制，不仅加强对豪强地主的控制，还设立分遣御史巡行天下的制度，鼓励官吏互相告讦，后又专门设置镇守内臣和东厂衙门，恢复洪武时废除的锦衣卫，厂卫合势，其专制统治达到顶峰。

此时的明朝经过明太祖 31 年的励精图治，经济繁荣、国家昌盛。明成祖即位后，继承明太祖之衣钵，继续采取有效措施恢复和发展在"靖难之役"中遭到破坏的社会经济。他大力发展军事屯田制度，积极鼓励盐商经营，保证了军粮和军饷的供给。此外，他还鼓励中原各地农民垦荒，赈济灾荒，不仅激发了农民的生产积极性，还从根本上解决了赋役征派问题，促进了经济的快速发展。明朝成为当时世界上最强大的国家之一，为郑和下西洋提供了坚实的经济基础和雄厚的物资条件。

一直以来，明成祖都对明初实行的海外消极政策深表不满，因此他根据当时的形势，制定了对外开放的政策，将中国的稳定和发展与世界，尤其是周边的环境结合起来，为明朝的长治久安创造了良好的外部环境。

为开展对外交流，宣扬国威，1405 年，明成祖派郑和率领船队七次出使西洋。在以后的 28 年间，郑和船队的足迹遍布 30 多个国家和地区。在进行海外贸易的同时，郑和还在当地播撒了先进的中国文化的种子，开创中外文化交流史上的先河，大大加强了中国与世界各国之间的联系，这比达伽马绕过好望角到达印度、麦哲伦完成环球航行分别要早 83 年和 107 年。

明成祖朱棣是中国历史上著名帝王之一，他在位 22 年，以其雄才伟略将明王朝带进了鼎盛时期。在他的精心治理下，明朝社会矛盾相对缓和，政治清明，社会经济得到较快发展，人民生活较为安定。但明成祖好大喜功，常年的南征北战，劳民伤财，不断引起人民群众的强烈反对，为后来明朝的动荡埋下了隐患。

1424 年，明成祖病逝于北征回师途中的榆木川（今内蒙古乌珠穆沁），葬于长陵，庙号"太宗"，嘉靖时改为"成祖"，谥号"启天弘道高明肇运圣武神功纯仁至孝文皇帝"。

郑和

中国历史上群星璀璨，郑和是其中一颗耀眼的明星。中国人有史以来就被认为是陆地民族，而郑和打破了这种传统观念，在哥伦布发现新大陆之前便在辽阔的海洋上留下了中国人的足迹，郑和因他先进的航海经验成了世界关注的焦点。可是对于中国人来说，郑和更值得称道的是他所展现出来的中国人不畏艰险、征服自然的顽强精神。

郑和，回族人，姓马，名三保，祖籍昆明，祖先是穆罕默德的后裔，父亲曾亲自到圣地麦加朝拜过。郑和小时候最喜欢听父亲给讲异国的故事，那些遥远的国度深深地刻在了幼小的郑和心里。

美好的童年总是短暂的，1382 年，战争蔓延到了郑和的家乡。父亲去世后，无人照料的郑和被明军掳到了营地，受到宫刑的迫害，战争结束后，郑和被带到了北平的燕王府。从小聪慧的郑和，并没有因为不幸的遭遇而气馁，他用心学习各种礼节和宫廷事务，为人勤快、谨慎，终于在 1390 年得到燕王的信任，成了燕王的近身侍卫。郑和跟随燕王处理日常事务，广泛接触到王孙贵族，得到了很好的锻炼，他的领导才能也很快地显露出来。

燕王为了争夺王位，发动了"靖难之役"，作为其心腹的郑和，跟随燕王并肩作战，立下了赫赫战功，燕王即位之后犒赏三军将士，提拔跟随自己的文臣武将，郑和因战功显著被恩赐"郑姓"，升为正四品的"内官监太监"，人称三保太监。

永乐年间，奉明成祖御旨，郑和开始做出海的准备。自古中国就是造船与航海事业相当发达的国家，在唐宋时期已经有了很多繁荣的港口，先进的航海技术和丰富的航海经验，为郑和出海奠定了坚实的基础。郑和开始细心研究这些宝贵的经验，分析航海图、学习牵星术、熟悉针路簿及各种驾驶和修理技能。

永乐三年（1405年），郑和的船队终于浩浩荡荡地在南京启航了，从1405年到1433年，郑和共七次下西洋。《郑和传》中记载，郑和的船队足迹遍及占城、爪哇、阿丹、南巫里、甘巴里、兰山、彭亨、急兰丹、忽鲁谟斯、八撒、天方、黎代、那孤儿、沙里湾尼、不剌哇等亚、非36个国家和地区，最远到达了红海和非洲东海岸。

明朝先进的造船技术为郑和下西洋打下了坚实的基础，当时船的稳定性强、抗沉性很好，而且能储备大量的淡水。先进的航海技术是郑和能够安全出海的另一个有利条件，白天船队使用指南针，用各种旗语保持船队的联络，夜间就用牵星术和针路簿，并用灯笼反映各种情况。

郑和的船队所到之处，都会受到当地人的欢迎，郑和把从国内带来的礼物送给王亲贵族，并在当地进行贸易。中国的丝绸、茶叶、瓷器等物品极受欢迎，所到之处往往被抢购一空。郑和也从那里换取特产，如珠宝、香料、药材，这些东西被带回国后以成本的几倍甚至几十倍的价钱出售，利润相当丰厚。

当时我国的沿海地区经常遭到倭寇的骚扰，郑和的船队给了他们重创，减轻了明朝在北方的压力。郑和还在出使西洋的过程中调节周边国家的矛盾，维持了当地的稳定和海上的安全。

郑和下西洋不仅带动了海外贸易的发展，还把中国先进的文化和科学知识传播到各地，尤其是亚非一些文明开放较晚的地区，受益匪浅。为了纪念这位伟大的航海家、和平的使者，人们在当地建立了郑和庙或是胜迹，如马来西亚的"三宝山"、印度尼西亚的"三宝庙"等。

宣德八年（1433年），为了中外文化交流和航海事业，郑和积劳成疾，在归航中逝世于印度，永远长眠在他开辟的和平的道路上。

王守仁

在长达两千多年的中国古代史中，不乏杰出的思想家、哲学家，但在精通儒、佛、道的同时，又能够领兵征战的人却屈指可数，而生活在明代的著名思想家、哲学家、陆派心学的集大成者王守仁就是其中的佼佼者，他是中国历史上罕见的全能儒学家。

王守仁，字伯安，浙江余姚人，因曾在阳明洞天结庐，自号阳明子，世人尊称阳明先生，其学说也被称为"阳明学"。1472年9月，王守仁出生在一个官宦之家，是大书法家王羲之的后人。王守仁10岁时，父亲王华中状元，举家迁居京城。并非所有成大事者都会在幼年显露出天赋，据《明史》记载，王守仁5岁时仍不能言，经一位高僧指点，将出生时取的王云一名改为王守仁后，他才会开口说话。

事实证明，后天的努力有时比天赋更容易使人成才，王守仁的父亲十分注重他的教育，从小教他学文习武，而王守仁似乎也乐于其中，不仅培养了丰富的想象力、深厚的文化底蕴，还博览兵法秘籍，精通摆列阵法。学业上的蒸蒸日上使王守仁颇为自信，他甚至以诸葛亮自喻，决心要大有作为，可是接下来连续两次科考落榜的事实不能不说是对其自信心的打击。

1499年，28岁的王守仁第三次参加科考，成绩出色中进士，被授予兵部主事，除因病回乡休养一段时间外，直到1506年被贬到贵州任职前，他一直担任此职。此后，他又先后被任命为庐陵县知事、南太仆寺少卿、左佥都御史、南赣巡抚、南京兵部尚书等。1529年，刚刚平息了两广少数民族叛乱的王守仁肺病加剧，临终之际，身边的人问他有何遗言，他说："此心光明，亦复何言！"行至南安舟中病逝。

王守仁早期信奉朱熹的"格物致知"学说，但几次对"格物"的实践均遭失败使他站在了朱熹的对立面。王守仁认为事理是无穷无尽的，而朱熹通过一切事物追求"至理"的"格物"之法未免太过烦累，于是他开始研究陆九渊的"心学"，并将其发扬光大。但王守仁对陆九渊的学说并非全盘接收，而是将其与自己的观点融合在一起。他认为"理"在人的"心"中，人们应该在自己的内心深处寻找"理"。"理"是天地万物的根源，但其精要却存在于人心，因此人只要明白自己的"本心"，自然就通晓了"天理"。

在知与行的关系上，王守仁反对朱熹的"先知后行"说，他以"天地万物本吾一体"为出发点，提出了"致良知"的观点，即在实际行动中实现良知，也就是"知行合一"。王守仁在经历人生的百死千难之后提出的这一观点，堪称其学说的画龙点睛之笔。此外，他还倡导"求是"的学风，提出"君子之学，唯求其是"，时至今日，"求是"的精神仍然在指导着人们的行为。

王守仁是宋明时期主观唯心主义哲学的集大成者，他一生著述颇丰，《大学问》是他最主要的哲学著作，反映了他的世界观。而在他死后，由其门人编辑而成的《王文成公全书》则记录了他的主要思想，共三十八卷其中最重要的是《传习录》，包括了他"格物论""心即理""知行合一""致良知"等学说的主要观点，被视作阳明学派的"教典"。王守仁的心学影响了后世很多人，比如徐阶、张居正、海瑞等，更为重要的是，他不仅对中国大陆，还对台湾、日本、朝鲜半岛甚至整个东南亚国家都产生了深远影响。

王守仁不只是哲学家、教育家和思想家，他用35天的时间平息宁王的叛乱，但也多次镇压了少数民族的武装起义，有人把他誉为"大明军神"。比军事成就更容易被人们忽略的则是他的文学成就，他留下许多脍炙人口的诗篇，有《忆龙泉山》《雪窦山》

等，在《古文观止》中也可以看到他的《瘗旅文》和《教条示龙场诸生》。此外，他还是一位以行草闻名于世的书法家，将其誉之为"全才"实不为过。

李时珍

在中国历史的进程中，智慧的中国人留下了许多瑰宝，医药学是这个宝库中一颗璀璨的明珠。古人把他们长期积累的药物知识用著述的形式流传于后世，但遗憾的是，很多药物的来源、性状、用途等都模糊不清，甚至有很多有毒的药物被误用以延年益寿，幸运的是我们还有药物学家李时珍。

中国明代医学家、药物学家李时珍，字东璧，晚年自号濒湖山人，1518 年出生于医学世家，父亲是当时著名的医生，深受当地人的爱戴。李时珍对医学情有独钟，可是当时行医之人社会地位低下，父亲希望他能够通过科举光宗耀祖，因而不让他接触医学。聪慧的李时珍常常是一面苦读应试之作，一面攻读医学专著，他还时常跟随父亲采药，并偷偷观摩父亲所开的药方。

14 岁那年李时珍考取了秀才，可是之后屡试不第，于是本就对功名无意的他恳求父亲传授医学，并表示"身如逆流船，心比铁石坚。望父全儿志，至死不怕难。"父亲终于被他的赤诚感动，开始竭尽全力培养他。

李时珍勤奋刻苦，勇于实践，并于行医之便借阅大量书籍，不久之后就小有成就。后因其为楚王之子解除病痛而被聘为楚王府的"奉祠正"，三年之后又被推荐任太医院判，这使他有机会阅览到很多珍贵的医学藏书，并看到很多药物的标本，为他以后写《本草纲目》奠定了基础。

在李时珍著《本草纲目》之前，我国已经有很多这方面的著作，其中以《神农本草经》《本草经集注》最为著名。但是这些著作的突破性不大，很多知识随意抄录前人的记载，前人记载不清的药物就凭借自己的猜度，所以出现了混淆、矛盾的记载。为了纠正这些错误，李时珍经常亲自采药，并多方查询，农民、猎人、樵夫都成了他的老师，大江南北、山川河流、矿山涯穴都留下了他的足迹。经过不断的实践，他不仅纠正了前人的错误，还发现了许多新的药物。

明嘉靖三十一年（1552 年），李时珍开始撰写《本草纲目》。李时珍在前人的基础上给药物进行了重新分类，包括水、火、土、金石、草、谷、菜、果、木等 16 部，共 60 类，并详尽地记载了药物的功能、形态、气味、习性等，而且把前人混淆的植物名称进行了统一。为了让后人更加准确地掌握这些药物，他还在书中相应地配了一千多幅图。

《本草纲目》中共记载前人药物 1518 种，新增药物 374 种。在临床经验的基础上，他还记录了一些解决常见病、多发病、瘟疫的药方 1 万余个，此外还附有前人的药方 2900 多个。

《本草纲目》以其科学的成果，为我国医药学的发展打下了坚实的基石，而且很快传到日本和欧美各国，并被译为法、德、英等多国语言，欧洲人称其为"东方医药巨典"，李时珍也被列入古代世界名人之列。

李时珍一生勤勉，除《本草纲目》外，还著有《奇经八脉考》《五脏图论》等十种著作。明万历二十一年（1593年），李时珍逝世，享年76岁。

戚继光

戚继光出身将门，17岁即担负防御倭寇的重任，立"封侯非我意，但愿海波平"之志，率军于沿海诸地抗击来犯倭寇，历十余年、大小八十余战，终于扫平倭寇之患，被誉为"民族英雄"。世人称其所率军队为"戚家军"。

戚继光（1527~1587），明朝抗倭名将、军事家。字元敬，号南塘，又号孟渚。山东登州（今山东蓬莱）人。原籍河南卫辉。一说祖籍安徽定远，生于山东济宁。于闽、浙、粤沿海诸地抗击来犯倭寇，历十余年，大小八十余战，终于扫平倭寇之患。

日本从十四世纪三十年代以后，长期处于南北分裂状态。十四世纪末，北朝足利氏征服了南朝，内战失败的南朝武士流亡海上，纠合部分破产农民和一些不法商人，到我国沿海走私兼抢劫，这就是臭名昭著的"倭寇"。

1555年戚继光刚到浙江上任的时候，一股由50至70人组成的倭寇，堂而皇之登录后深入腹地，到处杀人越货，如入无人之境，竟越过杭州北新关，经淳安入安徽朗县，迫近芜湖，围绕南京兜了一个大圈子，然后趋秣陵关至宜兴，退回至武进。后来虽然被歼，但是被他们杀伤的明军据称竟有四千之多。

戚继光进驻浙东不久，就在龙山（今属慈溪市）与登陆的倭寇打了第一仗。他在慈溪市人民的配合下，三战三捷，使倭寇遭到沉重的打击。倭寇乘夜幕降临，向西南方向窜逃。由于其他明军缺乏战斗力，最后，倭寇由乐清从容出海。针对明军战斗力奇差的状况，嘉靖三十八年（1559）九月，戚继光提出招募浙兵训练新军的建议，得到了谭纶的全力支持。戚继光从浙江义乌群山之中招募勇敢的农民和剽悍的矿夫共3000余人，采用营、官、哨、队四级编制方法编成新型军队。经过戚继光的严格训练，这支新军队伍很快成为军事劲旅，人称"戚家军"。

嘉靖四十年（1561），戚继光大败倭寇于台州，以功进都指挥使。四十一年，奉命率师增援福建，捣毁倭寇巢穴横屿（今福建宁德东）、牛田（今福建福清南），直至兴化（今福建莆田南）等地，进都督金事。四十二年，他再次领兵入福建，在福建巡抚谭纶的指挥下，与刘显、俞大猷联合攻克平海（今莆田东南）。进为都督同知，又升为总兵官，镇守福建和浙江金华、温州二府，都督水陆诸戎务。四十四年，俞大猷率水兵，戚继光率领陆兵，于南澳剿平广东倭寇，解除东南倭患。四十五年，进职兼管潮、惠二府并伸威等营戎务。

隆庆二年（1568），戚继光以都督同知总理蓟州（今河北蓟州区）、昌平、保定三镇练兵事务，后又为总兵官，兼镇守蓟州、永平、山海诸处，并督帅十二路军戎事，因屡立战功，万历二年（1574）升左都督，七年加太子太保，录功加少保。为当国大臣高拱、张居正等器重。戚继光在蓟州十六年，多次击退侵扰之敌，军威大振，蓟门平静。时人誉为"足称振古之名将，无愧万里之长城"。

万历十一年（1583），因遭朝中权贵排斥，戚继光被调到倭患早已荡平的广东任镇守，郁郁不得志，三年后即告老还乡，回到山东蓬莱。万历十六年（1588），逝世于蓬莱故里。

戚继光在40多年的戎马生涯中，智勇兼备，多谋善断，练兵有方，指挥戚家军"飙发电举，屡摧大寇"，甚至还出现过歼敌上千人，而"戚家军"却无一人阵亡的罕例。被誉为我国"古来少有的一位常胜将军"。他不仅战功卓著，而且在军事理论上颇多建树，著有《纪效新书》《练兵实纪》两部兵书，为后世兵家所推崇。

汤显祖

明代中期，文学界掀起了复古运动，提倡"文必秦汉，诗必盛唐"。但是他受当时哲学思想家李贽的影响，尊重文学，不屈于权贵，政治上锋芒毕露，文学上有自己独特的见解，创作出大量不同于世的优秀的作品，后人称他为"东方的莎士比亚"，他就是汤显祖。

汤显祖，字义仍，号海若，又号若士，别署清远道人，江西临川人，明代戏曲作家。他同以往的文学家一样，深受儒家思想的影响，从小聪慧好学，师从当时著名的哲学家罗汝芳，精通诗词歌赋、天文地理等各种学科，21岁中举人。

以他的才学本该仕途顺达，可是科举制度在当时已名存实亡，洁身自好的他一次次名落孙山，之后他发奋著述，先后刊印诗集《红泉逸草》《雍藻》及《问棘邮草》。漫长的14年之后，汤显祖终于考中进士，踏入了仕途的荆棘之路。可是高傲的性格使他不容于权贵，于是只得到一些类似太常寺博士的虚职，之后又因抨击政事被贬广东，后调任浙江，在任期间颇有政绩。

值得一提的是，在此期间他结识了影响其一生创作的李贽。1598年，无法忍受官场生活的他，拂袖归家，开始了他终其一生的文学事业。

明朝后期，受李贽等人思想的影响，通俗文学受到重视，尤其是戏曲和小说得到空前的发展。这一时期的作品在内容上主张表现真性情，追求人性的解放，尤以爱情和婚姻题材的作品最为突出。汤显祖是这一时期最有影响力的作家，他的《牡丹亭》一问世就引起了强烈的反响。

《牡丹亭》之所以受欢迎是因它符合了时代的要求，尤其是塑造了桂丽娘这个美好的女性形象。在《寻梦》中杜丽娘有这样一句唱词"这般花花草草由人恋，生生死死遂人愿，便酸酸楚楚无人怨"，表现了当时人们对美好事物坚定、执着的追求，表现了要求个性自由发展的思想。也正是因为这种爱能够战胜一切的强大力量，这种超越现实的浪漫主义手法，使《牡丹亭》比同时期的爱情剧思想境界更高一筹。

《牡丹亭》在语言上也打破了以前的传统，作家根据不同的身份，富于人物不同的语言特点：农夫、牧童的语言通俗，杜宝、花神的语言又很典丽。

汤显祖还有很多类似用爱情表现现实的作品，在这些作品中政治斗争、人性的险恶、社会的病态都跃然纸上，代表作是与《牡丹亭》并称为"临川四梦"的《紫钗记》《南柯记》及《邯郸记》。

汤显祖不仅写出了大量的优秀巨作，在戏曲理论上也颇有建树。他认为戏曲不能单纯地遵循曲牌格律，更应该注重内容，演员要以生活为基础，用感情去打动观众。为了达到理想的舞台效果，他经常走进演员生活，为他们讲解曲意，并亲自参加排练。

明代万历四十四年（1616年），以"临川四梦"享誉中国文坛的大戏剧家、思想家汤显祖病逝，但他的戏剧活动对后世的吴炳、李渔、蒋士铨等产生了深远的影响。

清太祖努尔哈赤

著名学者阎崇年认为他是"中华历史上、也是世界历史上伟大的政治家、军事家和民族英雄"，是堪与"汉高祖刘邦、唐高祖李渊和明太祖朱元璋"比肩的"伟大的君主"。他就是努尔哈赤。

努尔哈赤，姓爱新觉罗，号淑勒贝勒，明嘉靖三十八年（1559年），出生在建州左卫苏克素护部赫图阿拉城（辽宁省新宾县）的一个满族奴隶主家庭。努尔哈赤幼年丧母，继母那拉氏对他刻薄寡恩，到19岁分家自立，以挖人参、采蘑菇、拣榛子、摘木耳、拾松子到抚顺马市去卖为生。25岁那年，努尔哈赤的祖父和父亲同时死于明军攻城的炮火之中。

时势造英雄。起初，努尔哈赤部队只是建州女真中一支弱小的势力，他要面对的是强大而众多的敌人和内外一片争杀的局势。在外有蒙古、朝鲜和明朝中央政府，在内是建州女真的另外部分。内外矛盾往往会成为成功的绊脚石，而努尔哈赤正是在这种交困中崛起，他说："我从小在万军之中独来独往，见惯了刀光剑影，不知经过了多少的鏖战才练成这个样子的。"

金庸称努尔哈赤为"自成吉思汗以来，四百多年中全世界从未出现过的军事天才"。从努尔哈赤25岁起兵到生命结束，戎马生涯44年，他领建州、灭蒙古、吞叶赫、征海西、带兵厮杀，攻城略地，统一辽东整个女真民族，率八旗卫队，骑兵南下，远渡黄河，围攻大明朝，占据了中华大片领土，版图不断扩张，最后以"七大恨"告天，建立了后金大帝国王朝。

努尔哈赤是一位善于治国的君王，一生勤于政事，他的一大功绩是创制满族文字。女真人原来没有文字，他们的公文一般都用汉文或蒙文书写，非常不便，于是努尔哈赤决定创制本民族的文字。他命额尔德尼和噶盖仿照蒙古文字，创制了女真文字，然后在全国颁行。文字的创制，是满族文化史上的一块里程碑，在推进女真族文化的发展、引进汉族先进的文化和生产技术、巩固后金政权等方面都起到了非常重要的作用。

中国具有两千多年的皇朝史，开创过200年以上大统一皇朝的，只有汉高祖刘邦、唐高祖李渊、明太祖朱元璋和清太祖努尔哈赤，其中刘邦、李渊和朱元璋都是汉人，只有努尔哈赤是满人。

巍巍中华，漫漫长河，伟大英雄，日月同辉。尽管努尔哈赤终未完成统一天下的大志，但他也在中华文明史上开创了一个时代，为清朝"康乾盛世"奠定了坚实的基础，到康乾盛世时，中国成为当时世界上人口最多、幅员最辽阔、经济富庶、文化繁荣、国力强盛的国家。

徐光启

他认为通过科举考试入仕是"爬烂路"，可是这条"烂路"在当时又是唯一实现经世之志的途径，于是他不得不在这条烂路上艰难地爬行，甚至爬得比别人更艰难，更坎坷。直到43岁时，他才中进士，可以说是大器晚成，但他的科学成就却远远超过了同时代的人，他就是徐光启。

徐光启，字子先，号玄扈，生于小商人家庭，祖籍上海法华汇，从小对农业有浓厚的兴趣，在应试之余用大量的时间去阅览古代的农书，并阅读与之有关的天文历法、水利和数学著作。

万历九年（1581年），20岁的徐光启考中秀才，但之后的几年自然灾害不断，科举不顺，使他陷入困境，不得不背井离乡谋生。在韶州时，徐光启结识了传教士郭居静，并从他那里第一次接触了西方的自然科学。

当时很多外国的传教士陆续来到中国，为了更好地传播宗教，他们选择了以传播科学知识为先锋，这一点吸引了徐光启。1600年，徐光启结识了利玛窦，对西方科学知识产生兴趣，并致力于把其传播到中国，并最终成为我国近代科学的先驱者。万历三十二年对于徐光启来说是不同寻常的一年，因为在这一年为科举整整奋斗了23年的他终于得中进士，开始步入仕途，先后任翰林院庶吉士、礼部尚书兼东阁大学士、文渊阁大学士等职。

在交往中，徐光启和利玛窦成了至交，利玛窦开始不断把西方先进的天文、历法、数学等知识传授给徐光启。徐光启把这些知识以文字的形式介绍给国人，如《崇祯历书》《几何原理》《测量法义》《简单仪说》等。在这些著作中，徐光启把哥白尼等人的天文学知识、西方最先进的测量方法等进行了详细的介绍，而且还第一次使用了"几何"这个名词。

徐光启在近代科学的道路上不停地跋涉，不仅取得了以上成就，更用毕生的实践在农业领域取得了很高的成就，他写了大量的著作，如《甘薯疏》《吉贝疏》《农遗杂疏》《农政全书》等，其中以《农政全书》的成就最高。

《农政全书》不仅是徐光启多年的经验总结，还引用了大量前人的成果和经验总结。书中内容大致可以分为两部分，一部分阐述徐光启的农政思想，一部分介绍农业知识。在农政思想中，他对古代文献进行了分析，进而阐述了自己的荒政思想："预弭为上，有备为中，赈济为下。"

此外，他还强调以发展水利、加大垦荒的方法来发展北方的农业。在农业知识方面，他详尽阐述了抗旱、果木嫁接、防治害虫、改良农具以及种植物的推广等技术，并对西方先进的水利工具极其工作原理进行了记载。

《农政全书》共60卷，70余万字，是中国古代农业科学方面最为完备、最有总结意义的巨者。不仅内容丰富，对后世有珍贵的参考价值，而且在文字上也花费了很多心血，刘献廷评价说："人间或一引先生独得之言，则皆令人拍案叫绝。"

崇祯五年（1633年），这位宣传西方科学的先驱者、明朝著名的科学家，走完了他的一生，享年72岁，"赠少保"，谥"文定"。

袁崇焕

女真族在宋朝时遭蒙古族重创，经过近三百年的修养于明朝时重新崛起，并成为明朝东北边塞的劲敌。明朝辽东总兵李成梁利用蒙古与女真之间的矛盾，不断征战，于古勒寨中错杀努尔哈赤的父亲塔克世，被激怒的努尔哈赤含恨起兵，并最终成为埋葬大明皇朝的掘墓人。正当八旗铁蹄以不可挡之势进犯时，努尔哈赤的克星袁崇焕登上了辽东的军事舞台。

军事家、政治家、文学家袁崇焕，字元素，号自如，祖籍广东。他生于一个小商人家庭，但他没有继承父业，而是立志读书，希望将来能够实现他兼济天下的志向。他出生时，明朝政治积贫积弱，宦官专权，皇位更迭频繁，加之女真崛起与明朝分庭抗礼，致使战争不断，关心国家命运的他在科举之余常常苦读兵书。

1619年，袁崇焕考取了进士，任福建邵武知县，也是在这一年，明朝在萨尔浒大战中失利，努尔哈赤带领的铁骑所向披靡，之后沈阳、辽阳相继沦陷，明朝上下慌乱无主。萨尔浒战役从某种角度来说是明朝历史的转折点，同时也决定了袁崇焕的命运。

1622年，努尔哈赤带领他的霸气军队直取广宁，十三万明军战死疆场，城池相继沦陷，明朝的社稷岌岌可危。在这紧要关头，经监察御史江日彩推荐，袁崇焕投笔从戎，到兵部上任。之后他亲自到辽东敌后考察，详细地陈述了辽东的形势和方略，并自请御守山海关，同年他被破格提拔为山东按察司金事，监军山海。在边关他修复城池、安抚流亡百姓，关心将士，屡有战绩，成为主帅王在晋的得力助手，而且他的胆识和英勇的气概深得将士的敬佩，很快成为边关有名的将帅。

为确保京师的安全，主帅王在晋提议在山海关外的八里铺再建一座城池，可是袁崇焕却力争要在宁远建造，袁崇焕的提议最终得到了肯定。1623年春。袁崇焕收复八里铺至宁远的失地两百余亩，并开始筹建宁远城。1624年，宁远城竣工，逐成关外易守难攻的重镇。

1626年，努尔哈赤率兵渡过辽河，逼近宁远，各处守将不战而退，孤立无援的袁崇焕,一面积极预防,一面截拦溃退的兵将。浩浩荡荡的努尔哈赤大军在宁远遭到了明军猛烈的火器攻击,自二十五岁起兵就战无不胜、攻无不克的努尔哈赤终于尝到了惨败的滋味,不久郁郁而终。这是自萨尔浒大战之后明军取得的第一个大捷。

在宁远吃了败仗的金兵在觉华岛寻求报复,七千官兵为国殉难,千余搜战舰被毁。同年,袁崇焕被任辽东巡抚。一年之后,皇太极以为父报仇为由卷土重来,大举进犯宁远,但并没有逃脱和父亲一样的厄运,损兵折将的皇太极连夜溃逃,袁崇焕成了让八旗闻风丧胆的明军统帅。

1629年,皇太极绕过辽东直逼北京城,在蓟州坐守的袁崇焕日夜兼程赶到北京,可是由于鞍马劳顿,在与八旗的对抗中首战失利,更因没有奉旨在蓟州至通州一线阻击敌兵,使城外百姓和贵族受到惊扰,不断被弹劾。后,抗敌大将满桂被敌军射中,但箭上却有袁崇焕所带部队的标识,基于种种原因袁崇焕被收押,半年之后以"矧托不效,专恃欺隐,以市米则资盗,以谋款则斩帅"的罪名被处死。不明真相的百姓纷纷买其肉而食,以解心头之恨,最后仅剩一头。

袁崇焕收复辽东,平息满汉纷争,避免了更多的百姓流离失所,是明朝的英雄。但他同岳飞一样,为民族的大业尽心尽力,最终却落得身首异处的下场。历史是公正的,百年之后袁崇焕终于沉冤得雪,他刚毅顽强的意志、为民鞠躬尽瘁的精神使他汗青留名,千古永垂。

徐霞客

中国历史上有很多著名的旅行家,比如汉张骞、唐玄奘、郑和,他们都在中国历史上留下了光辉的一页,但他们的成功均离不开政府的财政支持。有一个人在相同的方面同样做出巨大贡献,但却没有前人那样幸运。为筹集资费,他四处借债,甚至食不果腹,更糟糕的是还不得不面对乡邻嘲讽。尽管如此,他还是凭借执着的精神坚持了30年,此人就是徐霞客。

徐霞客,字振之,号霞客,更号霞逸,明代散文家、地理学家,生于诗书礼仪之家。父亲喜欢游览山水。受父亲影响,徐霞客从小聪慧好学,喜欢读地理游记之类的书籍,书中的壮丽河山和优美景色深深地吸引了他。但同时,也有很多疑问留在他心里,"大丈夫当朝碧海而暮苍梧"成了他奋斗的目标。父亲去世之后,在母亲的鼓励和支持下,徐霞客开始了30年的游历生活。

徐霞客的足迹遍布江苏、安徽、河北、山西、陕西、福建、湖南、广东、云南等十六个省。在旅行途中,他曾遇盗被劫、绝粮乞食,但无论多么艰难,他都没有放弃自己的志向。他把自己的见闻和考察结果记录了下来,可惜的是,由于明清之际政局不稳,很多书稿遗失了,剩余部分由后人编撰成《徐霞客游记》。它记载了我国有史以来最详尽,最准确的岩溶地形的宝贵资料,大量的气候资料,大量的动植特种类及分布情况,以及明末政治经济社会状况和风土人情。这部著作是中国历史上最早记录地理环境的游记，它丰富的表现手法具有很高的文学价值。

为了解决少时留在心中的疑问，徐霞客开始了艰难的探索。他首先把目标投向了古书中关于河流的记载，并考查出长江真正的源头在金沙江，为后人追寻长江的源头奠定了基础。在考查河道的过程中他发现了水流与路程的关系，得出路程越短水流就越急的结论，并发现了河流的地理状貌与侵蚀的关系。

徐霞客是世界上最早的石灰岩地貌学者。湖南、广西、贵州和云南等地是我国石灰岩的主要分布区，在没有任何设备的情况下，他对这些地区的两百多个岩洞进行了实地考察，并论述了其形成的原因，他的很多考察结果都与现代人的实地考察相同。他还对植物的品种，影响植物生长的条件、火山遗迹、温泉的形成做了详细的阐述，并把自己所到之处的人文风貌以及自己的遭遇记录在册。

《徐霞客游记》的文学价值表现在：写景细腻、质朴、注重抒发自己的感受，达到情景交融的效果，记事笔法精湛，具有浓郁的生活气息。后人称赞《徐霞客游记》是"世间真文字、大文字、奇文字"。

徐霞客用他的足迹、他的笔端，带领我们游览了祖国的瑰丽景色。1641年，徐霞客带着病痛回到了故乡，年事已高的他不得不彻底告别了他钟爱一生的事业。据传，他临去世时手里还握着采集的岩石标本。

徐霞客对科学事业的热爱，在科学事业上永不停步的追求精神，成了后人效法的楷模，钱谦益评价说"徐霞客，千古奇人，《游记》乃千古奇书"。

李自成

明朝末年，民间广泛流传这样一个歌谣："盼闯王，迎闯王，闯王来了不纳粮。"、"朝求升，暮求合，近来贫汉难存活，早早开门迎闯王，管叫大小都欢悦。"歌谣中的闯王就是李自成。

李自成，乳名黄娃子，本名鸿基。1606年，出生在陕西米脂县一个贫农家庭，由于家境贫寒自幼便在地主家牧羊。少时的李自成就喜欢骑马射箭，练得一身好武艺，父亲死后他到银川当了一名驿卒。后来李自成投奔闯王高迎祥麾下，他有勇有谋，在战斗中屡立战功并逐渐在军中树立了很高的威信。1636年高迎祥被俘就义后，李自成被推举为闯王。

当时正值明朝末期，封建统治更加腐败，统治阶级对人民的压迫剥削日益加重，阶级矛盾日益尖锐，加上天灾人祸接连不断，各地农民纷纷揭竿而起，大大小小的反明武装暴动和起义此起彼伏，积蓄已久的各种社会矛盾蓄势待发。

李自成领导的起义军英勇善战，所到之处，砸官府，开粮仓，深得民心。在李自成的带领下，起义军队伍发展迅速。1641年，李自成部将李岩提出了"均田免粮"的革命纲领，就是把土地分给农民并取消封建的赋税制度，把农民从封建压迫下解放出来。这一纲领的提出，立刻得到穷苦人民的响应。

不仅如此，李自成还制定了各项规章制度，加强农民军自身的纪律约束。他以身作则，与战士同甘共苦，使那些长期被剥削、被压迫的劳苦大众看到了希望的曙光。民心所向，大势所趋，1644 年李自成在西安称帝，以李继迁为太祖，国号"大顺"。随即，他率领浩浩荡荡的大军开进北京，崇祯皇帝上吊自杀，标志着统治中国 276 年之久的明王朝覆灭。

入主北京后，李自成开始着手修改明朝礼仪制度，设天佑殿大学士，更六部为六政府，设尚书、侍郎等官等等措施，大大加强了大顺政权的集权统治。但渐渐地，起义军的小农意识表露出来，起义军开始抢掠明官，滥杀无辜，内部也是矛盾重重，激起人民的强烈不满，为最后的失败埋下了祸根。

失民心，失天下，很快，李自成起义的胜利果实就被满清贵族和汉族地主窃取了。第二年，李自成在湖北通山九宫山考察地形，神秘消失，起义事业功亏一篑。

李自成领导的农民革命虽然最终失败了，但无可否认的是，这是我国历史上农民起义的一个新高峰。在他的带领下，起义军摧枯拉朽，彻底推翻了明王朝的封建腐朽统治，在一定程度上为清朝的建立与康乾盛世的出现奠定了基础，他的伟大历史功绩将永远彪炳史册。

作为一个农民领袖，李自成地提出了"均田免粮"口号，相对于以往的农民起义来说，这是一个巨大的进步。不仅沉重打击了封建地主阶级势力，遏止了土地高度集中的发展趋势，还减轻了农民对地主阶级的人身依附关系。而"均田"口号则达到了唐宋以来农民战争的一个高峰，它直接而深刻地触及了不平等的封建土地所有制，这是中国农民战争史上的第一次伟大而成功的尝试，标志着中国封建社会的农民战争开始进入了一个新的历史阶段。

与几乎同时发生的英国资产阶级革命相比，由于它们发生的背景不同，不仅其性质不同，影响也相差甚远。在全新的资产阶级革命推动下，英国从此走上了迅速发展资本主义的道路。而作为传统的农民战争，李自成起义并没有促使中国社会发生本质性的变化。

黄宗羲

黄宗羲是中国历史上第一位从"民本"立场抨击君主专制的思想家，是中国民主思想的代表人物，被誉为"中国思想启蒙之父"。

浙江余姚自古就是一块风水宝地，历史上曾出现过很多仁人志士，明朝时的大思想家王守仁是其中之一，而在他之后影响最为深远的，恐怕就是明末清初史学家、思想家，被誉为"中国思想启蒙之父"的黄宗羲了。

黄宗羲，字太仲，号梨洲，浙江余姚人，出生于 1610 年，距离明朝灭亡还有 34年。中国古人除名字外都有号，而像黄宗羲这样拥有多达十几个号的人却并不多见，其中"梨洲老人"用得最多，因此他又被学者尊为"梨洲先生"。黄宗羲的父亲是中国古代典型的知识分子，官至监察御史，在父亲的影响下，黄宗羲在学业上取得极大进步，13 岁时就中了秀才。黄宗羲 16 岁时父亲黄尊素被阉党陷害惨死狱中，对他造成重大打击。

1628 年，黄宗羲进京向登基一年的崇祯皇帝为父讼冤，并在公堂上击伤主谋，崇祯皇帝赞其为"忠臣孤子"。黄宗羲不像一般读书人那样热衷于科举考试，在第一次应试失败之后，他越发认识到"科举之学锢人"，于是将精力全部用在经世致用的实学上，主张"经世""应务"的务实学风，并拜当时的名儒刘宗周为师，对宋明理学有了深刻研究，20 多岁就名声大噪。

黄宗羲在 1642 年参加了人生中最后一次科考，两年后，历时 276 年的明王朝画上了句号。黄宗羲这时在余姚招募乡民，举兵抗清，并因此被鲁王任命为监察御史，兵败之后开始授徒讲学。但他并未就此放弃抗清复明大业，又几次举兵起义，可惜均遭镇压，他也因此被通缉，度过了数年颠沛流离的生活。磨难并没有让他屈服，在此期间，黄宗羲完成了《监国鲁元年大统历》《易学象数论》《测圆要义》《留书》等名作。

1661 冬，黄宗羲结束漂泊的生活回到故居。此后 30 多年，他将全部心血都倾注在了学术研究、讲学著述上，写了大量哲学、史学、文学、天文、地理、数学等方面的著作，培养了一大批有才能的学者，并且开创了在学术史上有重大影响的浙东学派，为中国思想文化的发展做出巨大贡献。1695 年 8 月 12 日，86 岁的黄宗羲与世长辞，遵照他的遗命，只举行了非常简单的仪式后他被安葬在华安山其父墓的北侧。

黄宗羲是中国历史上第一位从"民本"立场抨击君主专制的思想家，中国民主思想的代表人物。他认为人民是天下的主人，君主是客人，因此官员应该为人民谋福，而不是为君主服务，从根本上否定了君主"家天下"的合法性。有学者认为黄宗羲在民权理论上超越了卢梭。反映黄宗羲民本思想的著作是他的《明夷待访录》，这本书被称为"中国 17 世纪的人权宣言"。

黄宗羲一生著述宏富，据统计约 300 多卷，字数达到 2000 万，主要有《明儒学案》《宋元学案》《明夷待访录》《大统历推法》《四明山志》《孟子师说》《今水经》等等。近百万的《明儒学案》堪称其中的巨著，共收录学者 200 多人，叙述风格独特，体例严谨，是中国历史上第一部系统的断代思想史专著。

值得一提的是，虽然黄宗羲终身不仕清廷，但是由清廷编撰的《明史》无论在方针，还是在具体内容上都得益于他的指导，对于重大的争议和史实，清廷无不向他咨询，黄宗羲对《明史》的贡献不可估量。

黄宗羲的学术思想在中国近三百年的历史上占有重要地位，日后中国学术思想发生了大变革，而黄宗羲的思想无疑起到了承前启后的作用。

多尔衮

曾子曰："可以托六尺之孤，可以寄百里之命，临大节而不可夺也，君子人与？君子人也。"多尔衮拥立幼主，定鼎中原，在众人争夺皇位之时心智没有被迷惑，面对巨大利益也没有改变其志向，是当之无愧的君子。

号称满洲第一英雄的美男多尔衮是努尔哈赤的第十四子，明万历四十年（1612年）10月25日降生在赫图阿拉（今辽宁新宾西赫图阿拉老城）。1651年，因坠马跌伤不治而亡，年仅38岁。

多尔衮一生功勋卓越，为清王朝的江山立下了汗马功劳。战场上的他表现出了英雄的本色：征蒙古、降朝鲜，获得了元朝的传国玉玺"制诰之宝"；几次率军攻明，灭大明朝、灭李自成、灭张献忠；立幼帝大战山海关，维护了新的统治秩序。

多尔衮对清王朝的另一大贡献是延续了明朝的文官制度。当清朝正式确立北京为权力中心后，多尔衮无法完全采用在关外时期的制度来治理如此庞大的国家。因此，他借鉴了明朝的统治制度，并且任用明朝所有的叛将降臣。明朝在加强中央集权方面，取消了中书宰相制度，分相权于吏、户、礼、兵、刑、工六部。清朝继承了明制，仍以六部为最重要的国家权力机关，但尚书由满人担任。

文韬武略的多尔衮，在治理国家方面也存在着不足的地方。一般认为他的一生中有六大"弊政"：剃发、圈地、投充（抢掠汉人为奴隶）、占房（侵占房舍）、通逃（逃人法）、易服。延续时间最长的是逃人法，即窝藏逃亡的满洲贵族的奴仆就要受到重刑。

多尔衮非常重视与周边国家的关系，与朝鲜交换贡品，多次召见日本人，还优待西方的传教士，可以说，后来康熙皇帝所采取的类似这样的外交策略是深受多尔衮的影响。

多尔衮的一生是传奇般的一生，也是谜一样的一生，他除了给后人留下了显赫的战功以外，还有无数的不解之谜，比如争夺后金汗位失败之谜、争夺大清地位失败之谜、企图完成中国大业失败之谜……而最为后人所津津乐道的应该是他和孝庄皇太后的关系之谜。

1644年，多尔衮按照满人入关前的妻寡嫂的风俗，娶了皇太极永福宫庄妃，即顺治母亲孝庄皇太后大玉儿。有说大玉儿的下嫁是为了稳住多尔衮，避免其权势野心膨胀危及顺治的皇位，但这只是人们的猜测，其中隐情恐怕只有当事人才知道。

在清朝统一中国的问题上，多尔衮卓越的见识和胆量是别人所不能企及的。他虽然没有称帝，但他是爱新觉罗家族真正君临天下的第一人。"胸怀大志，腹有良谋，有包藏宇宙之机，负吞吐天地之志"，这是《三国演义》中曹操对英雄的理解，用在多尔衮身上，也不为过。

顾炎武

公元1613年，中国历史上的明王朝在内忧外患之中摇摇欲坠，岌岌可危。李自成领导的起义军席卷中原，崛起于北方的满族蓄势待发，大有举兵南下之势。在这样一个动乱的年代，一个即将对中国文化产生重大影响的人物在江南降生了，他就是被誉为清朝"开国儒师"的顾炎武。

顾炎武号亭林，原名绛，字忠清，明亡后改名炎武，字宁人，江苏昆山人，学者称亭林先生，直到现在仍然有很多人称其为顾亭林。顾炎武的家庭是明朝典型的官僚世家，虽然他出生时家境已大不如前，但他还是在祖父和父亲的教导下接受了正统的儒家教育。24 岁时，顾炎武加入当时江南最大的政治学术组织复社，在那里结识了很多名士大儒。他从未看重科考，只专注于研究经世致用之学，批判当时文人的浮名苟得之风，遍览历代奏章、文集、郡县志书，辑录与农田、矿产、水利相关的记载，着手《天下郡国利病书》和《肇域志》的写作。

1645 年，清军的势力蔓延到江南，在爱国热情的驱使下，顾炎武和友人在江苏昆山起兵，最终却遭到血腥镇压。此后，顾炎武开始了长达二十多年居无定所、颠沛流离的游历生涯，先后到过河北、山东、陕西、山西、南京、北京等地，并对居庸关、山海关、昌平等重要关口做了研究。在此期间，他完成了《营平二州地名记》《昌平山水记》等军事地理著作。

顾炎武最后一次回江苏是在 1667 年，那时，耗费他三十年心血的巨著《音学五书》终于收笔并付诸刻录。在此书中，顾炎武考订古音，不仅将音韵的演变过程原封不动地呈现出来，还在历史上第一次把古韵分为 10 部，并开创了用离析《广韵》的方法研究古韵。后代又有很多人给古韵分部，但大都是在顾炎武的基础上加以详解，并没有本质的突破，顾炎武因此被誉为古韵学的开山鼻祖。

晚年，顾炎武在陕西华阴购田置地，颐养天年。他之所以选择华阴是因为这里地势险要，处于山西、陕西、河南三省交界地，一旦发生战乱，据险可守，而且消息灵通，由此不难看出顾炎武反清复明的爱国之心。清朝统治者似乎并不清楚顾炎武的抵制情绪，在 1678 年撰修《明史》时征招他入朝，被他严词拒绝。但对顾炎武的才能深为了解的清廷并没有死心，于第二年专门派人来请他，直到他以死自誓才罢休，这正是他"行以有耻，博学于文"的真实体现。

知识广博似乎是古代学者的特点之一，顾炎武就是所的"全才学者"。他在经学、史学、音韵学、方志舆地、金石考古等方面都有很深造诣。而在理学方面，他清算了陆王学派的"心学"，开创了有别于程朱理学的为学旨趣。顾炎武以经世致用为基础，用朴实的研究方法，结束了明末空洞虚无的学风，强调实用主义，开创了朴学的先河，对后世朴学起到承前启后的作用。

此外，顾炎武还提出"利国富民"的观点，敢于质疑皇帝的权力，他所提倡的"众治"颇具早期启蒙思想的色彩。"天下兴亡，匹夫有责"，顾炎武在三百多年前提出来的口号，意义和影响重大而深远，直到今天仍在激励着很多仁人志士。1682 年，顾炎武拜访山西曲沃一位友人，不慎从马上摔下，之后呕吐不止，5 天后与世长辞，享年 70 岁。

作为明末清初著名的思想家、经学家、史学家、地理学家、语言学家、音韵学家，顾炎武为中国文化的发展做出了巨大贡献，与黄宗羲、王夫之并称为"明清三大学者"，为后世留下《日知录》《天下郡国利病书》《肇域志》《音学五书》《诗本音》《唐韵正》《亭林诗文集》等多部著名作品。在这众多的作品中，顾炎武本人最满意的是三十二卷的《日知录》，"平生之志与业皆在其中"。

王夫之

王夫之的哲学思想在中国哲学史上占有重要地位，显示了超越时代的可贵价值。但在时代和社会条件的限制下，它又明显受到传统意识的束缚。这种矛盾正是整个 17 世纪中国时代矛盾的反映。

明清之际，传统的农业经济受到资本主义经济的挑战，在生产力和科学水平提高的同时，民族矛盾也日益尖锐。在这种情况下，学者们开始重新审视历代的学术思想，考证经籍、指摘弊病。因时代和知识的限制，能将推崇的学说发扬光大者屈指可数，而王夫之是其中最为博大精深者，遗憾的是，最终却及身而绝。

1619 年，著名的萨尔浒战役爆发，明清之间的征战如火如荼。就在这一年，王夫之在湖南衡阳出生，字而农，自称"一瓠道人"，又因晚年隐居在衡阳的石船山，被后人称为"船山先生"。王夫之是中国古代哲学的集大成者，明清之际杰出的哲学家、思想家，与顾炎武、黄宗羲同称"明清三大学者"。

王夫之自幼受到传统文化的熏陶，后又到岳麓书院求学，接受了湖湘家学、朱张之道。早期教育对王夫之的影响很大，使他"济世救民"的思想脉络基本形成。1642 年，24 岁的王夫之参加科举考试并一举中第，考中举人。如果单从仕途来说，王夫之似乎是生不逢时，他中举不久清军就大举入关，从此断绝了他的飞黄腾达之路。

王夫之的爱国主义精神是值得颂扬的，他抱着匡世救国之志在衡阳公然举兵抗清，终因寡不敌众而遭失败，只得退而求其次，到南明政权中任职，在那里结识了当时学术界的名人瞿式耜、方以智等人。王夫之的爱国之情无法挽救明朝的命运，南明灭亡了，他决心归隐山林，于是伏处深山，栖身窑洞，甚至改名换姓以逃避世人，这样的流亡生活一直持续了很多年。

后半生，王夫之回到故乡衡阳，在石船山下修建了一座草堂，开始刻苦研究，勤恳著述，潜心治学生涯，他的许多重要著作都是在这里完成的，后来人们把他居住的草堂称为"湘西草堂"。1692 年，王夫之去世，"守发以终"，即始终没有按照清朝的习俗剃发，他是中国知识分子中难得一见的人物。

古往今来，能称得上全才的学者寥寥无几，王夫之是其中之一，他知识广博，在天文、地理、数学、历法等方面均有建树，在经学、文学、史学上更是无所不知。而在使他名垂千古的哲学方面，他总结并发展了中国传统的朴素唯物主义，认为"气"是物质的，是宇宙万物的本原，而"理"则是万物运行的自然规律，提出"尽天地之间，无不是气，即无不是理也"的观点。同时他又认为，气可以聚散不定，但不会有生存灭亡。

对于陆九渊"以知为行"的观点，王夫之持反对态度，他认为"行"是"知"的基础，因此"行"应占主导地位，"行"可以让人获得知，但"知"却无法代替"行"，由此提出"行可兼知，而知不可兼行"。在历史观方面，他认为人类历史是不断进步的，并且有规律可循，而民心归属对历史发展有重大作用。在伦理方面，他提出"习成而性与成"，即人性会随环境、习俗发生变化，所以要求教育在童年时期使人养成良好的习性。

王夫之所建立的哲学体系是中国古代哲学的重大进步，他的思想在中国思想史上占有重要地位。他一生著述颇多，将近100种，400多卷，主要著作有《张子正蒙注》《周易外传》《周易内传》《读四书大全说》《老子衍》《庄子通》《尚书引义》《思问录》《读通鉴论》《永历实录》《宋论》等，后人将他的所有著作汇集成册，取名为《船山遗书》。为了纪念王夫之，岳麓书院建造了船山祠。

郑成功

《台湾县志》记载："当国姓公卧病的当初，五月初二早，忽天昏地暗，黄蜂大作，初三更风雨交加，台江及安平外海波浪冲天，继而雷震电闪，如山崩地裂……初五日，天平雨晴了，初八日。国姓爷归天。"

这位国姓爷就是我国历史上著名的民族英雄郑成功。郑成功出生在1624年的福建省南安市石井镇，原名森，又名福松，字明俨，号大木，父亲郑芝龙是南明隆武政权重臣。由于受到隆武帝的赏识，郑成功被赐姓朱，改名成功，人称"国姓爷"。

1646年，郑芝龙降清，郑成功则以金门、厦门为基地，坚持抗清战争。1661年康熙即位之初，清统治者为镇压郑成功反清战争，采纳郑氏降将黄梧陈灭贼五策，断绝了郑成功与东南人民的联系，并彻底断绝了他们的经济来源，使其面临严重的财政危机。为了扭转这种被动局面，同时也为了坚持长期的抗清斗争，郑成功在爱国思想的支持下，转而进攻在葡萄牙人、西班牙人、英国人、荷兰人殖民统治下的台湾，作为抗清斗争的最后基地。

台湾自古以来就是中国的领土，自13世纪末元朝在台湾、澎湖地区设置地方政权机构，到16世纪末明朝为抵御倭寇在澎湖、台湾专设防置兵，台湾一直在中国的管辖范围之内。但随着明朝统治的腐败，防置兵驻地军备废弛，战斗力衰弱，外国列强得以趁机占领台湾。

1642年，荷兰殖民者击败西班牙殖民军，独霸整个台湾。荷兰殖民者在台湾实行残酷的殖民统治，大肆搜刮民脂民膏，并在沿海各地劫夺华人商船，奴役华人，激起了台湾各族人民的强烈反抗。

1661年4月，郑成功亲率精兵两万余人，分乘战船350艘，由金门出发，一路浩浩荡荡攻入台湾腹地。在台湾人民的大力支持下，郑成功部队士气高昂，与荷兰殖民者展开殊死搏斗。荷兰殖民者的负隅顽抗没能改变他们失败的命运，这场侵略与反侵略的战争以英勇的中国人民胜利而告终。

1662 年 2 月，荷兰殖民长官揆一被迫在投降书上签字，被侵占 38 年之久的台湾，终于重归祖国母亲温暖的大怀抱。台湾的收复，不仅向外国侵略者表现了中国人民英勇不屈的斗争精神，捍卫了中华民族的利益，而且显示出华夏儿女对台湾同胞的手足深情，维护了祖国神圣领土的完整和统一。

这种伟大的精神和强烈的感情，就像一根坚实的纽带，将台湾人民与大陆人民紧紧地联系在一起，郑成功也因此成为万人景仰、彪炳千秋的民族英雄。收复台湾后，郑成功祭告山川，颁布屯垦荒令，开东宁王国，立郑家天下，成立第一个汉人政权。

郑成功为台湾人民带去了大陆先进的耕作技术，大大激发了人们的生产积极性，对安定社会秩序、发展社会经济起到了非常重要的作用。即使是在康熙收复台湾以后，郑成功的所作所为也常为康熙所借鉴。郑成功就像是台湾的一张"名片"，提起台湾，人们就不能不想起郑成功，他的爱国之举将永远与台湾宝岛同辉。

遗憾的是，台湾收复仅 3 个月，年仅 39 岁的郑成功就病逝了。

清圣祖玄烨

谁也不曾料到，一个乳臭未干的孩子居然制服了一个纵横沙场的武将。就连鳌拜自己也不曾想到，一向自诩英勇盖世的他，竟然输给了一个少年。他更不会想到，就是这个少年，创造了中国历史上的一代盛世。他就是历史上鼎鼎有名的清圣祖康熙。

清圣祖康熙，名爱新觉罗·玄烨，顺治十一年（即 1654 年）生于北京。1661 年，顺治帝病逝后，年仅 8 岁的康熙即位，由鳌拜等四位大臣辅政。

16 岁的康熙在祖母孝庄太后的支持和帮助下，一举铲除鳌拜及其党羽，真正开始亲政，并在朝廷上下树立了威信。

清初，三藩势力不断扩张，已严重威胁清朝统治，其巨大的军饷开支也成为清政府沉重的负担，因此康熙亲政后的首要问题就是削藩。

从 1681 年到 1689 年，波及数十省、历时 8 年的三藩之乱终于被平定，至此，清朝政府才真正在关内完成统一。1683 年，康熙借助平定三藩胜利之势，一举收复台湾，维护了全国领土的完整。

在清政府忙于内战之际，沙俄趁机入侵我国东北。1685 年，清政府向沙俄发出最后通牒无效后，大举兴兵，历时两年，一举歼灭了沙俄侵略军。1689 年，一败涂地的沙俄无奈之下与清政府签订《尼布楚条约》，以法律形式划定中俄东北边界，使中国东北边境在以后一百多年里基本得到安宁，谱写了一曲反侵略战争的凯歌。

1690 年至 1697 年，康熙经过三次征伐终于平定了噶尔丹的叛乱，粉碎了沙俄政府分裂我国北部边疆的阴谋，进而为加强中国统一奠定了坚实的基础。

此后，稳坐江山的康熙开始全力整顿国家吏治，发展社会经济，制定了一系列利国利民的政策。他重视农业生产，积极奖励农民垦荒，停止圈地，实行更名田，治理黄河水患，修治大运河，大大提高了农民的生产积极性，促进了南北经济的交流与发展。尤其是他后来颁布"永不加赋"的法令，取消了新增人口的人头税，并多次减免赋税，极大促进了农业的发展，得到人民的拥护，为"康乾盛世"局面的形成打下了基础。

在用人方面，康熙吸取前人经验教训，不仅健全完善科举制，还开博学鸿儒科，尤其优待汉族知识分子。他还组织和编撰了《康熙字典》《全唐诗》《古今图书集成》等书籍，并在西学方面也有很深的造诣，很大程度上促进了文化的发展。

金无足赤，人无完人。文化的繁荣、发展促进了新思想的产生，为防患于未然，加强思想统治，康熙颁布《大清律》，一次次令人触目惊心的文字狱不仅是康熙刑法之严酷的最好明证，也是其独裁专制、扼杀新思想的佐证。这一举措虽然有利于清朝统治，却埋下了中国社会思想倒退的祸患，对中国社会的发展影响深远。

康熙是中国历史上最伟大的君主之一。他将一个内忧外患的国家带进了繁荣富强的盛世，使中国跻身于当时世界上最发达强盛的国家之林，在中华民族发展史上画下了浓墨重彩的一笔。虽然他在位期间专制统治更为加强，但他仍然不失为一代名君。

公元 1722 年，康熙逝世，享年 68 岁，在位 61 年，是中国历史上在位时间最长的皇帝。

纪昀

中国历代都有搜集整理典籍之举，六朝之后，国家统治者开始从藏书中精选御用之书。从唐朝开始，文学发展极大繁荣，难以计数的各类书籍纷纷涌现，浩如烟海，鉴于全部整理工作量大而繁重，各朝便放弃内容，只编书目。直到清乾隆年间，极喜爱文学的乾隆皇帝，在强大的经济支撑下，组织大批学者编撰了工程浩大的《四库全书》。而《四库全书》得以出色完成，纪昀之功应局首位。

纪昀，字晓岚，一字春帆，晚号石云。他生于书香世家，4 岁开始读书，有过目不忘之能，24 岁中举人，后因母亲去世，在家服丧。期间，他闭门谢客，强闻博记，博览群书。31 岁时，纪昀中进士，入翰林，后晋升为右庶子，仕途坦荡。乾隆三十三年（1768 年），纪昀被任命为侍读学士，但因走漏朝廷消息被贬至乌鲁木齐，直到三年后乾隆开馆修《四库全书》，才被召还，受命为《四库全书》总纂官。

纪昀历经雍正、乾隆、嘉庆三个朝代，为官五十年，因其才华横溢、机智诙谐，深得乾隆的赏识，官至礼部尚书，嘉庆八年（1803 年）拜协办大学士，兼国子监事，卒于 1805 年，嘉庆帝御赐碑文："敏而好学可为文，授之以政无不达"，故卒后谥号"文达"，乡里世称"文达公"。

1773 年，《四库全书》的编撰工作开始了。以纪昀、陆锡熊、孙士毅为首的一大批知名学者聚集在一起，他们对书籍进行清理、甄别和考订，然后撰写书籍作者的生平、内容主旨、学术上的成就，注明是否需要刻录或保存，写成之后交与纪昀核定。由于编撰人数过多，风格各不相同，这就增加了修订的难度，可是经纪昀"笔削考核，一手删定"之后，不仅行文思想贯通，经过润色的分稿风格一致，文采飞扬。

纪昀独具匠心，在对书的源流、价值的介绍中运用了题跋记的方法，打破了历来的传统，他还在整理书目的过程中发展了刘向的目录学。不仅如此，他在《四库全书》里的一些篇章中还阐述了自己的文学见解，认为文学应该顺应时代的发展，有继承有变化，承认各种流派，反对门户之争。

1793 年，这部代表当时最高文学成就的《四库全书》终于圆满完成。本书按照经、史、子、集分类，著录书籍 3461 种，79309 卷，"存目"书籍 6793 种，93551 卷，分装 36000 余册，约 10 亿字。其中很多珍贵的典籍得以保存，甚至一些失传很久的书籍，在经过多方求证之后也被辑录，对我国文化的继承和发展做出了很大的贡献。

纪昀重视文学的艺术效果，内容以客观为主，不夹杂自己的情感。他的文风简朴，叙事婉转周至，说理精辟透彻，主要成就是其笔记体小说集《阅微草堂笔记》。他的笔记体小说继承六朝的传统，又有所发展，内容不再拘泥于志人、志怪故事，其中对道家、儒家的思想进行了批判，揭露了社会的弊端，歌颂人民的美德，对一些不情之论发表自己的看法，知识性很强。语言朴实淡雅，风格亦庄亦谐，读来意趣盎然。

此外，纪昀还参与编选、评点《契丹国志》《河源纪略》《八旗通志》等书，他曾用"浮沉宦海如鸥鸟，生死书丛不老泉"来概括自己的一生，其个人著述收在《纪文达公遗集》与《阅微草堂笔记》中。

曹雪芹

中国的小说艺术，经过了六朝志怪、唐代传奇和宋元话本的沉淀之后，在明清时期终于走向了繁荣，取得了与诗词歌赋同等的地位。小说的艺术功能也更加关注社会现实，艺术形式日趋完善，《红楼梦》的出现，标志着小说艺术走到了它的巅峰。曹雪芹这个名字也随之被载入了世界文学史册。

曹雪芹，名霑，字梦阮，雪芹是其别号，又号芹圃、芹溪，约 1715 年生于江苏江宁。他的祖先为汉人，因受皇家恩宠而入正白旗，从康熙年间家族开始兴盛，曾三代为江宁织造，并负责探听江南事宜，备受皇帝信赖。曹雪芹的祖父曹寅颇有才华，精通诗词歌赋，收藏了大量的珍贵书籍，主持刻印了《全唐诗》。

曹雪芹的少年时代就是在这样的环境中度过的，浓郁的文化氛围培养了他的文学气质，显赫的家世让他熟悉了上层社会的生活。雍正年间，由于政治斗争曹家被牵连，开始急遽走向衰落，甚至到了举家食粥而难以果腹的程度。家道的中落，让曹雪芹有机会接触广阔的社会，不同的生活体验为他的创作提供了生动的生活基础。

曹雪芹多才多艺，他的诗歌有唐人风范，他的画可以表现内心的激愤，可是流传下来的极少。他最重要的贡献是小说创作，他批阅十载创作的《红楼梦》，由于其深刻的思想和精湛的艺术，更是成了世界经典书籍。

中国文人受儒家思想的影响深远，因而文学作品也被烙下了儒家教化的印记，《红楼梦》的出现打破了这种传统。作品中的主人公宝玉不再为仕途的不得志而郁郁寡欢，因为他根本就鄙视功名利禄，从没有想过去读"正经"书，他认为那都是后人杜撰来的。那些被世人认为是"离经叛道"的《牡丹亭》《西厢记》宝玉却偏爱有加，明明知道婚姻不能自主，却偏要自由恋爱。统治了中国几千年的意识形态和伦理道德在宝玉那里土崩瓦解，他成了那个社会的叛逆者。

《红楼梦》的巨大意义，不仅在于塑造了宝玉这个形象，还在于通过宝玉的社会关系和生活方式，揭示了整个社会的最终命运，深刻地揭示了社会发展的必然性。此外，《红楼梦》还取得了巨大的艺术成就，作品中通过人物的视觉和口吻叙述事件，结构更加精湛。个性化的人物语言、细腻的心理刻画让人物性格更加丰满，其中很多形象，如宝玉、晴雯、刘姥姥等都成为家喻户晓的人物。

《红楼梦》中还涉及很多关于饮食、医学、风俗等各方面的知识，引起了各界人士的重视，后被译成多种文字，成为世界文坛上举世公认的文学名著。可惜的是曹雪芹还没有来得及整理完这部惊世之作，就在贫病交迫之中溘然长逝。

乾隆

乾隆皇帝是中国历史上知名度最高的皇帝之一，是他把清朝的康乾盛世推向顶峰，但也是他亲手将它带向低谷，他是影响中国18世纪以后历史进程的重要皇帝。

乾隆（1711~1799），名爱新觉罗·弘历。乾隆朝的政治、经济、军事、文化，达到我国封建时期的最高峰。康乾盛世局面也达到高峰。

乾隆是雍正皇帝第四子，也是雍正诸子中最有才干的一位，自小甚得其祖父康熙喜爱，在雍正即位当年，就被以"秘建皇储"的方式确立为继承人。1735年，雍正暴崩，乾隆顺利继承皇位。

乾隆帝自称是历代封建帝王中文治武功第一人。

在文治方面，他很注意招贤纳士以为己用。南巡时诏试士子，使一批有才华的读书人破格得到提拔。他非常重视科举取士，曾多次亲临考场，看到考场矮屋风檐，命发给考生蜡烛木炭，准许入场时携带手炉以温笔砚。因会试时间是京师的严冬，为了使考生们能在考场更好地发挥，命延期三个月以等春暖。

清朝曾大规模地编书，但最宏伟的一次，是乾隆组织大量人力物力编成巨型文献《四库全书》。《四库全书》共收有图书3503种，79337卷，基本上包括了我国历代的重要著作，分经、史、子、集四部，收录的书籍远远超过历史上任何一部官修的大类书，为我国古代思想文化遗产的总汇，很多有价值的古代书籍由此得以保存了下来。

在武功方面，乾隆朝也是极盛的。先后噶尔丹之役，回疆之役，大小金川之役，两次廓尔喀之役，缅甸之役，安南之役等等。乾隆帝对每一场战役都很重视，注意选帅任将，每攻克一个地方，都要举行盛大的仪式，祭告先祖，嘉赏有功之士。这些战役，不论是对内还是对外，都以清廷全面获胜告终。乾隆帝因此志骄意满，自诩"十全武功"，晚年自号"十全老人"，好大喜功溢于言表。

乾隆六年，全国人口达到 1.4 亿，超过历史最高值。乾隆六十年，人口已达 2.97 亿。国家财政、国库储备都达到历史最高值。

乾隆晚年沉浸在繁华自足的美梦中，六巡江南，奢靡无度，增加了百姓的负担；重用和珅，政治败坏；不思进取，民生艰难。他统治的晚年，内有白莲教起义，外有资本主义势力试探觊觎。

乾隆帝是中国历史上在位时间第二长的皇帝，仅次于康熙，而实际执政时间是最长的皇帝，达到六十三年，他又是中国历史上最长寿的皇帝。乾隆于 1799 年在太上皇位子上病逝，时年八十八周岁。

慈禧太后

慈禧在清末时，执政同治、光绪两朝，统治中国长迭半个世纪之久。在她执政时期没有让清王朝稳定繁荣，没有积极抵抗外来侵略，反而签订了一系列丧权辱国的不平等条约，使 200 多年的大清王朝轰然坍塌。

慈禧太后（1835~1908），又称"西太后""那拉太后""老佛爷"，死后清朝上谥号为"孝钦慈禧太后端佑康颐昭豫庄诚寿恭钦献崇熙配天兴圣显皇后"，总共 25 字，为有清以来，一代皇后身后哀荣之最。

慈禧太后是满洲镶黄旗人，1851 年以秀女被选入宫，号懿贵人，因得咸丰皇帝宠幸，1854 年进封懿嫔。1856 年生子载淳。次年进位为"储秀宫懿贵妃"。1861 年 8 月，咸丰帝病死热河，遗诏立载淳为皇太子，继承皇位。并任命怡亲王载垣、郑亲王端华、户部尚书肃顺等八人为"赞襄政务王大臣"辅政。年号"祺祥"，尊生母那拉氏为"圣母皇太后"。同年 11 月，那拉氏与恭亲王奕䜣发动政变，将八名"赞襄政务王大臣"分别革职或处死。改元同治，那拉氏实行垂帘听政，实际控制了国家大权。

1873 年，载淳成年，那拉氏宣布撤帘归政，但仍阴持朝柄。次年，载淳病死，那拉氏立宗室载湉继承皇位，年号"光绪"，复行垂帘听政。

1889 年，光绪十九岁，已经成年，慈禧不得不表面上"归政"，实际上通过清朝政府里一大批顽固守旧的官僚，仍然掌握着实权，因此和光绪的矛盾日益加深。

中日甲午战争后，中国民族危机空前严重。1898 年 6 月以后，资产阶级改良派康有为、梁启超等利用光绪的权力，实行变法维新。慈禧对此仇视之极，经过密谋策划，终于在 11 月发动政变，幽禁了光绪，杀害了一些维新爱国志士，把变法维新运动镇压下去，重新垂帘听政。

1900 年初，义和团运动在京津地区暴发，很快危及清朝的统治。这年 6 月，帝国主义又组成八国联军，从天津向北京进发，慈禧这时便利用义和团的力量，对外宣战。

但是，当八国联军攻入北京，慈禧慌乱中挟持着光绪，逃亡到西安，并立即命令搜杀义和团，又派李鸿章和侵略者签订《辛丑条约》。

1901 年，资产阶级民主革命的怒潮已不可阻挡，慈禧才表示愿意施行以练兵、筹饷为中心的"新政"，想借此抵制革命。而实际上，她仍在加紧训练新军和警察，准备对人民实行镇压。1905 年秋，她更进一步玩弄"预备立宪"的骗局。到 1908 年 11 月，她和光绪先后患病，14 日光绪先死，第二天她也跟着死去。

曾国藩

曾国藩是中国历史上最具影响的人物之一，毛泽东"独服曾文正"，蒋介石也对他推崇备至。他创办湘军，为清王朝平定了太平天国运动，被封为一等勇毅侯，成为清代以文人而封武侯的第一人。后历任两江总督、直隶总督，官居一品，死后被谥"文正"。

曾国藩（1811~1872），字伯涵，号涤生，原名子城，清湘乡县荷叶塘人。出生在一个豪门地主家庭，兄妹九人，曾国藩为长子。祖辈以务农为主，生活较为宽裕。祖父曾玉屏虽少文化，但阅历丰富；父亲曾麟书身为塾师秀才，作为长子长孙的曾国藩，自然得到二位先辈的伦理教育了。他自幼天资聪明，勤奋好学，6 岁时入塾读书，8 岁能读八股文、诵五经，14 岁时能读周礼、史记文选，并参加长沙的童子试，成绩俱佳，列为优等。

曾国藩 28 岁考中进士，此后，他踏上了一步一阶的仕途之路，并成为军机大臣穆彰阿的得意门生。在京十多年间，他十年七迁，从七品官职升到二品大员，担任过内阁学士，兵部、刑部等部侍郎。后创办湘军，平定太平天国，被封为一等勇毅侯，官居一品。从文才上看，曾国藩的仕途畅通与他好学有关，他学习孜孜不倦，苦读日夜不息，尤其在京参加朝考进入庶常馆学习后，"日以读书为业"。勤于求教，不耻下问，博览历史，重视理学，还读了大量的诗词古文，才华横溢，满腹经纶。官吏中如此勤奋好学者实不多见。由于他博览群书，涉猎极广，故在政治上有自己的独特观点。

曾国藩作为近代著名的政治家，对、"乾嘉盛世"后清王朝的腐败衰落，洞若观火，他说："国贫不足患，惟民心涣散，则为患甚大。"他认为"吏治之坏，由于群幕，求吏才以剔幕弊，诚为探源之论"。基于此，曾国藩提出"行政之要，首在得人"，危急之时需用德器兼备之人，要倡廉正之风，行礼治之仁政，反对暴政、扰民，对于那些贪赃枉法、鱼民肥己的官吏，一定要予以严惩。至于关系国运民生的财政经济，曾国藩认为，理财之道，全在酌盈剂虚，脚踏实地，洁己奉公，渐求整顿，不在于求取速效。曾国藩将农业提到国家经济中基础性的战略地位，他认为，民生以穑事为先，国计以丰年为瑞。他要求：今日之州县，以重农为第一要务。受两次鸦片战争的冲击，曾国藩对中西邦交有自己的看法，一方面他十分痛恨西方人侵略中国，认为卧榻之旁，岂容他人鼾睡，并反对借师助剿，以借助外国为深愧；另一方面又不盲目排外，主张向西方学习其先进的科学技术。

鲁迅

鲁迅弃医从文成为中国现代文学史上最伟大杰出的作家，这不是他个人的一时冲动，而是时代召唤的结果。从此以后，鲁迅创作出了《呐喊》《彷徨》等惊世之作，终身以思想启蒙、唤醒民众为己任，成为中国新文化运动的伟大旗手和我国伟大的文坛斗士。

鲁迅（1881~1936），原名周树人，字樟寿，号豫才，浙江绍兴人。中国现代伟大的文学家、思想家和革命家。"鲁迅"是其投身五四运动后使用的一个笔名，因为影响日甚，所以人们习惯称之为鲁迅。

鲁迅出生于绍兴都昌坊口一个封建士大夫家庭，7岁启蒙，12岁就读于三味书屋，勤学好问，博闻强记，课余喜读野史笔记及民间文学书籍，对绘画艺术产生浓厚兴趣，自此打下坚实的文化基础。他不囿于四书五经，多方寻求课外读物，努力掌握历史文化知识。绍兴的悠久历史和灿烂文化，特别是众多越中先贤的道德文章，给鲁迅的思想以很大的熏陶和影响。鲁迅母亲鲁瑞品格高尚，对鲁迅影响很大。

1904年夏，鲁迅进入日本仙台医学专门学校学习。选择学医，一方面如他自己所说："预备卒业回来，救治像我父亲似的被误的病人的疾苦，战争时候便去当军医，一面又促进了国人对于维新的信仰。"更重要的是，鲁迅认为日本的维新既然大半发端于西方医学，那么医学也就能够促进中国的革命。他学医学得很认真，也取得了优异的成绩，原本可以做一个很优秀的医生，但两年后的一件事却彻底改变了他的初衷。

鲁迅在仙台学医的时候，正值日俄战争爆发，中国成了两个帝国主义国家争夺势力范围的主战场。有一次，鲁迅在幻灯片上看到了他久违的同胞，其中一人因替俄军做侦探而被日军砍头示众，而一群体格并非不强壮的中国人，却无动于衷、呆板麻木地围着"赏鉴这示众的盛举"。讲堂里的日本学生拍掌欢呼起来，刺耳的"万岁"声利刃似的绞割着鲁迅的心，使他的内心受到巨大的伤害和震动。事后，鲁迅陷入了痛苦的思索之中，他觉得对于中国来说，医学倒还不是一件紧要的事，医治、改变中国人的麻木的精神，实在比医治他们虚弱的肉体更为重要，否则中国人体格就是再健壮，也"只能做毫无意义的示众的材料和看客。"而要想医治和改变人民的精神，鲁迅当时认为莫如文学。于是他毅然决定弃医从文，从振兴中华的需要出发，抛弃了血肉的外科，从事改造人灵魂的"内科"。

1906年3月，鲁迅从仙台医专退学，回到东京，正式开始了他的文艺生涯。

1927年10月，鲁迅到了上海，从此定居下来，集中精力从事革命文艺运动。1928年与郁达夫创办《奔流》杂志。1930年，中国左翼作家联盟成立，他是发起人之一，也是主要领导人，曾先后主编《萌芽》《前哨》《十字街头》《译文》等重要文学期刊。另外，他还参加和领导了中国自由运动大同盟和中国民权保障同盟等许多革命社团，团结和领导广大革命的、进步的文艺工作者，与帝国主义、封建主义和国民党政府及其御用文人进行针锋相对的斗争。他坚持韧性战斗，撰写了数百篇杂文。这些杂文，如匕首，似投枪，在反文化围剿中，做出了特殊的贡献。

鲁迅与共产党人交往密切，坚决拥护中国共产党的抗日民族统一战线政策。他以"窃火者"自喻，致力于中外文化交流，倡导新文化运动。他关心青年，培养青年，为青年作家的成长付出了大量的心血。

1936 年 10 月 19 日，鲁迅在上海大陆新村寓所与世长辞，终年 55 岁。

鲁迅

茅盾

茅盾，是现代著名小说家、文学评论家和文化活动家以及社会活动家，五四新文化运动先驱者之一，我国革命文艺奠基人之一。其代表作《子夜》，是中国现代现实主义文学发展的里程碑，显示了现代文学在长篇小说创作方面的实绩。

茅盾（1896~1981），本名沈德鸿，字雁冰，1896 年 7 月 4 日生于浙江桐乡县乌镇。

少年时代的茅盾有广泛的兴趣爱好，他十分爱看"闲书"。一次放学回家，他在放杂物的平房里找到一部刻印的《西游记》。尽管这部书是木板刻印的，有的字迹已模糊成一片，可是，他书一拿到就爱不释手，拣那些可以看的章节津津有味地读起来。茅盾的父母对此并不阻止，还找来一部石印的《西游记》给他看，抽空给他讲《西游记》中的故事，与他谈论书中人物的功过是非。茅盾读高小以后，读小说的兴趣更浓了，《三国演义》《水浒传》《儒林外史》《聊斋志异》等古典文学名著，他都抽课余时间广泛涉猎。这为他后来研究古典文学和进行创作打下了良好的基础。

茅盾 20 岁时初出茅庐，到人才济济的上海商务印书馆工作。一个清末就在商务编译所任职的高级编译孙毓修，看茅盾在读《困学纪闻》大为惊异，便问："你喜欢考据之学？"茅盾答道："谈不上考据之学，我是个'杂'家而已。"孙更惊异，便问茅盾读过什么书。茅盾说："涉猎所及有十三经注疏，先秦诸子，《史记》《汉书》《后汉书》《三国志》《汉魏六朝百三家集》《昭明文选》《资治通鉴》……"最后，茅盾补充说："不过，我这些'杂'学，不尽来自学校，也来自家庭。"孙恍然大悟道："尊大人是何出身？"茅盾答："我 10 岁丧父。"孙又问："刚才你说家庭教育，想来是祖父？"茅盾答："不是，是家母。"孙听后瞠目，喟叹不已。

抗日战争胜利前夕发生了黄金提价舞弊案，全国各大报纸都有报道。茅盾读了报上的新闻非常气愤，于是他决定写剧本，记录这个案件。抗战以来，他写了四部长篇小说，都没有详细的大纲，而为了写这个剧本，他却写了篇两万七千字的大纲，相当于剧本字数的三分之一，因为他觉得自己写剧本是外行。他带着这个"大纲"，去拜访著名剧作家曹禺、吴祖光，虚心向他们请教。两位剧作家都给了茅盾热情的鼓励，又提出许多中肯的意见。不久，他终于在抗战的胜利声中写完了话剧《清明前后》，并在重庆《大公晚报》的副刊《小公园》上连载。

茅盾的主要作品有《子夜》《林家铺子》《春蚕》《腐蚀》和《霜叶红似二月花》等。《子夜》出版于 1933 年，当时震动了中国文坛，瞿秋白把这一年称为"子夜年"。茅盾以《子夜》这部长篇杰作的创作，为中国革命事业建立了不可磨灭的历史功绩。建国之后，他历任文联副主席、文化部长、作协主席，并任全国政协副主席，已很难分身创作。1981 年辞世。

朱自清

在五四新文化运动及文学革命中，朱自清以其散文有力地证明了：取代文言文的白话文，也可以写出与文言散文媲美甚至超过它的精品。这是朱自清作为一位散文大家和语言大师对现代汉语的重大贡献。

朱自清（1898~1948），原名自华，号秋实，后改名自清，字佩弦。现代文学史上的散文大家，他的《春》《背影》《荷塘月色》等名篇脍炙人口。

朱自清原籍浙江绍兴，生于江苏东海，后随祖父、父亲定居扬州。幼年在私塾读书，受中国传统文化的熏陶。1916 年考入北京大学预科，在北大期间，朱自清积极参加"五四"爱国运动，嗣后又参加北大学生为传播新思想而组织的平民教育讲演团。他大学毕业后，在浙江、江苏的多所中学任教，继续参加新文学运动，为开拓新诗的道路付出了辛勤的劳动。

朱自清于 1919 年底开始发表诗歌，作为新文学运动初期的诗人之一，他以清新明快的诗作，在诗坛上显出自己的特色。他的诗，数量不多，却在思想和艺术上呈现出一种纯正朴实的新鲜作风。其中如《光明》《新年》《煤》《送韩伯画往俄国》《羊群》《小舱中的现代》等，或热切地追求光明，憧憬未来，或有力地抨击黑暗的世界，揭露血泪的人生，洋溢着反帝反封建的革命精神，是初期新诗中难得的作品。

朱自清虽在"五四"运动后开始新诗创作，但是，1923 年发表的《桨声灯影里的秦淮河》，却显示出他的散文创作方面的才能。从此以后他致力于散文创作，取得了引人注目的成就。1928 年第一本散文集《背影》出版，集中所作，均为个人真切的见闻和独到的感受，以平淡朴素而又清新秀丽的优美文笔独树一帜，显示了新文学的艺术生命力，被公认为新文学运动中成绩卓著的优秀散文作家。

朱自清写得更多、也最为人们称道的则是写景抒情的篇什。这一类散文在艺术上呈现出多样而又统一的风格，于新异独得的观察和委婉有致的描写之中，寄寓着大革命失败后他在黑暗现实面前怅然若失的寂寥和郁闷。

1948 年初，人民解放战争进入最后阶段，此时朱自清身患重病，又无钱医治，但他毫不犹豫地在《抗议美国扶日政策并拒绝领取美援面粉宣言》上签了自己的名字。

同年，朱自清病逝。临终前，朱自清以微弱的声音谆谆叮嘱家人："有件事要记住，我是在拒绝美国面粉的文件上签过名的，我们家以后不买国民党给的美国面粉！"始终保持着一个正直的爱国知识分子的高尚气节和可贵情操。

朱自清有著作 27 部，共长约 190 万字，包括诗歌、散文、文艺批评、学术研究等。其中，散文主要是叙事性和抒情性的小品文。其作品的题材可分为三个系列：一是以写社会生活抨击黑暗现实为主要内容的一组散文，代表作品有《生命价格——七毛钱》《白种人——上帝的骄子》和《执政府大屠杀记》。二是以《背影》《儿女》《悼亡妇》为代表的一组散文，主要描写个人和家庭生活，表现父子、夫妻、朋友间的人伦之情，具有浓厚的人情味。第三，以写自然景物为主的一组借景抒情的小品《绿》《桨声灯影里的秦淮河》《荷塘月色》和《春》等，是其代表佳作，伴随一代又一代人喜怒哀乐。

胡适

胡适治学有两个主要领域，一是中国哲学史，一是中国文学史。前者的平视诸子以及历史的眼光，后者的双线文学观念，都是对 20 世纪学术发展影响甚深的"大胆假设"。另外，他首创新红学，重修禅宗史，以及用历史演进法来研究中国章回小说，都是开一代新风，功不可没。

胡适（1891~1962），原名胡洪骍、嗣穈，字希疆，参加留美考试后改名适，字适之，安徽绩溪人。现代著名学者，历史家、文学家、哲学家。

胡适 5 岁启蒙，在绩溪老家受过 9 年私塾教育，打下了一定的古文基础。早年在上海的梅溪学堂、澄衷学堂求学，初步接触了西方的思想文化，受到梁启超、严复思想的较大影响。1910 年留学美国，入康乃尔大学，后转入哥伦比亚大学，从学于杜威，深受其实用主义哲学的影响。

五四运动前，胡适就开始提倡白话文。1915 年陈独秀主编的《新青年》杂志在北京创刊，开展关于改革中国文学的讨论。胡适提出了"八不主义"，即"一曰须言之有物，二曰不模仿古人，三曰须讲求文法，四曰不做无病之呻吟，五曰务去滥调套语，六曰不用典，七曰不讲对仗，八曰不避俗字俗语。"这对当时的白话文运动，是有一定的意义的。

1917 年，他回国担任北京大学教授，参加《新青年》杂志的编辑工作，发表了《文学改良刍议》一文，这是当时文学革命的第一篇文章。他倡导新诗，在 1920 年出版了中国第一部新诗集《尝试集》。

俄国十月革命胜利后，马克思主义开始在中国传播，1919 年北京爆发了反帝反封建的五四运动。胡适极力反对马克思主义在中国的传播，提出"多研究些问题，少谈些'主义'"的口号，妄图加以对抗。1920年，他和《新青年》脱离了关系，于1922年另行创办《努力周刊》和《读书杂志》，后来又出版《国学季刊》和《现代评论》。1928年和徐志摩、梁实秋等出版《新月》月刊，发表文章反对无产阶级的革命文学，宣扬买办文化。1931年，他任北京大学文学院院长兼中国文学系主任，第二年又与蒋廷黻等创办《独立评论》，积极支持蒋介石"攘外必先安内"的反动政策，并提出"全盘西化"的主张。

抗日战争爆发后，胡适去美国做外交工作，1938年起担任国民党政府驻美国大使，直到1942年才辞去这一职务，留在美国从事学术研究。1946年，他回国任北大校长。国民党发动全面内战后，1947年曾打算委任他为考试院院长及国府委员。他没有接受，说是"我不入政府，则更能为政府助力。"

1949年，中国人民解放战争节节胜利，当他听说中国共产党提出了"八条二十四款"和平条件时，连连哀叹说"和比战难"，于4月从上海乘船逃往美国。1958年，他离开美国，回台北就任伪中央研究院院长。

晚年，他主要致力于中国古代第一部关于河道水系的科学著作——《水经注》版本的考证，写了六篇有关学术论文，有独到见解。长时期来，他在学术研究中提倡所谓"大胆假设，小心求证。"的研究方法，对学术界很有影响。他的主要著作有《胡适文存》《中国哲学史大纲》（上卷）、《白话文学史》（上卷）等多种。

1962年2月24日，胡适因心脏病在台湾浙世。

蔡元培

蔡元培是20世纪初中国资本主义教育制度的创建者。他明确提出废止忠君、尊孔、尚公、尚武、尚实的封建教育宗旨，倡导以军国民教育、实利主义教育为急务，以道德教育为中心，以世界观教育为终极目的，以美育为桥梁的资产阶级民主主义的教育方针，初步建立了资产阶级的新教育体制。

蔡元培（1868~1940），字鹤卿、孑民，号孑农，绍兴山阴（今越城区）人。被誉为"学界泰斗"的蔡元培，是我国新型大学教育的开拓者。

蔡元培在1890年中进士后，曾任翰林院编修。1898年戊戌变法失败，使他看到了清朝的腐败，决心弃官回家，兴办教育。这年冬天，他回到绍兴任中西学堂监督，着手倡办新式教育。

1901年《辛丑条约》的签订，更使蔡元培进一步认识到清朝的不可救药，产生了反清革命的思想。第二年，他到日本游历，结识了一批革命党人，反清的目标更加明确了。回国后，在上海创办爱国学社，向学生宣传反清革命。1904年，他在上海建立革命组织光复会，任会长。第二年，又参加在东京成立的同盟会，并被指定为上海分部的主盟员。1907年，他去德国留学，进了莱比锡大学。

武昌起义后，中华民国临时政府成立，蔡元培回国就任教育总长。他按照西方资本主义的教育制度，对全国教育实行改革。后来因为不满袁世凯擅权，辞职再去德国从事研究工作，直到1917年应邀回国，任北京大学校长。

北京大学原是戊戌变法时创设的京师大学堂，清末招收的学生大都是京官，追求升官发财的风气很盛，民国以来改变也不大。蔡元培到了北大，认真整顿腐败的校风，他极力想把北大办成一所新型的资产阶级大学，成立了各种学会，提倡研究学问，特别是提倡学术研究自由；主张无论什么学派，只要能言之成理、持之有故，都要让它自由发展。他实行"思想自由、兼容并包"的方针，聘请具有各种不同观点的人来校教书，如陈独秀、李大钊、胡适等，都应聘来校，充实了教师队伍。1920年，北大开始招收女生，这在全国也是开风气之先的。从他开始，中国形成了完整的资产阶级教育思想体系和教育制度。

五四新文化运动开展后，蔡元培提倡科学与民主的新思想，提倡白话文，反对封建的旧思想、旧礼教，反对文言文。他还曾多方营救因参加运动被捕的学生。因此，五四时期北大成了新文化运动的重要阵地。

1923年1月，蔡元培终于因为对北洋军阀政府不满而辞职，再度去欧洲。1926年国民革命军誓师北伐，他回国来参加，在江浙从事组织工作。随后，他先后担任国民党政府的大学院（当时的最高学术教育行政机关）院长、监察院院长和中央研究院院长等职。

"九·一八"事变后，蔡元培主张抗日，拥护国共合作。民国二十一年（1932）与宋庆龄、鲁迅等发起组织中国民权保障同盟，积极开展抗日爱国运动。曾援救杨开慧烈士，援救许德珩等爱国民主人士，营救丁玲、朱宜权等共产党员。1940年，蔡元培在香港病逝。

老舍

老舍是一位多产作家，一生共创作了一千多部（篇）作品，特别在长篇小说艺术上取得了巨大成功，与茅盾、巴金一起，并称"现代长篇小说的三大高峰"。老舍小说全景式地描写了北京的市民生活和风俗，又被看作是现代"京味小说"的源头，成了北京文化的一个象征。

老舍（1899~1966），现代作家，原名舒庆春，字舍予，满族正红旗人，北京人。老舍是他在小说《老张的哲学》中使用的笔名。中国现代小说家、戏剧家、著名作家，曾任小学校长、中学教员、大学教授。

老舍的父亲是一名满族的护军，阵亡在八国联军攻打北京城的炮火中。母亲也是旗人，靠替人洗衣裳做活计维持一家人的生活。1918年夏天，他以优秀的成绩由北京师范学校毕业，被派到北京第十七小学去当校长。1924年夏应聘到英国伦敦大学东方学院当中文讲师。在英期间开始文学创作，长篇小说《老张的哲学》是第一部作品，

由 1926 年 7 月起在《小说月报》杂志连载，立刻震动文坛。以后陆续发表了长篇小说《赵子曰》和《二马》，奠定了老舍作为新文学开拓者之一的地位。

1936 年老舍辞职，从事专业写作。在青岛工作和生活的一段时期，是他一生中创作的旺盛期之一。他先后编了两个短篇集《樱海集》《蛤藻集》，收入中短篇小说 17 篇，并创作了《选民》（后改题为《文博士》）、《我这一辈子》《老牛破车》和中国现代文学史上的长篇杰作《骆驼祥子》。

生活中的老舍，是一个平易近人、风趣幽默的人。抗战期间，北新书局出版的《青年界》，曾向作家老舍催过稿。老舍在寄稿的同时，幽默地寄去了一封带戏曲味的答催稿信：

"元帅发来紧急令：内无粮草外无兵！小将提枪上了马，《青年界》上走一程，吷！马来！参见元帅。带来多少人马？2000 来个字！还都是老弱残兵！后账休息！得令！正是：旌旗明明，杀气满山头！"

作家楼适夷有次去看望老舍。"最近写些什么"楼适夷问道。满族出身的老舍笑着说："我正在当'奴才'，给我们的'皇帝'润色稿子呢！"一阵大笑后，才知道老舍正接受一项新任务——为中国末代皇帝溥仪修改他的自传《我的前半生》。

新中国成立后，老舍政治热情十分高涨，他先后担任中国民间文艺研究会副理事长，北京市文联主席，华北行政委员会委员，全国文联主席团成员，中国作家协会副主席，北京市第一、二届人大代表，全国人民代表大会第一、二、三届主席团成员，全国政协三届会议常务委员等职。自 1950 年至 1955 年，老舍创作了大量的话剧、京剧、儿童剧。其中话剧《茶馆》把老舍的话剧艺术推向了高峰，成为我国戏剧艺术殿堂的一颗璀璨明珠。

1961 年至 1962 年，老舍创作自传体小说《正红旗下》。遗憾的是未完成，就被迫停笔。

"文革"中，同许多老一辈爱国文艺家一样，老舍遭到了恶毒攻击和迫害。1966 年，他被逼无奈，含冤自沉于北京太平湖，享年 67 岁。

闻一多

闻一多，近现代学贯中西、博古通今的大家，是著名的诗人、学者和自由民主斗士，对中国古代文学、文化有着深入和卓有成效的研究。毛泽东给予了闻一多极高的评价。闻一多作为民主自由斗士的形象永远激励着国人为自由而战的信心和勇气。

闻一多（1899~1946），诗人，文史学者。名亦多，字友三，亦字友山，家族排行叫家骅。后改名多、一多。生于湖北浠水。1912 年考取北京清华学校，曾任《清华周报》编辑、《清华学报》学生部编辑，发表旧体诗文多篇。1920 年 7 月，第一首新诗《西岸》发表，以后连续发表新诗。

五四运动期间，闻一多积极参加宣传、游行、罢课、营救被捕同学等一系列活动，表现了高度的热情。面对反动政府的淫威，闻一多和他的同学们高呼口号，并去警察局与反动军警进行面对面的斗争，要求立即释放被捕同学。闻一多这种不畏强暴、不屈不挠的斗争精神深受同学的敬佩，被同学推选为清华大学的代表团成员。

1922 年 7 月，闻一多远赴美国留学，在芝加哥美术学院学习。在那里，他亲身体会到了帝国主义列强对弱国子民的歧视，感受到资本主义世界的熏天铜臭。1923 年 9 月，他的第一本诗集《红烛》出版。他在给朋友的信中写道："不出国不知道想家的滋味。但是，不要误会以为我想的是狭义的'家'，不是！我所想的是中国的山川，中国的草木，中国的鸟兽，中国的屋宇，中国的人。"

1925 年 7 月，闻一多担任北京艺术专门学校教务长。次年秋，到上海吴淞国立政治大学任职。1927 年夏，在上海参与创办新月书店，后列名为《新月》杂志编辑。同年秋后，任南京国立第四中山大学（后更名为中央大学）外文系主任。1928 年 1 月，第二本诗集《死水》问世。闻一多的这两本诗集和关于新诗理论的论述，奠定了他在中国文学史——特别是中国新诗史上的重要地位，成为五四以来中国诗坛三大流派之一的格律诗派的主要代表。1928 年秋，闻一多任武汉大学文学院院长兼中文系主任，开始专攻中国古代文学。1930 年秋，转任青岛大学文学院院长兼国文系主任。1932 年秋，闻一多回到阔别十载的母校清华大学，任中国文学系教授。

1937 年，抗日战争爆发后，清华、北大、南开三校南迁，在长沙组成国立临时大学，闻一多只身由武汉赶赴"临大"任教。1938 年 2 月，他参加"临大"学生组织的湘黔滇旅行团，同青年学生一起，长途跋涉 3500 华里，步行到达西南边陲重镇昆明。同年 5 月，"临大"改为西南联合大学，闻一多任中国文学系教授。

在西南联大任职期间，闻一多接触了马克思主义。1944 年，参加西南文化研究会，随后加入中国民主同盟。从此，他以民主教授和民盟云南省支部领导人的身份，积极参与社会政治活动。

1946 年 7 月，国民党特务暗杀了著名社会教育家李公朴先生。闻一多极为悲愤，在李先生的追悼会上，闻一多进行了著名的"最后一次讲演"，猛烈抨击了反动政府的阴谋和特务们的无赖本质。闻一多先生成为反动政府锁定的下一个谋杀对象，随后遭到了特务们的暗害。

巴金

巴金以其独特的风格和丰硕的创作令人瞩目，被鲁迅称为"一个有热情的有进步思想的作家，在屈指可数的好作家之列的作家"，同时也被誉为是"五四"新文化运动以来最有影响的作家之一，是 20 世纪中国杰出的文学大师、中国现当代文坛的巨匠。

巴金（1904~2005），现当代著名作家。原名李尧棠，字芾甘。巴金是他在发表小说《灭亡》时开始使用的笔名。

巴金生于四川成都一个官僚地主家庭，从小目睹封建大家庭内部腐败堕落、钩心斗角的生活方式，封建专制主义压迫、摧残年轻一代的罪恶行径，他对封建制度、封建家庭的痛恨和对自由生活的热情向往，充盈于作品之中。1923年从封建家庭出走，就读于上海和南京的中学。1927年初赴法国留学，写成了处女作长篇小说《灭亡》。

1929年回国后，因无政府主义运动已经失败，巴金将绝望与愤怒的心情寄托于文学虚构。所创作的小说有两大主题：一是探索青年人追求理想和信仰的道路，代表作有《新生》《爱情的三部曲》（《雾》《雨》《电》）等；二是揭露封建家庭制度的弊害，以影射社会专制制度的罪恶，代表作有《春天里的秋天》《激流三部曲》（《家》《春》《秋》），作品情感热烈、真诚，文字带有强烈的感情色彩，产生了重大的社会影响。

《家》这部作品给巴金带来了一个真正的家。巴金一直以"愿天下人都有饭吃"为己任，全身心地投入事业而无暇顾及儿女私情。1936年，巴金以《家》而成为青年之心中偶像，追求他的人很多。有一个女高中生给他写的信最多，他们通信达半年之久，却从未见面。最后，还是女孩在信中提出："笔谈如此和谐，为什么就不能面谈呢?"女孩主动寄了张照片给巴金，然后他们约在一家咖啡馆见面。经过8年的恋爱长跑，年届不惑的巴金与这个名叫萧珊的女孩结为连理。

抗日战争爆发后，巴金在各地致力于抗日救亡文化运动，编辑《呐喊》《救亡日报》等报刊，创作有《家》的续集《春》和《秋》，长篇小说《抗战三部曲》（又名《火》），出版了短篇小说集《还魂草》、散文集《控诉》和《龙、虎、狗》等。在抗战后期和抗战结束后，巴金的创作转向对国统区黑暗现实的批判，对行将崩溃的旧制度做出有力的控诉和抨击，艺术上很有特色的中篇小说《憩园》《第四病室》，长篇小说《寒夜》是最能体现巴金这个时期创作风格的代表作。

1978年起，巴金在香港《大公报》连载散文《随想录》。由他倡议，1985年建立了中国现代文学馆。他的著作被译为多种文字，1982年至1985年相继获得意大利但丁国际荣誉奖、法国荣誉勋章和香港中文大学荣誉文学博士、美国文学艺术研究院荣誉院士等称号。后任中国作家协会主席、全国文联副主席。

2005年10月17日，巴老逝世，享年101岁。

钱钟书

钱钟书深入研读过中国的史学、哲学、文学经典，同时也不曾间断过对西方新旧文学、哲学、心理学等的阅览和研究，著有多部享有盛誉的学术著作。他的散文和小说也很出色，特别是长篇小说《围城》，才情横溢，妙喻连篇，可谓家喻户晓。

钱钟书（1910~1998），现代文学研究家、作家，字默存，号槐聚，曾用笔名中书君，江苏无锡人。因他周岁"抓周"时抓得一本书，故取名"钟书"。

钱钟书出生于诗书世家，自幼受到传统经史方面的教育，中学时擅长中文、英文，却在数学等理科上成绩极差。报考清华大学时，数学仅得15分，但因国文、英文成绩突出，其中英文更是获得满分，于 1929 年被清华大学外文系破格录取。在这一时期，他刻苦学习，广泛接触世界各国的文化学术成果。1933 年大学毕业。1935 年和作家、翻译家杨绛结婚，同年考取公费留学生资格，在牛津大学英文系攻读两年，又到法国巴黎大学进修法国文学一年，于 1938 年回国，曾先后在多所大学任教。

尽管钱钟书学习成绩很好，但在生活方面，他却有点"痴气"。比如，他总分不清东西南北，一出门就分不清方向；穿衣服不是前后颠倒，便是内外不分。最出洋相的是上体育课，作为领队，他的英语口令喊得相当洪亮、准确，但他自己却左右不分，不知道该怎么办。口令喊对了，自己却糊里糊涂不会站，常常闹得全班哄堂大笑，自己却莫名其妙。聪明过人却又时常"糊涂"，这就是叫人难以捉摸的钱钟书。

钱钟书的名作《围城》，现在早已为人们所熟知，但当时却颇经历过一番波折。《围城》书成后在国内流传不久就销声匿迹了，倍受几十年的冷落。墙内开花墙外香，这部作品在国外却享誉甚高。美籍华人，著名文艺批评家夏志清在《中国现代小说史》中说："《围城》是中国近代文学中最有趣最用心经营的小说，可能亦是最伟大的一部。"他的评价引发了许多西方译本的出现，钱钟书作为作家渐渐为世界所瞩目。

晚年的钱钟书闭门谢客，淡泊名利，其高风亮节为世人所称道。有位外国记者曾说，他来中国有两个愿望：一是看万里长城，二是看钱钟书。他把钱钟书看成了中国文化的象征。还有一个外国记者因为看了钱钟书的《围城》，想去采访钱钟书。他打了很多次电话，终于找到了钱钟书。钱钟书在电话里拒绝了采访的请求，并说："假如你吃了一个鸡蛋觉得不错，又何必要认识那个下蛋的鸡呢？"

美国一所著名的大学想邀请他去讲学，时间是半年，两周讲一次，一次 40 分钟，合起来大约是 8 个小时的时间，而给予的报酬是 16 万美元，但钱钟书丝毫不为所动。还有人在巴黎的《世界报》上著文称：中国有资格荣膺诺贝尔文学奖的，非钱钟书莫属。钱钟书对这个评价不但不表示接受，反而在《光明日报》上写文章质疑诺贝尔文学奖的公正性。

1998 年 12 月 19 日，钱钟书先生因病在北京逝世，享年 88 岁。

齐白石

齐白石是一位各方面造诣都很高的现代绘画大师。他的人品、绘画、诗句、书法、篆刻无不出类拔萃，艺术创作极其丰富。他的绘画艺术风格对现代乃至当代中国画创作都产生了极为巨大的影响。

齐白石（1863～1957），现代杰出画家，书法家，篆刻家。原名齐璜、纯芝，字渭青，号白石、濒生、借山吟馆主者、寄萍老人等。湖南湘潭人。12 岁学粗木工，后做雕花木匠，兼习画。那时雕花，差不多千篇一律，他突破陈规，"造出许多新的花样"，人称"芝木匠"。后跟随当地文人陈少蕃、胡沁园等系统学习诗、书、画、印，遂以卖画刻印为生。中年后，他曾五次远游，历陕、豫、京、冀、粤等地，广交同道好友。

晚年定居北京，经陈师曾指点而"衰年变法"，毅然抛弃清雅、孤淡的传统文人画风，自创浓烈、豪放的"红花墨叶"派大写意风格，把中国花鸟画推到了一个新的高峰。

齐白石以花鸟画见长，善于将民间艺术的审美情趣融进传统文人画，以质朴率真之气开创了文人画的新境界，画面洋溢着活泼的生命力，极具明朗、清新之美，充满了泥土的芳香。技法上，他注重用笔的苍劲老辣与方折劲挺，笔力雄健，挥写自如；墨法则讲究单纯准确，对干湿浓淡的搭配关系极力经营；用色则大胆而浓艳，吸收民间美术的敷色特点，却艳而不俗；构图上，他多以简洁之图，塑花、鸟稚拙之美，但一些作品则极力刻画蝉、蝶、蟋蟀等小昆虫，写实程度足可乱真，与大写意花卉相配，别具情趣。所画作品，都洋溢着对生活

齐白石

的热爱。1953 年中央文化部授予齐白石"人民艺术家"称号。

齐白石晚年，画虾技术颇为精湛，令人叹为观止。他在画虾上有重要的三段变法：第一阶段是如实画来，写实，宗法自然，更像写生；第二阶段最重要，不算"零碎"，虾身主体简化为九笔。所谓"零碎"一共是八样：双眼、短须、长须、大钳、前足、腹足、尾，还有一笔深墨勾出的内腔，这种结构便是齐白石的虾所独有的重要风格；第三阶段是画上的墨色不均一，笔先蘸墨，然后用另一支笔在笔肚上注水，把虾的"透明"画了出来，虾一下子就活了。

1957 年，齐白石担任北京中国画院名誉院长，同年 9 月 16 日谢世。卒年 95 岁。1963 年被世界和平理事会推举为世界文化名人之一。

齐白石是 20 世纪中国画坛最富创造性与影响力的大师之一，他一生跨清末、民国和中华人民共和国三个时期，在近一个世纪的艺术历程中创作了数以万计的作品，留下了宝贵的精神财富。

梅兰芳

梅兰芳在京剧表演艺术上精心钻研，勇于革新，创造了很多优美的艺术形象，发展了大量优秀剧目，改革与提高了京剧旦角的演唱和表演艺术，形成了一个具有独特风格的艺术流派，世称"梅派"。

梅兰芳（1894~1961 年），京剧"四大名旦"之首，是旦角中"前无古人"的大家。

梅兰芳出生于梨园世家，祖籍江苏泰州，长期居于北京。自幼父母双亡，由伯父

抚养成人。1901年，七岁的梅兰芳开始学戏。1912年，18岁的梅兰芳随京剧大师王凤卿首次到上海演出，并取得很大成功。

梅兰芳屡次拜各大名师学艺，戏路很宽，精通青衣、花旦、刀马旦等旦行表演艺术，还掌握了生行等其他行当的表演技巧。经过充分挖掘和潜心钻研，逐渐形成了艺术上自己的流派——梅派。他突破传统正工青衣专重唱功、不讲究身段表情的局限，将花旦乃至刀马旦的技巧融合运用，除继承传统唱腔外，还编制独具个性的新腔。梅兰芳的演唱咬字清晰，音色朗润，唱腔婉转妩媚，流畅甜美。对旦角的念白、舞蹈、音乐、化妆、服装也都作了大胆改进与创新，使之更能表现人物细腻的感情，形成在质朴中见俏丽、妩媚中显大方的梅派风格。

梅兰芳在艺术上的卓越成就引起了国外人士的重视，曾先后赴日本、美国、苏联演出，并荣获美国波摩那学院和南加州大学的荣誉文学博士学位。归来后，地位和名声不断得到提高，被戏迷称为"伶界大王"，被捧为梨园界的代表人物。

同时，梅兰芳还是一位伟大的爱国主义者。

抗战爆发后，日伪想借梅兰芳收买人心、点缀太平，几次要他出场均遭拒绝。梅兰芳考虑到在上海不能久留，遂于1938年赴香港。他在香港演出《梁红玉》等剧，激励人们的抗战斗志。香港沦陷后，他于1942年返沪。为了拒绝为日伪演剧，他蓄须明志，深居简出，表现了崇高的民族气节。

老奸巨猾的日本驻港部队司令酒井虽然猜到梅兰芳蓄须的目的，但面对这样一位世界级的文化名人，这样一位受日本人民爱戴的艺术家，他着实有些无可奈何，况且梅兰芳以"我是个唱旦角的，年纪老了，扮相不好看了，嗓子也坏了"为由拒绝登台，也合情合理。然而，"蓄须"也不是一劳永逸的。当他从香港返回上海之后，日本人、汉奸三番五次登门，或者说"小胡子是可以剃掉的嘛"，或者说"年纪大不再登台也可以，出来说一段话，和年纪大和胡子都是没有关系的嘛"，诸如此类，梅兰芳一方面坚持留须，一方面不惜自伤身体。为了拒绝日伪的邀请，他请私人医生为他注射伤寒疫苗，致使连日高烧不退，为此差点丢掉了性命，终于击碎了日伪的妄想。

1961年8月8日，梅兰芳逝世，享年67岁。他一生塑造了无数美艳精致的舞台形象，他的表演生动地体现了中国传统艺术讲究和谐，讲究温柔敦厚、含蓄蕴藉的审美精神。代表剧目有《贵妃醉酒》《天女散花》《宇宙锋》《打渔杀家》等，著有《梅兰芳文集》《梅兰芳演出剧本选》《舞台生活四十年》等。先后培养、教授学生100多人。他是一位生而为京剧的人，他用自己的灵魂而不是形象，打动了20世纪的中国。

徐悲鸿

徐悲鸿被誉为中国现代现实主义绘画大师。他学兼中西、博采诸长，国画、油画、素描、书法皆十分出色，被康有为誉为画坛奇才。其笔下的骏马，尤其受到人们的赞赏与钟爱，以致成为中国绘画的一种典型代表与象征。

徐悲鸿（1895~1953），原名寿康，江苏宜兴屺亭桥人。中国现代美术事业的奠基者，杰出的画家和美术教育家。

徐悲鸿出身贫寒，自幼随父亲徐达章学习诗文书画。20岁时，在上海卖画。1918年，他接受蔡元培聘请，任北京大学画法研究会导师，翌年赴巴黎留学，后又转往柏林、比利时研习素描和油画。

他在欧洲留学的时候，中国在世界上没有地位，中国留学生常常受到歧视。有一次，许多留学生在一起聚会，一个外国学生站起来，恶毒地说："中国人又蠢又笨，只配当亡国奴，就是把他们送到天堂里去深造，也成不了才！"坐在一旁的徐悲鸿被激怒了，他走到这个洋学生面前，大声地说："先生，你不是说中国不行吗？那好，我代表我的祖国，你代表你的国家，我们比一比，等学习结业时，看看谁是人才，谁是蠢材！"

从此，徐悲鸿学习更勤奋了。他到巴黎各大博物馆去临摹世界名画的时候，常常是一块面包一壶水，一去就是一整天，不到闭馆时间不出来。法国画家达仰非常喜爱徐悲鸿，他从这个中国青年身上，看到了中国人民的坚强毅力和对未来的信心。他主动邀请徐悲鸿到他家的画室里画画，并亲自做辅导。

有志者事竟成。徐悲鸿进入巴黎高等美术学校后，在几次竞赛和考试中都获得了第一名。1924年，他的油画在巴黎展出时轰动了巴黎美术界。这时，那个洋学生不得不承认自己不是中国人的对手。

1927年徐悲鸿回国，先后任上海南国艺术学院美术系主任、中央大学艺术系教授、北京大学艺术学院院长。1933年起，先后在法国、比利时、意大利、英国、德国、苏联举办中国美术展览和个人画展。抗日战争爆发后，他在香港、新加坡、印度举办义卖画展，宣传支援抗日。后重返中央大学艺术系任教。中华人民共和国建立后，徐悲鸿任中华全国美术工作者协会（现中国美术家协会）主席、中央美术学院院长等职，为第一届全国政协代表。

徐悲鸿的作品熔古今中外技法于一炉，显示了极高的艺术技巧和广博的艺术修养，是古为今用、洋为中用的典范，在我国美术史上起到了承前启后、继往开来的巨大作用。他擅长素描、油画、中国画。他把西方艺术手法融入中国画中，创造了新颖而独特的风格。而其素描和油画则渗入了中国画的笔墨韵味。他的创作题材广泛，山水、花鸟、走兽、人物、历史、神话，无不落笔有神，栩栩如生。尤其他的奔马，更是驰誉世界，几近成了现代中国画的象征和标志。

徐悲鸿长期致力于美术教育工作，发现和团结了众多的美术界著名人士。他培养的学生中人才辈出，许多已成为著名艺术家，成为中国美术界的中坚骨干。他对中国美术队伍的建设和中国美术事业的发展做出的卓越贡献，无与伦比，影响深远。

1953年9月26日，徐悲鸿因脑溢血病逝，享年58岁。

张大千

张大千是具有世界影响的中国画大师。他与齐白石并有"南张北齐"之誉，被徐悲鸿誉为"五百年来第一人"。他是历来画家中，学习古名家数量最多、最博的画家；在笔墨技法的训练上，他也是获得古法精华最多、最好的画家。而且在表现技巧和风格上，他创立了闻名遐迩的大风堂画派，是中国画史上少见的最具全方位的画家。

张大千（1899~1983），原名张正权，又名爰，字季爰，号大千，别号大千居士，四川省内江市人。他幼年受擅长绘画的母亲和以画虎著称、自号"虎痴"的二哥张善子的熏陶指引，并从名师曾农髯、李梅阉学诗文、书法和绘画。除临摹历代名迹外，又遍游名山大川，以造化为师，经过刻苦钻研，获得了卓越成就。青年时代，即与二哥张善子齐名。

张大千因受曾、李二师影响，曾广泛学习唐宋元明清中国传统绘画，尤得石涛等大师神髓，被国内外艺坛称为"当代石涛"。其画路宽广，山水、人物、花鸟、虫鱼、走兽等，无所不工。其工笔写意，俱臻妙境。特善写荷花，独树一帜。20年代，他与其兄张善子，被称为中国画坛的"蜀中二雄"。30年代，他与北方大画家溥儒齐名，被称为中国画苑的"南张北溥"，被国立中央大学聘为艺术教授。徐悲鸿曾盛赞张大千为"五百年来第一人"。

张大千于1940年后，用了两年半的时间，对我国敦煌洞窟逐个整理编号，进行临摹，丰富了绘画技法。从此，他的画风也为之一变，善用复笔重色，高雅华丽、潇洒磅礴，被誉为"画中李白""今日中国之画仙"。

张大千是天才型画家，其创作"包众体之长，兼南北二宗之富丽"，集文人画、作家画、宫廷画和民间艺术为一体。其画风先后曾经数度改变，晚年时历经探索，在57岁时自创泼彩画法，是在继承唐代王洽的泼墨画法的基础上，揉入西欧绘画的色光关系，而发展出来的一种山水画笔墨技法。其可贵之处，是技法的变化始终能保持中国画的传统特色，创造出一种半抽象墨彩交辉的意境。张大千30岁以前的画风可谓"清新俊逸"；50岁进于"瑰丽雄奇"；60岁以后达"苍深渊穆"之境；80岁后气质淳化，笔简墨淡，其独创泼墨山水，奇伟瑰丽，与天地融合，增强了意境的感染力和画幅的整体效果。

1949年，张大千赴印度展出书画，此后便旅居阿根廷、巴西、美国等地，并在世界各地频频举办个人画展。他被西方艺坛赞为"东方之笔"，与西画泰斗毕加索齐名，被称为"东张西毕"。曾荣获国际艺术学会的金牌奖，被推选为"全世界当代第一大画家"，并被世界舆论称之为"当今世界最负盛誉的中国画大师"，为中华民族赢得了巨大荣誉。

张大千晚年仍孜孜不倦地从事中国画的开拓与创新，在全面继承和发扬传统的基础上，开创了泼墨、泼彩、泼写兼施等新貌，给中国画注入了新的活力，影响广泛而深远。

　　张大千长期旅居海外，爱国怀乡之心浓烈。1976 年返回台北定居，在完成了巨作《庐山图》后，不幸于 1984 年病逝。

第六章　历史之最

最早出现的人类——元谋人

1965 年 5 月，在中国云南省元谋县大那乌村北约 500 米的山腰上发现两枚古人类牙齿，研究表明，这是约生活在距今 170 万年前的元谋人的牙齿，元谋人是迄今发现的我国最早的人。

人类考古学家对元谋人遗址出土的器物研究表明，元谋人已学会了用火，是迄今所知的最早用火的人。

最著名的猿人遗址——北京猿人遗址

周口店猿人遗址，位于北京市房山区周口店镇西 1 千米的龙骨山上，通常指龙骨山上 8 个古人类文化遗址和哺乳动物化石地点。自 1921 年来，共出土了 6 件头盖骨、15 件下颌骨、157 枚牙齿及大量骨骼碎块，是古人类遗址中材料最丰富的一个。

1929 年出土的周口店猿人遗址的北京人头盖骨最为出名，经科学分析，北京人平均脑量 1088 毫升，与现代人相当接近。从遗址中发现的厚达 6 米的烬层，表明北京人不仅懂得用火，而且能保存火种。火的使用，促进了人类的进化。

对北京人骨骼化石、石器、用火遗迹等方面的研究表明，北京人大约生活在距今 70 万年到 20 万年的旧石器时代早期。

最长的建筑物——万里长城

万里长城，始建于 2000 多年前的春秋战国时期，秦朝统一我国之后遂连成万里长城。汉、明两代又曾大规模修筑。现存长城，大部分是明朝修建的，西起嘉峪关，东至山海关，全长 6700 千米，是我国也是世界上最长的建筑物。

万里长城持续修筑了 2000 多年，凝聚着我国古代人民的坚强毅力和高度智慧，体现了我国古代工程技术的非凡成就，也显示了中华民族的悠久历史，被列为世界七大奇迹之一。

万里长城

最大的广场——天安门广场

天安门广场，位于北京市中心，始建于明永乐十五年（公元 1417 年），面积达 44 万平方米，是我国也是世界上最大的广场。

天安门广场中央矗立着人民英雄纪念碑，西面是人民大会堂，南面是毛主席纪念堂，东面是我国国家博物馆，天安门城楼坐落在广场的北端。

最大的皇宫——北京故宫

故宫旧称紫禁城，是明、清两代皇宫，平面呈长方形，南北长 961 米，东西宽 753 米，占地面积 72 万多平方米，有各类殿宇 9000 余间，建筑总面积达 15 万平方米，是我国最大的皇宫。

故宫位于北京市中心，前通天安门，后倚景山，东近王府井街市，西临中南海。始建于 1406 年，1420 年基本竣工。故宫分为"外朝"与"内廷"两大部分。"外朝"与"内廷"以乾清门为界，乾清门以南为外朝，以北为内廷。外朝以太和、中和、保和三大殿为中心，是皇帝举行朝会的地方。内廷以乾清宫、交泰殿、坤宁宫后三宫为中心，是封建帝王与后妃居住之所。

最大的帝王陵墓——秦始皇陵

秦始皇陵位于陕西省西安市临潼区骊山镇东 5000 米处，经探测，陵有内城和外城。内城为方形，周长约 2525 米；外城为长方形，周长约 6294 米；陵高约 76 米，为覆斗形，底边为 485×515 米。从陵冢向东 1.5 千米处是呈"品"字形的 3 个兵马俑坑，约 2.1 万平方米。秦始皇陵与兵马俑坑博物馆，是我国最大的帝王陵墓博物馆。秦始皇陵是我国保存至今的最大的帝王陵墓，1987 年被联合国教科文组织列为世界文化遗产。

秦始皇陵有哪些珍贵的随葬品？千百年来由此产生了许多神奇的传说故事，地宫飞雁就是其中一个十分动人的传说：

楚霸王项羽入关后，曾派人盗掘秦陵。在盗掘过程中，突然，从墓中飞出一只金雁，一直朝南飞去。

几百年后，到了的三国时期，有人给一位名叫张善的官吏送来一只金雁，张善立即从金雁上的文字判断出它出自秦始皇陵。

这个传说，从一个侧面说明秦始皇陵内当初埋藏了很多稀世宝物。

埋葬皇帝最多的墓葬群——明十三陵

明十三陵位于北京市昌平区境内的天寿山，总面积 120 余平方千米，修建了 13 座金碧辉煌的皇帝陵墓、7 座妃子墓、1 座太监墓。共埋葬了 13 位皇帝、23 位皇后、2 位太子、30 余名妃嫔、1 位太监。1992 年，明十三陵被评为"世界上保存完整埋葬皇帝最多的墓葬群"。

明十三陵中，除思陵外，每座陵墓前都有一龟驮碑，即神功圣德碑。碑下以龟为趺，即底座。

神话传说中龟是龙的儿子，龙生九子，各有所好，其中一子好负重，就是龟。龟以长寿著称，自古受到人们的器重。皇帝自称真龙天子，龟既是龙的儿子，又有负重本领，叫它去驮老子的碑，岂不是理所当然的吗？

在当时简陋的建筑条件下，古人用什么方法将巨大的石碑立到龟背上的呢？

传说：当初明成祖为他父亲朱元璋建碑时，因龟趺太高，石碑怎么也立不上去，可把工程负责人急坏了。

有一天，他梦见神说："想要立此碑，必须龟不见碑，碑不见龟。"醒来后，他反复思索着这句话，终于大悟。于是，他奔到工地上，立即叫人运土将龟埋起来，然后顺土坡将碑拉上去。等碑立起后，将土去掉。这样，便大功告成。

这个传说，在建筑上是有道理的。在工程实际操作中，所使用的这种"堆土法"，却是古代劳动人民智慧的结晶。

寿命最长的皇帝——乾隆

乾隆（1711~1799年），全名爱新觉罗·弘历，雍正帝的第四子。雍正十三年（公元1735年）九月即位，改年号乾隆，清朝第六任皇帝，入关后的第四任皇帝。卒年89岁，庙号高宗，是我国寿命最长的皇帝。

乾隆在位60年，继续贯彻康熙、雍正时期的经济和政治制度，尤其是"改土归流""摊丁入亩"及"火耗归公"等政策的执行，把"康乾盛世"推向了顶峰。乾隆多次对外用兵，增添了数百万平方千米的疆域，奠定了我国的版图。

最早观测到木卫二的天文学家——甘德

甘德，生卒年不详，战国时期楚国人，古代著名天文学家，观测到了木星最后的卫星木卫二，是我国也是世界上最早观测到木卫二的天文学家。欧洲直到1610年，意大利科学家伽利略用望远镜观测木星时才发现卫星木卫二。

甘德所著《岁星经》是一本关于木星的专著，记录了800颗恒星的名字，其中121颗恒星的位置已被测定，是世界上最早的恒星表。书里还记录了木、火、土、金、水等五大行星的运行情况，并指出了它们出没的规律。

相传在公元前两千多年的一天，傍晚时分。一个名叫附宝的年轻女子独自坐在旷野上，突然，从夜空上的木星中，飘洒出一缕彩虹般的神奇光带，化成一个大光环，萦绕在北斗星的周围，映亮了原野。附宝见此情景，心中不禁为之一动，便身怀六甲，生下了个儿子。这男孩就是黄帝轩辕氏。

最早精确推算圆周率的人——祖冲之

祖冲之（公元429~500年），字文远，范阳郡逎县人（今河北涞水），南北朝时期著名数学家、天文学家和机械制造家。祖冲之推算出圆周率的真值应该介于3.1415926和3.1415927之间，比欧洲要早1000多年。是我国也是世界上最早将圆周率精确地推算到小数点后7位数字的人。

祖冲之编制了《大明历》，在《大明历》中，他首次引用了岁差，是我国历法史上的一次重大改革。他还采用了391年中设置144个闰月的新闰周，比古代发明的19年7闰的闰周更加精密。他推算的回归年和交点月天数都与观测值非常接近。在机械制造上，祖冲之曾制造了铜铸指南车、水推磨、计时仪器漏壶、欹器等。为纪念祖冲之，人们将月球背面的一座环形山命名为"祖冲之环形山"，将小行星 1888 命名为"祖冲之小行星"。

最早测量子午线长度的人——僧一行

唐玄宗开元十二年（公元 724 年），僧一行组织了在全国 13 个点的天文测量，是我国也是世界上最早测量子午线长度的人。他推算出北极高度相差一度，南北距离就相差约 131.3 千米，这个数据就是地球子午线一度的弧长。与现代计算出的子午线一度弧长 110.6 千米相比，仅差 20.7 千米。

僧一行还在总结历代天文历法成果的基础上，修订出当时十分先进的历法《大衍历》。

最早的远洋航行——郑和下西洋

郑和下西洋，是我国最早的远洋航行，他的船队曾到达过爪哇、苏门答腊、苏禄、彭亨、真腊、古里、暹罗、阿丹、天方、左法尔、忽鲁谟斯、木骨都束等 30 多个国家，最远曾达非洲东岸。

郑和，世称三保太监，15 世纪初叶著名的航海家。自明代永乐三年（公元 1405 年）至宣德八年（公元 1433 年）的 28 年间，郑和率众 7 次远航。

公元 1415 年以后，葡萄牙亨利王子（公元 1394~1460 年）的船队才开始远航非洲，比郑和下西洋迟得多。

郑和从西洋归来时，曾发生过将长颈鹿当作麒麟的有趣故事：

公元 1419 年，郑和带着马林国国王赠送的长颈鹿回到了南京。由于长颈鹿极像我国民间传说的吉祥之物麒麟，百姓们便误以为长颈鹿就是麒麟。

中国人一向认为麒麟是吉祥神兽，民间有麒麟送子之说，老百姓期望它能够带来丰年、福禄、长寿与美好。

历史上唯一的女状元——傅善祥

傅善祥，金陵（今南京）人，生卒年不详。她自幼聪明过人，喜读经史。18 岁时投靠太平军。清咸丰三年（公元 1853 年），太平军定都天京。不久开设"女科"，傅善祥报名参加女科考试，结果考中鼎甲第一名，成为我国历史上第一个女状元，也是唯一的女状元。

最早的指南仪器——司南

约在公元前3世纪，我国古代人利用磁石的指极性发明了司南，这是我国最早的指南仪器。约公元10世纪，我国又采用磁性较强的人工磁石，制成了指南针。北宋科学家沈括还发现了指南针的磁偏角的存在，这一发现比欧洲人早400年。

宋孝宗淳熙七年（公元1180年），我国首先将指南针应用于航海，比欧洲人早80年。

最早的纸——赫蹄

西汉前期应劭《风俗通》中说："赫蹄，薄小纸也。"赫蹄就是我国早期使用的纸。由于原材料是做丝绵时留下的残絮，来源有限，成本高，不利于推广使用。

东汉元兴元年（公元105年），蔡伦总结前人经验，改良了造纸术，用树皮、麻头、破布、旧渔网等原料经过挫、捣、抄、烘等工艺造纸。原材料丰富，加工简便，得到了广泛推广。

大约在4世纪，我国的造纸术传到朝鲜，7世纪从朝鲜传入日本。751年，我国的造纸术传入西方。纸的发明，是我国对世界文化的一项巨大贡献。

蔡伦（约公元63~121年），字敬仲，桂阳郡耒阳（今湖南耒阳）人，东汉造纸术发明家。

现存最早的雕版印刷品——《金刚经》

《金刚经》刻印于唐代咸通九年（公元868年），是我国现存最早的标有年代的雕版印刷品，该经文写有"咸通九年四月十五日王玠为二亲警造普施"题字，由7张纸粘成一卷，全长488厘米，每张纸长76.3厘米，宽30.5厘米，卷首刻印佛像，下面刻有全部经文。

最早的活字印刷品——《吉祥遍至口和本续》

《吉祥遍至口和本续》，西夏文佛经，形成于我国西夏后期（12世纪下半叶），是西夏木活字版印本，是现知我国最早的木活字印刷品。1991年8月出土于我国宁夏回族自治区贺兰县拜寺沟方塔废墟中。白麻纸精印、蝴蝶装，纵30.5、横38.8厘米，共 9 册，约 10 万字。

毕昇（公元？~1051 年），我国北宋时期淮南路蕲州蕲水县直河乡（今湖北省英山县草盘地镇五桂墩村）人，北宋发明家。他总结前人的经验，于宋代庆历年（公元1041 年）间，在唐代雕版印刷术的基础上，首创泥活字版，使书籍印刷更为简便。毕昇被公认为活字印刷术的发明者，在 13 世纪到 19 世纪，他发明的活字印刷术传遍全世界，对世界文明的发展做出了巨大贡献。

最早发明火药的国家——中国

火药起源于我国汉代的炼丹术。汉代术士利用金石药物硝、硫炼丹，经过长期的炼丹实践，在唐宪宗元和三年（公元 808 年）以前发明了火药。至北宋时期，已经广泛应用在军事上。元代初期，蒙古人西征中亚、波斯等地，火药及火药武器的制造经阿拉伯传到了欧洲。后来，火药广泛应用于军事和民用，推动了人类社会的进步发展，对世界文明的发展做出了巨大贡献。

最早的地震仪——候风地动仪

候风地动仪，张衡于东汉阳嘉元年（公元 132 年）发明，用于测报地震信息的仪器，是我国也是世界最早的地震仪。

张衡（公元 78~139 年），字平子，南阳西鄂（今河南省南阳市石桥镇）人，我国东汉时期杰出的天文学家。

最早的纸币——交子

交子，是四川地方俗话票证、票券的概称，有交合之意，即"合券取钱"，发行于公元 1023 年北宋时期的成都境内，是我国也是世界上最早的纸币。

宋仁宗天圣元年（公元 1023 年），政府设益州交子务，由朝廷派官担任监官主持交子发行。"交子"，便是我国最早由政府正式发行的纸币，当时又称"官交子"。

最早记录日食的文献——《尚书》

《尚书》中记载："乃季秋月朔，辰弗集于房"，指的是发生在约 4000 年前的日食，这是我国也是世界上最早的日食记录。

我国古代对日食的观察和记录，保持了一定的连续性，《春秋》这本编年史中就记载了公元前 770 年~前 476 年 244 年中的 37 次日食。从公元 3 世纪开始，对于日食的记录，便一直延续到近代，时间长达 1600 多年。

最早记录月食的文献——《诗经·小雅》

我国是世界上最早记载月食天象的国家，《诗经·小雅》"彼月而食，则维其常"，指的是发生在公元前 776 年阴历 8 月 21 日的月食。这是世界最早的一次月食记录，比埃及最早的月全食记录（公元前 721 年 2 月 19 日）早 55 年。

古时候，人们不懂得月食发生的科学道理，民间流传着"天狗吃月亮"的故事：

传说古时候，有一位名叫目连的公子，他生性好佛，为人善良，并且十分孝顺。但是，目连的母亲却生性暴戾。

一次，目连的母亲心血来潮，想要捉弄一下和尚，让他们吃狗肉。于是，她吩咐做了 360 只狗肉馒头，却故意说是素馒头，要到寺院去施斋。

目连百般阻拦母亲，但母亲不听。无奈之下，目连便叫人提前去告诉寺院方丈。方丈就准备了 360 只素馒头，分发给和尚，吩咐他们将这些素馒头藏在袈裟袖子里。

目连母亲来施斋，发给每个和尚一个狗肉馒头。和尚在饭前念佛时，用袖子里的素馒头将狗肉馒头调换了一下，然后吃了下去。目连母亲见和尚们个个吃了她的馒头，不禁乐得大笑起来。

这事被玉帝知道后，十分震怒，便将目连母亲打下十八层地狱，变成一只恶狗。

目连是个孝子，得知母亲被打入地狱，便日夜修炼，终于成为地藏菩萨。为救母亲，他用锡杖打开地狱之门，目连母亲和恶鬼们都逃出了地狱。目连母亲窜到天庭去找玉帝算账，在天上找不到玉帝，就去追赶太阳和月亮，追到月亮后，将月亮一口吞下去。这样，便形成了月食，民间叫"天狗吃月亮"。

最早记载哈雷彗星的文献——《春秋》

《春秋》上记录了鲁文公十四年（公元前 613 年）出现的彗星："秋七月，有星孛入于北斗。"这是世界上关于哈雷彗星的最早记录。

而欧洲直到公元 1531 年才由天文学家阿皮亚尼斯发现了这颗星。

自然界至今尚存在很多难解之谜，当哈雷彗星访问地球时，地球上的某个地方就会出现神奇的"彗星蛋"，这是一种蛋壳上"印"有哈雷彗星图案的鸡蛋：

1682 年，哈雷彗星出现时，在德国的马尔堡今黑森州境内，有只母鸡生下了一个蛋壳上布满星辰花纹的蛋。1758 年，当哈雷彗星出现时，英国的一只母鸡生下了一个蛋壳上有清晰的彗星图案的蛋。1834，哈雷彗星再次出现时，希腊科扎尼有只母鸡也生下了一个"彗星蛋"。1910 年，法国也有一个母鸡生下了一个蛋壳上绘有彗星图案的怪蛋。

哈雷彗星与彗星蛋究竟有着什么必然的联系？这一疑问至今尚未得到令人满意的答案。

最早记录太阳黑子的文献——《汉书·五行志》

《汉书·百行志》："和平元年……三月乙未，日出黄，有黑气大如钱，居日中央。"记录了太阳黑子的出现。和平元年，即是公元 28 年，是我国最早的发现太阳黑子的记录。意大利著名天文学家伽利略（公元 1564~1642 年）在 1610 年才用天文望远镜发现太阳黑子的活动，比我国晚了 1000 多年。

最早记载天琴座流星雨的文献——《左传》

《左传》："鲁庄公七年夏四月辛卯夜，恒星不见，夜中星陨如雨。"鲁庄公七年（公元前 687 年），这是我国也是世界上关于天琴座流星雨的最早记录。

千百年来，"牛郎和织女"的传说一直为人们所熟悉和传颂：在银河西岸，闪烁着一颗非常明亮的星星——织女星，而天琴座就是由织女星和周围的一些小星星一起组成的星座。织女和牛郎隔在银河两岸，只有每年七月初七，凭借"鹊桥"才能相会一次。织女因思念牛郎和一双儿女，时常泪如雨下，就像是天琴座的流星雨。

当夜空出现天琴座流星雨时，人们想象到它是美丽织女日夜思念的泪花在飞迸，便会感慨这个神话故事的凄美。

最早的天文学著作——《甘石星经》

《甘石星经》成书于战国时期，是我国也是世界上最早的天文学著作。

甘德，楚国人，生卒年不详；石申，魏国人，生卒年不详。他们在长期观测天象的基础上，各写出一部天文学著作，后人把这两部著作合起来，称为《甘石星经》。书里记录了 800 个恒星的名字，其中 121 个恒星的位置已经测定，这是世界上最早的恒星表。书里还记录了木、火、土、金、水等 5 大行星的运行情况，并记录了它们的出没规律。

最早的完整历法——《太初历》

《太初历》，西汉元封七年（公元前 104 年）颁定，是我国也是世界上最早的历法。《太初历》，经司马迁等人提议，汉武帝下令改定，由天文学家落下闳、邓平等人制订。将一年等于 365. 2502 天，一月等于 29. 53086 天；将原来以十月为岁首改为以正月为岁首。开始采用有利于农时的二十四节气，以没有中气的月份为闰月，调整了太阳周天与阴历纪月不相合的矛盾，是当时世界上最先进的历法。我们今天使用的农历，就是《太初历》的延续。

落下闳，（约公元前 156～前 87 年），姓落下，名闳，字长公，西汉巴郡阆中（今四川省阆中市）人，古代著名天文历算学家。

古代最精密的历法——《授时历》

《授时历》由郭守敬于 1280 年 3 月制订，该历将一年定为 365. 2425 日，比地球绕太阳公转一周的实际时间 365. 2422 日多 26 秒，和现代使用的公历完全相同，是我国古代最精密的历法。

郭守敬（公元 1231～1316 年），字若思，顺德邢台（今河北邢台）人，元朝天文学家、水利学家、数学家和仪表制造家，《授时历》的制定者。

最早最完整的法典——《唐律疏议》

《唐律疏议》，永徽四年（公元 653 年）颁行，是长孙无忌等奉唐太宗李世民之命编撰的，我国现存最早最完整的一部法典。

唐代法典分为律、令、格、式四个部分。"律"即刑法典，居于首位，是定罪的依据；"令"就是国家的制度和政令；"格"就是对文武百官的职责范围的规定，用作考核官员的依据；"式"是尚书各部和诸寺、监、十六卫的工作章程。

最早的学位制——清朝的四级学位制

清朝的四级学位制，于光绪二十八年（公元 1902 年）颁布，是我国最早的学位制。

光绪二十八年（公元 1902 年），清政府颁布了《钦定学堂章程》，规定："小学卒业，奖给附生。中学卒业，奖给贡生；高等学卒业，奖给举人；大学分科卒业，奖给进士。"附生、贡生、举人、进士"四级学位制，是我国最早的学位制。

最早的国旗——清朝黄龙旗

清朝黄龙旗，1888 年正式使用，是我国最早的国旗。

1840 年鸦片战争后，随着西方列强的侵入，原来闭关自守的清王朝同各西方列强的交往日益增多。李鸿章在同西方列强谈判、签约、通商、互派外交人员等外交活动中，看到西方列国庄严悬挂国旗，而我国却无旗可挂，深感有失"天朝威仪"。于是上奏慈禧太后，提出在外交场合中需要有代表大清国的旗帜，请求颁制国旗。

慈禧太后就命李鸿章负责设计图案，经过多方征集筛选，李鸿章上呈了八卦旗、黄龙旗、麒麟旗、虎豹旗等多种方案，供慈禧太后选定，最后决定使用黄龙旗为大清国国旗。并于光绪十四年（公元 1888 年）颁布"黄底蓝龙戏红珠图"为大清国旗（俗称"黄龙旗"）。

黄龙旗上的黄色及龙都是大清皇帝的象征，以黄龙旗作为国旗有"朕即国家"的意思。此外，据五行学说，认为中央属土，黄色，以黄色代表我国。

1912 年 1 月 10 日，清政府被推翻，黄龙旗才被废止。

最早的国歌——《巩金瓯》

国歌，是代表一个国家的歌曲。我国古代的历代王朝从来没有国歌。19 世纪后期，因受西方国家影响，清朝的一些官吏开始提出要谱写国歌。

宣统三年（公元 1911 年）八月十三日清政府"谕旨颁行"国歌——《巩金瓯》，由严复作词，爱新觉罗·溥侗谱曲，郭曾炘修订，此是我国最早的国歌。

歌词为：
筑金瓯，
承天情，
民物欣凫藻，
喜同胞，
清时幸运，
真熙绛，
帝国苍穹保，
天高高，
海滔滔。
於斯万年，

历史之最

亚东大帝国！
山岳纵横独立帜，
江河漫延文明波；
四百兆民神明胄，
地大物产博，
扬我黄龙帝国徽，
唱我帝国歌！
这首歌做成还没满一年，清朝就覆亡了，所以没流传开。

最早的宫城遗址——二里头宫城遗址

二里头宫城遗址，位于河南省偃师市二里头，距今约 3600 年，是我国最早的宫城遗址。

二里头宫城平面略呈长方形，形制规整方正，东西宽近 300 米，南北长约 360 米至 370 余米，城墙用夯土筑成，宽约 2 米。

最大的古代青铜器——司母戊鼎

司母戊鼎，青铜铸品，是商王祖庚或祖甲为祭祀其母所铸，1939 年出土于河南省安阳市武官村，现收藏于我国国家博物馆。鼎高 133 厘米，口长 110 厘米，宽 79 厘米，

司母戊鼎

足高 46 厘米，壁厚 6 厘米，重 832.84 公斤，是商代青铜器的代表，是我国迄今出土的最大最重的鼎。

鼎是我国古代炊食器，7000 多年前就出现了陶制的鼎，铜鼎是商周时期最为重要的礼器，是贵族身份的代表，是国家政权的象征。

现存最早的天文建筑——元代观星台

元代观星台，位于河南省登封城东南 12 千米的稿城镇周公庙内，建于元代至元十三年（公元 1276 年），距今已有 700 年的历史，是我国现存时代最早、保护较好的天文建筑。

观星台由台身与石圭、表槽组成。台身上小下大，形似覆斗。台面呈方形，观星台外观用水磨砖砌造。台高 9.46 米，连台顶小屋通高 12.62 米。台下边宽 16 米多，上宽约 8 米。在台身北面，设有两个对称的出入口，筑有砖石踏道和梯栏，盘旋簇拥台体，使整个建筑布局显得庄严巍峨。台顶各边有明显收缩，并砌有矮墙（女儿墙），台顶两端小屋中间，由台底到台顶，有凹槽的"高表"。在凹槽正北是 36 块青石平铺的石圭（俗称量天尺）。石圭通长 31.19 米。

最早的乐器——贾湖骨笛

贾湖骨笛，1987 发掘于河南省舞阳县贾湖新石器时代遗址墓葬中，共 30 余支。距今已有 8000 多年历史，是我国也是世界上迄今发现最早、保存最完整的乐器。

贾湖骨笛有二孔、五孔、六孔、七孔和八孔笛，长度大约在 17.3 厘米至 24.6 厘米之间，直径在 0.9 厘米至 1.72 厘米之间，是用鹤的尺骨制作而成。

最大的钟——永乐大钟

永乐大钟，青铜铸品，铸于明朝永乐年间（公元 140~1424 年），是明成祖为"靖难之役"阵亡的将士及迁都北京和加强其统治而铸的，现收藏于北京大钟寺。高 6.75 米，最大外径 3.3 米，重约 46.5 吨，是我国迄今发现的最大的钟。

永乐大钟钟身内外布满了佛教经文和咒语，其文字为汉文佛教铭文 225939 字，梵文佛教铭文 4245 字，总计 230184 字。钟声可传百里，深沉、古雅、悠扬悦耳。

古今天下第一长联——大观楼长联

古今天下第一联——大观楼长联，清朝孙髯翁著，共 180 字，悬挂于云南昆明西郊，滇池之滨的大观楼上。

上联：五百里滇池，奔来眼底，披襟岸帻，喜茫茫，空阔无边！看：东骧神骏，西翥灵仪，北走蜿蜒，南翔缟素，高人韵士，何妨选胜登临，趁蟹屿螺洲，梳裹就风鬟雾鬓，更苹天苇地，点缀些翠羽丹霞，莫辜负四围香稻，万顷晴沙，九夏芙蓉，三春杨柳；

下联：数千年往事，注到心头，把酒凌虚，叹滚滚，英雄谁在！想：汉习楼船，唐标铁柱，宋挥玉斧，元跨革囊，伟烈丰功，费尽移山心力，尽珠帘画栋，卷不及暮雨朝云，便断碣残碑，都付于苍烟落照，只赢得几杵疏钟，半江渔火，两行秋雁，一枕清霜。

长联观景写情，内涵深刻，令人叫绝，被誉为"古今第一长联""海内第一长联""天下第一长联"等。

孙髯（约公元 1711~1773 年），字髯翁，号颐庵，自号"咒蛟老人""万树梅花一布衣"。孙髯一生勤奋读书，著述颇丰，现有《孙髯翁诗残抄本》《滇南诗略》传流于世，其最著名的作品便是素有"天下第一长联"之称的题昆明大观楼长联。

大观楼在今昆明大观楼的公园内，初建于清康熙三十五年（公元 1696 年），楼前悬挂着由昆明名士陆树堂用行书书写刊刻的孙髯长联，至清咸丰七年（公元 1857 年）毁于战乱。

清光绪十四年（公元 188 年），云贵总督岑毓英重修大观楼，大观楼前所挂的长联由云南剑川人赵潘以工笔楷书书写、刊刻后制成的，蓝底金字，光彩夺目，而且其书法端庄稳重，字字珠圆玉润，悬挂了一百多年。

1999 年春，为了迎接中国 1999 年昆明世界园艺博览会的召开，昆明市人民政府对大观楼进行了大规模的维修、整治，古老的大观楼得以整饰一新。著名的长联自此改用紫铜质地，精工铸造而成，仍为蓝底金字，可以悬挂数百年而不变形。

这幅长联由木刻变为重达 200 公斤的铸铜对联，"天下第一长联"又因此而多了一个"之最"——中国最重的铜对联。

最早的大型玉器作品——元代渎山大玉海

"渎山大玉海"，又名"大玉瓮""酒海"，口呈椭圆形，口径 1.35~1.82 米，高 0.7 米，腹深 0.55 米，最大周长为 4.93 米，可储酒 30 余石，重约 6500 千克，制成于公元 1265 年，是我国历史上最早、最重的巨型玉雕，开了大件玉雕作品的先河，是中国划时代的艺术珍品。

"渎山大玉海"的玉料取自新疆，是用一整块黑质白章的大玉石精雕细琢而成。体外周身雕刻着波涛汹涌的大海图案，浪涛翻滚，漩涡激流，气势磅礴。在海涛之中，又有龙、鹿、猪、马、犀、螺等神异化动物游戏其间，还有一条下身隐于水中的海龙，上身探出水面，张牙舞爪，戏弄着宝珠。可以说，这幅雕刻展示了活生生的龙宫世界，神秘莫测。而且，此玉器雕工极精，可谓匠心独运，技艺高超。

1988年，在北京法源寺内发现了元代玉瓮的原配底座，其玉质、玉色、雕刻风格等均与玉瓮浑然一体，真可谓历经沧桑，珠联壁合。

相传，这件巨型贮酒器"渎山大玉海"，是元世祖忽必烈于1265年为犒劳三军，命皇家玉工制成，用来表现元初版图之辽阔，国力之强盛。

元代时，大玉海本置于北海琼岛项上的广寒殿，后来几经战乱，清代时遗落在西华门外的真武庙中，道士们用它来做菜瓮。清乾隆皇帝得知此事后，便用重金将大玉海收回，在团城的承光殿前专门修建了玉瓮亭，用来珍藏大玉海，并亲自作御诗3首，由玉工精工镌刻于膛内，曾先后4次对玉瓮进行修饰。

大玉海腹内刻的3首御诗及序文，概括了这件巨型玉器的形状、花纹以及来历。序文为：

玉有白章，随其形刻鱼兽出没于波涛之状，大可贮酒三十余石，盖金元旧物也。曾置万岁山广寒殿内，后在西华门外真武庙中，道人做菜瓮……命以千金易之，仍置承光殿中。

如今，举世闻名的"渎山大玉海"仍陈列在北京北海团城承光殿前的玉瓮亭中，每天有千万游人来一览它那雄伟壮丽的风姿。

现存最早的建于悬崖绝壁上的木结构建筑群——悬空寺

悬空寺，又名玄空寺，是世界上现存的建于悬崖绝壁上的、最早的木结构建筑群。悬空寺位于山西浑源县，是国内现存的唯一的佛、道、儒三教合一的独特寺庙。

最早的悬空寺建于2世纪左右，汉魏时期的北禅寺，位于西宁北山海拔为2400多米处的峭壁间，寺内为栈道、小桥、游廊连接的"九窟十八洞"，当时是青海著名的道教活动中心。

今山西浑源县的悬空寺，始建于1400多年前的北魏王朝后期，当时的北魏王朝将道家的道坛从平城（今大同）南移到此，古代工匠根据道家的"不闻鸡鸣犬吠之声"的要求而建，历代都对其作过修缮，是我国现存的、唯一的佛、道、儒三教合一的独特寺庙。

山西悬空寺"面对恒山、背倚翠屏、上载危岩、下临深谷、楼阁悬空、结构巧奇"；共有殿阁40间，利用力学原理半山插入飞梁，巧借岩石，廊栏相连，曲折出奇，虚实相生；寺内有石、泥、铜、铁佛像80多尊。

悬空寺的建筑特色可以概括为"奇、悬、巧"三个字，发展了我国的建筑传统和建筑风格。同时，悬空寺也是历代文人墨客的向往之处，古代有诗人曾形象地赞叹道：

飞阁丹崖上，白云几度封，蜃楼疑海上，鸟到没云中。

735 年，诗仙李白曾到此游览，并在岩壁上写下了"壮观"两个大字。1633 年，徐霞客也曾游历到此，称之为"天下巨观"。

最早的文字——甲骨文

甲骨文，约形成于商代后期（约公元前 14 世纪~约前 11 世纪），是刻（或写）在龟甲和兽骨上的占卜记事文字，是公认的我国最早的文字。

近年，考古学家发现了 4500 多年前的陶制轴承（陶轮）上的铭文，有的专家认为是我国最早的书面语言范例。因此，我国的文字历史可能追溯到 5000 年以前。

最早的诗歌总集——《诗经》

《诗经》共收入自西周初期（公元前 11 世纪）至春秋中叶（公元前 6 世纪）约 500 余年间的诗歌 305 篇，是我国最早的诗歌总集。

《诗经》分为《风》《雅》《颂》三部分，都得名于音乐，"风"是声调之意，"雅"即正之意，"颂"意为宗庙祭祀的歌舞。

最早的编年体史书——《春秋》

《春秋》成书于春秋时期（约公元前 6 世纪），是我国现存最早的编年体史书。

《春秋》，由伟大的思想家、儒家学派的创始人孔子编订，记载了上自鲁隐公元年（公元前 722 年），下至鲁哀公十四年（公元前 481 年），包括 12 个国君，合计 242 年的历史。

最早的语录体著作——《论语》

《论语》成书于春秋战国之际，书中记载了孔子及其学生的言行，是我国最早的语录体著作。

《论语》是儒学的经典之作，内容涉及经济、政治、哲学、教育等方面，由孔子的弟子及其再传弟子记录整理而成。

最早的国别体史书——《国语》

《国语》约成书于战国初年，全书21卷，分别记载周、鲁、齐、晋、郑、楚、吴、越八国之事，是战国时期各国史料的汇编，内容主要反映了儒家崇礼重民等观念，是我国最早的一部国别体史书。

在写作技巧上，主要以记言为主，所记多为朝聘、飨宴、讽谏、辩诘、应对之辞。《国语》虽然记言多于记事，但没有单纯的议论文或语录。书中有一系列大小故事穿插其中，并刻画出了一些鲜明生动的人物形象。

据司马迁《史记·太史公自序》"左丘失明厥有《国语》"，《国语》的作者应为左丘明（公元前556~前451年），姓丘名明，因其世代为左史官，所以人们尊其为左丘明，春秋时期鲁国都君庄（今山东省肥城市石横镇东衡渔村）人，历史学家、散文家。

最早的军事著作——《孙子兵法》

《孙子兵法》成书于春秋末期，是我国古代流传下来的最早、最完整、最著名的军事著作。

《孙子兵法》又名《孙子》，全书共十三篇。在我国军事史上占有重要的地位，其军事思想对我国历代军事家、政治家、思想家产生了非常深远的影响，被译成日、英、法、德、俄等十几种文字，在世界各地广为流传，享有"兵学圣典"的美誉。

作者孙武（公元前535年~?），字长卿，后人尊为孙子，齐国乐安（今山东广饶，另一说为惠民县）人，春秋时期著名军事家。

最早的纪传体通史——《史记》

《史记》约成书于公元前1世纪的西汉时期，记载了从传说中的黄帝到汉武帝元狩元年（公元前122年）共3000多年的历史，是我国第一部纪传体通史。

《史记》全书共130篇，有8书、10表、12本纪、30世家、70列传，共52万余字。"本纪"是对帝王言行政绩的记载，"表"简列了史事、世系、人物；"书"记述了历代的典籍规章；"世家"记述了诸侯王国的史迹；"列传"记述了帝王、诸侯外的重要人物。

《史记》作者司马迁（公元前145年~前90年），字子长，左冯翊夏阳（今陕西省韩城西南）人，西汉史学家、文学家。

最早的纪传体断代史——《汉书》

《汉书》成书于东汉时期，记载了汉高帝元年（公元前 206 年）至王莽地皇四年（公元 23 年），共 230 年的西汉历史，是我国第一部断代史。

《汉书》全书共 100 篇，分为 8 表、10 志、12 纪、70 传，后人划分为 120 卷。

《汉书》的主要编著者班固（公元 32~92 年），字孟坚，扶风安陵人（今陕西省咸阳东北），东汉史学家。班固的父亲班彪、妹妹班昭都参与了《汉书》的编著。

最早的一部诗文总集——《昭明文选》

《昭明文选》成书于南朝时期，又名《文选》，是我国现存最早的一部诗文总集，共 30 卷，分 38 类，700 余篇诗文作品。《昭明文选》以"事出于沉思，义归乎翰藻"为准则，编选了先秦至梁以前的优秀文学作品。

《文选》组织编选者萧统，生卒年不详，字德施，谥昭明，世称昭明太子，梁武帝萧衍长子，南朝文学家。

最早的典制体史书——《通典》

《通典》成书于唐贞元十七年（公元 801 年），记述唐代天宝以前的典章制度，是我国第一部记述典章制度的通史。

《通典》记载的典章制度，包括历代政治、经济、礼法等，共 200 卷，约 190 万字。

《通典》的作者杜佑（公元 735~812 年），字君卿，京兆万年（今陕西省西安市附近）人，唐中叶宰相，史学家。

最早的综合性百科兵书——《武经总要》

《武经总要》于北宋仁宗庆历四年（公元 1044 年）写成，是我国最早的综合性百科兵书。

《武经总要》分前、后二集，各 20 卷，前集反映了宋代的军事制度，后集辑录了历代用兵的故事。

《武经总要》的编著主持者曾公亮（公元 999 年~1078 年），字明仲，号乐正，泉州晋江人，北宋宰相，军事家。

最早的笔记体学术著作——《梦溪笔谈》

《梦溪笔谈》是沈括以笔记文学体裁写成的学术著作，大约成书于公元1093年，是我国最早的笔记体的学术著作。

《梦溪笔谈》全书共26卷，内容涉及天文、地理、物理、生物、化学、水利、农业、医药、历史等诸多领域，记录了沈括的研究心得，是北宋时期科技水平的反映，被誉为"我国科学史上的坐标"。

作者沈括（约公元1031~1097年），字存中，钱塘（今浙江省杭州市）人，北宋著名科学家、政治家。

最早的百科全书——《永乐大典》

《永乐大典》成书于永乐六年（公元1408年），是我国也是世界上最早的百科全书。

《永乐大典》由解缙于明成祖永乐元年（公元1402年）奉旨纂修，到永乐六年（公元1408年）完成。全书共计22930卷，11095册，3.7亿字，收录了上至先秦，下到明初的经、史、子、集等古代重要典籍七八千种之多。

《永乐大典》主编解缙（公元1369~1415年），字大绅，号春雨，育水鉴湖（今江西省吉水县文峰镇）人，明代著名作家。

内容涵盖最广博的丛书——《四库全书》

《四库全书》成书于乾隆五十二年（公元1787年），汇集了从先秦到清代前期的历代主要典籍，共收书3460余种、79000多卷，近10亿字，全书分为经、史、子、集四部，包括哲学、历史、文艺、政治、社会、经济、军事、法律、医学、天文、地理、算学、生物学、农业、占卜等，历来被誉为"我国古代文献之渊薮"，是我国内容涵盖最广博的丛书。

《四库全书》组织编撰者纪晓岚（公元1724~1805），本名纪昀，字晓岚，一字春帆，晚号石云，直隶献县（今河北献县）人。

最早的字典——《说文解字》

《说文解字》成书于汉安帝建光元年（公元 121 年），是我国最早的字典。

《说文解字》根据文字的形体，创立 540 个部首，据形系联，归为 14 大类。字典正文就按这 14 大类分为 14 篇，卷末叙目别为一篇，共 15 篇。《说文解字》中还收进异体字 1164 个。

许慎在造字法上，提出"象形""指事""会意""形声""转注""假借"的"六书"学说，并在《说文解字叙》里对"六书"做了全面的、权威性的解释。自此以后，"六书"便成为专门之学。

作者许慎（约 58~约 147 年），字叔重，东汉汝南召陵（今河南郾城区）人，东汉的经学家、文字学家，我国文字学的开拓者。

最早的词典——《尔雅》

《尔雅》成书于汉初时期，是我国最早的词典，也是第一部按照词义系统和事物分类来编纂的词典。

《尔雅》共收词语 4300 多个，分为 2091 个条目，共三卷二十篇，现存十九篇，是训诂学史上第一部脱离具体语境训释词语意义的专书，开创了按词义类别编排词汇的辞书编纂体例，后世百科词典基本上承袭了这种体例。

古代字数最多的字典——《康熙字典》

《康熙字典》成书于清康熙五十五年（公元 1716 年），是清代张玉书、陈廷敬等30 多位著名学者奉旨编撰的，共收录汉字 47035 个，是我国第一部收字最多、规模最大的官修大型汉语字典。

《康熙字典》原四十二卷，依据《字汇》《正字通》加以增订而成。康熙五十五年（公元 1716 年）印行于世。其内容引古代诗文以溯其字源，又注各代用法以佐证其变迁。书末附《补遗》，尽收冷僻字，再附《备考》，收有音无义或音义全无之字，具有解疑难、溯起源、明流变、收字全等优点。

最早的传奇小说——《墓主记》

《墓主记》形成于战国后期，叙述了一位名叫丹的人死而复活的故事，描述了丹死

时在另一世界的种种见闻，反映了当时人们对待死亡的一种宗教意识，该书是我国最早的传奇小说。

秦简《墓主记》，1986 发掘于甘肃天水放马滩战国秦汉墓群，其中八枚是我国最早有文字记录的志怪小说。

最早提出勾股定律的数学专著——《周髀算经》

《周髀算经》，原名《周髀》，作者不详，约成书于公元前二世纪的西汉时期，书中介绍了勾股定理及其在测量上的应用，还阐明了当时的盖天说和四分历法，是我国最早提出勾股定律的数学专著。

现存最早的官修农书——《农桑辑要》

《农桑辑要》初稿完成于元朝至元十年（公元 1273 年），元朝司农司编撰，记载了牲畜饲养、养蚕、农作物的种植和药物、竹木、瓜菜等方面的知识，是我国现存最早的官修农书。

最全的农业百科全书——《农政全书》

《农政全书》成书于明朝天启五年至崇祯元年（公元 1625～1628 年）间，共 60 卷，约 70 万字，内容几乎涵盖了古代农业生产和人民生活的各个方面，是我国最全的农业百科全书。

编著者徐光启（公元 1562～1633 年），字子先，号玄扈，谥文定，明朝吴淞（今属上海）人，明末杰出的科学家。

最早论述炼锌方法的著作——《天工开物》

《天工开物》成书于明朝崇祯十年（公元 1637 年），是关于农业和手工业生产技术的百科全书，总结了各个生产领域的知识。书中论述了炼锌、炼制黄铜的方法，是我国对炼锌、炼制黄铜方法的最早论述。

《天工开物》作者宋应星（公元 1587～1663 年），字长庚，明南昌府奉新县（今江西奉新县）人，明代著名科学家。

最早的茶叶专著——《茶经》

《茶经》约成书于 764 年，分三卷十节，记述了茶叶历史、产地、茶的功效、栽培、采制、煎煮、饮用的知识技术等，是我国最早最完备的一本茶叶专著。

作者陆羽（公元 733～804 年），字鸿渐，号竟陵子、桑苎翁、东冈子，唐朝复州竟陵（今湖北天门）人，著名的茶叶科学家、茶学理论家。

最古老的医学方书——《五十二病方》

《五十二病方》撰者不详，约成书于春秋战国时期，是我国现存最古老的一部医学方书。全书约 15000 余字，涉及病名 100 多个，治疗方剂 280 余首，药物 240 多种，涉及内、外、妇、儿、五官等各科疾病，充分反映了西汉以前我国医药学的发展情况。

最早的医书——《黄帝内经》

《黄帝内经》简称《内经》，作者不详，成书于秦汉时期，原书 18 卷，不仅涉及医学，而且包罗天文学、地理学、哲学、人类学、社会学、军事学、数学、生态学等科学，是我国现存成书最早的一部医学典籍，传统医学四大经典著作之一。

现存最早的药物学著作——《神农本草经》

《神农本草经》，简称《本草经》《本经》，成书于东汉，是我国现存最早的药物学专著。

《神农本草经》共 3 卷，载药 365 种，是一部重要的药物学典籍，为我国早期临床用药经验的第一次系统总结，被誉为中药学经典著作。

最早的麻醉药剂——麻沸散

麻沸散是汉代名医华佗创制的，用于外科手术的麻醉药，是我国也是世界上最早的麻醉药剂。

《后汉书·华佗传》载："若疾发结于内，针药所不能及者，乃令先以酒服麻沸散，既醉无所觉，因刳（剖开）破腹背，抽割积聚（肿块）。"说明当时已有麻沸散，麻醉效果相当好。

1979 年出版的唐代孙思邈编集的《华佗神方》载"麻沸散"配方为：羊踯躅 9 克、茉莉花根 3 克、当归 30 克、菖蒲 0.9 克，水煎服一碗。

华佗（约公元 145~208 年，名薯，字元化，沛国谯（今安徽省亳县）人，东汉末期著名医学家、养生学家。

最早的针灸专著——《针灸甲乙经》

《针灸甲乙经》，原名《黄帝三部针灸甲乙经》，简称《甲乙经》，编撰于魏晋时期的甘露四年（公元 259 年），是我国最早的针灸专著。

《针灸甲乙经》共 12 卷，128 篇，记载了人的全身穴位 649 个，穴名 349 个，并对各穴位明确定位，对各穴的主治证、针灸操作方法和禁忌等都做了详细说明，还对脏腑、经络等理论进行了论述。

作者皇甫谧（公元 215~282 年），幼名静，字士安，晚年自称玄晏先生，西晋安定朝那（今甘肃省灵台县朝那镇）人，魏晋时代医学家。

现存最早的脉学专著——《脉经》

《脉经》成书于西晋时期，是一部综合前代脉学成就的著作，共 10 卷，98 篇。《脉经》将脉象归纳为浮、沉、迟、数等 24 种，根据形体辨别，阐明其所主病症，结合望、闻、问三诊加以研究，是我国现存最早的脉学专著。

编撰者王叔和（公元 201~280 年），名熙，西晋时期高平（今山东省邹城市）人，著名医学家。

最早的药典——《新修本草》

《新修本草》，又称《唐本草》，成书于唐显庆四年（公元 659 年），由唐政府颁行全国作为用药的根据，是我国由政府颁定的最早药物典籍，堪称世界上最早的一部法定药典，比欧洲最早的《佛罗伦萨药典》（1498 年出版）早 839 年。

《新修本草》原指《本草》《药图》《图经》三部分。《本草》部分是讲药物的性味、产地、采制、作用和主治等内容，《药图》是描绘药物的形态，《图经》是《药图》的说明文。

《新修本草》为苏敬等 22 人奉命编纂，全书 54 卷，收载药物 844 种，其所载药物的准确性和真实性是当时其他同类书籍无法比拟的，具有较高的学术价值。

第一部系统的法医学著作——《洗冤集录》

《洗冤集录》成书于南宋淳祐七年（公元 1247 年），是我国也是世界上第一部系统的法医学著作，比西方国家最早的法医专著——意大利人菲德里的《法医学专书》（公元 1602 年）早 350 余年。

《洗冤集录》分五卷，详述了检验、步骤、尸体勘别、四时尸变、死因竞争以及凶杀、自刎、绳缢、服毒、火烧、水溺种种辨生前死后、真假伤痕方面的知识，涉及内科、外科、妇科、儿科、伤科、骨科，以及生理、病理、药理、诊治、急救、解剖诸方面的学问。此书刊行后，成为刑狱官的必备之书。

作者宋慈（公元 1186～1249 年），字惠父，南宋建阳市童游里（今童游南山下）人，宋代杰出的法医学家。

影响最大的药物学巨著——《本草纲目》

《本草纲目》成书于 1578 年，全书 52 卷，约 200 万言，记载了 1892 种药物（新增 374 种），分成 60 类，绘图 1100 多幅，并附有 11000 多个药方，该书是对 16 世纪以前中医药学的系统总结。公元 1606 年，《本草纲目》首先传入日本。1647 年，波兰人弥格来我国，将《本草纲目》译成拉丁文，遂流传欧洲。又先后译成日、朝、法、德、英、俄等文字，是世界上影响最大的药物学巨著，被誉为"东方药物巨典"。

李时珍（公元 1518～1593 年），字东璧，号濒湖，湖北蕲州（今湖北省蕲春县蕲州镇）人，明朝伟大的医药学家，以毕生精力，历时 27 年编成《本草纲目》。

现存最古老的帛画——《御龙图》

《御龙图》，战国时期楚国墓帛画，长 37.5 厘米，宽 28 厘米，1973 年出土于湖南省长沙市子弹库一号墓，是我国现存最古老的帛画。

最早的山水卷轴画——《游春图》

《游春图》绘于魏晋时期，主要描绘了贵族游春情景，是我国最早的山水卷轴画。《游春图》纵 43 厘米，横 80.5 厘米，画出了春光明媚的湖山景色，表现了山川的美丽和辽阔，画中的人物作为点题的描绘，虽然在整个山水氛围中比较渺小，但由于运用了特殊的绘画手法，从而使它在整个画幅中显得格外醒目，烘托了游春的主题。

作者展子虔（约公元550～604年），渤海（今山东惠民县何坊乡展家村）人，历北齐、北周，入隋任朝散大夫、帐内都督，隋代杰出画家。

最早的彩色影片——《生死恨》

戏曲片《生死恨》，以京剧大师梅兰芳的同名舞台剧为蓝本，费穆导演，梅兰芳主演，1948年拍摄于上海，用16毫米彩色胶片摄制，然后翻制为35毫米，是我国最早的彩色影片。

最早的私家藏书楼——天一阁

天一阁，位于浙江省宁波市区月湖之西，始建于明嘉靖四十年（公元1561年），兵部右侍郎范钦所建，是我国最早的私家藏书楼。后经乾隆年间几次再建，现在为天一阁博物馆，内藏各类古籍近30万卷，分经、史、子、集编藏，以明代地方志和登科录最为稀珍。

范钦，字尧卿、安卿，号东明，嘉靖十一年（公元1532年）中进士，后累官至兵部右侍郎。平生酷爱典籍，收藏丰富，为保存这些典籍，修建了天一阁。

最早的地图——《兆域图》

《兆域图》，战国时期中山国王陵地图，距今2300多年，是我国也是世界上最早的地图，20世纪70年代末出土于河北省平山县境内。

"兆"是我国古代对墓域的称谓，《兆域图》是标示王陵方位、墓葬区域及建筑面积形状的平面规划图。

最早的历史地图集——《禹贡地域图》

《禹贡地域图》约在泰始七年（公元271年）由裴秀主编完成，是我国目前有文献可考的最早的历史地图集。

《禹贡地域图》共18篇，是在详细考证古今地名、山川形势和疆域沿革的基础上，结合当时晋朝的"十六州"分州绘制成。《禹贡地域图》在序言中提出了"制图六体"

天一阁

（即分率、准望、道理、高下、方邪、迂直），这是现代地图学所论述的比例尺、方向和距离三要素，为我国传统地图（平面测量绘制的地图）奠定了理论基础，裴秀因此被称为我国传统地图学的奠基人。

裴秀（约公元 223 年~271 年），《禹贡地域图》主编，字季彦，魏晋期间河东闻喜（今山西省闻喜县）人，我国历史上杰出的地图学家。

现存最古老的石拱桥——赵州桥

赵州桥又名安济桥，建于隋炀帝大业年间（公元 605~618 年），距今 1400 年，是我国现存最古老的石拱桥。

赵州桥位于河北省赵县城南汶河上，长 64.40 米，单拱，跨径 37.02 米，是世界上建造最早的跨径最大的单拱石拱桥。拱圈矢高 7.23 米，弧形平缓，拱圈由 28 条并列的石条组成，上设四个小拱，既减轻桥身重量，又便于排洪，减小洪水对桥身的冲击。

赵州桥的设计建造者李春，生卒年不详，隋代著名桥梁家，今河北邢台市临城人。

最大的石刻佛像——四川乐山大佛

乐山大佛，位于乐山市郊，岷江、青衣江、大渡河三江汇流处，与乐山城隔江相望。开凿于唐玄宗开元初年（公元713年），是我国也是世界上最大的石刻佛像

乐山大佛高71米，宽10米，头长14.7米，头顶上每一个螺髻都可以放入一张大圆桌。耳朵长7米，耳朵眼里可以钻进两个人。脚背宽8.5米，可以围坐100多人。乐山大佛比山西大同云冈石窟最高的大佛要高出3倍，比阿富汗巴史安大立佛（高53米）高出18米。

最早的塔——普彤塔

普彤塔，位于河北省南宫市普彤寺内，始建于东汉明帝永平十年（公元67年），永平十五年（公元72年）正月十五落成，距今已有1900多年的历史，是我国现存的古塔中最早建成的。

普彤塔是八角形实心砖塔，共9层，高33米，底层直径5米，塔身每层出檐，檐下翘置斗拱。

塔名取"普彤"二字，源自佛经《妙法莲花经·观世音菩萨普门品》中"普以周普为义"。佛学"普度"是指大慈大悲，普度众生；"彤"则为朱色。东汉时，娘娘住的皇宫涂的便是朱色，称为"彤庭"。而塔后普彤寺内供奉着的菩萨、塔身及寺均为朱色，故取"彤"字，所以塔取名为"普彤塔"。

最大的石窟——敦煌莫高窟

敦煌莫高窟，又名"千佛洞"，位于我国甘肃省敦煌市鸣沙山东麓的断崖上。始凿于前秦建元二年（公元366年），历时1500多年。共建造了492个洞窟，雕像2415尊，壁画45000多平方米。敦煌莫高窟绵延1600多米，是我国最大的石窟。与山西云冈石窟、河南龙门石窟、甘肃麦积山石窟合称为四大石窟。

云冈石窟位于山西大同，始建于公元460年，共有大小石窟53个，佛雕51000多尊。

龙门石窟位于洛阳市区南面12公里处，始凿于北魏孝文帝迁都洛阳（公元494年）前后，现存石窟1300多个，佛洞、佛龛2345个，佛塔50多座，佛像10万多尊。

麦积山石窟，始建于公元384年，洞窟194个，泥塑、石雕7200余件，壁画1300多平方米。

现存最大的古塔林——少林寺塔林

少林寺塔林，位于河南省郑州登封市少林寺西约 300 米，是少林寺历代高僧的墓地，现存有唐贞元七年（公元 791）至清嘉庆八年（公元 1803）之间的唐、宋、金、元、明、清各代砖石墓塔 243 座，面积 2.1 万多平方米，是我国现存最大的古塔林。

少林寺塔林中，唐塔 2 座、宋塔 3 座、金塔 6 座、元塔 40 座、明塔 138 座、清塔 10 座。塔的层级不同，一般为 1~7 级，高度都在 15 米以下，大都有塔铭和题记。造型有四角、六角、柱体、锥体、直线形、抛物线形、瓶形、圆形等。

最高的佛塔——天宁宝塔

天宁宝塔，位于江苏省常州天宁寺，始建于 2002 年，2007 年 4 月 30 日落成，总建筑面积约 2.7 万平方米，共有 13 层，高 153.79 米，被誉为"神州第一佛塔"，是我国最高、最大的佛塔。

现存最早的砖塔——嵩岳寺塔

嵩岳寺塔位于河南省登封市城西北嵩岳寺内，建于北魏孝明帝正光元年（公元 520 年），是我国现存最早的砖塔。

嵩岳寺塔为砖筑密檐式塔，也是唯一的一座 12 边形塔，其近于圆形的平面，分为上下两段塔身，是密檐塔的早期形态。塔高 37.6 米，底层直径 10.16 米，内径 5 米余，壁体厚 2.5 米，由基台、塔身、15 层叠涩砖檐和宝刹组成。该塔塔心室作 9 层内叠涩砖檐，除底平面为十二边形外，余皆为八边形，塔下有地宫。

最大的镀金铜坐佛——强巴佛

强巴佛，位于西藏自治区扎什伦布寺内，是我国也是世界最大的镀金铜坐佛。莲花宝座高 3.8 米，佛像高 22.4 米，总高 26.2 米，面部约 4.2 米。耳长 2.8 米，手掌宽约 1.6 米，中指长约 1.6 米，中指粗周长 1 米，脚底长约 4.2 米，肩宽 11.4 米。全身共用紫铜皮 23 万余斤，黄金 8000 多两，眉间白毫用的大金钢钻石 30 个，大珍珠 300 余颗，及各种珊瑚、琥珀、松耳石等 1400 多枚。于 1906 年由 110 名工匠花了两年多的时间建成。

现存最早的金刚塔——妙湛寺金刚塔

妙湛寺金刚塔，俗称穿心塔，位于云南省昆明市官渡古镇妙湛寺内，始建于明朝天顺二年（公元1458年），是我国现存最早建造、保存完好的金刚宝座式石塔。

妙湛寺金刚塔由塔基、塔身、塔颈、塔刹四个部分组成。塔基为方形，高4.7米，边长为10.4米，主塔高17.13米，塔身重1350吨，象征印度神话中的须弥山，为佛所居之地。

由于地下水位下降等诸多原因，金刚塔下沉了近2米，塔基终年浸泡在水中，给金刚塔的安全带来了隐患。为解决这一问题，2002年7月4日将全塔整体托升了2.6米。

最高的纯木建筑——应县木塔

应县木塔，又称佛宫寺释迦塔，位于山西省应县城西北佛宫寺内，塔总高67.31米，是中国现存最高的也是唯一的纯木结构塔。

应县木塔，建于辽清宁二年（公元1056年），建在一个石砌高台上。台高4米余，上层台基和月台角石上雕有伏狮。木构塔身外观5层，内部1~4层，每层有暗层，实为9层，塔的底层平面呈八角形，直径30.27米，为古塔中直径最大的。

最早的佛教寺院——白马寺

白马寺位于河南省洛阳市白马寺镇，始建于东汉明帝永平十一年（公元68年），是我国最早的佛教寺院。

白马寺现在的规模布局乃明嘉靖三十年（公元1551年）重修成，占地约4万平方米，有天王殿、大佛殿、大雄宝殿、接引典及毗卢阁等建筑共达百余间。大雄宝殿内供奉释迦牟尼、药师佛及阿弥陀佛，东西分置十八罗汉。寺内还有建于金大定十五年（公元1175年）高25米的齐云塔。山门外有天竺僧报摩腾、竺法兰墓。

最早的禅宗寺院——登封少林寺

登封少林寺，位于河南省登封市少室山北麓，五乳峰下。因处少室山林中，故名少林，是北魏孝文帝元宏于太和十九年（公元495年）为安顿印度僧人而兴建，是我国最早的禅宗寺院。

北魏孝明帝孝昌三年（公元 527 年），印度僧人菩提达摩来到少林寺，广收信徒，传播大乘佛教，后人称达摩为"禅宗初祖"，称少林寺为"禅宗祖庭"。

初祖庵，位于五乳峰下小土丘上，是宋代人为纪念"禅宗初祖"菩提达摩而营造的纪念建筑。

登封少林寺

最古老的伊斯兰教寺——清净寺

清净寺，位于福建泉州，又称"艾苏哈卜清真寺"，建于北宋大中祥符二年（1009），是我国最古老的伊斯兰教寺。

清净寺是仿照叙利亚大马士革伊斯兰教礼拜堂的建筑形式建造的，面积 2100 平方米，主要建筑分为大门、奉天坛、明善堂等部分。

第一座海港大石桥——泉州洛阳桥

泉州洛阳桥原名万安桥，位于福建省泉州东郊的洛阳江上，建成于北宋嘉祐四年（公元 1059 年），造桥工匠沿着桥的中轴线抛掷大量石块，形成联结江底的矮石堤，然后在堤面建造船形墩，形成了筏形基础，后采用"激浪涨舟，浮运架梁"的妙法，把重达数吨的大石板架在桥面上。利用"种蛎固基法"，在桥下大量养殖牡蛎，把桥基石和桥墩石胶合凝结成牢固的整体，这是世界上第一次把生物学运用于桥梁工程的创举。泉州洛阳桥是世界桥梁筏形基础的开端，也是我国现存最早的跨海梁式大石桥。

泉州洛阳桥的主持建设者蔡襄（公元 1012～106 年 7），字君谟，兴化军仙游（属今福建省）人，宋代泉州太守，工于书法，为书法"宋四大家"之一。

泉州洛阳桥自建成以来，历代先后修复 17 次，现在看到的泉州洛阳桥是 1996 年 10 月复建的，长 731.29 米、宽 4.5 米、高 7.3 米，有 44 座船形桥墩、645 个扶栏 104，只石狮、1 座石亭、7 座石塔。

最早的运河——胥溪

胥溪，于公元前 506 年开挖，是我国也是世界上最早的一条运河。

春秋后期，周敬王十四年（公元前 506 年），吴王阖闾为了攻打楚国，派大臣伍子胥开凿了一条运河，即是这条胥溪。它起自胥门，通太湖，经宜兴、溧阳、高淳，穿石臼湖，在芜湖注入长江，全长 225 公里。

最早的船闸——陡门

陡门，建于公元 825 年，明清时重修，是世界船闸史上最早的船闸雏形，被人们称为世界船闸之父。

陡门位于广西壮族自治区兴安县境内的灵渠之上，灵渠又名兴安运河或湘桂运河。始建于公元前 219 年，公元前 214 年建成，从南陡口到大溶江，全长 37 千米，连接了湘江和漓江，沟通了长江和珠江两大水系。

由于落差较大，给航运带来了不便，为了解决这个问题，古代劳动人民在灵渠上修建了陡门，在水流较陡之处设门，关闭陡门，可提高上游水位，便于船只航行，开启陡门，又可增加下游水量。据记载，到明代，灵渠上共建有 36 道陡门。

最长的地下人工河——坎儿井

坎儿井是新疆吐鲁番人采掘地下水的一种井，这种井分明渠、暗渠、直井。坎儿井短的几公里，长的几十公里。如今吐鲁番有由 1000 多条坎儿井组成的地下长河，总长度超过 3000 公里，是我国最长的地下河。

最大的古代石船——颐和园石舫

颐和园，位于北京市海淀区东面，旧称"清漪园"，世界著名的皇家园林，面积达

293 公顷，主要由万寿山和昆明湖两部分组成。石舫，又称清晏舫，颐和园内著名的水上珍品，京城著名的景观之一，建于清乾隆二十年（公元 1755 年）。石舫上的舱楼原为古建筑形式，船体用巨石雕成，全长 36 米，是我国现存最大的古代石船。

颐和园石舫

有这样一则颐和园石舫的有趣传说：

当年，西太后为了庆祝 60 大寿，下令修建万寿园，让贴身太监给筹办。贴身太监犯了愁：去哪里找钱呢？西太后说："去找军机大臣。"

贴身太监感到奇怪：修万寿园是内务府的事，怎么找军机大臣呢？

军机大臣是谁呢？正是光绪他爹。贴身太监找到他，一说修万寿园的事，他就明白了。于是，他就打着训练海军的旗号，拨了海军经费。西太后知道后，满心高兴。

这天，西太后的生日到了，整个颐和园张灯结彩。文武百官，都来祝贺。西太后带领百官出去观赏湖光山色。走到长廊西头，见这儿有个石头大兵船，上头有石缆石炮，很是威武，但炮口却正对着万寿山。

西太后一看就恼了，立即下令拆掉。军机大臣说道："启禀老佛爷，这不过是一个门面罢了，请不必介意。"

西太后一转念，就说："把炮拿掉吧。"

大臣们都明白，西太后要的是雕楼画舫，好饮酒作乐。于是，就把石炮拆掉，重新修成一座十分豪华壮观的石舫。

这下子，西太后可乐了。

最长的人工河——京杭大运河

京杭运河，全长约 1794 千米，是我国也是世界上最长的人工河，比埃及的苏伊士运河（163 千米）长 10 倍，比巴拿马共和国的巴拿马运河（81.3 千米）长 20 倍还多。

京杭运河开掘于春秋时期，完成于隋朝，繁荣于唐宋，取直于元代，疏通于明清。

从公元前 486 年始凿，至公元 1293 年全线通航，前后共持续了 1779 年。它北起北京，南至杭州，经北京、天津两市及河北省、山东省、江苏省、浙江省等 4 省，沟通海河、黄河、淮河、长江、钱塘江 5 大水系。

有这样一个关于运河的传说：

有一年春旱，四乡八里的农田一片龟裂，眼看插秧季节就要过去，天仍然没有下雨。农民只好四处寻找水源、开挖水井，但旱情太严重了，弄来的一点水只能是杯水车薪，对缓解旱情无济于事。

说也奇怪，有人到运河去车水灌溉农田时，这运河的水任凭日夜地车，也车不干。附近的农民闻讯后，都纷纷涌到运河去车水。

原来，运河的地底，有无数个生水眼呢！

最早的铁路——淞沪铁路

吴淞铁路，是清光绪二年（公元 1876 年），英商怡和洋行集资私建的铁路，次年清政府出价 28.5 万两白银赎回拆毁。北起吴淞镇，南达上海，全长 14.5 千米，是我国最早的铁路。

最早的铁路隧道——狮球岭隧道

狮球岭隧道，位于台湾省基隆经台北至新竹窄轨铁路的基隆与七堵之间，全长 261 米，1887 年开工，1890 建成，是我国最早的铁路隧道。

最早的水利工程——都江堰水利工程

都江堰水利工程，位于四川都江堰市（原名灌县）西北岷江中游，建于秦昭襄王五十一年（公元前 256 年），是全世界迄今为止，年代最久的、以无坝引水为特征的最大水利工程。

秦国蜀郡太守李冰和他的儿子，在前人治水的基础上，采用"引水以灌田，分洪以减灾"，"遇弯截角，逢正抽心"的方针，历时十几年建成，由鱼嘴分水堤、飞沙堰溢洪道、宝瓶口引水口 3 大主体工程和百丈堤、人字堤等附属工程构成。

第七章　历史之谜

文明悬案

中国古代到底有没有指南车？

有人认为黄帝是指南车的发明者。相传在 4000 多年前，黄帝同蚩尤在涿鹿大战，黄帝打败仗，因为蚩尤能做大雾，使黄帝的队伍迷失了方向。因此黄帝组织人力，研究创造了指南车，于是，再和蚩尤作战就取得了胜利。还有一个传说是西周初，居住在偏远南部的越裳氏派使臣来朝贺周天子，周天子怕他们回去时迷路，就造了辆指南车送他们。

上述传说给人们带来一系列思考：真的有指南车吗？它是什么形状的？

有一个叫马钧的人，生活在三国时期，是一个著名的机械制造家，他能做许多奇特的机械。他改进了提花机，使它操作方便而且省时，还能织出复杂精美的图案；他还创造出了龙骨水车，这个水车结构精巧，运转省力，为灌溉提供了连续不断的水源；他甚至还改进发明了兵器，据说，马钧改进了当时诸葛亮使用的一种"连弩"，让它在连续射箭的基础上再提高五倍的效率。他试制成一种很厉害的攻城武器，叫"轮转式发石机"，能连续发射砖石，射程几百步；他还创造了"变幻百端"的"水转百戏"。这是一组木偶，利用机械传动装置，机关一开，各个木偶能够各自做着不同的动作，像是一台戏，机关一停，便马上停止运转。由此可见，马钧有杰出的机械设计才能并且发挥得淋漓尽致。后来马钧在魏明帝的支持下，根据传说潜心研究指南车的造法。不久，马钧真的造出来一辆机械的、能指定方向的车子。他把齿轮传动机装在车上，车走起来，车上木人会自动指示方向。这种车子不同于利用磁铁造的指南针。

现在已看不到马钧造指南车的具体方法了，而且当时人们也没有使用指南车，只是作为陈设而束之高阁。西晋末，这辆指南车就下落不明了。留给后人的只是一个千古之谜。

后秦时，皇帝姚兴又让令狐生造了一辆指南车。可惜那辆指南车在后秦灭亡时，作为战利品被运到了建康。由于年久失修，机件散落，指南功能也就丧失了。

60 年后的齐王萧道成忽然想起这个奇宝来，他让当时著名学者祖冲之再研制一辆指南车，祖冲之便闭门钻研。同时代的索驭林驎由于不服气也造了一辆。又过了几百年，北宋中期的燕肃和吴德仁都制造过式样不同的指南车。

指南车制造困难，比较笨重，实用价值不高。但古时人们对指南车的不断探索与研究，反映了我国古代人民辛勤劳动和不断创新的精神。正是由于几代人不断地辛勤研究，不断地改进和提高，才有我们今天指南针的问世。

中国酿酒的始祖是谁？

我国的酒文化十分悠远。早在原始社会末期，我国便发明和生产了酒。那是远古人在劳动中发现了发酵的果类和谷物带有一种味道甘美的浆液，可以取而饮之，他们将这种味道称为酒味。从此，我们的祖先通过不断的实践认识了果类和谷物是怎样被发酵而变得甜美的，最终摸索出了酿酒的技术，制作了各种成酒。1987 年底，在龙山文化遗址中就发现了各种陶制的酒器。一种密封保存完整的商代古酒在河南省被发掘，这酒距今已有 3000 多年的历史了，据专家测定，这种具有浓郁香气的酒是专用于祭祀祖先的，说明当时已有种类繁多的酒，酒也已成为专卖商品，难怪《诗经·商颂》里就有"既载清酤"的描写。商代出土的象形字中就有"酒"字，说明酒在商代已有很大的发展。有的学者认为是在商以前的 2000～3000 年前才开始发明酒的。因此，不管按哪种说法，出生在周朝的杜康，只能是个酿酒者或酿酒技术革新者，而并不是发明酒的始祖。即便是夏朝人仪狄（传说大禹曾饮过他酿造的酒），也不是酒的始祖，还有学者认为酒的起始是在距今 7000 年前的磁山文化时期，那时生产力发展了，粮食和果品逐渐有了剩余，人们就把它们储蓄起来，在存放过程中自然发酵而成为酒，先人们根据这个原理，再反复实践，才有了人工酿酒。

杜康生活的周代，出现了酒曲，这在酿造史上无疑是个飞跃，这也是世界化学史上的伟大创举。1974 年曾在河北平山县战国时期的中山王墓内，发现过两种曲酿酒，一开启密封完好的酒壶盖，一时间酒香四溢，据说这就是闻名遐迩的"杜康"，意即好酒。此外"杜康"还应理解成品种名称。曹操说的"唯有杜康"，也是泛指好酒之意。《说文解字》上却说酒为"吉凶所造"，这里的吉凶不是说吉凶这个人造酒，而是说酒造吉凶。夏禹就曾主张禁酒，并预言"后世必有以酒之其国者"。果然，历代帝王中有许多嗜酒如命，甚至因酒精中毒而死去。商纣王也是过着"以酒为池"的荒淫生活，最后导致国破自焚。周代吸取了教训，颁发了禁酒令，因而酿酒集中在作坊中，开始专行专卖，而不是像以前分散在每家，每户均可自行酿酒，而酿酒技术也从家庭女主人的手中走向专业化，从而杜康之类的名师才得以崛起。我国古代典籍《周礼》也对酿酒过程中各个阶段做了详细区分，说明其产物名称，这体现了我国酿酒技术逐步走向专业化。

中国古代真的出现过飞碟吗？

一提到飞碟，人们总是要把它与高科技联系在一起，然而飞碟并不是今天的新事物，它可能不止一次地在 2000 多年前访问过中国。曾有过许多不明飞行物的记载出现在浩瀚的中国古代文献中，这种飞行物光芒四射，来去神速，从记载看，很像现在所说的飞碟。

《晋阳秋》这本古书是最早记载飞碟的书。其中写道："有星赤而芒角，自东北西南投入亮（诸葛亮）营。三投，再还，往大，还小。俄而亮卒。"在《三国志》的裴松之的注、郑樵的《通志略》、马瑞临的《文献通考》中都有类似的记载。这件事发生在公元 234 年秋天，一天晚上，西北五丈原地区的天空中出现一颗星，它发射红光，来去自由，它三来三往，从东北到西南，以后便消失了。如果是星的话，它不可能"三投，再还"，也不可能"往大，还小"。从记载看，只有飞碟能自由飞行。

宋朝的著名科学家沈括曾记载了这样一件事："嘉祐中扬州有一蚌甚大，天晦多见。初见于天长县陂泽中，后转入甓社湖，又后在新开湖中，凡十余年，居民行人常常见之。余友人书斋在湖上，一夜忽见其蚌甚近，初微开其房，光自吻中出，如横一金线。俄顷忽张壳，其大如半席，壳中白光如银，珠大如拳，灿然不可正视，十余里间林木皆有影，如初日所照，远处但见天赤如野火，倏然远去，其行如飞，浮于波中，杳杳如日。古有明月之珠，此珠色不类月，荧荧有芒焰，殆类日光。崔伯勋曾为明珠赋，伯勋高邮人，盖常见之，近岁不复出，不知所往。樊良镇正当珠往来处，行人至此往往维船数宵以待观，名其亭为玩珠。"此事见于《梦溪笔谈》。记载此事的宋括是一位科学家，给他提供情况的是他的好友，好友就在蚌所在的湖边，应该不是杜撰。从记载看，这颗能发光、能飞行的珠已像一轮飞碟。

在镇江金山，宋朝大诗人苏轼也曾见到过来历不明的飞行物。有一天他游金山，被仰慕他的寺僧留宿寺中。这一夜二更天，苏轼尚未入睡，只见一个光亮的物体在江心降落，并发出光。他用一首诗记录了这个奇观："是时江月初生魄，二更月落天深黑。江心似有炬火明，飞焰照天栖鸟惊。怅然归卧心莫识，非鬼非人竟何物？"写到这里时，作者又加了个注："是夜所见如此。"说明不是虚构，而是实见，这就是《游金山寺》。

上述记载表明，中国古代确实有一种来历不明的飞行物多次光临过。这种飞行物有的发红光，有的发白光，有的则缓缓而行，有的快如星火，它们各有不同的外形。但是发出光亮、来去自由是这些飞行物的一个共同的特点。

有些研究者认为，这些记载中的飞行物就是飞碟。一次飞碟坠毁事件被《竹溪县志》记载了下来，从记载看，飞行物能倏忽而过，而"欲坠则止"，说明这个高速物体有很高的灵敏度，出了故障后，变得摇摇晃晃，终于坠毁。

有些研究者认为，《松滋县志》记载了覃某被不明飞行物带到贵州的事件，这就是飞碟被人发现以后的报复行为或保密行为，这很像近代一些接触飞碟的人们遭劫持的情况。

还有些学者认为，中国古籍中只是记载辗转传闻的故事，叙述又十分简单，不足为信。可能是一些经过夸张而编造的、道听途说的奇闻逸事。有些研究者则认为，这可能是连现代人也不清楚的古代的一些自然现象，它们能发光，会飞行，因而被误认为是飞碟。

这些古籍记载的飞行物究竟是什么？只有在现代的飞碟之谜揭开以后，这个问题才能得出可信的答案。

马王堆古尸为何千年不腐？

1972年，在湖南马王堆古墓中出土了一具女尸，就是这具女尸震惊了世界，为什么呢？原来，尽管历经2000多年，但这具女尸外形完整，面色鲜活，发色如真。解剖后，其内脏器官完整无损，血管结构清楚，骨质组织完好，甚至腹内一些食物仍存。为什么这具古尸历经千年不腐呢？

一般来说，古墓中的尸体留至今天，只会出现两种结果：一是腐烂。因为在有空气、水分和细菌的环境里，大量的有机物质会很快腐烂，棺木也会腐朽，最后尸体也难免烂掉。二是形成干尸。这需要极为特殊的气候条件，在特别干燥或没有空气的地方，细菌微生物难以生存，这样，尸体会迅速脱水，成为"干尸"。

马王堆的女尸为何成为"湿尸"而不腐烂呢？其原因是：

第一，尸体的防腐处理完善。经化学鉴定，它的棺液沉淀物中含有大量的乙醇、硫化汞和乙酸等物。证明女尸是经过了汞处理和其他浸泡处理的，硫化汞对于尸体防腐的作用很大。

第二，墓室深。整个墓室建筑在地底16米以下的地方。上面还有高20多米，底径50～60米的大封土堆。既不透气也不透水，更不透光。这就基本隔绝了地表的物理的和化学的影响。

第三，封闭严。墓室的周壁均用可塑性大、黏性强、密封性好的白膏泥筑成。泥层厚约1米。厚为半米的木炭层衬在白膏泥的内面，共1万多斤。墓室筑成后，墓坑再用五花土夯实。这样，地面的大气就与整个墓室完全隔绝了，并能保持18℃左右的相对恒湿，光的照射被隔绝，地下水也不能流入墓室。

第四，隔绝了空气。由于密封好，墓室中已接近了真空，具备了缺氧的条件。在这种条件下，厌氧菌开始繁殖。存放在椁室中的丝麻织物、乐器、漆器、木俑、竹简等有机物和陪葬的大量的食物、植物种子、中草药材等，产生了可燃的沼气。从而加大了墓室内的压强。沼气能杀菌。细菌在高压下也无法生存。

第五，棺椁中存有具有防腐和保存尸体的作用的棺液。据查，椁外的液体约深40厘米，棺内的液体约深20厘米。但它们都不是人造的防腐液，而是由白膏泥、木炭、木料中的少量水分和水蒸气凝聚而成的。而内棺中的液体是女尸身体内的液体化成的"尸解水"。这种自然形成的棺液防止了尸体腐败，并使得尸体的软组织保持了弹性，肤色如初，栩栩如生。

在重见天日之时，尸体随同所有出土的文物，散发着奇异的光芒，让人惊叹于造化的神奇。

"金缕玉衣"真的能让尸体不朽吗？

古代皇帝莫不希望长生不老、灵魂不灭，寻找长生不老药、喝甘露、炼丹丸等等是他们一生中的大事。为了长生，他们想尽了一切可能的方法，这种求生的欲望也寄托在死后的裹尸衣上，这就出现了汉代特有的玉衣。玉衣是什么样的？它是如何制成的？它真可以使寒尸不腐？种种谜团被考古工作者解开了。

据载，玉衣是汉代皇帝、诸侯王和高等贵族死后特制的一种殓服，史书中称"玉匣"或"玉柙"，但它的形状究竟是什么样的，汉代以后就没有人知晓了。考古工作者在 1968 年河北满城县的一座小山丘上，发现了西汉中山靖王和他的妻子窦绾的墓。许多小玉片分散在刘胜和窦绾棺内的尸体位置上，经过考古工作者的精心修整和研究，终于复原出两套完整的玉衣，使我们得以亲眼目睹史书中记载的玉衣的样子，这个谜团随之被解开了。

这两套玉衣制作很精细，他们的外观和人体的形状一样，分为头部、上衣、裤筒、手套和鞋五大部分，各部分都由许多三角形、长方形、梯形、圆形等图形的玉片组成，玉片上有许多小的钻孔，玉片之间用编缀着纤细的金丝，所以又称为"金缕玉衣"。刘胜穿的玉衣形体肥大，头部的脸盖上刻画出眼、鼻和嘴的形状，腹部和臀部突鼓，裤筒制成腿部的样子，颇似人体。可能是出于对女性形体造型的避讳，窦绾的玉衣比较短小，没有做出腰部和臀部的形状，刘胜玉衣全长 1.88 米，由 2498 片玉片组成，用于编缀的金丝约重 1100 克。

汉代人喜欢用玉衣做殓服与当时人的迷信思想想必有关联。在汉代，人们深信玉能使尸体不朽，玉塞九窍，可以使人气长存。九窍指的就是两眼、两鼻孔、两耳孔、嘴、生殖器和肛门，一共九个孔。出土的玉衣经常就搭配有用玉做成的眼盖、鼻塞、耳塞、口含、罩生殖器的小盒和肛门塞。其中最讲究的是要用玉蝉含口，因为古人认为蝉是一种代表清高而且品格修养好的昆虫，它只饮露水而不吃东西。人死后，其灵魂离开尸体，正如蝉从壳中蜕变出来时一样，所以古人可能就是借"以蝉为含"的寓意。还有的学者持偏向于生物学的解释，他们认为汉人用玉蝉作口含，是受这种昆虫循环生活的启发，从蝉蜕转生而领悟再生，因此给死者含蝉比喻这只是暂时的死亡，而生命可以获得再生。

在 2000 多年前的西汉时代是如何制作出来如此精美的玉衣的？让我们现代人确实琢磨不透。玉衣制作所用的玉料要经过开料、锯片、磨光及钻孔等多道工序，每一片玉的大小和形状都必须经过精心的设计和细致的加工，制作过程是很复杂的。据科学测定，玉片上有些锯缝仅 0.3 毫米，钻孔直径仅 1 毫米，它的工艺繁杂与精密程度实在令人惊叹。整个玉衣制作过程所花费的人力和物力当然也十分昂贵，据推算，汉代一名玉工制作一件玉衣需要花费十余年的工夫。

汉代皇帝可谓费尽心机，用玉衣作为殓服。但其结果适得其反，由于金缕玉衣价格昂贵，往往好多人去盗墓，以致汉代帝陵都被挖掘一空。盗掘者取出金缕玉衣加以焚烧，汉代帝王的尸骨也一并化为灰烬。因此，公元 222 年，魏文帝曹丕下令禁止使用玉衣，从此历史上就没有玉衣了。有幸躲过被盗命运的那些诸侯墓葬，尸骨早已化为一抔泥土，但他们所留下的精美绝伦的玉衣，让我们不得不惊叹 2000 多年以前工匠们的高超技艺。

诸葛亮制造木牛流马之谜

《三国志·诸葛亮传》记载："（建兴）九年（公元 231 年），亮复出祁山，以木牛运，粮尽退军……十二年春，亮率大众由斜谷出，以流马运。"文章描绘得那么奇妙，可说明诸葛亮以木牛、流马运粮是真实的事情。

诸葛亮到底用过木牛流马没有，确实是一个谜，而且《诸葛亮集》中尽管对木牛、流马作了描绘，但由于没有任何实物与图形存留后世，多年来，人们对木牛、流马到底是什么东西做出了种种揣测。

一种说法为木牛、流马是诸葛亮改进的普通独轮推车。此说源于《宋史》《后山丛谈》《稗史类编》等史籍，它们认为汉代称木制独轮小车为鹿车，诸葛亮加以改进后称为木牛、流马，北宋才出现独轮车之称。

一种意见认为，木牛、流马是四轮车和独轮车，但是哪种为四轮，哪种为独轮，各人有不同的见解。宋代高承《事物继原》卷八说："木牛即今小车之有前辕者，流马即今独推者是也，而民间谓之江洲车子。"今世学者范文澜认为，木牛实际上是一种人力独轮车，有一脚四足，就是在车旁前后装四条木柱；流马是改良的木牛，前后四脚，也就是人力四轮车。

一种意见认为，木牛、流马是新颖的自动机械。《南齐书·祖冲之传》说："以诸葛亮有木牛、流马，仍造一器，不因风水、施机自运，不劳人力。"这是指祖冲之在木牛流马的基础上造出更新颖的自动机械。

木牛和流马到底是一种东西还是两种东西，后世对此发起了广泛的争辩。如谭良啸认为，木牛和流马是一回事，是一种新的木头做的人力四轮车；王开则说木牛与流马是两种东西，前者是人力独轮车，后者是经改良的四轮车；王谌认为两者同属一物，并且还做出了一种模型，既具备牛的外形，又具备马的姿势。陈从周等勘察了川北广元一带现存古栈道的遗迹：畜在前面拉，后面有人推，流马与木牛差不多，但没有前辕，不用人拉，反靠推为行进，外形像马。

令人遗憾的是当年诸葛亮没有留下木牛流马的详细制作图解，导致后人苦苦思索，上下探求，仍是难以明白究竟。

岳阳楼是由谁建造的？

江南三大名楼之一的岳阳楼因为一篇北宋范仲淹的《岳阳楼记》而妇孺皆知。自唐宋以来，它就久负盛名。"未到江南先一笑，岳阳楼上对君山"，这是 800 多年前，宋朝著名诗人黄庭坚登临岳阳楼时写下的句子。然而，长期以来，究竟是什么时候修建了岳阳楼，滕子京又是什么时候重修了此楼一直众说纷纭，谁也没有确切答案。

实际上岳阳楼的始建年代早已难以确定。南宋人祝穆就率先提出岳阳人"不知创始为谁"的说法。在祝氏的《方舆胜览》卷二十九中载称："岳阳楼在郡治西南，西面洞庭湖，左顾君山，不知创始为谁。唐开元四年，中书令张说出守是郡，日与方士登临赋咏，自尔名著。"

成书于宋理宗（公元1225~1264年）在位时期的《方舆胜览》是南宋的一部地理总志，此书有一定史料价值，尤其对名胜古迹有比较翔实的记载。书中认为祝穆所说岳阳楼"不知创始为谁"是可信的。所以《岳州府志》也认为："岳阳楼不知做落于何代，何人。"

岳阳楼到底"创始为谁"后来有各种不同的说法，大多数人认为是张说始建。这种意见又有两种说法，而这两种说法又大同小异。

如浙江人民出版社编辑出版的《初中古代诗文助读》说岳阳楼为"张说在唐代开元初年建造"。喻朝刚、王大博、徐翰逢编的《宋代文学作品选》又进一步确定了修建的具体时间，说岳阳楼是"唐开元张说做岳州知府时建的"。

第二种说法，讲岳阳楼"始建于唐"，此说法比较笼统。持这种说法的代表是新版的《辞海》。另外由郑孟彤主编的《中国古代作品选》、四川师范大学中文系古典文学教研组编写的《中国历代文选》、北京教育学院教研部编写的《语文复习资料》以及中国人民大学语文系文学教研室主编的《历代文选》（下册，中国青年出版社）都持这种说法，有的也说岳阳楼"始建于唐初"。

第三种是岳阳楼始建于周代说。如天津师专古典文学教研组编的《中学古代作品评注》中说，岳阳楼"相传建于周代，自唐代以来闻名于世"，这种说法不知是从哪里找来的依据。

在北宋以前，岳阳楼的修葺情况没有详细的记载，无从查考。原任庆路部署兼庆州（今甘肃庆阳）知州的滕子京在庆历四年（公元1044年）被谪为岳州知府，"越明年，政通人和，百废具（俱）兴。乃重修岳阳楼"。依照范仲淹的《岳阳楼记》中的说法，滕子京重修岳阳楼是在庆历五年，他们把"越明年"解释为第二年，即庆历五年。宋来峰在《"越明年"辨》一文（见《北京师范大学学报》1980年第6期）中认为，范仲淹应嘱作文，"滕子京重修岳阳楼与巴陵郡的'政通人和，百废俱应'同是一年——庆历六年"。对"越明年"的不同解释导致这两种说法相异，但究竟孰是孰非，我们也不能妄下结论。

轮船是中国人发明的吗？

在当代，轮船在人们的日常生活中发挥着重要的作用，追溯其历史，我们会发现，轮船的发明与中国人有着很大的关系。

最早的船称为车船，车船又称作车轮舟，其前身是南朝的祖冲之制成的千里船。这种船不受流向、风向的限制，内部没有机关，可以自己运行，日行50多里。千里船的推动工具在史书上没有明确记述，有的学者根据当时机械学的发展情况分析，它可能是由人力踏动木叶轮而前进。但从此以后，史书上再也没有出现车轮舟的记载，可见千里船在后来并没有被广泛应用。

唐朝德宗时，江南道节度使洪州刺史李皋设计制造了一种新型战舰，史书上关于车船最早的明确记载里写道：这种战舰两侧分别装置一个轮桨，士兵用脚踩踏，带动轮桨转动，使舰前进，能取得与挂帆船一样的速度。

宋朝时车船才得到实际应用和发展。北宋李纲根据李皋的遗制，造战舰数十艘，上下三层，装置车轮，用脚踩踏前进。车船作为水军的新型战舰列入编制的时代是南宋。公元1131年，鼎州（今湖南常德）知州程昌寓命令南宋造船厂工匠高宣打造了8艘车船来镇压杨幺起义。这种车船用人力踏车行驶，船旁设置车板，速度很快，却不见船桨，被人们叹为神奇。交战中，俘获了造船工匠高宣并夺了车船8艘。高宣又在起义军中对车船进行了改造。他在两个月内为杨幺的起义军建造了大小船十多种、数百只，其中"和州载"号有24个轮子，"大德山"号有32个轮子，其上层还有三层建筑，高达10丈以上，可以载1000名士兵，前、后、左、右都装有拍竿。这种车船在和南宋战舰交锋中以轮击水，行驶如飞，官军的船只迎上去就被拍竿击碎，起义军在几百只官船中如入无人之境，擂鼓呐喊，踏车回旋，横冲乱撞，官军闻风丧胆。从此，杨幺的起义军声威大震。由此可见，车船在杨幺起义军的作战中发挥了相当大的威力。

1179年，在江西出现了一种被当地人称为马船的新的车船，船上装有女墙、轮桨，可以拆卸。平时可以作为渡船运送物资，战时可以改装成战船用来作战。1183年，陈镗建造了多达90轮的车船，从而使其航行速度更快。但是车船作为民间船只，一直没有发展起来。虽然如同许多专家说的那样，车船的发明给当今轮船的发展奠定了基础，也显示了中国古代人民的创造才能，但它只能算作轮船的始祖，因为外国人发明轮船不是受中国古代车船的启发的，二者的动力来源本身就不一样，一个是依靠人力，一个是依靠蒸汽动力。

突然消逝的神秘符号——巴蜀文字

巴蜀文字在20世纪30年代以前并不为世人所知，直到在四川境内出土了巴蜀铜器，人们发现铸刻在战国时期的巴蜀青铜器上的一些符号和图像，并不是起装饰作用的，而是有着原始图像表意文字的一些外部特征，可能是用来记录古代巴蜀事物的，这才引起学者的重视和研究。

目前，已知的铸刻有巴蜀文字的青铜器，有以下几类。

（1）船棺葬中的随葬品，如铜戈、矛、锭、印玺以及成都郊区出土的铜戈、矛、锭。

（2）錞于，古代用于战争的乐器。

（3）编钟，其口形近于正圆，渐与汉钟同。

在这些器物中，巴蜀文字较多出现的錞于上最多只有11个字，其他器物上铭刻的文字也就有寥寥几个字。

根据这么少的文字来研究和破译巴蜀文字的原始意义，显然非常困难。专家们经过半个世纪的潜心研究证实，这的确是一种古老的文字，而不是图画。它不但有独特的象形文字，如鱼、鸟、虎、豹、人头等；还有合体字，即把两个象形文字组合成一个字，如手形、花蒂等。破译这种文字对巴蜀历史的研究有着极其重要的意义。

据史料记载，巴和蜀是我国先秦时期位于西南地区的两个重要部族，公元前316年前后均被秦国所灭。巴蜀文字从比便与世隔绝，也从未见于古籍。因此，它的突然出现，难免会引起学术界的质疑。

巴蜀文字最早是在20世纪20年代被发现的，随着巴蜀青铜器在四川出土，它们才得以重见天日。在成都白马寺附近，有工人在烧瓦取土时，曾挖掘出近千件巴蜀青铜器，因为不知道它们的来历，这批文物或散失于民间，或被私人收藏，或流失到国外。后来，四川省万县出土的一件錞于，被学者方叔轩见到，这才使得国内学术界对巴蜀文化重视起来。

1937年，学者赵世忠发表了《记錞于》，第一次把錞于以及巴蜀文字推向了世界。在这篇文章中，他不但介绍了四川省万县出土的錞于的外貌特征，形似中原铜器，龟纽，沿盖缘的四周有十个图案花纹等，还用直观认定的方法，辨识这十个图案花纹，认为其中形象较为鲜明的是虎、鸟、人头、手等等，并称此錞于"凡十有一文，皆款焉"。初步认定这些图案花纹是一种文字，即提出了巴蜀文字一说。

1942年，卫聚贤也发表了《巴蜀文化》一文，文中肯定了赵也忠的观点，认为巴蜀青铜器上的这些图像符号是古代巴蜀文字，其尚处于以图像表意的原始阶段，并根据这批青铜器出土于四川省，并且，其上面的图案花纹如心和手等，不同于中原古青铜器，进而提出了巴蜀文化的概念。

由于供研究用的巴蜀青铜器是从商人手里获得的，而不是考古工作者亲自发掘的，对其出土时间、地点、经过都没有资料记载，因此有学者对其真实性产生了怀疑，甚至认为这是商人为牟取暴利而伪造出来的。也有人认为可能是中原青铜器仿制品。也正因为此，学术界对巴蜀地区的历史研究进展缓慢，对"巴蜀文化"的概念也没引起足够的重视，从而使有关巴蜀青铜器的来历以及它所代表的文化，都成了不解之谜。

数十年来，随着四川考古工作的开展，越来越多的巴蜀青铜器出土。有的青铜器纹饰与成都白马寺或万县錞于相同，最为典型的是手心纹。它证实了古代巴蜀文化的存在，并作为先秦时代的一种地方民族文化，引起学术界的高度重视，也确立了它的研究地位。

战国以前记载蜀的书籍只有《尚书·牧誓》。秦灭蜀以前，蜀的历史保存于《华阳国志·蜀志》及《蜀王本纪》中。蜀灭后，其历史只由蜀人代代口传了。在《蜀王本纪》中记载："蜀左言，无文字。"《世本》又说"蜀无姓"，说明蜀的语言文字、社会组织与中原地区是截然不同的。巴的历史，在春秋战国时代的记载中是一片空白。先秦古籍中，对古代巴蜀的记载也是只言片语，这其中还有很多传说和神话。因此，想要得到系统且尽量还原真实的巴蜀史迹，巴蜀文字是不可多得的第一手材料。虽然学者们对这一文字给予了极高的评价，巴蜀文字的研究学者也是趋之若鹜，但是到目前为止，对于巴蜀文化的研究依然没有多大进展。

这其中的原因也在于目前学者们对巴蜀文字的研究，还多局限于文字学范围。著名学者徐中舒在《论巴蜀文化》一书中，采用比较学的研究方法，将巴蜀文字和纳西文字进行对比，来辨析其中部分象形文字的形象，认为巴蜀文字是一种原始的象形文字，这种文字虽然于绘画在表达方式上还没有显著的区别，但就语言关系而言，已经出现了会意字，并且与纳西文有着一定的亲属关系。纳西文字只是在巴蜀文字的基础上发展起来，在文字构成体例上和汉字有着一定的共同基础，可能同出一脉。也有学者认为，巴蜀文字中的一些不易看出来的象形符号可能具有某种表音作用，用于记录语言。也正是由于没有任何有关巴蜀文字的文献资料可供参考，这种局限于传统文字学的研究，决定了人们对巴蜀文字的认识还只处于初级阶段，难以有所突破。

正鉴于此，学术界也开始走出这种狭小的文字学范畴，从新的角度和更广阔的领域，重新审视巴蜀文字的性质、作用及含义。于是，有学者提出了"巴蜀符号"这一新概念，用来代替"巴蜀文字"的概念。

而在此基础上，如何定义这种符号，便出现了分歧。有人认为，巴蜀文字并不是文字，而是文字产生以前的一种记事符号。也有人认为，虽然记事符号不是文字，但是与文字一样，具有记事、交流的社会功能，与文字一样都是传递信息的手段，因此不存在什么本质的区别。

还有一部分学者认为，巴蜀文字是古代巴蜀人的族徽、图腾标志以及巫术符号。持不同看法的人则认为，这种观点虽然赋予了巴蜀文字以原始宗教的意义，体现了其社会功能，但是并没有揭示其本质属性。

又由于目前发现的近两百个巴蜀文字中，除了一部分形象鲜明的图画可以用直观方法认定或用比较研究法作辨析外，还有一部分外表抽象或很难看出形象的符号，特别是有十几个重要的符号不能破译，导致始终无法通释巴蜀文字的含义、性质及作用。

最近，有学者指出，巴蜀文字体现的思想内容应该是一种图腾艺术和宗教绘画，用来体现古代巴蜀人的原始宗教信仰和原始自然崇拜等。古代巴蜀人把他们崇尚的自然物质的图形镌刻在器物上，用来驱邪护身或祈神保佑，或者在示意一种崇拜物。在表现形式上，模拟写实方面和初期原始记事的文字相同。但是，有些符号的形象已经具备了一定的艺术欣赏价值。对已经发现的巴蜀文字进行考证，大家可以发现它们尽管处于不同地点，镌刻在不同器物上，但风格、形式都十分相似，这说明它们有既定的程式，这也正符合宗教、艺术的特点。

巴蜀文字究竟是文字，还是符号；是图腾标记、巫术符号，还是一种原始宗教绘画艺术……至今仍是迷雾一团。

西南一隅的"超级大国"——夜郎古国

夜郎国为大家所熟悉，多是因为"夜郎自大"这句成语。战国时期有记载说，楚顷襄王（公元前298年~公元前262年）派军讨伐夜郎国，并迫使其投降了。这时，人们才知道西南地区有夜郎国，其存在至少从战国后期延续到西汉末年，大约能有三四百年的历史。

公元前122年，西汉使者到滇国（今云南省），滇王问汉使："汉孰与我大？"后来使者又到夜郎国时，夜郎国王再次问了同样的话，这个故事就是成语"夜郎自大"的来源。不过据司马迁在《史记·西南夷传》中说："西南夷君长以十数，夜郎最大"，"所得精兵十余万"。这是司马迁奉命西征时，亲身所见所闻。由此可见，夜郎君主如此自大倒真是有点理由的，毕竟夜郎国在西南诸国中的确是个大国。

那么夜郎古国究竟有多大，它的疆域范围、郡都所在、民族所属以及社会性质等问题都是史学家们一直争论不休的问题。

由于夜郎古国距今已有两千多年了，对于这个西南一隅的小国，史书上着墨不多，因此夜郎古国的历史至今无法考证，甚至有些史学家还怀疑这样一个古国是否真实存在过。

但是，无论在《史记》《汉书》《后汉书》《水经注》《华阳国志》等史籍中的记载，还是明清以来至今的众多学者们的努力考证，夜郎国的存在已经是板上钉钉的事了。尤其在云南晋宁石寨山六号墓附近发掘出《史记》和《汉书》中都提到了"西南夷君长以百数，独夜郎、滇受王印"，更为证明夜郎国的存在提供了直接证据。

对于夜郎国的疆域范围，清代张澍在《续黔书》中写道："今石阡、思南为夷州之夜郎也；进黎平、镇远为龙标之夜郎也；进桐梓、正安为珍州之夜郎也；若秦汉时之夜郎，西距邓雀，东接交趾，地凡数千里。今人徒知遵义之为夜郎，亦不知夜郎之大矣。"张澍认为唐朝在夷州、龙标、珍州都曾设立过夜郎县，这就说明从汉朝至唐朝的五六百年的时间里，这些地方都曾生活过大量的夜郎国遗民，他也因此将这些地区确定为夜郎国曾经的疆域范围。根据南朝范晔《后汉书·南蛮西南夷列传》记载："西南夷者，在蜀郡外有夜郎国，东接交趾，西有滇国，北有邛都国。"同时，根据《云南通志·夜郎考》的考证，可以划出夜郎国的大致范围，其疆域地跨现在的贵州（除去东北部）、云南东部、广西西北部及四川南部边缘地区。

而夜郎国的中心区域又在哪里呢？根据《史记》记载："夜郎者，临牂牁江。"由此，可以判断其中心区域应该在今贵州以南或黔滇贵交界地区。它的郡望所在地，一种观点认为应该临羊可江，今黔西南布依族苗族自治州及六盘水市，其东南境到贞丰、册亨、望漠一带。并根据《安顺府志》及《威宁县志·夜郎县考》中对在西汉成帝河平中时，羊可太守陈立在且同亭斩"夜郎王"的记述，推断且同亭大概在今贞丰、望漠一带，应该是"夜郎国"的经济、军事中心，甚至认为："与北盘汇会于贞丰之者香，即夜郎国都也。"

另有一种观点认为夜郎国的郡望在"今安顺府地即汉夜郎县"。（郑珍《牂牁十六县问答》，载《遵义府志》）赞同这一观点的学者较多，但是分歧也不小，有人说是在安顺北，也有人说是在安顺东南广顺，还有人说在安顺、镇宁、六枝等地。

此外，对夜郎国郡望的地址还有"三合说""水城郎岱说"等，众说不一，各执一词。近几十年，随着考古工作者的不懈努力，在贵州安顺、清镇、平坝、兴义等十多个县内，发现了不少汉代遗址和汉墓，尤其在安顺市东南宁谷乡社百余座汉墓的发掘，更进一步印证了"夜郎国"的中心区域在贵州西部偏南地区的文献记载。

揭开夜郎古国神秘面纱的另一条途径，则是了解夜郎人的族属。不少史学家认为，夜郎人曾为百越民族的一支，远古时期的越人、濮人、僚人是今天在这一带聚居的壮、侗、布依、彝、水等少数民族的先祖。夜郎国虽然是个多民族国家，但其主体民族应为布依族。

根据晋代常璩《华阳国志·南中志》以及《水经注》《后汉书》等记载："有竹王者兴于遁水，有一女子浣于水溪，有三节大竹流入女子足间，推之不肯去。闻有儿声，取持归，破之，得以男儿。长养有才武，遂雄长夷狄，以竹为氏。指所破竹于野，成竹林，今竹王祠竹林是也。"同书又说："夜郎县郡治，有遁水通郁竹，有竹王三郎祠，甚有灵响也。"据考证，遁水就是现在布依族聚居的北盘江地区，直到今天北盘江两岸的竹林仍旧郁郁葱葱，而竹子是当地人民生活的重要组成部分。至今在这里生活的布依、壮、侗语系的一些民族中还流传着"竹生竹王"，竹子能孕育"神兵神马"的传说，并将竹作为民族的图腾和部族的标志和象征，这足以说明他们有着共同的祖先。同时，也说明夜郎国的中心区域在北盘江地区。

也有一部分学者根据这一地区少数民族的语言习惯、说话构词的语法特征，来分析、考证夜郎族属，并以其组属推断其郡望所在和疆域范围。在对当地少数民族语言发音及语言构词特征进行考证后，不少学者认为当地的布依、壮、侗语系来源自共同的古越族语言，其共同先祖应为古越族人。

还有学者根据夜郎王被汉将陈立斩首后，夜郎人要求汉王给夜郎王立后这件事，并通过《华阳国志》（说是"夷濮族"）、《后汉书》（说是夷僚族）的记载分析考证，认为古夜郎人的族属和今天的布依族有着密切的联系。同时，学者们通过对水西彝文巨著《恩布散额》《水西制度》《洪水泛滥史》等大量古彝文典籍和壮侗语系等少数民族古歌及传说的翻译研究，对古代夜郎国的民族迁徙状况有了进一步的了解，古夜郎人的族属也逐渐清晰起来了，其郡望和疆域的研究也得到了进一步的验证。

总之，夜郎古国的各种谜团正在随着学者们对史籍的深入研究和这一地区的考古发现，在逐步解开。也许不远的一天，大家终会探清夜郎古国的全貌。

大秦王朝的豪华"烂尾楼"——阿房宫

秦始皇（公元前259~公元前210年）在消灭六国一统天下后，在都城咸阳大兴土木，建宫筑殿，其中规模最大、最奢华的就是阿房宫。

据《史记·秦始皇本纪》记载，秦始皇三十五年（公元前212年），秦始皇认为都城咸阳人多地少，而先王的皇宫又太过寒酸，和自己秦朝第一位皇帝的身份极不相称，于是下令在故周都城丰、镐之间渭河以南的皇家园林上林苑中，仿集天下的建筑之精英灵秀，营造一座新朝宫，即阿房宫。

按照秦始皇的想法，这座宫殿将被打造成大秦王朝的"天上人间"。不过，由于工程浩大，秦始皇在位时只建了一座前殿。据《史记·秦始皇本纪》记载，"前殿阿房东西五百步，南北五十丈，上可以坐万人，下可以建五丈旗，周驰为阁道，自殿下直抵南山，表南山之巅以为阙，为复道，自阿房渡渭，属之咸阳。"在秦代，一步合六尺，三百步为一里，秦尺约0.23米。如此算来，阿房宫的前殿东西宽690米，南北深115米，占地面积8万平方米，其规模之大，劳民伤财之巨，也就可以想象得到了。秦始皇驾崩后，秦二世胡亥虽然用不光彩的手段继位，但他还算孝顺，把修建阿房宫的工匠调去修建自己父亲的皇陵了，而这也直接影响了阿房宫的工期，之后不久秦王朝就垮台了。

随后的故事大家都耳熟能详了。西楚霸王项羽率领军队入关以后，移恨于物，将阿房宫及所有附属建筑纵火焚烧，大火历时三月，延绵不绝。

可怜可叹，这极尽人间奢华的宫殿最后变成了一片焦土，而后世人也无法一睹它的风采了。

现在，对于阿房宫的奢华，大家也只能通过东汉史学家班固的《汉书·贾山传》中的相关记载来管中窥豹了，"起咸阳而西至雍，离宫三百，钟鼓帷帐，不移而具。又为阿房之殿，殿高数十仞，东西五里，南北千步，从车罗骑，四马骛驰，旌旗不挠，为宫室之丽至于此。"

唐代大诗人杜牧也曾撰文纪念在烈火中没有永生的阿房宫，并且还不忘调侃了一下秦始皇，"呜呼！灭六国者六国也，非秦也；族秦者秦也，非天下也……秦人不暇自哀，而后人哀之；后人哀之而不鉴之，亦使后人而复哀后人也。"

但是，"项羽火烧阿房宫"这似乎板上钉钉的铁论在近些年却不断遭人质疑。

首先，《史记·项羽本纪》中只是说"烧秦宫室，火三月不灭"，而并未明确提及阿房宫。其次，从阿房宫修建完迄的时间来推测：公元前212年，秦朝修筑并开通了直道；征集70余万人，分别修建秦始皇陵和阿房宫。两年之后，秦始皇在冬巡途中驾鹤西游，当年九月被埋葬在骊山，阿房宫建设工地上的劳力征调到骊山园。第二年四月即复建阿房宫，但那年冬天，数十万起义军汹涌而至，修建队伍被迫停止。前后这么短的时间，任由多么强悍的工程队也建不成这么浩大的工程啊！

那么，这个大秦王朝的"天上人间"真的存在吗？抑或未能如期完成，只是"烂尾楼"一座呢？

阿房宫传说了两千多年，大家是通过什么来判断它的存在呢？现在是法治社会了，一切要以事实为依据，法律为准绳的。那么，证据何在？

如今的陕西西安西郊三桥镇以南，东起巨家庄，西至古城村，保存着面积约六十万平方米的阿房宫遗址。2002年10月，中国社科院考古所与西安文物保护考古所联合组成了阿房宫考古队，他们就从这里下手，寻找证据，以解开这埋藏了千年的秘密。

终于在2006年，考古队经过以每平方米五个探洞这样密集的探查下，发现这个遗址上除了土夯之外，并没有其他文物证据。

由于怕疏忽，考古队员们专门把土质送到一显微镜专家那里，用显微镜检测，但依旧没有发现因焚烧而产生的碳化物。

并且，在考察过程中，只有在咸阳宫旧址上发现了焚烧的痕迹，还有一米多高的瓦片遗存，而其他地方并无焚烧痕迹，阿房宫也没有片瓦的存在。由此可见，相传当年项羽火烧阿房宫的事，恐怕只是后世的想象，而阿房宫从来就没有被烧毁过的证据。

于是，专家们根据历史资料中的凤毛麟角，还有所记录的时间上来看，最后得出了一个可信度很大的结论：几千年来人们所传说的阿房宫并非是不存在，而是根本没有建完，这是一座名副其实的"烂尾楼"！而杜牧所写的《阿房宫赋》里面的描述，只存在于人们的幻想之中。

阿房宫——这个秦始皇一直未尽的梦想，由于过于奢华的构想加剧了秦王朝的噩运，而这也使它成了一座骂名昭著的宫殿，甚至秦以后，两千多年中国的历代君王再也没有兴起类似的念头。这真是一个不折不扣的反面教材。

沙漠中消失的神秘城市——楼兰古城

在新疆维吾尔自治区，有一个地方对于每名探险者来说，都是充满吸引力的。这就是被称为"沙漠中的庞贝"的西域古国——楼兰。

古楼兰位于今新疆维吾尔自治区巴音郭楞蒙古自治州若羌县北境，罗布泊的西北角，是新疆维吾尔自治区最荒凉的地区之一。这里有着悠久的历史，天方夜谭似的传说故事令人神往，而它神秘地在地球上消失，又意外地出现，更引起了许多中外游人和探险家的兴趣——他们都不辞辛劳地沿着丝绸之路向西进发，去探索这座历史遗址——楼兰古城。

楼兰在历史上是丝绸之路上的一个重要枢纽，中西方贸易的一个重要中心。司马迁在《史记》中曾记载："楼兰，姑师邑有城郭，临盐泽。"这是我国古代文献上第一次描述楼兰古城。西汉时，楼兰有人口一万四千余，兵甲三千。当地经济繁荣，商旅云集，城内还有整齐的街道，雄壮的佛寺、宝塔。不过由于当时匈奴势力强大，楼兰一度受其所控制，他们攻杀汉朝使者，劫掠过路商人。后来，汉武帝发兵攻破了楼兰城，俘虏了楼兰王，并逼迫其附汉。但后来，楼兰又听从了匈奴的反间计，再次拦杀汉朝官吏，汉昭帝元凤四年（公元前77年），大将军霍光派遣傅介子领几名勇士前往楼兰，设计杀死了楼兰王尝归，立尝归的弟弟为王，并改国名为鄯善，将都城南迁。汉朝也由此加强了对楼兰的管理，"设都护、置军候、开井渠、屯田积谷"。

东晋后期，中原群雄割据，混战不休，无暇西顾，楼兰逐渐与中原失去联系。但是，到了唐朝，中原地区的势力再次强大，唐朝与吐蕃又在楼兰多次兵戎相见。由唐代大诗人李白的《塞下曲》："五月天山雪，天花只有寒。笛中闻折柳，春色未曾看。晓战随金鼓，宵眠抱玉鞍，原将腰下剑，直为斩楼兰。"以及唐代另一位大诗人王昌龄的《从军行》："青海长云暗雪山，孤城遥望玉门关。黄沙百战穿金甲，不破楼兰终不还。"可见，楼兰在唐代时依然是边陲重镇。然而，不知在什么年代，这个繁荣一时的城郭却神秘地消失了。楼兰古城的确切位置，成了困扰学者们若干世纪的不解之谜。

直到公元1900年，深埋在沙海之下消失了1500多年的古代城市楼兰和它所创造的灿烂文明突然闯入了人们的视野。公元1900年3月，著名瑞典探险家斯文赫定带领一支探险队到新疆探险，他们在沙漠中艰难行进。作为向导的我国维吾尔族人爱克迪在返回原路寻找丢失的铁锹的过程中，遇到了沙漠狂风，竟意外发现了沙子下面一座古代的城堡，他把这一发现告诉了斯文赫定。1901年，斯文赫定再次返回到这座神秘的城堡，发掘出了不少文物，经研究后断定，这座古城就是与世隔绝多时的楼兰古城。

楼兰古城的再现，引得各国探险家争相前往探险、寻宝。英籍匈牙利人斯坦因、美国人亨迁顿、日本人桔瑞超先后抵达这座"有高度文化的古城遗址"，掠走了一大批重要文物。

由于楼兰古城是在沙丘下被发现的，因此产生了一个更大的谜困等待世人解决：繁华多时的楼兰城为什么会被黄沙掩埋，遭受灭顶之灾呢？

1878年，俄国探险家普尔热瓦尔斯基在罗布泊考察时，发现中国地图上标出的罗布泊的位置是错误的，它不在库鲁克塔格山南麓，而在阿尔金山山麓。当年的罗布泊湖水涟漪，野鸟成群，而今这里却变成了一片荒漠、盐泽。

普尔热瓦尔斯基的发现给了人们解开楼兰消失之谜的钥匙。1979年和1980年，新疆科学工作者对它进行了几次详细考察，终于揭开了这个被风沙湮没1600多年的"沙中庞贝"之谜，使人看到了它的本来面目——楼兰古城的确切地理位置在东经89度55分22秒，北纬40度29分55秒。它占地面积为10万8千多平方米；城东、城西残留的城墙，高约4米，宽约8米，城墙用黄土夯筑；居民区院墙，是将芦苇扎成束或把柳条编织起来，抹上的黏土。全是木造房屋，胡杨木的柱子，房屋的门、窗仍清晰可辨；城中心唯一的土建筑，墙厚1.1米，残高2米，坐北朝南，似为古楼兰统治者的住所；城东的土丘是居民们拜佛的佛塔。

罗布泊怎么会游移呢？科学家们推测，除了地壳活动的因素外，最大的原因是河床中堆积了大量的泥沙。塔里木河和孔雀河中的泥沙汇聚在罗布泊的河口，日积月累，泥沙越积越多，淤塞了河道，于是塔里木河和孔雀河便另觅新道，流向低洼处，形成新湖。而旧湖在炎热的气候中，逐渐蒸发，成了沙漠。罗布泊滋润着楼兰城内的万物，而罗布泊湖水的北移，使楼兰城水源枯竭，树木枯死。渐渐地，楼兰城失去了生机，百姓们终于弃城出走，留下死城一座，在肆虐的沙漠风暴中，楼兰终于被沙丘淹没了。

不过，科学家也指出，泥沙沉积、河水改道的原因却是人们破坏大自然的生态平衡所种下的苦果。首先，楼兰地处丝绸之路的要冲，汉、匈奴及其他游牧国家，经常在楼兰国土上挑起战争，对当地环境的破坏不言而喻；同时，为了本国的利益，楼兰居民对绿洲环境的开发、利用逐渐加强，良好的植被受到严重破坏。自然环境的恶化并没有阻止人类前进的脚步，反而是人类社会的发展深刻影响了环境的变迁。人类对环境的过度开发加剧了荒漠化，最终沙进人退，古绿洲被废弃。也即"公元3世纪后，流入罗布泊的塔里木河下游河床被风沙淤塞，在今尉犁东南改道南流，"致使楼兰"城郭岿然，人烟断绝"，"国久空旷，城皆荒芜。"

揭开你神秘的面纱——解密敦煌藏经洞

清朝光绪年间，一个叫王圆的人从军队退伍后，来到敦煌石窟当了一名道士. 并且雇了一个姓杨的人，在第十六窟的甬道间替他抄写经文。这个姓杨的是个烟鬼，喜欢抽旱烟，他用一种芨芨草烧火，用不了的芨芨草经常被他插在墙壁的裂缝里。有一次，他发现一个裂缝很深，就用手敲了敲这堵墙壁，便发出了"咚咚"的声响，他连忙找到王道士说，这堵墙可能是空的。于是，王道士与杨某在大半夜凿开了这堵墙，结果发现里面还有一道门，原来里面还有一个小窟，窟里塞满了无数古代写经等珍贵文物。自此，与世隔绝了千年的敦煌藏经洞，终于揭开了神秘的面纱。

后世很多学者都对此产生了极大的兴趣，也因此兴起了一门新的学问——敦煌学，它与甲骨文、汉简以及明清档案并称为中国近代古文献四大发现。但是，藏经洞为什么被封？并且，是在什么时候被封闭的呢？这是近百年来都未能解决的历史悬案。

由于史书上关于藏经洞的情况介绍少之又少，学者们只能根据史载中的一鳞半爪和间接旁证，提出了几种假说，总结起来有以下几种说法。

第一种说法认为，藏经洞是在宋代初年为避西夏之乱而封闭的。第一个提出这个观点的是法国学者伯希和。20世纪初，伯希和从藏经洞盗走了大量经卷，开始潜心研究。他在《敦煌石室访书记》中根据卷本中所题的年号最晚的在宋太宗太平兴国（公元976年~公元983年）年间和至道年间（公元995年~公元997年），并且所用卷本都是用西夏文字抄写这一结果，判断藏经洞的封闭时期应该是11世纪之前半期，又推测具体时间大概是公元1035年西夏侵占西陲的时候。然而，洞中所藏的经书摆放的杂乱无章，随意堆砌，甚为凌乱，可判断这可能是因为藏书的人害怕外寇的抢掠，在藏匿经书的时候慌乱所导致的。这一观点得到了国内外不少学者的支持，其中有我国学者罗振玉、英国学者斯坦因等。

第二种说法认为，该洞在宋哲宗绍圣（公元1094年~公元1098年）年间被封闭。赞同此学说的学者认为，藏经洞的封闭与伊斯兰教东扩有关。当时的哈拉汗王朝信奉伊斯兰教并且对佛教极为反感，宋哲宗绍圣午间，他们曾向宋朝皇帝提出东征西夏的计划，宋哲宗大为赞许。这引起了居住于西域的佛教徒们的恐慌，为了使佛经免遭浩劫，他们采取了封闭藏经洞的保护措施。

第三种说法认为，该洞是在宋仁宗皇祐年间封闭的。著名史学家陈桓先生的《敦煌劫余录序》中说："《通考》载大中祥符末，瓜州归义军节度使曹贤顺，犹表乞金字藏经。景祐至皇祐，朝贡不绝，知此洞之封闭，大约在皇祐以后。"马世长也认为，根据各种迹象和资料表明，封闭藏经洞应该不是在西夏占领敦煌之前，而是在西夏占据敦煌之后的某个时期，正如陈桓所说的那样。

第四种说法认为，该洞是被当时统治瓜州的曹氏政权封闭。其主要证据是敦煌遗书中没有发现宋真宗咸平年间（公元 998 年~公元 1003 年）以后的纪年卷本，这说明在咸平五年（公元 1003 年）或者更晚，藏经洞就已经被封闭了。而这时恰好是曹贤顺归义军节度使时期。当时，东边的甘州回鹘政权和西部的李氏政权向后被西夏消灭了，曹氏政权不免感到唇亡齿寒，为了以防万一，瓜州曹氏政权不得不封闭了藏经洞。

第五种说法认为，该洞是元代初期封闭的。关百益的《敦煌石室考略》中认为第十七号石窟为元朝以前大佛寺，搜集了很多经典卷本，宝藏极其丰富。元太祖成吉思汗西征的时候，做其军师的道士邱处机一同前往。由于邱处机信奉道教讨厌佛教，在西征路上破坏了不少佛寺，还逼迫很多和尚尼姑蓄发，改穿道服。寺中的僧人听到这个消息后，害怕寺中的珍贵佛经会遭遇浩劫，就把这些经书先藏在动洞中，然后封闭起来。不过，这种说法目前还没有真凭实据，信者较少。

第六种说法认为，藏经洞封闭于元明之际。张维在《陇右金石录》中，谈到《重修皇庆寺记》，认为《重修皇庆寺记》石碑是元顺帝至正八年（公元 1348 年）所立。根据这个证据判断，这是元末明初，天下大乱，此处的僧人为了避免战火殃及寺中的宝藏，就把经书古籍藏在了洞里。

此外，还有的学者认为，洞内所藏的文物并没有整部大藏和特别有价值的物品，很多都是残卷断章，还夹杂着疑似伪经或者抄错的废卷、涂鸦之杂写，甚至作废或过时的契约文书等，据此提出了"废弃说"。废弃说的依据有三个。一是，惜纸，这些废纸储存起来将来留作他用；二是，尊佛，即使破损的佛经也要收藏起来，不能乱扔；三是，曹氏时期，可能由于中原的比较完整佛经传到了敦煌，敦煌以前所藏的图书就被彻底清点了一遍，像无用的零部残卷、无用的文书、废纸等都被存在了一个较小的不太重要的洞窟内，没想到时间一久，人们渐渐地竟把这个洞窟遗忘了。

此外，还有学者认为藏经洞是由一个书库改造成的。由于在公元 1000 年左右，折页式的刊本经卷从内地传到了敦煌，当地就建造了新的藏书室来容纳这些书卷。而原来那些用起来不方便的卷轴式佛经和其他一些杂物就被封存在原来的藏书石窟中了。

关于藏经洞何时封闭以及为何封闭的谜题到现在仍然众说纷纭，难有定论。甚至，王道士什么时候发现的藏经洞也曾出现过争议。目前，学术界基本赞同庚子发现说，证据是光绪二十六年，叶昌炽的《缘督庐日记》中记载过这件事，而当时距离发现此洞仅过了三年。

最珍贵的化石今何在——北京人头盖骨失踪谜案

"北京人"是中国猿人北京种的俗称，也称"直立北京人"。它生存于第四纪初期，距今约有数十万年。按照形态上说，它介于现代人与猿过渡的一种原始人类，与现代人的关系十分密切。这一古人类研究史上的重大发现，一度引起了全世界学术界的注意。周口店"北京人"遗址也因此成为世界人类学的宝库和人类文明进步的摇篮。1987 年 12 月 11 日，该遗址还被联合国教科文组织列入"世界文化遗产"清单。

但不幸的是，如此珍贵的"北京人"头盖骨化石标本，竟在抗战时期不知流落何处，这也成了我国乃至世界的一个重大损失。1945 年 12 月 4 日，当年"北京人"头盖骨化石的发现者、著名历史考古学家裴文中教授，在天津大公报发表《"北京人"在哪里》一文，他感慨道："这是一个谜！也许不久即可解答，也许永远不能解答。"

后世关于"北京人"化石失踪之谜，有着多种猜测。"北京人"头盖骨化石送交美国海军代运出，传说该文物在秦皇岛附近被日军截获；在天津调包，流落美国；埋藏在北京；沉没在海中；在中国民间。

从时间上看，几乎可以排除北京猿人头盖骨化石"运抵美国途中遗失说"。1941年 12 月 5 日，带着"北京人"头盖骨化石的美国海军陆战队前往秦皇岛，准备在那里把化石送上一艘由上海开来的美国邮轮——"哈里逊总统"号。"哈里逊总统"号邮轮从菲律宾首都马尼拉开航以后，就一直被一艘日本军舰追逐，最后，在上海以东长江口附近搁浅。随后被日军击沉。它当然不可能将远在秦皇岛或天津的化石运出。但是，不排除中途藏匿的可能。20 世纪 80 年代，在一位美国古人类学家夏皮罗出版的《"北京人"》（Peking Man）一书中指出，"北京人"头盖骨化石在天津的地下室就被调包了。

认为"北京人"头盖骨化石在美国的也大有人在。1972 年，美国总统尼克松访华，为打破中美长期敌对的坚冰，尼克松一直想找到"北京人"头盖骨化石作为礼物送给中国。随尼克松访华的嘉纳斯就悬赏 5000 美元寻找"北京人"头盖骨化石，但一直没有收获。直到一位女士说自己藏有"北京人"头盖骨化石，并约定和嘉纳斯在帝国大厦 102 层楼见面。两人见面后，该女士取出照片，嘉纳斯为之一震，这正是他梦寐以求的"北京人"头盖骨化石。然而，就在双方正讨价还价的时候，那个女士看到有人拍照，突然拿起包就飞快跑出房间，嘉纳斯没能追上。1993 年 3 月 8 日，美国海军某部军官、历史学家布朗认为，"北京人"头盖骨化石可能在纽约，并在《纽约邮报》上发布消息，悬赏 2.5 万美元寻找"北京人"头盖骨化石。

"北京人"头盖骨化石是否在日本呢？如果化石和美国陆战队队员确实在秦皇岛落入日军手中，那么可能就在日本。如何理解战时日本方面的搜寻呢，一种解释是为了掩人耳目，另一种解释则是确实不在日本手中。还有一种说法是，装"北京人"骨骼化石的两个箱子，当时在秦皇岛的库房中，该库房曾被日军抢劫两次，战乱中日军极有可能摧毁了这两个木箱，只是他们自己还不知道。

第二次世界大战后，不少学者认为化石在日本的可能性不大。中国学者、光明日报出版社社长李树喜认为，"北京人"头盖骨化石在日本的可能性基本可以排除，其理由在于新中国成立以来，尤其是改革开放以来，中日两国无论是官方还是学术界都就"北京人"头盖骨化石失踪问题交换过意见，日本方面坚决否认其在日本。"从常理来推测，'北京人'头盖骨化石之所以珍贵，主要在于其研究上的重要价值，关注的人多才有意义。假如在日本，无论是在政府手中，还是在民间，都应该将它公布出来，没有秘而不宣的道理，这样做没有任何意义。"据李树喜所说，著名人类学家贾兰坡在世时曾说，他也不相信"北京人"头盖骨化石在日本。上述分析，也是有道理的。文物，是人类发展的见证，是人类共同的财富，应该得到保护，共享研究成果，而不能据为一己私有。

然而，有学者却指出这种想法未免有些一厢情愿。第二次世界大战时，日本从中国掠夺大量文物，战后日本方面不配合、并极力阻挠文物归还中国的事件时有发生，这又如何理解？20 世纪 80 年代后期，古生物学家周兴国在东京举办"恐龙展"，为了进一步了解"北京人"头盖骨化石的情况，他想面见高井冬二，可高井冬二只捎来一封信，信中否定化石到过日本，而断言"由海上运到了美国"。周兴国认为，相对于美国而言，"北京人"头盖骨化石在日本的可能性更大。日本当时是侵略国，有很强的掠夺性。并且，在第二次世界大战期间，日本曾窃取过一具在爪哇发现的梭罗人头骨化石，直到战后才被追回。毕竟，"北京人"头盖骨化石失踪事件是在日本人控制的局势下发生的。

对"北京人"头盖骨化石去向的猜测还有一种说法，当时，一个守护在美国海军陆战队总部与美国驻华大使馆相通的便门口的卫兵，曾看到半夜有两个人抬了一箱东西，埋在大使馆门外十几米的后院里。这个卫兵推测，这一箱东西可能就是"北京人"头盖骨化石。对此，李树喜认为，起初美国方面并不愿代为保管，直到中美就保管"北京人"头盖骨化石事宜达成官方协议才起运的，故不存在私埋的理由。

也有人认为遗失的"北京人"头盖骨化石就在国内。1996 年，有个日本老兵临死前，向中国有关部门传递消息，称化石埋在日坛公园的一棵松树下，这棵松树还做了特殊记号。中国方面知道消息后，马上引起了重视。1996 年 5 月 3 日，各路专家商讨对北京日坛公园"埋藏"地点的"地表探测"方案。以后，中国科学院地球物理研究所进行两次电震探测。6 月 3 日上午，挖掘工作正式开始。然而，近 3 个小时的发掘，结果仍然是让人失望的。

现在，李树喜等学者坚持"北京人"头盖骨化石随葬"阿波丸"一说。这一说法是由 20 世纪 70 年代美国方面提供的资料率先披露的。据悉，美国总统尼克松当年访华时，曾将美方认为的化石下落作为绝密礼物送给了中国政府，称化石可能在日本沉船"阿波丸"号上。

1977 年，中国曾对"阿波丸"沉船进行过一次初步打捞，但由于当时潜水技术的限制，只发现了 3000 吨锡锭和其他一些东西，并未找到"北京人"头盖骨化石。但是，打捞人员却找到了伪满洲国政要郑禹的家藏小官印和圆砚，由此推断，该船印证了携带大量中国北方宝物的猜测，也成为"阿波丸"可能装载"北京人"头盖骨化石的有力旁证。

正因为此，一些学者建议，政府相关部门应该对"阿波丸"号重新打捞。但是，这一推测也有疑点，如果日本人 1941 年已得到了"北京人"头盖骨化石，为什么不将化石直接运送日本，反而绕道东南亚，一直等到 1945 年才装上"阿波丸"运往日本呢？

"北京人"头盖骨化石的失踪，不仅是中国，也是全世界、全人类不可估量的损失。解开"北京人"头盖骨化石的失踪之谜，是中国乃至世界关心类发展和学术进步的人们的共同愿望。

一块群雄觊觎的美玉——传国玉玺

"玺"本是印章的统称。但从秦朝开始，"天子独以印称玺，又独以玉，群臣莫敢用也。"（《独断》）在我国历朝历代的帝王用玺中，秦王的"传国玉玺"号称"天下所共传宝世"（《史记》），历朝历代都极为珍视。可是，它的最终下落至今却是一个难解的千古之谜。

"传国玉玺"本是秦统一中国后，秦始皇令丞相李斯用"和氏璧"磨刻成的一方玉玺。据《韩非子·和氏》记载，春秋时，楚人卞和在荆山看见一只凤凰落在一块青石上。当时人认为，凤凰神鸟不落无宝之地。于是，卞和认定青石中有宝，就将石头献与楚厉王。玉工说仅是石头而已，楚厉王认为卞和欺君，便刖其左脚。后来，楚武王即位，卞和又献之。玉工仍说是石头，楚武王大怒，便刖其右脚。再后来，楚文王即位，卞和乃抱着青石痛哭于荆山之下。楚文王派人了解情况后，命良工雕琢青石，得到一方罕见的玉石。为纪念卞和的遭遇，此玉便叫"和氏璧"。从此，此玉便融入中国古代史之中，开始了一段富有传奇色彩的经历。

"和氏璧"出现在400年后的战国时期，楚威王将此璧赐给了相国昭阳，昭阳有一次大宴宾客，席间将和氏璧递与宾客赏玩，不料散席时此璧却下落不明。50年后，和氏璧突然出现在赵惠文王王宫。秦昭襄王听说后，提出愿以十五城交换"和氏璧"。秦强赵弱，赵国只得派蔺相如带着和氏璧出使秦国。后因秦无诚意，蔺相如巧施计谋，派从人将"和氏璧"偷偷带回赵国，演绎了一段"完璧归赵"的佳话。（《史记·廉颇蔺相如列传》）60年后，秦灭赵，"和氏璧"归秦。秦始皇命丞相李斯在和氏璧上刻了"受命于天，既寿永昌"八字，"和氏璧"摇身一变，成了"传国玉玺"。中国封建王朝从此以得此玺者为正统，"传国玉玺"也便成了野心家们觊觎的至宝。

秦一统天下后，始皇帝经常巡游天下。公元前219年，秦始皇南巡行至洞庭湖时，风浪骤起，舟船随时可能被掀翻。秦始皇便将传国玉玺掷入湖中，祀神镇浪，结果平安过湖。8年后，当他出行至华阴平舒道时，有人手拿玉玺拦住去路，并对始皇侍从说："请将此玺还给祖龙（秦始皇代称）。"说罢便不见了踪影。（《史记·秦始皇本纪》）此事真假，遂成一谜。

秦末战乱，刘邦率兵先入咸阳。秦亡国之君子婴将"传国玉玺"献给刘邦。刘邦建汉登基，佩此"传国玉玺"，号称"汉传国玺"。此后，玉玺珍藏在长乐宫，成为皇权象征。西汉末王莽篡权，皇帝刘婴年仅两岁，玉玺由孝元太后掌管。王莽命安阳侯王舜逼太后交出玉玺，太后骂道："得这块亡国玺，看你兄弟有什么好下场！"并将玉玺扔到地上，玉玺被摔掉一角，后来王莽用、黄金镶补，但无济于事，还是留下了缺痕。光武帝刘秀建立东汉政权，此玺重新归汉所有（《汉书》诸纪）。

东汉末年，何进诛杀宦官，汉少帝出宫避难，返宫后发现此玺再次失踪。不久，

历史知识大博览

历史之谜

十八路诸侯讨董卓，攻入洛阳，长沙太守孙坚部下从甄宫井中发现了此玺。从此，"传国玉玺"归孙坚所有。后来，孙坚战死，其子孙策以"传国玉玺"作抵押向袁术借兵，玉玺又归袁术，随后袁术称帝。不久，袁术败亡，曹操获得玉玺。三国归晋，玉玺随之归于西晋。历经五代十六国的血腥战乱，玉玺归于东晋。（《晋书》）宋、齐、梁、陈相继短暂拥有，隋灭陈，此玺归隋。隋末大乱，高祖李渊父子乘乱起兵，建立唐朝，"传国玉玺"也归入李唐。唐太祖李渊改"玺"为"宝"，"传国宝"从此也便成为唐代皇帝世代相传的信物（《南史》《新唐书》）。

五代时期，"传国玉玺"第四次神秘失踪。当时，天下动荡，后梁、后唐、后晋、后汉、后周相继建国，"传国玉玺"再一次饱经战火洗礼。公元936年冬，后唐末帝李从珂被后晋大兵围困，李从珂便和后妃在天星楼自焚而死。据说，李从珂当时便随身携带着"传国玉玺"。可是，大火过后，人们从灰烬中却不见"传国玉玺"的踪影，甚至连一块外形稍像玉玺的石头也没有找到（《新五代史》）。

由于历代统治者极力宣扬获得"传国玉玺"是"天命所归""祥瑞之兆"，自宋代开始，真假"传国玉玺"不断出现。如北宋绍圣三年（公元1096年），咸阳人段义称修房舍时从地下挖出一方"色绿如蓝，温润而泽""背螭钮五盘"的玉印，经翰林学士蔡京等13名官员"考证"，认定是"真秦制传国玺"的玉印。然而，据后世人考证，这是蔡京等人哄骗北宋皇帝的把戏。明弘治十三年（公元1500年），户县毛志学在泥河里挖到玉玺，由陕西巡抚熊羽中呈献给明孝宗皇帝。相传，元末由元顺帝带入沙漠的传国玉玺，曾被后金太宗皇太极访得，皇太极因而改国号"金"为"清"。但是清初故宫所藏的39方玉玺中，乾隆皇帝却把那方被称为"传国玉玺"看作是一个赝品，可见"传国玉玺"的真真假假实难确定。有传说真正的"传国玉玺"是明灭元时，被元将带到了漠北。

"传国玉玺"究竟还在不在这个世上？难道真的是"玉石俱焚"了吗？它还能重见天日吗？至少在目前，这是一个难解之谜……

世界第八大奇迹——秦代兵马俑的不解之谜

1974年，考古工作者在陕西临渔县西杨村，距秦始皇陵东侧1.5公里的一片荒原上，发掘出了被称为"世界第八大奇迹"的秦代大型地下兵马俑军阵，它的问世引起了世界性的轰动。

这些如同真人、真马的陶俑、陶马依次排列在三个俑坑中，共8000件。陶俑身材高大，约1.8米左右，容貌不一，神态各异，整装待发，浑然一体；陶马则昂首肃立，肌肉丰满，装备齐全，栩栩如生。此外，俑坑内还有130多辆战车及大量的青铜兵器、金、铜、石饰品等。这些陶人、陶马及青铜兵器的精良和完美令人叹为观止。秦代兵马俑坑也俨然成了世界上最大的军事博物馆，结构严整，气势磅礴，再现了秦始皇傲视天下，横扫六国的雄风。兵马俑是一个人间奇迹，也是一个难解之谜。

为什么没有统帅俑

俑坑中的陶俑无论是步兵、弩兵、骑兵、车兵，都属武士俑，却不见统帅俑。这是为什么呢？有人认为，可能是按秦制，每次出征前由秦王指定一名将领任统帅。然而，修建作为指挥部的 3 号俑坑时，虎符正掌握在秦陵地宫中的秦始皇手中，既然秦始皇并未任命将帅，工匠们当然不敢随意塑一位统帅了。还有人认为，也可能是因为秦始皇是秦

秦代兵马俑

军最高统帅，为维护皇帝的绝对权威和神圣尊严，不能把秦始皇的形象塑在兵马俑坑之中。这两种说法，都是臆测，并没有什么真凭实据。

兵马俑为什么会被焚毁

发掘兵马俑时，考古工作者发现：1 号俑坑与 2 号俑坑的木质结构几乎全部被烧成炭迹或灰烬。很多陶俑和陶马耳上的彩绘颜色因为火烤都脱落了，有的青灰色陶俑被烧成了红色。俑坑经火焚后全部塌陷，陶俑和陶马被砸，有的东倒西歪，有的身首异处，有的头破腹裂，有的腿断臂折，有的断成数段，有的成为碎片，完整的很少。

究竟是谁在俑坑放的火呢？后人推测有三种可能。

一是，秦人自己点的火，以烧毁祭墓物品及墓周的某些建筑，使死者灵魂将此带去阴间享用，即所谓"燎祭"。但是，如果真的是出于古代的丧葬制度和民间风俗习惯而烧掉兵马俑，为什么只烧 1 号俑坑和 2 号俑坑而 3 号俑坑能幸免呢？假如真的是秦人自己烧的，那么肯定从建成到焚毁的间隔时间不会太久。可是据考古发掘来看，俑坑底下浸地砖上普遍都有十几层的淤泥层，这种淤泥层绝不是四五年能够形成的。

二是，秦兵马俑可能是被项羽率领的军队焚毁的。据《汉书》《史记》《水经注》等史籍记载，烧秦宫室火三月不灭。但上述史书中并没有一个字明确指出项羽军队焚毁秦兵马俑之事，甚至连秦兵马俑零星半点的记载都没提到。因而，说项羽又火烧了兵马俑，只是后人的猜测罢了。

三是，兵马俑坑中的火是因为坑内的陪葬物等有机物腐败产生沼气，自燃造成的。但是，同样的俑坑，同样的环境条件，为什么只焚毁了 1 号俑坑和 2 号俑坑而 3 号俑坑却没有起火呢？这个观点也没找到相应的科学根据。

陶俑制作之谜

兵马俑坑中的陶俑和陶马都是泥制灰陶，其火候高、质地硬。经研究，这些陶制品并不是通过模具制作出来的，它们肯定是一个个地雕塑而成。陶俑、陶马身上原来都绘有鲜艳的颜色，只不过因为俑坑被毁，加上长期埋于地下，颜色几乎全部脱落。但是，从陶俑身上残留的颜色仍可看出，制作当初所用颜色的丰富，有绿、粉绿、朱红、粉红、紫蓝、中黄、橘黄、纯白、灰白、赭石等。各种色调和谐、艳丽，更增添

了整个军阵的威武雄壮。

这些陶人、陶马在地下掩埋了两千多年，不见天日，但其出土后，仍然保持了色泽纯、密度大、硬度高的特点，以手敲击，金声玉韵，制作技术真是达到了"炉火纯青"的境界。当代的制陶工艺大师经过十多年的努力至今仅能仿造一些简单的陶人。他们想要复制陶马，却始终无功而返。秦代这种杰出的泥塑工艺和制陶工艺，使今人佩服得五体投地。但它的技术、配方都已经失传，制作工艺也就成了千古之谜。

青铜剑铸造之谜

从2号俑坑出土的青铜剑，长86厘米。剑身上有8个棱面，极为对称均衡。19把青铜剑，误差都不到10丝。它们历经两千多年，从地下出土，没有腐蚀也没有生锈，都光洁如新。用现代科学方法检测分析，这些青铜剑表面竟涂有一层厚约1/100毫米的氧化膜，其中含铬2%。这一发现足以震惊世界。因为，这种铬盐氧化处理是一种近代才掌握的先进工艺。据说德国和美国分别在1937年和1950年才先后发明了这项工艺，并申请了专利。而且，他们的这项工艺还必须需要一整套比较复杂的设备和工艺流程下才能实现。秦人的铸造水平之高，真是令人不可思议。

另外，这些青铜剑的韧度之高也是非常惊人的。俑坑挖掘之处，有一口剑，被一具150公斤重的陶俑压弯了，弯曲度超过45°。可是就在陶俑被移开的一瞬间，奇迹发生了！青铜剑立刻反弹平直，自然还原。这么精湛的铸剑技艺，实在令人瞠目结舌，而这高深莫测的铸造技术也成了一个难解之谜。

围绕兵马俑的谜团还有很多。不过，随着科学技术的进步和考古发掘的深入，最终一定会找到答案。

七十二冢何处寻——曹操墓方位之谜

对曹操的一生用"枭雄"两字来概括再准确不过了，其一生之中功过是非，后世评说不一。然而，最让人感兴趣的是，这个一生都热衷于技术、谋略的枭雄在临死之前仍布下了一步疑棋——疑冢。

汉献帝建安二十五年（公元220年）正月，时任宰相的曹操病死于洛阳。当年二月，曹丕遵照其遗嘱将灵柩运到了他的封地邺（今河北临漳县）埋葬。根据《舆图备考》《方舆纪要》以及杨奂的《山陵杂记》等书记载，鉴于历史上众多帝王墓都惨遭掘盗，曹操留遗嘱说，要曹丕制作了多副棺材，趁黑夜出殡，城门四开，埋设了七十二处疑冢。疑冢从临漳县三台村以西八里的讲武城开始，直到磁州，个个如小山一样布列。历史上曾有不少史学家和文人墨客对疑冢进行考证，并到临漳县一带考察，都一无所获。

曹操墓究竟在哪？据《魏书·武帝纪》记载，"其规西门豹祠西原上为寿陵，因高位基，不封不树。"与曹魏时期相隔不远的晋朝文人陆机在《吊魏武帝文》中也认为，曹操"葬于邺之西岗上，与西门豹祠相近。"由此可以推测，曹操墓在古邺城西门豹祠以西地方，相当于现在临漳县三台村以西直到磁县境内的漳河沿岸。既然曹操墓已经这么明白地告诉世人，其就在西门豹祠以西，那人们为什么会找不到呢？这是因为，西门豹祠不仅在临漳一带有多处，而且临漳以外也有不少，究竟哪个西门豹祠以西才是史料所载，却实在让人费解。更何况，这一地区是北朝的皇家墓葬区，王公大臣的陵墓很多。元明朝两后，这里的陵墓相继被人盗掘，但是多为东魏、北齐的墓葬。有人认为，曹操的这七十二个疑冢，肯定有一个是真的。但是，也有人认为，恐怕这七十二个疑冢都是虚设的。

根据临漳当地传言，在清朝顺治年间，有一年漳河水干涸，有一个渔夫看到河底有一块大石板，便找人一起把它掀开，看到下面就是一间石室，石室又深又广室内有许多美女侧卧，四周放有许多石凳，中间石床上卧着的一个人身穿蟒袍，头戴王冠，旁边立着一座石碑，有认得字的人认出这碑文写的是曹操，因此大家砸毁了石碑、尸体就离开了。虽然这一说法不可信，但是有人根据曹丕《止临·侯（曹）植求祭先王诏》中有"欲祭先王于河上，览省上下，悲伤感切"之语，认为曹操应葬于河底。

关于曹操墓的方位，河北临漳县历史上地方志有不少考察和记载，明朝嘉靖年间的《彰德府志》记载："曹操西陵在县西南三十里，周围一百七十步，高一丈六尺……甄皇后陵在灵芝村……魏元帝陵在彭城村。"清朝乾隆时的《彰德府志》也认为，这三座陵墓在方位上大致呈三角形排列，曹操墓在前，甄皇后和魏元帝曹奂的陵墓分别在其东西两侧。又根据曹操的《遗令》中记载，"吾死之后……吾婢妾与使人皆勤劳，便著铜雀台，善待之。于台上安六尺床，施穗帐，朝朝上脯粮之属，月旦十五，自朝至午，辄向帐中作伎乐。汝等时时等铜雀台，望吾西陵墓田。"为此，就可以推测曹操生前傍河所修建的铜雀、金凤、冰井三台距离不远，根据当地文物部门进行的方位实地考察，在邺城遗址范围内的邺城村西南约二里处，有一座北高南低的墓葬，其封土仅仅只有一米多高。然而，在这座墓葬之后，又相继发现了三座大、中型属于东汉晚期的墓葬。根据出土的文物看，可以判断他们属于卿大夫级墓葬，从整个墓葬区域烈来看，符合东汉葬礼"诸侯（墓）居左右以前，卿大夫居后"的规定。但是，这座封土残存的墓真的就是曹操的吗？目前还没有能够进一步证实的证据。

曹操墓究竟在哪，恐怕只有曹丕等少数人才知道，但是在曹氏有关人物遗留下来的文献资料中，很难找到蛛丝马迹。很可能，曹丕等人压根就没想留下任何关于曹操墓的可靠档案材料，以防止后世有人盗墓。不过，可以确定的是，曹操的陵墓肯定是在漳河流域，也就是现在河北临漳县一带。不管是葬于地下，还是葬于漳河底，既然曹操不想被后世轻易找到其墓葬所在，其墓葬的工程建设，无论在选择方位、工程设计、施工方面，都应该是非同凡响的，不会轻易被人发现。但是，有一点需要考虑，根据水文专家的考察，历史上古漳河曾数次改道，曹操时期建设的铜雀台、金凤台等都被大水冲没了，因此真正的曹操墓可能早就被冲毁了。当然，人们希望这个推测并未变成现实。

随着考古工作的进一步展开，曹操墓必将会被人们找到。

滔滔海浪上的巨无霸——郑和宝船之谜

郑和下西洋不仅是我国而且也是世界航海史上的一大奇迹。郑和曾七次远赴重洋，其航线从西太平洋穿越印度洋，直达西亚和非洲东岸，到达南端的好望角，也就是说抵达了大西洋，涉及三大洋，历时 28 年，其时间之长、规模之大、范围之广都是空前的。七下西洋的壮举不仅发展了明朝的贸易，而且还加深了中国与南洋诸国的联系。不过，郑和下西洋这一历史事件又充满了各种谜团，其中郑和在航行时所用的宝船就是一例。

据史料记载，郑和下西洋的船队共由五种类型的船舶组成。第一种船叫"宝船"，据《明史》《郑和传》记载，郑和远洋航海宝船共有 63 艘，最大的长四十四丈四尺，宽十八丈，载重量八百吨，是当时世界上最大的海船，如果折合成现在的计量单位，该船的长度达到 151.18 米，宽 61.6 米。船有四层，船上 9 桅可挂 12 张帆，锚重有几千斤，要动用二三百人才能启航，一艘船可容纳有千人。有《明史·兵志》为证，"宝船高大如楼，底尖上阔，可容千人。"它的体式巍然，巨无匹敌，可称得上是当时的"航空母舰"。第二种船叫"马船"，长三十七丈，宽十五丈。第三种船叫"粮船"，长二十八丈，宽十二丈。第四种叫"坐船"，长二十四丈，宽九丈四尺。第五种船叫"战船"，长十八丈，宽六丈八尺。由此可见，郑和远航舰队中的船只，有的用于载货，有的用于运粮，有的用于作战，有的用于居住。船舶功能分工明确细致，种类较多，并且完全按照海上航行和军事组织进行编成的。可以说，郑和的船队是一支以宝船为主体，配合以协助船只组成的规模巨大的舰队。

史上确实存在郑和的巨大船队是毫无疑问的，但是关于宝船规模的记载是否真实，学术界并没有统一观点。持肯定观点的学者认为《明史》上所述基本正确，并进行了仔细考证。

一是，有人曾以南京静海寺郑和残碑所记"两千料海船"体积不符合《明史》记载为由，推断"宝船"的体积被夸大其词了，但持肯定态度的学者指出"料海船"并不是"宝船"，而是较小的"战船"。

二是，在对南京郑和造船厂的考古发掘中，发现了一根约 15 米长的舵，这和《明史》所述宝船大小相符。

三是，史书上所记宝船宽 18 丈，而南京郑和造船厂的船坞宽可容 20 丈，这使宝船的建造成为可能。

四是，伊本·白图泰（ibn Battuta）（公元 1304 年~公元 1377 年）在其游记中曾有如此纪录，中国有巨大的 12 张帆可载千人的海船。白图泰的游记可作为宝船的旁证。

持质疑态度的学者却认为木材的强度是有限的，船体过大就无法保证水密性，难以做长时间的航行。根据南京静海寺郑和所立残碑记载，郑和首次出海宝船为"两千料"，根据他们推论，折合长约为长十五到二十丈，宽六到八丈左右。载重量约为五千吨。最为关键的是，至今未有人能复制出可以实际航行的四十四丈"宝船"。目前，复制中的宝船多采用持质疑态度的学者的说法。不过，即便是采用持质疑态度的学者的说法，郑和宝船仍是当时世界首屈一指的巨型船舶。

上图为按照当年郑和船队中的中型宝船尺度设计建造的仿古宝船，展示于南京宝船厂遗址公园。船长 63.25 米、船宽 13.8 米，6 桅 8 帆，排水量约为 1300 吨。

皇城巍巍留缺憾——北京城墙缺一角

我国首都北京，是一个世界闻名的古城，距今已有 3000 多年的历史。北京城内文物古迹众多，无不让人流连忘返。但是，这其中最具神秘色彩的，恐怕就属北京的古城墙了。

据考证，现存的北京旧城墙在元代开始修建，于明代定型。公元 1215 年，蒙古军占领中都城，烧毁了宫城。郊外的大宁宫则幸免于难。元世祖忽必烈至元四年（公元 1267 年）以大宁宫为中心，建成了一座规模宏大的新城——大都，这项浩大的工程整整用了 4 年时间。元大都的兴建，揭开了中国城市建筑史上的新篇章。它在全城设计上体现了我国传统的"前朝后市，左祖右社"的建都原则。元大都的宫城位于太液池（今北海、中海）东岸。宫城的中心恰好位于全城的中轴线上。而隆福宫、兴圣宫分别建立在了太液池西岸。三组宫殿的周围则加筑了一道城墙，也就是后来的皇城。整个皇城构成"前朝"。皇城后面（今钟楼、鼓楼一带）是商业集中地区。积水潭是当时商人云集的地方，也就是"后市"。元大都规模宏大、宫殿壮丽，人口繁多，商业发达，是当时世界著名的大城市之一，它的建成为明清北京城奠定了基础。明代永乐年间，明成祖朱棣在迁都北京前，于永乐二年（公元 1404 年）到十八年（公元 1420 年）对元大都进行了改建。最重要的变动是把全城的中心线向东移了约 150 米，新建的宫城紫禁城稍向南移。改建的北京城，周围长 20 公里，城墙全部用砖砌成。清代的北京城，基本上保持了明代的原状，大部分建筑活动是在明代的基础上进行重建或改建，主要是增建了许多祭祀性建筑物和更改一些城门名称。清代北京城在建筑上的最大贡献，是在建造园林方面，如城内的三海（北海、中海、南海）和城外的二园（颐和园、圆明园）。中华人民共和国成立后，中央政府又对旧北京城进行了扩建和改建，使北京城的面貌焕然一新。

1972 年和 1975 年，美国发射了两颗地球资源卫星，在北京上空 900 多公里的高空进行了拍摄。从高空拍摄的照片来看，最为清晰的是明朝修建的内城城墙的影像，它的位置在现今的德胜门、安定门、朝阳门、崇文门、宣武门、阜成门、西直门一带。尽管绝大多数的城墙、城楼已经不复存在或被公路所取代，但由于旧城墙原址具有非常坚实的地基和卫星携有多波段扫描器，因而照片上北京城墙的影像还是十分清晰的。

但让人不解的是，北京城的四面城墙并没有组成矩形。虽然，北京城的东北、东南、西南角都为整齐的直角，但是西北角却是抹角，四角缺了一角。这是由于什么原因造成的呢？不少专家、学者对此展开了研究，并各自提出了一些观点，但意见却有着相当大的分歧。

有学者认为，这与明朝的创建者朱元璋有关。朱元璋出道初期接受过"高筑墙，广积粮，缓称王"的建议，最后能统一中国于此不无关系，于是他深感"非深沟高垒、内储外备不能为安"。因此，命令谋臣刘基、姚广孝主持设计城池图样，以颁示天下如式修造。刘、姚二人经过反复商讨、多次修改后，按照传统规矩画成了矩形图案上交给了朱元璋。朱元璋看后觉得并不满意，他说："自古筑城虽有一定规矩，但根据我的经验，凡事切莫墨守成规，《礼记》云：'规矩城设，不可欺以方圆。'我看还是稍做改动为好。"说完，就提笔将矩形图案的一角抹去。随后，这张由朱元璋改动的城池图式便昭示天下，这也导致明代所建之城也大都遵照此式，即四角缺一角。由此，北京城四面城墙并未组成矩形，它的东北、东南、西南角是整齐的直角，而西北角从德胜门至西直门一线却成了抹角。

也有的历史学家、考古工作者研究后认为，元代大都的北城墙，在现今德胜门和安定门以北五里处，至今遗迹还在。引人注目的是，它的西北角是呈直角的。明代重修北京城时，为了便于防守，便放弃了北部城区，在原城墙南五里处另筑建了新城墙。新筑的北城墙西段穿过当时积水潭最狭窄的地方，然后转向西南，把积水潭的西端隔在城外，于是西北角就成了一个斜角。明初时，积水潭的水远比现在要深得多，面积也大得多。为了城防和建筑的需要，城墙依地形而呈抹角是合乎情理的。因此，这种观点被大多数人所接受。

近年，一些地质工作者提出了不同的看法。他们在研究卫星照片时发现，紧贴着城墙西北角的外侧，正巧有一条断裂平行于城墙通过，他们称这条断裂为车公庄，即德胜门断裂。然而，在抹角的外侧，卫星照片上隐约能看到直角的影像，他对侧这可能是老墙基的影像。于是，一些地质工作者提出了这样一种设想：城墙西北角最初修筑时很可能也是建成直角的，城墙西北角也因此正好斜跨断裂。由于地基建在断裂破碎带上，而断裂很可能还有一些微弱的活动性，城墙的坚固性就受到了影响。也许是因为多次倒塌，后来才改建成现在这种抹角式的城墙。这样，城墙也就巧妙地避开了断裂，进而能够长存于世。

由于古籍、史书上没有这方面的确切记载，因此人们还不能肯定哪一种说法是历史真相，要找到问题的全部答案，无疑还需要广大学者做进一步的探索、分析、研究。

帝王谜案

越王勾践到底有没有卧薪尝胆？

越王勾践卧薪尝胆的历史故事，已经是尽人皆知了。这个历史故事说的是：传说在春秋时期的一场战争中，吴国打败了越国，吴军把越王勾践包围在会稽山上，致使越王在走投无路的情况下忍辱求和。从那以后，越国成为吴国的臣国，并受控于吴国。

越王勾践像奴隶一般在吴国宫中服役 3 年，后来吴王免去了勾践的罪，让他回国去了。为了不忘亡国之痛、报仇雪恨，勾践在屋顶上面吊了一个苦胆，无论是出是进、是坐是站，就连吃饭睡觉，也要尝一尝苦胆之味，用来激励自己的斗志；他还既不用床，也不用被褥，累了，便睡在硬柴堆砌的"床"上，以此锻炼自己的筋骨。越国最终灭了吴国，就是因为勾践这十多年的磨炼并实行了各种得力措施。

但历史上的越王勾践是不是真的用卧薪和尝胆两种手段来激发勉励自己的呢？首先从历史典籍来看，《左传》和《国语》成书年代较早，并且其中记载的史实也较为可信，因而较具有参考的价值。但两本史籍中无论哪一本，在讲述勾践的生平事迹时，都根本没有记载越王勾践卧薪尝胆的行为。另外，在《史记》中的《越王勾践世家》中，司马迁说："吴既赦越，越王勾践反国，乃苦身焦思，置胆于坐，坐卧即仰胆，饮食亦尝胆也。"其中，没有写到越王勾践卧薪之事。东汉时期，袁康、吴平作《越绝书》，赵晔作《吴越春秋》，这两本书虽然是专门记录关于春秋时期吴越两国的历史，但它们却只是以先秦历史为基础，又加上了小说家们的荒诞想象。《越绝书》中卧薪、尝胆都未提及；《吴越春秋》中的《勾践归国外传》，也仅说越王勾践"悬胆在户外，出入品尝，不绝于口"，而根本没有卧薪之事。由此看来，在西汉的《史记》中最早出现了越王尝胆一事；而在东汉时期的史料中还没有出现卧薪之事。

有人考证，在北宋苏轼所写的《拟孙权答曹操书》中"卧薪尝胆"首次被作为一个成语来使用。但苏轼起草这封信时带有很强的游戏性，信中的内容与勾践无关，而是设想孙权在三国平分天下时曾"卧薪尝胆"。南宋时期，吕祖谦在《左氏传说》中曾经谈到"卧薪尝胆"的事情，但说的却是吴王。明朝张溥在《春秋列国论》中也说"吴王即位，卧薪尝胆"。以后，《左传事纬》和《绎史》两书中，都说是吴王夫差卧薪尝胆。但与此同时，南宋的真德秀在《戊辰四月上殿奏札》、黄震在《古今纪要》和《黄氏日抄》两书中，又说是越王勾践曾卧薪尝胆。然而，到北宋的苏轼提出了"卧薪尝胆"一词后，这事究竟是夫差还是勾践所做，从南宋直到明朝都没有结论。明朝末年，在传奇剧本《浣纱记》中，梁辰鱼对越王勾践卧薪、尝胆二事大加渲染。清初的吴乘权在《纲鉴易知录》中写道："勾践叛国，乃劳其凝思，卧薪尝胆。"后来，明末作家冯梦龙在其刊刻的历史小说《东周列国志》中也多次提到过勾践卧薪尝胆的故事，直到现在越王勾践卧薪尝胆的故事，才广为流传。但其真实性却需要考证。

另有一些学者认为，早在东汉时代成书的《吴越春秋》中的《勾践归国外传》中就有越王勾践"卧薪"之事的记载。该文说越王勾践当时"苦身焦思，夜以继日，用蓼攻之以目卧"。蓼，清朝马瑞辰解释说是苦菜。蓼薪，意思就是说蓼这种苦菜聚集得非常多。勾践准备了许多蓼菜一定是用来磨炼意志，"攻之以蓼"也可以说是"攻之以蓼薪"。这样，上述《吴越春秋》中的话的语意就十分明显：那时勾践日夜操劳，眼睛十分疲倦，就想睡觉，即"目卧"，但他用"蓼薪"来刺激自己，以便能够忍耐克服，避免睡觉。卧薪、尝胆分别是让视觉和味觉感到苦。后人把"卧薪"说成是在硬柴上睡觉，是曲解了《吴越春秋》的意思，因为"卧薪"是眼睛遭受折磨而不是身体遭受折磨。这种说法的结论是：勾践确实有过卧薪尝胆的行为，尽管后人误解了这个词语的意思。

若说卧薪尝胆这个故事是真的，为什么历史上这么晚才有记载？若说是假的，它却在民间广为流传，而且这两种说法都有根据。因此，它成为中国历史上的又一个未解之谜。

奇货可居——秦始皇身世之谜

秦始皇嬴政是中国数千年专制时代的第一位君临天下、叱咤风云的皇帝。六国养尊处优的君主嫔妃、王孙公主、皇亲国戚无一不胆战心惊地揖首跪地、俯首称臣。然而，傲视天下的秦始皇内心却是异常脆弱，因为他对身世一直讳莫如深。

秦始皇是继秦庄襄王（子楚）之位，以太子身份登上王位的。秦始皇之母赵姬，据说曾为吕不韦的爱姬，后献予子楚，被封为王后。那么，秦始皇到底是子楚的儿子，还是吕不韦的儿子，后人争议不休。

《史记》中记载秦国丞相吕不韦本为河南濮阳的巨富，是远近闻名的大商人。但他不满足这种拥有万贯家私的地位和生活，野心勃勃，对王权垂涎三尺。

于是，吕不韦打点行装，到了赵国的国都邯郸，精心策划一个大阴谋，将正在赵国当人质的秦王的孙子异人，想法过继给正受宠幸的华阳夫人，转瞬之间，异人被立为嫡嗣，更名为子楚。

不久，国事生变。秦昭王、孝文王相继去世，子楚堂而皇之地登上王位，吕不韦被封为丞相。之后，吕不韦将自己的爱姬赵姬献给子楚，生下嬴政，被封为皇后，不料子楚仅在位三年就死掉了，于是他的儿子嬴政就顺理成章地继承了王位，这就是后来的秦始皇。

吕不韦认为嬴政是自己的亲生儿子，让嬴政喊自己为"仲父"，自己则掌管全国政事，成为一人之下、万人之上、权倾朝野、一手遮天的大人物，吕不韦在邯郸的秘计实现了。

认定吕不韦和秦始皇有父子关系的说法，其原因是：

其一，这样可以说明秦始皇不是秦王室的嫡传，反对秦始皇的人就找到了很好的造反理由。

其二，是吕不韦采取的一种战胜长信侯嫪毐的政治斗争的策略，企图以父子亲情，取得秦始皇的支持，增强自己的斗争力量。

其三，解秦灭六国之恨。"六国"之人吕不韦不动一兵一卒，运用计谋，将自己的儿子推上秦国的王位，夺其江山，因此，灭国之愤就可消除。

其四，汉代以后的资料多认为嬴政是吕不韦之子，这为汉取代秦寻求历史依据，他们的逻辑是，秦王内宫如此污秽，如何治理好一个国家，因此秦亡甚速是很自然的。

后世人也有认为上述传说并不能成立的。

其一，从子楚方面看，即使有吕不韦的阴谋，但其实现的可能性也很渺茫。因为秦昭王在位时，未必一定将王位传于子楚，更不能设想到子楚未来的儿子身上。

其二，从秦始皇的出生日期考虑，假若赵姬在进宫前已经怀孕，秦始皇一定会不及期而生，子楚对此不会不知道。可见，秦始皇的生父应该是子楚，而非吕不韦。

其三，从赵姬的出身看，也大有文章。《史记·秦始皇本纪》记载，秦灭赵之后，秦王亲临邯郸，把同秦王母家有仇怨的，尽行坑杀。既然赵姬出身豪门，她怎么能先做吕不韦之姬妾，再被献做异人之妻呢？这样，就不会存在赵姬肚子里怀上吕不韦的孩子再嫁到异人那里的故事了。

身世之谜也只有留于后人去推测了，而"奇货可居"这个成语却由此流传于世。

秦始皇 "焚书坑儒" 之谜

提起秦始皇，人们就会想起"焚书坑儒"这一典故，但是秦始皇到底有没有"坑儒"呢?

秦始皇统一六国以后，采取了一系列的措施，以便加强中央集权。在完成政治上的诸多加强控制的举措之后，秦始皇便开始了精神上的控制。公元前213年，秦始皇在咸阳宫为群臣及众多的儒生大排酒宴。在宴会上，围绕着是否实行分封制，众多儒生之间发生了激烈的争论。丞相王绾、博士生淳于越等人主张实行分封，而丞相李斯等则赞同郡县制，并指责淳于越等"不师今而学古"，"道古以害今"。最后秦始皇支持李斯的观点，并采用、实施李斯的"焚书"建议，下令：除了秦纪（秦国史书）、医药、卜筮、农书以及国家博士所藏《诗》《书》、百家语以外，凡列国史籍、私人所藏的儒家作品、诸子百家著作和其他典籍，统统按时交官焚毁。同时，禁止谈及《诗》《书》和"以古非今"，违者定当严惩乃至判其死罪。百姓如想学一些法令，可拜官吏为师。从这一点来看，焚书的举动秦始皇肯定做过。

秦始皇称帝以后，力求长生不老，迷恋仙道，不惜动用重金，先后派徐福、韩众、侯生、卢生等人寻求仙药。侯生与卢生当初是秦始皇身边的方士，由于长期为秦始皇求仙人和仙药，却始终没有找到，而心急如焚，忐忑不安。依照秦国的法律，求不到仙药就会被处死。因此他们深发感慨：像这样靠凶狠残暴而建立威势并且贪婪权势的人，不值得给他求仙药。于是，侯生、卢生悄悄地远走他乡。

这件事使秦始皇十分恼怒，于是他下令，对所有在咸阳的方士进行审查讯问，欲查出造谣惑众的侯生、卢生两人。方士们为保全自己的性命，只得相互告发，秦始皇最后把圈定的460余人，都在咸阳挖坑活埋。

秦始皇的"坑儒"是"焚书"的继续。至于坑杀的人究竟是方士还是儒生，学术界各持己见。从分析"坑儒"事件的起因看，秦始皇所坑杀的人应该是方士；但从长子扶苏的进谏"众儒生都学习孔子的学说"来看，秦始皇所坑杀的又好像是儒生。

而且东汉卫宏在《诏定古文官书序》中记载，秦始皇在骊山温谷挖坑用以种瓜，以冬季瓜熟的奇异现象为由，诱惑博士诸生集于骊山观看。当众儒生争论不休、各抒己见时，秦始皇趁机下令秘杀填土而埋之，700多名儒生全部被活埋在山谷里。于是有

人便根据这一点而偏向于传统的说法，认为秦始皇确实有过"坑儒"的行为。

但有人研究诸史籍，认为"焚书"有之，"坑儒"则无，实是"坑方士"之讹。"坑方士"事见始皇三十五年，因为侯、卢二人求仙药不成，他们惧"秦法不得兼方，不验辄死"，骂了秦始皇一番后逃走。既然事端由方士引起，那么就只能是"坑方士"，当然不能说被杀的460余人中没有儒生，而全是方士，但是由其代表人物可推知，被杀的主体应该是方士，而被杀的原因更与儒家的政治主张和学派观点无关。所以即使被杀者有儒生，也并非因其为儒生而得罪，总是与方士们有某种牵连之故。因此绝无理由说秦始皇"坑儒"。尽管秦始皇早因"坑儒"之举背上千古骂名，然而，直到今天，秦始皇究竟有没有"坑儒"这一谜团还是没有解开。

曹操为何要建 72 座陵寝？

曹操在丧葬上有别于历代帝王，他对自己的身后事，提出了"薄葬"。他是中国历史上第一位提出"薄葬"的帝王。

当时，曹操虽未称帝，但权力与地位不比帝王低，为什么他不但提倡"薄葬"，而且身体力行呢？

据说，曹操一生提倡节俭，他对家人和官吏要求极严。他儿子曹植的妻子因为身穿绫罗，被他按家规下诏"自裁"。宫廷中的各种用过的布料，破了再补，补了再用，不可换新的。有个时期，天下闹灾荒，财物短缺，曹操不穿皮革制服，到了冬天，朝廷的官员们都不敢戴皮帽子。

又据传，曹操早年曾干过盗墓的勾当。他亲眼目睹了许多坟墓被盗后尸骨纵横、什物狼藉的场面，为防止自己死后出现这种惨状，他一再要求"薄葬"。

为了防止盗墓，在力主和实践"薄葬"的同时，他还采取了"疑冢"的措施。布置疑冢，当然也和他生性多疑有关。生前，他因多疑，错杀了许多人；死后，他的多疑也不例外。传说，在安葬他的那一天，72 具棺木从东南西北四个方向，同时从各个城门抬出。

这 72 座疑冢，哪座是真的呢？曹操之墓的千古之谜随之悬设。

千百年来，盗墓者不计其数，但谁也没发掘出真正的曹操墓。

传说，军阀混战年代，东印度公司的一个古董商人为了寻找曹操的真墓，雇民工挖了十几座疑冢。除了土陶、瓦罐一类的东西外，一无所获。

1988 年某报发表一篇文章《"曹操七十二疑冢"之谜揭开》说，"闻名中外的河北省磁县古墓群最近被国务院列为第三批全国重点文物保护单位。过去在民间传说中被认为是'曹操七十二疑冢'的这片古墓，现已查明实际上是北朝的大型古墓群，确切数字也不是 72，而是 134。"关于疑冢的说法便被确证不是准确的了。

但是，关于曹操尸骨到底埋于何处，仍然是个谜。据诗曰："铜雀宫观委灰尘，魏之园陵漳水滨。即令西湟犹堪思，况复当年歌无人。"由此推断，曹操墓是在漳洞河底。

又据《彰德府志》载，魏武帝曹操陵在铜雀台正南 5 公里的灵芝村。据考察，这也属假设。那它还有可能在哪呢？

还有一种说法是，曹操陵在其故里谯县的"曹家孤堆"。

据《魏书·文帝纪》载："甲午（公元 220 年），军治于谯，大飨六军及谯父老百姓于邑东。"《亳州志》载："文帝幸谯，大飨父老，立坛于故宅前树碑曰大飨之碑。"曹操死于该年正月，初二日入葬，如果是葬于邺城的话，那魏文帝曹丕为何不去邺城而返故里？他此行目的是不是为了纪念其父曹操？《魏书》还说："丙申，亲祠谯陵。"谯陵就是"曹氏孤堆"，位于城东 20 公里外。这里曾有曹操建的精舍，还是曹丕出生之地，此外，又据记载：亳州有庞大的曹操亲族墓群，其中曹操的祖父、父亲、子女等人之墓就在于此。由此推断，曹操之墓也当在此。

但这种说法也缺乏可信的证据，遭到许多人的质疑。

面对"曹墓不知何处去"的感叹，人们对曹操的奸诈多疑可能有了更深的认识。曹操一生节俭，带头"薄葬"，是有积极意义的。这样做，既保护了自己，也使盗墓者无从下手，这也算是他的明智之举吧。

2009 年 12 月 27 日，河南省文物局公布，高陵经考古发掘得到确认河南省安阳市安丰乡西高穴村南，最终得到确实就是曹操墓。之后，国家文物局认定河南安阳东汉大墓墓主为曹操。至此，这一困扰人们多年的千古谜题终于得以真相大白。

晋武帝传位傻太子之谜

司马炎，字安世，西晋开国皇帝，谥号武皇帝，史称晋武帝。晋武帝司马炎，纵横沙场，果敢英武，为晋王朝耗尽了自己的半生心血。但是，他却将辛苦打下的江山交给一个傻儿子继承，致使宫廷内外血雨腥风，西晋王朝昏暗动荡，成了一个短命王朝。英明的晋武帝为何做出如此糊涂的事情呢？

从史料看，司马炎虽称得上英武果敢，但在感情上却柔若女子，有妇人之仁。他一生共有 26 个儿子。不幸的是，26 个儿子当中虽不乏聪慧之辈，但长子司马轨却不幸夭折，因此次子司马衷成了事实上的长子，按中国的继承人法则，司马衷要被立为太子，而司马衷却是个白痴，不谙世事。司马衷的痴愚朝野皆知。

太子司马衷在吃饭时对粮食很不爱惜，师傅李熹看不过去，就婉转地对司马衷说："殿下，碗中的米饭，一粒粒都是农民辛勤耕作得来的，殿下可知道稼穑艰难？如今旱荒严重，老百姓都没有粮食吃，都在忍饥挨饿。"司马衷听了这话，觉得十分奇怪，脱口说道："没有饭吃，干嘛不吃肉粥？"师傅李熹哭笑不得。

太子司马衷的低能，武帝是十分清楚的，他知道这个儿子难以担负国家重任。但是杨皇后反对更易太子。杨皇后名艳，字琼芝，是陕西华阳人，父亲杨文宗是魏国贵族，以功封蓨亭侯。杨皇后十分美丽，出自豪门大族，替武帝生下了三男三女，长子早逝，次子便是这司马衷。武帝数次担心地说太子不长进，天性愚钝，难以胜任大事。杨皇后每次都和颜反驳，儿子虽不聪明，但却忠厚纯良，好生教导，会有长进的。武帝试探地说，现在更易太子，还来得及。杨皇后摇头，说太子的名分已定了，决不能轻易改动，无论立嫡立长，都应是太子，破坏了这项法制，日后岂不乱了套？我坚决反对。

优柔寡断的武帝就将希望寄托在两个派去考察太子的大臣和峤和荀勖的身上。

果敢刚毅的武帝司马炎在美人面前优柔寡断，下不了决心。武帝信任荀勖，尤其佩服荀勖的高深学问和不世之才。后来荀勖进奏，说太子有了进步，于是武帝相信了荀勖，放下心来，不再考虑更易太子。

天熙元年（公元 290 年）四月，晋武帝司马炎病死，其子司马衷即位，是为晋惠帝。不过一年，皇后贾南风发动政变，杀死总揽朝政的大臣杨骏；接着又发生了"八王之乱"。建兴四年（公元 316 年），刘渊的侄子刘曜攻破长安，俘获末代皇帝司马邺，西晋亡国。时距司马炎之死只有 25 年。

"和尚皇帝"梁武帝为何饿死于宫中？

"千里莺啼绿映红，水村山郭酒旗风。南朝四百八十寺，多少楼台烟雨中。"这是唐代诗人杜牧的名作，诗中以生动的语言描绘了南朝佛教的兴盛。南北朝时，佛教大盛，南朝梁武帝萧衍是位吃斋信佛、极力倡导发展佛教的皇帝，他曾四次舍身到同泰寺（今南京鸡鸣寺）当和尚。所谓舍身，一是舍资财，即把自己的所有身资服用，舍给寺庙。还有一种是舍自身，就是自愿加入寺庙为众僧服役。梁武帝于公元 527 年、529 年、547 年三次舍身。舍身第一次是 4 天，最后一次长达 37 天。而每一次都是朝廷用重金将其赎回。寺庙因他又获得了可观的收入。他在位时，佛教在梁朝盛极一时，光当时的建康城内外就有佛寺 500 多所，僧尼 10 万余人。公元 504 年，他亲自率领僧俗 2 万人在重云殿的重云阁，撰写了《舍道事佛文》。

梁武帝一心崇佛，荒废了朝政，社会矛盾不断激化。梁武帝早年无子，过继侄儿萧正德为嗣子做太子，后来梁武帝生了个儿子，取名萧统，随即被立为太子，而侄子萧正德被改封为西丰侯。这让萧正德心里愤愤不满。正在此时，东魏大将侯景因与政敌高欢不合，转投了梁朝，梁武帝封他为河南王。侯景为人阴险奸诈，他看到皇族矛盾重重，认为有机可乘，于是勾结萧正德起兵发动政变，答应事成之后让萧正德做皇帝。最后叛军攻进了建康城，困住了宫城，后又引武湖水去漫宫城。梁武帝这位和尚皇帝被困在宫里。一筹莫展，也没有人去过问他，这位皇帝最后竟被活活饿死在宫里，无独有偶，《中华野史镜鉴》上也曾记载："太清三年（公元 549 年）三月，侯景攻下宫城。萧衍饮食断绝，口中苦涩，连呼：'蜜！蜜！'最后饿死于净居殿，时年 86 岁，萧正德最终也没做成皇帝，事成后就被侯景杀死了。"

唐太宗篡改过国史吗？

唐太宗李世民是唐代开国君主李渊的第二个儿子，是唐代难得的治国之君。在其统治期间，唐太宗知人善任，察纳雅言；执法慎刑，重农恤民，使国家形成了历史上人人称道的"贞观之治"局面。他的雄才伟略、勤于政事甚为后人称道。但即使是这样一位旷世圣人，他的一生仍是有很多瑕疵的，"玄武门兵变"内情历来让人生疑，而他后来的修改国史也为后人议论不休。

那么，李世民为什么要修改国史呢？对此，史学家们有不同的说法。《新编中国历朝纪事本末·隋唐卷》是这么写官修正史的——设史馆修前朝史制度的确立是在唐初李世民统治的贞观时期。贞观君臣为唐皇朝的"长治久安"，十分注意"以古为镜"，总结历史成败的经验教训，尤其注重隋亡的教训。鉴于武德年间萧瑀等人尚未修成前朝著史，唐太宗深感改组旧史馆、建立一套新制度的必要。

贞观三年（公元 629 年），太宗下令在中书省特置秘书内省专门负责修撰前五代史。同年闰十二月，太宗又下令将史馆移入禁中，设于门下省北面，由宰相监修。从此以后，原著作局不再具有修史职责，史馆成为皇帝直接控制的门下省的一个常设机构，专门负责修撰当朝国史。

还有一种说法认为唐太宗的皇位并不是由合法继承得到的，而是其杀兄逼父的结果。这一行为不合乎封建法统和封建伦理，在封建统治者看来，也就不能贻示子孙，垂为法诫。因此，唐太宗夺得皇位之后，就着手修改国史，为自己辩护。这种说法认为贞观史臣在撰写《高祖实录》和《太宗实录》时，大肆铺陈太宗在武德时的功劳，竭力抹杀太子建成在唐朝创建过程中的功绩并极力贬低高祖的作用。但是这样仍不足以说明太宗继承皇位的合法性，于是他们又把修改国史的着眼点放在晋阳起兵的密谋上面。他们把晋阳起兵的密谋杜撰为太宗的精心策划，而高祖则完全处于被动地位，其目的在于把太宗说成是李唐王业的真正奠基人，使其皇位的获得近似于汉高祖自为皇帝而尊其父为太上皇那样的合法性。

唐太宗究竟出于何种动机要修改国史？这个问题迄今为止仍未有确定的答案，给历史留下了一桩疑案。

唐玄宗为何被奉为"梨园领袖"？

人们习惯上称呼戏班、剧团为"梨园"，戏曲演员为"梨园弟子"。"梨园"是怎么和戏曲艺术联系在一起的呢？"梨园"在什么地方？其性质如何？这些都是值得研究的。唐玄宗前期，全国统一，经济繁荣，文化昌盛，许多亚非国家的使臣、学者、商人纷纷齐集长安。在中外文化交流的影响下，唐朝的音乐得到空前发展。唐玄宗本人素喜音乐，在公元 741 年原来隶属太平寺的倡优杂技人才划出来，设立左右教坊；又挑选好乐工数百人，在蔡苑的梨园进行专门训练。

有关这个艺术组织——"梨园"的建立，《旧唐书·玄宗本纪》载道："玄宗于听政之暇，教太常乐工子弟三百人，为丝竹之戏，号为皇帝弟子，又云梨园弟子。以置院近于禁苑之梨园。"《新唐书·礼乐志》则说："玄宗既知音律，又酷爱法曲。选坐部伎子弟三百，教于梨园。声有误者，帝必觉而正之，号'皇帝梨园弟子'。宫女数百，也为梨园弟子，居宜春北院。梨园法部，更置小部音声三十余人。"从此，"梨园"成了唐代一个重要的艺术活动中心。它究竟在什么地方呢？清人汪汲《事物原会》卷三十七"教坊梨园"条说："今西安府临潼区骊山绣岭下，即梨园地也。"关于梨园的出处，一般都认为它原是唐代长安的一个地名，但在具体地点上发生了分歧。有人指出在长安县西南香积寺附近今黄良乡立园村，此村最早叫梨园村或栗园村。还有人认为是在今西安城东南隅曲江池附近汉武帝所造宜苑旧址旁的春临村一带。第三种说法认为梨园在今西安城东北唐大明宫东侧附近三华里的午门村。第四种说法指出它在今西安临潼县骊山绣岭下。

另外还有人认为唐代长安有两个"梨园"。陈寅恪在《元白诗笺证稿》中说一个在光华门北面，一个在蓬莱宫的旁边：《辞海》也持有"梨园"说，指出唐代长安"梨园"有"禁苑梨园"，在长安城北芳林门外东北的禁园中；"乃唐代真正梨园所在"。"宫内梨园"，分男女二部，皆称"皇帝梨园弟子"。

对于梨园的性质的研究，《辞海》曰："唐玄宗时教练宫廷歌舞艺人的地方。"《中国大百科全书·戏曲曲艺》谓为"唐玄宗时，宫廷内专门训练乐工的机构"，"主要职责是训练器乐演奏人员"。李尤白提出："梨园"是既训练演员，又肩负演出的"皇家音乐、舞蹈、戏剧学院"，为我国第一所综合性艺术学院，李隆基则是其院长（崔公），在他之下有编辑和乐营将两套人马。前者的职责，类似现在的创作人员，后者相当于现在的导演和教师。

在"梨园"研究方面，算得上权威的是李尤白写的《梨园考论》，此书全面考证了与"梨园"有关的问题，而且还提出在西安建立"中国唐代梨园纪念馆"的建议。

南唐后主李煜亡国之谜

李煜是南唐的末代国主。他即位时，南唐国力已呈衰颓之势，这位性格懦弱的国主时时刻刻都在感受着国破家亡的威胁。他仇恨宋朝的压迫，但又没有能力用武力与宋朝相抗衡，只要能以小邦苟且偏安，他甘愿贡物称臣最后沦为阶下囚。

李煜的父亲李璟是词坛高手，李煜从小便生活在这么一个浓厚的文化环境中，对词也极为喜爱。即位时，南唐国力日益衰落，他所面临的是"无可奈何花落去"的局面，因此使他这时期的词一部分表现为对宫廷奢华生活的迷恋，一部分则饱含着沉重的哀愁。被俘以后，身为阶下囚的李煜，天天过着以泪洗面的生活。面对春花秋月、良辰美景，缅怀故国之情油然而生，于是他创作了一首千古传诵的《虞美人》："春花秋月何时了，往事知多少！小楼昨夜又东风，故国不堪回首月明中。雕栏玉砌应犹在，只是朱颜改。问君能有几多愁，恰似一江春水向东流。"没想到这首诗竟成了他获罪的证据，不久便被宋太宗赵光义派人毒死在狱中。

李煜不仅善填词，而且善音律，并因此荒废政事。皇后周娥皇是司徒周宗的女儿，通书史，且能歌善舞，尤其弹得一手好琵琶。当时早在盛唐时曾广为流传的《霓裳羽衣曲》早已被人淡忘，周娥皇找到了一份残谱。她根据自己的理解，重新创作，通过努力，最终恢复了《霓裳羽衣曲》的原貌，开元、天宝之音得以重回人间。周娥皇自己另外还创作了两支曲子，一为《邀醉舞破》，一为《恨来迟破》。李煜和她二人常常会随歌而舞。周娥皇不但擅长音律，于采戏、弈棋也无所不精。对于这样一位多才多艺的知己，李煜是宠爱不已，朝朝暮暮与她一起，整日沉浸在轻歌曼舞中。周娥皇死后，李煜还常常会情不自禁地思念她。

周娥皇有个妹妹，史称小周后，长得风姿绰约，风情万种。

小周后的音律才能虽比不上姐姐周娥皇，但却是弈棋的高手，酷爱围棋与象棋，因此而备受李煜的宠爱，二人常常布局厮杀，以此消遣时光。一天，李煜与小周后正在对弈，且杀得难解难分。为了不受任何干扰，李煜下令卫士守住宫门，对前来奏事的大臣一律不予接待。一位大臣向李煜奏报国家收支的状况已入不敷出，国库空虚，一位大臣奏报宋朝正在调兵遣将，随时来犯，提醒李煜应早做准备，但是都被卫士挡在了宫外。

开宝八年，宋军攻破金陵，李煜率几位大臣肉袒出降。开宝九年正月，李煜到达汴京，宋太祖封他为"违命侯"。后宋太宗即位，封陇西郡公。太平兴国三年（公元978年）七月初七，李煜被宋太宗赐服牵机药而死，时年42岁，赠太师，封吴王，葬于洛阳北邙山。史载，牵机药乃是一种慢性毒药，毒发，最后头足之相就如牵机之状，故名。

"烛影斧声"与宋太祖之死

赵匡胤于公元960年发动陈桥兵变，黄袍加身，做了17年皇帝，到公元976年便撒手归西了，正史中没有他死亡的明确记载，《宋史·太祖本纪》中的有关记载也只有简单的两句话："帝崩于万岁殿，年五十。""受命杜太后，传位太宗。"因此他的死一直是一个不解之谜，为历史留下了又一桩悬案。

司马光的《湘山野录》中记载，开宝九年十月，那天天气极为寒冷，宋太祖赵匡胤急唤他的弟弟晋王赵光义进入寝宫，宋太祖斥退旁人，只留下他们两人自酌自饮。酒过三巡，已是夜深了，他见晋王赵光义总是躲在后边，极其害怕，自有几分得意。见殿前雪厚几寸，便用玉斧刺雪，还不时对他弟弟说："太容易了，真是太容易了。"当夜赵光义依照没走，留宿于禁宫。第二天天快亮时，禁宫里传出宋太祖赵匡胤已经死了的消息。赵光义按遗诏，于灵柩前即皇帝位。

历史上所谓"烛影斧声"的疑案就指此事。有人认为"烛影斧声"也许不是疑案，只是晋王赵光义戕兄夺位的借口。宋太祖安排后事是宋朝的国家大事，不可能只召其弟单独入宫，并且赵光义又在喝酒时退避。用玉斧刺雪，这正是赵匡胤与赵光义进行过争斗的状态，晋王一狠心杀死宋太祖。要是不这样写，这段史料也许会被封杀。

不过，关于光义弑兄的原因，史书上另有一种说法。《烬余录》称，赵光义很喜爱已归降的后蜀主孟昶的妃子花蕊夫人费氏。孟昶死后，花蕊夫人被宋太祖赵匡胤纳为自己的妃子，而且特别宠爱。赵匡胤因病卧床，深更半夜时赵光义胆大妄为，以为宋太祖已熟睡，便趁机调戏花蕊夫人，可没想到太祖惊醒，要用玉斧砍他，等到皇后、太子赶到之时，赵匡胤已经只剩一口气了。赵光义趁机逃回自己的王府，第二天太祖赵匡胤就升天了。由此可知，赵光义趁夜黑无人，赵匡胤昏睡不醒的时候调戏他觊觎已久的花蕊夫人，谁知赵匡胤突然醒来发觉了，也许是他盛怒之下欲砍赵光义，可是因为病体虚弱，体力不足，未砍中赵光义。赵光义觉得自己只有死路一条，不管用何种方式都不能取得其兄的原谅与宽恕了，预料到自己将会死得很惨，于是一狠心便杀死了自己的同胞兄弟，然后慌忙逃回府中。宋太祖赵匡胤是病怒交加而死，还是他弟弟杀死的呢，谁也不知其详。不过十分清楚的是，赵匡胤之死与其弟赵光义当夜在皇宫内院的行为有一定的关系。

对于这个疑案，也有一些人为赵光义开脱罪责，司马光的《涑水纪闻》记道："太祖初晏驾，时已四鼓，孝章宋后使内侍都知王继隆召秦王德芳；继隆以太祖传位晋王之志素定，乃不召德芳，径趋开封府召晋王。见医官贾德玄坐于府门……乃告以故，叩门与之俱入见王，且召之。王大惊，犹豫不敢行，曰：'吾当与家人议之。'入久不出。继隆促之曰：'事久，将为他人有。'遂与王雪下步行至宫门，呼而入……俱进至寝殿。宋后闻继隆至，曰：'德芳来耶?'继隆曰：'晋王至矣。'后见王愕然，遽呼官家曰：'吾母子之命，皆托于官家。'王泣曰：'共保富贵，无忧也。'"从这一记载来看，宋太祖赵匡胤过世时，他弟弟赵光义并不知晓，也没在宫中待过，似乎可以洗去"烛影斧声"的嫌疑了。

但是，自从赵光义继帝位后，赵匡胤的长子德昭于公元979年被迫自杀，次子德芳又于公元981年无故而死来看，宋太宗赵光义还是摆脱不了"烛光斧影""戕兄夺位"的嫌疑。

朱棣生母之谜

明成祖朱棣是朱元璋的第四个儿子，洪武三年被封为燕王，拥有重兵，镇守北平。建文元年，朱棣以"清君侧"为名举兵，这就是历史上有名的"靖难之役"。经过三年多的兵戎相争，建文四年，朱棣终于攻占了南京，即皇帝位，改元为永乐。他又于永乐九年迁都北京，以南京为留都，朱棣统治期间继续执行明太祖的削藩政策，巩固中央集权，为以后的"仁宣之治"奠定了基础。可以说，朱棣是历史上一位较有作为的皇帝，但是由于他是夺权上台，所以被正统思想家们斥为"燕贼篡位"。有关他的各种传说不胫而走，甚至连他的生母是谁，也成为争议的内容。其说不一，难以断定。

有说法认为朱棣的生母为马皇后。

旧钞本的《燕王令旨》中记载说："顾予匪才，乃父皇太祖高皇帝亲子，后孝慈高皇后亲生，皇太子亲弟，忝居众王之长。"《明太祖实录》说，"高皇后生长子，长懿文皇后标，次秦愍王，次晋王，次周定王。"《明史·成祖本纪》也说："文皇帝讳棣，太祖第四子也，母孝慈高皇后。"与前说如出一辙。从这些官方材料看，可以肯定朱棣是朱元璋的第四个儿子，为马皇后所生。但是后世学者认为这其中有窜改之词，不能信以为真，一生致力于明史研究的学者吴晗就这样认为。

另外有一些史籍说马皇后并非生了五个儿子，只承认四子朱棣与五子周王为马皇后所生，而懿文、秦王、晋王则为妃子所生。《鲁府王牒》也说："今鲁府所刻玉牒，又以高后止生成祖与周王。"《皇朝世亲》《鲁府王牒》皆已早佚，这个说法难辨真伪。但是这些材料虽然说皇太子等人不是马皇后所生，却也都承认朱棣是马皇后亲生的儿子。

也有人说朱棣的生母是达妃。

明代黄佐的《革除遗事》中说，懿文、秦、晋、周王都是高皇后所生，而太祖朱棣为达妃所生。王世贞《二史考》也曾引用这一说法。但是后人分析，黄佐把明成祖说成是达妃所生是别有用心的，不足为信。例如清代史学家朱彝尊在著作中指出，"黄佐《革除遗事》与当时记建文事诸书，皆不免惑于从亡致身二录。盖于虚传妄语，就未能尽加芟削"，也就是说，黄佐的书对建文帝下台表示深深的同情，而对明成祖夺权大加贬斥，明显有个人感情色彩，所以记载的事情难免"虚传妄语"。故不可信。

三是生母为硕妃。

明朝末年何乔远的《闽书》、谈迁的《国榷》、李清的《三垣笔记》等人根据《南京太常寺志》认为明成祖的生母是硕妃。这种说法也得到了近人傅斯年、朱希祖、吴晗等人的赞同。此志以明孝陵奉先殿的陈设为旁证，奉先殿中间南向列太祖、马后两神座，东边排列的是诸妃神座，而两边则独列硕妃神座。为什么硕妃会得到如此尊重？无疑因为硕妃是明成祖的母亲。清初的学者潘柽章、朱彝尊等也肯定这个说法。朱彝尊还考证了硕妃是高丽人。然而硕妃的来历历史上并没有任何记载，要知道这种说法是否可靠，就要考察《南京太常寺志》的可靠性。此记述是否来自第一手资料？是否真实？实在是难以说清楚。根据考证，《南京太常寺志》被收入《四库全书总目》，是明代人汪宗元所撰写。汪宗元是明嘉靖己丑进士，曾经任总理河道右副都御史，此书是他任南京太常寺卿时所撰，与明成祖生年元至正二十年（1360）相距了170多年。这样看来，他在记述朱棣生母时很可能是道听途说，而不是第一手资料。尤其可疑的是，《南京太常寺志》的说法在其他的史籍都没有记载，因此其真实可靠尚难以说清。

还有一种说法认为朱棣的生母是元妃。王世懋《窥天外乘》记载："成祖皇帝为高皇后第四子甚明。而《野史》尚谓是元主妃所生。"王世懋所指的"野史"，是指《蒙古源流》。《蒙古源流》说，明成祖是元顺帝之妃瓮氏所生，是元顺帝的遗腹子。"先是蒙古托衮特穆尔乌哈噶图汗（元顺帝）岁次戊申，汉人朱葛诺延年二十五岁，袭取大都城，即汗位，称为大明朱洪武汗。其乌哈噶呼图汗第三福晋系瓮吉喇特托克托之女，名格呼勒德哈屯，怀孕七月，洪武汗纳之，越三月，是岁戊申生一男……"刘献廷在《广阳杂记》中则说："明成祖非马后子也。其母瓮氏，蒙古人，以其为元顺帝之妃，故隐其事，宫中别有庙，藏神主，世世祀之，不关宗伯。有司礼太监为彭恭庵言之，余少每闻燕主故老为此说，今始信焉。"近人傅斯年所见的明人笔记则以为明成祖是元顺帝高丽妃所遗之子（《明成祖生母记疑》）。这些野史、杂记都说得煞有其事，但是它们毕竟只是野史、杂记，说得再神乎其神也难以令人相信。近年更有人说，明成祖朱棣生母确实是马皇后。"硕"是瓮吉喇氏略语的不同译音，硕妃或瓮吉喇氏生明成祖的传闻，实属于无稽之谈。这其实是一则蒙古人编造出来的离奇的事，为的是以此证明元代国运不衰，后继有人。

说来说去，明成祖朱棣的生母之谜，到今天仍然没有确切的说法。

明建文帝生死之谜

明朝开国皇帝朱元璋死后，由于皇太子朱标已于洪武二十五年（公元1392年）先他而死，乃由皇太孙朱允炆即位，这就是建文帝，后世也称为明惠帝。然而，在惠帝刚即位不久，燕王朱棣就夺取了帝位，以讨伐齐泰、黄子澄为名，起兵北平（今北京），发动了历史上有名的"靖难之役"。1402年，燕兵攻陷了京师（今南京），燕王即位，是为成祖。就在朱棣攻入南京时，皇宫已是一片大火，建文帝下落不明。此后，有关惠帝已经出逃的传闻颇多，明成祖对此总是不放心，这件事也几乎成为他的一块心病。数百年来，建文帝的下落也是一桩争讼不决的历史悬案。综合各家说法，主要有"焚死"说和"逃亡"说。

一种说法认为建文帝是自焚而死的，据永乐年间修撰的《明太祖实录》中记录，燕王朱棣发动历史上有名的"靖难之役"。经过四年的征战，燕王获得全胜，建文四年（公元1402年）六月十三日，燕王统领大军开进南京金川门。当燕王军队开进皇宫时，宫中已是一片火海，建文帝也没了踪影。与此同时，建文帝所使用的宝玺也毫无踪影。正史记载建文帝死于宫中的大火中。《太宗实录》卷九记载："上（即明成祖朱棣）望见宫中烟起，急遣中使往救，至已不及。中使出其尸于火中，还白上，上哭曰：'果然，若是痴骏耶！吾来为扶翼不为善，不意而遽至此乎！'……壬申，备礼葬建文君，遣官致祭，辍朝三日。"仁宗朱高炽御制长陵后碑也说，建文帝殁后，成祖备以天子礼仪殓葬。成为明成祖的朱棣后来在给朝鲜国王的诏书中说：没想到建文帝在奸臣的威逼下纵火自杀。但是，太监在火后余烬中多次查找，找到马皇后与太子朱文奎的遗骸，建文帝是死是活无从得知。燕王为让天下知建文帝已自焚，曾作有祭文，但其坟墓处于何处，无人可知。明末崇祯帝就曾说过：想给建文帝上坟，却不知在何处。

另一种说法认为在南京攻破之时，建文帝曾想自杀，但在其亲信说服下，削发为僧，从地道逃出了皇宫，隐姓埋名，浪迹江湖。明成祖死后，他又回到京城，住进西内，死后葬于京郊西山。朱棣登位后，感到建文帝对他有一种无形的压力，因此多次派心腹大臣到处访问。永乐年间郑和下西洋的陪同官员中，有锦衣卫士，这显然就是用于暗中察访建文帝的。明成祖曾通向天下寺院颁布《僧道度牒疏》，将所有僧人名册重新整理，对僧人进行了一次全方位的调查。从永乐五年（公元1407年）起，还派人以寻访仙人张邋遢为名到处查找，涉及大江南北，前后共20余年。民间流言中，在许多地方都有建文帝的踪迹与传说。有的说建文帝逃到云贵地区，而且辗转到了南洋地区，直到现在，云南大理仍有人以惠帝（建文帝）为鼻祖。也有现代学者认为，当年建文帝潜逃后，曾藏于江苏吴县鼋山普济寺内，接着隐匿于穹隆山皇驾庵，于永乐二十一年（公元 1423 年）在此病亡，埋于庵后小山坡上。

至于建文帝的下落到底如何，以上两种说法都无法提出令人满意的答案来。

崇祯帝究竟如何死去？

天启七年（公元 1627 年）八月，熹宗病危，召信王入宫受遗命。不久熹宗撒手归天，年仅 17 岁的信王朱由检即位，大赦天下，次年改为崇祯元年（公元 1628 年）。年轻气盛的崇祯皇帝面临的是一种风雨飘摇的局面。这位明朝最后的一位皇帝很想凭借自己的一腔热血力挽狂潮，重建太平天下。他即位后铲除阉党魏忠贤、一心想要中兴，但是最终李自成的农民起义军冲破了京城，明朝覆灭了，他自己也落了个自缢的下场。崇祯帝朱由检生性懦弱、无主见，而且他继位时的明朝已是政治腐败。崇祯皇帝也回天乏术，大臣们个个明哲保身，少有为社稷着想者。而且崇祯为人极易猜疑，大臣们更是小心翼翼、很少发言。就是到了起义军进逼京城的时候，也没有主动站出来为崇祯分忧的大臣。

当李自成的起义军猛烈进逼，崇祯帝惊慌得完全失了主见，处处寄希望于大臣们，希望他们能提供妙计良策，甚至替他决断，但是危急之中，大臣们又能有什么办法呢？

崇祯十七年（公元 1644 年）三月，每天崇祯帝都要召见大臣，有时候竟达到一日三次。起初大家都认认真真地替崇祯帝谋划，提出"南迁""撤关"等，可崇祯帝总是拿不定主意，大臣们也渐渐没招了。召见中，大臣总是惶恐地说："为臣有罪，为臣有罪！"然后就不再说话，实在被问急了，只是用些"练兵""加饷"等话来应付崇祯帝。每次召见，崇祯帝都非常不满，常常是中途拂袖离去，回宫后痛哭并且大骂："朝中无人！朝中无人！"

大明灭亡的前三天上午，崇祯帝来到东左掖门，召见了新考选官 32 人，问他们以急策。崇祯帝本想能从新臣中寻找到良策，可一见答卷，也全是些套话。召见未及一半，忽然有一太监送进一个密封，崇祯帝拆视后脸色突然大变，原来这是昌平（今北京市昌平区）失守的总报。李自成军已经攻到昌平。但是惊慌的崇祯帝仍无法从众大臣那里得到一计良策。

次日早晨，崇祯帝再次召见文武诸臣，半响大家都沉默不语。崇祯帝流着泪恳请大臣们想办法，大臣们也是泪流满面地回应。忽然有位大臣大梦初醒一般，凑向前欲奏对，崇祯帝一见，马上将泪水收住，准备细听，只听这位大臣说："当务之急为考选科道。"原以为是什么良策，不想又是老套话。可这位大臣一开头，许多大臣也跟着说这人当起，那人该用。崇祯帝早就不耐烦了，俯首在御案上写了七个大字："文武官个个可杀。"起身示意退朝。

关于崇祯的死，历来众说纷纭，计六奇《明孝北略》卷二十记载道："丁未五鼓，上御前殿，与二人手自鸣钟集百官，无一至者。遂散遣内员，手携王承恩，入内苑，人皆莫知，上登万岁山之寿皇亭，即煤山之红阁也。亭新成，先帝为阅内操特建者……遂自尽于亭下海棠树下，太监王承恩对面缢死。"又有《明史》卷三百九《流贼传》说:"十九日丁未,天未明,皇城不守,鸣钟集百官,无至者。乃复登煤山,书衣襟为遗诏,以帛自缢于山亭,帝遂崩。"而《明之述略》中却说:"丁未,内城陷,帝崩于西山。"可见,对崇祯究竟怎么死,死于何地至今还是个谜。一个力图中兴的君主竟落得如此凄凉的下场,令人深思。大臣们还是一副唯唯诺诺、支支吾吾的样子,出的计策无非是什么巡街闭门、不许出入等。这时候守城者来报,守城军队不敌。见城陷就在眼前的崇祯帝,不禁大哭,边哭边道:"诸臣误朕至此!"自己拿不定主意,却要埋怨大臣。大臣们见形势"不可为",便俯首同崇祯帝一起恸哭,哭声响彻大殿,甚为悲惨。到了中午,崇祯又召见大臣,此时大臣们已彻底看透了这位年轻且毫无主见的皇帝,干脆以沉默来回答崇祯帝,崇祯帝不禁大吼道:"既然这样!不如大家一起在奉先殿统统自尽吧!"此话倒是说中了,19日晨,崇祯帝在走投无路中自尽身亡。

顺治帝出家之谜

在清朝第二位皇帝顺治短短的一生中,他一共娶了19个妻妾,差不多是每年一个,但是最讨他欢心的,只有董鄂妃一人。

在顺治眼里,董鄂妃就是他的心。虽然两人不曾有过任何誓言,但是,那种难舍难分的感情的确能感天地、泣鬼神。顺治十七年八月十七日,皇贵妃董鄂氏因病去世,顺治痛不欲生。为哀悼董鄂妃,他5天不理朝政。没过多久,他又亲自给礼部下了一道圣旨,特意采用追封的方法,给董鄂妃加封谥号:孝献庄和至德宣仁温惠端敬皇后。至于追加皇后应举行怎样的大礼,他命礼部要认真、详细、迅速商讨并递交他审议。

董鄂妃死后,顺治的心也随之而去,正如元稹所写的那样:"维将竟夜长开眼,报答平生未展眉。"他不仅辍朝5日,而且将她晋封为皇后。在蔡东藩的《清史演义》里写道:"顺治帝经此惨事,亦看破世情,遂于次年正月,脱离尘世,只留重诏一张,传出宫中。"此外,还有《清稗类钞》《清代野史大观》等书中均有关于顺治帝因董鄂妃去世而削发出家的故事。

顺治帝的离家出走,令清宫上下惊慌失措。他们为了不引起世人的非议,只得向外宣布:顺治皇帝驾崩。但是,这种谎言也瞒不了多久。很快,堂堂的大清皇帝为了一个女人而削发为僧的事就在民间广为流传了。

顺治一向好佛,宫中奉有木降志、玉琳琇二禅师,印章有"尘隐道人""痴道人"等称号。他对木降忞曾说:"愿老和尚勿以天子视朕,当如门弟子旋庵相待。"他早有削发为僧的念头。临宣布他去世前几天,他还叫最宠信的内监吴良辅去悯忠寺削发为僧,因此一些人认为顺治出家之因是与孝惠皇后不合,所以宠爱的董鄂妃一死,他就以此为借口皈依了净土。据说清圣祖康熙亲政后,曾经以进香为借口,多次到五台山看望顺治,希望顺治能回到宫中,但是顺治不为所动。康熙帝有诗哀悼:"又到清凉境,巉岩卷复垂。芳心愧自省,瘦骨久鸣悲。膏语随芳节,寒霜惜大时。文殊色相在,唯愿鬼神知。"语气十分悲怆。又传说在康熙年间,两宫西狩,经过晋北,地方上无法准备供御器具,却在五台山上找到了内廷器物,这似乎又是一个顺治出家的证据。但民国时，明清史专家孟森的《世祖出家事考实》举出《东华录》等史书的记载，认为清世祖死于痘疹，没有出家；又认为吴梅村诗中"房"为天驷，"房里竟未动"是指顺治将幸五台山而忽然去世，后几句诗孟森认为是自责之词。所以顺治出家与否，仍然是一个谜。

秘密立储始于康熙吗?

康熙是清代有名的圣君，有子 35 人，女 20 人，嫡出最长者为胤礽，康熙十四年曾被立为皇太子，后玄烨在康熙五十一年（公元 1712 年）十月，第二次废黜胤礽；第二年二月左都御史赵申乔上奏请求再次册立皇太子，这是二次废太子后，朝臣第一次为此事上奏请求。玄烨看罢奏疏后，特别召集群臣说明此事。他说："立储大事，朕岂忘怀，但关系甚重，有未可轻立者……今欲立皇太子，必然以朕心为心者，方可立之，岂宜轻举。"谕旨表明，接受了两次废立太子的沉痛教训，又面临着错综复杂的储位之争的局面，玄烨正在深入思考皇储关系、储君标准、建储方式等重大问题，力图寻找一个较好的办法，避免以往的失误；在没有找到可行方法之前，决不草率册立。他向群臣公开陈述他的观点，表明他在晚年已开始拟订新的建储计划了。

玄烨在经过 4 年多的总结、思考以及对储君的精心选择后，开始实施他的建储计划了。

第一次建储之议出现于康熙五十二年（公元 1713 年）。据《清世宗实录》载："康熙五十六年冬，圣祖仁皇帝召诸王子，面询建储之事。"朝鲜使臣于康熙五十七年（公元 1718 年）四月从中国返回朝鲜后，禀告朝鲜国王："臣来时问太后葬后，当有建储之议。"建储之事虽然到处流传，反响很大，但人们对其具体内容却毫不知晓。这表明玄烨只是就建储一事征询皇子与重臣的意见，他本人并未表露态度，更未做出任何决定。可见他对储君人选、册立日期等重大问题，已开始有意识地采取保密措施了。

"长篇谕旨"出现于康熙五十六年（公元 1717 年）十一月二十一日。玄烨在皇太后病危，自己也重病缠身的情形下，召集全体朝臣，商讨建储的有关问题。"长篇谕旨"的说法便由此而来。

康熙五十二年二月及五十六年十一月两个谕旨构成了新的建储计划。与嫡长子皇位继承制度相比较，它的具体的方略，如皇帝全权决定储君人选，"有德者即登大位""择贤而立"的择储标准，对储君人选以及建储的有关问题的保密原则等等，都比较新颖，而且秘密色彩浓厚，因而可称之为秘密建储计划。如果这个计划能贯彻执行，并且形成制度，将会减少传统建储制度的某些弊端，进一步加强中央集权。玄烨对实施两千多年的建储制度进行了改革，尽管他本人并未认识到这样做的意义。

这一秘密建储计划的核心是皇帝全权决定储君人选，完全排除统治阶层中任何集团或个人对建储的干扰。从一定意义上讲，也是其他三部分得以实施的先决条件。这一点得不到保证，其他三部分也无法实施。

虽然玄烨通过"择贤而立"的方式选择储君，但其主观上并无废除嫡长子继承制的意图。玄烨的宗法观念浓厚，认为诸子之中，"允（胤）礽居贵"。在胤礽被废后，他已无嫡子，皇长子胤禔也获罪幽禁，所以只能把目光投向其他庶子。

再者，对储君暗中进行培养、考察，储君如果表现不佳予以撤换时，由于没有让其知道这件事，不会引起任何不良后果，这样皇帝在对储君的选择上，就完全抓住了主动权。

秘密建储在康熙朝晚期出现，是形势的需要，也有其历史的必然性。为了解决复杂、尖锐的储位之争，玄烨只能总结经验，吸取教训，博采众长，另辟蹊径。不过对于他来说，这种做法只是一种权宜之计，他并未意识到自己正在开拓一条新的建储道路，更无将此立为定制、世代遵行之意。新制度的建立是一个不断摸索、逐步改进并完善的过程，秘密建储制度也不例外。据说虽然玄烨是秘密建储的开创者，但直到雍正、乾隆二帝才把它的不足加以改进，把它的疏漏加以补足，并作为一种制度最终确立下来。

雍正帝嗣位之谜

清康熙帝驾崩以后，第四皇子胤禛在激烈的皇位争夺中登上了皇帝的宝座，这就是历史上有名的雍正帝。但雍正帝究竟如何嗣位至今仍是一个谜，是按遗诏之言登位还是篡位，众说纷纭。

官书中记载，康熙六十一年（公元1722年）十一月冬至（初九）前，胤禛奉命代祀南郊。当时，康熙患病住在畅春园疗养，"静摄"政权。胤禛请求侍奉左右，但康熙因祭天是件大事，命他应在斋所虔诚斋戒，不得离开。到了十一月十三日，康熙的病情突然恶化，这时才不得不破例把胤禛召到畅春园来。而未到之前，康熙命胤祉、胤祐（七阿哥）、胤禩、胤禟、胤䄉（十阿哥）、胤祹（十二阿哥）、胤祥和理藩院尚书隆科多至御榻前，向他们宣布："皇四子胤禛人品极好，令人敬重，与朕很相似，因此他肯定能够继承大统，继承皇位。"此时，恒亲王胤祺因冬至奉命在东陵行祭典、胤禄（十六阿哥）、胤礼（十七阿哥）、胤禑（十五阿哥）、胤禕（二十阿哥）等小皇子都在寝宫外候旨。当胤禛来到康熙面前时，康熙还能够说话，告诉胤禛他的病情日益恶化的原因，但是到了夜里戌时，康熙就归天了。隆科多即向雍正宣布"遗诏"。胤禛听后昏扑于地，痛不欲生，而胤祉等其他兄弟则向胤禛叩头，并劝他节哀顺变，因此雍正就履行新皇帝的职权，主持康熙的丧葬之事。雍正曾特别强调：当日情形，"朕之诸兄弟及宫人内侍与内廷行走之大小臣工所共知共见者"。

从上面的情况来看，雍正的即位是由父皇康熙的寿终正寝后才开始的，是属于正常并且合乎法理的。对此，清代官书众口一词，都是同一个口径。后世有人根据雍正在品格、才干、年龄和气质上的众多特点以及雍正本人在皇宫中深藏不露、暗自修炼多年的特征，康熙对雍正的认识和父子感情基础，当时诸子争储互斗的背景，还有康熙在死之前留下遗诏的在场人物、地点、时间以及情节等来综合分析，认为雍正根据皇父"仓促之间一言而定大计"，是合法即位的，可信的。

但是民间传说中，雍正即位却是非法的，是篡位夺权。

早在雍正帝在世时，社会上就盛传：康熙帝要将皇位传给胤禵，在他患病的最后几日，曾经下旨要召胤禵回到京城，但是胤禛的死党隆科多却隐瞒了谕旨。致使康熙去世当日，胤禵不能赶到。隆科多于是假传圣旨，拥立胤禛为皇帝。此所谓"矫诏篡立说"的由来。另外有一种说法讲，康熙原来就有了手书，要把皇位传给十四阿哥胤禵，是胤禛把"十"改成了"于"字，于是遗旨明明传位于胤禵，却变成了传位于胤禛，此所谓"盗改遗诏说"的来源。那么，是谁来盗改了这个遗诏呢？有传说是雍正本人改的；有的说康熙把遗诏写在隆科多的掌心，而隆科多将"十"字抹去了；也有的说是由一些雍正府中所收养的武林高手所改写的；又有的说是雍正的亲生父亲卫某参与改的……

雍正

还有人认为，康熙原本要在胤禛和胤禵两人中选立皇储，而最终胤禛被选中，胤禵被任命为抚远大将军，确实说明康熙选择皇太子时他是候选人之一，而胤禛在康熙四十八年晋封为亲王，在皇子中的地位日益提高，先后 22 次参与祭祀活动，次数比其他皇子都多。此外，康熙对胤禛之子弘历宠爱有加，称赞其母是"有福之人"。由此可见，雍正是后来居上的皇太子候选人。也有人认为，临终时康熙本想让胤禵继承皇位，但他远在边疆，若将他召回再宣布诏书，在空位阶段必定会引发皇位纠纷，无奈之下只好传位于雍正。

总而言之，雍正继承皇位有着种种让人难以理解的疑点。这些问题使一些清史专家耗费了很多的精力，直到现在也没有能够得到很好的解释。可以说，在没有获得新的可靠材料之前，雍正的即位是否合法，仍然是个谜。这不仅仅是因为雍正在继承皇位上有很多令人费解的问题，而且他即位后的很多言行，尤其是与大肆诛戮贬斥功臣、兄弟、文人等事连在一起，更令人感到扑朔迷离。

雍正帝暴死之谜

一代枭雄雍正帝，于雍正十三年（公元 1735 年）八月二十三日清晨突然暴死在圆明园离宫中。官方记载说他是忽然发病身亡。作为第一手资料的《起居注册》中是这样记载的："八月二十一日，上不豫，仍办事如常。二十二日，上不豫。子宝亲王、和亲王终日守在身旁。戌时（午后七时至九时）皇上病情加重，急忙在寝宫发布遗诏给诸王、内大臣及大学士。龙驭上宾于二十三日子时（夜十一时至翌日一时）。由大学士宣读朱笔谕旨，着宝亲王继传。"

然而民间却流传着雍正遇刺身亡的故事。例如《满清外史》《清宫遗闻》《清宫十三朝》等等记载说吕留良的孙女吕四娘刺杀了皇帝。吕留良文字狱于雍正六年发生。十年十二月，留良、葆中父子被处死。其亲人也被严加处置，另一子毅中斩决，孙辈发配极边为奴。传说四娘以宫女身份混入皇宫侍奉皇上，伺机行刺。还有传说四娘在吕案发生后逃亡外地，练就一身功夫潜入宫内，以飞剑砍去清帝脑袋。还有人传说除四娘外还有一位名为鱼娘的女子做帮手。即使下笔谨严的学者，在提到世宗死时，也会提及这些传闻。但有人认为这种行刺之说纯属谣言。首先，吕案发生后，其家人皆受罚，无漏网之鱼。

其次，四娘根本不可能混进宫。虽然曾经也有过罪犯眷属特别是 15 岁以下女子，没收入宫为奴，像株连在吕案中的严鸿逵、黄补蓄，其妻妾子妇即服侍于功臣家，然而吕氏的孙辈在宁古塔成为奴隶，犯大罪的人犯多是这样下场。所以四娘不可能混入宫内。

还有，皇帝实际上一年之中的三分之二都驻跸在圆明园这个离宫。紫禁城内明令整肃，与有"亭台园林之胜"称号的圆明园根本不可比较。因此，他"自新正郊礼毕移居园宫，冬至大祀前始还大内"，"盖视大内为举行典礼之所，事毕即行，无所留恋也"。园内内阁及各部院等机构之规模宏大与大内不相上下。雍正二年起，便设护军营，一个女子根本不能飞檐走壁，穿过昼夜的巡逻和森严的戒备，轻易地就进入寝宫，刺杀皇帝。因而，雍正遇刺身亡的说法便受到了一定的质疑。

又有人认为世宗既不是遇刺身亡，也不是寿终正寝，他可能是服丹药中毒而亡。这是从宫中档案等资料中推出的结论。世宗生前，在宫中曾蓄养了一些僧道异能之士，他死后第三天，也就是八月二十五日，嗣主乾隆忽下了驱逐炼丹道士出宫的谕旨。

新君刚登基，尚有众多事务待理，而紧急驱逐数名道士，这种做法确有奇怪之处，乾隆说其父视僧道如俳优，未听一言，未服一药，这显然在为父亲辩解。否则又怎会突下逐客令？他又说这几个道士早就该受驱逐，但为何世宗容忍他们在宫中？乾隆如果为的是崇正道、黜异端，就应该加以排斥，然而他却沾沾自喜地称："朕崇敬佛法……仰蒙皇考嘉奖，许以当金法会中契超无上者，朕为第一。"而且，还善待超盛、元日两僧让他们来京瞻仰梓宫。

驱逐道士的同日，乾隆另降一道谕旨谕令内监、宫女，告诫他们不许妄行传说国事，"恐皇太后闻之心烦"，"凡外间闲话，无故向内廷传说者，即为背法之人"，"定行正法"。此事也值得注意，"中毒身亡"论者认为此事必与世宗横死有关，否则为何皇太后所见外间闲话会心烦。

雍正帝的死因被这种种说法蒙上了层层的神秘面纱，变得更加扑朔迷离，让人难以看清其中的真相。

乾隆帝的父母是汉人吗？

看过金庸小说《书剑恩仇录》的人对书中的一个说法一定很好奇，因为书中说乾隆是陈家洛之兄。其实，小说中的说法并非空穴来风，是有一定来历的。

清末，上自官僚缙绅，下迄妇孺百姓，几乎人人皆知这么一个传说，清初的某个皇帝是浙江海宁陈家的儿子。这个皇帝是谁呢？有人便说是乾隆皇帝弘历。这一传说也见于一些私家所写的稗官野史之中。《清朝野史大观》卷一《高宗之与海宁陈氏》一文有这样的记叙：雍正帝胤禛当皇子时，与海宁陈氏很好，两家来往频繁。这一年恰巧两家在同月同日同时辰生子。只是胤禛家为女孩，陈家为男孩。胤禛命人抱来看看，但却偷偷把孩子换了。陈家发现孩子被换，大惊失色。但迫于对方权势，不敢追究，也不敢声张。不久康熙去世，传皇位于胤禛。胤禛即位后，陈氏一门数人也都官至显要。以后乾隆帝即位，对陈氏更是礼遇有加。乾隆六次南巡江浙，其中四次都到过海宁陈家，最后一次临走时步至中门，对陈氏说："以后若非皇帝亲临，这门不要轻易打开。"从此这座门就再也没被打开过了。

持上述观点之人还提出另外一些证据，海宁陈氏的宅堂中有两方皇帝亲笔书写的匾额，一方题为"爱日堂"，一方题为"春晖堂"。"爱日"一词，是从汉辞赋家杨雄《孝至》一文"孝子爱日"中来的，后世把儿子侍奉父母之日叫爱日。"春晖"一词是从唐代孟郊《游子吟》"谁言寸草心，报得三春晖"的诗句中来的。后人常以春晖来比喻母爱。这两方匾额的题词内容都有儿子尊敬和孝顺父母的意思。后来，与海宁陈氏的儿子相交换的那个女孩便在海宁陈家成长，到了婚嫁年龄便嫁与江苏常熟蒋氏，蒋氏专门为她筑了一座小楼，后世称之为"公主楼"。这些史料更让人坚信乾隆是汉人之子。

然而，也有人提出了反对的意见。

雍正帝有皇子十个，公主六个。乾隆帝是其第四子，推及情理根本没有把别姓的孩子换来当自己孩子来继承皇位的必要性。这是最有说服力的论证。

其次，从清代皇帝与海宁陈氏的关系来看，纯是君臣友谊。陈氏是清初的名门望族，在康熙、雍正、乾隆三朝，陈家历代都仕途通达，官居高职，煊赫一时。雍正初年，为了满足钱塘江下游经济发展和人民生活的需要，大举修建浙江海塘。但雍正帝忙于政务，而且海潮冲刷堤岸的危害还未到十分严重的程度，因此未能亲自前往。乾隆即位后，对这项工程非常重视，数次南巡，有四次来到海宁勘察，那么既到海宁，总得有个合适的住所，而陈氏是康、雍、乾三朝宰辅，其家园是海宁名胜，亭台楼榭，花木扶疏，自然就成为接驾驻跸之处。这个园子本叫"隅园"，乾隆帝把它改名为"安澜园"。"安澜"即水波不兴之意，由此也可以看出，乾隆帝临视海宁，是为了巡视海塘工程，而不是为了探视父母。

至于那两块匾额，据史学家孟森考证，清国史馆编纂的《陈元龙传》中说：康熙三十九年（公元 1700 年）四月，康熙在便殿召见群臣，说："你们家中各有堂名，不妨当场写给我。我写出来赐给你们。"陈元龙奏称，父亲年逾八十，故拟"爱日堂"三字。《海宁州志》还提到，康熙五十四年（公元 1715 年）六月，因陈元龙胞弟陈维坤的妻子黄氏寡四十一年，（公元 1715 年）便御书"节孝"两字赐之，又赐以"春晖堂"匾额。这就是说，两方匾额的题词，是康熙帝根据臣下的请示书写的，与孝敬父母的意思根本没有任何联系。因而，说乾隆是汉人之子只是无稽之谈。

《清宫词》中有一首词说："冕旒汉制终难复，曾向安澜驻翠蕤。"词中暗指乾隆与海宁陈氏关系，然而，这其中关系究竟怎样，乾隆身世究竟如何只能成为未解之谜了。

天花还是梅毒——同治帝死因之谜

清入关后第八代皇帝同治，是叶赫那拉氏（慈禧）于咸丰六年（公元 1856 年）所生，同时也是咸丰皇帝（奕詝）的独子。同治六岁时即咸丰十一年（公元 1861 年）登基称帝，同治十二年（公元 1873 年）亲政。但他于同治十三年十二月初五日即病逝，此时距其亲政日期不到两年。

对于载淳的死因，众说纷纭，有的说载淳是死于天花，有的说是死于梅毒。

近来，在清代档案中发现了属于清代皇帝脉案档簿（以下简称"脉案"）的《万岁爷进药用药底簿》一份。

据记载，载淳于同治十三年十月三十日得病卧床。当天下午，太医院判李德立和御医庄守和诊断，结果是："脉息浮数而细。系风瘟闭来，阴气不足，不能外透之症，以致发热头眩，胸满烦闷，身酸腿软，皮肤发出疹形未透，有时气堵作厥。"御医只请第一次脉就能做出上述的明确诊断，主要是因为载淳之病来势很凶，"疹形"表发得较显著。御医对此开出了用生地、元参、牛蒡子、芦根等十二味药配制的"益阴清解饮"，进行避风调理。同治仅服了一次药，效果便显出来了。第二天早上，夹杂着瘟痘的疹形即透出，也不似昨日那样烦闷堵厥了。但是，疹痘初发，未至出透，致使"瘟热熏蒸肺胃，以致咽喉干痛，胸满作呕，头眩身热，气颤谵言"。御医议用"清解利咽汤"对此进行调理。巳初三刻服药后，效果明显，是日午刻即"脉息浮洪，头面周身疹中夹杂之痘颗粒透出"。

这样，经御医们精心医治护理不足两天，痘颗虽然开始表发了，有些症状也有减退的迹象，但是由于瘟热毒滞过盛，以致头面、颈项发出的痘粒很稠密，而且痘颗颜色紫滞，又有咽痛作呕，身颤口干，便秘溺赤之内症。很明显，痘料透出后过盛的毒滞并没完全随之表发出来，最后用药无效，以至于身亡。

根据这些记载，有人便认为同治是死于天花，但这些记载只是宫廷里的片面记载，而民间的大多传闻却说同治帝是死于梅毒。

在一些正规学术著作里都记载着同治帝微服出宫，嬉戏游乐，甚至出入烟馆妓院的故事，如萧一山所著《清代通史》中就有同治因出游而患梅毒终致死亡的记载。

据记载，同治帝与皇后阿鲁特氏相亲相爱，但慈禧太后不喜欢阿鲁特氏。慈禧开始常命皇后等人陪她看戏。但皇后文静、不爱热闹，每次看到男女私情，则面壁而坐。慈禧本来对皇后就不满意，这样就更加不喜欢她了。皇后多次受责怪，依旧我行我素，慈禧便觉皇后故意不给她面子。而皇后对同治帝则是笑脸相迎，慈禧更认为她狐媚惑主，于是限制同治帝宠爱皇后，强令其移爱慧妃。而同治偏偏讨厌慈禧所喜欢的慧妃。于是，同治帝与太监佞臣常常微服外出寻花问柳。但同治怕臣下看见，不敢去京中较大的妓院名楼，专门找隐蔽的小妓院、暗娼等处。起初，人们对他的身份毫无所知，后来知道了也佯装不知。

一些王公大臣注意到同治帝微行纷传于内外，屡次劝谏同治而毫无成效。一次，同治帝对醇亲王奕譞当面劝谏一再抵赖，醇亲王只好把时间、地点一一指明，同治帝却一再追问他消息的来源。

虽然这些传闻的真实性还有待考证，但这些传闻传扬甚广，而同治帝又死得可疑，因此许多人怀疑他死于梅毒也就不奇怪了。

据说，载淳从烟花巷院染上梅毒，开始时毫无察觉，后来脸面、背部显出斑点，才召太医诊治。御医一见大惊，不知如何是好，因此请命于慈禧。慈禧传旨，向外界宣布说皇上只是染上天花。于是，御医们按照出痘的医法开药，没有效果。皇帝大怒，责问："为何不按我的病医治我？"太医回奏："太后命之。"而且《翁同龢日记》中记载说："风声过大，且非两宫圣意。"载淳愤恨不已。梅毒在当时是绝症，·以天花治之，显然是为了掩盖丑闻，以免丢皇家脸面。所以同治后来就日益病重，下部溃烂而死。

同治究竟是死于天花还是死于梅毒，这两种说法各有各的来源，而且都能找出各自的证据，让人难以辨明，遂成清宫又一疑案。

袁世凯猝死之谜

1916 年（民国五年）6 月 6 日，窃国大盗袁世凯在亿万民众的声讨中魂归西天。

在互相庆贺的同时，人们也不免产生疑问，是什么原因造成了这个窃国大盗的猝死呢？有人认为他是病死的，有的认为他是被气死的，而在这两种说法中又衍生出多种猜测。

一种说法称袁世凯患尿毒症，前列腺肿胀，在医疗方案上，袁世凯的两个儿子意见分歧，大儿子袁克定相信西医，主张动手术；二儿子袁克文则竭力反对，相持不下，贻误时机，终致不治。

与此相近之说，则有袁世凯患病后不肯服药而死之说。当年袁世凯在彰德修养时，有术士给他算命，称"袁不得过五十八岁"。袁"问有何禳解否？"曰此事甚难，非得龙袍加身不可，袁世凯听后没说什么，赐酒给术士，术士出门后就死了，大家都猜测是袁世凯害死了术士灭口，从此后，袁世凯便有了称帝之心。1915 年称帝后却事事不顺，众叛亲离。称帝于是积忧成疾；昏迷之中，总看见术士来索命。有人服侍他吃药，他总是不吃，因为药汤很像当年他给术士喝的毒药，他周围亲近的人都知道原因，但都不敢和大家说，最后改用针灸治疗，但也没能保住他的性命。

"气死说"论者则认为袁世凯是因帝制失败，众叛亲离而气愤而死的。有人说："袁世凯以称帝不成，中外环迫，羞愧、愤怒、怨恨、忧虑之心理循生迭起，不能自持。""盗国殃民，丧权乱法，在中国为第一元凶，在人类为特别祸首，其致死固宜，益以年老神昏、兵亡将变、人心怨怼、体面无存，袁氏心非木石，顾后思前，能不自疚，此即袁氏死之真相因也。"

对袁世凯本人来说，始终没有向后人交代他为何人所气而难以治愈。这个窃国大盗在咽气前，只是有气无力地说："是他害了我！"但这句话所指的是谁，仍不清楚，其用意和含义更是令人费解，也给后世留下了千古之谜。

千秋一帝的纠结一生——秦始皇的生死之谜

秦始皇嬴政是中国数千年封建专制历史上第一位一统天下的皇帝。六国养尊处优的君主嫔妃、王孙公主、皇亲国戚无一不胆战心惊地揖首跪地、俯首称臣。然而，傲视天下的秦始皇内心却是外强中干，外表强悍，内心脆弱。这大概缘于他讳莫如深的离奇身世。秦始皇是继秦庄襄王（子楚）之位，以太子身份登上王位的。秦始皇之母赵姬，据说曾为吕不韦的爱姬，后献予子楚，被封为王后。那么，秦始皇到底是子楚的儿子，还是吕不韦的儿子，后人至今依然争议不休。

《史记》中记载，秦国丞相吕不韦本是河南濮阳的巨富，但野心勃勃的他不满足这种拥有万贯家私的商人生活，更觊觎能君临天下的王权之位。于是，吕不韦打点行装，来到赵国的国都邯郸，精心策划一个大阴谋，将秦国送给赵国当人质的秦王孙子异人，想法过继给正受宠幸的华阳夫人，转瞬之间，异人被立为嫡嗣，更名为子楚。

不久，国事生变。秦昭王、孝文王相继驾崩，子楚便堂而皇之地登上了王位，而吕不韦则被封为丞相。之后，吕不韦将自己的爱姬赵姬献给子楚。随后，赵姬生下嬴政，并被封为皇后，不料子楚在位三年后就死了，于是他的儿子嬴政就顺理成章地继承了王位，而嬴政就是后来的秦始皇。

吕不韦认为嬴政是自己的亲生儿子，让嬴政喊自己为"仲父"，自己则掌管全国政事，成为一人之下、万人之上、权倾朝野、一手遮天的大人物，他的野心也终于得以实现。

后世很多人之所以如此支持吕不韦和秦始皇有父子关系的说法，分析其原因有以下四点。

其一，这样可以说明秦始皇不是秦王室的嫡传，使反对秦始皇的人可以找到很好的造反理由。

其二，这可能是吕不韦采取的一种战胜长信侯的政治策略，企图以父子亲情，取得秦始皇的支持，增强自己的政治力量。

其三，这可以解秦灭六国之恨。"六国"之人吕不韦不动一兵一卒，运用计谋，将自己的儿子推上秦国的王位，夺其江山，因此灭国之愤就可消除。

其四，汉代以后的资料多认为嬴政是吕不韦之子，这为汉取代秦寻求历史依据，他们的逻辑是，秦王内宫如此污秽，怎么能治理好一个国家，故秦朝如此迅速的灭亡是很自然的。

后世也有不少学者认为上述说法并不能成立，其原因有以下三点。

其一，从子楚方面看，即使吕不韦的筹划天衣无缝，但其实现的可能性却很渺茫。因为秦昭王在位时，未必一定将王位传于子楚，更不能设想到子楚未来的儿子能登上秦王宝座。

其二，从秦始皇的出生日期考虑，假如赵姬在进宫前就已经怀孕，那么提前生出秦始皇，作为"父亲"的子楚怎么可能会不知道。由此可见，秦始皇的生父应该是子楚，而不是吕不韦。

其三，从赵姬的出身看，也疑点颇多。据《史记·秦始皇本纪》记载，秦灭赵之后，秦王亲临邯郸，把同秦王母家结仇的，都坑杀掉了。既然赵姬出身豪门，她怎么能先做吕不韦之姬妾，再被献给异人呢？这样，自然不会存在赵姬肚子里怀上吕不韦的孩子，再嫁给子楚的故事了。

围绕着秦始皇的历史疑案确实太多了，他的身世之谜现在无法破解，而秦始皇驾崩是病死还是被害也充满了谜团。秦始皇在统一天下之后，骄横自满，凶暴残忍，实施酷法严刑，苛捐杂税，并不断地征调夫役，修长城、建宫殿、筑陵寝、开边戍守。这使得刚刚脱离战乱深渊的广大百姓，又陷于劳役的泥沼之中。秦始皇为人又刚愎自用，国内政事，事无巨细都要亲自裁决，每日批阅文书的工作极度疲劳。同时，为了兴建阿房宫和骊山墓，秦始皇从全国各地征发了七十多万民工，并且耗资无数，这一举措再次遭到了各地百姓的反对。到公元前 211 年，在东郡（今河南濮阳）一带就发生了一起诅咒秦始皇的忤逆事件。那一年，东郡落了一颗陨石。有人因为痛恨秦始皇，就在陨石上偷偷地刻了七个字，即"始皇帝死而地分"。这件事传到了咸阳城，秦始皇大怒，马上派御史大夫到东郡去，追查是谁这么大胆，在陨石上刻字。御史大夫调查了许多天，也没有查到一点儿线索，秦始皇非常生气，索性下令把陨石附近的老百姓全都抓起来杀了。秦始皇本来就迷信，自从发生了这件事，就更加疑神疑鬼，整天坐卧不安、茶饭不思。后来，秦始皇命卜筮令给自己算了一卦，卜筮令对他说："陛下今年犯了点儿灾星，不太吉利，只有搬家或到外边去巡游，才能消灾免祸。"秦始皇听了卜筮令的话，便决定到东方去巡游。

秦始皇三十七年（公元前 210 年）十月癸丑，秦始皇开始了人生中最后一次外出巡游。左丞相李斯随从，右丞相冯去疾留守咸阳，由于他的小儿子胡亥很想外出游玩，秦始皇便允许他随行。不料，公元前 211 年 7 月当车队到达平原津沙漠中时，由于旅途劳顿，身体疲惫再加上高温等诸多因素影响，秦始皇卧病不起，但是否秦始皇就因此在途中一命呜呼，众说纷纭。有的学者怀疑秦始皇身边的随从赵高密谋策划了一场政变。赵高是个宦官，他的父母都是秦国的罪人，一说是秦统一战争中灭赵时的俘虏，赵高的父亲受秦宫刑，母亲则成为宫里的奴婢。赵母在秦宫中生下赵高兄弟几人，都是生而为奴。后来，秦始皇听说赵高有些才学，又懂狱法，便提拔他作了中车府令，做了专管宫廷乘舆车与印信、墨书的宦官头儿，秦始皇还命令赵高教自己的小儿子胡亥学习法律。在秦始皇这次出巡中，自然离不开中车府令，并且后来赵高又掌握了职掌传达皇帝命令和调兵的凭证"符"和"玺"。赵高在秦始皇病重和死后的各种表现，使人不得不怀疑秦始皇的死与赵高有关。秦始皇这次出巡，上卿蒙毅也伴君随行，蒙毅是蒙恬的亲弟弟，是皇帝的亲信，可当秦始皇在途中病重时，蒙毅竟被调走，这很可能是赵高的诡计。因为，蒙恬当时正领兵三十万随公子扶苏驻防上郡，把蒙毅从秦始皇身边遣走，也就去掉了扶苏的耳目，搬走了一个绊脚石，而且赵高曾被蒙毅治罪而判死刑，后因秦始皇赦免，才官复原职，所以赵高对蒙毅恨之入骨，发誓要灭掉蒙氏一族。秦始皇死后，赵高利诱胡亥、威逼李斯，三人经过一番密谋策划，假造秦始皇诏书，由胡亥继承皇位。同时，他们还以秦始皇的名义指责扶苏为子不孝，指责蒙恬为臣不忠，让他们自杀，不得违抗。扶苏无奈自杀身亡，胡亥、赵高、李斯这才命令车队日夜兼程，迅速返回咸阳。

秦始皇之死，实质上是一场宫廷政变，政变的最大受益者胡亥只是一个傀儡。赵高才是这场政变的导演者，而扶苏、蒙恬、蒙毅则是政变的牺牲品。赵高的最终目的是要坐在皇帝的宝座上，但他又不能随意支配秦始皇。因此，秦始皇在第五次出巡途中病重，对他来说天赐良机，只有在秦始皇死后，他才能假传遗诏，一步一步实施自己的计谋，进而通过控制秦二世来达到自己控制天下的目的。

不过，秦始皇是病死还是被害，目前尚无定论，如果是被害，赵高又是如何致秦始皇于死地的，这些都是历史上的未解之谜。

千秋功过谁知晓——武则天无字碑之谜

自秦汉以来，帝王将相无不希望自己死后能树碑立传，歌功颂德，但是中国历史上唯一一位女皇帝的石碑却没有刻一个字。此无字碑坐落于陕西省咸阳市区西北方向五十公里处的乾陵。它在乾陵司马道的东侧，北靠土阙，南依翁仲，西与述圣纪碑相对，奇崛瑰丽，巍峨壮观。

乾陵是唐高宗和武则天的合葬陵，其陵前并排矗立着两块巨大的石碑，西侧的一块叫"述圣碑"（或称述圣纪碑），这"述圣碑"是武则天为高宗李治歌功颂德而立的碑，她还亲自撰写了 5000 余字的碑文，黑漆碑面，字填金粉，光彩照人。而东侧的那块就是武则天的无字碑了。

根据有关史料记载，唐高宗死后，乾陵的选址、设计及营建，都是由武则天直接指导完成的。因此，乾陵地面的主要大型石雕——无字碑很可能就是当时树立的。再从无字碑与述圣纪碑相互对应的关系来看，这两块碑很可能同时而起。由此看来，无字碑确实应该为武则天所立。这块武则天精心设计并树立的无字碑不仅因为位于乾陵陵园的显著位置而引人注目，并且其精湛的雕刻艺术，独特的丰姿韵味，以及各种富于传奇色彩的传说故事使得它倍受世人青睐，名播八方。游客们到乾陵来，几乎都要一览无字碑的风韵。无字碑在中外游人的眼中不仅是乾陵的象征，更是女皇武则天的象征。

但是，这块无字碑上为何无字却始终是个难解之谜，对此目前民间主要有以下三种说法。

第一种说法认为，武则天立"无字碑"是用在自夸，表示自己的功高德大不是文字所能形容的。要知道，武则天从公元 655 年开始荣居皇后，到公元 705 年被迫退位，参与和掌握最高权力的时间长达 50 年。即使从唐高宗驾崩时算起，也有 21 年，她是中国历史上唯一的一位，也是政绩十分出色的女皇帝。她在政治上打击豪门世族，并大兴科举制度，使得大量人才进入政府部门，抑制了豪门垄断；她奖励农桑、兴修水利，减轻徭役并整顿均田制，使社会经济不断发展，人口数量不断增长；她知人善任，经常破格提拔有用之才，鼓励各级官吏举荐人才，还虚心采纳大臣之言，从谏如流，"累朝得多士之用"。她加强国防建设，改善与边境少数民族的关系。由此可见，武则天是一个富有政治才华和远大抱负的人，在她统治期间做过许多有益于国计民生的事，稳固和发展了"贞观之治"，推动了历史的发展，并对后来"开元之治"起到了承前启后的作用。

第二种说法认为，武则天立"无字碑"是因为其自知罪孽深重，感到还是不写碑文为好。一是，武则天以阿谀奉承的手段取得了唐太宗和唐高宗的信任，从地位卑微的"才人"，渐渐爬到母仪天下的皇后的宝座，最后她还不满足，竟窃得皇位；二是，武则天培植党羽、任人唯亲，建立宫廷奸党集团，打着李唐"朝廷"的旗号，铲除异己；三是，武则天任用酷吏，实行告密和滥刑的恐怖政策；四是，唐初社会的经济发展呈马鞍形，而武则天当政期间处于最低处；五是，武则天在位期间，曾丢掉了安西四镇，造成了国家领土的不完整。也许正因为如此，武则天无法为自己立传，只能立了一块"无字碑"来为后世定基调。

第三种说法认为，武则天是一个有自知之明的人，立"无字碑"是让自己的功过是非由后人评论，自己不妄做评断。武则天当政期间，既有值得肯定的地方，也有应该否定的地方。一是，自贞观以来经济发展的趋势，在武则天时期一直继续；二是，在处理唐高宗去世前后的复杂局面中，她表现了非凡的个人才干；三是，就"纳谏"和"用人'这两点，连许多内心反对"武周"统治的大臣，都对其赞叹不已。但是，武则天的消极面也十分突出。她为了维护个人的统治地位，任用"酷吏"，也曾滥杀无辜。她还崇信佛教，奢侈浪费，淫乱宫闱。特别是在"武周"后期，朝廷政治日趋腐败，一批奸臣佞党为武则天所庇护，无法无天，引得天怒人怨。最后，武则天迫与形势交出权力，还政于唐中宗，她知道自己的一生，毁誉参半，碑文写好写坏都是难事，因此决定立"无字碑"，由后人去评价。

此外，有学者提出过几种观点。一是，继位的唐中宗李显对武则天无法称谓，是称武则天为先帝呢？还是称太后呢？二是，唐中宗虽然是武则天的儿子，却曾经被废黜，故心怀怨恨，而李唐王朝中插进一个 21 年的"武周"更是奇耻大辱，为了雪恨，故意立了块"无字碑"，想使武则天难堪。三是，如何撰写碑文，评价武则天，一直争论不休，由于没完没了，那碑就始终空着。这三种说法的可信之处在于，帝王一般不会死前下诏对如何撰写碑文发表自己的意见。

还有一说法为，武则天辞世后，政局动荡，无人过多关注，等到人们重新关注时，她的那段历史早已众说纷纭，真假难辨了。

另据最新发现，在陕西文物研究所的一次考查中，无意间发现在无字碑的阳面，从上到下刻满了方格子，这些方格子每个长 4 厘米，宽 5 厘米，排列整齐。经考证，这些并不是后人刻上去的，它们极有可能就是当初准备在石碑上刻字用的，而且已经准备好了碑文。根据留在碑面上的格子计算，碑文大约有 3300 多字。那么，为什么已经准备好的碑文没有刻在石碑上呢？

历史学家们做出了这样的推测。武则天生前已经撰写好了碑文，并交给了李显，但随着"神龙政变"，武则天被迫让位给李显，将国号"周"恢复为"唐"，李显虽是武则天的亲生儿子，但由于武则天的压迫，终日惶惶不安，重登皇位后虽然不能发泄憎恨，但也讲不出对母亲歌功颂德的好话，只好不说不刻，为武则天留下了一块无字碑。

至于以上各种观点，哪个最贴近历史真相，还有待更进一步的考证了。

"狸猫换太子"的传说——宋仁宗身世真相

宋仁宗赵祯，宋真宗子，大中祥符八年封寿春郡王，天禧二年（公元 1018 年）封升王，立为太子。乾兴元年（公元 1022 年）即位，由刘太后垂帘听政，明道二年（公元 1033 年）太后死，始亲政。宋仁宗在位 42 年，是两宋时期在位时间最长的皇帝。宋仁宗早年生活在养母刘太后的阴影下，作为一个守成之君，能守祖宗法度，性情文弱温厚，其武功谋略不及宋太祖与宋太宗，在与西夏的长期对峙中表现平平，对外作战屡战屡败，军事上处于弱势地位。然而，宋仁宗勤于政务，还懂得知人善任，提拔重用了一大批对当时和后世都产生重大影响的人物，因此其在位时期名臣辈出。总体说来，宋仁宗算是一个有作为的皇帝。不过他的一生充满了悲剧色彩，其中也不乏悲天悯人的情怀。

关于赵祯的身世，至今流传着一种说法，即"狸猫换太子"的故事。其主人公的传奇经历几乎家喻户晓，妇孺皆知。清末小说《三侠五义》中称宋真宗晚年时刘氏、李氏同时怀孕，为了争当皇后，刘氏工于心计，一只剥了皮的狸猫掉包换掉了李氏所生之子，并污蔑其生下了妖孽。宋真宗大怒，将李氏打入冷宫，并立刘氏为皇后。后来，刘氏所生之子夭折，而李氏所生的男婴在经过几番波折后被立为太子，并登上皇位，即后来的宋仁宗。在包拯的帮助下，宋仁宗得知真相，并认回已经双目失明的李氏，而已升为皇太后的刘氏则畏罪自缢而死。

小说、戏剧本身就有一定的杜撰成分，那么历史上是否真有"狸猫换太子"的故事呢？

据说，宋真宗最宠爱的妃子是刘德妃。赵恒登基之后，刘德妃从"美人""婉仪"，一直封到"德妃"。美中不足的是，她一直未能生育。为了和杨淑妃、沈才人竞争皇后之位，工于心计的刘德妃想出了一条"借腹怀胎"的诡计。她刻意打扮身边的一个姓李的宫女，引诱宋真宗上钩。当这小宫女怀上"龙种"之后，刘德妃也假装怀孕。待十月分娩之时，"两个"龙种先后呱呱落地。结果，后宫内就真的上演了一场"狸猫换太子"。随后，李姓宫女被打入冷宫，在落寞中凄凉死去。刘德妃则最终登上了梦寐以求的皇后宝座。

然而，《宋史》则提供了另外一种说法。

李宸妃倒是确有其人。她本是刘德妃的侍女，生得花容月貌，怀上龙子时，刘德妃已被立为皇后。后来，李宸妃的确生下了一个男婴。宋真宗中年得子，自然喜出望外。赵祯还未来得及睁开眼睛记住自己亲生母亲的容颜，其便在宋父皇真宗的默许下，被一直未能生育的刘德妃据为己子。生母李宸妃慑于已是皇后的刘德妃的权势，只能眼睁睁看着自己的孩子被别人夺走，却不敢流露出任何不满情绪，否则不仅自身性命难保，也会给亲生儿子带来灾难。

后来，宋真宗去世，11 岁的赵祯继位，史称宋仁宗。刘皇后成了刘太后。天圣九年（公元 1031 年）宋仁宗生母病危，刘太后晋升她为宸妃。次年，李宸妃去世。刘太后在其死后，最初是想秘而不宣，准备以一般宫人礼仪举办丧事。但是，宰相吕夷简力劝大权在握的刘太后，现在宋仁宗并不知道自己的生母是李宸妃，一旦将来太后死去，宋仁宗得知了实情，知道自己生身的母亲在生前死后都没有得到应有的待遇，一定会怨恨刘太后，肯定还会迁怒于刘太后的后裔，所以要想保全刘氏一门，就必须厚葬李宸妃。刘太后这才意识到问题的严重性，于是，她吩咐以一品礼安葬李宸妃。

宰相吕夷简又暗中吩咐内侍押班罗崇勋，给李宸妃穿皇后装成殓，并使用水银宝棺，刘太后也一一依允。

公元 1033 年，刘太后死后，宋仁宗才知道自己的生母是谁。他无比悲痛、无比愤怒。于是，他下令包围了刘太后娘亲的府第。最后，还是宰相吕夷简的一番公道话使宋仁宗冷静下来。吕夷简说："太后虽有不义之事，但以皇后礼仪厚葬宸妃，表明她已有自悔之心；刘、杨虽非生母，但对陛下仍有抚育之情，不可或忘。"

宋仁宗决定重葬生母。他开棺查验的时候，只见以水银浸泡、尸身不坏的李宸妃安详地躺在棺木中，容貌如生，服饰华丽，并没有鸩杀、残害或虐待的迹象，宋仁宗这才叹道："人言岂能信？"随即下令遣散了包围刘氏戚属的兵士，并在刘太后遗像前焚香，道："自今大娘娘平生分明矣。"后来，宋仁宗尊李宸妃为皇太后，谥章懿，亲临殡仪之所祭告。

为了弥补他对生母的愧疚之情，他把李太后的弟弟李用和再擢升，并把福康公主下嫁给李用和的儿子李玮。

由此看来，《三侠五义》等戏剧小说中的"狸猫换太子"，李宸妃没流落到民间的情节并不属实了。至于刘德妃到底是用什么方法把宋仁宗收为己子的，恐怕谁也猜不透了。

大明天子人间蒸发——明惠帝朱允炆的去向

明朝的开国皇帝朱元璋驾崩后，由于皇太子先他而死，所以只能由皇太孙朱允炆即位，史称明惠帝，后世也称为建文帝。然而，在建文帝即位后不久，燕王朱棣于建文元年（1399 年）以"清君侧"的名义举兵，发动了历史上有名的"靖难之役"。4年后，燕王朱棣的部队攻陷了南京，朱棣即位，是为明成祖。就在朱棣攻入南京时，皇宫已是一片大火，建文帝下落不明。此后，有关建文帝已经出逃的传闻颇多，明成祖对此总是不放心，这件事也几乎成为他的一块心病。然而，数百年来，建文帝的下落也是一桩争论不休的历史悬案。

史书上关于建文帝的下落，由于没有确凿的记载，官修正史大都采取了谨慎的态度，因而没有对这个问题轻易下定论，但后人读到这些史书时时常发现自相矛盾的地方；野史和民间传说倒是有闻必录，异说纷呈，但是谬误百出，不能拿来作为证据。综合各家说法，主要有以下几种观点。

第一种观点认为，建文帝是自焚而死的。据永乐年间修撰的《明太祖实录》中记载，建文四年（公元 1402 年）6 月 13 日，燕王朱棣统领大军开进南京金川门。当燕王军队进入皇宫时，宫中已是一片火海，建文帝和他的玉玺都毫无踪影了。正史记载建文帝死于宫中的大火中。《太宗实录》卷九记载："上（即明成祖朱棣）望见宫中烟起，急遣中使往救，至已不及。中使出其尸于火中，还白上，上哭曰：'果然，若是痴耶！吾来为扶翼不为善，不意不谅而遽至此乎！'……壬申，备礼葬建文君，遣官致祭，辍朝三日。"明仁宗朱高炽御制长陵后碑也说，建文帝殁后，明成祖以天子礼仪殓葬。然而，这个说法漏洞很多。一是，这个记载寥寥几句，并没有交代清楚建文帝的死亡和发现尸骨的过程，如果建文帝真是自焚了，总能找到证人吧。这个记载并没有确切的证人证明建文帝是自焚了。二是，记载中并没有说朱棣亲眼看到建文帝自焚现场，他所知道的一切都是道听途说。三是。当时又没有 DNA 识别技术，事后发现的灰炭一般的尸骨怎么就能证明是建文帝的呢？而且，就算这具尸骨确实是建文帝，如何说明建文帝是自焚而死的呢？四是，既然说以天子的待遇殓葬了建文帝，可建文帝的陵墓又在哪呢？史书上并没有记载。明末崇祯帝就曾说过，想给建文帝上坟，却不知在何处。如果当时朱棣真的确认建文帝已死，为什么不把那具传说中的建文帝"尸骨"按"天子礼仪"出葬，这也能使拥护建文帝的余党死心。但是，"建文无陵"多少也说明，朱棣并没有相信那具尸体就是建文帝，也没搞这种自欺欺人的仪式。从史书上看，当时史官们对自焚说也没有把握。

第二种观点认为，建文帝出逃为僧。关于建文帝的下落，支持这种说法的人最多。建文帝出逃的始末，《明史》郑和等人的列传中都有记载，至于野史中，支持此种说法的更多。其主要内容如下，在南京攻破之时，建文帝见大势已去，曾想放火自杀，但在其亲信说服下，削发为僧，从地道逃出了皇宫，隐姓埋名，浪迹江湖。明成祖死后，他又回到京城，死后葬于京郊西山。不过据明清史专家孟森为弄清该说法的真伪，特地到北京西山一带进行过实地考察，认为所谓的"建文帝坟"，只不过是座乱骨塔。这种塔在北京房山一带有很多，它的建造年月是在明朝之前，根本不可能是建文帝的坟墓。另外，据其他史学家调查，所有关于建文帝出逃的记载和传说，大都荒诞不经或证据不足，有的更是伪造。

第三种观点认为，建文帝在皇宫起火后逃逸，下落不明。官修正史或者语焉不详，或者自相矛盾，而野史传说有证据不足，或者捕风捉影、人云亦云。这既不能证明建文帝已经自焚了，也不能说他"出亡为僧"。于是，就有人提出了"下落不明"之说。证据是朱棣即位后的各种可疑举动。

撇开正史记载和野史传说中有争议的说法不谈，只从朱棣即位后的一系列不寻常的举动就能看出建文帝出逃且下落不明的蛛丝马迹。

朱棣登基后，大概感到生死未卜的建文帝对他有一种无形的压力，因此多次派心腹大臣到民间四处访问。永乐年间，郑和下西洋的陪同官员中，也有不少当时的特务机关成员——锦衣士，这显然就是用于暗中察访建文帝的。明成祖还曾经向天下寺院颁布《僧道度牒疏》，将所有僧人名册重新整理，对僧人进行了一次全方位的调查。从永乐五年（公元1407年）起，明成祖朱棣还派人以寻访仙人张邋遢为名到处查找，涉及大江南北，前后共计20余年。由此推断，明成祖朱棣始终无法确认建文帝的踪迹。

在民间传言中，在许多地方都有建文帝的踪迹与传说。其中，有的说建文帝先逃到云贵地区，后来又辗转到了南洋一带，直到现在，云南大理仍有人以明惠帝（建文帝）为鼻祖。也有现代学者认为，当年建文帝潜逃后，曾藏在了江苏吴县鼋山普济寺内，接着隐匿倒穹窿山皇驾庵，于永乐二十一年（公元1423年）在此因病去世，埋在了庵后的小山坡上。不过以上说法因为缺乏证据，无法给出令人满意的答案。至于建文帝的下落到底如何，恐怕仍将留给后世的学者们去把它慢慢解开了。

帝后之争的牺牲品——光绪帝的死因

公元1908年11月14日黄昏，北京中南海之中的清朝光绪皇帝突然死去，时年38岁。这一消息立刻在中华大地掀起了轩然大波，人们最惊奇的倒并非光绪帝壮年丧身，而是在15日下午他的政敌慈禧太后也在中南海病故，前后竟然相差不到24个小时！这不得不使海内外亿万人疑窦丛生。

许多人认为光绪帝死于慈禧太后的毒手。他们认为，慈禧太后临死前，不想让光绪帝在她死后卷土重来，使维新派复起，打压封建顽固派，因此派人谋害了他。

但是，也有一些学者认为光绪帝是袁世凯用毒药毒死的。因为，在维新变法期间，袁世凯曾经无耻地出卖了光绪帝及以康有为、梁启超、谭嗣同等改革派。他怕在慈禧太后死后，光绪帝找自己秋后算账，砍自己的脑袋，诛自己九族，便下药毒死了光绪帝。并且，此过程还有一个旁证——一位亲自给光绪帝治过病的御医说："光绪帝在死前三天，已逐渐好转的病情突然恶化，在床上乱滚，大叫腹痛。可以肯定地说，光绪帝确实是被人害死的。"

还有些人认为光绪皇帝的死与大太监李莲英等人有关。因为，李莲英是慈禧太后的亲信、忠实走狗，平时专门与光绪帝作对，还派小太监或宫女监视光绪帝……无所不用其极。一旦慈禧太后归天，光绪帝再度登基，总揽大权，一定不会放过他们的，因此就一不做二不休，先下手为强了。

还有些人认为光绪帝的死是慈禧太后、李莲英等人共同密谋策划的。不过，也有人认为光绪帝是自然死亡，与慈禧太后死的时间纯属偶然巧合。持这种观点的学者认为，根据中国第一历史档案馆所藏的大量光绪帝的"脉案""病原"（即现在的"病历"）研究，发现光绪帝自幼体弱多病，体质很差，用药十分频繁。又由于光绪帝从小在孤独中成长，不但要遵守宫廷里的繁文缛节，而且还经常受慈禧太后的训斥和虐待，根本没有童年的欢乐，精神抑郁，"无人敢亲爱之"。久而久之，精神不振而导致身体孱弱，落下了日后的病根。到光绪二十六年（公元1900年）之后，光绪帝的病甚至已经"深入五脏"，从对他的病历的研究分析，光绪帝极可能患有神经官能症、关节炎、骨结核以及血液系统疾病，而光绪帝"亲政"的十来年内，"后党"与"帝党"之间激烈的权力斗争进一步损害了他的健康。"百日维新"失败，光绪帝被囚禁，慈禧太后与李莲英等人想方设法折磨他、凌辱他。他整日整夜地提心吊胆，但又毫无办法，只能任人宰割，坐以待毙。在这种长期的"囚徒"生活中，光绪帝终于精神崩溃，旧病复发，最终病重不治。

光绪帝临终时的病情最有说服力。从'脉案'来看，大约是在光绪三十四年农历十月17日前后，光绪帝的病情进入危重阶段。10月16日这天，光绪帝出现了肺炎症及心肺衰竭的临床症候，情况危急。第二天又有三名御医入诊，其中就有杜钟骏，他们一致认为光绪帝已经是病入膏肓了。事后，根据杜钟骏的描述，"皇上气促口臭，带哭声而言曰：'你有何法救我？'予曰：'皇上大便如何？'皇上曰：'九日不解，痰多气急心空。'……复退至军机处拟方，予案中有'实实虚虚，恐有猝脱'语。继大臣曰：'你此案如何这样写法，不怕皇上害怕吗？'予曰'此病不出四日，必出危险……此后变出非常，予不负责，不能不预言'……"

到10月19日，光绪帝的病象已呈现"中气虚损，不能承领上下，以致上而逆满喘咳，下而大便不行。清气不升，浊气不降，而通体为之困乏矣"。此时，御医们都束手无策。10月20日，光绪帝已是"目睑微而白珠露，嘴有涎而唇角动"，这是现代所谓的中枢神经症状，说明他已经命悬一线。10月21日子刻（夜半），光绪帝开始进入弥留状态，即"脉息如丝欲绝。肢冷，气陷。二目上翻，神识已迷。牙齿紧闭，势已将脱"。到这天午刻，脉息"若有若无。目直视，唇反鼻瘪，阳散阴涸之象"。待到酉刻，终于"龙驭上宾"，与世长辞了。

综观光绪帝的一生，他在生活上是孤独凄凉的，在政治上是忧患失望的，在身体上又病魔缠绕，并且这三者相互影响。查究他的死因，是属于虚劳之病日久，五脏俱病，六腑皆损，阴阳两虚，气血双亏，终以阳散阴涸，出现阴阳离决而死亡。从现代医学上来分析，则主要是肺结核、肝脏、心脏及风湿等长期慢性消耗性疾病，导致了抵抗力的下降，出现了多系统的疾病。而光绪帝的直接死亡原因，可能是心肺功能的慢性衰竭，合并急性感染所造成。从光绪帝的"病原"及其"脉案"所载的病因病状及死状分析，他自病重至临终之时，其症状演变属于进行性加剧，并无特殊异常症状出现，既无中毒或其他伤害性的征象，也没有突然性暴亡的迹象，应属于正常死亡。

当然，上述结论，仅仅是有关学者详细分析了档案文献记载后所得的结论，至于在档案记载之外，是否另有难以作正常推论的奥秘，那就不能断言了。

名人往事

周公为什么没有取周成王而代之?

西周时期，周武王驾崩，太子成王年纪尚小，关于周公作为叔父如何处理当时朝中政治局面的这一问题，从春秋时期到现在，一直是众说纷纭。《左传·僖公二十六年》称，周公曾"股肱周室，夹辅成王传"；《左传·定公四年》又记，成王在武王之后继位时，"周公相王室以尹天下"；《史记·周本纪》也载，由于天下刚刚稳定，成王还在少年时期，"周公……乃摄行政，当国"。从这些可了解周公只是"夹辅"或"相"成王，"摄（代为）行政"，并没有篡夺王位的意思。《孟子·万章》说得更为详细，"周公尔有天下"。

然而有些史料中记载，周公的所作所为并不是这样的。

《荀子·儒效》和《淮南子·记论训》都说，周公想要夺取天下。清代王念孙《读书杂志》解释说，周公想要得到天子的皇位。《礼记·明堂位》和《韩诗外传》卷三又称：周公想要坐上天子的位置。《尚书·大传》更明确指出，周公身居要位，管理着天下的国事。据今所考，《尚书·大诰》中的"王"把文王称为"宁王"，也称作"宁考"。"考"，是对已故父亲的称呼。文王的儿子是周公，文王的孙子是成王，所以只有周公才能称文王为"考。"《尚书·唐诰》又载："王若曰：孟侯，朕其弟，小子封。"周公的同母弟是康叔，"封"即为康叔之名。《康诰》中的王对康叔称"弟"，显然这个"王"又是周公。据上述条件可知，身居王位的周公的确自称为王。

为什么周公会僭位称自己为王呢？根据《尚书·金縢》的记载，周公曾对太公、召公说："我不管理国家，我没有办法告慰我的先王。"众所周知，武王死后，国家还未统一东方，这就有待于让自己的子嗣完成统一大业。由于成王尚年少，不能担负起这个重任。周公经过深思熟虑，觉得如果自己不称王，则各诸侯就会造反，先王的统一大业将毁于一旦，自己死后无法向先王交代。《荀子·儒效》也说，周公"履天子之籍"的原因是"恶天下之倍（背叛）周"。的确，由于刚创下基业，政局不稳定，成王年幼无知，还没有治理国家的能力；如果想巩固新生政权，就需要经验丰富的君主。其实，武王在临死前也想把王位传给周公。《逸周书·度邑解》记武王曾称赞周公为"大省知"，认为只有周公"可瘳于兹"，能稳定周初的政局，因而主张"乃今我兄弟相为后"，应该由弟来继承王位。当武王把自己的想法告诉了周公时，周公"泣涕共手"，即感激又害怕，并说自己不能这么做。这足以证明，周公并不是想篡权夺位。故《韩非子·难二》说："周公旦假为天子七年。"他也只是代替成王打理国事，等成王长大再主动交出权位。《汉书·王莽传》载，群臣上奏说："周公掌握大权，那么周朝就有道，且王室安稳，如若不然，周朝就有灭国的危险。"正因如此，周公才以天子的身份，对众多的大臣发号施令，常常称为天命。很明显，周公是为整个江山社稷作打算，才会"假为天子"。

但是，有些史料对此还有另一种说法，《荀子·儒效》记载说，周公屏除成王而继接武王来治理天下，有人说"偃然固有之"，这怎么不是想篡位呢？《史记·燕召公世家》又记当时"召公疑之"，《鲁周公世家》也记载周公对太公、召公解释过这个问题。召公、太公都是贤明之人，如果当时周公安分守己，怎么都怀疑他呢？特别是管叔、蔡叔他们都害怕周公的所作所为对于成王会有很大的威胁，所以才会发生暴乱。看着管、蔡的表现，足以证明他们对周王朝的忠心。关于管叔、蔡叔"受赐于王""开宗循王"之事，在《逸周书》中的《大匡》《文政》等篇中都有记载。所以顾颉刚曾说："他们二人确实是武王的好助手。"周公运用计谋让他的哥哥按照"兄弟相为后"应该继位的管叔到京城以外的地方做官，又在管、蔡发动暴乱起兵东征杀死了他。

管仲为何被娼妓奉为保护神？

私妓出现于春秋战国时期。《史记·货殖列传》中记载："赵女郑姬，设形容，揳鸣琴，揄长袂，蹑利屣，目挑心招，出不远千里，不择老少者，奔富厚也。"又说："中山地薄人众，犹有沙丘。纣淫地余民，民俗懁急，仰机利而食。丈夫相聚游戏，悲歌慷慨，起则相随椎剽，休则掘冢作巧奸冶，多美物，为倡优女子，则鼓鸣瑟、跕屣，游媚贵富，入后宫，遍诸侯。"另外《诗经·周南·汉广》曰："汉有游女，不可求思。"上面资料表明，这些赵女郑姬精于打扮，善于歌舞，兼善媚术，色艺俱佳。为了金钱她们不惜出卖肉体和色相，有时甚至长途跋涉。她们的经营方式主要是上门服务。《诗经》中用"游女"一词，将当时私妓的经营特点非常贴切地说明了。

营妓（也称"军妓"）的最初形式在这一时期已经开始出现。据《越绝书》《吴越春秋》等书记载，公元前470年前后，"越王勾践输有过寡妇于山上，使士之忧思者游之，以娱其意"。越王勾践为了解决士气低落的问题，让"有过寡妇"为军中"忧思者"提供性服务，这就是典型的"营妓"。尽管当时越王勾践让"有过寡妇"为军士提供性服务，可能是一种应急措施，并没有形成一种制度，但它一直被看作是中国营妓制度的雏形。

但是，真正的国家经营娼妓业，却是由管仲开创的。

管仲，名夷吾，初与友人鲍叔牙经商为生。后来"鲍叔牙事齐公子小白，管仲事公子纠。及小白立为桓公，公子纠死"，管仲被囚，鲍叔牙"遂进管仲"，"力陈管仲之贤，桓公于是任管仲为相"。（《史记·管晏世家》）管仲在任期间，竭力协助齐桓公治理国家，实行了一系列改革。重新划分行政区域，整顿吏治，严肃军队纪律，利用官府力量发展盐铁业，促进生产，统一管理货币，调整物价，通过"尊王攘夷"，控制各诸侯国内政，抵御周边少数民族进军中原。通过这些改革方案，齐桓公成为春秋时期的第一个霸主。

管仲在位时不但推行一系列改革措施，还设置"女闾"。所谓"女闾"，就是妓院。也就是说，管仲是第一个设置官方妓院的人。管仲于公元前685年被封为"卿"，死于公元前645年，因此设"女闾"制应该是在公元前685年至公元前645年之间。这比梭伦创立雅典国家妓院（公元前594年）至少还要早50年。因此有人说管仲是"世界官妓之父"。

当时妓女数量还是比较多的，如管仲设女闾300，据《周礼》中说"五家为比"，"五比为闾"，一闾是25家，总数当为7500家，若设700，就有1.75万家之多。

"女闾"制开了国家经营娼妓业的先河。作为政治家管仲，其实行"女闾"制，目的有四：一是为了增加国家收入。清代褚人在《坚瓠续集》卷一记载："管子治齐，置女闾七百，征其夜合之资，以充国用，此即教坊花粉钱之始也。"二是为了缓解及调和社会矛盾。三是招揽游士，网罗人才。当时诸侯争雄，齐桓公为了能够称霸天下，借助美女来招引人才。四是供齐桓公淫乐。齐桓公是一个好色之徒，这在文献中有所记载："好内，多内宠，如夫人者六人。"他好色无度，喜欢寻求刺激。但管仲设立妓院，最重要的目的是为了从中收税以作军费。

管仲设立市妓和妓院，对后世中国公共制度产生了非常深远的影响。在他的影响下，春秋各国纷纷效仿，后世的封建统治者也从此让娼妓制度获得合法地位，这恐怕是作为春秋时期的大政治家、思想家的管子始料未及的吧！我们完全可以想象，当时的妓院肯定不像日后那样畏首畏尾；而是在管仲丞相的庇护之下，光明正大地经营。所以娼妓们当然要奉管仲为"保护神"了，这一习惯也延续到了后世。

赵高乱秦之谜

赵高是秦始皇和二世皇帝宠信的权臣，他声势显赫，一时权倾朝野。很多历史学家有这样的看法：秦朝的覆灭，与这个人物篡权误国多少有些关系。

中国历史上著名的史学大师司马迁在《史记·蒙恬列传》中写到了赵高的身世："赵高者，诸赵疏远属也。赵高昆弟数人，皆长隐宫，其母被刑戮，世世卑贱。秦王闻高强力，通于狱法，举以为中车府令。"

赵高为什么能平步青云地进入秦王朝中央政权机关呢？这是因为他"通于狱法"，这一点与"喜刑名之学"的秦始皇不谋而合，因而成为秦始皇的心腹。秦始皇出巡途中病重，便让赵高给公子扶苏发送诏书，"以兵属蒙恬，与丧会咸阳而葬"，即让扶苏继承皇位。但是诏书还没发出，秦始皇已死，李斯在赵高的威逼利诱下，同他一起伪造了遗诏，扶助胡亥为二世皇帝，赐公子扶苏自尽。接着，他千方百计陷害并杀死了掌握兵权的大将蒙恬和蒙毅。胡亥继承皇帝大位后，赵高又怂恿他"尽除去先帝之故臣"，结果赵高帮助胡亥除去了许多秦的宗室大臣，连李斯也难免一死。从此，秦朝的中央大权完全被赵高掌握；

关于赵高的身世，历来众说纷纭。清人赵翼在《除余丛考》卷四十一《赵高志在复仇》中曰："高本赵诸公子，痛其国为秦所灭，誓欲报仇……卒至杀秦子孙而亡其天下。则高以勾践事吴之心，为张良报韩之举，此又世论所及者了。"他自称，这种观念出自《史记索引》，得到许多人的公认，郭沫若先生主编的《中国史稿》第二册"秦末社会矛盾的激化"章节中就这个观点指出："赵高原是赵国远支宗室的后代，因其父犯罪被处宫刑，当了宦官……骗取了秦始皇的信任。"其实这种看法没能很好理解《史记》中所说的"生隐宫"。在今本《史记》三家注中有一段"索引"的记载说"盖其父犯宫刑"，指出并非是赵翼认为的"自宫以进"，以苦肉计进行报仇。另外，还有一种较新鲜的说法，认为赵高不是"宫人"，因为京剧传统剧目《宇宙锋》中有赵高逼自己的女儿嫁给二世这一出。

因此，有人认为赵翼的观点本意只不过是为了故作惊人之论，因为今本《史记》三家注中"索引"部分，并无这种内容。就算赵翼真见了什么"孤本秘籍"，此说也很难令人信服，因为这说法和《史记》原文大相径庭，而"索引"是唐人司马贞所作，其史料价值不能与《史记》并论。《史记·蒙恬列传》原文说赵高为"诸赵疏远属也"，并不是"赵诸公子"。因为"诸赵"一语，犹《史记》《汉书》中常用"诸吕""诸窦"，"赵"乃姓氏，并非国名。而"诸赵"实际上指的是秦国王室。《史记》中记载得很明确："太史公曰：'秦之先为嬴姓……然秦以其先造父封赵城，为赵氏。'"《史记·秦始皇本纪》也指出："秦始皇及生，名为政，姓赵氏。"可见，所谓"诸赵疏远属也"乃指赵高是秦王室宗室，因而所谓"赵高乃赵诸公子，痛其国为秦所灭，誓欲报仇"之说是不能成立的。

综上所述，赵高并非"痛其国为秦所灭，誓欲报仇"而乱秦政。事实上，赵高乱秦政的故事，只能供参考。如前秦王嘉（一说梁萧绮）撰《拾遗记》中记载一则故事说："秦王子婴立，凡百日，郎中令赵高谋杀之。"秦始皇的鬼魂在梦中对子婴说："余是天使也，以沙丘来。天下将乱，当有同姓欲相诛暴。"子婴因此"囚高于咸阳狱"。这故事以天道轮回为凭，胡编乱造，当然令人难以相信。

其实，就算赵高是赵国公子，他曾为"宫人"，他与秦二世胡亥加紧盘剥百姓，又任意诛灭异己，滥用刑戮，使社会矛盾迅速激化起来，将建立不久的秦王朝推向崩溃的边缘，这一重罪也令他难辞其咎。曾经显赫一时的秦王朝就这样被陈胜、吴广领导的农民起义以排山倒海之势、雷霆万钧之力推翻了。

项羽不肯过江东之谜

"生当作人杰，死亦为鬼雄。至今思项羽，不肯过江东。"这是著名女词人李清照的名作。项羽是秦末农民起义军的领袖，为人刚愎自用，独断专行，因而在楚汉之争中落败，最终落得个自刎乌江的下场。项羽为何不渡乌江呢？两千多年来，人们有种种说法。

有一种观点认为，西楚霸王不过江东，是因为虞姬已死。

项羽的死与虞姬的死有必然联系吗？两者之间有联系，有学者就认为项羽因"虞姬死而子弟散"心生羞愧，因而不肯过江，拔剑自刎。这样说很有道理，单纯说项羽不肯过江东是因为虞姬之死就显得论据不足。而这与《史记》上说的"项王笑曰：'天之亡我，我以何渡为！且籍与江东子弟八千人渡江而西，今无一人还，纵江东父兄怜而王我，我何面目见之？纵彼不言，籍独不愧于心乎？'"这段话一致。"子弟散"，一方面符合他说的"天之亡我"，一方面也是"无颜见江东父老"的原因。项羽即便过江，败局已定。因而，他选择了不渡乌江。

但有的学者提出，自固陵战败后，项羽连连败退，退到垓下，垓下突围又逃往东南，一直逃至乌江边。由此可见，他早有退守江东之意，并且是一路逃奔。如果说项羽因失败使江东八千子弟葬送性命而愧对江东父老的话，垓下被围时，"虞姬死而子弟散"，他就应羞愧自杀。渡淮之后从骑仅百余人，至阴陵又迷了路，问一农夫，结果被骗，身陷天泽，被汉军追上。如此狼狈的境遇他也没有羞愧自杀呢！逃至东城，汉骑将之包围数重。尽管他"自度不得脱"，但还是把仅剩的二十八骑组织起来做了一番拼杀，又"亡其两骑"。这时候项羽仍"欲东渡乌江"。因而认为他好不容易逃到乌江岸边时却反而感到羞见江东父老而自杀似乎有些说不通。项羽的羞愧之心来得太突然，也不合情理，很可能是司马迁为使情节完整而下笔渲染的情节。

有人认为项羽不渡乌江是出于一种高贵的品质，是从早日消除人民的战争苦难考虑的。认为项羽认识到了长期内战使人民痛苦不堪，希望这场战争尽早结束。项羽确实曾有结束战争的愿望，也曾想过通过他与刘邦的个人决斗来将战争结束，他觉察到"楚国久相持不决"，"丁壮苦军旅，老弱罢鞍漕"，所以对刘邦说："天下匈匈长岁者，徒以吾两人耳，愿与汉王挑战决雌雄，毋徒苦天下之民父子为也。"最后他甚至不惜违背自己个性，想要牺牲自己的利益通过和谈换取刘邦的让步，以鸿沟为分界。但是刘邦却违约出兵追杀楚军。当项羽失利并且认识到自己无法立即消灭刘邦而又无法谈和的情况下，项羽只有牺牲自己以结束数年的残杀。据说，项羽当时还是有可能与刘邦抗衡的。

项羽为何乌江不渡？2000多年来，无论是文人骚客，还是历史学家都给予极大的关注，但至今难有定论。

"三请诸葛亮"是真是假？

"三顾茅庐"这个成语典故的出处妇孺皆知。我国古代四大名著之一《三国演义》写刘备"三顾茅庐"聘请诸葛亮出山辅助他成就帝业的故事，将刘备的礼贤下士的态度写得栩栩如生，把刘备对诸葛亮的敬仰之情，关羽、张飞的居功自傲描绘得惟妙惟肖，入木三分，这段"三顾茅庐"的故事，是罗贯中根据陈寿《三国志·诸葛亮传》中的记载，加以艺术构思而创作的。但刘备为请诸葛亮出山究竟是不是"三顾茅庐"？学术界各有说法。

《三国演义》中关于这第一次见面的记载是：刘备带领军队驻扎新野时，徐庶对刘备说："诸葛孔明者，卧龙也，将军愿见他吗？"刘备说："你带他一起来吧。"徐庶

说："可以主动登门去见此人，但不能让他来拜见您。" 可见，刘备亲自到诸葛亮那里去请求拜见、赐教。共三次前往，才得以相见。但没有写关公、张飞同往，也没有说明是在茅庐中相见。

诸葛亮自己写的《出师表》中也说："先帝不以臣卑鄙，猥自枉屈，三顾臣于草庐之中……" 这几句话，证据确凿。陈寿在《三国志》中写到了《隆中对》，对刘备三次往访以及诸葛亮论天下形势的内容记载得更为详细。刘备"三顾茅庐"一直被当作礼贤下士、重视人才的典范。刘备当时困难重重，急需人才，从情理上看，"三顾茅庐"是极有可能的，所以历代没有人对此事的真实性有过怀疑。

但现在有人提出另一种说法，认为"三顾茅庐"的记载难以令人相信。诸葛亮是位胸有宏图之士，刘备请他出山，当然正合其意，他岂能大摆架子，而不抓住这个可能失去的机会？当时的诸葛亮只有27岁，刘备则是个有声望的政治家，对诸葛亮怎能那样低声下气地苦求？虽然前一种说法中以《隆中对》作为证据，但当时，曹操几十万南征大军正威胁着刘备，《隆中对》不提这个紧迫的现实问题，是不合乎情理的。同时，刘备第一次见诸葛亮，不会安排现场记录。所谓《隆中对》，很有可能是后人附会《出师表》而杜撰的。据此，"三顾茅庐"之说就不可信了。

三国人鱼豢写的《魏略》中，也提到了刘、诸葛二人第一次相见的情景。《魏略》中说刘备屯兵于樊城时，曹操方已统一黄河以北，诸葛亮预见曹操马上就要对荆州发动进攻。荆州刘表性情懦弱，不晓军事，难以抵抗。诸葛亮于是北行见刘备。刘备因为诸葛亮年纪小，根本不重视他。诸葛亮通过谈论对当今政局的对策，才使刘备逐渐信任他。最后，刘备才"以上客礼之"。西晋司马彪《九州春秋》的记载也大同小异。

从诸葛亮本身的积极进取的态度来看，《魏略》《九州春秋》的记载也有一定的可信度。

有人则调和了这两种说法之间的冲突，认为"三顾茅庐"与诸葛亮的樊城自请相见都是真实可信的。清代学者洪颐煊在《诸史考异》中说诸葛亮初见刘备于樊城，刘备虽以上客待之，但没有特别器重他。等到徐庶举荐时，刘备再次相见，才逐渐有了很深的感情。并指出：在建安十二年初见，再次相见是在建安十三年。诸葛亮后来非常感激，因而记入了《出师表》中。

诸葛亮与刘备究竟是"一见"，是"再见"，还是"三见"，这只有当事人知道了，然而，"三请诸葛亮"的故事却流传了下来，吸引了无数人。

曹操为何至死不称帝？

"往事越千年，魏武挥鞭，东临碣石有遗篇"，曹操是毛泽东笔下的风流人物。看一下曹操的一生，不管他自己怎么说，他是由不自觉到自觉地在一条通向帝王的道路上一步步前进着。如果说建安元年（公元196年）前曹操在这方面的努力还只是一种不动声色的铺垫，那么从建安元年起，他就开始在这方面迈出了坚实有力的步伐。建安元年八月，曹操亲至洛阳朝见汉献帝。随即挟持汉献帝迁都许昌。将献帝变成了自己手中的一个傀儡和一张王牌，取得了"挟天子以令诸侯"的优势。献帝任命曹操为大将军，封武平侯，后来因为袁绍不满，曹操才将大将军的职位让给袁绍，自己改任司空，兼车骑将军，并从此开始主持朝政。

随着实力的增强，曹操对于朝政的控制也越来越严密，献帝的傀儡化程度也就越来越深了。

建安二十二年（公元217年）四月，献帝诏令曹操设置只有天子才可使用的旌旗，外出时像皇帝那样，左右严密警戒，不让行人通行。五月，曹操修建了诸侯有权享受的学宫泮宫。六月，曹操任命军师华歆为御史大夫。十月，献帝诏令曹操像天子那样头戴悬垂有十二根玉串的礼帽，乘坐专门的金银车，套六马。同时，封长子五官中郎将曹丕为魏国太子。

曹操

就这样，曹操完成了夺取帝位和世袭权力的所有准备，在通向帝王的道路上，几乎已经走到了终点。曹操不但早已在事实上控制了朝廷的一切大权，使自己成了一个实际上的皇帝，而且在形式上，他也同皇帝没有什么两样了。曹操唯一没到手的，只不过是一个皇帝的名号而已。

事实上，曹操的代汉意图早就昭然若揭，但至死他也没有迈出最后的一步。他要把这最后一步让给自己的儿子完成。曹操为什么自己不称帝呢？主要考虑到以下几个方面：

其一，孙权劝他称帝是从自己的利益出发的。首先，孙权认为这样做可以获得曹操的信任，从而实现吴、魏之间的和解，自己就可以专心对付蜀汉。襄樊之役中，孙权为了从刘备手中夺回荆州，从背后袭击关羽. 帮了曹操的大忙，但却得罪了刘备。吴、蜀之间长达十年的联盟关系就此结束，这时他比什么时候都更需要缓和同曹魏的矛盾，否则会陷入腹背受敌的不利境地。其实，孙权认为曹操如果真的称帝，拥汉派将会强烈反对，曹操因此陷入困境，减轻对吴国的威胁。因此，孙权阳奉阴违，曹操看穿了孙权的意图，不肯轻易上当。

其二，从当时形势看，如果贸然称帝，确实会给政敌和拥汉派势力一个舆论上的借口，使自己在政治上陷入被动。综观曹操的一生，内部的反对和反叛大都发生在他被封为魏公、魏王之后，就是最好的证明。因此，继续维持献帝这块招牌，对于安抚拥汉派，巩固内部，仍有不可忽视的作用。

其三，至少从建安十五年（公元210年）起，曹操一再"自明本志"，说自己绝对没有代汉自立的意图，言辞恳切，说了差不多十年，现在如果突然改变主意，否定自己，对自己的声誉名节必然会造成不利影响，不如坚持把戏演下去。

其四，更重要的是，曹操是一个讲求实际的人，只要掌握了实权，虚名并不重要，"施于有政，是亦为政"一语，是他内心想法的真实写照。

此外，建安二十四年（公元219年）曹操已65岁，年纪大了，估计自己将不久于人世了，这也可能是他不愿称帝的一个原因。

总之，曹操不当皇帝，是从策略上全面权衡得失后所做出的决定，是一种周密而明智的谋虑。

诸葛亮娶丑女为妻探秘

诸葛亮的名字家喻户晓，成为智慧忠贤的化身，他辅佐刘备共图大业，最终使蜀汉政权成了三国鼎立的一极。他的一生，奇闻逸事很多，"孔明择妇"便是其中之一。

诸葛亮不仅有才，而且相貌俊伟，据《三国志·诸葛亮传》记载，诸葛亮"身高八尺，犹如松柏"。但他却选了一位"瘦黑矮小，一头黄发"的丑女阿丑为妻，诸葛亮为何要娶丑女呢？传统观点认为，诸葛亮重才不重貌，是注重人的内在美。阿丑自幼才识过人，颇有心计，诸葛亮早在成婚前就有所耳闻。这不无道理，但并非全部。其实，诸葛亮娶阿丑，是出于一种政治上的考虑。《三国志·诸葛亮传》裴松之注所引《襄阳记》记载："黄承彦者，高爽开列，为沔南名士。谓孔明曰：'闻君择妇，身有丑女，黄头黑色，而才堪匹配。'孔明许，即载送之。时人以为笑乐，乡里为之谚曰：'莫作孔明择妇，正得阿承丑女。'"

另一种说法是诸葛亮家境贫寒，出身卑微，自幼丧父，少年时代便过着流离转徙的生活，吃尽军阀混战的苦头，深受强宗豪族的压迫。后来跟着在南昌做豫章太守的叔父诸葛玄生活。14岁时，叔父因官被削而投靠了刘表；17岁那年，叔父死了，他从此没了依靠，就在襄阳城西20里的隆中定居。他虽然住在乡下，但他不想无声无息地隐居一辈子，他时刻关心着国家的盛衰，有着为国家尽忠的抱负，怀着如此壮志雄心，他立志要登上政治舞台而建功立业。

这种政治上的考虑无疑会影响到诸葛亮的婚姻大事，甚至还牵涉到了家人的婚事。这也是为在地主集团的上层站稳脚跟，以便今后一展宏图。为此，他在家庭婚姻方面，做了三件事：第一，他把姐姐嫁给了荆州地主集团中在襄阳地区颇有名望的首领人物庞德公的儿子，庞德公对其赏识备至，称他为"卧龙"，从此，他就在荆州站稳了脚跟。第二，诸葛亮为弟弟娶了荆州地主集团中在南阳地区数得着的人物林氏之女为妻。第三，也是最重要的，他自己择妇结亲，当然要服从既留荆州又能结交望族这一政治目的，这也就是诸葛亮在荆州而不到其他地方去的原因。所以，诸葛亮娶了那个丑女黄氏。

诸葛亮为何不怕众人耻笑，而娶丑女黄氏呢？换作别人也许他会犹豫，但是黄氏之女他就娶定了，一是因为黄承彦在当地有相当声望；二是因为黄妻蔡氏和刘表的后妻是姐妹关系，做了黄家的女婿，就攀上了刘表这门皇亲。

据《诸葛亮新传》记载：当黄承彦当面问及诸葛亮时，他当即"拜谢泰山"，一锤定音，把从未见过面的阿丑要了过来，从而为诸葛亮进入地主集团开了"绿灯"，他是无论如何也不会放弃这个"进身之阶"的。

从封建历史文化来说，贤妻、美妻、正妻要相夫教子，帮助丈夫治理家业，诸葛亮深受传统文化的熏陶，在自己的婚姻上，自然遵循"贤妻美妻"的风俗，而据《三国志》记载，诸葛亮其后确实又要过一妾。但诸葛亮要丑妇的动机仍有争论，待后人再研究探寻吧。

秦桧私通金国之谜

秦桧（公元1090~1155年），字会之，是中国历史上有名的一代汉奸。南宋时期，他把持朝政，通敌叛国，残害忠良。尤其可鄙的是他以"莫须有"的罪名杀害了抗金名将岳飞，留下了千古骂名。他将永远被钉在历史的耻辱柱上，遗臭万年。

秦桧是何时沦为金国的奸细的？据推测，靖康元年（公元1126年），他为金人掳获后，由囚徒沦为了内奸。秦桧在金的所作所为，今已无处可查。但是关于秦桧的南归，颇能说明问题。他自己说是"杀监己者奔舟而归"，对此当时人就很怀疑，但因有宰相范宗尹、知枢密院事李回的极力保荐，所以才被高宗接纳，最终令高宗对他深信不疑，并委以重任。绍兴初做过宰相的朱胜非在《秀水闲居录》中说："秦桧随敌北去，为大帅挞懒（又名达懒、达兰，即完颜昌）任用，至是与其家得归。桧，王氏婿也。王仲山有别业在济南，金为取千缗其行，然全家来归，婢仆亦无损，人知其非逃归也。"另外有记载说，秦桧在金朝献和议书，当时金统治者赐他钱万贯、绢万匹。建炎四年，金朝攻楚州，秦桧竟然被允许用船将全家带回，不是奸细，能得金人如此恩宠？实情是，建炎三年，金兵南侵时，秦桧作为金太宗之弟挞懒的随军转运使同行。临行前，秦桧欲携其妻王氏南下，又恐挞懒不允，于是假装争吵，并故意让挞懒知晓，终于获准。而秦桧此番南下的重要任务就是诱使宋朝与金达成和议。

从金人那里也能找到秦桧投降金人的确凿证据。宋嘉定七年，金宣宗为避蒙古的兵锋，迁都于南京（汴京），著作郎张师颜在《南迁录》中记载过此事，其中两处提及秦桧。一次是讨论是否迁都，直学士院孙大鼎在讲到迁都的必要性时说："天会八年（宋建炎四年）冬，诸大臣会于黑龙江之柳（御?）林，陈王悟室忧宋氏之再兴，其臣如张浚、赵鼎则志在复仇；韩世忠、吴则习知兵事，既不可以威服，复构怨之已深，势难先屈，欲诱以从，则阴纵秦桧以归。一如忠献之所料，及诛废其喜事贪功之将相，始定南疆北界之区划，然后方成和议，确定誓书，凡山东、淮北之民多流寓于江南，及杜充、张忠彦之家属悉令发还，盖惧在南或思归南，鼓煽摇惑，易以生隙，务令断绝，始无后患。"

还有一次在蒙古军攻陷复州、顺州时，被俘的金同知县赵子寅、督运天使张元应二人得以逃脱，他们回来后建议遣使向蒙古乞和，金宣宗下旨封赵子寅为直昭文馆，张元应为总天马飞龙十七监。权给事中兼知制诰孙大鼎封还录黄，奏曰："多事之世，士无常守，外顺内逆，惟利所在。子寅、元应之归，朝廷以其言遣使，遂以为诚，臣深疑之。自天统之中，至今三十年，北兵陷执官吏不知其几多，不知其存亡，传闻戮辱囚苦，皆是求死。独此二人忽然逃归，情态张皇，气貌不改，恐未必非敌之间。古事臣不必言，谨按国史，天会八年冬，诸大臣虑南宋君臣之刻苦于复仇，思有以止之，而势难于自屈。鲁王曰：惟遣彼臣先归，因示空（恐）胁而使其臣顺。遵之，我佯不从，而勉强以听，感可以定。'忠献曰：'我军初到太原，孝纯见霍安国之使，使来迎降。即得太原，一鼓渡河。取洛阳。围大梁，皆由先取河东，彼此谁不怒之，仇之，如何得位得志？此事在我心中三年矣，只有一秦桧可用。桧初来说赵臣得人心，必将有所推立；不及半年，其言皆验。我喜其人，置之军中，试之以事，外拒而中委曲顺从。间语以利害，而桧始言南自南，北自北。'"

上奏中的"只有一秦桧可用""而桧始言南自南，北自北"表明秦桧已死心塌地投降金朝了。

秦桧回到宋朝之后，由于得到高宗的宠信而官运亨通，直至占据宰相的高位。自此，秦桧独揽朝中大权，积极从事投降叛国活动。绍兴八年，他代表高宗拜受金朝诏书，接受"和议"，而后为了讨好金人，又以"谋反"之罪杀害了力主抗金的爱国将领岳飞。绍兴二十五年（公元1155年）十月，中国历史上臭名昭著的大汉奸秦桧病死临安，谥号"缪丑"。他的卖国行径使他成为千古罪人，为后人所唾弃。

抗金英雄岳飞死因探秘

岳飞（公元1103~1142年），字鹏举。相州汤阴人，出身贫苦农民之家。联金灭辽时应募从军，曾任统制，并与王彦一起抗金。后随宗御敌，任都统。宗泽死后，他投身张浚部，并逐渐成为南宋重要的抗金将领，立下赫赫战功。建炎四年，收复建康（今江苏南京）；绍兴四年，大败刘豫齐军，收复襄阳等六郡，封清远军节度使，后封为武昌开国侯，联络两河义军，部署北伐。绍兴八年底，他反对高宗与秦桧的议和，并上表提出"金人不可信，和好不可恃"。绍兴十年，郾城一战，大败兀术统率的金兵主力，收复颍昌、郑州、洛阳等重镇。在抗击金兵的战斗中，岳飞率领的"岳家军"常常以一当十，勇往直前，声威大震，甚至金军中都流传着"撼山易，撼岳家军难"的悲叹。可是，就在收复中原即将实现的大好形势下，宋高宗赵构却连发十二道金牌，下令收兵。岳飞挥泪含恨退兵，不久以"莫须有"的罪名和他的儿子岳云及部将张宪被毒死于"风波亭"。

直到孝宗即位，冤案平反，岳飞墓才迁至景色秀丽的栖霞岭下。岳飞墓前，铸有两个跪着的铁人，即当时南宋的宰相秦桧夫妇。几百年来，到此悼念岳飞的人们都要唾骂奸臣秦桧。岳飞为秦桧所害，这似乎已成为不容置疑的铁案。

但是，有人推测杀害岳飞的元凶并不是秦桧，秦桧只不过是这个元凶手下的一个鹰犬！

第一，秦桧没有杀岳飞的权力。有人指出，当时秦桧虽然很受高宗的信任，但还没到摆布高宗地步，因此也不能为所欲为地恣意铲除异己。绍兴九年，秦桧正积极对金议和，枢密院编修官胡铨上书反对，并请求皇帝"斩秦桧之头挂诸街衢"。秦桧对此人恨之入骨，但也不敢任意杀害他。由此可知，对战功赫赫的岳飞，他更不可能擅自处置了。

第二年，金兵违背和议，一举攻占了河南地区，秦桧惶惶不可终日，生怕高宗因此迁怒于自己的议和政策，他此时惶恐不安，正是自保不足的时候，因此，他没胆量背着高宗杀害岳飞。需要说明的是，岳飞的狱案又称作"诏狱"，程序严密，外人无法插手。这样，即便秦桧权力再大，公开"矫诏"杀人也是不合情理的。

第二，秦桧及刑部主审岳飞一案，曾上书定岳飞、张宪死罪，但并没有定岳云死罪。可上书赵构后，岳云也没能幸免于难。由此可见生杀大权还是在高宗之手。

第三，秦桧死后，赵构为秦桧制造的许多冤假错案平了反，但唯独对岳飞一案不肯昭雪。而且对许多大臣申请为岳飞平反的奏折不予理睬。

这一切都足以证明，赵构才是杀害岳飞的元凶。

赵构出于什么原因要害死自己倚为军事支柱的岳飞呢？而且宋太祖赵匡胤曾传下秘密誓约，规定后世子孙"不得杀士大夫及上书言事人"，"子孙有逾此誓者，天必殛之"。在北宋历朝，这条誓约执行得非常严格，赵构为何敢违约破例？这在认为赵构是杀害岳飞元凶的学者中存在着争议。

有的学者认为"帝之忌兄，而不欲其归"。高宗眼见岳飞一心要"迎二圣"，而徽、钦两帝一旦回来，自己的皇位就不保了。他害怕中原光复，因而杀了岳飞。

另一部分学者则认为并不是"迎二圣"。赵构杀岳飞，主要原因是怕他在外久握重兵，跋扈难制，危及自己的统治，对武将的猜忌和防范，是赵宋王朝恪守不渝的家规。只要武将功大，官高而权重，就意味着对皇权构成威胁。岳飞个性刚强，"忠愤激烈，议论不挫于人"，不容易与人合作，绍兴七年（公元1137年），他上书奏请高宗立储："乞皇子出阁，以定臣心。"同年，他又因守母丧，未经高宗批准便自行解职，把兵权交给张宪。这两件事犯了高宗的大忌。再加上高宗曾在金营做人质，又有从扬州南渡等惊险经历，对金兵始终心存恐惧。对战争前景，他既怕全胜，又怕大败。胜则怕武将兵多，功高而权重，败则怕欲为临安布衣而不能。他想当个安安稳稳的太平皇帝，因此一心求和。所以，秦桧利用岳飞部下的告密来证明岳飞的跋扈，正好迎合了赵构害怕岳飞立盖世之功、挟震主之威的心理，加上岳飞又是反对和议最强烈的主战派，故而下令杀了岳飞。

郑和七下西洋之谜

郑和本姓马，小字三宝，云南昆阳人。郑和长相魁梧，博辩机智，"资貌才智，内侍中无与比者"，深得明成祖朱棣的信赖，是成祖的心腹。"郑和下西洋"的壮举使郑和成了家喻户晓的人物。从永乐三年（公元1405年）至宣德八年（公元1433年），他受明成祖的派遣，率领规模庞大的船队驰骋万里海域，先后七次下西洋。郑和航海规模之大，航程之远，所到国家之多，为历史所罕见。对于郑和下西洋的目的，学术界有不同的看法。

有人认为，郑和下西洋是为寻找下落不明的建文帝。《明史·郑和传》载："成祖疑惠帝亡海外，欲踪迹之，且欲耀兵异域，示中国富强。"从中可知，《明史》的作者将到海外暗中侦察建文帝的踪迹看作是郑和下西洋的动机和目的；而沿途宣扬国威，向外示富，只是个辅助的方面。文中所说的惠帝即明成祖朱棣的侄儿建文帝朱允炆。建文帝刚坐上皇帝宝座时，由于各诸侯掌握兵权，而自己无实权，便想尽一切办法削弱他们的力量。燕王朱棣当时公开反叛，以"清君侧"为理由武力夺取皇位，号称"靖难"。靖难之役后，建文帝朱允炆便不知所终，这"活不见人，死不见尸"的建文帝始终是朱棣的一块心病。为了长治久安，防止建文帝东山再起，威胁自己的统治地位，朱棣便一次又一次地派遣郑和出使西洋，寻找建文帝的踪迹。这是《明史》的叙述，自此以后，编写历史的人大部分归因于此，连历史也按此说法。如范文澜的《中国通史简编》曾明确指出郑和下西洋是假，寻惠帝是真。

也有人认为，郑和下西洋是具有政治和经济的"双重目的"。近人梁启超据"且欲耀兵异域，示中国富强"一语，在其《祖国大航海家——郑和传》中说明成祖野心勃勃，利用郑和下西洋扬名海外，其实只不过是"自我陶醉"罢了。李长傅的《中国殖民史》，称朱棣派遣郑和下西洋称为"炫耀自我"。

还有人说，郑和七下西洋，每次出航，明成祖交给他的任务都是不相同的。尚钺的《中国历史钢要》认为，15 世纪，帖木儿帝国出现于中西亚，永乐二年（公元 1404 年）十一月，帖木儿带领千军万马侵犯明朝，但于永乐三年（公元 1405 年）二月亡于路上，所以同年六月成祖派郑和远渡重洋，可能是为了联络外邦共同对付帖木儿帝国，使它没有时间入犯，后六次则是为了开辟一条新航海路线，以便容易地与国外进行贸易。李光壁的《明朝史略》赞成郑和后六次的使命如尚钺所述，同时又指出郑和首次西下则带有扩大贸易、提高"威望"、联络印度等国的三重任务。郑鹤声、郑一均在《郑和下西洋简论》中认为，郑和前三次下西洋，其目的是同亚非 30 多个国家结盟，顺便打听朱允炆的下落，后四次则是为宣扬"国威"。

每派所述，都有一定道理，到底哪种说法才是当时明成祖派郑和西下的真正目的呢？这就不得而知了。

吴三桂降清疑点颇多

明崇祯十七年（公元 1644 年）三月十九日，李自成率领的农民起义军攻陷了明朝统治下的北京，崇祯在煤山自缢，明山海关总兵吴三桂在增援途中闻讯后，仓皇逃回山海关。李自成亲率大军开赴山海关，想以武力逼降吴三桂，吴三桂非常害怕，便向清朝求援。当李、吴两军在山海关前展开血战之时，清朝的精骑突然杀出，农民军毫无防备，惨败而归，从此一蹶不振。由于史书中的种种记载，史学界一直瞩目吴三桂引清军入关镇压农民起义这一事件，人们一直认为吴三桂此举便是投降了清朝。但近年有人认为，吴三桂引清军入关并不是表明他投降了清朝，并提出了种种证据。这一说法使似乎让本已盖棺定论的问题重又成为历史谜团。

至少还有两点理由可以说明吴三桂投降了清朝：第一，清朝最高统治者视吴三桂为降将，如清摄政王多尔衮就把吴三桂作为部下来驱使，"命三桂兵各白布系肩为号"，"命三桂军先锋"，又"命吴三桂以步骑二万前驱追贼"。清廷为了奖励吴三桂在战争中的功劳，还"授三桂平西王勒印"（《圣武记》）。后来清帝剥除吴三桂爵位时，也把他称为降将："逆贼吴三桂穷蹙来归，我世祖章皇帝念其输未投降，授之军旅。"（《清圣祖仁皇帝实录》）在清朝廷的眼中，吴三桂就是一个明朝降将。第二，吴三桂入关后的所作所为也表明他已真心降清，吴三桂打着为明王朝复仇的旗号引清入关，但是在南明政权的福王多次派人拉拢吴三桂时，吴三桂却断然拒绝。如当福王的侍郎左懋第"谒三桂，出银币且致福藩意"时，吴三桂说"时势如此，我何敢受赐，唯有闭门束甲以俟后命耳"（《明季稗史汇编》）。除了福王之外，还有几任南明王，吴三桂都不曾表示要协同反清复明，与此相反，他竟然亲自出兵缅甸追杀南明永历王。可以看出，不管当初引清兵入关时吴三桂是怎么想的，在清兵入关后，他就投降了清朝，此时，他已经不敢违抗清廷的命令，更不敢有任何反清复明的想法了。为了向清王朝表示他的忠心，他"破流贼，定陕、定川、定滇，取南明王于缅甸，又平水西土司安氏"（《圣武记》），俨然成为清廷平定天下的一把利刃。

否认吴三桂"降清"的人则认为，北京失守后，形成了三股较强的政治势力并存的局面，即吴三桂、农民军、清王朝。而夹在这两股势力中间的吴三桂势力最弱，因此他能走的路只有两条：要么抗清，要么镇压农民军，考虑到其父亲被农民军扣押、爱妾受辱，为报此仇，吴三桂选择了联合清朝的道路，但这并不能说明他投降清朝。主要理由如下：

第一，吴三桂一贯抗清的态度决定了他不会轻易降清。在任辽东宁远总兵期间，吴三桂曾多次参加抗清斗争，甚至在明清松锦战役后，明军明显处于下风的情况下，他的态度仍很坚决。吴三桂对明朝降清的劝降函都"答书不从"。

第二，多尔衮在山海关战后加强了对吴三桂的控制可以证明吴三桂未降。史载，多尔衮在山海关之战胜利的当天，玩弄权术，封吴三桂为平西王，又将1万步兵交给吴三桂。这说明吴三桂受到了多尔衮的拉拢和控制。

第三，山海关战后发表的檄文证明其未降。清军与吴三桂乘胜追击，吴三桂提出了"周命未改，汉德可恩""试看赤县之归心，仍是朱家之正统"的口号，如吴三桂已降，也不会发布这样的檄文，清廷也不会允许他这样做。

第四，在山海关一役后，在攻陷北京前后吴三桂欲立朱明太子的行动证明其未降。李自成败退永平，吴三桂提出"约自成回军，速离京城，吾将奉太子即位"，又"传帖至今，言义兵不日入城，凡我臣民为先帝服丧，整备迎候东宫"，可是"多尔衮命其西行追贼"的策略打乱了吴三桂的如意算盘。吴三桂因其势力太弱，只得听从了多尔衮。

第五，暗中积蓄实力以反清复明也可证明吴三桂未降。他一边广招贤才，暗布党羽，"阴养天下骁健，收忍荆楚奇才"，一边厉兵秣马，为将来的战争"殖货财"。他之所以没有实现反清复明的愿望，是因为清政治统治的日渐强大使"反清复明"的旗帜没有了号召力。而吴三桂是否降清这一历史问题已不能用后来的历史进程说明了。

民族英雄郑成功猝死之谜

郑成功是中国历史上家喻户晓的民族英雄，他骁勇善战，令殖民者闻之丧胆。但郑成功就在台湾收复后不久便去世了，年仅 38 岁。正值壮年，却突然暴病而亡。仔细推敲其死因，就会发现有许多疑点。

关于郑成功的死，同时代人如李光地、林时对、夏琳等人的笔记都很简单，一般是说"伤风寒""感冒风寒"，但一个正值壮年的人怎会轻易地被"风寒"夺去生命？

根据郑成功临终前的异常情况和当时郑氏集团内部斗争的背景，有人认为郑成功是被人投毒杀死的，这一说法目前最引人注目。此说主要的依据有：

第一，郑成功死前的情状与中毒后毒性发作的症状极似，另外，夏琳《闽海纪闻》中记载郑成功临终前都督洪秉诚调药以进，成功将药投之于地，然后成功"顿足扶膺，大呼而殂"。郑成功大概察觉出有人谋害自己，但为时已晚。

第二，郑氏集团内部暗藏着一些危险因素。生性暴烈的郑成功，用法严峻，郑氏部下，包括他的长辈亲族因过被处以极刑者很多，众将人心惶惶，其中很多人在清廷高官厚禄诱惑下叛逃，郑氏集团内部关系极其紧张。伍远贤所编《郑成功传说》一书中记述，清廷收买内奸刺杀郑成功，因此，如果说台湾岛上一直有人企图谋害郑成功，极有可能是以清廷作为背景。

第三，一个重大疑点是马信神秘地死去。马信是清降将，后来成为郑成功的亲信，郑成功去世当天，由他荐一医师投药一帖，夜里郑成功死去，他本人也突然无病而卒。照李光地的说法，马信在郑成功去世的第二天就死去，江日升《台湾外纪》中记载，其死期距郑成功去世仅仅 5 天。因此马信可能直接参与谋害郑成功的活动，但后来又被人杀害以灭口。

那么，这起谋杀案的主谋究竟是谁呢？人们把怀疑的目光投到了郑成功兄弟辈的郑泰、郑鸣骏、郑袭等人的身上，特别是郑泰。郑泰长期操纵郑氏集团的东西洋贸易，掌握财政大权，对郑成功早存异心，对郑成功出兵收复台湾曾极力反对。复台初期的郑氏政权财政面临困境，郑泰却暗地里在日本存银 30 多万以备他用。等到郑成功去世，郑泰等人迫不及待地伪造郑成功的遗命对郑经诛讨，并抬出有野心但无才干的郑袭来承兄续统。最后，他们的阴谋被郑经挫败，郑泰入狱而死，郑鸣骏等率部众携亲眷投清，据此分析，策划谋害郑成功的很可能就是郑泰等人。他们早存夺权之心，还可能和清廷有勾结。他们乘郑成功患感冒的时候开始实施他们的计划。夏琳和江日升的记载中说，郑成功病情开始并不严重，常常登台观望、看书，有时还饮酒，甚至拒绝服药。他们极可能在酒中下毒，但这期间饮酒较少，因此七八天毒性才发作。最后他们又在医生开的凉剂中下毒，郑成功终于被毒死。郑成功死后，郑经先是忙于对付郑泰的叛乱，后发现郑泰在日本银行的巨款，又集中注意力追回这笔款子。他本人又因犯奸险些被郑成功杀死,对郑成功之死也许心存侥幸,因此郑成功的死因在当时并没有被深究。海天茫茫,也许这永远是个解不开的谜了。

清代名将年羹尧为何被雍正赐死?

提起年羹尧,人们就会想起血淋淋的血滴子,因为在传说中,年羹尧总是用血滴子残酷地杀死其对头,在为雍正除掉许多对头之后,年羹尧也没有得到好下场,最终为雍正所杀,但雍正为什么要杀掉年羹尧呢?人们众说纷纭,莫衷一是。

年羹尧,字亮工,康熙三十九年(公元1700年)进士。为人聪敏,豁达,娴辞令,善墨翰,办事能力亦极强。后受到雍亲王的重用,各皇储争夺皇位时,他利用自己的精明才干,时时向主子出谋献策,奔波游说,深受青睐,更使主子高兴的是,年氏将自己的亲妹妹献给了他,以示忠诚,那时,主仆二人曾发誓,死生不相背负,从此交情更加深厚。君有情,臣有意,再加上年氏的才能,官阶越升越高,不到十年即升为四川巡抚,接着,又升为川陕总督,独掌军政大权,成为雍正心腹。

年氏受到雍正的宠幸是在雍正二年(公元1724年)十月年氏来京觐见以前,具体地说,在七月中旬以前,即平定西海叛乱以后。年氏手握重权,荣立青海大功,君臣之间,无猜无疑,如雍正所谓"千古君臣知遇榜样"。但七月中旬后,尤其是陛见抵署以后,即十二月初,雍正使出浑身解数开始置年氏于死地,雍正为什么转变得这么快?年氏的死因究竟是如何呢?

有人认为年羹尧的死与雍正帝夺嫡有关。学者孟森的《清代史》、王钟翰的《清世宗夺嫡考实》等持此说。据说康熙帝临终时指定十四子胤禵嗣位。四子胤禛串通年羹尧、鄂尔泰、隆科多,矫诏篡位。其时,十四子胤禵在四川为抚远大将军,原可挥兵争位,然受制于川督年羹尧,遂无能为力。胤禛即位后,改元雍正,为酬报年羹尧拥立之功,大加恩赏,然而这不过是灌"迷汤",雍正帝实已对这些知情者存有杀心,最终还是找借口除掉了他。

有些人不同意此说。他们认为雍正初年年羹尧受宠,并非是雍正帝为他灌"迷汤",而是皇帝对他效忠辅弼的奖励。雍正帝继位之时,年羹尧尚在四川平乱,并未参与其间,所以不可能知情,故上说不能成立。《清史稿》《清代七百名人传》等作者,都认为年羹尧是恃功自傲而致被杀。《清史稿》载:"羹尧才气凌厉,恃上眷遇,师出屡有功,骄傲……入觐,令总督李维钧、巡抚范时捷跪道送迎……公卿跪接于广宁门处,年(羹尧)策马过,毫不动容;王公有下马问候者,年颔之而已。世宗前,亦箕坐无人臣礼。"《清代轶闻》作者说"年挟拥戴功,骄益盛",且年羹尧残暴对待部下,任人唯亲,乱劾贤吏,引起公愤,也为雍正帝所不容,故被杀。

年羹尧成败之速,异于寻常,对于其死因的种种说法,人们到现在还是难辨真假,难怪被史学家列为"雍正八案"的首案。

曾国藩为何没有称帝？

曾国藩在太平天国运动威胁清王朝统治时，通过组建湘军，掌握地方大权，到1863年湘军攻下南京后，曾国藩已经控制了整个统治集团，就军事实力而言，他比清政府已经超出了很多，若曾国藩振臂一呼，从清朝人的手中夺回统治权，应当说并不困难，但他没有这么做。曾国藩为何拒不称帝？一般归结为三点原因：忠君报国思想、条件不成熟和为了统一。

其一，曾国藩满脑子的忠君报国思想，深受晚清理学大师唐鉴的影响。他起兵就是为了保卫地主阶级利益，保卫清朝，保卫明教。他的个人追求就是做个中兴名臣、封侯拜相、光宗耀祖。

其二，曾国藩即使想当皇帝，时势也不允许他这么做。当时清政府虽衰落，但科尔沁亲王僧格林沁拥有一支强大的以骑兵为主的军队。而且湘军攻陷天京后，人心思归，战斗力锐减。最关键的一条，湘军起兵是以"保卫儒教"和"忠君保国"为号召，一旦曾国藩称帝，很可能湘军要成为众矢之的。再说，也没有所谓"友邦"的帮助，曾国藩称帝未必能得到国际承认。

其三，曾国藩真称帝的话，势必会引起社会动荡，各地又要出现割据的局面，天下统一的局面就要被打破了。因而从客观上说，曾国藩拒不称帝也是一件好事。

古今第一儒将——千古风流话周郎

"既生瑜，何生亮！"病重的周瑜说出了最后一句话，溘然长逝。《三国演义》中周瑜的形象，是个嫉贤妒能、小肚鸡肠的人物，一生与诸葛亮斗智，最终被诸葛亮气死。这其实是一个极大的误读，真实的周瑜实乃接近完美的古今第一儒将。

羽扇纶巾——雄姿英发

"羽扇纶巾"常被今人借以描绘诸葛亮的形象，以突出他的儒雅。而"羽扇纶巾"真正的主人，却是"遥想公瑾当年"中所提及的周公瑾。

周瑜（175~210），字公瑾，庐江舒县（今安徽庐江）人。周瑜出生在世家大族，堂祖父周景、堂叔周忠都做过东汉的太尉（九卿之一），父亲周异做过洛阳令，可谓门庭显赫。少年周瑜相貌英俊，体格健壮；他饱读诗书，精通兵法，年纪轻轻便有雄才大略。时值东汉倾颓，群雄逐鹿，破虏将军孙坚在江东起兵，讨伐董卓。孙坚的儿子"小霸王"孙策与周瑜同年，两人志趣相投，情同手足。后来，周瑜与孙策合兵征战，所向披靡，称霸江东。

袁术欣赏周瑜的才能，力邀他来投靠自己（当时孙策名义上隶属于袁术）。周瑜看出袁术是个终无所成之人，于是找借口回到了孙策身边。孙策亲自出迎周瑜，任命他为建威中郎将，划拨2 000人马归他调遣。这一年，周瑜刚刚24岁，江东百姓亲切地称之为"周郎"。此后，周瑜协助孙策南征北战，攻克皖地后，寻得当地大族乔家二女，皆国色天香。孙策娶了姐姐大乔，周瑜则娶了妹妹小乔。英雄配美人，一时间被传为美谈。

孙策被刺杀后，周瑜以中护军的身份与长史张昭共同辅佐年少的孙权。张昭统管朝中诸事，周瑜则领兵在外，开疆拓土，防范外敌，形成所谓的"内事不决问张昭，外事不决问周瑜"的局面。周瑜在外忠心耿耿，领兵有方，接连歼灭寇匪万余人，击退刘表大将黄祖的进攻，稳定了刚刚更迭的政权。后来，孙权讨伐江夏，任命周瑜为前部大都督。

周瑜虽为武将，却性格温良，举止儒雅。他不仅精通音律（传说与名曲《广陵散》并称的《长河吟》就是周瑜所作），而且弹得一手好琴，就算是酒过三巡，也能精准地辨听出乐曲的阙误，回头予以指点。于是民间流传一句话："琴有误，周郎顾"，可见周瑜风雅卓绝之妙。

苏轼在《念奴娇·赤壁怀古》中写道："遥想公瑾当年，小乔初嫁了，雄姿英发。"此时的周瑜，年纪轻轻就已执掌一国兵权，深受信任于内，才略施展于外，志得意满，美人相伴，令无数人羡慕不已。

谈笑间——樯橹灰飞烟灭

周瑜之名真正流传千古源于赤壁之战。周瑜以前部大都督的身份征讨江夏之时，江北的曹操以风卷残云之势夺取了荆州，刘表之子刘琮投降，荆州易主，东吴瞬间暴露在曹操的大军面前。乾坤骤转，风云际会，三国历史中最重要的一场战役一触即发，而属于周瑜的历史时刻也随之到来了。

曹操陈兵江北，号称有水路大军80万（有学者认为是10万至20万），意欲吞并东吴。面对曹操大兵压境，东吴内部"主降派"意见占了主流，都认为曹操挟天子以令诸侯，名正言顺，兵力强大，无法抵挡。周瑜则力主一战（此处与《三国演义》中所述不同，周瑜并非中了诸葛亮的激将法）。他对孙权说："曹操虽名为汉相，实为汉贼。孙将军以神武雄才，秉承父亲和兄长的基业，割据江东，兵精粮足，英雄乐业，正当挥师横扫天下，为汉室去除奸佞。更何况此次曹操自己来送死，我们怎能投降于他？"周瑜还分析说："曹兵舍弃马匹，凭借舟楫与我们对战，这不是北方人的所长。况且今冬严寒，马无草料，士兵长途跋涉水土不服，必定会生疾病。这些都是用兵的大忌，而曹军皆犯。所以擒住曹贼，就在今日！"他郑重向孙权请命："请拨我精兵三万，进驻夏口，我保证击破曹军！"周瑜一席话，正合孙权的心意。他立即任命周瑜为大都督，主持抗曹大事。

首次交战，周瑜指挥得当，加之曹军疾病流行，东吴获得胜利。曹军稍稍退后，与东吴军队对峙于赤壁。周瑜针对曹军战舰首尾相连的特点，采纳属下黄盖的计策，预备蒙冲、斗舰（大型战船）数十艘，船内堆积草料，泼上膏油；又令黄盖伪书诈降，带领船队冲入曹军水寨，点燃火船。火借风势，越烧越旺，引燃了岸上的营房。曹营顷刻间陷入一片火海，兵马烧死、溺死者无数。曹军溃败，周瑜顺势挥军北击，攻克曹操大将曹仁把守的南郡。战场上，周瑜策马临阵指挥，被飞来的箭射中右肋，伤势

严重，却一直坚持留在军营，继续指挥作战。

赤壁之战，是中国历史上以少胜多的著名战役。由于受到《三国演义》的影响，人们长期以来将赤壁之战的最大功绩归功于"舌战群儒""借东风""草船借箭"的诸葛亮。实际上，以上三个故事都是虚构的，"舌战群儒"和"借东风"并不存在，而"草船借箭"也并非诸葛亮所为。诸葛亮在赤壁之战中只是个初出茅庐的谋士，作为刘备的使者被派往东吴游说孙权联合抗曹。赤壁一战真正的英雄只有一个，那就是周瑜。年轻的大都督周瑜，以其非凡的胆识和过人的谋略，以区区几万人的军队击败了数十万的敌军，创造了军事史上的一个奇迹，也为东吴保住了根基。

浪淘尽——千古风流人物

后人根据《三国演义》的艺术加工，将周瑜误读为一个心胸狭窄之人。事实上，周瑜不仅胸襟宽广，而且多谋善断，是一个几近完美的儒将形象。品读历史上真实的周瑜，无人不为他倾倒。

据正史《三国志》记载，周瑜"性度恢宏，大率为人"，礼贤下士，深得众人爱戴。又据《江表传》记载：周瑜曾与东吴大将程普有矛盾。程普为东吴老臣，早在孙权的父亲孙坚活着的时候，就为孙家出生入死，立下了赫赫战功。面对资历比自己浅的周瑜，程普常常盛气凌人，侮辱周瑜。周瑜对此并不记恨，反而更加恭敬地对待程普，从不与他计较。后来，程普渐渐悔悟，对周瑜愈发敬重，并对身边的人讲："与周公瑾交往，如同喝甘甜的美酒，不知不觉自己便陶醉于他了。"由此可见周瑜谦让服人的人格魅力。

赤壁之战后，年轻的周瑜以其谋略一战成名。曹操逃回许都后，回想自己败北的经历，怅然叹道："我输得并不丢人"，足见其对周瑜谋略的叹服。孙权提升周瑜为偏将军，领南郡太守，并给他设置了奉邑。

周瑜预料刘备日后必成大事，便劝孙权将刘备安置在东吴，为其修筑宫室，以金钱和美色软化他，并将其部下关羽、张飞分置两地，化为己用（周瑜并没有想设计害死刘备等人）。可惜的是，孙权并没有采纳这一意见。

周瑜还建议孙权利用曹操新败的时机进攻益州刘璋，夺取蜀地，与西凉马超相互呼应，北方可图。这一构想与诸葛亮的"三分天下"设想非常相似，孙权也非常赞同，只可惜最终没能付诸实施。

210年，周瑜在西进计划得到赞同后，回到驻地整理行装，集结兵马出发，准备去施展自己更大的宏图。可惜事不遂愿，天妒英才。东吴大军刚刚出发不久，周瑜病逝。一代将星陨落，年仅36岁。

理民为长　奇谋为短——隐去"神话"光环的诸葛亮

在《三国演义》中，诸葛亮治国有方，料事如神，重恩重义，鞠躬尽瘁，俨然一位集智慧与道义于一身的"完人"。但小说毕竟有太多虚构成分，鲁迅就曾有"状诸葛亮之智而近于妖"的评论。那么，作为"凡人"的诸葛亮究竟是一个怎样的人？让我们隐去他的"神话"光环，还原一个历史上真实的诸葛亮。

真实的"三顾茅庐"

还原真实的诸葛亮，首先要从他的出山——"三顾茅庐"说起。诸葛亮（181~234)，字孔明，琅琊阳都（今山东省沂南县）人。在《三国演义》中，诸葛亮常被对手贬损地称作"诸葛村夫"，是说他出身村野，然而事实并非如此。诸葛亮出身官宦世家，是汉代司隶校尉诸葛丰的后裔。他的父亲诸葛珪做过太山郡丞，叔父诸葛玄是东汉末年的豫章太守。诸葛亮年幼时父母双亡，他和弟弟诸葛均只得投靠到叔父诸葛玄门下。诸葛玄素来与荆州牧（荆州的最高官员）刘表交好，便前往依附，诸葛亮于是又随之来到了荆州。诸葛玄死后，诸葛亮躬耕于南阳，过着与世无争的闲适生活。他志向不凡，常自比古时的名相管仲、乐毅，在荆州一带的文人中小有名气。

当时，刘备屯住在新野。由于事业的坎坷不顺，刘备很想找一位能为自己谋划方略的贤士，谋士徐庶便向他推荐了诸葛亮。刘备立即亲自前往请教，于是上演了古今君臣知遇的经典故事——"三顾茅庐"。

根据《三国演义》，刘备先后三次拜访诸葛亮，前两次都无功而返，却从多个侧面了解了诸葛亮的才能。一心求贤的刘备不辞辛苦第三次登门造访，终于见到了诸葛亮。他向诸葛亮询问天下大计，诸葛亮于是道出了后世闻名的《隆中对》，为刘备谋划了立足荆州、西进蜀地，继而"三分天下"的方略。刘备听后大为赞叹，便邀请诸葛亮出山，辅佐自己兴复汉室。

小说中，"三顾茅庐"被浓墨重彩地渲染，但正史《三国志》对这一段的记载却只有五个字："凡三往，乃见"。这里的"三"不一定是指"三次"，而可能是多次的指代词，我们只能确定历史上刘备曾"多次"造访了诸葛亮。其次，史家如此简单地描述，可见其中并没有什么值得一写的曲折情节。在魏晋时期，文人崇尚隐居和清谈，推脱出仕是一种风尚，并不见得是故意的矜持。因而，真实的"三顾茅庐"只是那个时代平常的一种访求罢了。至于令后人称奇的《隆中对》，其实鲁肃和周瑜也早有相似的方略，因为当时的天下已分割殆尽，只有西蜀可做文章，于是也就不免有"英雄所见略同"之嫌了。

"三顾茅庐"被后人渲染成一个传奇故事，可能是因为诸葛亮成功的出仕经历和卓越的名声，使其成了后代文人眼中理想的形象。"学而优则仕"，文人们都渴望有明君的知遇，而高姿态的出仕又是一种无比的荣耀。所以，"三顾茅庐"实为千古文人心中一个梦想。

身居后方的总调度

《三国演义》中，诸葛亮的出山是时势的转折点。自此，三国的历史几乎成为神机妙算的诸葛亮的个人表演。"舌战群儒""草船借箭""借东风"——赤壁之战俨然成为诸葛亮的一副棋盘；"智取南郡""三气周瑜"——更使刘备得以稳固后方，进兵西蜀。

然而，真实的情况显然不像小说中描述得那样传奇，甚至可以说，两者相差甚远。在最初的岁月中，真实的诸葛亮只是一个刚刚出道的"谋士"，不仅没有在赤壁之战中叱咤风云，而且根本没机会参与刘备的军务。

诸葛亮出山后不久，荆州刘表病死，其子刘琮投降曹操，刘备只得南撤。危难时刻，诸葛亮主动请缨到东吴游说孙权与刘备联合抗曹。到达东吴后，诸葛亮面对孙权慷慨陈词，使孙权坚定了联合抗曹的信念。促成孙刘联盟，这是诸葛亮在赤壁之战中最大也是唯一的功劳。至于"舌战群儒""借东风"等一系列传奇故事实为子虚乌有，"草船借箭""火烧赤壁"等奇谋则是张冠李戴。赤壁之战在东吴都督周瑜的统筹指挥下大获全胜。诸葛亮虽未贡献于具体战事，但因游说有功而被刘备破格提拔为"军师中郎将"。值得注意的是，这一职位只是一个品级不高的"杂号"，与"军师"相去甚远，与关羽、张飞等人的地位也不可相提并论。

立足荆州之后，刘备开始按照诸葛亮规划的方略进军西蜀，但并未将军事进攻的事务交给诸葛亮，而是带上了新来的军师庞统一起前往西蜀。诸葛亮被放在大后方，"使督零陵、桂阳、长沙三郡，调其赋税，以充军实"。说白了就是在后方协调粮草，输往前线。

刘备夺取西蜀后，诸葛亮被封为军师将军、署左将军府事，前者仍为"杂号"，后者才是"实职"。这时，诸葛亮才开始有了军国的实权，但他的主要职责仍离不开粮草供应一类的事。据史书记载，刘备外出时，诸葛亮常常负责镇守成都，供应前线部队的粮食和兵力。不久，刘备与曹操在汉中（今属陕西）进行关乎存亡的军事对决，在如此关键的一仗中，刘备带在身边的仍旧不是诸葛亮，而是投靠不久的军师法正。

为什么刘备作战从不带上"料事如神"的诸葛亮呢？刘备的"识人"才能是后世公认的，他不用诸葛亮领兵打仗必然有其道理。其中一个重要因素就是考虑诸葛亮为人持重、擅长内政却不善机变的特点。那么，诸葛亮是否具有军事才能呢？他在军事指挥中的表现怎样呢？

"六出祁山"的功与过

诸葛亮真正在军事上有所作为，是在他指挥对魏国北伐的战役中。这是检验诸葛亮军事能力最重要的史实，也是古往今来争议最多的焦点。

刘备死后，其子刘禅继位，丞相诸葛亮辅政，掌握了朝中一切大权。为了实现先主恢复汉室的宏愿，诸葛亮亲自率兵数次北伐，与魏国交锋。在《三国演义》中，这一段历史被称作"六出祁山"。但实际上诸葛亮率蜀军多次北伐魏军，路经"祁山"出兵的只有两次。

诸葛亮率军首次北伐是蜀汉建兴六年（228）。他命令赵云、邓芝等人从斜谷道（渭水支流的河谷）出兵吸引魏军，自己则率大军向祁山方向进攻。这一计策果然奏效，魏国的主力部队被调离后，陇右的天水、南安、安定三郡（今属甘肃）见诸葛亮的大军压境，纷纷投降。一时关中大震，魏国上下惊恐，魏明帝曹睿连忙派名将张颌前往抵抗。诸葛亮派马谡督军在前，与张颌在街亭交战。只知道"纸上谈兵"的马谡违反了诸葛亮的指示，指挥不当，被张颌打得大败，大好的战局尽失。诸葛亮无奈之下，"挥泪斩马谡"，收兵回师，第一次北伐无功而返。

同年冬天，诸葛亮出兵散关（秦岭北麓），第二次兴兵北伐。蜀军包围了陈仓（今陕西宝鸡），魏国大将军曹真率军来救。蜀军粮草用尽撤兵，却被魏国将领王双追击。诸葛亮率军一战，击退敌军，斩杀了王双。此后不久，诸葛亮派将领陈式出兵攻打武都、阴平二郡，魏国将领郭淮救援。诸葛亮闻讯出兵支援陈式，打退郭淮，攻下二郡。

蜀汉建兴九年（231），诸葛亮再次兴兵北进，兵出祁山，遭遇魏军统帅司马懿的迎击。魏军知道蜀军粮草不多，于是坚守不战。蜀军用"木牛流马"运粮，无奈还是粮草不济，最终退兵。退兵途中，诸葛亮设计射杀了魏国名将张颌。

蜀汉建兴十二年（234），诸葛亮最后一次率兵北伐。蜀军十万出斜谷，在渭水南岸五丈原扎营。魏国司马懿筑营阻拦，诸葛亮也分兵屯田，做长期对峙的打算。双方相持了百余天，到了八月，诸葛亮积劳成疾，不久与世长辞。

诸葛亮数次北伐大都无功而返，因此惹来后世很多争议。有人据此认为诸葛亮不善于用兵，一味地穷兵黩武，由此造成了蜀国国力的严重消耗，间接导致了蜀汉的灭亡。《三国志》的作者陈寿也认为诸葛亮不擅长军事，作战过于保守，因此对诸葛亮的评价是"连年动众，未能成功，盖应变将略，非其所长！"

客观来看，诸葛亮用兵偏重稳妥，习惯步步为营，而不善于出奇兵。史书记载，蜀汉大将魏延跟随诸葛亮北伐，多次向诸葛亮请战，愿仿照汉初韩信的故事，带一支人马作为奇兵。然而诸葛亮为慎重起见，始终没有采纳。过于求稳使得本已处于弱势的蜀汉局势很难有惊人的逆转，但也不能因此一概否定诸葛亮的军事能力。纵观几次北伐，诸葛亮用兵虽未获得实质上的胜利，但也没遭到什么重大损失，这对于保存蜀国仅有的实力是非常重要的。而且从几次与魏国交手的细节来看，诸葛亮总能用计巧取一些优势，或斩杀对方大将，或夺取一两个城池。因此，对诸葛亮军事能力的综合评价应为"合格"，但绝没有千古流传的那么"神乎其神"。

两朝开济老臣心

隐去了诸葛亮"军事奇才"的光环，是什么让他流芳百世呢？

首先是诸葛亮鞠躬尽瘁、不负托孤重任的千古道义。刘备死前将少主刘禅托付诸葛亮，并对他说："你的才能十倍于曹丕，必能安定国家，成就大事。我的儿子如果值得辅佐，就辅佐他；如果不值得，你可以取而代之。"深受托孤大任的诸葛亮并没有辜负刘备的一番希望，他兢兢业业，事必躬亲，几乎是以一己之力支撑着蜀汉政权。为了实现先主的遗愿，他不辞辛劳，数度亲征，最终积劳成疾，死在北伐的战场上。最值得称道的是，在执政的十几年中，诸葛亮虽掌握着国家的最高权力，但从未像历代很多权臣一样产生僭越之心，即使后主刘禅是"扶不起的阿斗"，他依然心无旁骛，一片公心。诸葛亮死后，家中只有15顷薄田和几百棵桑树留给后代。他完美地诠释了"鞠躬尽瘁，死而后已"的真谛，无愧为千秋楷模。

其次，诸葛亮在治国理政方面的能力无疑是非常出色的。他起初在荆州负责征收赋税和调运粮草，不仅把事情办得井井有条，而且积累下了丰富的执政经验。入蜀后，诸葛亮统筹内政方面的事务，鼓励耕织，兴修水利，促进了农商发展。在他的精心治理下，原本落后的西蜀地区经济获得了较大的发展。

在用人方面，诸葛亮大力提拔忠良之士。蒋琬、费祎、郭攸之、董允、向宠等一大批蜀汉中后期的栋梁之材都是经由诸葛亮推荐或提拔的，这为蜀汉政权的维护起到了至关重要的作用。除此之外，诸葛亮科教严明、赏罚必信，不仅能破格提拔有功之臣，对于违法的官员，哪怕是深受器重的马谡，也能挥泪而斩。因此，当时的蜀汉朝廷政治清明，官吏们人人怀着自励之心，奸恶之人几乎无处藏身。社会上更是道不拾遗、强不凌弱，风气一片肃然，百姓安居乐业。

最后，在治理少数民族事务上，诸葛亮也是政绩赫然。西南少数民族长期以来割据一方，屡有侵袭蜀汉边民的事情发生。蜀汉建兴三年（225），诸葛亮率大军南征，于当年秋天平定了西南地区。《三国演义》中将这一段历史演绎为"七擒孟获"。虽然真实的历史并没有那么传奇，但在平定之后，诸葛亮确实对西南少数民族采取了一系列安抚政策，促进了民族的交融，使当地百姓深得实益。直到今天，西南的百姓都对诸葛亮怀着深深的崇敬和爱戴之情。

名相还是神探——狄仁杰传奇

随着影视剧的热播，狄仁杰的"神探"形象已深入人心。然而，狄仁杰的才略功勋远不止于此。他历仕唐高宗与武则天两朝，为国为民鞠躬尽瘁，以仁爱豁达之心纠正武则天统治时期的种种弊政，以圆融变通之智终令武则天还政李唐，堪称"唐室砥柱"。名相与"神探"的角色集于一身，狄仁杰不愧为千古称颂的传奇。

断案如神的大法官

著名的汉学家、荷兰人高罗佩曾写过一本著名的侦探小说《狄公案》。《狄公案》共发行100余万册，被译成多种外文版本广为流传。自此，"神探狄仁杰"的名号家喻户晓。

狄仁杰，字怀英，唐代并州太原（今山西太原）人，生于唐贞观四年（630），卒于武周久视元年（700）。他生于一个庶族官宦家庭，少时接受了系统的封建传统教育，思维敏捷，卓然超群。后来，狄仁杰以明经（唐代科举考试科目）中第，出任汴州参军。

唐高宗仪凤元年（676），狄仁杰升任大理丞，掌管刑狱诉讼等事宜。他上任后，明辨是非，秉公执法，一年中解决了大量的奇案、冤案。在涉案的一万七千余人中，没有一人蒙冤，狄仁杰因此成为举朝闻名的"断案如神的大法官"。小说《狄公案》便是参照这段历史，讲述了狄仁杰破案断狱的传奇故事。

据记载，狄仁杰断案以"平恕"著称。唐高宗仪凤元年（676），左卫大将军权善才因误砍昭陵（唐太宗李世民的陵墓）的柏树而惹得唐高宗大怒，随即被捕入狱。唐高宗下令处死权善才，这时，狄仁杰却提出权善才罪不至死。唐高宗听后愤怒地说："权善才砍昭陵的树木，是陷朕于不孝的境地，罪该万死！"狄仁杰不慌不乱地对答说："臣深知直言进谏，自古就是很难的事情。然而，臣以为，遇到夏桀、商纣这样的暴

狄仁杰

君，直谏固然难；而遇到尧、舜这样的明君，直谏则很容易。如今，权善才的行为按照大唐律法不应判死罪，而陛下坚持要杀他，则使律法无法取信于人。"看到唐高宗面色稍缓，狄仁杰接着说："何况，陛下因权善才误砍树木而杀他，千百年后人们将如何评价陛下呢？臣不敢奉旨杀权善才，而损害陛下的身后声名啊！"一席话竟说动了唐高宗，权善才因此被免除了死罪。

唐高宗调露元年（679），狄仁杰出任侍御史，负责审讯弹劾官员的案件。当时的司农卿韦弘机正奉命建造宿羽、高山、上阳等宫殿。他极尽奢华之能事，将这几座宫殿修得气势宏伟，富丽堂皇。狄仁杰认为此举将引导君王追求奢靡之风，上疏弹劾韦弘机，唐高宗准奏将其免职。左司郎中王本立深得高宗宠信，平日飞扬跋扈，朝臣敢怒而不敢言。狄仁杰毫不畏惧地站出来揭露王本立的罪行，并上疏请高宗依法处置。得知唐高宗想要宽赦王本立，狄仁杰立即劝谏道："朝中即使英才不多，难道缺少王本立之流吗？陛下何苦为了一个获罪的王本立而曲解国法啊。"后来，王本立终被定罪。

狄仁杰执掌刑狱的数年内，执法明理，伸张正义，使司法的风气肃然。他惩治了不少恶人，也平息了无数冤案，成为深受百姓拥戴的断案神探。

以百姓心为心

老子云："圣人无常心，以百姓心为心"，后人常引用这句话来赞誉狄仁杰。狄仁杰为官数十载，始终勤政为民，心怀仁爱，体恤民间疾苦。他不畏权贵，甚至敢于拂逆圣意，拯救了不少无辜的百姓。

狄仁杰任度支郎中时，一次随唐高宗出巡，途中经并州的一座妒女祠。并州长史李冲玄唯恐妒女祠对帝后不祥，决定征发数万百姓拆除此祠。狄仁杰听后立即反对，并说："天子出行，有千乘万骑相随，风雨清尘洒道，何须担忧妒女之害？"就这样，狄仁杰使并州数万百姓免于赋役。唐高宗闻知此事，连称狄仁杰"真大丈夫矣"。

武则天垂拱二年（686），狄仁杰出任宁州（今甘肃宁县、正宁一带）刺史。他到任后，协调宁州各民族的关系，使"内外相安，人得安心"，百姓都为他立碑颂德。后来，狄仁杰出任工部侍郎，充江南巡抚使。他了解到吴、楚等地官吏迷信，建造大批供奉神灵的祠庙，劳民伤财，便下令捣毁了1700多座祠庙，从而减轻了百姓的负担。

武则天垂拱四年（688），博州刺史琅琊王李冲和豫州刺史越王李贞起兵反武。武则天出兵平乱后，将与越王李贞株连的人都关进大狱，准备处死。狄仁杰深知大多数囚徒都是平民百姓，因受越王军队的胁迫才在军中服役。于是，他上疏武则天，说："这些人忤逆不是出于本心，望陛下体恤他们的苦衷，从轻发落。"武则天深知狄仁杰一心为公，便采纳了他的建议，将这批囚徒改判流放。这批囚徒在流放途中，经过狄仁杰曾任官的宁州时，与当地百姓一同俯在为狄仁杰所立的"德政碑"前，痛哭失声，感怀其恩德。

越王兵败后，狄仁杰被任命为豫州刺史。当时的宰相张光辅平定越王叛乱有功，他手下的将士自恃功高，四处屠杀降卒以邀战功，还向狄仁杰大肆勒索。狄仁杰当面怒斥张光辅说："祸乱河南的原本只有李贞一人，如今死了一个李贞，却生出千万个李贞！"张光辅不解地问此话何意。狄仁杰说："你领兵30万讨伐李贞，豫州百姓听闻唐军来到，都出城投降，你却放任士兵杀害降卒，无辜之人尸横遍野，这不是比千万个李贞祸害更甚吗？"狄仁杰越发激动地说："我若有尚方宝剑在手，恨不得架在你的脖子上！"张光辅哑口无言，却怒火中烧。不久后，张光辅参奏狄仁杰妄自尊大，以下犯上，致使狄仁杰被贬为复州刺史，后来又降为洛州司马。

武则天晚年崇信佛教，大兴佛寺。久视元年（700），武则天想要修造浮屠大像，需耗费钱财数百万，动用无数百姓服劳役。狄仁杰上奏说："佛教以慈悲为怀，如果劳民伤财做表面修饰，便背离了佛教的宗旨。如今边境尚未安定，水旱灾害频发，倘若虚耗官银，万一一方有难，将如何解救呢？"武则天接受了狄仁杰的劝诫，将修佛像一事作罢。

极具智慧的诤臣

狄仁杰一心为公、仗义执言，是唐朝有名的诤臣。然而，他又不仅仅是个直来直去、意气用事的臣子。在武则天这样嗜杀残暴的女皇身边为官，需要极强的应变能力和极高的政治智慧，狄仁杰恰恰做到了这一点。

天授二年（691），狄仁杰被武则天召回朝中，出任宰相。武则天对狄仁杰说："你任豫州刺史时政绩卓著，后来却被贬官，是因为有人在我面前进谗言，你知道是谁吗？"狄仁杰说："陛下如果认为臣有过错，臣必当改正；如果认为臣没有过错，那就是臣的大幸。臣不知道进言之人是谁，但既然同朝为官，请陛下不要告诉臣他的名字。"一番宽仁得体的话令武则天也不禁由衷赞叹。

同年，由于武则天大兴酷吏，鼓动告密之风，觊觎皇位的武承嗣（武则天的侄子）趁机勾结酷吏来俊臣诬陷狄仁杰，欲除去阻碍自己争位的心头大患。狄仁杰以"谋反罪"被打入大牢，接受来俊臣的审讯。来俊臣明知狄仁杰蒙冤，已经预备动用大刑令他认罪。谁知，来俊臣刚问一句："狄仁杰，你可知罪？"狄仁杰便应声而答："武氏建的是大周，我是大唐旧臣，确实参与了谋反，甘心被诛！"来俊臣得到供状，喜出望外，便把狄仁杰收监，只等最后行刑了。

狄仁杰为何不合常理地急着认罪呢？因为他对大唐律法和判官心理了若指掌。首先，大唐律法规定，一经讯问便认罪伏法的人可以免于死刑。狄仁杰急着认罪，至少保住了性命，为申冤赢得了时间。其次，认罪后就不必受刑，狄仁杰不仅避免了皮肉之苦，更重要的是避免了像很多忠正之臣一样在狱中被折磨致死的悲剧。再次，他断案无数，对判官的心理非常了解，因而深知一旦犯人认罪，判官便会放松警惕，他也就有了自救的机会。

于是，狄仁杰在这天晚上秘密写了诉状，将冤情陈述于其中，缝在棉衣内侧。然后，他叫来一个名叫王德寿的判官，对他说："近日天气炎热，请托家人为我去掉棉花，做成单衣拿回来穿吧。"王德寿并未起疑心，反而劝说狄仁杰供认与另一位大臣杨执柔同谋，以减轻自己的罪行。狄仁杰坚决不认，用头撞击柱子，血流满面，并说："倘若我狄仁杰做出这等事，当天诛地灭！"王德寿大惊失色，慌忙拿起棉衣直奔狄府。狄仁杰的儿子拆开棉衣，看到诉状后，面见武则天为其父申冤。武则天立即召见狄仁杰，通过比对笔迹发现狄仁杰谋反的证据为假，便释放了他。尽管狄仁杰仍被贬为彭泽县令，但能从酷吏的狱中活着出来已是莫大的奇迹。

狄仁杰独具智慧，善于变通，不仅体现在"越狱"这样的自救行为上，更体现在光复李唐的历史壮举上。

"唐室砥柱"名垂青史

武则天晚年时，传位于谁的问题使她备受困扰。一边是亲生骨肉李姓，一边是她深为倚重的侄子武姓，武则天犹豫不决，常常为此寝食难安。狄仁杰深知，武则天虽贵为帝王，终不会泯灭身为女性的情感，尤其到了晚年，就更加看重母子亲情的分量。

一日，狄仁杰对武则天说："陛下，立亲生儿子为嗣，您可以千秋万岁供奉于太庙，承继无穷；而立侄子为嗣，则从未听说过有在太庙中供奉姑母的事情。骨肉至亲与外侄相比，孰亲孰疏，相信陛下自有圣断。"武则天有些不悦地说："这是朕的家事，岂能让你来预知？"狄仁杰语重心长地说："帝王以四海为家，四海之内，有什么不是陛下的家事呢？陛下为元首，臣子为股肱，君臣本是一体，何况臣官至宰相，怎能对立嗣的大事不闻不问呢？"武则天有些心动，但终究没有下定决心。后来，狄仁杰数次进谏，力举庐陵王李显，激动时每每涕泗横流。

武则天晚年宠信两个男宠，名叫张昌宗和张易之。两人虽红极一时，但也不免担忧武皇死后的前途和命运。他们深知狄仁杰德高望重，便向他咨询永保富贵的方法。狄仁杰说："为今之计，你们应当力劝陛下迎接庐陵王李显入宫，立为太子。这样你们就立下了大功，太子即位后必会宠信你们。"张昌宗与张易之茅塞顿开，于是日夜在武则天耳边念叨李显的贤德。久而久之，武则天果然被说动。

一次，狄仁杰面见武则天，再次痛陈立嗣事宜，叩请武则天顺应民心，迎回李显。说到动情处，他又不禁泪流满面，武则天一甩手，轻轻地说："还你太子。"这时，屏风一开，李显正站在那里呜咽不已。狄仁杰看到太子归来，喜不自禁。这一幕被史书记载为"卒复唐室"，狄仁杰也因此被后人尊为"有再造唐室之功""唐室砥柱"。

武周久视元年（700），狄仁杰病逝。自青年时代到耄耋之年，狄仁杰为官大半生，鞠躬尽瘁，为社稷民生和大唐江山立下了不朽功劳。他死后，朝野恸哭，百姓哀号。

脸不黑的包青天——包拯其人

"开封有个包青天，铁面无私辨忠奸"，红遍大江南北的电视剧《包青天》使脸庞黝黑、额上长着小月牙的包公形象家喻户晓。然而，真正的包青天却是个眉目清秀的白净书生。黑脸的形象缘何而来？这位青天大老爷在真实的历史中又有着怎样的传奇经历？

铁面"阎罗"包拯

名传千古的包青天，无论是出现于戏曲舞台，抑或影视作品中，都是黑脸扮相。但据记载，包拯的面色虽然算不上白皙，却也只是微黑。在包公祠二殿的石碑上有一幅包公的画像，上面的包公是白脸形象，五官端正，眉目清秀，身高约一米六左右。戏曲舞台和屏幕上之所以选择脸黑如炭、头顶月牙的形象来演绎包公，其一是为了把包公的形象与戏曲舞台上代表奸臣的白脸鲜明区分开来；其二则是为了凸显他的刚正不阿、铁面无私、不畏权贵、为民做主，传达一种青天白日、朗朗乾坤的正气。

包公本名包拯，北宋咸平二年（999）诞生于庐州合肥（今安徽合肥）的一个官僚家庭。少年时代的包拯深受父母的宠爱，一直闭门刻苦读书，修身养性，29 岁时考中进士。《铡包勉》和《包公赔情》等戏曲中说，包拯自幼被父母遗弃，由嫂子抚养成人，这纯属"戏说"。包拯的为官经历中，最为后人传颂的一段是他权知（宋太祖罢节度使后设立的官名，即暂代某官职而非正官）开封府的日子。宋嘉祐元年（1056），包拯上任开封知府时，已经是 58 岁高龄。他打击权贵，秉公执法，赢得了百姓的拥戴。据《宋史·包拯传》记载："包拯立朝刚毅，贵戚宦官为之敛手，闻者皆惮之。"在民间，百姓给他起了一个绰号"阎王爷"，还流传着"关节不到，有阎罗包老"的民谣。这句话的意思是，打官司如果没有钱来疏通，包公自会为民做主，而用钱来打通关节的事情，包公是绝不容忍的。

按照当时的宋朝法律，老百姓到衙门里告状，不能直接到知府面前递交状子，而必须要通过"门牌司"来转达。"门牌司"常常为此刁难勒索百姓，使很多有冤情的百姓不敢报官，难以伸张正义。包拯上任后，立即撤掉了"门牌司"，把开封府的大门打开，让百姓直接到大堂之上递状陈冤。这一举措让包拯深得民心，连市井的妇女、孩子都知道包拯的名字。

开封城里有一条惠民河。然而，这条惠民河却不"惠民"，经常泛滥成灾，使周边百姓无家可归。包拯不禁产生了疑问："是什么原因使河水泛滥成灾呢？"他经过调查，发现两岸的达官贵族私自在河上建筑堤坝，种花养鱼，并与自己的宅院连通起来，形成"水上花园"的奇观。而这就使惠民河被堵塞，造成河水泛滥成灾的局面。包拯当即下令挖掉堤坝，疏通河道，冲走水上花园。如此一来，包拯就犯了官僚贵族的众怒。有的皇亲国戚自恃位高权重，把他告到了皇帝那里。包拯毫不畏惧，拿出事先画好的地图，证明建造水上花园不仅违制，而且危害百姓。最终，皇帝也只好答应拆毁堤坝。

尽管包拯在开封府只做了一年多的知府，却将开封治理得井井有条，为百姓解决了不少难题。包拯为官四方，每到一处都是不辞辛劳，恭俭为民。

端州（今广东肇庆）盛产砚台，每年都要向朝廷进贡。历任端州知县不仅向百姓收取端砚贡品，还要肆意加上几十倍的数目，盘剥百姓，搜刮民财。包拯出任端州知县后，明令官吏只许按规定数量收取贡品，绝不能欺压百姓。而包拯自己始终没有收受一方端砚。离任时，当地百姓特意制作了一方端砚送给他，也被他婉言谢绝了。这就是"不持一砚而归"的典故。

包拯担任三司户部副使时，江南地区发生了罕见的旱灾，民不聊生。包拯意欲开仓放粮，救民于水火。然而，依照当时的惯例，开仓放粮必须奏请皇帝，待批准后才能实行。包拯心想，等待皇帝批准前后要几个月的时间，不知要饿死多少百姓。于是，他果断地宣布放粮，同时派人急奏朝廷，使很多百姓免于饥荒。

让皇帝"头痛"的谏臣

《陈州放粮》是人们熟悉的一段以包公为主角的戏曲。戏曲的创作依据便是包拯任监察御史期间的一件"怪事"。

转运使王逵是朝中有名的贪官，很多人都畏惧他的权势，敢怒而不敢言。一次，王逵向皇帝告状，说陈州（今属河南省）官员任中师盘剥百姓，任意搜刮钱粮。此事一出，立刻引起一片哗然——王逵贪婪卑鄙人尽皆知，而任中师是百姓心中的清廉好官，这是否是栽赃嫁祸？皇帝派官员前去陈州调查，但没有人敢去，唯有包拯主动请命。他在陈州充分调查后，掌握了证据，原来压迫百姓的不是别人，正是王逵自己。包拯列举王逵罪状，要求将他剥削的赃款归还百姓，将王逵撤职查办。为惩治王逵，包拯先后七次上疏，终于为民除了一害。

包拯为官时是宋仁宗年间，当时冗官、冗兵和冗费成为"三害"，贪官污吏横行，百姓负担沉重。包拯多次弹劾贪官，并向皇帝大胆进谏，改革各种弊政，纠正朝野弊端。满朝文武，只有包拯敢直言不讳，他也因此成了让宋仁宗"头痛"的官员。

史书记载，包拯曾将魏征给唐太宗的三道奏章抄写出来，送给宋仁宗作为座右铭，警示仁宗要以国家大事为重，虚心纳谏，选贤任能。包拯曾严厉批判宋朝的任官制度，向仁宗上疏《乞不用赃吏》，倡行廉政之风。他主张君王要重用忠诚正直的君子，不能任用奸佞小人，建议提拔"奋不顾身，孜孜于国"的有志之士。

然而，包拯的直言敢谏常常面临很大的风险，一旦龙颜大怒，就会波及自己的前途命运。一次，为了立太子的事，包拯冒死直谏，并坦言："我已经老了，说这些不是为了升官发财，如果说的不对，甘愿接受责罚。"幸好宋仁宗没有追究。后来，包拯又直言宫中的亲信宦官权力过大，应当精减人员，缩减开支。这一次他虽然也没有受到仁宗的责罚，却得罪了仁宗的左右亲信。

宋仁宗皇祐四年（1052），包拯三次弹劾外戚张尧佐，认为"凡庸之人"应该离职。这件事终于触怒了仁宗。包拯被降职，离开京城，出任河北督转运使。同时，他被加封了龙图阁直学士的虚衔，这也是后人称他为"包龙图"的缘由。

事实上，包拯仗义执言，并非是对仁宗的不敬，而是出于对江山社稷、百姓福祉的公心。在任开封知府时，包拯为了尊重皇帝向南而坐的威严，每次升堂必向北而坐，这就是"包龙图倒坐开封府"的来历。包拯对仁宗的敬重由此可见一斑。

一世清名垂千古

宋嘉祐五年（1060），包拯出任三司使和枢密副使，相当于副宰相的职位，成为朝中重臣。这是包拯一生做过的最高官职。然而，这时的包拯已年过六旬，身体渐渐不支。64 岁时，包拯死在任上。据说，仁宗皇帝专程到包拯家中与他做最后一别，追认他为礼部尚书，并赐谥号"孝肃"。

包拯过世后，开封的大街小巷都听得到百姓对他的哀悼之音。其后数年，包拯的清名远播四方。相传一位少数民族的官员归顺宋朝时，便对当时的宋神宗说："我没有别的要求，请允许我姓包吧。"神宗赐其名为"包顺"，取忠心归顺的意思。后人在包拯的家乡合肥建造了包公祠，里面有一副对联："理冤狱，关节不通，自是阎罗气象；赈灾黎，慈善无量，依然菩萨心肠"，以颂扬包拯一心为民、两袖清风的品格。

如今，包公已经成为家喻户晓的"清官"典型，包公祠也成为后人凭吊包公、瞻仰其德行的旅游胜地。

被误读的忠臣良将——潘美

看过小说和戏剧《杨家将》的人，一定对大奸臣潘仁美恨得咬牙切齿，潘仁美的历史原型潘美也因此落得千古骂名。事实上，潘美并非奸佞小人，而是北宋初年战功赫赫的忠臣良将。在名将杨业惨死一事上，潘美不幸地被误读为罪魁祸首，蒙上了千年冤屈。

血战陈家谷

宋太宗雍熙三年（986），辽国出兵 10 万大举进攻北宋，宋太宗派东、中、西三路大军出兵征伐。其中，西路军主将为忠武军节度使潘美，副将为应路行营都部署杨业。将军潘美的千古名声就与这场大战以及他的副将杨业紧紧联系在了一起。

宋军出发后，一路征战，进展顺利。西路军攻出雁门关，接连夺取了辽国的寰、朔、云、应等四个州。然而不久，东路军在岐沟关大败，潘美、杨业奉命掩护班师，并将攻克的四州百姓迁往内地。这时，辽兵突然反击，夺回了寰州。是否要与辽兵正面交锋？围绕这一问题，潘美军中出现了针锋相对的意见。副将杨业认为："目前辽兵军力占据优势，我军的首要任务又是迁移民众，因而不宜与辽兵大规模作战"，因此主张按照原定计划战略撤退。护军王侁却嘲讽杨业临阵怯敌，力主与辽兵大战。潘美犹豫再三，最终下令杨业率军迎战辽兵主力，王侁等率兵在陈家谷接应。

杨业所率的北宋步兵与辽国的骑兵在野外作战，因寡不敌众，连连败退，只好率军转战到陈家谷。王侁等人的伏兵行至半路，听到了杨业败退的消息，吓得仓皇撤退，一走了之。杨业来到陈家谷，没有看到接应的一兵一卒，只好率孤军奋战。他与辽兵血战良久，身负几十处伤，部下也几乎全部阵亡。最终，精疲力竭的杨业被辽兵俘虏，绝食三日而亡。

陈家谷一战异常惨烈，杨业的长子杨延玉也战死沙场。西路军回朝后，杨业的妻子折氏（即为戏曲小说中"佘太君"原型）为杨业父子喊冤，控诉潘美置杨业于险境而不顾。潘美因此被削秩三等，降为检校太保；护军王侁、刘文裕被撤职，发配充军。

就这样，陈家谷血战成就了一位名垂千古的忠臣义士杨业，也留下了一个残害忠良的奸佞形象——潘美。

战功赫赫的大将

害死杨业的罪魁祸首是潘美吗？依据《宋史》来看，答案是否定的。作战前，力主出战的人是王侁；作战时，临阵溃逃的也是王侁。据记载，潘美起初基本站在杨业一边，也主张避敌，只是后来王侁、刘文裕坚决主战，潘美就没有坚持立场。当王侁带兵撤退时，潘美还予以制止。

后人多认为王侁是个小人物，便将主要罪责推到了潘美身上。然而，事实恰恰相反。王侁名为随军护军，实为皇帝安插在军中的亲信。他有直接向皇帝汇报的特权，可以随时为朝廷提供军情。因此，潘美虽身为统帅，也不得不忌惮王侁的势力。从战后的处罚情况来看，潘美只是降职，王侁、刘文裕却是撤职发配，可见主要责任不在潘美。可以说，潘美虽有过失，但绝不是如后人流传的嫉贤妒能、借刀杀人一般罪大恶极。

历史上的潘美是一位对北宋朝廷战功卓著的大将。在《宋史》列传中，他排名第17位，远远高于排名第31位的杨业。潘美早年曾参与"陈桥兵变"，拥戴赵匡胤称帝建立北宋，因此很受宋太祖赵匡胤的重用。在宋太祖"杯酒释兵权"之后，只有潘美的兵权未被收回，可见宋太祖对他的信任之深。

后来，潘美率军攻打南汉，立下汗马功劳。他在贺州（今广西贺州市）假装撤退20里，并以奇兵设伏，大败南汉军队；在韶州（今广东韶关）用强弩攻破南汉的"象阵"，击溃南汉主力军十几万；在广州，又派兵夜晚纵火，烧毁敌营，趁乱急攻，终获大胜。几年后，潘美率军攻打南唐，与敌军交战近一年，最终消灭南唐。由此可见，潘美在北宋统一的过程中可谓战功赫赫。

然而，由于"戏说"的广泛影响，许多人却曲解了这位忠臣良将。据说，开封市至今还有一清一浊两个湖，清湖被人们称作"杨家湖"，浊湖则被称作"潘家湖"……

从射雕大侠到平民义士——亦虚亦实说郭靖

武侠小说，金庸为首。金庸小说的一大特色就是虚拟的情节与历史真实相结合。他的名作《射雕英雄传》成就了一位妇孺皆知的英雄人物——郭靖。有趣的是，历史上确有郭靖其人。

两个"郭靖"

小说《射雕英雄传》为读者塑造了一位憨厚、木讷、真诚、善良，武功超群，重情重义的大英雄郭靖，而后的小说《神雕侠侣》则从侧面刻画了中年郭靖正气凛然的抗元英雄形象。

　　金庸笔下的郭靖自幼资质愚钝，但心地善良，多次机缘巧合地为铁木真称霸蒙古立下了功劳。后来，他幸遇武林高人，练就了一身盖世武功。而他与丐帮帮主黄蓉的爱情故事，更是少男少女们心中神仙眷属的典范。当然，最让人感怀的还是他作为襄阳城守将时多次击退蒙元大军，誓死报国，最终在城破之时与其妻黄蓉、其子郭破虏俱死国难的事迹。英雄扼腕的结局，在所有读者心中塑造了一位鲜活而不朽的"射雕大侠"形象。

　　这段可歌可泣的英雄史诗，也为读者描述了宋末元初军民抗元的一幕惨烈画面。面对书中这样一位慷慨凛然、大仁大义的抗元名将，襄阳城的守城军官，有些读者不禁产生究根溯源的猜想："历史上到底有没有这么一个郭大侠呢？"答案是肯定的。在《宋史·忠义传四·郭靖》中，真的就有这么一位郭靖，但他既不是大侠，也不是抗元英雄，而是一位普通的抗金百姓。

　　《宋史》中记载：真实的郭靖，是南宋时四川嘉陵江地区的一位土豪巡检，也就是地方武装的护卫队首领。南宋开禧二年（1206），四川的宣抚副使吴曦叛变降金，当地的百姓不愿一同归服的，便扶老携幼顺着嘉陵江而下投奔南宋朝廷。但吴曦却派出军队驱赶四散的百姓，让他们回去。郭靖也在被驱赶的人群中。当人群走到白崖关时，郭靖告诉自己的弟弟："我们世代是宋朝的子民。自从金兵入侵，我们兄弟不能以死报国，反而入关避难。今日我们被吴曦驱逐降金，我不忍舍弃汉人的衣冠。我愿死在此地，做赵氏王朝的鬼。"于是，郭靖与其妻子儿女一同投江而死。

侠之大者——为国为民

　　真实的郭靖比起小说中同名的英雄，可谓平凡之极。他没有盖世的武功，也没有显赫的头衔，只是一个无名的百姓。他死的时候蒙古还没有开始侵宋，至于与他浪漫一生的黄蓉，更是子虚乌有的人物。不同的时空，不同的身份，不同的背景，不同的遭遇，乍看起来，两个郭靖几乎毫无联系。

　　其实，如果说真实的郭靖给予了小说人物以性格的素材，那么在郭靖守襄阳的故事中，金庸先生更是有无数的题材可以借鉴和临摹。宋元交替的那一场历史变革中，宋朝军民英勇抗击元军的感人故事数不胜数。在真实的襄阳保卫战中，南宋民兵部将张顺、张贵，智勇双全，临危不惧，战前对部下豪言："此行有死而已，你们有所顾虑的赶快退出，不要坏我大事！"他们临阵勇抗敌锋，最后为国捐躯。如此事迹，在那一时刻又何止这两人呢？可以说，襄阳保卫战中的无数英雄故事，也同样是金庸笔下郭靖的原型。

　　真实的郭靖在人生的最后一刻可能没有那么叱咤风云，没有那么轰轰烈烈，但他在面对金国入侵时所表现出的凛然正气和铮铮铁骨，又是何等壮哉！从这点上来说，平凡的郭靖与射雕大侠郭靖，是一样的忠贞，一样的伟大。

　　在《神雕侠侣》中，金庸借小说中的大侠杨过之口道出了"侠"的含义："侠之大者，为国为民。"向来尊重历史真实的金庸先生在小说中塑造了一位古今无双的射雕大侠——郭靖，为他披上了具有传奇色彩的外衣，但不改的是他的刚烈性格和可歌可泣的英雄事迹。"侠之大者，为国为民"，从这一点上来说，真实的郭靖、张顺、张贵，还有许许多多曾经平凡的人物，不论他们是不是金庸笔下的人物原型——都是真正的大侠。

风流倜傥的背后——悲情才子唐伯虎

在为民间传说的宠儿，唐伯虎无疑是中国历史上知名度最高的才子。他的风流倜傥、妻妾成群、纵情书画、玩世不恭，都成为人们津津乐道的话题。然而，真实的唐伯虎却是个极其悲情的才子。他仕途受挫，半生穷困，唯一的妻子早早将他抛弃，红颜知己又先于他病死，最终孤苦终老……

江南第一才子

明宪宗成化六年（1470）即庚寅年，寅月寅日寅时诞生了一个男婴，取名为唐寅，又因属虎，字伯虎。他就是后来号称"江南第一才子"的唐伯虎。唐伯虎又字子畏，号六如居士、桃花庵主等，明朝吴县（今江苏苏州）人。他自幼聪颖伶俐，却不务正业，后来在家人朋友的劝诫下才发愤图强，闭门苦读，终于在弘治十一年（1498）中解元（乡试第一名）。唐伯虎工于书画，擅写诗词，其中又以画最为精妙。

少年时，他曾拜当时有名的画家沈周为师，因天资聪慧，画艺进步神速。沈周非常欣赏他，多次夸赞他的才华。然而唐伯虎却因此而自鸣得意，不再虚心学画。有一次，沈周与唐伯虎一起吃饭，让唐伯虎去关一下屋中的窗户。唐伯虎伸手去关，才发现这竟是沈周老师的一幅画！他大为惊叹，顿时感到惭愧无比，自此摒弃浮躁，勤奋学画。后来，他终于超越了自己的老师，成为一代名家。

有传说称，曾有一位书生拿着唐伯虎画的对虾图过桥，一不小心将画掉到水中，画上的对虾居然爬了出来，又落到水里。另有一户人家墙壁上挂着唐伯虎画的一幅竹枝图，竹枝上趴着一只纺织娘（一种植食性昆虫）。到了晚上，家里人听见虫鸣的声音，找了半天才发现是画上的纺织娘在叫。这两个传说固然玄虚，却反映了唐伯虎的画生动逼真，出神入化。

唐伯虎一生好酒，常常用自己手绘的扇子换酒钱。一次，他在西湖边的一家酒肆喝酒，结账时才发现囊中空空。这时，迎面走来一位富商，唐伯虎便想将扇子卖给他换酒钱。富商拿起唐伯虎的扇子，看到上面没有题款，便鄙夷地说："画得乱七八糟，分明是无名小辈所作，分文不值！"偏巧一位书生经过，看到扇子拍案叫绝，又见唐伯虎风度不凡，便恭敬地问："阁下莫非就是江南第一才子唐伯虎？"在座的酒客听见后无不惊喜万分，纷纷出高价要购买唐伯虎的扇子。那位富商也连连赔礼道歉，要以千金换一扇。最终，唐伯虎仅让书生付了酒钱，便把扇子送给他了。

唐伯虎的诗独具风格，常常以俗语、白话入诗，通俗有趣。有一次，众多秀才向唐伯虎求诗，唐伯虎不紧不慢地喝下一杯酒，写了"一上"两个字，又喝了一杯，添上"又一上"三个字。秀才们纷纷嘲笑地说："这也叫诗吗？"唐伯虎不动声色，提笔挥就："一上一上又一上，一上上到高山上。举头红日白云低，四海五湖皆一望"，写完就掷笔出门。秀才们目瞪口呆，心服口服。

讲述唐伯虎才情的趣闻很多，大都出自野史和小说。明末小说家冯梦龙所做的《唐解元一笑姻缘》风靡一时，使唐伯虎风流倜傥的才子形象家喻户晓。后来，人们在这部小说的基础上，又创作了更多生动传奇的故事，例如唐伯虎点秋香等。

一朝失意：科场舞弊案

事实上，唐伯虎虽确有才名，但并没有传说中那样神乎其神。《明史》对唐伯虎的生平记载仅200余字，其余正史对唐伯虎的才华也只是笼统评价，所谓"江南第一才子"的很多故事是无从考证的。至于民间传说唐伯虎经常出入青楼、有九个老婆等逸闻更是子虚乌有。

真实的唐伯虎出生于一个商人家庭。父母对其期望很高。因而，他从小就苦读"四书""五经"、史书典籍，没过上几天逍遥生活。16岁时，他考秀才高中第一名，在苏州城名噪一时。19岁时，唐伯虎迎娶了他一生中唯一的妻子徐氏。29岁时，他在乡试中考中解元，可谓人生得意。然而，仕途的重大挫折也随之而来。

据《明史》记载，唐伯虎参加乡试时，文章写得异常精彩，当时的主考官梁储大加赞赏。回朝后，梁储拿着唐伯虎的文章给礼部侍郎、学士程敏政过目。程敏政读完后也连连称奇。不久，朝廷举行会试，担任主考官的正是程敏政。唐伯虎与江阴富商的公子徐经一同赴京赶考，两人多次前往程敏政府上拜会。然而，徐经心术不正，趁机贿赂程敏政府上的家僮，骗来了会试的考卷。偏巧，那一年会试的题目出得极为冷僻，考生们大多答不上来，唯有唐伯虎与徐经的卷子答得入情入理、文采飞扬。据说，程敏政拿到这两份出色的答卷时，情不自禁地说了一句："这必是唐寅与徐经的。"此话被旁人听见，埋下了祸根。后来，有人告发考题泄露一案，皇帝听后大怒，将程敏政、徐经和唐伯虎打入大狱。徐经在狱中被严刑拷打，终于支撑不住，供出买通家僮泄题一事，并招认："得到考题后也拿给唐伯虎看了。"后来，刑部、吏部会审，徐经又推翻此前的供词，说那是屈打成招。皇帝下诏"平反"，释放程敏政和唐伯虎，并派唐伯虎去浙江做一个小官。唐伯虎引以为耻，没有上任。

唐伯虎的妻子徐氏本指望唐伯虎飞黄腾达、声名显赫，一听说他丢了官位，便心灰意冷，与唐伯虎大吵大闹一场离他而去了。科场舞弊案不仅断绝了唐伯虎的功名之路，还使他妻离家散，成为他人生的转折点。

半生癫狂——清闲度日

弘治十三年（1500），刚出狱不久的唐伯虎对仕途彻底失望，决定将自己的后半生寄情于游历山川、吟诗作画。他乘船离开苏州，来到镇江、扬州，然后又顺长江而上到达芜湖、九江，游览了庐山等风景名胜。然后，他到黄州观看了赤壁之战的遗址，又去湖南游览了岳阳楼、洞庭湖等地，此后还辗转到过福建、浙江、安徽等地。这次周游名山大川，共花费了九个月的时间。唐寅将各地美景收入眼中，为他的后半生作画积累了丰富的素材。

正德九年（1514），明宗室宁王朱宸濠以重金延请唐伯虎到南昌为其效力。宁王的慧眼识才唤起了唐伯虎心中仅有的一点政治理想。思虑再三之后，唐伯虎决定接受邀请。然而，令他没有想到的是，宁王请他的用意并不在于他的才华，而是在为谋反篡位招兵买马。陷入了政治漩涡的唐伯虎十分苦闷，无奈之下，他只好装疯卖傻，躲避杀身之祸。后来，宁王见他举止疯癫，便放他回到故里。

再次回到苏州后，唐伯虎没有谋生之路，只好靠售卖字画为生。凭借才子之名，唐伯虎的字画大多能卖个好价钱，久而久之，也就存下了一些积蓄。36岁时，唐伯虎用这些积蓄，在苏州城北一处依山傍水的地方建了一座桃花坞。桃花坞其实只有几间茅屋，却景色宜人，幽静清雅。唐伯虎为其取名为"桃花庵"，自号"桃花庵主"。唐伯虎有名的《桃花庵歌》就做于此："桃花坞里桃花庵，桃花庵下桃花仙。桃花仙人种桃树，又摘桃花换酒钱。……别人笑我太疯癫，我笑他人看不穿。……"唐伯虎还常常邀请好友祝允明、文徵明等来桃花庵小叙，对酒当歌，吟诗作赋。那段生活虽清贫却也洒脱，是唐伯虎后半生过得最惬意的一段时光。

据野史记载，唐伯虎后半生曾经遇到一位红颜知己，名叫沈九娘。沈九娘在唐伯虎穷困潦倒的时候出现，陪他共同患难，一度让唐伯虎萌生了续弦的念头。然而不幸的是，沈九娘早早病死，令唐伯虎悲痛不已。后来，人们依据沈九娘的名字，竟杜撰出唐伯虎有九房妻妾，这纯属无稽之谈了。

无人来买扇头诗

"十朝风雨苦昏迷，八口妻孥并告饥。信是老天真戏我，无人来买扇头诗。"唐伯虎晚年的这首诗用凄凉的笔调描绘出他穷困潦倒的生活。自仕途失意后，唐伯虎经常借酒消愁，喝得酩酊大醉。他常说，自己虽无李白之才，却能深切体味李白醉酒的乐趣。酗酒使唐伯虎的身体愈发多病，又因病无法常常作画，生活越来越拮据，只能靠向好友祝允明、文徵明等人借钱过活。

晚年的唐伯虎没有了凌云壮志，没有了感情寄托，甚至连基本的生活都无法维持。悲情的人生际遇使他的思想日渐消沉，陷入了人生价值的空无。于是他开始笃信佛教，希望从禅学中找到精神的归宿，并从中参悟了不少人生道理。例如，他曾写过一首《七十辞》，"人生七十古稀，我年七十为奇。前十年幼小，后十年衰老，中间只有五十年，一半又在夜里过了。算来只有二十五年在世，受尽多少奔波烦恼"。词句简洁而平白，却道出了他一生的苦闷遭遇以及他悟出的人生苦短、命运无常的道理。

明嘉靖二年（1523）秋天，唐伯虎与几位友人一同去东山游玩，看到苏东坡的一首词中写道："百年强半，来日苦无多"，不禁感慨万分，心生悲凉。回家后，他的身体状况更加不好，不久就卧床不起。唐伯虎料想自己时日无多，便写下了一首绝命诗："生在阳间有散场，死归地府也何妨。阳间地府俱相似，只当漂流在异乡。"几天后，54岁的唐伯虎就在孤独与忧郁中死去了。

唐伯虎死后，他的好友祝允明、文徵明等为他凑钱简单料理了后事，将他埋葬在桃花庵附近。祝允明为唐伯虎撰写了千余字的墓志铭，这成为后人了解这位悲情才子的主要史料之一。

因为半生穷困，唐伯虎的字画、诗文几乎都卖掉了，散失在四面八方。到了明万历年间，有两位常熟书商因仰慕唐伯虎的才名，千方百计地搜寻他的作品，终于使唐伯虎的诗画得以流传。而他的诗文逸事也在此过程中得以丰富和完善，被收录在《明诗纪事》及《海虞古今文苑》中。

《明史》评价唐伯虎说："谓后人知我不在此，论者伤之。"的确，在后人流传唐伯虎的风流倜傥之时，是否了解到风流倜傥的背后，隐藏了一代才子怎样的悲情际遇，怎样的人生无奈……

俊逸才子大贪官——还原历史上真实的和珅

说起和珅，人们往往离不开几个关键词——大贪官、马屁精、矮胖子、无能……然而，真实的和珅却是面目清秀、颇具才能的清第一大权臣。优越的天资与败坏的官德奇妙地结合在他的身上，乾隆帝的宠爱与嘉庆帝的赐死又增添了他的神秘色彩。

饱读诗书——才貌双全

电视剧中的和珅常被描画成不学无术、丑态百出的滑稽角色，然而历史上真实的和珅并非如此庸碌不堪。恰恰相反，他倒是一位才貌俱佳、学识出众的"才子"。和珅最初的发迹正是与他出色的个人资质紧密相关。

和珅原名和善保，满洲正红旗人。他生于官宦之家，10岁时进入皇宫西华门内的咸安宫官学读书，"少小闻诗达礼"，显示出过人的天资。读书期间，他接受了系统的儒学经典和满、汉、蒙古文字教育，由于天资聪颖、勤奋努力，而得到老师吴省兰等人的器重。18岁那年，他与官阶正二品的内务府总管大臣英廉的孙女结婚。20岁时，和珅承袭了祖上传下来的三等轻车都尉的世袭爵位。22岁时，和珅当上了官阶正五品的三等侍卫，随即充任"粘杆处侍卫"。所谓"粘杆外侍卫"，就是负责皇帝巡狩时扶车撑伞的差使，和珅也因此有了与皇帝亲密接触的机会。

相传一次巡狩时，乾隆帝审阅边境要犯逃脱的奏报，随口诵了一句《论语》中的"虎兕出于柙，龟玉毁于椟中，是谁之过欤？"（老虎和犀牛从笼中出来伤人，龟玉在匣子里被毁，是谁的过错呢？孔子借此来指斥管理者的过失。）乾隆帝身边的侍从大多没读过书，听后面面相觑，不知何意。而饱读诗书的和珅在旁听得分明，当即应声回答道："典守者不得辞其责耳。"乾隆帝对身边侍卫有如此学识感到非常惊奇，又见和珅长得眉清目秀，身材颀长，仪度俊雅，声音洪亮，是个标准的美男子，不禁赞赏有加。

和珅

从此之后，和珅凭借出众的资质和皇帝的赏识青云直上，历经乾清门侍卫、御前侍卫、正蓝旗满洲都统等职，随后任领班军机大臣、文华殿大学士、理藩院尚书、内务府总管、领侍卫内大臣、《四库全书》总裁官、步军统领、九门提督，担任户、兵、吏部三部尚书等等显赫之职。除此之外，和珅还成了乾隆帝的亲家翁，乾隆帝将自己最宠爱的十公主赐婚给了和珅的儿子丰绅殷德。

和珅可谓"凭才而起"，之后"乘宠登天"。

万千宠信为哪般

飞黄腾达之后的和珅"集万千宠信于一身"，其官阶之高、官位之多、掌权之广、权力之大，清代历史上找不出第二位。因此，他又被称为"清朝第一大权臣"。

乾隆帝为何如此宠信和珅呢？当然，首先是因为他有才能。举个例子：清朝史馆编修的和珅原始档案《和珅列传》中记载，乾隆四十五年（1780）正月，31岁的和珅被派遣查办云贵总督李侍尧的贪污案。类似的案件通常由于缺乏证据而很难处理。但和珅很精明，他首先拘审了李侍尧的管家，取得了贪污的实据，迫使精明干练的李侍尧不得不低头认罪。和珅前后只用了两个月的时间就了断此案，令乾隆帝大加赞赏。另外，乾隆朝《平定廓尔喀十五功臣图赞》中还特别提到，和珅精通满、汉、蒙、藏四种文字，而且还掌握鲜为人知的西藏秘咒，这种才能在当时的朝廷官员中是极为少见的。

当然，才能并不是和珅做官"登峰造极"的决定性因素，他得宠的关键还是在于擅长揣摩圣意，迎合乾隆帝的心思。和珅发迹之时，乾隆帝已步入老年。此时的乾隆帝已是志得意满，自诩为一代圣君了，他最喜欢的就是身边有人迎合他的自满心理。和珅恰恰摸透了这道心思，做了乾隆帝"为君父解忧，舍汝其谁"的知心红人。

乾隆帝晚年生活奢靡无度。为了庆祝自己的八十大寿，他计划举行万寿大典和千叟宴，但这需要大把的银子。当时，国库已经濒临枯竭，无处筹款，满朝大臣要么无计可施，要么力图节省，使乾隆帝大为扫兴。而和珅却坚决支持乾隆帝的想法，想出很多"邪门歪道"的主意为皇帝敛财。在任命为大寿庆典的筹办总管后，和珅想出主意，让外省三品以上大员都要进献大量的银子来祝寿。如此一来，和珅很快就筹足了大寿庆典所需的费用，讨得了乾隆帝的欢心。

除此之外，和珅还很能投乾隆帝之所好。乾隆帝一生喜爱诗文和书法，和珅为了迎合他。在这些方面下苦功夫，并达到了很高的水平。他常与乾隆帝对诗，所作中有不少佳篇；他还经常临摹乾隆帝的书法，以致后来他的字竟酷似乾隆帝的笔迹。乾隆帝自然也很喜欢，于是在晚年干脆把一些题匾交由和珅代笔了。

尤其到了晚年，乾隆帝很多事情已经再也离不开和珅。老到口齿不清的乾隆帝，只需一个动作或者一个眼神，和珅就能明白他的意思，并马上办好。而"吃透"了皇帝的和中堂，又怎能不呼风唤雨呢？

大贪官的敛财门道

和珅的才能和攻心之道，并不能掩盖他的贪官本质。和珅是"历史上的一大贪官"，这十有八九是名副其实的。他聚敛财富的主要方式是任用官员索取贿银。内到九卿，外到督抚司道，不向和珅行贿，是很难有官做的，于是出现了"政以贿成"的祸国殃民的严重局面。他敛财的第二种方式就是贪污，他利用职务之便，私吞各地进贡的银两和宝物，甚至皇宫里的宝物，他也敢私运出宫，据为己有。另外，和珅还经营着各种产业。他凭借自己的精明，通过买卖土地、古玩，收取租费，甚至经营瓦厂等方式，聚敛了大笔财富。

为了敛财，和珅还创立了一种叫"议罪银"的制度，就是让有过失的地方官员用交纳罚款来代替处分。"议罪银"少则数千两，多则几十万两。这种破坏纲纪国法的制度很快就让乾隆帝和他自己的腰包变得满满当当，但这却严重腐蚀了清朝的官僚队伍。许多督抚大员都受到过这种敲诈，而他们花钱买平安的途径就是把这笔钱层层摊派下去，最后全变成了对老百姓的盘剥。

和珅到底聚敛了多少财产？根据中国第一历史档案馆馆藏的《和珅犯罪全案档》中记载，嘉庆四年（1799）查抄和珅财产时，已发现的家资有："地亩 8 000 余顷，房屋 3 000 余间，当铺 75 座，银号 42 座，古玩铺 15 座，紫檀铁梨库 6 间，绸缎库 4 间，玉器库 2 间，瓷器库 2 间，洋货库 2 间，皮张库 2 间……赤金元宝 100 个（每个重 1 000 两），白银元宝 100 个（每个重 1 000 两），赤金 580 万两……金碗碟 32 桌（共 4 288 件），银碗碟 32 桌（共 4 288 件），金镶玉的筷子 200 副，水晶杯 120 个，碧玉茶碗 99 个，赤金脸盆 43 个，赤金痰盂 220 个……大红宝石 280 块，小红宝石 383 块，各色玉如意 4 126 支，大东珠 60 余颗（每颗重 2 两），珍珠手串 236 串（每串 18 颗），宝石素珠 1 010 盘，大金罗汉 18 尊，金玉朱翠各色首饰 2. 8 万余件……"

有人做过估算，查抄的和珅资产总共估值约白银 11 亿两，相当于当时清政府约 15 年的国库收入。据说，和珅的故宅恭王府中，至今仍有未被发掘的财宝。

尽管生前尽享尊贵荣华，和珅仍免不了因贪污受贿、结党营私而不得善终。乾隆帝死后几天，和珅即被嘉庆帝以"二十大罪状"赐死，背负上千古骂名。

英雄莫问出处——"海霹雳"施琅

福建水师提督施琅一生可谓传奇。在影视剧《施琅大将军》中，他被塑造成一位文武兼备、广受赞誉的大英雄。然而，施琅的历史定位问题一直备受争议：他是"平台英雄"，还是"反复小人"？让我们走进历史，了解真实的"施琅大将军"。

"海霹雳"率军平台

在福建晋江的施琅纪念馆中，有一副对联非常引人注目。上联是："平台千古，复台千古"，下联是："郑氏一人，施氏一人"。这副对联提到的"郑氏"，就是从荷兰人手里夺回宝岛台湾的"平台英雄"——郑成功；而这里的"施氏"，指的就是为清朝立下平台伟业的大将军施琅。

施琅，字琢公，福建晋江人，清朝初年著名将领，曾历任清军副将、总兵、福建水师提督，加太子少保衔等要职，深得康熙帝的信任。施琅擅长治军，尤其精通海战，所辖部队以作战迅速、勇猛、果断著称，故人送"海霹雳"的响亮绰号。施琅一生最为辉煌的事迹即是率领清军平台。因此在民间，他得到了足以与郑成功相提并论的殊荣。

清军入关后，残存的明军势力继续进行抵抗。明朝旧将郑成功从荷兰人手中收复台湾后，便把那里作为了抗清的最后根据地。清军几次出兵攻台，都失利而回。清康熙二十二年（1683），施琅以福建水师提督的身份上疏皇帝，陈述战备已足，可以攻台，并向康熙帝显示了必胜的信心。心怀统一宏愿的康熙帝欣然应允了施琅的请战令。于是，施琅率领了两万精兵和三百艘战船出海，踏上了完成统一大业的征程。

当时郑成功及儿子郑经已死，台湾的统治者是郑成功的孙子郑克塽，政权则由权臣冯锡范把持。台湾军队长期割据海岛，海军实力很强。施琅采用稳扎稳打的战术，首先攻克了花屿、猫屿、草屿等岛礁，并利用南风将战船驶入了八罩湾。施琅的对手——台湾守将刘国轩将自己的部队撤到澎湖，并沿着海岸筑起矮墙，安装了火炮，设环岛20里的范围为堡垒抵抗清军。施琅机智地派遣快船游击敌人，敌军见状包围而来。施琅果断地率领大船出击，突入敌阵，与敌军展开决战。

战斗中，施琅被箭射中了眼部，鲜血浸透了包扎的手帕，但他仍奋勇督战，指挥若定。清军在他的指挥下连续攻克了虎井、桶盘两个岛屿，但战况依然焦灼。见此情景，施琅命令部下将百余艘战船分东西两个方向进攻，以此分散敌人的兵力；自己则率领56艘战船在前，又命80艘战船为后援，径直冲入敌阵。在施琅重伤不退的激励下，清军将士舍生忘死，奋勇争先，最终历经10个小时的战斗，击毁敌船百余艘，取得了澎湖海战的胜利。

澎湖决战的意义是决定性的。败退的台湾守军再无实力抵抗，绝望的郑克塽决定投降，并派遣使者协商投降事宜。同年八月，施琅率战船登陆台湾岛。郑克塽率众出降，呈上象征统治权的延平王金印。捷报快马加鞭地传到京城时，正逢中秋佳节。康熙帝为这双重团圆的盛世时刻兴奋不已，亲自赋诗表彰施琅的功勋，授予他靖海将军之职，并封施琅为靖海侯，世袭罔替，还赏赐给他御用的衣物。施琅上疏推辞，康熙帝不但不准，又另赐给他花翎（插在官帽上，是对清朝官员极为荣耀的恩赏），以示恩宠。

至此，施琅走到了其仕途的巅峰，他的名字也被永远地载入了史册。

几番反复惹争议

从个人的能力到成就的功业，施琅丝毫不愧于世人的赞誉。他真正惹人争议的，是在明、清两军中几度反复的人生经历。

施琅生于明朝末年，早年是郑芝龙（郑成功的父亲）的部下。他凭借自身的能力，很快就得到了郑芝龙的重用，被任命为部队的左冲锋，也因此与郑成功结识。后来清兵南下，势如破竹，郑芝龙临阵降敌，施琅也随之投降了清军。

清军令郑芝龙说降儿子郑成功。但郑成功耻于父亲的行径，与父亲决裂，率兵继续抗清。郑成功看重施琅统兵打仗的才能，不断地游说施琅，邀请他共同加入抗清义

军。施琅在几番考虑后，决定离开清军，再次回到了郑成功的抗清部队中。此后，施琅协助郑成功接连攻下漳浦、云霄镇等处，搅得清朝海防不得安宁，而他也因屡立战功，名气越来越大。

施琅性格直爽，敢怒敢言；郑成功也是一个直脾气，而且性格暴躁。因此，两人之间难免出现矛盾，甚至发生冲突。此时的施琅因"大功不赏"对郑成功已心怀不满，而郑成功也因施琅的骄横跋扈对其日渐疏远。据施琅自己撰写的《靖海纪事》记载：曾有一名叫曾德的属下因触怒施琅而逃到了郑成功的府内。"好斗"的郑成功不但不将曾德遣返，反而格外宠信他。施琅对此极为愤怒，派人到郑成功府上捉回了曾德，并不顾郑成功的阻拦将其斩首以泄愤。

郑成功将这一事件与施琅要谋反的猜测联想到一起，一怒之下命人包围了施琅的住宅，拘捕了施琅和他的父亲施大宣、弟弟施显。施琅被捕后，被关押在一艘船上。施琅原来的一些部下和亲信同情他，便秘密将其释放。出逃后的施琅辗转回到大陆，投靠郑成功的叔父郑芝豹，并请求郑芝豹出面为两人调解。可不依不挠的郑成功并不买账，竟秘密派杀手刺杀施琅，一定要将其置于死地而后快。施琅因有人报信而幸免于难，但计划失败的郑成功更加恼羞成怒，竟然下令将施琅的父亲和弟弟处死了。施琅至此与郑成功结下血海深仇，走投无路又一心报仇的他，被迫于顺治八年（1651）再次投降了清朝。

施琅三度改易门庭，两次在明朝军队效力，又两次投降清军，这样的经历难免惹来后人的非议。与同时代的史可法等人对比，道德上显然有些立不住脚。然而，就此否定施琅的功绩未免有失偏颇，因为施琅不仅有平台之功，更建立了保台护岛的千古功勋。

保台护岛千古名

中秋之夜，当平台捷报送达到康熙帝面前的时候，康熙帝脑海中对台湾未来的打算，并不是后来在历史中呈现的样子。在康熙帝看来，台湾不过是个弹丸之地，除了统一的名义以外，台湾的收复对于国家并没有什么实际利益。满朝文武也大都这样认为，他们甚至建议，应将台湾岛上所有的居民迁往内地，而将台湾作为空岛废弃掉。如果这一设想实施，今天的台湾恐怕早已不复存在。而在此刻力挽狂澜的，正是对台湾的地位和意义有着深刻理解的施琅将军。

施琅在收复台湾后不久，就上了一道《陈台湾弃留利害疏》，向康熙帝阐明了台湾的重要性。他深刻地分析了台湾在军事上的重要位置，并且建议康熙帝大力鼓励台湾的经济发展，轻徭薄赋，以此得到一个稳定繁荣的台湾岛。同时，他还力劝康熙帝废止实行多年的"迁界禁海"令，还地于民，让海峡两岸人民安居乐业，恢复遭到战事破坏的经济。后来，康熙帝采纳了施琅的建议，免除了千万百姓迁徙之苦，为日后海峡两岸的发展打下了基础。

由此可以说，施琅不仅有"复"台之功，更有"护"台之功，可谓功在千秋。

从清正刚直到圆滑世故——真实的"刘罗锅"

在荧屏上,"宰相刘罗锅"是一个刚正廉明、足智多谋的清官。他心怀百姓,惩贪治腐,还常常让乾隆帝身边的"红人"和中堂丢人现眼。在百姓眼中,"刘罗锅"可谓是正义与智慧的化身,连他的"罗锅"也显得十分可爱。然而,真实的"刘罗锅"却不完全如此……

刘墉不是罗锅

"刘罗锅"是人们对清代名官刘墉的惯称。相传,刘墉本人是个驼背(俗称罗锅),朝野皆知,连乾隆帝与和珅也常常以此取笑他。关于刘墉的"罗锅",民间还流传着许多有趣的故事。

传说刘墉参加科举考试的殿试时,乾隆帝亲自主考。乾隆帝看到刘墉是个罗锅,便戏弄他说:"你能以罗锅为题作诗一首吗?"刘墉随即吟诗一首:"背驼负乾坤,胸高满经纶。一眼辨忠奸,单腿跳龙门。丹心扶社稷,涂脑谢皇恩。以貌取才者,岂是贤德人。"乾隆帝听后,又是惊叹,又是惭愧,当场就将刘墉点为状元。

又有传说称,刘墉入朝为官后,上朝叩拜的姿势非常奇特,引来满朝文武的捧腹大笑。乾隆帝看到刘墉本来就驼背,又叩拜得很滑稽,便说:"刘爱卿,你这么一拜,不就成了罗锅了吗?"刘墉立即磕头高呼:"谢主隆恩!"乾隆帝与大臣们都感到不解,忙问刘墉为何谢恩。刘墉笑着说:"按大清律,皇帝赐予臣子封号,封一个字,每年可加俸禄万两。如今皇上封了刘墉'罗锅'两个字,臣每年便可以多拿俸禄两万两,这真是皇恩浩荡啊!"乾隆帝听后哭笑不得。

有关"罗锅"的传说固然有趣,却多为误传。尽管史料上没有关于刘墉仪表堂堂的记载,但他至少也是身体端正,绝不会是驼背。

据考证,清代选拔官吏有全面而严格的标准,概括起来有四个字——"身、言、书、判"。所谓"身",便是相貌端正、体格健壮;所谓"言",是指口齿伶俐、表达清晰;所谓"书",是指字体工整、笔法清秀;所谓"判",是指断事精准、思维敏捷。刘墉作为清朝官员,定然要通过这四项审核。四项之中,"身"是第一位的。倘若刘墉是个"罗锅",不仅难立官威,而且有损大清国体,那么即便他出身再高,也不可能入朝为官。

那么,"刘罗锅"的误传从何而来呢?一般认为是源于嘉庆帝对刘墉的称谓。一种说法是,嘉庆帝即位后,刘墉已年过八旬,难免有些弓腰驼背。嘉庆帝常常以"刘驼子"称之,这一称谓逐渐传播开来,民间就误以为刘墉天生就是驼背了。另一种说法是,刘墉身为嘉庆帝的老师,深受敬重,被尊称为"刘阁老"。由于"阁"与"锅"读音相近,"阁老"在人们的口耳相传中就变成了"锅腰",刘墉也就成了"刘锅腰"。"锅腰"在京城方言里称为"罗锅",于是"刘罗锅"的叫法便流传开来了。

出身名门的饮学之士

民间传说大多将刘墉说成是出身平凡的学子,有的影视作品甚至说刘墉家境贫寒。

但事实恰恰相反，刘墉出身于清代著名的官宦世家，祖孙三代均官居高位，其门第之高，在清代很少有几人可以与之相比。乾隆帝曾特赐刘墉御制诗："海岱高门第，瀛洲新翰林。家声勉永继，莫负奖期深。"意思是刘墉出身名门望族，为官应有所建树、不辱门楣。

刘墉，字崇如，号石庵，康熙五十八年（1719）生于山东诸城（今属山东高密市）。他的曾祖父刘必显是顺治年间的进士，祖父刘棨是康熙年间有名的清官，父亲刘统勋是乾隆朝前期极受重用的诤臣，是以汉人身份出任首席军机大臣的第一人，其地位之高、兼职之多，堪与后来的和珅相提并论。自刘墉的曾祖父刘必显至刘墉的侄孙刘喜海，刘氏家族共出了35位举人、11位进士和2位大学士。

生长在这样的家庭里，刘墉自幼便饱读经书、博闻强识。然而奇怪的是，刘墉在30岁之前却没有参加科举考试的记录。直到33岁时，刘墉才因出身名门，直接参加了在京举行的会试和殿试，被钦点为二甲第二。据说，由于刘墉才华出众，乾隆帝举行殿试时曾欲将他点为状元，后来因其父刘统勋极力反对才作罢。

中进士后，刘墉进入翰林院深造，三年后授翰林编修，不久升为翰林侍讲。此后，刘墉多次担任科举乡试、会试正考官，三次兼署国子监，曾先后任《四库全书》馆副总裁，三通馆、会典馆总裁。《清史稿》评价刘墉的才能为"外娴政术，内通掌故，博通经史，长于古文考辨"。

刘墉不仅学识出众，还是历史上著名的书法家。他集历代名家之所长，自成一派，与翁方纲、梁同书、王文治并称为"清代四大书法家"。刘墉的书法体丰骨劲，笔法浑厚，尤其擅长小楷。后人称赞刘墉的小楷不仅有钟繇、王羲之、颜真卿和苏轼的法度，还深得魏晋小楷的风骨。

百姓心中的"刘青天"

刘墉的官场生涯，前期主要是在各地做地方官。这段时期，他刚正不阿，为民除暴，革除了科场、官场的不少弊端，一度被百姓称为"刘青天"。

电视剧《宰相刘罗锅》曾讲述了刘墉将"贡院"两字巧妙地遮上一半，改为"卖完"，以讽喻当时贡生、监生的考风混乱。此事是有历史原型的。刘墉任广西乡试正考官、江苏学政时，曾针对当时科场风气不正、官犯勾结的状况，雷厉风行地进行了惩治，被乾隆帝称赞为"知政体"。正因刘墉作风严正，很多想蒙混作弊的考生一听说刘墉监考，都吓得不敢进场。

乾隆四十五年（1780），刘墉出任湖南巡抚。当时，湖南受灾严重，民不聊生，贪官污吏横行，偷盗案件频发。刘墉到任之后，多次微服私访，查明了灾情和案件实况。他一连撤了两名知县和一名知州，令官场风气为之一振；同时开仓赈粮，接济灾民，使百姓暂渡难关。他还下令加固城垣，修建仓储，并鼓励民间开采峒硝。不久，湖南就恢复了社会安定、民生丰足的局面。当地百姓对刘墉感恩戴德，称他是"包公再世"。

关于刘墉的刚正廉洁，最为人称颂的史实是查办山东巡抚国泰一案。乾隆四十六年（1781），刘墉迁为都察院左都御史，次年三月仍入直南书房，不久又充任三通馆总裁。此时，御史钱沣参奏山东巡抚国泰横征暴敛、贪赃枉法、结党营私等罪名，引起朝野震动。因为国泰是皇妃的伯父、和珅的心腹，党羽众多，势力庞大，朝中官员大多忌惮他。乾隆帝立即派和珅、刘墉及钱沣一同前往山东调查此案。和珅有意袒护国泰，在查案之前还暗中给国泰通风报信，给刘墉的调查制造了不少麻烦。刘墉到达山东后，化装成一个道人，暗自查访，结果发现国泰罪行累累、证据确凿。例如，国泰将山东受灾情况谎报为丰收，邀功请赏；以向皇帝纳贡的名义搜刮民财，致使几十个州、县府库亏空；为掩盖自身罪行，他还杀害了为民请命的九位进士、举人等等。此时，皇妃已经在为国泰说情，与和珅亲近的众多官员也开始为国泰游说。刘墉顶着压力，向朝廷历数国泰的种种罪行，并摆出自己查获的铁证。最终，国泰认罪伏法，涉案的30多位官员被一一处置。国泰一案轰动一时，在百姓中广为传颂。

圆滑世故——棱角渐无

了结国泰案后，刘墉被任命为吏部尚书；不久又授工部尚书，仍兼署吏部，并充任上书房总师傅。但调任京官之后，刘墉似乎变了一个人，开始奉行圆滑世故、明哲保身的为官之道，渐渐失去了早年间的锐气。

在民间故事和影视作品中，刘墉总是有勇有谋地对付和珅，打击和珅的嚣张气焰。然而，事实并非如此。从力量对比来看，在两人同朝为官的20余年中，和珅始终是乾隆帝身边的大红人、权力场上呼风唤雨的重臣，而刘墉的官位、势力与和珅不可同日而语。从主观愿望来看，刘墉为官后期不再是棱角分明、刚直不阿的处世风格，而是变得圆滑世故、乐于取悦。据史料记载，刘墉调入京城后，看到和珅位高权重，其党羽遍布朝野，便对和珅及其亲信虚与委蛇。

另据嘉庆元年的圣谕，乾隆帝曾经向刘墉询问一位名叫戴世仪的官员才能如何，刘墉模棱两可地说："还可以吧。"事实上，戴世仪能力平庸，连乾隆帝都心知肚明。乾隆帝因此斥责刘墉对于选拔人才完全不留心，令他"扪心内省，益加愧励"。由此看来，刘墉为官后期做起了"老好人"，不愿再得罪官场同僚。

糊涂为官——"小错不断"

乾隆五十二年（1787）之后，刘墉为官便"小错不断"。一次，乾隆帝与刘墉谈及嵇璜、曹文埴的为官情况。后来刘墉却不小心把谈话内容泄露了，引得乾隆帝不悦。不久，刘墉受命主持祭拜文庙，因没有行规定的"一揖之礼"而遭到太常寺卿德保的参劾。乾隆五十三年（1788）夏天，刘墉兼署国子监期间发生了乡试考生舞弊事件，刘墉因此被弹劾并受到处分。但仅仅半年后，刘墉又犯了一个小错，这次终于触怒了乾隆帝。

乾隆五十四年（1789）二月底至三月初，京城连天阴雨，上书房教皇子读书的师傅们一连好几天没有开课，当时任上书房总师傅的正是刘墉。乾隆帝得知此事后，龙颜大怒，对刘墉大加申饬，并降了他的官职。在降官的圣谕中，乾隆帝毫不留情地指出刘墉接连失职，过失甚大，实难宽恕。四年后，刘墉充任会试主考官，因安排草率，阅卷不细，出现了很多不合格的试卷。乾隆帝得知后，再次对刘墉进行了严厉斥责。

因为这一系列的错误，刘墉错失了被授予大学士的机会。嘉庆元年（1796），已为太上皇的乾隆帝增补比刘墉资历浅的董诰为大学士，并批评刘墉"向来不肯实心任事"。一年后，刘墉才被授为体仁阁大学士，但圣谕中仍称刘墉"行走颇懒""兹以无人，擢升此任"。

事实上，刘墉最高的官位仅是"体仁阁大学士"，他从未进过军机处，也就没有涉足清代政治权力的核心。因此，后世称刘墉为宰相，多半是不合适的。

刘墉为官的前期与后期，执政能力判若两人，不禁令人感到费解。仔细看来，刘墉所犯的错误，多因大意失察而成，而且一犯再犯，实在不像一位饱学之士作为。巧的是，刘墉犯的错都说大不大、说小不小，赔不上身家性命，却总能招惹乾隆帝的训斥。

由清正刚直到圆滑世故，由慎思明察到糊里糊涂，这均是出于同一个原因，那便是那些平庸糊涂、不功高盖主的官员更得乾隆帝喜爱。刘墉正是看透了这一点，所以宁愿表现得有些小糊涂，也要顺应官场规则以求自保。

嘉庆九年（1804）十二月，刘墉卒于官，享年85岁。他虽一生清廉，但没有做到不失刚正，因此，嘉庆帝赐谥号"文清"，而非"文正"。

喋血长乐宫——揭秘韩信之死

汉高祖十一年（前196），淮阴侯韩信被诈诱至长乐宫钟室内，以谋反的罪名被斩杀，一代名将之星就此陨落。作为西汉开国第一功臣，韩信之死引得无数后人为其鸣不平。韩信何罪之有？一句"飞鸟尽，良弓藏；狡兔死，走狗烹；敌国破，谋臣亡"的慨叹，又能把一切原委说尽吗？功高盖主难避祸

韩信（字正史无考，一说字重言），秦末淮阴（今江苏省淮安市）人。他出身寒微，自幼四处寄食于人，曾受过"胯下之辱"，然而抱负远大，能力超群。韩信起初跟随反秦起义军首领项梁和西楚霸王项羽，然而始终未得到重用，只做了些小官。后来他转投刘邦帐下，在刘邦谋士萧何的极力推荐下，被提拔为大将军。

此后，韩信为刘邦规划了夺取天下的方略，接着率领军队东征西讨，开始了为刘邦平定天下的征程。他首先利用项羽讨伐齐王的机会，"明修栈道，暗度陈仓"，突袭夺取了关中地区，挑起了"楚汉之争"；接着率军收服了魏王豹和河南王申阳，使得韩王郑昌和殷王司马印望风而降。后来，刘邦为项羽所败，韩信赶来收整残兵，在荥阳击溃了项羽的追兵，重振汉军的威风。此后，韩信受命讨伐并剿灭了叛变的魏王豹，又以少胜多攻下代国和赵国，接着不费一兵一卒地逼降了燕王臧荼，继而挥戈东击扫平了强大的齐国。汉高祖五年（前202），韩信统驭汉军将项羽的10万楚军包围在垓下。韩信命令将士反复吟唱楚歌，借此勾起楚军思乡之情。楚军将士的心理防线被彻底击溃，一败涂地，项羽只带了少数随从突围出去，最终自刎乌江。至此，韩信终于为刘邦平定了天下。

纵观"楚汉之争"，韩信是真正的决定性人物。汉军打下的胜仗大多是韩信指挥的，而刘邦率军则屡战屡败，关键时刻还要靠韩信扭转乾坤。西楚霸王项羽深惧韩信的才能，多次以封王的待遇拉拢韩信。但韩信因感戴刘邦的知遇之恩，始终不从。刘邦不仅相继加封他为齐王、楚王，还对属下坦诚地说："率领百万之师，战必胜，攻必取，我不如韩信。"

然而，自古人臣最忌讳"功高盖主"。汉高祖刘邦出身布衣，生性多疑，为人阴狠，君临天下后对自己身边的能臣良将更是心存忌惮，必欲除之而后快。而建有"不赏之功"的韩信一直都是刘邦的心头大患。早在楚汉交兵的时候，刘邦就曾两次收回韩信的兵权。韩信身边的人曾多次提醒他要小心，甚至劝他造反起事。然而韩信天真地认为自己功高盖世，又没有过错，因而并没有防范。

同为"汉初三杰"，张良懂得避世保身，萧何选择自毁名誉，而韩信独自执着，最终自然难逃噩运。

居功自矜取灭亡

如果说"功高盖主"是韩信无法逃脱死亡命运的大前提，那么"居功自矜"则是他被杀的直接原因。

韩信出身寒微却志向不凡，自视很高。在四处乞讨度日的时候，韩信的母亲去世了。穷得都没钱办丧事的韩信，却找了一块又高又宽敞的坟地，要让坟地周围可安顿一万户人家。后来，他先后投靠项羽和刘邦的军队，都因为嫌官职太小、自己的建议不被采纳等原因，决定甩手而去。当年逃离汉营后，若不是慧眼识才的萧何连夜将他追回，孤傲的韩信恐怕会一生无名。

其后，韩信被刘邦委以重任，执掌兵权，终于有了施展才能的舞台。然而，在功盖当世的盛名下，韩信却越发骄纵，自负功高，甚至拥兵与刘邦讨价还价。汉王四年（前203），刘邦被项羽的军队围困在荥阳，派人征调在齐国的韩信派兵救援。谁知韩信竟拥兵自重，要求刘邦封他为假（代理之意）齐王。这种行为让刘邦极为愤怒，气得破口大骂。在一旁的张良和陈平连忙附耳说道："现在战况不利，不如答应韩信，免得发生变乱。"刘邦这才把火压下来，对韩信的使者大笑道："大丈夫平定诸侯，要做就做真的齐王，何来代理一说！"然后爽快地封韩信为齐王，但心里却对韩信越来越厌恶。

一年后，刘邦命令齐王韩信协助自己围攻项羽，韩信的兵马却迟迟不到。刘邦无奈，只得划了大片的土地给韩信做封地，并将作战的指挥权交给韩信，韩信这才领兵参战。

韩信的放肆已让刘邦忍无可忍。于是，在刚刚消灭了最大的敌人项羽后，刘邦马上派人夺了韩信的帅印，不久又撤掉了他的齐王封号，改封为楚王，将其调离根据地。汉高祖六年（前201），刘邦以谋反罪将韩信逮捕，押至洛阳，最后虽然赦免了他，但削去了韩信楚王的封号，降为淮阴侯，令其留居长安。

降职之后的韩信心中非常苦闷，时常怨愤自己居然和以前的属下周勃、灌婴同列

历史之谜

侯爵。一次，韩信去拜访以前的属下樊哙，樊哙行跪拜礼恭迎恭送。韩信出门后，无奈地笑道："我这辈子居然同樊哙等人同列！"

自恃功高，却又处境不公，心理的极度不平衡让韩信犯下了致命的错误。韩信曾与部将陈豨交好。后来陈豨被封为巨鹿郡郡守，前来向韩信辞行。临别之际，韩信心中涌起无限的悲凉和不甘，他握着陈豨的手说："我跟你说句心里话，你所管辖的地方聚集了天下的精兵。如果有人屡次诬告你谋反，陛下一定会兴师讨伐你。到那时，我为你在京城做内应，天下可图。"陈豨知道韩信的能力，便说："一切全听将军的！"

汉高祖十年（前197）九月，陈豨果真谋反，自立为赵王，劫掠赵、代属地。刘邦亲自率兵前去征讨陈豨。就在此时，有人告变，说韩信与叛军陈豨合谋造反。吕后采纳了丞相萧何的计策，诈称刘邦已诛陈豨，令韩信入宫祝贺。韩信一入宫，就被抓了起来，并被斩杀于长乐宫钟室。随后，其三族都被诛杀。

吕后杀一做百

后人更愿意将韩信的死归罪于刘邦的无情，毕竟韩信为汉室立下了太大的功勋。然而这是个误解，真正想置韩信于死地的并非刘邦，而是躲在幕后的吕后。事实上，刘邦虽然夺了韩信的兵权，降了他的职，但并没有决意要杀他，多少还念及旧日的情义。韩信降职后，刘邦还经常找他闲谈解闷。一次刘邦问韩信："你看我能带多少兵？"韩信回答："最多十万。"刘邦又问："那你能带多少呢？"韩信笑笑说："多多益善。"刘邦也笑了，问道："那你为什么反而被我收服了呢？"韩信回答："您不善带兵，却善于统将，这就是我被您收服的原因。"

韩信被杀时，刘邦在外平叛，回宫后得知韩信已死，"且喜且怜之"。喜在少了一个潜在的劲敌；可又怜什么呢？多半是念及韩信昔日的功勋，心有愧疚。

其实，真正决意要杀韩信的人是吕后，是她叫来萧何商议除掉韩信的计策，并下令斩杀了韩信。吕后动手诛杀功臣的事例还有很多。同韩信一样，彭越也是汉朝开国功臣之一，被封为梁王。陈豨谋反后，刘邦命彭越助剿，但彭越称病不往。后来刘邦以谋反罪将其逮捕，但念及彭越功高，只将他贬为平民，发配蜀地。彭越在发配的路上遇到吕后，向她申诉自己的冤屈。吕后当面许诺为其讲情，并把彭越带回了洛阳。一到洛阳，她就向汉高祖建议杀掉彭越，以除后患。结果，倒霉的彭越也身死族灭。

据《史记·吕太后本纪》记载，"吕后为人刚毅，佐高祖定天下，所诛大臣多吕后力"。吕后为什么要诛杀开国的功臣呢？首先是杀一做百，震慑群臣，杀掉韩信、彭越这样的大人物，让臣子们敬畏皇后的权力；其次，是为了巩固自己的地位和实力，为日后专政埋下了伏笔。

李广难封——一代名将的悲剧人生

在浩瀚的历史画卷中，英雄是浓墨重彩的笔迹。而在这浓墨重彩之中，总有几笔深深的忧郁，勾勒出那些悲情英雄的身影。太史公司马迁为后世刻画了一位戎马一生却未得封侯的李广将军，令多少人扼腕叹息却又困惑不已——李广为何难封？真实的李广与《史记》中记载的形象完全相符吗？英勇善射——"飞将军"

"秦时明月汉时关，万里长征人未还。但使龙城飞将在，不教胡马度阴山。"王昌龄《出塞》诗中的"飞将"指的就是汉代名将李广。李广生于陇西成纪（今甘肃省静宁县），其先祖是曾经率军大胜燕国太子丹的秦朝将军李信。由于祖传一套好弓法，李广自幼苦练射箭，成为百发百中的高手。相传他的坐骑是"千里雪"，兵器为"梨花枪"，打起仗来英勇无比，从不畏惧。

汉文帝十四年（前166），李广参军，抗击犯边的匈奴。凭借一手好箭法，他射杀了众多敌人，被升为中郎，成为皇帝的骑士侍卫。汉景帝年间，李广被擢升为陇西都尉，后来又历任骑郎将、骁骑都尉、未央卫尉、郡太守等职。李广在陇西、北地、雁门、代郡、云中等地都做过郡太守，常常与匈奴打硬仗。

据《史记·李将军列传》记载，李广的射艺已经达到了出神入化的境界。他射杀敌人一定要在数十步之内发箭，为的是保证每发必中，所以常常箭一离弦，敌人就倒地而亡。他还特别善于射杀猛兽。李广在据守右北平时，曾经因一时不慎被猛虎扑伤，然而他竟翻身而起，带伤射杀了这只猛虎。还有一天夜里，李广出猎，远远看到林中似有一只老虎出没，便弯弓搭箭，朝那老虎头上射去。天亮后才发现，他射中的只是草丛里的一块卧石，但令将士们惊奇的是，李广射出的箭不仅准确地射中了石头，而且力量极大，箭头已深深地射进了石棱中。这个故事就是唐代诗人卢纶《塞下曲》中"林暗草惊风，将军夜引弓。平明寻白羽，没在石棱中"的由来。

汉武帝七年（前137），李广出兵雁门关，不幸被大批匈奴军队包围，虽然奋勇拼杀，但终因寡不敌众而被俘。匈奴人素来仰慕李广的威名，没有杀他，而是将他生擒回去。当时，李广身负重伤，被捆在网袋里，夹在两马之间。他观察到旁边有个匈奴少年手执弓箭，骑着一匹好马，便急中生智，趁匈奴士兵不备，突然飞身跳上那匹马，抢过匈奴少年的弓箭，边骑边射，终于突出重围。

李广

数百名匈奴士兵紧紧追赶，最后还是让李广逃脱了。从此，李广在匈奴军中赢得了"飞将军"的称号。

李广一生与匈奴大小七十余战，其英勇善战令匈奴闻之丧胆。

身先士卒——爱兵如子

数十年来，李广征战戍边，与士兵同甘共苦、同进同退。在危急关头，他敢于挺身而出，以超凡的勇气稳定军心；在困难时候，他总是记挂士兵的冷暖饥饱。因此，士兵们都愿意追随他，边境百姓也很拥戴他。

汉武帝元狩二年（前121），李广与博望侯张骞共同率兵出征匈奴。行进途中，李广率部突然被匈奴四万骑兵包围，士兵们都很慌乱。这时，李广派自己的儿子李敢带领几十名骑兵前去打探敌情。李敢回来后对军中士兵说："匈奴兵很好对付。"从而稳定了军心。后来，匈奴向李广部队发起了猛攻，李广所率士兵死伤过半，箭也快用光了。士兵们都吓得大惊失色，只有李广神色自如。他下令所有士兵把弓拉开，震慑敌人，自己则手执弓箭连续射杀了许多匈奴兵将。李广的威猛吓退了不少匈奴兵，部下将士自此也更加敬佩他。

李广做将军时，每逢有赏赐，大多分给部下，因而他虽为官四十多年，却没有积攒下多少家产。行军打仗的过程中，如果士兵们不能都喝上水，李广便同忍干渴；如果士兵们不能都吃上饭，李广便不尝饭食。因为爱兵如子，李广在军中享有很高的威望。

直到死前不久，李广率军最后一次出征匈奴，但部队迁徙过程中迷失了方向，后来才跟大将军卫青所率部队会合。卫青问及李广部队迷路的情况时，李广不愿回答。卫青便派人传唤李广的部下前来回话。这时，李广站出来说："这些校尉是没有罪的，是我自己迷路了。我自会具表实情。"由此可见，他是敢于为自己的部下承担责任的将领。

未得封侯的悲剧

《史记·李将军列传》记载，李广一生不得爵邑，官不过九卿，这就是初唐诗人王勃在《滕王阁序》中说"冯唐易老，李广难封"的由来。李广也因此成了时运不济、怀才不遇的悲剧人物的代表。

一生未得封侯是什么概念呢？为什么未得封侯就是人生不如意呢？我们可以将李广与其身边的人相比较。李广的堂弟李蔡与其同朝为官，其人品、才能都不及李广，名声更与李广相去甚远，然而却被封为乐安侯，官至丞相，官名、爵位都在李广之上。连李广的儿子李敢都因跟随霍去病出征匈奴"夺左贤王旗，斩首多"而封为关内侯，甚至李广的不少部下也凭借军功封侯。而李广征战一生，勇猛无双，还是历经文帝、景帝、武帝三朝的元老，却一直没有封侯。

据记载，李广一生有几次可能封侯的机会，但都因各种原因错过了。

李广任骁骑都尉时，曾跟随太尉周亚夫出兵讨伐吴楚七国之乱的叛军。在那场战役中，李广夺取了叛军的帅旗，名声大震。回朝后，李广本应论功封赏，但由于他私自收受梁王刘武授予他的将军印，而被汉景帝取消了封赏。

汉武帝七年（前137），李广出兵雁门关，中匈奴埋伏而被俘。其后他虽奋力逃脱，收集残部返回京师，但因部队伤亡太大，自己又被活捉，按律当判斩首，后来汉武帝开恩将其贬为平民。

汉武帝元朔六年（前123），李广再次被任命为后将军，出兵抗击匈奴。当时，很多统兵将领都立下了战功而被封侯，李广却再次无功而返。

汉武帝元狩二年（前121），李广与张骞一同出兵匈奴。李广的部队被匈奴兵围困，与匈奴兵激战之后，死伤惨重。这时张骞的救兵才赶到，协助他击退了匈奴部队。此次出击，李广所率军队几乎全军覆没。张骞责任最大，获罪贬为平民；李广被判功过相抵，也没有得到封赏。

汉武帝元狩六年（前117），李广在多次请命出征之后，终于被汉武帝任命为前将军，随大将军卫青出兵匈奴。然而，此时李广已年过60岁，汉武帝认为他"数奇"（命运多舛），特意嘱咐卫青不要让李广与匈奴单于正面对阵。行军过程中，卫青发现了单于的驻地，便决定亲自率领精锐部队前去偷袭。同时，卫青命好友公孙敖与他一起对阵单于，而派李广从东路出击。李广向卫青请命与匈奴单于正面作战，并说出"臣愿居前，先死单于"的豪言壮语。然而，卫青没有同意。李广一气之下，拔营而走，没有向卫青告辞就领命出发了。东路道路崎岖，水草又少，很不利于行军，李广的部队因为缺乏向导而迷失了方向，没有按照约定的时间与大军会合。

后来，卫青询问李广部队迷路的情况，李广自知难辞其咎，回朝必会受到责罚。此时，一生未得封侯的悲情涌上心头，李广心情沉重地回到自己的军中，对他的部下说："李广一生与匈奴打了七十余场仗，如今有幸跟从大将军出兵对抗匈奴单于。然而大将军将我的部队派往远道，途中又迷失了道路，这岂不是天意！况且我今年六十多了，终究不能再面对那些执法官、审判官了。"话音刚落，一代"飞将军"就拔刀自刎了。

英勇征战的"飞将军"就这样殒命了。见如此悲壮的场景，李广的部下士兵无不痛哭流涕。老百姓闻此噩耗，无论男女老少，也都为之感叹不已。

不善用兵的将领

李广为何难封？有人说是生不逢时，有人说是运气不济，有人说是性情所致，也有人说是不善用兵。事实上，在重视军功的汉朝，李广终生未能封侯最重要的原因是战功不够。

在司马迁笔下，李广英勇善战，才华横溢，令敌人畏惧，令军民爱戴，是个举世无双的大英雄。然而，李广究竟立了多少战功，是不是个出色的将领呢？司马迁对此的记录却是文笔多于史笔，大多用"杀首虏多""军功自如"等语言模糊表述。这并不是司马迁的疏忽，而是因为李广实在没有多少像样的军功可以载入史册。李广一生与匈奴作战七十余次，但都是小规模战役，而且败多胜少，至多功过相抵。汉武帝时，论赏封侯的标准是斩获敌首上千，李广未能达到这一标准。而与他同时期的卫青、霍去病，同样出征匈奴，却多次斩获敌首数千以至上万；同样带兵经过雁门关，却没有像李广一样中敌人埋伏损兵折将，而是领兵有方，取得优势。据统计，卫青一生七次出征匈奴，一共斩获首虏五万多级；霍去病四次出征匈奴，斩获首虏级数超过十一万。不论从数量还是质量上来看，李广的战绩都不能与卫青、霍去病相提并论。

作为汉代最著名的将领之一，李广为何在疆场上频频失利，成为一个不称职的将领呢？这与他的行事方式有关。李广武艺、射艺超群，英勇过人，却容易冲动，爱逞匹夫之勇，加之少谋略，所以一对多的格斗能占上风，带兵作战却没有章法。

汉景帝时的典属国公孙昆邪曾称赞李广"才气天下无双"，然而紧接着的评价却是"自负其能，数与虏敌战，恐亡之"。这从一个侧面说明，李广经常一个人冲上去与敌军拼杀。这样的作战方式对于普通士兵而言固然可取，但成为将军后，倘若还置大军于不顾，自己奋勇杀敌去，便难免落败。根据《史记·李将军列传》记载，李广在多次战役中凭借自身的好武艺和好箭法击退了敌人，但几乎看不到他统领军队集体作战的描述。最能证明这一点的莫过于李广受伤被俘之后冲出敌围，然后收集余部回京。然而他为何会与部队失散，独自被俘？不难推断，他又是单刀赴敌，忘记自己是一军统帅了。

此外，李广带兵习惯率性而为，对军队缺乏纪律约束，对作战策略缺乏统一部署。据记载，李广的部队没有严格的编制、队列和阵势。士兵晚上不打更，也不巡逻自卫，只在远处布置侦察兵。这样松散的管理不利于严肃军纪、提升整体作战能力，而且往往在突如其来的危机面前缺乏应对能力。

心胸决定命运

有一次，李广与懂得卜算的王朔聊天，说："自汉朝抗击匈奴以来，我未尝不在其中，然而很多才能不及我的人都已按功封侯，唯独我没有封侯，是命中注定吗？"王朔不答，反问道："你可曾做过什么可悔恨的事情？"李广想了想，说："我做陇西太守时，羌族人造反，我诱降他们后，又杀死了他们。"王朔说："这就是你不得封侯的原因了。"（《史记·李将军列传》）

杀死俘虏当然没有直接导致李广不得封侯，却反映出李广的胸襟气度不足，这成为阻止他成功的重要因素。

还有一件小事也反映出李广心胸狭窄。李广被贬为平民的两年间，常外出打猎。一天夜里，他与随从骑马外出，回来时路过霸陵亭。霸陵亭尉上前呵斥，不让李广通行。李广的随从便说："这是前任将军李广。"霸陵亭尉则说："别说是前任将军，就是现任将军也不能在夜间通过！"之后扣留了李广。后来，李广被起用，便找机会把这个亭尉杀了。这个故事与《史记·淮阴侯列传》中记载的一个小故事很像。韩信年轻时曾受人胯下之辱。后来，韩信做了大将，便将当年侮辱他的小民招到军中，做了一个不小的官。同样是受人侮辱，韩信能不计前嫌，李广却睚眦必报，可见其心胸狭窄。

李广自杀后，后人常归罪于卫青，认为是卫青重用好友、排挤李广。李广的小儿子李敢记恨在心，当场刺伤了卫青，然而卫青却对此事缄口不提。事实上，卫青当时只是奉汉武帝的命令从事，没有徇私。面对李敢的冤枉和过激行为，卫青完全可以凭借权势处置李敢，但他反而息事宁人，可见胸襟和气度远在李广之上。

忠正之臣还是野心家——冷眼看霍光

汉朝未央宫中有一座"麒麟阁"，阁内供奉着 11 位为汉朝立有大功的臣子，其中名列第一的就是大司马、大将军霍光。霍光独掌朝权二十余年，权倾朝野，是西汉历史上极为重要的人物。他被人比作"周公"在世，有匡扶汉室之功；他也被指责野心膨胀，死后三年全家即遭灭族。

麒麟阁第一功臣

霍光，字子孟，河东平阳人（今山西临汾西南），是骠骑将军霍去病同父异母的弟弟。霍光的父亲霍仲孺早年是平阳县的一名县吏，因事出入平阳侯家，与一个名叫卫少儿的侍女（即卫子夫的姐姐）私通，生下了霍去病。不久，霍仲孺结束差役回到了家乡，娶妻成家，生下了霍光，从此与卫少儿母子断绝了往来。后来卫子夫入宫，深得武帝宠幸，卫氏满门富贵。霍去病也因身为皇后卫子夫外甥的身份而得武帝重用，在抗击匈奴战争中屡立奇功，被封为大司马、骠骑将军。霍去病功成名就后，不但到平阳县认了父亲，还将年仅10岁的弟弟霍光带到了京城。

霍光仪表堂堂，身形挺拔俊逸，皮肤白皙，眉目清秀，成年后蓄一把美髯。霍去病英年早逝后，霍光先后做了奉车都尉和光禄大夫，职责是护卫皇帝的安全。因为他性格老成持重，行事谨慎小心，20余年未尝有过失，深受汉武帝赏识和信任。

征和二年（前91），太子刘据遭陷害而含冤自尽。后元二年（87）汉武帝病危，下诏立幼子刘弗陵为皇太子，以霍光为大司马、大将军，与车骑将军金日磾、左将军上官桀、御史大夫桑弘羊等人共同辅佐朝政。次日，武帝病逝，年仅8岁的太子刘弗陵即位，即昭帝。由于皇帝年幼，朝中诸事都由霍光统一打理。

然而宫廷的权力斗争暗潮汹涌，汉昭帝的哥哥燕王刘旦觊觎皇位，而朝中其他辅政大臣也对霍光专断政事的局面深为不满。于是，几股反对势力联合到一起，向小皇帝和霍光发起了挑战。他们首先向汉昭帝诬告霍光谋反，意图除掉霍光，然后由燕王刘旦带兵进京，把持朝政。但聪慧的小皇帝马上识破了他们的阴谋，不但对诬告的书信不予理睬，反而当着霍光的面为其撑腰。反对派见一计不成，干脆密谋武装政变，由长公主宴请霍光，企图借机将其杀死。不料阴谋败露，皇帝与霍光掌握了刘旦、上官桀等人的罪证，先发制人，一举铲平了阴谋颠覆皇权的势力。霍光也因此成了维护汉室的大功臣。

汉昭帝在位13年，在霍光的辅佐下，广施仁政，轻徭薄赋，废除了积弊已深的盐铁官营、均输等政策，创造了"百姓充实，四夷宾服"的大好局面。这其中霍光功不可没。

汉昭帝死后无嗣，朝臣们决定迎立汉武帝的孙子、昌邑王刘贺继承皇位。谁知刘贺竟是一个品行恶劣的纨绔子弟。得知自己成为皇位继承人之后，他喜不自胜，一路快马加鞭赶往京城，沿途不断劫掠女子和财物，淫乱不绝。眼看汉室基业将毁于荒淫之主，又是霍光在关键时刻力挽狂澜。他召集群臣商议，决定废黜刘贺，另立新主。最终在霍光的主持下，刚刚坐上皇帝宝座没几天的刘贺被废，遣送回了封邑。朝廷又迎立流落民间的汉武帝曾孙、戾太子刘据的孙子刘病已（后改名刘询）为帝，是为汉宣帝。

此后，霍光倾力辅佐年轻的汉宣帝，直至自己去世。霍光一生忠于汉室，辅佐汉昭帝，废刘贺，立汉宣帝，屡次挫败宫廷阴谋，数度使汉室转危为安。因此后人将其比作辅佐成王的"周公"和汉代开国功臣萧何。

"霍"家专权终"祸"家

霍光从政的经历无疑是非常辉煌的，正史中对他忠诚的赞美不乏文辞。但凡事要看两面，霍光几十年独掌朝政，大权独揽，也有一些为时人所诟病的行为和做派，这自然也逃不过史学家的春秋之笔。

首先，霍光是一个工于心计、权力欲望很强的人。他凡事都非常谨慎，细微盘算，甚至每次进入皇宫站立的位置，都刻意保持不差分毫，足见其用心之精。霍光掌握朝政大权后，多次拒绝了朝中王公大臣为子弟求官的要求，其中就包括同为辅政大臣的桑弘羊等人，也因此与很多人结了仇。从表面看来，霍光这是秉公执法，不徇私情。但同时，霍光对自己家族成员加官晋爵却是"毫不吝惜"：霍光的儿子霍禹和霍光兄长的孙子霍云都被封为中郎将；霍云的弟弟霍山被封为奉车都尉、侍中，领胡越兵；霍光的两位女婿邓广汉和范明友被封为东西宫的卫尉；其他的亲戚如昆弟、外孙等也都被封为大夫、骑都尉、给事中等职。用《汉书》中的一句话形容，就是"党亲连体，根据于朝廷"，即霍家的势力盘根错节，占据了朝廷要职。值得注意的是，霍光给予亲属的官职大都是掌管兵权的要职，由此可见其用意。

其次，霍光治家不严，放纵家人为非作歹。霍禹、霍山大肆治办宅第，骑马在皇家宫苑中肆意玩乐追逐。霍云时常称病不肯上朝，自己带着宾客外出围猎消遣。霍光的妻子霍显和几个女儿更是视严格的皇宫进出制度为无物，不论白天夜晚，随意出入皇宫禁地，如同进出自家"菜地"一般。主子骄横，奴才便更加飞扬跋扈。霍家家奴冯子都在霍光生前很受宠信，霍光一死，他竟与霍光的遗孀霍显私通淫乱。更有甚者，一次，霍家与御史中丞家的家奴争斗，霍家家奴竟然闯入御史中丞的府邸，扬言"踢馆"，最后逼得堂堂御史中丞给他们磕头谢罪才罢休。当时流传甚广的一首著名乐府诗《羽林郎》中便有如下诗句："昔有霍家奴，姓冯名子都。依倚将军势，调笑酒家胡。……"霍家的嚣张可见一斑。

霍家的权势还体现在霍光丧葬的排场上。霍光死后，他的家人极尽铺张之能事，将他的墓地修得如皇家陵寝一般，奢华异常。墓地铺有神道，设有华丽的祠室，还有良家妇女日夜守灵。

霍光以及霍家势力的存在让皇帝时常感到"如芒在背"，而专权的霍氏一族也一步步临近了覆亡的深渊。

身后族灭事可哀

将不可一世的霍家引向毁灭的，是霍家长期以来的专权和骄横；而从具体的事件来看，霍家可谓是作恶多端，自取灭亡。

汉宣帝继位之初，霍光的妻子霍显想让自己的小女儿霍成君进宫做皇后。但汉宣帝不忘旧情，将流落民间时陪伴自己的妻子许平君立为了皇后。霍显并没有就此罢休，竟斗胆唆使御医淳于衍毒杀了许皇后，然后送女入宫，立为皇后。许皇后离奇死亡，朝中立刻展开严查，淳于衍也因此下狱。霍显担心淳于衍泄密，只得将实情告诉了霍光。霍光听后大惊失色，本想自己坦白，但在如此重大的事情面前他犹豫了，最终隐瞒了实情。

霍光死后，汉宣帝获悉了许皇后被毒杀的真相，不禁悲愤交加。但宣帝并没有立即发作，他深知霍家的权势之大，于是开始逐步剥夺霍家的实权。汉宣帝接连将霍家的子弟、亲戚调往边境驻守，并裁撤他们的一部分兵权。这一举动引起了霍家的警觉。他们深知自家的恶行已积重难返，于是决定铤而走险，妄图通过政变废掉汉宣帝以自立。但此时的汉宣帝已经羽翼丰满。汉地节四年（前66），汉宣帝将意图谋反的霍家及其余党一网打尽。霍光的儿子霍禹被腰斩，妻子霍显和其他子女、亲属都被斩首弃市，连带被诛灭的有数千家之多。至此，霍光后人尽数灭门。

正史对霍光的评价是令人慨叹的，他匡扶汉室，是中兴名臣，虽"周公、阿衡，何以如此！"然而，他"湛溺淫溢之欲，以增颠覆之祸"，因此死去才三年，宗族就遭到诛灭。哀哉！霍光的经历，值得后人深思。

长忆惊鸿照影时——追寻洛水女神

凄美缠绵的《洛神赋》，塑造了一位柔美动人的洛水女神，诉说着一段恍若隔世的爱情故事。洋洋千言背后，曹植是否在追忆一位毕生铭记的女子？是否在祭奠一段失之交臂的感情？追寻洛水女神，是追忆惊鸿照影的过往，也是探寻曹植内心的真实。

此情可待成追忆

《洛神赋》出自曹操的第三子曹植之手。这篇凄美的文章讲述了一个发生于人间仙界之中的奇幻故事：曹植在黄初三年（222）前往京师，途中经过洛水，邂逅了美丽迷人的洛水女神。两人相互倾慕，却因人神相隔而不得不分离。

曹植用大量的篇幅、华美的词句描绘了洛水女神的柔美：她静静地站在洛水河岸的山崖旁。岸边铺满香草，树林郁郁葱葱，愈发衬托出她明丽的容颜。她面色娇美，体态轻盈，举止优雅，飘忽不定。她穿着绣有精美纹饰的鞋子，拖着轻薄的长裙，散发出清幽的芬芳。她在山边缓缓徘徊，时而跳跃嬉戏，时而又卷起衣袖，将白皙的手腕探到洛水中，采摘河水中的青色灵芝。

洛水女神的美丽使曹植感到深深的震撼。他解下腰间的玉佩赠予洛水女神，洛水女神也将美玉赠予曹植。两人一见倾心，约定再次相会。这时，众神会聚而来，洛水女神不得不与曹植分离。泪水从她的脸上簌簌流下，浸湿了她美丽的衣裳。临别时，洛水女神想要与曹植互诉衷肠，然而话未说完就消失在云雾中了。曹植翻山越岭，四处追寻，终究没有找到洛水女神的踪影。他心神怅惘，久立不归……

《洛神赋》的故事以唯美的邂逅开始，以悲戚的分离告终，描述了一种可遇而不可即、初得而瞬间失去的心情。这很容易让人联想到，故事是在影射作者曹植的一段感伤的爱情。后来，晋代著名画家顾恺之基于这个故事，创作了流传千古的《洛神赋图》，图中文字称洛水女神为"宓妃"。自此，人们大多相信，洛水女神的原型就是"宓妃"，而《洛神赋》的原型则是曹植与"宓妃"的感情经历。

那么，这位堪比洛水女神的"宓妃"又是何等女子？

河北甄宓俏

"江南有二乔，河北甄宓俏"，其中的甄宓即后来的宓妃，是三国时期与大乔、小乔齐名的美女。

汉灵帝光和五年（182）十二月，甄宓出生在中山无极（今河北省定元县）一个官宦家庭。她不仅生得国色天香，而且知书达理，见识过人。甄宓自幼喜好读书，她的哥哥劝说道："你应当学着做些针线活，读书识字对于女人来说有什么用呢？"年仅9岁的甄宓答道："我听说古时的贤女，没有不学习前世成败经验的，不读书，怎么引以为鉴呢？"后来，天下兵乱，百姓饥馑，甄家便趁此收购金银珠宝。十几岁的甄宓却对母亲说："乱世买宝物，容易招来祸端。如今乡邻贫乏，不如用这些钱买粮食来救济他们，广施恩惠。"家人听后无不赞赏。甄宓14岁时，二哥过世，她便恭敬地侍奉二嫂，并劝平时一向严厉的母亲慈爱地对待二嫂，"待之当如妇，爱之宜如女"。她则与二嫂同住同行，关爱照应。

甄宓恪守传统的妇德，却不守旧，识大体、明大义，有才情、有见识。她的才貌德行很快传为美谈，并传到了袁绍的耳中。袁绍令甄宓与他的次子袁熙成亲。后来，袁熙北上征战，甄宓便留在邺都（今河南省临漳县）侍奉婆母。

一代贤女——红颜薄命

东汉建安九年（204），曹操率兵攻克邺都。曹操的长子曹丕听说袁熙的妻子貌美如花，便冲进袁府寻找，一看果然美貌绝伦，惊为仙人。曹操知道曹丕喜欢甄宓，便将她许给曹丕为妻。

甄宓嫁给曹丕后，生下了一子一女，分别是曹睿（即后来的魏明帝）和东乡公主。甄宓贤惠孝顺，深得曹操之妻卞氏的赏识。有一次，婆母卞氏生病，甄宓急得寝食难安，整日忧心忡忡。卞氏听说后，称赞甄宓是"真孝妇也"。曹丕对甄宓也十分宠爱，为了甄宓还将原来的妻子任氏赶走。心怀宽广的甄宓反倒流着泪劝曹丕不要冲动，并说："众人都知道我如今得宠，便会觉得赶走任氏是我的主意，那样我就会有自私专宠的罪过，请您慎重考虑留下任氏！"但曹丕没有听劝。

然而，红颜易老。倾国倾城的甄宓也逃不过时间的流逝，渐渐年老色衰。后来，曹丕迎娶了另一个女子郭氏。郭氏比甄宓年轻，而且美艳非凡，很快获得了曹丕的宠爱。渐受冷落的甄宓心情低落，写下了不少情真意切的闺怨诗句。其中，《塘上行》流传至今，被认为是乐府诗的典范。"众口铄黄金，使君生别离""入亦复何愁"，字字句句感人至深，展现出甄宓超凡的才情与细腻的情怀。

220年，曹丕登基，准备册封皇后。甄宓生有皇子，地位比郭氏尊贵，立后的呼声最大。于是，郭氏便找机会陷害甄宓。她以曹睿不足月出生为由，诬陷甄氏与外人有私情。曹丕听后大怒，一气之下竟将甄宓赐死。据说，郭氏因忌惮甄宓冤死后到阴间申冤，曾命人将甄宓"披发覆面，以糠塞口"，其状惨不忍睹。

洛水女神

洛水女神的真实含义据史书记载，甄宓死后，曹植感慨悲叹，曾写作《感甄赋》以怀念她。后来，曹睿即位，为其母甄宓平冤，并追封其为"文昭甄皇后"。曹睿看到曹植的《感甄赋》，为避母嫌，将题目改为《洛神赋》。

另据记载，曹丕称帝后，曾经将甄宓的盘金镶玉枕头赐给曹植，曹植得后如获至宝。甄宓死后，曹植曾经抱着盘金镶玉枕头入眠，梦见甄氏的灵魂与自己相会，幽幽哭诉她的悲惨遭遇。而这就是曹植创作《洛神赋》的灵感来源。

后人据此生出种种传闻，将曹植与甄宓的爱情渲染得活灵活现，甚至有二人乱伦之说。曹植是否与甄宓有过感情经历，甚至出格的举动呢？对此，绝大多数人持否定态度。首先，甄宓与曹植相差约10岁，曹丕迎娶甄宓时，曹植才12岁，所谓"一见钟情"之类的传说恐怕是不太可能的。其次，根据甄宓生平可见，她是极守妇道、举止得体的贤女，应该不会出现这种情况，至于乱伦更不可能。再次，曹植深受曹丕排挤，稍有不慎就可能被构陷迫害，在这种情况下，他岂敢公然与甄宓发生感情？

由此可见，曹植与甄宓相爱的传闻是不可信的。至多是曹植一厢情愿，对才貌双全的甄宓心存爱慕，对无法与其相恋感到怅惘，对甄宓最后的悲剧结局感到愤懑。通过有限的史料，我们很难对曹植的感情下定论，只能通过《洛神赋》缠绵悱恻的字里行间，推断曹植对甄宓有某种朦胧的感情。然而可以肯定的是，这种感情由于从未开始，所以不会是一生铭记那么深刻，或者失之交臂那么遗恨。

这样看来，洛水女神的真实含义就不仅仅是指宓妃这么简单了。曹植倾注深厚的感情和心血，刻画了一位在他心中无可取代的洛水女神形象，刻画了自己与洛水女神相遇又离散的悲剧，显然有更丰富的人生感慨融入其中。

洛水女神，也许起初是基于美丽的宓妃创作的形象，但代表的却是曹植心中的理想和一切美好的东西。身为一位才华横溢的公子，曹植经历了太多理想破碎、覆灭的挫折，正如他对洛水女神无限向往，却最终失去。《洛神赋》凝聚了他争位失利、遭兄迫害的际遇，也凝聚了他对人生的感慨与无奈……

一代文曲星因何陨落——李白死因之谜

生性洒脱的唐代大诗人李白，于宝应元年（公元762年）离开人间，卒于今安徽当涂，享年62岁。一代诗坛巨星的逝世让人唏嘘不已的同时，也让人们也对他的死因产生了浓厚的兴趣。关于他的死，人们有诸多不同说法，不过可大致归纳为"醉死说""病死说"及"溺死说"三种。

醉死说

根据《旧唐书》记载，李白"以饮酒过度，醉死与宣城"，这种说法应该比较可信。大家耳熟能详的一句"李白斗酒诗百篇"，正是说明李白一生嗜酒成性是出名的，

他也因此有"醉仙"的美誉。即使今人吟诵李白的诗作，也能闻到一股浓浓的酒味。李白的《将进酒》有"烹羊宰牛且为乐，会须一饮三百杯"，《叙赠江阳宰陆调》有"大笑同一醉，取乐平生年"，《赠刘都史》有"高谈满四座，一日倾千觞"，《训岑勋见寻就元丹邱对酒相待以诗见招》有"开颜酌美酒，乐极忽成醉"，《月下独酌四》之三更有"醉后失天地，兀然就孤枕；不知有吾身，此乐最为甚"。由此推断，不少学者自然地将李白的死因与醉酒致命联系起来，如晚唐诗人皮日休曾作《李翰林诗》云："竟遭腐胁疾，醉魄归八极。"该文指出，李白因喝酒加重了病情而导致丧命，并且在诗文中还夸张地说李白升天的灵魂都带着醉意。

从上面的资料及学者的研究推测可见，李白是因为嗜酒加重了自己的病情而丧命的。

病死说

据李白的族叔，涂县令李阳冰的《草堂集序》记载，"阳冰试弦歌于当涂，心非所好。公暇不弃我，乘扁舟而相顾，临当挂冠，公又疾丞，草稿万卷，手集未修，枕上授简，俾予为序。"唐代李华的《故翰林学士李君墓志序》中也说："姑熟东南，青山北址，有唐高士李白之墓……（李白）年六十二，不偶，赋临终歌而卒。"并且，作于唐德宗贞元六年（公元791年）的刘全白《唐故翰林学士李君碣记》中更是记载："君名白，天宝初诏令归山，偶游至此，以疾终，因葬于此。全白幼则以诗为君所知，及此投吊，荒墓将毁，追想音容，悲不能止。"古代文献所谓的"疾亟""赋临终歌而卒""以疾终"，都清清楚楚地告诉人们，李白是因病而终的。

现代学者郭沫若由"腐胁疾"得到启发，从医学角度进行研究推测，认为李白61岁曾游金陵，在宣城、历阳二郡间往返。李光弼东镇临淮时，李白不顾自己年迈决计请缨杀敌，可惜刚到金陵就发病了，只得中途返回。这是"腐胁疾"初期，应该是脓胸症。一年后，李白在当涂养病，脓胸症慢性化，向胸壁穿孔，而"腐胁疾"最终也要了诗仙的姓名，使他死在了当涂。

溺死说

此种说法颇具有几分神奇色彩，并且与李白的性格也有着几分吻合。

大家都知道李白爱酒，也知道他同样爱月、爱狂，因此有不少学者把他的死因同"水中捉月"联系起来，这便产生了富有神奇色彩的"溺死说"。五代时，王定保在《唐摭言》中云："李白著宫锦袍，游采石江中，傲然自得，旁若无人，因醉入水中捉月而死。"此后，元代辛文房的《唐才子传》中记载："（李）白晚节好黄老，度牛渚矶，乘酒捉月，沉水中，初悦谢家青山，今墓在焉。"元代祝成辑《莲堂诗话》也说"宋胡璞，闽中剑南人，曾经采石渡题诗吊李白：'抗议金銮反见仇，一坏蝉蜕此江头，当时醉寻波间月，今作寒光万里游。'苏轼见之，疑唐人所作，叹赏不止。"那么，宋代大文豪苏东坡对李白的死抱有什么看法呢？宋朝陈善《扪虱新话》中记载道："坡（苏东坡）又尝赠潘谷诗云：'一朝入海寻李白，空看人间画墨仙。'"由此可见，李白醉入水中捉月溺死的说法在民间流传较为广泛，并且也深入民心。

当代富有诗人气质的学者安旗在《李白纵横探》一书中，神奇美妙地描绘了李白临终的情景，他这样写道，"夜，已深了；人，已醉了；歌，已终了；泪，已尽了；李白的生命也到了最后一刻了。此时，夜月中天，水波不兴，月亮映在江中，好像一轮白玉盘，一阵微风过处，又散作万点银光。多么美丽！多么光明！多么诱人……醉倚在船舷上的李白，伸出了他的双手，向着一片银色的光辉扑去……船夫恍惚看见，刚才还邀他喝过三杯的李先生，跨在一条鲸鱼背上随波逐流去了，去远了，永远地去了。"的确，怀着对李白无限的敬意，千百年来人们都宁肯相信这位才华横溢、命运多舛的唐代大诗人，是跨鲸背仙游羽化去的。

总而言之，李白的死因与醉酒有关是肯定的，但究竟是醉死、病死还是溺死呢？清人王琦云："岂古不吊溺，故史氏为白讳耶？抑小说多妄而诗人好奇，姑假以发新意耶？"也就是说，这几种情况均有可能，很给出定论。因此，李白究竟是由于何种原因而亡恐怕还会争论下去了。

冲冠一怒为红颜——吴三桂降清的真实原因

明崇祯十七年（公元 1644 年）三月十九日，李自成率领的大顺军攻陷了明朝的都城北京，崇祯皇帝在煤山（今北京市景山）自缢身亡，这使前来增援的明山海关总兵吴三桂仓皇逃回了山海关。由于，吴三桂扼守抗清战略要地——山海关，为招降这支明军，李自成派唐通拿着明降将、曾提督北京兵马的吴三桂之父吴襄写给的劝降书及犒师银四万两前去劝降，但被吴三桂拒绝。于是，李自成亲自率领大顺军兵发山海关，想以武力逼迫吴三桂投降。吴三桂迫于压力，竟向清军请援。决战当天，正当李、吴两军在山海关前杀得难解难分之时，清军的精骑兵突然出现在阵前。李自成所率领的大顺军措手不及，战败退走，从此便一蹶不振。

吴三桂勾结清军入关镇压农民起义这一事件，在史学界一直引人瞩目。长期以来，史学界公认，吴三桂这一举动便是投降了清朝，做了卖国贼。但是，近年来也有学者提出，吴三桂引清军入关并不代表他投降了清朝，并提出了相关的论据。这一说法使似乎本已盖棺定论的问题罩上了一层迷雾。那么，吴三桂引清军入关与向清朝投降到底是不是一回事呢？

按传统观点，由于李自成率大顺军压境，吴三桂迫于压力，曾向清朝求援，他亲赴清营，与清兵统帅多尔衮拜天盟誓，并归顺降服，这表明他已投降了清朝。而且，吴三桂降清，也有向李自成所率领的大顺军报家仇的缘由，"开初，吴三桂对于李自成有归顺之心，只是尚在踌躇观望

吴三桂

而已"。但是，李自成手下大将刘宗敏不顾大局，曾把吴三桂的父亲吴襄五花大绑，还抢掠了吴三桂的爱妾陈圆圆。辱父之仇、夺妻之恨，使得吴三桂义无反顾地投奔了清朝。

并且，根据各种史料记载，有三点理由能证明吴三桂确实降清。一是，清朝最高统治者已将吴三桂视为降将，如清摄政王多尔衮就把吴三桂当作部下驱使，"命三桂军先锋"，又"命吴三桂以步骑二万前驱追贼"。清廷还根据吴三桂的战功，为他加官晋爵。后来，清康熙帝下诏削吴三桂爵位时，也称其为降将，即"逆贼吴三桂穷蹙来归，我世祖章皇帝念其输款投降，授之军旅。"（《清圣祖仁皇帝实录》）由此可见，吴三桂在清廷的眼中，就是一个明朝降将的身份。二是，吴三桂开关后的所作所为也足以证明他已真心降清。吴三桂起初引清军入关虽说可能是为明王朝复仇，但是随着农民军节节败退，南明政权的福王曾多次派人拉拢吴三桂并给他送去粮饷，没想到吴三桂不念旧情，断然回拒。在福王之后，另有几任南明王，吴三桂也从未表示要辅助他们反清复明，反而向清廷提议并亲自出兵缅甸追缴南明永历王，真可谓斩尽杀绝。因此，可以确定，不管吴三桂当初引清兵入关时是什么心态，但是到了清兵入关后，他已顺应了所谓"时势"，彻底投降了清王朝。他一不敢立朱明太子，二不敢同南明政权联合抗清，三不敢要求清军退兵，四不敢违抗清朝廷的命令。并且，为了讨好清王朝，他"破流贼，定陕，定川，定滇，取南明王于缅甸，又平水西土司安氏"（《圣武记》），俨然成了供清廷驱使的一员猛将。三是，清康熙十一年（公元1672年），吴三桂迫于朝廷撤藩的压力，举兵反清，随后"思窃号自误，其下争劝也，遂以三月朔称帝，改元昭武"（《清史稿·吴三桂传》）。吴三桂即使反清，也没有打出明朝旗号，而是自称皇帝，国号为"周"。这些都足以说明吴三桂并没有为明王朝复仇的心思。

对吴三桂"降清"持异议者则认为，李自成率大顺军攻陷北京后，当时有三股较强的政治势力，即吴三桂、大顺军、清王朝形成鼎足之势。这其中以吴三桂的力量最弱，又夹在这两股势力中间，摆在吴三桂面前的只有两条路：要么联合大顺军抗清，要么联合清军抗击农民军。由于其父亲被农民军扣押，爱妾被掠，在选择的天平上，吴三桂最终倾向了联合清军的道路。吴三桂此举是否说明他真心降清呢？通过以下理由，大家可以得出否定的答案。

其一，从吴三桂一贯的抗清立场上看，他是不会轻易降清的。在吴三桂任辽东宁远总兵期间，曾多次参加抗清斗争，即使在明清松锦战役后，明军节节败退，在许多大将被迫投降的情况下，"明之将帅孰不惶惧"，而吴三桂仍不为所动。后来，明朝降将致函劝降，吴三桂也都不做理睬。

其二，吴三桂同多尔衮磋商联军过程中的书信也能证明吴三桂未降。三桂遣书说："我国与北朝（清朝）通好二百余年，今无故遭国难，北朝应恻然念之……速选精兵，三桂自率所部，合兵以抵都门，灭流寇于宫廷，示大义于中国，则我朝之报北朝者，将裂地以酬。"（《清世祖实录》）吴三桂在信中只说联军在战败大顺军后将割国土相赠，并不是投降清朝，帮助其夺回明朝江山。

其三，山海关战后多尔衮玩弄权术之举，也证明了吴三桂未降。在山海关之战胜利的当天，多尔衮便封吴三桂为平西王，又拨调步骑一万归吴三桂直接支配。这表明多尔衮是想笼络并进一步控制吴三桂。

其四，山海关战后，吴三桂的檄文证明其未降。山海关战争胜利后，清军与吴三桂军乘胜追击，吴三桂便"传檄远迩"，提出"周命未改，汉德可恩"，"试看赤县之归心，仍是朱家之正统"的口号。如果吴三桂已经降清的话，那么他就不会发布这样的檄文，同时，清廷也不会允许他发布这样的檄文。

其五，吴三桂在攻陷北京前后，曾经想立朱明太子登基，也可证明其未降。山海关战后，李自成败军至永平，吴三桂以议和的名义，提出让大顺军迅速撤离京城，好让其奉太子即位，又传帖到京城，宣布自己的大军即将进城，让臣民为先帝服丧，整备迎候东宫太子。但是，吴三桂的如意算盘最后却被"多尔衮命其西行追贼"的策略打乱了。吴三桂因为势单力孤，不能与清军匹敌，所以只能西行。

其六，吴三桂一直在暗中积蓄力量以反清复明，也可证明其未降。首先，他招揽人才，广布党羽；其次，他积极准备战备，训练士卒，为将来的大战储备资源。那么吴三桂反清复明的愿望为什么没能兑现，学者们认为这与后来随着清廷统治的强化，"朱明"旗帜渐渐失去号召力不无关系，而后来的历史进程已无法证明吴三桂是否真正降清了。

豪气闯王何所踪——李自成的下落之谜

李自成，原名鸿基，陕西米脂人。他自幼家境贫寒，童年给地主牧羊。他当过驿卒，当过边兵，后来加入了闯王高迎祥所率领的农民起义军，并成为其得力的战将，后来，高迎祥战死，李自成继称闯王，并且在南征北战中，不断壮大了自己的队伍，几十万大军所向披靡。1644年正月，李自成在西安建立大顺政权，年号永昌。同年3月19日攻入北京，推翻了政治腐败、经济崩溃、摇摇欲坠的明王朝。但是，山海关一战，明将吴三桂放清军入关，李自成兵败退回北京，随后转战河南、陕西、湖北等地，最后在湖北武昌、江西九江连遭毁灭性打击，东进难行，不得不向西南突围。1645年，当李自成行军至湖北通山县境九宫山时，突遭地方乡兵袭击，壮烈牺牲。

这是在目前通行的历史教科书和工具书中，对李自成的记载，但在历史文献记载和学术界，对于李自成的最后归宿却众说纷纭，莫衷一是。

对于李自成的下落，目前学术界大致有三种观点。一是，李自成在战斗中牺牲；二是，李自成病死或自杀；三是，李自成并没有死，而是出家当和尚去了。

对于李自成战死或病死的地点问题，有说是死于湖北通城县的九宫山，有说是死于湖北通山县的九宫山，有说是死于武昌，有说是死于辰州，还有说是病死在黔阳罗公山。

至于说到李自成出家当和尚，最传统的说法是到湖南石门县夹山寺为僧，这一说法在史书上记载颇多，可以间接佐证的文物也不少。还有一些学者认为李自成是在湘黔交界的清水江畔野寺做了和尚。

对于李自成的最后归宿，史载和说法虽然众多，但真正能为大家所接受，并形成互相对峙之势的是李自成牺牲于湖北通山县九宫山说和李自成出家湖南石门县夹山寺为僧说。

持李自成牺牲于九宫山说者所依据的是，当时追击李自成的清朝靖远大将军阿济格给朝廷的报告说，李自成兵尽力穷，仅带着亲信20余人，窜入九宫山中，被村民围困，无法脱逃，自缢而死。他派人前去验尸，但由于天气炎热，尸体已经腐烂了，无法辨认。还有一个根据是，南明王朝驻湘将领兵部尚书何腾蛟给唐王的报告称，李自成带领小部队侦察敌情，没想到被九宫山团练伏击所杀，只是天气炎热，其首级"已化为异物"。支持该说法的学者认为，何腾蛟和清将阿济格作为清军和明军围歼李自成的最高将领，他们的奏报应该是有根据，也不敢虚报军情，从两人奏报内容看，比较实事求是，有疑存疑，没有任何邀功之嫌。

但是，持相反观点的学者认为，这个"遇难"说却难以令人相信。因为，李自成雄才大略，骁勇非常，他一直是官府的死敌。无论清王朝还是南明王朝的统治者都将李自成当成自己心目中的大患，他的生死绝对是当时的重大事件。而阿济格报告中说是"尸朽莫辨"，清廷怎么就能轻易相信这时李自成的尸首呢？何腾蛟的报告简直就是马后一炮，谎报战功，南明王朝也是不会相信的。其中，特别值得一提的是，李自成退居湖湘时，他的手下还有40余万兵马，驻九宫山一带少说也有数万人，说他仅带20名亲信于情于理都解释不通。况且，如果李自成真的被杀的话，那么他的几十万大军岂能善罢甘休？难道就没有人为他报仇吗？

事实上，当时在九宫山并没有人寻仇，那几十万大军也很平静。那么，为什么会有"遇难"之说呢？并且，此说在民间流传甚广。有学者推测，这是李自成与其部下放的烟幕弹，一个缓兵之计。一方面，扬言李自成已死，可以打消南明王朝对这支大军的敌意，下一步可能联合抗清；另一方面，使清政府以为，心腹大患已除，使之放松警惕，一旦时机成熟，李自成便可东山再起。

那么李自成如果没有在九宫山阵亡的话，那么他究竟去了哪了呢？于是，有人提出了李自成在夹山寺隐居说。据说，清朝初年，即将上任的云南同知张琼伯在赴任途中，游访石门夹山寺，与寺中方丈谈古论今，颇为投缘，相见恨晚，视为知己。几年后，他又重访夹山寺时，方丈已经仙逝了。

悼念之中，方丈的徒弟告诉他：那方丈就是明末清初威震天下的闯王李自成。在九宫山李自成用了金蝉脱壳之计，替死的是他的部将孙某。乾隆初年，澧州知州何某亲赴夹山寺调查李自成的下落，在寺中他亲眼见过一幅李自成的画像，据称，叫"奉天玉和尚"。1981年，在石门夹山寺发现了奉天玉大和尚墓。据考查，在该寺一个瓷坛中盛的遗骨，与李自成身材相近。墓中陪葬物与李自成家乡陕西米脂县的习俗相同。

而持湖北九宫山说者认为，李自成禅隐夹山的说法之所以在20世纪二三十年代盛极一时，是因为挖掘出了"奉天玉墓"和发现或征集了一批文物。这批文物就成为论证奉天玉和尚就是李自成的主要证据。

但是，持反对观点的学者辩驳说，奉天玉和尚墓以及相关文物的发现，只能说明石门夹山寺确实有奉天玉大和尚这个人，而并不能证明奉天玉大和尚就是李自成。并且，有学者说，李自成生前左眼曾受箭伤失明，但李自成画像却双目炯炯有神，以此证明，奉天玉和尚不是李自成。

而且，原奉天玉和尚墓没有根据有关文物保护法规按原状保存下来，而是在原址设计修建了一座座仿古建筑——取名为"闯王陵"，它们只是现代仿古建筑群而不是文物，已经没有作为文物保护的价值，也失去了作为史料研究的价值。因此，李自成隐居于夹山寺一说，也成不了定论。

从清初到现在，李自成是战死还是入寺为僧的争论一直没有停止，其原因之一是当时史载的混乱和矛盾，但也有一些客观原因。李自成作为重要人物，官方、民间、野史众说纷纭，有些完全是捕风捉影，甚至出于主观原因胡乱编造，导致后人难辨真假。尽管，湖北通山和湖南石门为此引经据典、人证物证史证，出版了相关书集，但都难以彻底驳倒对方。

心甘情愿抑或心有不甘——石达开降清之谜

公元 1863 年，太平天国翼王石达开率本部兵马转战到四川。到了当年 5 月，石达开率军初到大渡河时，对岸尚没有清军，但是就在石达开下令准备船筏，准备次日渡江的时候，当晚突然天降大雨，河水暴涨，无法渡河。三天后，清军陆续赶到设防，石达开的部队被提前涨水的大渡河所阻，再加上左边是松林河，右边是老鸦漩河，其成了笼中困兽，被迫困守于大渡河南岸的紫打地。在万般无奈的情况下，石达开"率其子定忠及各官佐释兵表降"。不过，石达开"释兵表降"究竟是真降还是诈降，还是另有隐情？时至今日，是史学界依然争论不休。这其中主要有三种观点。

真降说

支持石达开真降的学者又分为两派。一派认为石达开为拯救自己的部队而降；另一派认为石达开真降是因为贪生怕死。

石达开在大渡河畔一个多月，组织了无数次殊死的战斗，但是始终未能强渡大渡河、松林河。随着军粮的枯竭，部队刚开始杀马充饥，然后只能以桑葚为食，最后竟出现了吃死人肉的现象。

终于，在抢渡屡遭失败、军中粮食匮乏之际，石达开表示愿"舍命以全三军"。他在致四川总督骆秉章的信中说："死若可以安境全军，何惜一死。"他要求骆秉章"宥我将士，赦免杀戮"，"则达开愿一人而自刭，全三军以投安"。由此可见，石达开是为了手下将士的安危选择了投降。

说石达开是贪生怕死而降的，其证据主要见于骆秉章在杀害石达开后给清廷的奏报。奏报中说，清军参将杨应刚奉命在洗马姑清营竖立了"投诚免死"大旗之后，石达开便带着自己的儿子和宰辅曾仕和、中丞黄再忠、恩丞相韦曾成来到了洗马姑清军军营乞降。另一根据是清朝书吏笔录的石达开口供："达开正欲投河自尽，因想真心投诚，或可侥幸免死。达开想救众人，俱令弃械投诚。"但是，这些证据来源于清朝官方，不排除敌人的丑化意图。

诈降说

1945年9月，《翼王石达开江被困死难纪实》发表，该文章使研究太平天国的一些专家改变了传统看法，有人开始认为石达开是诈降。这份史料原名《擒石野史》，记载了石达开第十四王娘刘氏抚孤报仇、后被擒获的事迹，记载中有的直接来源于石达开第十四王娘刘氏的口供，这部分史料应该可以算是真实可靠的。

当时，石达开兵困老鸦漩河，身陷绝境，一时间，叫天天不应叫地地不灵。此时，军师曹伟人献上诈降计，劝说石达开先诈降，然后伺机渡河劫粮，以图东山再起。石达开权衡再三后，找来曾仕和商议，定下计策后，就命曹伟人写诈降书。曹伟人写完降表后，竟然在半夜投江自杀了。第二天，石达开被王应元包围，腹背受敌，道穷路绝。看到大势已去，石达开正要举刀自刎，王应元忽然停止了进攻，于是就出现了"释兵表降"。然而，对于石达开的诈降计，清军是早有防备的。《黎雅纪行记》曰："骆公虑伪降以缓我师，乘懈而逃。"骆秉章是个老狐狸，他估计到石达开可能会诈降。他担心前线将领不能随机处理，因此特派四川布政使刘蓉亲自去受降。

据说石达开诈降不成，后悔不已。许亮儒记道："五月一日，友耕（指清重庆镇总兵唐友耕）复面达开，亦诳抚之。唯达开见所部阻渡，诈降计绌，阴甚悔恨。"罗尔纲经过考证，认为许亮儒所记载的石达开诈降是有理有据的。另外，刘蓉的幕僚在《代刘蓉致骆秉章禀称》中认为，石达开和他的部下选择投降是迫于无奈，并不是真有投诚反正的心思。有的史料记载，石达开被解送成都后，见骆秉章时长揖不拜。骆秉章问："你愿投降吗？"石达开答："我是乞死，兼为士卒请命。"石达开如此大义凛然，说明他并非真心投降。

诱降说

据说，石达开被围时，骆秉章曾派遣参将杨应刚去劝说石达开解甲归田，共商善后。石达开见已经无力回天，便轻骑前往，没想到进入清营后就被擒了。并且，有观点认为诱降是唐友耕的主意，"石逆粮尽势穷，唐提督商令汉士各营设计诱降，遂生擒石逆。"（《唐公年谱》）不有观点认为这个计谋出自越西厅同知周歧源，即周歧源向王松林"授以密计，王松林亲践其垒"，王松林与杨应刚二人对石达开指天誓日，约许"待以不死"，"石达开信之，与之订盟"（光绪《越西厅全志》卷六），结果在洗马姑清营被擒。

石达开被押往成都后不久，就被清廷处以凌迟。在行刑时，石达开致死都默然无声，观者无不动容，一代军事名将就这样离开了人世。石达开真降假降之谜也随着当事人的离世而成了一个至今的解开的题。

军事迷雾

人与兽的协同作战——古人驱使野兽作战

在我国古代，有过许多在战争中使用飞禽猛兽攻击敌人的传说。明代小说《封神演义》所描述的武王伐纣战争中，就描写了许多战将使用兽魔禽妖互争高低的场景，如郑伦和崇黑虎均骑火眼金睛兽，二人厮杀时，二兽也战成一团，期间郑伦还放出三千乌鸦兵；崇黑虎与苏全忠大战，崇黑虎放出铁嘴神鹰将苏全忠坐骑眼睛啄伤，苏全忠因此跌下马来，成了崇黑虎的俘虏。当然，《封神演义》只是一部神话小说，虚构的成分很多，不能信以为真。并且，《封神演义》中的不少野兽如麒麟、火眼金睛兽、狴犴等，都是传说中的动物，是古人想象出来的，在现实世界中根本没有。

那么，在古代，到底有没有过驱兽作战的事例呢？据《战国策》《史记》等史料记载，公元前279年，燕国攻打齐国，包围齐国的即墨城三年之久，齐国守将田单，一方面麻痹敌人，另一方面不断激发城内士兵和民众对敌人的仇恨，鼓舞士气，并且设下妙计退敌，他暗地里搜集了1000多头牛，在牛身上披着大红大绿的褂子，牛角上捆上两把尖刀，牛尾上则系着浸过油的粗麻绳子。准备好了之后，田单在半夜发起了攻击，齐军先将1000多头牛尾巴上的油绳全部点燃，被火烧痛的牛拼命狂奔，数千名壮士紧随其后挥刀砍杀，燕国士兵一个个从梦中惊醒，被黑压压冲来的怪兽吓得魂飞魄散，燕军兵败如山倒，死伤无数。这就是历史上有名的"火牛阵"。

有学者提出，我国最早驱使野兽作战，应该是先古时黄帝和炎帝之间为争夺中原而展开的一场大战。据《列子·黄帝》记载："黄帝与炎帝战于阪泉之野，帅熊、罴、狼、豹、貙、虎为前驱，雕、鹖、鹰、鸢为旗帜。"飞禽猛兽一起上阵，其战斗之惨烈，规模之大可想而知。但是，也有学者认为，黄帝和炎帝之间作战使用权用的野兽中，除了狼、豹、熊、虎、鹰、雕等现在尚能见到的动物外，其余几种仅存在于传说之中，是真是假难以分辨，因而细考起来，也当不了真。更有学者认为，先古时期的这场大战使用的这些野兽，并不是真正的野兽，而是一些以野兽为图腾的氏族之间的大战。

旧题汉朝东方朔撰写，实则是六朝人伪托的《海内十洲记》记载："征和三年，西胡月支国王遣使献猛兽一头，帝（汉武帝）见之，……问使者：'此小物可弄，何谓猛兽？'……使者曰：'……猛兽一声叫发，千人伏息。'……于是帝使使者令猛兽发音，试听之。使者乃指兽，命唤一声。兽舌唇良久，忽叫，如天大雷霹雳。……帝登时颠蹶，掩耳震动，不能自止，使者及武士虎贲皆失仗伏地。诸内外牛马豕犬之属，皆绝绊离系，惊骇放荡，许久咸定。"北魏郦道元作《水经注·大辽水》引《博物志》也记载："魏武于马上逢狮子，使格之，杀伤甚众。王乃自率常从健儿数百人击之。狮子

吼呼奋越，左右咸惊，王忽见一物，从林中出，如狸，超上王车轭上。狮子将至，此兽便跳上狮子头上。狮子即伏，不敢起，于是逐杀之，得狮子而还。未至洛阳四十里，洛中鸡狗，皆无鸣吠者也。"虽然，这两本书记载的猛兽都是真的，并且都凶狠异常，如用在战场上，效果也很明显，但书中均没有详述这类猛兽的具体形状，也没有详细记载是否在真正的战事上使用过。

在南朝宋代《宋书》第七十六卷有如此记载，宋文帝刘义隆派宗悫反击割据岭南的林邑的侵扰，然而林邑作战时驱赶大象群为先锋，大象象皮很厚，普通刀剑根本不起作用，宋兵无法抵挡，所以屡战屡败。宗文帝刘义隆在失败后沉思，狮子为百兽之王，大象应该是惧怕狮子的，于是他命士兵做了许多假狮子装在车上。再次作战，当林邑又一次驱赶象群前来时，宋军士兵将狮车推到阵上，大象见到狮子后，嗷嗷长鸣，并且奔回阵中，敌营大乱，宋军趁势掩杀，大获全胜。由此可见，真正在史料证实的使用猛兽作战的战例应该为南北朝时期。

另外，在历史上驱赶猛兽作战以壮军威、掩护士兵进攻的战例还有不少。如北宋宰相王安石同意广西周士隆的建议多造车辆，以抵御南边一些小国以象阵作战的骚扰；明末张献忠死后，他的义子李定国养有战象 13 头，俱名以美名、封大将军，并且在抗清战场上，他常常驱象作战，使清兵大败，尸横遍野，战果辉煌。

总而言之，在我国古代，确实有过驱使野兽作战的战例，但究竟从何时起，现在还无法定论。

水面逞英豪——水军的营建

在闻名于世的赤壁之战中，曹操率领号称有 80 万的大军，却大败在东吴都督周瑜手下；而宋金时的黄天荡之战，韩世忠、梁红玉率军击退完颜宗弼。这些都是靠水战获取的胜利，它说明我国历史上早就存在了一定规模的水军。但水军究竟是何时建立的？至今仍是个不解之谜。

水军在我国古代被称为舟帅，是现代海军的前身，军队中的一个兵种。它是随着造船业的发展、武器装备的改进以及作战区域的扩展而产生的。相传，在原始公社末期，我国就出现了独木舟和木筏，不过那是它们只用于交通运输，后来渐渐用于渔业和通商。《周易·系辞下》就有"刳木为舟，剡木为可楫"的记载。当时，部落之间争战频繁，黄帝与九夷作战，是否率部渡过淮河、长江，有没有建立过水军，还有待进一步地考证。

在已经出土的商代甲骨文中，多次出现过"舟"字，而西周金文中不仅有"舟"字，还开始出现了"船"字。并且在周朝时，全国的舟船数量得以显著增加，并出现了多人撑驾的大船。商和西周的军事力量，开始由中原地区逐渐向东南扩展，如商代就有军队征讨东夷和南夷的记载。西周时，其势力已达到东南沿海和我国南方多水地区。当时周朝军队的规模已经相当可观，并有运用舟船输送军队或实施渡河的记载，但至今尚未发现记载舟师建立的时间。

春秋时期，临江的吴国、越国、楚国以及临海的齐国等都有水军，并相互之间进行过多次水上交战。那时各国水战中使用的舟船，已具有相当大的规模。据《神机制敌太白阴经》载，"水战之具，始于伍员。以舟为车，以楫为马。"这些舟楫代替了陆上车马的作用，为水军的建立创造了条件。《越绝书》记载，吴国名将伍子胥还著有水战法，规定舟船的尺寸、水军的编制以及船队的战法。《伍子胥战法》记载："大翼一艘，广丈六尺，长十二丈，容战士二十六人，擢（手）五十人，舳舻（手）三人，操长钩、矛、长斧各四，吏、仆、射长各一人，凡九十一人。"由此可见，当时水战所使用的武器，有刀矛弩矢和长钩、长斧。鲁国公输般还创造性的发明了一种水战的武器——"钩拒"，这是一种带铁钩的竹篙，对敌船"退则钩之，进则拒之"。有了这些战船和武器装备水军，水战的规模变得越来越大。如《中国大百科全书·军事》战术条所记叙的那样"公元前485年，吴、齐在黄海进行了海战"。当时，吴国的舟师，从长江口出海北上，实行远航奔袭，声势浩大。但齐国舟师，没等吴军到达，就在水面上实施截击，结果大败吴军。显而易见，双方进行这样大规模的水战，一定早就要建立一支强大的水军。公元前549年，楚国派水军进攻吴国，《左传》记载："夏，楚子为舟师以伐吴"。这次水战比上述吴齐之间的黄海水战早了64年。这里说的是进行水战的时间，而建立水军的时间肯定比水战要早。那么我国水军究竟是何是时建立的？还要等待相关史料的发掘，才能进一步探讨、考证了。

"无间道"——间谍的产生

《007》系列电影享誉世界影坛数十年，影片中风度翩翩、身手不凡的男主人公詹姆斯·邦德的身份就是间谍。那间谍是什么人呢？他们是国家情报机关派出或指使进行窃取、刺探、传送机密情报或进行颠覆、破坏活动的人员。

在我国历史中，各朝的封建帝王都十分重视间谍的使用。他们遴选了各种人才·设置了专门机构，投入了大量金钱，使用了各种手段，为自己对外扩张或巩固政权服务。春秋末期，孙武曾在著述的《孙子兵法》中阐述了间谍的作用和分类。他把间谍分为五种，"故用间有五：有乡间、有内间、有反间、有死间、有生间。五间俱起莫知其道，是谓神纪，人君之宝也。"书中还指出要任用大智亲信去进行间谍活动，即"故惟明君贤将，能以上智为间者，必成大功。"强调用间谍要极其秘密，"事莫密于间"等。那么，我国究竟是在何时出现间谍的呢？

有人认为，历史上最早关于间谍的记载可见于《左传》和《竹书纪年帝太康》，夏朝少康时，为攻打过、戈两国，曾派汝艾和季抒分别进入两国，了解情况，查明地形，收买重臣，进行间谍活动，为最终灭这两个国家创造了条件。

还有人认为，间谍出现于夏商之际。据《吕氏春秋·慎大览》记载，商在灭夏前，曾派伊尹两次去夏朝进行间谍活动。伊尹最初曾是有莘氏的媵臣，在有莘氏嫁女时，作为陪嫁的一名奴隶，随着有莘氏来到汤家司烹。以后，伊尹渐渐得到汤的赏识，两次被派去夏王朝了解情况，进行间谍活动，为了让夏桀不怀疑伊尹的身份，汤设下苦肉计，亲自箭射伊尹，造成其有罪逃亡的假象。"欲令伊尹往视旷夏，恐其不信，汤由亲自射伊尹。伊尹奔夏三年，反报于亳……汤与伊尹盟，以示必灭夏。伊又复往视旷夏……"伊尹逃到夏后，一方面积极宣扬汤的仁德，消除夏王与汤之间的嫌隙；另一方面积极刺探夏的军事政治机密，调查中原的地形；同时，不惜重金收买夏朝重臣，离间君臣之间以及夏王朝与各方国、部落的关系，并使一些有影响的臣子叛国投商，使夏王成为真正的孤家寡人，为商灭夏的作战打下了坚实的基础。

传说中西周的太公吕望，曾为西周做过间谍。《史记·齐太公世家》记载，吕望博闻强记，曾在商朝做过官，知道商王朝的许多机密；他也到过各诸侯那里进行游说过，对各方国的情况也有所了解。"太公博闻，尝事纣。纣无道，去之。游说诸侯，而卒西归周西伯。"他到了西周之后，根据掌握的商朝情况和天下的形势，提出各种建议和制定各种正确的决策，使商朝的诸侯、重臣叛变纣王，投归西伯，有效地瓦解了商王朝。因此，《孙子兵法》中称："周之兴也，吕牙在周。"把周朝的兴起归功于吕望在商的间谍活动。

另据《战国策》记载，郑武公在伐胡前，曾利用了敌方的间谍，反过来使胡上当受骗，从而一举袭击成功。"郑武公欲伐胡，先以其子妻胡。因问群臣曰：吾欲用兵，谁可伐者？大夫关思其曰：胡可伐。武公怒而戮之。曰：胡兄弟之国，子言伐之何也？胡君闻之，以郑为亲己而不备郑。郑袭胡取之。"

以上这些史料都可算我国早期的间谍史，但究竟哪一个可信，可以算作最早使用间谍的鼻祖呢？还得由专家学者们进一步查证。

奖惩严明法有度——军法的诞生

在中国古代的许多典籍里，有"刑始于兵"，"师出以律"的记载，"兵律""军律"等军法也有许多专篇。唐代更是出现了一套完整的包括"律""令""格""式"俱全的军法，如《卫禁律》《擅兴律》《捕亡律》《官卫令》《军防令》《兵部式》《兵部格》等，详细地规定了军人的职守、赏罚。凡是违犯了"令""式"中的有关规定，就要按"律""格"进行惩处。然而，最早的军法出于何时呢？学术界到现在也还没有得出明确的结论。

军法是治军的法规，它是统治阶级意志的表现，具有阶级性、强制性。在原始社会，战争的胜败直接关系到部落中每个成员的生死存亡，因此对外作战时常常都是男女老幼志愿参加，不需要军法来强制约束。随着私有制的产生，阶级的形成，氏族制度的瓦解和奴隶制国家的建立，战争开始成为对战扩张和巩固政权的斗争，原始社会时期军事民主下的群众武装，慢慢转变为由奴隶主操纵的、专为压迫大多数人和掠夺财物的以及夺取和维护奴隶主政权的军队。这时，战争的胜败，直接关系到奴隶主贵族的切身利益。然而，对于军队的大多数成员——平民和奴隶来说，则关系甚小，他们对待战争的态度没有奴隶主贵族那样积极。为了鼓励参战，提高军队的士气，便出现了带有强制性的各种行为规则和明确的赏罚规定。对立功的军人，按军律赏赐钱财、官爵、田地、奴仆，对违犯纪律和军律的官兵，处以杀戮、鞭打、徒刑等处罚。如《尚书·甘誓》中记载，夏王启为了确立其统治地位与有扈氏大战于甘（今陕西鄠邑区西南）时，在战前，召集了带领军队的六个贵族，进行战前动员和宣布作战纪律、赏罚标准。规定凡是服从命令、忠于职守、勇于杀敌、努力完成作战任务的，就在宗庙里予以奖赏；不努力执行命令，完不成作战任务的，就要在宗庙里处死或降为奴隶。正如其文中所述，"大战于甘，乃召六卿。王曰：……用命，赏于祖；弗用命，戮于社。予则孥戮汝。"这种简单的口头规定军队纪律与赏罚的做法，就是早期的军法。

有学者认为，这种口头规定的纪律与赏罚，虽然带有军法的含义，但有很大的随意性，而且赏罚也不容易一致，还不能算是军法。我国真正意义上的军法大约形成于春秋、战国之交。因为，在这一时期，各诸侯国频繁进行"争霸""攻战"，为了提高军队战斗力，各诸侯国对攻战的赏罚都做了明文规定，建立起了一套以军功授爵制为中心的赏罚制度，并与严格、残酷的刑罚制度结合起来，形成了带有强迫性的、为统治阶级服务的军法。这些军法，虽然由于各诸侯国实际情况的不尽相同，实行的程度也不尽一致，但基本的宗旨都是根据官兵在战争中的表现和贡献，给予一定的奖励或惩罚。当时，秦国的军法实行得比较彻底，规定得也比较具体，并且在商鞅变法时就全面推行了这种制度。据出土的秦简《军爵律》和《商子》等文献可以看到赏罚的具体规定，如士兵个人，在战争中杀敌一人者，免除其全家徭役和赋税；士兵个人斩杀敌军官一名，并取得其首级者，授爵一级，赐田一顷，宅九亩和赏给一个农奴（庶子）；大部队作战，在攻城战斗中斩首八千以上，野战中斩首两千以上，均评为"满功"，部队内各级军官都升一级，其中功大者可升三级；士兵五人一伍，其中一人逃跑，余下四人处以二年以上徒刑；畏死不前，临阵脱逃者，处以死刑，在千人大会上车裂等。此外，春秋末期的大军事家孙武，在其所著的《孙子兵法》一书中，也把军法列为进行战争的五大要素之一，"故经之以五事，校之以计而索其情：一曰道，二曰天，三曰地，四曰将，五曰法。"显然，当时的军法已经成为军队建设和进行战争的重要内容。

但是，也有人认为军法形成的时间还要早。据《周礼·夏官》记载，"国有大事，则帅国子而致天大子，惟所用之。若有甲兵之事，则授之车甲，合其卒伍，置其有司，以军法治之。"从这段文字中，大家不难看出此时就已经存在军法了。另据《司马法》记载，"有虞氏戒于国中，欲民体其命也。夏后氏誓于军中，欲民先成其虑也。殷誓于军门之外，欲民先意以待事也。周将交刃而誓之，以致民志也。"虞舜时代的作战命令，是劝告式的，希望民军体念君王的困难，自动应命为国效力。夏代的作战命令是强迫式的，在组成的军队中下达，希望民军完成君王所考虑的任务。商代的作战命令也是强迫式的，在军队列阵处下达，以统一全体的意志，共同对敌作战。周代的作战命令也是强迫式的，在和敌人即将交锋时才下达，用以激励士气，鼓舞斗志。

大家从这些记载中可以看出，军法的形成正和其他事物一样，有一个形成和完善的过程。

更多的安全保障——盔甲的发明

盔甲是一种古代将士防护身体的装备，是冷兵器时代最好的保护装置。盔在古代叫作胄、兜鍪、头鍪，形状像帽，用以防护头部；甲又叫介、函、铠，形状类似衣服，用以防护身体。可是，盔甲究竟在何时产生呢？现在仍尚没有定论。

据古代传说，盔甲早在原始氏族社会时期就出现了，它的发明者还是黄帝。《事物纪原》卷九记载，"兜鍪、胄也，黄帝内传所述，盖玄女请帝制之，以备身也。"而甲，相传是夏朝第七代帝抒在和东夷人作战时创造的。《世本》记载，"抒作甲"，"抒或作与，少康（夏第六代帝）子也。"原始的盔甲大多用藤条、兽皮制作，盔似乎也有用金属做的。《史记·五帝本纪》正文中记载："蚩尤兄弟八十一人，兽身人语，铜头铁额。"这里的"兽身"，很可能就是用兽皮制的甲，而"铜头铁额"应该就是金属制的头盔。但是，这些毕竟还是传说和推测，缺乏考证，不足为信。

从考古发现，早期的头盔，由皮和金属做成，到商代时已发展得较为完善。从出土的先秦文物看，商朝青铜盔已经出现，其制作技术也达到了较高的水平，如河南省安阳市出土的商朝青铜胄，不仅有较好的防护性能，而且胄顶还有装缨的铜管，胄面上还铸有虎纹和牛纹及其他图案。除此以外，出土文物中也有皮胄、铁胄，如湖北省随县曾侯乙墓出土的春秋时制作的皮胄，由18片髹漆皮甲片编缀而成，上有脊梁，下有垂缘护颈，既可防护头部，也可防护颈部；河北省易县燕下都出土的战国晚期制作的铁质护头装具，由89片甲片编缀而成，其防护性能更优于皮胄。从这些头盔的实用价值看，其结构科学、合理，有较好的防护性能，已经发展到了较高阶段。

早期的甲由整片的皮革改制而成，可以伸缩活动。它在制作时，通常根据护身部分的不同形状，将皮张裁制成形状各异、大小不等的革片，然后工匠们把两层或多层的皮革合在一起，制成坚固、耐用、美观的甲片，然后在皮片上涂上油漆、穿孔，用绳编联成甲。《周礼·考工记》的"函人为甲"中，较为完整地总结了有关选材、制甲的全套工艺。"函人为甲，犀甲七属，兕甲六属，合甲五属。犀甲寿百年，兕甲寿二百年，合甲寿三百年。凡为甲必先容，然后制革。权其上旅，与其下旅，而其长为之围。凡甲，锻不挚则不坚，已敝则挠。"《荀子·议兵篇》中也记载，"楚人鲛革犀兕以为甲，坚如金石。"此外，还出现过用藤条编织的甲，也有一定防护作用。从这些记述看，这时甲已发展到较为成熟的阶段。出土的文物也证明了这一点。如湖北省随县曾侯乙墓出土的皮甲，经复原后，可以清楚地看出当时皮甲由甲身、甲裙及甲袖三部分组成，并配有一顶由皮甲片编缀成的胄，构成一副完整的盔甲。穿戴后，不仅不影响身体的活动，还能提供一定的防护性能。同时，有的还在甲上使用一些青铜铸件，使皮甲的防护性能更上一层楼，如山东胶县的西周车马坑中曾出土过一件青铜兽面甲；在河南省、北京市等的西周墓中，还发现过钉缀在皮甲上的各式青铜甲泡。它和盾结合使用，可以有效地防御青铜兵器的攻击。此外，《周礼》还记载："司甲下大夫二人，中士八人。"通过这句话可知，当时的盔甲已发展到相当数量，管理盔甲还设立了专门的职官，并规定了一定的编制员额。

通过对以上出土的文物分析来看，盔甲不仅在实用价值、制作工艺，达到了一个相当的高度，并且国家还设置了管理盔甲的职官，这些都说明盔甲不论质量和数量都已发展到一个相当阶段。但是，事物总是有一个从低级到高级的发展过程，盔甲也毫无例外，不可能一出现就那么完善。更何况有学者坚持认为，在皮盔皮甲出现之前还有藤盔藤甲，而这些藤制品都是易于腐烂的，在考古上很难发现实物。因此，大家可以肯定，盔甲的产生要比出土的实物更早。那么，盔甲到底产生于何时？是商代、还是夏代，或者真如传说中的原始氏族社会时期，大家只有等待考古新发现了。

文官武将何时分——军政分离的时间

文武分离是国家体制的一次重大变革，也是社会政治、军事发展的必然结果。所谓文武分离，是指率兵作战将由专职军将，而文官不再行使这一职责。但是，文官武将究竟何时分开的？学术界尚存不同见解。

据《史记》《淮南子》记载，黄帝时期曾设立"司马"等军事首领官职。文据《今文通典·尧典》《古文通典·舜典》记载，夏王朝设立了"司徒、司马、司空"等文武官职。《尚书·洪范》记载，商王朝有"司徒、司空、司寇"和"马、亚、射、戎、卫"等文武官员。《舀壶》《舀鼎》记载，西周中央政府有"司徒、司马、司空、司寇"等文武百官。从《史记》等古籍来看，西周继承了夏商体制，虽仍旧分别设立了各种文官、武职，但卿、大夫们既执掌政务，又受王命率兵出征，司马只主管平时的军事行政，战时统帅由天子临时任命，征战结束即解除统兵的权力。《周礼》还详细记载了，西周著名政治家周公旦多次率兵平定武庚管蔡及东夷叛乱，即周宣王派秦仲统兵伐西戎，尹吉甫统兵伐狁，方叔统兵伐荆蛮，穆公统兵伐淮夷，亲自统兵伐徐夷的情况……这些史料说明，在西周以前，文官武将并没有分开。

春秋时期周王朝的王权下移，各诸侯国都建立了常备军，根据《史记》《国语》记载，国君是军队的最高统帅，天子常亲自统兵作战，文官武将率兵征伐的也不少。周桓王二年，北制之战，郑庄公派大夫祭足、原繁、泄驾、公子伯及子元率兵抗击燕军（《左传·隐公五年》）。周襄王十四年，桑楚泓水之战，宋军由襄公统帅，太宰子鱼和大司马公孙固辅助；楚成王派成得臣、斗勃等军将统帅楚军（《左传·僖公二十二年》）。楚昭王元年，吴军包围楚国潜城，楚王派王麇（宫廷主管）、王尹寿（营造、手工业主管），统帅援兵增援（《左传·昭公二十七年》）。周襄公十八年，城濮之战中，楚成王令尹子玉率楚军攻宋，晋文公亲自出征，派先轸、狐毛、栾枝、狐偃等军将及大夫领兵作战（《左传·僖公二十七年》）。春秋末期，吴楚柏举之战，吴王率文臣武将伍员、伯、孙武，击败了楚将尹子常、沈尹戎和武城大夫黑及大夫皇率领的楚军（《中国历代军事史》）。以上大量史实证明，春秋时期的文官武将也并没有分开。

战国时期，各国新兴地主阶级执政后，由于以往国家上层官员文武不分，像卿、大夫等奴隶主贵族们平时管理政务，战时统兵作战，使得军政权力过于集中，削弱了国君对大权的掌握，因此有诸侯国开始采取文武分职，以相、将为百官之长，建立了封建君主专制政权机构，如《尉缭子·王霸篇》《吕氏春秋·举难篇》都有类似的记载。由此，《中国军事史》《中国政治制度史》等都认为，战国才出现了专职军将和独立的军事系统。

战国时期，军队数量不断增加，战争规模扩大，军队指挥逐渐上升为一种艺术。统帅军队的指挥官必须掌握专门的军事知识，富有管理、训练及指挥作战的经验。《韩非子·显学》记载"明君之吏，宰相必起州郡，猛将必发于卒伍。"又据《史记》《吕氏春秋·异宝》记载，战国时期还取消了分封制，按军功授爵，从军中选将帅的记叙，如吴起、孙膑、乐毅、白起、廉颇等名将，正是由于这个制度选拔起来的。这时，文官只在朝中执掌政务，不再率领军队出征。如著名的马陵之战和长平之战，统帅魏军的是庞涓，统帅齐军的是田忌（孙膑为军师）；统帅秦军的是王龁（后为白起），统帅赵军的是廉颇（后为赵括）。这些都为专职将军。

综上所述，史学界普遍认为，文官武将分开始于战国，而且一直延续至今。但是，也有学者认为它始于春秋，因为根据《国语》《左传》记载，春秋末期世袭制度多已废除，军将已开始按军功选拔，多数诸侯大国中的军帅，通常都兼三军统帅，平时主管军事行政事务，战时负责指挥军队作战，文官率兵出征者日益减少。

佳人悬案

深明大义嫁匈奴——昭君出塞的是非曲直

群山万壑赴荆门，生长明妃尚有村；一去紫台连溯漠，独留青冢向黄昏。画图省识春风面，环佩空归月夜魂；千载琵琶作胡语，分明怨恨曲中论。

杜甫的这首《咏怀古迹》概括了汉代美女王昭君的一生。

在民间传说中，昭君出塞时携着琵琶，随着垂老的呼韩邪单于，走在黄沙漫天的塞外，一个人幽思自叹，望着天边的大雁，不由得弹奏了一首《出塞曲》，悲切的琵琶曲伴着塞外大雁的哀鸣，声声悲怨，句句泣诉：一个身单力薄的弱女子，背井离乡，以身和番，以牺牲个人利益来换取国家和人民的安宁，实在让人可惊可叹。虽然这位绝代佳人最终玉坠香陨化为青冢，但是人们并没有忘记她，她的故事在历史的长河中代代流传。

匈奴是古代我国北方一个强盛的游牧民族，后来由于连年的内外战争，国力消耗巨大，人民倍受战乱的痛苦。在这种内讧频繁的局势下，形成了郅支单于与呼韩邪单于的对抗，而最终呼韩邪单于在汉朝的协助下，歼灭了郅支单于。公元前33年，呼韩邪单于来到长安朝觐，以尽藩臣之礼。而汉元帝为了增强两国的友谊，改年号"建昭"改为"竟宁"，有长久安宁之意。呼韩邪单于人朝时，"礼赐如初，加衣服锦帛絮，皆倍于黄龙时。"同时，呼韩邪单于提出"愿为天朝之婿"的请求。据正史记载，一位名叫王嫱，字昭君的宫女，慷慨应召，"请掖宫，令长官求行"。汉元帝便将其许配给单于。王昭君容貌秀美，仪态端庄，通情达理，深得呼韩邪单于的宠爱，特加封号"宁胡阏氏"，以示将和汉朝建立永远和平、安定的关系。

既然王昭君是主动承担这个和番的历史重任而北出塞外，并对汉匈的和睦相处做出了巨大的贡献，那为什么会有一曲琵琶的哀怨之声弹至今日呢？其中隐情，为历代的文人尽情想象挥洒于作品当中，致使昭君出塞的历史原貌变得模糊不清，众说纷纭，莫衷一是了。

王昭君，名嫱，西汉南郡秭归（今湖北兴山县）人，西晋时，为避司马昭之讳，改"昭君"为"明君"，后渐渐有"明妃"之说。汉元帝建昭元年，下诏征集天下美女补充后宫，年方二八的王昭君纳选入宫。可王昭君入宫之后，却并未见到元帝，《后汉书·南匈奴列传》记载："昭君入宫数岁，不得见御，积悲怨……"原来宫女入宫之后，按照惯例要由画工画了容貌，呈上御览，以备随时宠幸。而当时主画的画师毛延寿生性贪鄙，屡次向宫女索贿，宫女为赢得皇上召见，大都倾囊相赠。王昭君家境平淡，更自恃美冠群芳，既无力贿赂，又生性奇傲未肯迁就。毛延寿索贿失败便怀恨在心，反而将王昭君的画像易美为丑，使其"入宫数岁，不得见御"。

后来，由于呼韩邪单于求亲，汉元帝便决定赐给他五个宫女。王昭君知道，这是一个能使自己逃离寂寞漫漫的后宫的机会，尽管想到大漠的荒凉，前途难卜，但总比深锁于后宫强，便"请掖宫，令长官求行"。

在呼韩邪单于即将北归之时，汉元帝召见王昭君，看着这个浓妆淡抹、娇娆婀娜的女子，惊叹不已，如此佳人真使后宫三千粉黛尽失色！虽心生悔意，但君无戏言，之好忍痛割爱，让昭君远嫁匈奴了。汉元帝本想敷衍了事，以丑送人，没想到却送走了一个千载难逢的绝代佳人。此后，元帝知道了毛延寿索贿的劣迹，虽斩之也于事无补了。

历史上还有一种说法，王昭君出塞是毛延寿设下的救国之计。昭君入宫之后，由于她是良家出身，美貌绝伦，不怕没有临幸之日。宫廷画师毛延寿因为担心汉元帝会沉迷于王昭君的美色之中不理朝政，便在画像时，故意丑化了王昭君。在这一说中，毛延寿虽"为人形，丑好老少必得其真。"（摘自《西京杂记》），但却成了忠君爱国之士。因此，历史上曾有些文人竭力鼓吹毛延寿的"高明"。在他们眼中，王昭君似乎成了妲己、褒姒这样的红颜祸水，如果不除之，必将祸国殃民，后患无穷。不过，这显然是附会了女人为祸水的封建文人之说，把昭君哀怨悲怆的悲剧归于她自身的美貌；把一个客观上维系了汉匈多年和平安定局面的弱女子说成了亡国祸水。此说法显然为大多数人反对，也不可能像前一种说法那样深得民心。

据记载，王昭君在匈奴期间，曾参与政事，她多次劝说单于应明廷纲，清君侧，修明法度，多行善政，举贤授能，奖励功臣，以得民心，取汉室之长，补匈奴之短。同时，在春日之际，管理草原，植树栽花，育桑种麻，繁殖六畜，并向匈奴女子传授针绣的技巧，讲解纺织的工艺。王昭君毫不保留地细心施教，在忙碌与诚恳之中，受到匈奴人民的爱戴。后来，随着呼韩邪单于去世，昭君因不愿嫁给前阏氏之子，上书汉朝要求回汉。但是，未得允诺，敕令其遵照匈奴的习俗，又嫁给了后单于阏氏。一个南方女子在荒漠一呆数十载，后郁郁而逝，也有说是服毒而亡。其墓地在今内蒙古自治区呼和浩特市城南，方向朝南，也许借以表达昭君要回归那山清水秀的南方故里的愿望吧！

婉转蛾眉归何处——杨贵妃的下落之谜

"一骑红尘妃子笑，无人知是荔枝来。"这是唐朝诗人李商隐的著名诗句，诗中的妃子就是我国古代四大美人之一——杨玉环。

杨玉环是唐玄宗的宠妃，她称得上是中国历史上一位传奇式的人物，她与唐玄宗的爱情故事千百年来广为流传，不论是《新唐书》《旧唐书》等官方记载，还是坊间野史，甚至唐宋后人的诗词歌赋，都说杨贵妃死于"马嵬驿兵变"。但民国以来，学术界对杨贵妃之死却有了不同观点，他们认为："马嵬驿兵变"与传统说法有异，杨贵妃之死存在疑问，更有人提出杨贵妃入寺为尼或出海远遁。

杨贵妃上马图

关于"马嵬驿兵变"的真相，流行着以下三种说法。

第一种观点认为，兵变纯粹是唐军因一路逃命，饥饿疲劳不堪，从而对唐明皇的宠妃杨玉环、国舅杨国忠等人肆行非礼，主谋是大将陈玄礼。这是一种很多正史所载，并且比较传统的观点。

第二种观点认为，兵变是因为太子李亨觊觎皇位而阴谋发动的，真正的幕后主使人应当是太子本人，陈玄礼只是被人利用的工具而已。在此观点中，又有些人提出异议，他们首先肯定太子和李辅国共同参与了兵变阴谋，但又认为主谋人物是宦官李辅国。

第三种观点认为，高力士是真正的"带头大哥"陈玄礼是受高力士的委托，先除掉杨国忠，然后又逼迫杨贵妃自杀。

那么，"马嵬驿兵变"中的主要受害者杨贵妃是怎么死的呢？据正史中所载她是被缢死的。如《旧唐书·杨贵妃传》记载：禁军将领陈玄礼等杀了杨国忠父子之后，以"后患仍存"为由，强烈要求赐杨玉环一死，唐玄宗无奈，与贵妃诀别后只得下令，杨贵妃"遂缢死于佛室"。《资治通鉴·唐纪》记载："上命力士引贵妃于佛堂，缢死之。"唐朝小说家陈鸿的《长恨歌传》记载："上知不免，而不忍见其死，反袂掩面，使牵之而去，仓皇辗转，竟就死于尺组之下。"唐朝李肇的《国史补》中记载："玄宗幸蜀，至马嵬驿，命高力士缢贵妃于佛堂前梨树下。"北宋文学家、地理学家乐史的《杨太真外传》中记载："上入行宫，抚妃子出于厅前，至马道北墙口而别之，使力士赐死。妃泣涕呜咽，语不胜情，乃曰：'愿大家好往。妾诚负国恩，死无恨矣，乞容礼佛。'帝曰：'愿妃子善地受生。'力士遂缢于佛堂前梨树下。"史料上的记载大同小异，都说杨贵妃死于马嵬驿佛堂。

但是，唐朝诗人李益、杜甫、贾岛、温庭筠等却在写有关于"马嵬驿兵变"的诗文时，则认为杨贵妃是被乱兵所杀，而不是自缢而死。如杜甫《哀江头》的"明眸皓齿今何在，血污游魂归不得。"杜甫的诗中说杨贵妃并非自缢而死，这首诗作于距"马嵬驿兵变"事发后仅六七个月。李益《过马嵬驿》中说："托君休洗莲花血，留记千年妾泪痕"，贾岛《马嵬》云："一自上皇惆怅后，至今来往马蹄腥。"温庭筠《马嵬驿》亦云："返魂无验青烟灭，埋血空生碧草愁。"从当时激愤的叛军入门先后砍杀了杨国忠父子、韩国夫人、秦国夫人、御史大夫魏方进、韦见素等情况看，乱兵是一路杀进唐玄宗的居室的，杨贵妃被杀也是大势所趋。大概是出于"为尊者讳"，正史上统统记载杨贵妃是自缢身亡。

不过，有人持另一种观点，即杨贵妃不是死于自缢，也非被杀，而是吞金而死。唐代诗人刘禹锡《马嵬行》云："绿野扶风道，黄尘马嵬驿。路边杨贵人，坟高三四尺。……贵人饮金屑，倏忽蕣英暮。平生服杏丹，颜色真如故。"诗中明明白白地说杨贵妃是吞金而死的。

然而，现在的很多学者越来越相信，杨贵妃当时并没有死，而是逃走了。在20世纪20年代，著名红学家俞平伯通过对唐朝诗人白居易《长恨歌》和唐朝小说家陈鸿《长恨歌传》的考释，提出了独特的见解。他认为，杨贵妃在马嵬驿兵变中并没有死，而是逃跑了。1981年，周煦良在《晋阳学刊》第六期上发表《〈长恨歌〉恨在哪里？》一文，对俞氏的观点做了进一步阐述。唐玄宗在马嵬驿兵变后在四川避居一年后重返长安，可是当迁葬杨贵妃时，却"马嵬坡下泥土中，不见玉颜空死处"，也就是说迁墓的时候找不到杨贵妃的尸首了。由此推测，当时很可能有人用了掉包计，找了侍女代死，从而使杨贵妃得以逃脱。后来，唐玄宗曾派方士寻找过杨贵妃，所谓"上穷碧落下黄泉，两处茫茫皆不见"，这也暗示杨贵妃尚在人间。后来听传闻，杨贵妃逃亡后，出家做了女道士。

1984年，第五期《文化译丛》所载的由张廉所翻译的日本一篇文章——《中国传来的故事》，提出了另一种有趣的看法，认为兵变将领陈玄礼怜惜杨贵妃貌美，不忍心杀害她，就与高力士密谋，以侍女代死。当时，高力士用车运来"杨贵妃"的尸体，由陈玄礼假装验尸，才得以瞒天过海，而杨贵妃逃走后，由陈玄礼的亲信护送，大约在现在的上海附近扬帆出海，东渡去了日本。

日本学者渡边龙策在《杨贵妃复活秘史》一书中，则详细描写了杨贵妃逃出马嵬驿、东渡日本的过程。他认为，杨贵妃能够大难不死，多亏了舞女谢阿蛮和乐师马仙期的帮助，她先往东南潜入襄阳，再漂泊到武昌，随后"烟花三月下扬州"。最终，结识了日本遣唐使团团长藤原刷雄，在他的帮助下，搭上日本使团回国的大船，逃亡到日本山口县向津具半岛的久津，此时为公元757年，正值日本孝廉女帝时代。杨贵妃逃亡后，唐玄宗从谢阿蛮和马仙期处得到了杨贵妃东渡日本的消息，唐玄宗便派方士去日本寻找杨贵妃，并面呈了唐玄宗送给她的两尊佛像，劝她回国。杨贵妃则以玉簪作为答礼，命方士带回献给玄宗，双方互通了消息，但这对有情人终于还是天各一方。

有学者认为这一观点未免太异想天开。其实，这也是合乎情理的，杨贵妃是唐玄宗最宠爱的妃子，再加上唐玄宗是个多情种子，他绝不会坐视自己的心上人死在自己的面前，完全有可能选一貌似贵妃的侍女去替死。乱兵又不认识杨贵妃，这样做也不是没有可能？因此，杨贵妃逃生也并非天方夜谭。

"马嵬驿兵变"已过去了一千多年，这场导致唐玄宗下台的事件究竟是某些上层人物的预谋还是偶发事件呢？杨贵妃是自缢而死还是被乱兵所杀？杨贵妃是死还是出逃了呢？这一历史事件的真相，外人无从知晓，后人所传也多是道听途说和猜测，尤其是诗人所作，更是随性所为，不着边际。

要想还原"马嵬驿兵变"的真相，既要考虑当时宫廷内部的矛盾，也要考虑当时的形势，既不能轻易地根据一些"史料"而下定论，也不能随便否认某种推断。也正鉴于此，杨贵妃的下落才会更加的扑朔迷离。